अफ़्रो-अमेरिकन साहित्य : स्त्री स्वर

अफ़्रो-अमेरिकन साहित्य : स्त्री स्वर

विजय शर्मा

वाणी प्रकाशन

प्रकाशन के उत्कृष्टतम 63 वर्ष

सजिल्द प्रथम संस्करण : 2014
सजिल्द दूसरा संस्करण : 2026

vaniprakashan.com

वाणी प्रकाशन

4695, 21-ए, दरियागंज, नयी दिल्ली-110 002

फ़ोन : + 91 11 23273167, 23275710

शाखाएँ

अशोक राजपथ, पटना-800 004, बिहार

कॉफ़ी हाउस कैम्पस, महात्मा गांधी मार्ग, प्रयागराज-211 001, उत्तर प्रदेश

महात्मा गांधी अन्तरराष्ट्रीय हिन्दी विश्वविद्यालय, वर्धा-442 001, महाराष्ट्र

sales@vaniprakashan.in

vaniprakashan@gmail.com

Afro-American Sahitya : Stri Swar

by Vijay Sharma

ISBN : 978-93-5072-700-3

Feminism

मूल्य : ₹ 795

मुद्रक : ब्लूएज प्रिंटेक प्रा.लि., फेस-1, फरीदाबाद

वाणी प्रकाशन का लोगो मक़बूल फ़िदा हुसैन की कूची से

समर्पण

प्रिय सखा प्रो. सत्य चैतन्य को
जिनके सान्निध्य में हिमालय के दर्शन किये,
उसकी ऊँचाई की अनुभूतियाँ कीं।

अपनी बात

इस पुस्तक की नींव मेरी पहली पुस्तक 'अपनी धरती, अपना आकाश : नोबेल के मंच से' के साथ ही कई वर्ष पहले पड़ गयी थी। उस पुस्तक में चौदह अन्य नोबेल पुरस्कृत साहित्यकारों के साथ-साथ टोनी मॉरीसन पर भी एक अध्याय था। प्रकाशन के बाद कई पाठकों ने उस आलेख को विशिष्ट बताया और किताब में उसकी प्रशंसा सबसे अधिक हुई। पढ़ तो बहुत पहले से रही थी, बस तब से अफ्रो-अमेरिकन रचनाकारों को जोर-शोर से पढ़ना शुरू कर दिया। ज्यों-ज्यों पढ़ती जाती उत्सुकता और रुचि बढ़ती जाती। फिर रचनाकारों के साथ अफ्रो-अमेरिकन इतिहास-भूगोल का अध्ययन भी इसमें जुड़ गया। गुलामी की दास्तान रोमहर्षक थी, पढ़कर मन क्रोध और विवशता से भर उठता। गुलामों की सहन शक्ति, साहस, संघर्ष, प्रतिरोध और उपलब्धियाँ मन में आशा का संचार करतीं। कहीं अपने देश, अपने समाज से यह साहित्य जुड़ा हुआ अनुभव होता। वही भेदभाव, शोषण-अत्याचार, उच्च वर्ग-निम्न वर्ग, सत्ताधारी-सत्ताहीन का संघर्ष सब जगह नजर आता। स्त्री की दोयम दर्जे की स्थिति सब देशों में एक-सी है। इसी स्थिति का अतिक्रमण करती हुछ स्त्रियाँ सब स्थानों पर दीखती हैं। स्त्रियों को दूसरे समाज के साथ-साथ अपने समाज, अपने परिवार में भी भेदभाव का सामना करना पड़ता है। अफ्रो-अमेरिकन स्त्री साहित्य इस बात को बार-बार रेखांकित करता है कि इस स्थिति से उबरने में शिक्षा की भूमिका निर्विवाद है। पढ़ते समय स्त्री-पुरुष दोनों रचनाकारों को पढ़ा पर जब पुस्तक लिखने की बात आयी तो लगा कि पहले केवल स्त्री साहित्यकारों को लिया जाए।

इसी बीच हैदराबाद सेंट्रल यूनिवर्सिटी में विजिटिंग प्रोफेसर बनकर जाना हुआ। वहाँ अफ्रो-अमेरिकन स्त्री लेखन पर बोलना था। पढ़ाने के लिए पढ़ना जरूरी था। अतः अफ्रो-अमेरिकन स्त्री साहित्य को खूब ध्यान से पढ़ा। विषय पर थोड़ी पकड़ बढ़ गयी, विषय को लेकर आत्मविश्वास थोड़ा बढ़ गया। वहाँ स्कॉलर्स की प्रतिक्रियाएँ बहुत उत्साहवर्धक रहीं। अफ्रो-अमेरिकन जीवन और साहित्यकारों पर मेरी दिखाई क्लिपिंग्स की खूब सराहना हुई। वहाँ दिये कई लेक्चर का विस्तृत रूप इस पुस्तक में आया है। फेसबुक पर हैदराबाद के फोटो और टिप्पणियाँ डाली। कई

सकारात्मक कमेंट्स मिले। एक फोटो-टिप्पणी पर वाणी प्रकाशन की अदिति माहेश्वरी की टिप्पणी आयी। सोचा, चलो पूछ लिया जाए शायद पुस्तक की बात बन जाए। अदिति का उत्तर बहुत सकारात्मक और उत्साहजनक था। प्रकाशन की बात सोचते मेरा उत्साह भी बढ़ गया। काम करने का खूब मन था पर लिखने के साथ-साथ दूसरे काम भी उतने ही समय लेने वाले और जरूरी थे। कॉलेज, घर और अन्य लेखन के साथ यह पुस्तक भी आकार लेने लगी।

अफ्रो-अमेरिकन स्त्री रचनाकारों का काम और उन पर किया गया अध्ययन-शोध कार्य बहुत अधिक है। बहुत सारी स्त्रियाँ लिख रही हैं, कहानी, उपन्यास, कविता, संस्मरण, राजनीतिक-सामाजिक आलेख, जीवनी, आत्मकथा तकरीबन सब विधाओं में लिख रहीं हैं। सबको एक पुस्तक में समेटना न तो अभीष्ट है, न ही आसान। मेरी रुचि गद्य में अधिक है। अतः गद्य रचनाकारों में से टोनी मॉरीसन, माया एंजेलो और एलिस वॉकर तीन प्रमुख रचनाकार यहाँ लिये। अफ्रो-अमेरिकन स्त्री लेखन के परिचय, उसके साहित्यिक विकास को दिखाने के लिए एक विहंगम परिदृश्य प्रस्तुत करना आवश्यक लगा सो 'अफ्रो-अमेरिकी स्त्री रचनाकार : एक विहंगम परिदृश्य'। फिर लगा सोजर्नर ट्रूथ को कैसे छोड़ा जाए, आज अफ्रो-अमेरिकन स्त्री जिस स्वतन्त्रता-समानता का आनन्द उठाती है, उसमें ट्रूथ की महत्त्वपूर्ण भूमिका है। अतः उस पर 'सोजर्नर ट्रूथ : एक साहसी, विवेकशील स्त्री' लिखा गया। लिंडा ब्रेंट के नाम से लिखने वाली हैरिएट ए. जेकब्स का लेखन गुलाम जीवन, खास कर गुलाम स्त्री जीवन का दस्तावेज है। लगा इसे छोड़ दिया तो अफ्रो-अमेरिकी जीवन का चित्रण अधूरा रह जाएगा, सो 'लिंडा ब्रेंटः एनफ्रैंक से सौ साल पहले'।

एक अन्य आलेख उस समय के श्वेत अमेरिकन पुरुष की कथनी-करनी में अन्तर दिखाने के लिए लिखा, 'विलियम वेल्स ब्राउन की क्लोटेल'। जी हाँ, यह किसी अफ्रो-अमेरिकी स्त्री की रचना न हो कर एक अफ्रो-अमेरिकन पुरुष की रचना है, जो एक समय खुद गुलाम था और पूरी तरह से अश्वेत रक्त का न हो कर मिश्रित रक्त का (मुलाटो) था। मुलाटो को अर्ध-श्वेत होते हुए भी गुलाम जीवन की यातनाएँ भोगनी होतीं। थॉमस जेफरसन (1743-1826) के बारे में विश्वास है कि उसकी भी कई मुलाटो सन्तानें हुईं जिन्हें उसने कभी खुले तौर पर स्वीकार नहीं किया। जेफरसन सदैव अश्वेत लोगों के अधिकारों को ले कर बड़ी-बड़ी बातें किया करता था। बाद में वह अमेरिका का राष्ट्रपति (1801-1809) भी बना। उसी की जारज सन्तान पर ब्राउन ने एक उपन्यास लिखा, जिसे अफ्रो-अमेरिकन प्रथम उपन्यास होने का श्रेय प्राप्त है।

इस बीच इंटरनेट की सुविधा बढ़ गयी। लोगों से सम्पर्क करना सरल हो गया। ई-बुक्स, वीडियो और फिल्में आसानी से उपलब्ध होने लगीं। फिल्म समीक्षा मेरा लेखन क्षेत्र रहा है इसलिए अफ्रो-अमेरिकन स्त्री लेखन में जिन फिल्मों का जिक्र आता उनमें से कुछ देखने का अवसर जुटाया। फिल्म देख कर समीक्षाएँ लिखीं जो ब्लॉग्स पर आयीं। अतः 'एफ्रो-अमेरिकन स्त्री लेखन और फिल्में' एक छोटा-सा अध्याय अश्वेत फिल्मों पर भी।

'माया एंजेलो : आशा और विश्वास का स्वर', 'टोनी मॉरीसन : अफ्रो-अमेरिकन लेखन की मातामही' तथा 'एलिस वॉकर : स्त्री शक्ति का दस्तावेज' लिखा। इन्हीं तीन पर लिखने का कारण? इन तीनों रचनाकारों को खूब पढ़ा है। इनके उपन्यास, कविताएँ, साक्षात्कार पढ़े। इन पर बनी फिल्में और वीडियो देखे हैं। खासकर टोनी मॉरीसन का एंजेला डेविस का लिया साक्षात्कार तथा हार्वर्ड यूनिवर्सिटी में एक शाम टोनी मॉरीसन ने नाम पर के वीडियो बहुत रोचक हैं। इसी तरह माया एंजेलो के जन्मदिन तथा एंड्रेस सम्मान प्राप्ति पर 'लाइफ अनकेज़्ड' जारी वीडियो बहुत सुन्दर हैं। इन तीन रचनाकारों पर लेक्चर दिये हैं अतः इन पर विस्तार से लिखा। तीन प्रमुख साहित्यकारों के अलावा अन्य कई अफ्रो-अमेरिकन रचनाकार खूब सक्रिय हैं। उन्हें समाहित करने का लोभ संवरण नहीं कर पा रही थी, इसलिए 'कुछ अन्य एफ्रो-अमेरिकन महिला रचनाकार'। इस आलेख की सीमा तय करना असम्भव नहीं पर कठिन अवश्य था। किसको लिया जाए, किसको छोड़ा जाए? कुछ को लिया है, बहुत सारी छोड़नी पड़ीं। छूट गयी रचनाकारों पर शायद भविष्य में कभी लिखना हो।

जब पुस्तक में लेखों को क्रम में सजाने की बात आयी तो कई विकल्प मन में आये। रचनाकार की प्रसिद्धि के आधार पर क्रम लगाना उचित न था क्योंकि लेखन में प्रसिद्धि कई बार बहुत अच्छा पैमाना नहीं सिद्ध होती है। रचनाकार की जन्म तिथि को क्रम का आधार बनाया जाए अथवा रचना की तिथि को? पुस्तक में कुछ लेखकों की केवल एक रचना ली गयी है, जैसे लिंडा ब्रेंट की एक ही रचना उपलब्ध है, ब्राउन की कई रचनाएँ उपलब्ध हैं, मगर पुस्तक के मिजाज से केवल 'क्लोटेल' मेल खाती है। अतः केवल उसी को लिया गया है। कुछ लेखकों की एक से अधिक रचनाओं पर काम हुआ है। टोनी मॉरीसन, माया एंजेलो, एलिस वॉकर की एक से अधिक रचनाओं को समाहित किया है। अन्त में लगा कि अच्छा हो यदि रचनाकारों को उनके जन्म साल के अनुसार क्रम में रखा जाए। इससे एक ऐतिहासिक क्रम बनता है। अफ्रो-अमेरिकी स्त्री लेखन के विकास का जायजा भी मिलता है। अतः विहंगम परिदृश्य प्रस्तुत करने के बाद आलेखों को

लेखकों के जन्म वर्ष के क्रम में सजाया है। इसीलिए 1797 में जन्मी सोजर्नर ट्रूथ को पहले रखा जबकि उसने अपनी प्रसिद्ध बात 'आयंट आई अ वूमन' 1851 में कही थी, दूसरे नम्बर पर लिंडा ब्रेंट को रखा। उसका जन्म 1813 में हुआ था। उसने 'इंसीडेंट्स...' 1853-58 में लिखा। 1853 में लिखे गये उपन्यास 'क्लोटेल' का लेखक विलियम वेल्स ब्राउन 1814 में जन्मा था। बाद के तीनों रचनाकारों को भी उनके जन्म वर्ष के क्रम में रखा है। अन्यथा अफ्रो-अमेरिकन स्त्री लेखन में टोनी मॉरीसन सर्वप्रथम आती हैं। मगर उम्र के खयाल से माया एंजेलो उनसे ऊपर हैं और एलिस वॉकर इन तीनों में सबसे बाद में जन्मी हैं। इसके बाद कुछ अन्य स्त्री रचनाकारों को संक्षेप में लिया है। एक समीक्षात्मक आलेख अफ्रो-अमेरिकन स्त्री लेखन पर बनी फिल्मों पर आधारित है। बिना अंडरग्राउंड रेलरोड के अफ्रो-अमेरिकन जीवन, साहस और उनकी उपलब्धियों की बात नहीं की जा सकती है। इस आन्दोलन में स्त्रियों की सक्रिय भागीदारी थी नतीजन एक छोटा-सा आलेख उस पर भी 'अंडरग्राउंड रेलरोडः बिना रेल, बिना रोड कर दिया कमाल' नाम से।

इस पुस्तक के लिए सबसे पहले अपने सखा प्रोफेसर सत्य चैतन्य की बात करना चाहूँगी। उन्होंने न केवल सामग्री एकत्र करने में सहायता की वरन् विचार-विमर्श करके मेरे चिन्तन-मनन में सहयोग किया, जिससे कई कॉन्सेप्ट स्पष्ट हुए। लिखते समय जिस धैर्य से वे मेरा साथ देते हैं, उल्टा-सीधा कुछ भी बना-खा-खिला लेते हैं, उसके लिए आभार या धन्यवाद बहुत छोटा शब्द है, लेकिन वह भी देना बेमानी है। सखा को प्रेम किया जा सकता है, धन्यवाद या आभार नहीं दिया जाता है। बस इसी तरह वे मेरा साथ देते रहें यही कामना है। यह पुस्तक उन्हीं को समर्पित है। इस बीच अनघा आयी तो उसने भी मेरे उपलब्ध न होने की कभी शिकायत न की। उसे साहित्य से लगाव है अतः वह मेरी व्यस्तता समझती है। अनघा को बस प्यार दे सकती हूँ। प्रो. कृष्णा का धन्यवाद जिन्होंने मुझे हैदराबाद सेंट्रल यूनिवर्सिटी में लेक्चर देने के लिए आमन्त्रित किया। आभार उन तमाम अनजाने लेखकों का जिनकी किताबें इस पुस्तक को तैयार करने में मददगार हुईं। एंकार्टा, फेमिनिस्ट एनसाइक्लोपीडिया का खास आभार जिनके सौजन्य से कुछ सामग्री का उपयोग किया है। अपने ब्लॉग 'असुविधा' पर फिल्म समीक्षा प्रकाशित के लिए अशोक कुमार पाण्डेय का धन्यवाद। उन फिल्मकारों का आभार अश्वेत जीवन पर बनायी जिनकी फिल्में देखना और उन पर लिखना हुआ। अदिति माहेश्वरी का धन्यवाद। अगर वो रुचि न लेतीं तो पुस्तक इतनी शीघ्रता से प्रकाशित न होती।

वाणी प्रकाशन से आयी 'वॉल्ट डिज़्नी : ऐनीमेशन का बादशाह' पाठकों के अलावा शोधार्थियों के बीच सराही गयी। अब यह पुस्तक आप पाठकों के हाथ में है। मुझे इसे लिखने-तैयार करने में बहुत आनन्द आया। आशा है इसी तरह पाठकों को इसे पढ़ कर आनन्द आयेगा। सुझावों का सदैव स्वागत है। यह एक शुरुआत है इस विषय पर अध्ययन-मनन-शोध की बहुत सम्भावनाएँ हैं। उम्मीद है इस विषय पर और बहुत लिखना-पढ़ना होगा। यदि पुस्तक शोधार्थियों के भी काम आयी तो मुझे अपना परिश्रम और अधिक सन्तोषजनक लगेगा।

2 जनवरी, 2014, जमशेदपुर

—विजय शर्मा

अनुक्रम

अफ़्रो-अमेरिकी स्त्री रचनाकार : एक विहंगम परिदृश्य

"सोलहवीं सदी में पाशविक गुलामी के साथ होने वाली अभिव्यक्ति की आजादी के हनन ने कई रूप ग्रहण किये हैं।"
—डेलिया जेरेट-मैकाले

अफ़्रो-अमेरिकी स्त्री साहित्यकारों के बिना अमेरिकी साहित्य की बात पूरी नहीं हो सकती है। एक लम्बे समय तक गुलामी का जीवन जीने वाली इस नस्ल की स्त्रियाँ और उनका जीवन कैसा था इसकी आधिकारिक जानकारी इनके लेखन से मिलती है। इनकी आशा-निराशा, हर्ष-विषाद, प्रेम-घृणा, हास्य-रुदन, जन्म-मृत्यु को यदि जानना-समझना है तो इनके साहित्य का अध्ययन करना होगा। हिपोलिट एडोल्फ टेन (1828-1893) सृजनात्मक कार्य की विशेषता जानने-सराहने के लिए तीन प्रमुख बातों पर ध्यान देने का सुझाव देते हैं। उनके अनुसार सृजनात्मक कार्य के अध्ययन के लिए जैविक अर्थात् शारीरिक तत्त्व एक प्रमुख घटक है, पर्यावरण तथा 'इपोक' तत्त्वों को अन्य दो घटक की संज्ञा देते हैं। जब टेन ने जैविकता (बॉयलॉजिकल) की बात कही तो कई लोगों ने उनकी बहुत अलोचना की क्योंकि टेन रचनाकार की प्रजाति की बात कर रहे थे। उनका समय ऐसा ही था जिस समय प्रजाति अथवा नस्ल की बात उच्च नस्ल या निम्न नस्ल के अर्थ में ही ली जाती थी। मगर वे प्रजाति की बात नस्ल की उच्चता अथवा निम्नता के लिए कदापि नहीं कर रहे थे। काफी समय तक ऐसा प्रचारित था कि केवल यूरोप अथवा अमेरिका का साहित्य ही साहित्य है। अर्थात् प्रभुओं का लिखा ही सब कुछ है। श्वेत नस्ल के लोग ही उच्च हैं, वे ही साहित्य सृजन के योग्य हैं। बाकी कोई इसके लायक नहीं है, यह भी सही था कि उस समय बाकी लोगों के लिए लेखन के उतने अवसर उपलब्ध नहीं थे जितने प्रभुओं को उपलब्ध थे।

आज समान अवसर की अवधारणा पर बल है साथ ही अब विज्ञान के विकास और शोध की वजह से यह बात मानी जाने लगी है कि बुद्धि की उच्चता अथवा निम्नता का नस्ल से कुछ खास लेना देना नहीं होता है और बुद्धि कई प्रकार की होती है। यहाँ तक कि यह बहु प्रकारीय हो सकती है। बहु-बुद्धि की बात स्वीकारी जा चुकी है। मल्टी इंटेलीजेंस आज एक विकसित और मान्य विषय है। साथ ही

जबसे विभिन्न प्रजाति के साहित्य को मान्यता प्राप्त होने लगी है हम अच्छी तरह जानते हैं कि लेखन में प्रजाति का महत्त्व है मगर किसी को ऊँचा और किसी को नीचा सिद्ध करने के लिए यह नहीं है। प्रजाति के अनुसार साहित्य की छटा बदल जाती है परन्तु उसकी गुणवत्ता का नस्ल से कोई सम्बन्ध नहीं होता है। किसी भी नस्ल के लोग अच्छा अथवा घटिया साहित्य रच सकते हैं। एक ही देश के एक ही समय में रचे सारे साहित्य का स्तर एक जैसा नहीं होता है। कारण एक देश के एक समय के सारे लोगों के अनुभव एक जैसे नहीं होते हैं। एक समुदाय के सब लोगों के अनुभव भी एक जैसे नहीं होते हैं। एक ही परिस्थिति में स्त्री, पुरुष और बच्चों के अनुभ़व भी भिन्न-भिन्न प्रकार के होते हैं। उदाहरण के लिए एक देश में एक श्वेत व्यक्ति के जो अनुभव होते हैं, वही एक अश्वेत व्यक्ति के अनुभव नहीं होते हैं। एक अश्वेत पुरुष और एक अश्वेत स्त्री के अनुभव अलग-अलग होते हैं। एक अश्वेत बच्चे के अनुभव एक वयस्क अश्वेत व्यक्ति के अनुभव से बहुत अलग होंगे। शोषित और शोषक के अनुभव कभी एक नहीं हो सकते हैं। एक दलित का अनुभव एक उच्च जाति के व्यक्ति के अनुभव से भिन्न होता ही है। यहाँ तक कि समकालीन, एक ही देश-काल के एक ही नस्ल के साहित्यकारों का लेखन बहुत भिन्न भी होता है, बहुत भिन्न हो सकता है। भिन्न होना चाहिए। मनोविज्ञान व्यक्तिगत विभिन्नता की बात करता है, कहता है कि हर व्यक्ति का मिजाज अलग होता है।

अपने कथन में हिपोलिट टेन जिस दूसरी बात को प्रमुखता देते हैं वह है लेखक का पर्यावरण, उसके आस-पास का वातावरण। पर्यावरण सामाजिक और प्राकृतिक दोनों के मिलने से तैयार होता है। मनुष्य शून्य में नहीं रहता है, वह दूसरे मनुष्यों के बीच रहता है, समुदाय-समाज में रहता है। समाज में हर मनुष्य प्रकृति से किसी-न-किसी रूप में जुड़ा हुआ है। यह हुआ रचनाकार का बाह्य पर्यावरण। साथ ही लेखक का एक भीतरी संसार होता है, आन्तरिक पर्यावरण होता है। रचनाकार के पर्यावरण का तात्पर्य है उसका बाह्य और आन्तरिक परिवेश, उसका बाहरी और भीतरी वातावरण। इसका तात्पर्य है उसके अनुभवों की सम्पूर्णता इन दोनों वातावरण के मेल से उत्पन्न होती है। उसके अनुभव बाह्य और आन्तरिक दोनों जगत् से आते हैं। हिपोलिन टेन जिस तीसरे तत्त्व की बात करते हैं वह है 'इपोक' मतलब इतिहास। व्यक्ति की जड़ें उसके इतिहास में होती हैं, इतिहास से काट कर किसी व्यक्ति को पूरी तरह से नहीं जाना जा सकता है। इतिहास से कट कर व्यक्तित्व निर्मित नहीं हो सकता है, उसकी पहचान, उसकी अस्मिता कायम नहीं हो सकती है। इतिहास कई तरह का होता है—जैसे व्यक्तिगत इतिहास, जातीय इतिहास, देशीय इतिहास इत्यादि। इनको जाने बिना किसी रचना का अध्ययन पूरा नहीं हो सकता है।

तात्कालिक परिस्थितियाँ परिवेश तैयार करती हैं, इसके साथ अस्थायी और एकत्र होती जाती परिस्थितियाँ होती हैं। तात्कालिक, निरन्तर रहने वाली, जमा होती जाती परिस्थितियाँ, मिल कर विकसित होती जाती हैं। यही सारी परिस्थितियाँ एक साथ मिल कर 'इपोक' बनाती हैं। इतिहास सामूहिक अनुभवों का पुंज होता है। ये ऐतिहासिक अनुभव समुदाय के अचेतन का अंग होते हैं। यहाँ उस इतिहास की बात नहीं हो रही है जो किताबों में दर्ज होता है, जो स्कूलों में पढ़ाया जाता है, जो सत्ताधारियों के द्वारा लिखवाया जाता है। यहाँ जिस इतिहास की बात हो रही है उसका मतलब है किसी समाज अथवा एक व्यक्ति के जीवन का एक खास काल खंड। रचनाकार अपने से पहले और समकालीन रचनाकारों के लेखन से प्रभावित होता है। यह प्रभाव कई प्रकार का हो सकता है। वह या तो अपने पूर्ववर्ती रचनाकारों से सहमत होता है अथवा उनसे असहमत होता है। कई बार वह असहमत हो कर उसका विरोध करता है। यही सब वह समकालीन रचनाकारों के साथ करता है। उससे यही सम्बन्ध उसके समकालीन रचनाकारों का भी होता है। कहीं सहमति का, कहीं असहमति का, कहीं विद्रोह का। वह अपना नया सुर साधने की कोशिश करता है जिस पर दूसरे रचनाकारों की छाप किसी-न-किसी रूप में अवश्य होती है। हिपोलिट टेन के अनुसार किसी रचनाकार अथवा रचना को इन बातों को जाने बिना नहीं जाना-समझा जा सकता है। उनका सम्यक अध्ययन नहीं किया जा सकता है। उनके साथ न्याय नहीं हो सकता है।

इस आलेख में इन्हीं प्रमुख तीन तत्त्वों की रोशनी में अश्वेत स्त्री रचनाकारों के कार्य का अध्ययन करने का प्रयास किया गया है। दुनिया के कई देशों में अश्वेत रचनाकार हुई हैं और आज भी सक्रिय हैं। यहाँ सिर्फ अफ्रीकी मूल के अमेरिकी लोगों की, उसमें भी केवल स्त्रियों की बात हो रही है। यहाँ सारी अश्वेत स्त्री साहित्यकार को न लेकर मात्र अमेरिका की अश्वेत अर्थात् अफ्रो-अमेरिकन स्त्री रचनाकारों को लिया गया है।

अश्वेत कहने से यूरोपियन के अलावा अन्य सारी रंगीन प्रजातियाँ आ जाती हैं। इसमें अफ्रीकी और एशियाई मूल के लोग भी आ जाते हैं। यह उचित नहीं है, पर गोरों (यूरोपियन) के अलावा सबके लिए एक शब्द, कलर्ड शब्द का प्रयोग होता है। इसमें काले, भूरे, पीले सब रंगों, सब नस्लों के लोग समाहित कर लिये जाते हैं, एक डंडे से हाँक दिये जाते हैं। बहुत सारे लोग मानते थे कि काले लोगों में आत्मा ही नहीं होती है अतः वे मनुष्य नहीं होते हैं। इसलिए उनके साथ अमानवीय व्यवहार करने से उन्हें कोई अनुभूति, दुःख-दर्द तकलीफ नहीं होती है। नाम से व्यक्ति और समूह की पहचान बनती है। अफ्रो-अमेरिकन लोगों के लिए पहले कई शब्दों का प्रयोग किया जाता था। काफी समय तक उन्हें काले, हब्शी, नीग्रो, दास, गुलाम, ढोर

की संज्ञा दी जाती रही। इनमें से अधिकांश शब्द हीनता बोध कराने वाले शब्द थे। उन्हें मनुष्य से कम दर्जे का साबित करने वाले शब्द थे। बाद में भी कभी अश्वेत, कभी नीग्रो, कभी अफ्रो-अमेरिकन कहा जाता रहा। इन सब शब्दों में सदा थोड़ा भ्रम, थोड़ा कन्फ्यूजन बना रहा। आज अमेरिका की अश्वेत प्रजाति के लिए अफ्रीकन-अमेरिकन अथवा अफ्रो-अमेरिकन शब्द का प्रयोग प्रचलन में है। यह सम्मानजनक संज्ञा है। आज विश्व में 'अश्वेत साहित्य' (ब्लैक लिटरेचर) अमेरिकन साहित्य का एक विशिष्ट और स्तरीय अंग है। इसके बिना अमेरिकी साहित्य का इतिहास अपूर्ण है। इस सन्दर्भ में अश्वेत साहित्य, उसमें भी अश्वेत स्त्री साहित्य खास मायने रखता है, जो किसी हालत में कमतर नहीं। इस आलेख में अश्वेत और एफ्रो-अमेरिकन दोनों शब्दों का पर्याय के रूप में प्रयोग हुआ है।

शुरू से ही अमेरिकी समुदाय का एक हिस्सा अश्वेत रहा है, लाखों अश्वेत स्त्री-पुरुष के बलिदान से आज के अमेरिका का निर्माण हुआ है। इन लोगों ने जंगल साफ कर उसे खेती लायक बनाया, और फिर खेती का कार्य भी इन्हीं के जिम्मे रहा। मगर काफी समय तक गुलामी के विरोधी भी इस मूल तथ्य को रेखांकित नहीं करते थे। अमेरिका की आजादी, उसके विद्रोह, उसका धर्म और सबसे बढ़ कर उसका महान अमेरिकी स्वप्न गुलामी के कारण, अश्वेतों को स्वतन्त्रता, समानता, भाईचारे से दूर रखने के कारण बहुत समय तक असन्तुलित रहा। यह असमानता अमेरिकी राष्ट्र का कलंक रहा है। उसकी सर्वोत्कृष्ता के सारे दावे खोखले रहे जब तक उसने अपनी अश्वेत जनता को उसके अधिकार कभी नहीं दिये। कम-से-कम सैद्धान्तिक रूप से भी उन्हें अमेरिकी नागरिकों के अधिकार पाने के लिए एक लम्बी लड़ाई चली। आज भी कौन दावे के साथ कह सकता है कि व्यावहारिक रूप से वे श्वेत अमेरिकी व्यक्ति की भाँति ही अमेरिकी नागरिक हैं। समाज का नजरिया बदलने में समय लगता है। जिन लोगों ने जमीन खोद कर सोना निकाला, जमीन पर सोना उगाया, हर तरह की मजदूरी की ऐसे लोग परिधि पर भी नहीं गिने जा रहे थे। दबे-कुचले–शोषित लोगों को उठ खड़े होना होता है, खूब संघर्ष करना होता है, खुद को सिद्ध करना होता है। अमेरिका के अश्वेतों ने यह सब कुछ किया। उनके प्रति समाज का नजरिया बदला।

जब अमेरिका की अश्वेत प्रजाति की बात आती है तो यह सर्वविदित है कि वे अमेरिका के मूल निवासी नहीं हैं। वहाँ के मूल निवासी तो आज वहाँ बहुसंख्या में रहने वाले गोरे भी नहीं हैं। वहाँ के मूल निवासी आज की भाषा में रेड इंडियन अथवा अमेरिकन इंडियन कहलाते हैं। अपाचे, एजटेक, चेरुकी, नवाजो, पिब्लो जैसे समुदाय के लोग वहाँ के मूल निवासी थे। 1492 में भारत की खोज में निकला कोलम्बस अमेरिकी तट पर जा लगा। अमेरिका की आज की अधिकांश जनता के

पूर्वज यूरोप के विभिन्न देशों से आये हुए लोग थे। ये यूरोपियन लोग खुद शारीरिक मेहनत, कठोर कार्य नहीं करते थे, शारीरिक श्रम और कठिन कार्यों के लिए शुरू से ये अपने साथ गुलाम लेकर आये। कुछ गुलाम श्वेत (इंडेण्चर्ड) थे मगर अधिकांश गुलाम यूरोप के लोग नहीं होते थे। यूरोप में गुलामी की प्रथा पहले से ही कायम थी। शुरू से वहाँ के ज्यादातर गुलाम अफ्रीका से आते थे। अतः जब यूरोप के लोग अमेरिका आये तो अपने साथ अपने अफ्रीकी गुलाम भी लेते चले आये। बाद में भी जब और गुलामों की आवश्यकता पड़ती थी बाकायदा उनकी खरीद-फरोख्त होती रही थी। गुलामों का व्यापार किसी अन्य जिंस के व्यापार की भाँति ही था। वस्तुओं की भाँति गुलाम खरीदने का यह काम करीब तीन सौ साल तक चलता रहा। 1513 में जब एक स्पेनी खोजी नाविक वास्को न्यूनेज ड बाल्बोआ प्रशान्त महासागर के तट पर पहुँचा तो उसने वहाँ स्पेन के लिए भूमि अधिकृत कर ली। यह जमीन आज का पनामा है। दस्तावेज बताते हैं कि इस नाविक के साथ इसके अश्वेत गुलाम थे। मैक्सिको को जीतने वाले हरमन कोर्टेस के साथ भी उसके अश्वेत गुलाम थे। 1532 में फ्रांसिस्को पिजार्नो अपने साथ अपने अश्वेत गुलाम लिये हुए आया था उसने आज के इलाके पेरू को हासिल किया। स्पेनिश-अफ्रीका लोगों को लैडिनस कहा जाता है। मगर शीघ्र की अमेरिकी लोग काम के लिए सीधे अफ्रीका से ही गुलाम लाने लगे। चूँकि स्पेन के राजा चार्ल्स प्रथम ने 1518 में गुलाम व्यापार की खुली अनुमति दे दी थी अतः सीधे अफ्रीका से गुलाम लाना सरल हो गया। अफ्रीकी गुलामों का उपयोग पुर्तगाली लोग ब्राजील में 1530 से ही करने लगे थे। आज यह पढ़-सुन-जान कर आश्चर्य होता है कि 1870 तक तकरीबन एक करोड़ अफ्रीकी लोग जबरदस्ती धर-पकड़ कर गुलाम बना कर अमेरिका लाये जा चुके थे।

कैसे लाये जाते थे गुलाम अमेरिका में अफ्रीका से? आज यह देखना-जानना-समझना रोंगटे खड़े कर देने वाला है। इन्हें पहले पश्चिमी और मध्य अफ्रीका से फिर बाद में दक्षिण अफ्रीका से पकड़ने का काम किया जाता था। ठीक जानवरों की तरह हाँका करके इन्हें पकड़ा जाता था। अफ्रीकी के ये प्राचीन कबीले बहुत शान्त स्वभाव के होते थे। अश्वेतों ने अपनी सदा की फूट डाल कर राज करने की नीति यहाँ भी अपनायी। कबीलों के सरदारों को शराब और हथियार दे कर पहले उनमें आपस में फूट डलवा कर उनमें लड़ाई करवायी। एक बार इस षड्यन्त्र का हिस्सा बनने पर ये ही सरदार बिचौलियों का, दलालों का काम करने लगे और रकम तथा अन्य सुविधाओं के लिए अपने ही कबीलों के लोगों को पकड़ कर श्वेत लोगों को ला-ला कर पहुँचाने लगे। इन कबीलों के यहाँ गुलाम होते थे, पर गुलाम का अर्थ भिन्न था। ये कबीले भी आपस में लड़ा करते थे और विजित समुदाय के लोग विजेताओं के गुलाम कहलाते थे। इन कबीलों की संस्कृति के रिवाज के अनुसार यदि ये किसी

को लड़ाई के दौरान पकड़ कर लाते तो जल्द ही यह व्यक्ति विजेता कबीले का सदस्य मान लिया जाता। वह कबीले के साथ घुल-मिल जाता, उसके साथ कबीले के अपने सदस्य जैसा व्यवहार किया जाता। दोनों की नस्ल और रंग एक होते थे। गुलाम को शादी, सम्पत्ति और कबीले के तमाम अधिकार स्वतः प्राप्त हो जाते। इसलिए ये सोचते थे कि श्वेत लोग जब अश्वेतों को ले जाते हैं तो ठीक ऐसा ही व्यवहार उनके साथ करते होंगे। अश्वेत गुलाम श्वेत समाज का हिस्सा बन जाते होंगे। असल में इन्होंने यह सब कभी सोचा न होगा। जो बातें रोजमर्रा का अंग हैं उन पर हम कब सोचते हैं? वे लोग काफी समय तक इसी गलतफहमी में रहे कि गुलामों के साथ श्वेत लोग मनुष्यों जैसा व्यवहार करते होंगे। उन्हें बहुत समय तक नहीं मालूम था कि अमेरिका में ले जाए ये अश्वेत किन अमानवीय स्थितियों में रहते हैं। उन दिनों आज की तरह संचार और आवागमन के साधन उपलब्ध न थे। शायद ही कोई स्वतन्त्र अश्वेत अमेरिका जाता था, गुलामों के लौट कर आने और निकृष्ट जीवन की बात अपने लोगों के साथ साझा करने की बात का कोई प्रश्न नहीं उठता था। एक बार श्वेत मालिक ने खरीद लिया बस फिर जंजीर में रहना इनकी नियति होती थी। जानवरों से भी बद्तर उनका जीवन होता था। शोषण के शिकार ये खुद को जानवर मान बैठते थे।

अफ्रीकी गुलाम श्वेत अमेरिकी मालिक की सम्पत्ति होते थे, जितने अधिक गुलाम उतनी अधिक सम्पत्ति, श्वेत मालिक उतना धनी । अपनी इस सम्पत्ति को वे जानवरों की तरह दड़बों में बन्द करके रखते, हथकड़ी-बेड़ी में डाल कर रखते। एक अमेरिकन के पास दो-चार से लेकर सैंकड़ों गुलाम होते थे। सारे गुलामों को एक साथ जंजीर में डाला जा सकता था। बात-बात पर कोड़े की मार से उनकी चमड़ी उधेड़ डाली जाती, कान में कील ठोंकना, मुँह में लोहे की चाबी लगाना, गले में लोहे का मोटा घेरा डालना आम बात थी। जबान काट कर गूँगा बना देना, उलटा लटका कर चमड़ी उतार लेना, हत्या और फाँसी भी असामान्य बात न थी। लकड़ी के बक्स में बन्द करके जब-तब उन्हें जमीन के नीचे गाड़ दिया जाता था। एलेक्स हेली की आत्मकथा 'रूट्स' और टोनी मॉरीसन के उपन्यास 'बिलवड' में ये दृश्य चित्रित हैं। हाल में बनी फिल्म 'जैन्गो अनचेंन्ड' में भी ऐसा दृश्य उपस्थित है। बधिया करना, गुलामों का यौन शोषण और बलात्कार आम घटनाएँ थीं, जिनकी कहीं चर्चा तक नहीं होती थी। अश्वेतों के शिकायत कर सकने का सवाल नहीं था, कौन सुनता उनकी शिकायत, कौन करता उनका न्याय। कानून खुद दासप्रथा के पक्ष में दलीलें दे रहा था।

यह तो बात हुई गुलाम बन कर अमेरिका में रहते समय की, मगर इनके साथ इसके पहले अफ्रीका में रहते हुए और बहुत कुछ किया जाता था। अफ्रीका छोड़ने

के पहले से ही इनको तोड़ने का काम शुरू हो जाता था जैसे जानवरों को खासकर घोड़े को तोड़ा जाता है। इनकी अस्मिता समाप्त करने, इसकी पहचान मिटाने, इनकी चेतना को भोथरा बनाने का काम इन्हें पकड़ते ही शुरू हो जाता था। इन्हें पकड़ कर अमेरिका जाने वाले जहाजों के पास लाकर रेवड़ की तरह एक झुंड में रख दिया जाता। केश आदमी की पहचान होते हैं, सबसे पहले इन सबके बाल उतार दिये जाते, इनका मुंडन कर दिया जाता। सारे कपड़े उतार करके नंगा करना इसके बाद का चरण होता। इन कामों में लिंगगत भेदभाव नहीं बरता जाता, स्त्री-पुरुष दोनों के साथ एक जैसा व्यवहार होता। इसके बाद का सोपान इनके अस्तित्व को पूरी तरह से समाप्त कर देता। पकड़े गये हर अश्वेत के ऊपर उसके खरीददार का ठप्पा लगता। यह काम होता गर्म लोहे की निशानियों से गाल पर जला कर, माथे पर दाग कर। अब वे न कोई नाम होते, न इंसान, बस वे अपने खरीददार का माल होते। इनके साथ वह जैसा चाहे वैसा करने को कानूनन स्वतन्त्र होता था। इसके बाद जहाज जब चलने को तैयार होता इन्हें हाँक कर उस पर चढ़ा दिया जाता। स्त्री-बच्चों को डेक पर सब तरह का मौसम झेलने को नंगा छोड़ दिया जाता, पुरुष जहाज के निचले हिस्से में काम करने के लिए जंजीरों से बाँध कर गेली में ठूँस दिये जाते। न तो इन लोगों को बोलने-बात करने की छूट होती, न ऐसा करने की इनकी हिम्मत होती। ऐसा करने पर हंटर की सड़ाक-सड़ाक चोट पड़ती, चमड़ी शरीर से छूट कर लटक जाती। जहाज पर रहने की स्थिति इतनी खराब और दारुण होती थी कि आधे से ज्यादा लोग मौसम की मार, भूख, बीमारी, कोड़ों की क्रूरता से मर जाते। मर जाने पर इन्हें सीधे समुद्र में फेंक दिया जाता। कुछ इस गलीज जीवन से घबरा कर खुद समुद्र में कूद जाते।

व्यापारी तो व्यापारी होता है उसको केवल अपने मुनाफे की चिन्ता होती है। कुछ चालाक गुलाम व्यापारी इन गुलामों को बीमा करा लेते थे। पॉलिसी की रकम पाने के लिए कभी-कभी जानबूझ कर इन गुलामों का हाथ-पैर बाँध कर समुद्र में डुबा देते। अफ्रीकी लोग भी अपने लोगों के साथ क्रूर व्यवहार करने में नहीं हिचकते थे। कोड़े लगाने का काम श्वेत मालिक भी करता पर अक्सर यह कार्य किसी अश्वेत से ही करवाता था। अश्वेत ऐसा करने को मजबूर होते। ऐसा न करने पर स्वयं उनकी जान को खतरा होता था, उन्हें कोड़े पड़ते, दूसरी तरह की तमाम सजाएँ दी जातीं। अमेरिकी गुलामी के इस काले अध्याय में न्याय, धर्म, समाज, विज्ञान सब अश्वेतों के विरोध में खड़े थे। अपने प्रति हीन भावना इन अश्वेत गुलामों में कूट-कूट कर भर दी जाती थी, इनका इतना अपमान किया जाता कि ये स्वयं भी यह भूल जाते कि ये मनुष्य हैं। कठोर अनुशासन के साथ इन्हें श्वेत मूल्य रटा दिये जाते थे, श्वेत नियम-कानून इनके जेहन में जबरदस्ती बैठा दिये जाते थे। नतीजन ये स्वयं

को श्वेत की नजर से देखने-परखने लगते थे। खुद अपने लिए श्वेत मूल्य लागू करना चाहते थे। पैमाने पर खरे न उतरने पर अपराध-बोध, हीनता की भावना से भर जाते थे। कठोर-क्रूर जीवन इन्हें असंवेदनशील बना देता था। इनका अपने आप पर, अपने बच्चों पर, अपने मातृत्व पर, अपने शरीर पर, अपनी यौनिकता पर, अपने किसी प्राकृतिक अधिकार पर कोई हक न था।

मनुष्य का इतिहास देखें तो यह बहुत पुरानी बात नहीं है। आखिर क्यों चाहिए होते थे ये गुलाम? यूरोप के लोगों के लिए अमेरिका प्रॉमिस लैंड था, बेहतर अवसरों की भूमि था, समृद्धि-संवृद्धि की आशा भूमि। यूरोप छोटे-छोटे देशों का समूह है, जिसके अधिकांश देश समुद्र-पहाड़ से घिरे हुए हैं। खेती और रहने के लिए बहुत कम भूमि उपलब्ध है। यूरोप की अपेक्षा अमेरिका में विशाल-कुँवारा भूखण्ड उपलब्ध था। खनिज से भरपूर और उर्वर भूमि का असीमित क्षेत्र। इस भूमि को खेती लायक बनाने, जंगलों को साफ करने और बाद में खेती जैसे कठिन श्रम, मशक्कत वाले कार्यों के लिए मजदूरों की जरूरत थी। तम्बाकू, गन्ना, कपास, कॉफी, नील, चावल, केले के खेतों में काम करने के लिए मेहनती लोग चाहिए थे। साथ ही अमेरिका में विशाल खनिज भंडार था। सोने और अन्य खदानों में काम करने के लिए कठोर श्रम में सक्षम लोग चाहिए थे। अमेरिका के मूल निवासी बहुत स्वतन्त्र प्रवृति के लोग थे। वे इन कामों के लिए नहीं रखे जा सकते थे। वे उग्र भी थे, बराबरी से लड़ने के लिए तत्पर रहने वाले लोग। यह उनका अपना देश था, वे इसके हर चप्पे से परिचित थे। वे यहाँ के छिपने के अधिकांश स्थान जानते थे अतः उनसे पार पाना या उनकी बराबरी कर पाना प्रारम्भिक यूरोपियनों के लिए अत्यन्त कठिन था। उन पर विश्वास भी नहीं किया जा सकता था। इसलिए भी अफ्रीका से गुलाम लाना फायदेमन्द सौदा था। एक समय अमेरिका की आबादी के 90 प्रतिशत लोग अश्वेत गुलाम थे। जहाँ अमेरिका कुछ लोगों के लिए सुनहरे अवसरों की भूमि था वहीं कुछ अन्य लोगों के लिए पीढ़ी-दर-पीढ़ी गुलामी का पट्टा था। यह एक विडम्बना है कि एक ही जमीन पर एक कौम फली-फूली, दूसरी कौम सैंकड़ों साल गुलामी के बन्धन में पिसती-कराहती-मरती रही। काफी संघर्ष और कई लोगों की आहुती के बाद ये लोग अपनी गर्दन से गुलामी का पट्टा उतार पाये।

भोजन में चीनी आज एक आम बात है। चीनी के बिना रसोई की बात सोची भी नहीं जा सकती है। मगर यह चीनी आयी कहाँ से और कैसे शुरू हुआ इसका उत्पादन? इस पर हमारा ध्यान कदाचित ही जाता है। हमारे भोजन को मीठा और स्वादिष्ट बनाने में कितने जीवन की आहुति पड़ी है यह बात कभी हमारे दिमाग में 'kk;n gh vkrh gksA pkYlZ oSfyMsu ¼Charles Verlinden) बेल्जियन इतिहास का खासतौर पर मध्यकालीन गुलामी का विशेषज्ञ है, उसके अनुसार नयी दुनिया के

उपनिवेशवादियों को गुलाम श्रम की आवश्यकता थी। यह आवश्यकता खासकर गन्ने के उत्पादन के लिए थी क्योंकि गन्ने का उत्पादन कठिन परिश्रम की माँग करता है। गन्ने की खेती आगे चल कर न्यू वर्ल्ड उपनिवेशों की सुनहरी कुंजी बनी। मेडिटरेनियन में गन्ना उत्पादन में लगे मजदूरों की स्थिति को लेकर अस्पष्टता और विवाद है परन्तु यह पक्का है कि बहुत सारे गुलाम साइप्रस, क्रेट और सिसली से आयात किये गये थे। हालाँकि दसवीं सदी में ही अरब से चीनी वेनिस जाने लगी थी। लेकिन चीनी का स्वाद यूरोप के लोगों के लिए काफी समय तक अनजाना था। जब क्रुसेडर्स पैलेस्टीन पहुँचे तब उन्होंने चीनी के मजेदार-आश्चर्यजनक अनोखे स्वाद को जाना और जल्द ही अरब के गन्ने के खेतों को हथिया लिया। अमेरिका के गुलामों के इतिहास का गन्ने की खेती से गहरा सम्बन्ध रहा है अतः गन्ने और चीनी का इतिहास जानना जरूरी है। इसे जानना रोचक और लोमहर्षक भी है।

सबसे पहले गन्ने की खेती पापुआ न्यू गिनी में प्रारम्भ हुई यहाँ से यह भारत और मध्य-पूर्व में बहुत धीरे-धीरे फैलती चली गयी। पश्चिम की ओर गन्ने की खेती के फैलने के बावजूद मेडिटरेनियन देशों में यह अनमोल मीठी वस्तु काफी समय तक एक विरल ऐय्याशी थी। बहुत समय तक यह केवल औषधि के रूप में प्रयोग होती रही या फिर कुलीन और अमीर व्यापारियों के दस्तरखान पर सजती रही। सत्रहवीं सदी के उत्तरार्द्ध में अटलांटिक गुलामी प्रथा ने इस स्वादिष्ट उत्पाद्य को बाजार में आम आदमी के लिए सुलभ कर दिया। मन में प्रश्न उठता है कि इसके पहले यूरोप में मीठे के नाम पर क्या था? इतिहास का अध्ययन बताता है कि इसके पहले यूरोप के लोग मीठे के लिए या तो शहद पर निर्भर थे अथवा कुछ फलों की मिठास से किसी तरह अपना काम चलाते थे। उनका खाना बेहद नीरस और कैलोरीरहित हुआ करता था। ब्रिटेन के लेबर फोर्स को अनुशासित करने में भी चीनी का बड़ा हाथ है। मानवशास्त्री सिडनी मिंज के अनुसार इस नयी मिठास की रुचि की सन्तुष्टि के लिए पैसे की आवश्यकता थी साथ ही मीठे पेय, केक और तमाम मीठी चीजों से अतिरिक्त कैलोरीज मिलती थी। इन दोनों बातों ने मिल कर ब्रिटेन के शुरुआती औद्योगिक मजदूरों को बहुत अनुशासित कर दिया था। इसी चीनी की मिठास के मूल गन्ने की खेती के लिए भी अमेरिका में गुलामों की जरूरत थी। मगर चीनी की मिठास एकमात्र कारण नहीं था गुलाम व्यापार का। एक अन्य उपज के लिए भी गुलाम श्रम की जरूरत थी। गन्ने के साथ ही एक और उससे भी अधिक खिंचाव रखने वाला एक और नशा था, यह नशा घातक भी था पर इसका आकर्षण बहुत ज्यादा था और यह बहुत लोकप्रिय ऐय्याशी थी। तम्बाकू का नशा बहुत पहले से लोग करते आ रहे हैं। शुरू में इसकी खेती श्वेत नौकरों (इंडेंचर्ड) द्वारा करायी जाती थी। ये श्वेत नौकर भी एक तरह के गुलाम थे, मगर इनके लिए नियम-कानून कुछ

ढीले हुआ करते थे। इनके गुलामी का पट्टा समय सीमा में बँधा होता था, इसके बाद ये स्वतन्त्र जीवन बिता सकते थे। ऐसे ही एक इंडेंचर्ड नौकर एमी की बात टोनी मॉरीसन ने अपने प्रसिद्ध उपन्यास 'बिलवड' में की है। पहले तम्बाकू की खेती यही इंडेंचर्ड गुलाम कर रहे थे बाद में यह काम भी अश्वेतों के सिर आ पड़ा।

ये अश्वेत गुलाम गन्ने के खेतों में पालियों में दिन-रात काम करते, यही लोग गन्ने के रस निकालते, उसे भयंकर गर्मी में रह कर उबालते और चीनी बनाते। उन दिनों इस काम में होने वाली मेहनत का आज हम शायद ही अन्दाजा लगा पाएँ। उन दिनों गन्ने का रस निकालने वाली तीन बेलनों वाली मशीन का आविष्कार नहीं हुआ था। कोल्हू के बैल की जगह आदमी का प्रयोग जग जाहिर है। सर्वप्रथम ब्राजील में चीनी का औद्योगिक उत्पादन शुरू हुआ। फिर दूसरे स्थानों पर फैला। इस काम के लिए बड़ी मात्रा में पूँजी चाहिए थी साथ ही चाहिए था ढेर सारे कुशल और अकुशल मजदूरों का श्रम। चीनी बनाना आसान काम नहीं है खासतौर पर जब इसे एक उद्योग के रूप में लगाया जाए। इसे बनाने के लिए कठोर अनुशासन की जरूरत होती है अन्यथा चीने के रवे ठीक नहीं बनेंगे। गन्ने से चीनी के अलावा मोलासेस और रम बनाने का काम भी औद्योगिक पैमाने पर हो रहा था। इन सारे कार्यों को करने के लिए गुलामों की जरूरत थी। जहाज भर-भर कर गुलाम लाये जा रहे थे।

सोलहवीं सदी में ब्राजील में पुर्तगाली लोग इंडियन गुलामों से करीब आधी सदी तक चीनी का उत्पादन करवाते रहे। जल्द ही उन्हें ज्ञात हुआ कि अफ्रीकी गुलाम बेहतर हैं क्योंकि वे अधिक अनुशासित हैं और ज्यादा उत्पादन में सक्षम हैं। अफ्रीकी स्त्री-पुरुष दोनों मेहनत-मजदूरी के लिए सांस्कृतिक रूप से भी तैयार थे क्योंकि इंडियन मानते थे कि खेती करना केवल औरतों के लिए मुफीद है। इंडियन बीमारियों के मामले में अफ्रीकी लोगों की तरह मजबूत नहीं थे। हालाँकि अफ्रीकी गुलाम खरीदना और उन्हें लाना काफी महँगा पड़ता था लेकिन दो साल की कड़ी मेहनत से ये गुलाम इसकी भरपाई कर देते थे। 1820 तक दस मिलियन अफ्रीकी गुलाम न्यू वर्ल्ड पहुँच चुके थे। ये अफ्रीकी जंगल साफ कर रहे थे, खेत जोत रहे थे, फसल बो रहे थे, फसल काट रहे थे, चीनी बना रहे थे, रम बना रहे थे, मोलासेस बना रहे थे। कठिन मेहनत के सारे काम कर रहे थे और अमेरिका के आर्थिक सिस्टम की मजबूत नींव डाल रहे थे। सारे कठिन परिश्रम, सारे गन्दे कार्य ये अश्वेत गुलाम कर रहे थे। विडम्बना यह थी कि इन्हें मनुष्य नहीं समझा जाता था। माना जाता था कि ये लोग पैदा ही हुए हैं, प्राकृतिक रूप से बनाये ही गये हैं इन तरह के कामों को करने के लिए।

× × ×

महिलाएँ भी प्रतिभाशाली होती हैं, उनमें लेखन की प्रतिभा हो सकती है, इस बात को बहुत समय तक लोग स्वीकारने को तैयार नहीं थे। किसी भी देश के इतिहास

में जब हम महिला लेखन की गाथा को देखते हैं, तो पाते हैं कि लिखना उनके लिए कभी आसान न था। उनके सामने बहुत सारी चुनौतियाँ थीं, विशेष रूप से लिंग भेदभाव की। अश्वेत महिला रचनाकारों के पास इसके साथ और कई तरह की चुनौतियाँ भी जुड़ी हुई थीं। उन्हें न केवल लिंगगत भेदभाव का सामना करना था वरन् उनके सामने दासत्व और नस्ल का मुद्दा भी खड़ा था। इन भीषण चुनौतियों के बावजूद इन्होंने लेखन किया और जम कर किया। आज की ज्यादातर अफ्रो-अमेरिकी महिला साहित्यकार एक समय के गुलामों की वंशज हैं। एक समय था जब गुलामों के लिए पढ़ने-लिखने का कोई अवसर न था। जानबूझ कर उन्हें शिक्षा से वंचित रखा जाता था। तानाशाह और सत्ताधारी कभी नहीं चाहते हैं कि सामान्यजन शिक्षित हों। अपने बचाव के लिए, अपनी सत्ता बचाये रखने के लिए, दूसरों को अशिक्षित बनाये रखने में ही इनकी सुरक्षा है। जब सामान्यजन को वे अशिक्षित बनाये रखना चाहते हैं तब दास की शिक्षा का सवाल ही नहीं उठता है। गुलाम मालिकों की नजर में मनुष्य नहीं बल्कि जानवरों से भी बद्तर होते थे। उनके साथ पशुओं से बुरा व्यवहार किया जा सकता था, किया जाता रहा था। ऐसी हालत में उन्हें शिक्षा देने का सवाल ही नहीं उठता है। यदि किसी को शिक्षा ग्रहण करते देख लिया जाता तो शिक्षा देने वाले और शिक्षा ग्रहण करने वाले दोनों के लिए सजा मुकर्रर थी। इसका पक्का प्रावधान था।

हाँ, उन्हें शिक्षा दी जाती थी, एक दूसरे अर्थ में उन्हें बराबर सीख दी जाती रही थी। जरा-जरा-सी गलती पर, कभी बिना गलती के, ऐसे ही, बस मन करने पर, अपना मन बहलाने के लिए शिक्षा दी जाती थी। कोड़ों से पीटना, जबान काट लेना, हत्या कर देना, फाँसी पर लटका देना, जिन्दा खाल खींच लेना, यौन शोषण, बलात्कार, मुँह में लोहे की जाबी लगा देना, हथकड़ी-बेड़ी में डाल देना, गर्दन में पट्टा डाल देना, जमीन के नीचे पिंजड़े में बन्द कर गाड़ कर कई-कई दिन बिना खाना-पानी के रखना। ये सब शिक्षा देने के लिए सार्वजनिक रूप से किया जाता था ताकि दूसरे गुलामों को भी शिक्षा मिले। ताकि वे कभी ऐसे काम करने की हिम्मत न कर सकें। किसी एक को खुलेआम सजा दे कर बाकी सब के मन में खौफ बिठाना, सब पर अधिकार करना बड़ा पुराना तरीका है। सत्ताधारी भय से राज करते है। गुलामों को शिक्षा देने के ये सब तरीके मनगढ़न्त, कोरी कल्पना नहीं हैं। आज इन क्रूर सजाओं के रिकॉर्ड बाकायदा उपलब्ध हैं। सरकारी रिकॉर्ड हैं, अखबार में खबरें हैं, चित्र उपलब्ध हैं। अजायबघरों में इनके नमूने रखे हुए हैं। मनुष्य को जबरदस्ती दास बनाये रखने की सजा के ये क्रूरतम साहित्य में भी बाकायदा दर्ज हैं। जबसे फिल्म बनने लगी है, ये फिल्म के रूप में भी सुरक्षित हैं। एलेक्स हेली के उपन्यास पर बनी फिल्म 'रूट्स' में इसकी झलक देखी जा सकती है। टोनी

मॉरीसन के उपन्यास पर बनी फिल्म 'बिलवड' में इस क्रूरता को देखा जा सकता है। आज इन पर कई डॉक्यूमेंट्री फिल्में उपलब्ध हैं। इन अमानवीय परिस्थितियों में गुलामों की पढ़ाई-लिखाई की शिक्षा अकल्पनीय है।

दस्तावेजों में गुलामों पर हुई क्रूरता उपलब्ध है, लेकिन वास्तविकता इन दस्तावेजों से कई गुना ज्यादा क्रूर होती थी। तुर्रा यह कि कुछ लोगों का कहना था कि गुलाम स्वतंत्र नहीं होना चाहते हैं। उन्हें इस गुलामी की आदत हो गयी है। वे इसी दशा में ही सहज अनुभव करते हैं। ऐसे लोगों को 1831 में एक गुलाम मेरी प्रिंस नामक स्त्री ने कहा था कि मुझे मालूम है, गुलाम कैसा अनुभव करते हैं, मैं खुद बता सकती हूँ कि दूसरे गुलाम कैसा अनुभव करते हैं, मैं वह बता सकती हूँ जो उन्होंने (अन्य गुलामों ने) मुझे बताया है। जो लोग कहते हैं कि गुलाम गुलामी में खुश हैं, वे स्वतन्त्र नहीं होना चाहते हैं। ये लोग या तो अज्ञानी हैं अथवा झूठ बोलने वाले लोग हैं। इन शब्दों के साथ मेरी प्रिंस न केवल अपने लिए बोलती है वरन् अपने साथी गुलामों, स्त्री-पुरुष दोनों तरह के गुलामों के लिए अपनी आवाज उठाती है। इस तरह जब एक अश्वेत स्त्री बोलती है तो वह बिना लिंग का भेदभाव किए हुए सारे अश्वेतों के लिए बोलती है। वह गुलामी की प्रथा पर प्रश्न उठाती है। यह एक प्रारम्भिक आवाज है गुलामों की। ये आवाज यहीं नहीं थम जाती है। आगे चल कर बहुत-सी अन्य अश्वेत स्त्रियों ने इसी तरह की आवाजें उठायीं, अपने और अपनों के हक की लड़ाई लड़ीं। कुछ लोगों ने आन्दोलन में शारीरिक रूप से भाग लिया, कुछ ने इसके लिए प्रेरणादाई साहित्य रचा, कुछ ने साहित्य रचना और आन्दोलन में भाग लेना दोनों काम किये। कुछ लोगों ने खुद लिखा, कुछ लोगों ने इमला बोल कर लिखवाया, कुछ लोगों ने लिखा-लिखवाया नहीं, उन्होंने जो कहा, उसे दूसरों ने लिखित रूप में दर्ज कर लिया। यह सारा कुछ अफ्रो-अमेरिकन स्त्री साहित्य का अंग है।

बहुत सारे लोगों का पढ़ने-लिखने की ओर नैसर्गिक झुकाव होता है, कुछ परिस्थितिवश पढ़ने-लिखने की ओर मुड़ते हैं। कुछ लोगों के लिए यह एक अनिवार्यता बन जाता है। कुछ अश्वेत गुलामों ने विषम स्थितियों में भी पढ़ना-लिखना सीखा। कुछ ने लिखने का काम किया। इनमें से कुछ थोड़े से लोगों को अपने लिखे को प्रकाशित करने का अवसर भी मिला। इस प्रकाशित साहित्य को कुछ थोड़े से अफ्रो-अमेरिकन गुलाम और कुछ श्वेत पढ़ते थे। इसका मतलब यह नहीं कि बाकी अश्वेत लोग साहित्य से वंचित थे। दुनिया के अन्य तमाम सारे समुदायों की भाँति यहाँ भी वाचिक परम्परा थी। लोकगीत, लोककथाएँ इनके बीच सदैव से उपस्थित थीं। दमित-शोषित भी मिथकों, लोकगीत-लोककथाओं से प्राणवायु पाते हैं। अश्वेत अमेरिकी साहित्यकार एलिस वॉकर अपने उपन्यास 'द कलर पर्पल' में प्रश्न करती

हैं कि थके हुए लोग क्यों गाते हैं? दुनिया के सारे मेहनतकश लोग गाते हैं। ये गुलाम मेहनती लोग थे और ये लोग गाते थे। अपना दुःख-दर्द, आशा-निराशा, हास्य-रुदन अपने गीतों में पिरोते थे। कथा-कहानियों द्वारा अमानवीय जीवन स्थितियाँ थोड़ी रहने योग्य बन जाती थी। माया एंजेलो अपनी आत्मकथा 'आई नो व्हाई द केज्ड बर्ड सिंग्स' के तेइसवें अध्याय में ऐसे ही एक गीत का उल्लेख करती हैं। इस एक गीत से उन लोगों की मुर्झायी हुई आत्मा फिर से हरी-भरी हो जाती है, वे फिर गर्व से सिर उठा पाती हैं। इसके बाद माया एंजेलो तमाम ज्ञात-अज्ञात अश्वेत कवियों को स्मरण करती हुई कहती हैं कि ज्ञात-अज्ञात अश्वेत कवियों तुम्हारे दुःख-दर्द ने हमें बचाए रखा, जिनके गीतों ने एकाकी रातों को कम एकाकी बना दिया, जिनकी कहानियों ने भोजन के खाली बरतनों को कम खाली बना दिया। इन गीतों-कहानियों ने इन गुलामों, इन अश्वेतों को भूख सहने की शक्ति दी, जीवित रहने का आत्मबल दिया, मनुष्य होने का आत्मगौरव प्रदान किया। आज जब इनका लेखन उपलब्ध है तो देखा जा सकता है कि यह साहित्य कितना अनोखा है। यह ऐसा गवाक्ष है जो अश्वेत अनुभवों-जीवन को चित्रित करता है, दिखाता है, दूसरों को अनुभव कराता है। यह वास्तविक जीवन की झलक मात्र है। इनका साहित्य किसी दृष्टि से कमतर नहीं है। अफ्रो-अमेरिकन स्त्री की रची कविता, कहानी, उपन्यास, आत्मकथाएँ साहित्य की सराहनीय उपलब्धियाँ हैं। यह साहित्य मानव संस्कृति की थाती है। मनुष्य के संघर्ष, अस्मिता, गौरव, उसकी जिजीविषा की निशानी है। अमेरिकी साहित्य और विश्व साहित्य अफ्रो-अमेरिकन साहित्य के बिना पूरा नहीं हो सकता है। हमारा दायित्व है कि इस साहित्यिक थाती को हम वर्तमान और आगामी पीढ़ियों तक पहुँचाएँ, उन्हें इससे परिचित कराएँ, इसे उनकी समझ-संवेदना का हिस्सा बनाएँ। उनकी समझ-संवेदना में इजाफा करें।

अमेरिकी समाज में गुलामी की प्रथा कानूनन समाप्त होने के बहुत समय बाद तक इन अफ्रो-अमेरिकन लोगों के लिए कुछ ही काम उपलब्ध थे। इन्हें सारे मनचाहे या अपनी योग्यता के अनुसार काम करने के अवसर उपलब्ध नहीं थे। ये काम निचले दर्जे के काम थे। पुरुषों के लिए दरबानी, किसान का काम, जेनिटर का काम। औरतों के लिए आया, धोबन, नाइट क्लब में नाचने-गाने वाली, वे वेश्यागिरि के काम तय थे। पोर्न फिल्मों में अश्वेत स्त्री-पुरुष दोनों के लिए काम उपलब्ध था। ऊँचे सम्मानजनक पेशे इनके लिए नहीं खुले हुए थे। उच्च पेशों पर इनका अधिकार बहुत बाद में जा कर हुआ। श्वेत लोगों की निगाह में ये लोग छोटे-मोटे काम के लायक ही थे। अधिकांश श्वेत लोगों का विचार था कि इन लोगों के पास बुद्धि की कमी होती है, ये ईमानदार नहीं होते हैं, कामचोर होते हैं, अपराध इनकी प्रकृति में समाया हुआ है। किसी सम्मानजनक और दायित्वपूर्ण काम के लायक इन्हें नहीं

समझा जाता था। ये खिलाड़ी बन कर देश के लिए मेडल जीत सकते थे, सेना में भर्ती हो कर देश सेवा कर सकते थे मगर किसी उच्च पद पर काम करने के अधिकारी न थे। माया एंजेलो इन सारी बातों को अपनी आत्मकथा में रेखांकित करती हैं। बर्नाड शॉ भी लिखते हैं कि अमेरिकी लोग पहले नीग्रो लोगों को जूते साफ करने का काम दे देते हैं और फिर कहते हैं कि ये तो जूते साफ करने के लायक ही हैं। नोबेल पुरस्कृत नाटककार हेरॉल्ड पिंटर कहते हैं कि किसी को पागल कुत्ता साबित करके उसे आसानी से गोली मारी जा सकती है।

जिस एफ्रो-अमेरिकी स्त्री रचनाकार को प्रथम साहित्यकार होने का सौभाग्य मिला, जिसकी और जिसके साहित्य की जानकारी आज उपलब्ध है, वह एक गुलाम के रूप में ही पैदा हुई थी। लूसी टेरी नामक यह स्त्री रोढ़ आइलैंड में पैदा हुई थी। 1756 में उसने अपनी स्वतन्त्रता प्राप्त की। 1746 में मूल अमेरिकन और श्वेतों के बीच हुई लड़ाई को उसकी कविता 'बार्स फाइट' शब्दों में पिरोती है। करीब सौ साल तक यह कविता मौखिक ही रही 1855 में जाकर इसका लिखित प्रकाशन हुआ। इन स्त्री रचनाकारों को दोहरा संघर्ष करना पड़ा। श्वेतों की गुलामी से तथा स्त्री होने के नाते अश्वेत पुरुषों की गुलामी से भी लड़ना पड़ा। इसीलिए एक अन्य महिला को घोषणा करनी पड़ी, "आइंट आई अ वूमन"। सोजर्नर ट्रूथ (Sojourner Truth) भी पहले एक गुलाम थी। बाद में वह प्रचारक बन गयी और उसे पादरी के पुरुषसत्तात्मक रवैये के विरोध में यह आवाज उठानी पड़ी। पादरी का कहना था कि पुरुष बुद्धिमान होते हैं अतः उन्हें ही धार्मिक प्रवचन देने का अधिकार है। श्रेष्ठ होने के कारण ईश्वर ने एक पुरुष को जीसस क्राइस्ट बनाया, स्त्री को नहीं। एक अन्य पुरुष ने कहा कि स्त्री कमजोर होती है उसे सदैव सहायता की जरूरत होती है। बग्घी से उतरने के लिए सहारा चाहिए होता है। सोजर्नर ट्रूथ ने इन बातों का उत्तर दिया। उसने कहा कि जीसस को एक स्त्री ने पैदा किया था, पुरुष कहाँ है उसके जन्म में। उसने कहा कि उसे कभी किसी पुरुष ने बग्घी से उतरने में सहायता नहीं दी, क्या वह स्त्री नहीं है? जब वह बोलने के लिए खड़ी हुई तो उसके लोगों ने उसे रोकना चाहा। कुछ लोगों को उसका यह दुस्साहस बहुत नागवार गुजरा। ऐसे पुरुष वर्चस्व वाले समाज में अपनी बात कह पाना बड़े साहस की बात है। चूँकि उसकी कही हुई बातें बाद में विभिन्न लोगों ने लिपिबद्ध की अतः उस दिन क्या हुआ होगा, कैसे हुआ होगा, इसके कई भिन्न दृश्य आज उपलब्ध हैं। जो भी दृश्य रहा हो यह सत्य है कि इसने अपनी बात कही। ट्रूथ कितनी साहसी रही होगी यह सोचा जा सकता है। उसका कहा वाक्य 'आइंट आई अ वूमन' 1951 में ओहियो के वीमेंस राइट कन्वेन्शन में प्रस्तुत किया गया था। इस स्त्री को अपने लोगों, अन्य स्त्रियों की आलोचना का शिकार होना पड़ा। अन्य स्त्रियों की आलोचना का क्योंकि बहुत कम

स्त्रियाँ अपना स्वतन्त्र नजरिया रखती हैं, अधिकांश पुरुष के नजरिये को ही आत्मसात् किये हुए जीती हैं। ब्रेन वाशिंग के कारण वह खुद नहीं सोचती है, दूसरों की सोच को अपनी सोच मान-जान कर प्रस्तुत करती है।

न्यूयॉर्क सिटी में हारलम नामक स्थान में बहुतायत में अश्वेत रहते आये हैं। यहाँ बीसवी सदी के दूसरे और तीसरे दशक में एक अफ्रो-अमेरिकन सांस्कृतिक आन्दोलन चला। इसे 'हारलम रजिस्टेंस' के नाम से जाना जाता है। इस आन्दोलन के कारण पहली बार अफ्रो-अमेरिकन साहित्य की ओर लोगों का ध्यान विशेष रूप से आकर्षित हुआ। इस आन्दोलन की कोई योजनाबद्ध, विधि सम्मत रूपरेखा तय करना कठिन है। परिभाषित करना कठिन हो लेकिन इसमें कवि, उपन्यासकार, नाटककार, राजनीतिक लेखक, संगीतकार, गायक सब शामिल थे। इन लोगों में एक बात साझा थी, ये अफ्रो-अमेरिकन अनुभवों को अपने काम में पिरो रहे थे। इनमें एक बात और साझा थी, ये नस्लीय गर्व से भरे हुए लोग थे, इनके भीतर अश्वेतों के सामाजिक और आर्थिक उन्नयन की तीव्र आकांक्षा थी। जिन गद्य लेखकों ने इस आन्दोलन को गति दी उनमें से ज्यादातर इतिहासकार और समाजशास्त्री थे। इस आन्दोलन से डू ब्याइस इस रूप में सर्वाधिक प्रसिद्ध हुए। इस काल में उपन्यासकार के रूप में जीन टूमर को नाम मिला। उनका उपन्यास 'केन' गरीब अश्वेतों के जीवन और हारलम प्रतिरोध को प्रतिध्वनित करता है। इस दौरान स्त्री रचनाकार भी सक्रिय थीं, यह दीगर बात है कि उनमें अधिकतर को वह सम्मान न मिला जिसकी वे हकदार थीं। यहाँ भी उन्हें अपने स्त्री होने का खामियाजा भुगतना पड़ा। उनके काम को उनके जाने के बाद प्रसिद्धि मिली। इस प्रसिद्धि का बायस कुछ स्त्री रचनाकार बनीं।

ऐतिहासिक दृष्टि से अफ्रो-अमेरिकन साहित्य में सर्वाधिक नाम और प्रेरणा के लिए, सामाजिक सक्रियता के लिए जिस स्त्री रचनाकार-साहित्यकार का नाम लिया जाता है वह है जोरा नील हर्सटन (Zora Neale Hurston)। हारलम रजिस्टेंस आन्दोलन ने कई लोगों को प्रसिद्धि दिलायी। जोरा उनमें से एक हैं। जोरा का जन्म 1891 में हुआ। इस स्त्री ने हॉवर्ड और कोलम्बिया विश्वविद्यालय में शिक्षा पायी। आलाबामा में पैदा हुई जोरा ने इस आन्दोलन में प्रमुख भूमिका निभायी हालाँकि इस स्त्री को अपने जीवनकाल में साहित्यिक बिरादरी में समादृत होने का अवसर न मिला। मगर बाद के कई स्त्री और पुरुष साहित्यकारों के लिए इसका जीवन और कार्य प्रेरणा बना। अफ्रो-अमेरिकन रचनाकार टोनी मॉरीसन और एलिस वॉकर अपने जीवन तथा कृतित्व में इस स्त्री का ऋण स्वीकारती हैं। कुछ पुरुष रचनाकार भी इसका ऋण स्वीकारते हैं। जीवन के अन्तिम दिनों में इसे लम्बे समय तक बीमारी से जूझना पड़ा। इसकी रचनाएँ अप्रकाशित ही रह जातीं यदि एलिस वॉकर ने इनके

प्रकाशन का बीड़ा न उठाया होता। जोरा ने अश्वेत लोकगीतों-लोककथाओं का संग्रह किया था। इसने अमेरिका के अलावा जमैइका, बरमूडा, हेयटी के लोकगीत भी जमा किये। ये स्वयं मानवशास्त्र में प्रशिक्षित थी। अपनी पढ़ाई के सिलसिले में उन्होंने विभिन्न अश्वेत समुदायों के मौखिक गीतों, कथाओं, रीति-रिवाजों का संग्रह किया। इसने अमेरिका के दक्षिण से 'म्यूल्स एंड मैन' नाम से लोकगीत जमा किये। जमैइका तथा हेयटी के लोक रीति-रिवाज के संग्रह का नाम 'टेल माई होर्स' है। 'देयर आईज वेयर वाचिंग गॉड' उनका अपना प्रसिद्ध उपन्यास है, 'जोनाह गोर्ड वाइन', 'सराफ ऑन द सुवानी' उनकी अन्य रचनाएँ हैं का शीर्षक 'डस्ट ट्रैक्स ऑन द रोड' नाम से उन्होंने अपनी आत्मकथा रची।

1960 में जोरा की मृत्यु हो गयी पर उनकी रचनाएँ नब्बे के दशक में जाकर प्रकाशित हो सकीं। जाहिर-सी बात इनके लेखन से बहुत सारे अश्वेत आलोचक भी प्रसन्न नहीं थे क्योंकि इन्होंने नस्लीय भेदभाव की समस्या को अपने लेखन का विषय नहीं बनाया। एक साक्षात्कार में जब उनसे पूछा गया कि वे ऐसा क्यों करती हैं? तो उन्होंने कहा कि मैंने यह नहीं किया क्योंकि मैं उपन्यास लिख रही थी, समाजशास्त्र पर दस्तावेज (ट्रीटी) नहीं। उनके अनुसार बहुत-से अश्वेत लेखक यह गलती करते हैं। वे कला को समाजशास्त्र से गड्डमड्ड कर देते हैं। जोरा की सोच और उनके जीवनानुभवों में एक फाँक नजर आती है। नस्लवाद को सिरे से नकारने वाली जोरा स्वयं जिन्दगी भर नस्लवाद का शिकार हुई। जिन्दगी का अधिकांश हिस्सा उन्हें आया के रूप में काम करते हुए बिताना पड़ा। असुरक्षा, दर्द, गरीबी झेलते हुए इस रचनाकार की मौत हुई। जो इतना स्वतन्त्र चिन्तन कर सकता है उसे इतिहास में दर्ज होना चाहिए। जोरा इतिहास में दर्ज हुई, पर बहुत समय के बाद हुई। कुछ लोगों के अथक प्रयास के कारण हुई। जोरा ने चार उपन्यास और पचास से अधिक कहानियाँ, लेख, जीवनी और नाटक लिखे।

एक मिशन के तौर पर जोरा नील हर्सटन के काम को प्रकाश में लाने वाली और जोरा की साहित्यिक विरासत को आगे बढ़ाने वाली, उनको अपनी ऑन्टी का दर्जा देने वाली एलिस वॉकर का जन्म 9 फरवरी, 1944 को जोर्जिया के एक छोटे-से कस्बे इटोन्टोन में हुआ था। इनके पिता का नाम विली ली और माता का नाम मिनी ग्रान्ट वॉकर है। पाँच भाइयों और तीन बहनों में सबसे छोटी एलिस की एक आँख बचपन में एक दुर्घटना में जाती रही। एक चीनी कहावत है क्या अच्छा, क्या बुरा। सच में कहना मुश्किल है कि क्या अच्छा होता है क्या बुरा होता है। एलिस के विषय में भी यह कहावत सही लगती है। इस दुर्घटना ने उन्हें बदल दिया, दूसरों से काट कर एक अलग दूसरी एकाकी दुनिया में स्थापित कर दिया। छः साल बाद चौदह साल की उम्र में एक ऑपरेशन द्वारा देखने में आँख काफी कुछ सामान्य हो गयी

मगर इसका असर एलिस के मन पर सदा बना रहा। वे इस मनोवैज्ञानिक हादसे से कभी नहीं उबर पायी। यह आन्तरिक घाव सदा उनके साथ रहा। उनके लेखक बनने में भी इस दुःखद स्थिति का काफी हाथ है। इस बात से हुए अनुभव के विषय में वे 'इन सर्च ऑफ आवर मदर्स गार्डेन्स' में लिखती हैं कि मैं विश्वास करती हूँ... कि इसी समय से मेरा एकान्त, एकाकी स्थिति, बाहर कर दी गयी पोजीशन के कारण मैंने लोगों और चीजों को वास्तव में देखना शुरू किया। सम्बन्धों को ध्यान से देखना और चीजें कौन-सा मोड़ लेंगी इसका धैर्य के साथ इन्तजार करना सीखा। मुझे कभी नहीं लगा कि मैं एक छोटी बच्ची थी। मुझे बुढ़ापा अनुभव होता क्योंकि मैं अनुभव करती थी कि मैं देखने में अच्छी नहीं हूँ, मैं सदैव शर्म से भरी रहती। मैं एकान्त में सिकुड़ गयी और कहानियाँ पढ़ने और कविताएँ लिखने लगी। 1983 में लिखी अपनी इस किताब की शुरुआत एलिस ने जीन टूमर की किताब 'केन' की एक टिप्पणी से की है। टिप्पणी है कि जब घूमने के लिए टूमर दक्षिण गया तो उसने एक बहुत आश्चर्यजनक बात देखी। अश्वेत स्त्रियों की आध्यात्मिकता बहुत सघन, गहन और अचेतन है पर इन्हें अपनी इस समृद्धि का खुद कोई भान नहीं है। इस बात से एलिस को अश्वेत महिलाओं की सच्ची शक्ति का ज्ञान हुआ। एलिस वॉकर ने टूमर की इस बात को अपनी और अपने लेखन की शक्ति बना लिया।

अपनी आँख की इसी अपंगता के कारण एलिस वॉकर को स्पेलमैन कॉलेज की स्कॉलरशिप प्राप्त हुई। इस कॉलेज में जाकर इनका जीवन पूरी तरह बदल गया। अटलांटा की यह संस्था अश्वेत स्त्री की शिक्षा के लिए थी। ये स्मरण करती हैं कि जब वे पढ़ने के लिए जा रही थीं उनकी माँ ने उन्हें तीन चीजें दी—एक सूटकेस, एक टाइपराइटर, और एक सिलाई मशीन। साथ ही उन्हें थमाये थे कुछ व्यावहारिक मूल्य। उनकी माँ ने दूसरों के घर में आया का काम करके 20 डॉलर जमा किये थे और इस राशि से ये चीजें खरीदी थीं। उनके इलाके में शायद ही किसी के पास सूटकेस था। सिलाई मशीन आत्मनिर्भरता का प्रतीक है। हाथ में सूई-डोरा लिये सलाई करते रहना एफ्रो-अमेरिकन स्त्री के जीवन की एक महत्त्वपूर्ण क्रिया है। अफ्रो-अमेरिकन साहित्य की इस विशेषता को 'क्विल्टिंग' कहा जाता है। अफ्रो-अमेरिकन साहित्य में, एलिस वॉकर के साहित्य में भी स्त्रियाँ निरन्तर परदे, रजाई अथवा अन्य कपड़े सिलती नजर आती हैं। उनके 'द कलर पर्पल' में सीली निरन्तर सिलाई करती है। पहले परदे, रजाई फिर पैंट्स सिलती है। ये काम उसे दुःख-दर्द सहने में सहायता करते हैं। इसी कार्य से वह शुग से जुड़ती है बाद में यही उसकी आर्थिक आत्मनिर्भरता का साधन बनता है और इसी के द्वारा उसमें तथा मिस्टर अलबर्ट में भी निकटता बढ़ती है। सूटकेस एक प्रतीक है। एलिस के लिए यह सूटकेस यात्र के प्रतीक रूप में था। टाइपराइटर का सन्देश बहुत सीधा था,

'लिखा करो'। एलिस ने लिखा और खूब लिखा, खूब अच्छा लिखा। अच्छा लिख कर साहित्य में अपनी खास जगह बनायी है।

जोरा नील हर्टसन के अलावा उनकी अपनी माँ भी एलिस वॉकर के लिए प्रेरणा रही हैं। उनकी माँ एक साहसी और स्वतन्त्र विचारों की स्त्री थीं। वे 17 साल की उम्र में घर से भाग निकली, उन्होंने आठ बच्चों को जन्म दिया। उनकी माँ घर-बच्चे सँभालने के अलावा अपने पति के साथ खेतों में काम करती रही। उन्होंने अपनी इस मजबूत माँ के विषय में अपने साहित्य में खूब लिखा है। माँ, दादी, नानी ये स्त्रियाँ बिना कुछ बोले, मौन रह कर, अपने काम के द्वारा अपनी अगली पीढ़ी को शक्ति थमाती चलती हैं। अपनी सन्तान में सृजनात्मकता के बीज रोपती जाती हैं, भले ही इस रचनात्मकता को देखने का अवसर उन्हें मिले अथवा न मिले। एलिस वॉकर ने कविताएँ, कहानियाँ, उपन्यास, लेख, संस्मरण तमाम विधाओं में लिखा है। 'वन्स', 'रिवोलूशनरी पेटूनियाज', 'गुड नाइट विली ली', 'आई शेल सी यू इन द मॉर्निंग' तथा 'हॉर्स मेक अ लैंडस्केप लुक मोर ब्यूटीफुल' उनके कविता संग्रह हैं। उनके उपन्यासों के नाम 'द थर्ड लाइफ ऑफ ग्रैंज कोपलैंड', 'मेरिडियन' तथा 'द कलर पर्पल' हैं। 'इन लव एंड ट्रबल्स' उनका कहानी संग्रह है। इसके अलावा उन्होंने अश्वेत कवियों के जीवन, स्त्री मुद्दों पर बहुत सारे लेख लिखे हैं। वे एक लम्बे समय तक 'मिस' नामक पत्रिका के लिए भी लिखती रही हैं। नागरिक अधिकारों के आन्दोलन की वे एक सक्रिय सदस्य रही हैं। उपन्यास 'द कलर पर्पल' के लिए एलिस को पुलित्जर पुरस्कार प्राप्त हुआ। इस उपन्यास पर एक फिल्म भी बनी है।

एलिस वॉकर के काफी पहले से अफ्रो-अमेरिकन महिलाएँ साहित्य रचती आ रही हैं। इनसे करीब दो शताब्दी पहले फिलिस वीटले (Phillis Wheatley) हुई थीं जिन्होंने अपने समय की सामाजिक स्थितियों के चित्रण के लिए अपनी कविताओं में मिथकों का प्रयोग किया। अफ्रीका में शायद 1753(?) में जन्मी इस महिला को प्रारम्भिक एफ्रो-अमेरिकन कवयित्री होने की संज्ञा दी जाती है। आठ साल की उम्र में उसे अफ्रीका में पकड़ लिया गया और गुलाम के रूप में अमेरिका ले जाया गया था। मेसाचुसेट्स के बोस्टन शहर में ला कर उसे वीटले परिवार के हाथों बेच दिया गया। इसी कारण उसका नाम वीटले पड़ा। इस संवेदनशील युवती ने तेरह साल की उम्र से कविताएँ लिखनी प्रारम्भ कर दी। संयोग कुछ ऐसा बना कि 1773 में वीटले परिवार इंग्लैंड गया, उनके साथ वह इंग्लैंड चली गयी। जहाँ वह साहित्यिक बिरादरी में समादृत हुई। उसकी कविताओं पर एलेक्जेंडर पोप का प्रभाव था। लेकिन इससे भी अधिक महत्त्वपूर्ण बात है कि उसकी कविताओं में यूनानी मिथक और मिथकीय नायकों की प्रधानता मिलती है। इन कविताओं में उस काल की सामाजिक स्थिति, स्त्री दमन और गुलामी को यूनानी मिथक का जामा पहना कर वीटले ने प्रस्तुत किया

है। कुछ समय के बाद फिलिस वीटले बोस्टन वापस लौट आयी। अमेरिका में तब तक अश्वेत लोगों की रचनाओं के प्रकाशन की कोई गुंजाइश नहीं थी। अन्त तक उसकी कविताओं का प्रकाशन ब्रिटेन में ही हुआ। उसकी मृत्यु 1784 में हुई। एलिस वॉकर को लेखन की यह विरासत मिली।

व्यक्ति को बहुत सोच-समझ कर बोलना चाहिए। जिन लोगों का बहुत सम्मान होता है, जिन्हें बहुत संवेदनशील, बुद्धिमान और जानकार माना जाता है वे भी कभी-कभी इतनी निचली स्तर की बात कह देते हैं कि उनकी अक्ल पर शक होने लगता है। कुछ लोग पहले मानते थे और आज भी कुछ लोग मानते हैं कि अश्वेत लोग मानसिक-बौद्धिक रूप से कमतर होते हैं अतः गुलाम बनने के ही योग्य होते हैं। ऐसे लोगों ने, जिनमें थॉमल जेफरसन भी थे, जिसने आगे चल कर फिलिस वीटले की आलोचना करते हुए कहा कि उसकी कविताओं का स्तर बहुत नीचा था। मिथकों का उसे ठीक से ज्ञान नहीं था। वे उसके कवि होने पर ही प्रश्न खड़ा करते हैं। सोचना होगा, क्या सारी कविताएँ एक ही मानदंड से नापी जानी चाहिए? वीटले का लैटिन ज्ञान कमजोर हो सकता है, तो क्या उसे कविताएँ लिखने, खुद को अभिव्यक्त करने का अधिकार नहीं है? काफी समय तक लैटिन-संस्कृत, क्लासिकल भाषाओं को ही ज्ञान का मापदंड माना जाता था। उस समय कुछ लोग मानते थे कि यदि कोई नीग्रो लैटिन का ज्ञान हासिल करके दिखा दे तो उसे मनुष्य मानना चाहिए, अन्यथा वे मनुष्य होने के काबिल नहीं हैं। मैथ्यू ऑर्नाल्ड ने जब मेरी चर्च टेरेल को ग्रीक काव्य पाठ करते सुना तो आश्चर्य से भर गये क्योंकि वे सोचते थे कि अश्वेतों की जिव्हा इतनी मोटी होती है कि वे लोग ग्रीक भाषा पढ़ ही नहीं सकते हैं।

बीसवीं सदी में भी कुछ लोगों का विचार था कि अश्वेत छात्र क्लासिक, शास्त्रीय ज्ञान जानने-पढ़ने के लायक नहीं होते हैं। कुछ अश्वेत लोगों ने इन लोगों की बात के चक्कर में पड़ कर इस चुनौती को स्वीकार कर लिया और क्लासिक भाषाएँ और साहित्य पढ़ना शुरू कर दिया। यह चुनौती उस समय दी जा रही थी जिस समय कुछ अश्वेत पहले से विश्वविद्यालयों में लैटिन और ग्रीक भाषाएँ पढ़ा रहे थे। कुछ लोग अपनी सत्ता के मद में दूसरों को मनुष्य गिनने को राजी नहीं होते हैं। सत्ताधारी लोगों के समक्ष खुद को साबित करना आसान नहीं होता है। लेकिन ठान लेने पर क्या कुछ नहीं किया जा सकता है। अफ्रो-अमेरिकी नस्ल के लोगों ने यह कठिन कार्य कर दिखाया। गुलामों को गुलामी प्रथा समाप्त होने के बाद भी लगातार खुद को सिद्ध करना पड़ा। एना जूलिया कूपर (Anna Julia Cooper), फ्रांसेस जैक्सन कूपिन (Frances Jackson Coppin) तथा मेरी चर्च टेरेल (Mary Church Terrell) ने खुद को सिद्ध करने के लिए ग्रीक-लैटिन, क्लासिक साहित्य का अध्ययन किया। जीवन की यह भी एक विडम्बना है कि अपनी अस्मिता को दूसरों के पैमाने पर सिद्ध

करना होता है। क्यों मनुष्य को ऐसा करने पर मजबूर होना पड़ता है? यह कैसी विडम्बना है कि गोरों के सामने खुद को सिद्ध करने के लिए अफ्रो-अमेरिकन लोगों को काफी समय तक बेबात यूरोपीय साहित्य का अध्ययन करना पड़ा। अफ्रीका का अपना साहित्य, भले ही वह लोक साहित्य क्यों न हो, बहुत समृद्ध रहा है। मगर अफ्रीका की अपनी विरासत बहुत समय तक स्तरीय नहीं मानी गयी। प्रभुओं ने बहुत समय तक नहीं माना कि ये अश्वेत लोग भी सभ्यता का पाठ न केवल जानते हैं वरन् दूसरों को भी पढ़ा सकते हैं। अश्वेत लोग लगे रहे, कब तक उन्हें अस्वीकार किया जाता। आज अपनी लगन, मेहनत और आधिकारिक चित्रण के बल पर अफ्रो-अमेरिकी समुदाय स्तरीय साहित्य में समादृत है। इन रचनाकारों ने निरन्तर अथक प्रयास करके अपना लोहा मनवा लिया है। इन रचनाकारों में स्त्री-पुरुष दोनों समाहित हैं। यहाँ हम केवल स्त्री रचनाकारों की बात करेंगे।

जिसे हम अपने से ऊपर का, बेहतर मानते-जानते हैं हम उसी के मापदंड पर खुद का मूल्यांकन करने लगते हैं। दूसरों के पैमाने से खुद को देखने का नतीजा बहुत भयंकर होता है। अफ्रो-अमेरिकन खुद को बहुत समय तक श्वेत मापदंड पर ही परख रहे थे। यह बात माया एंजेलो अपनी आत्मकथा में लिखती हैं। यही बात टोनी मॉरीसन अपने प्रसिद्ध, पहले उपन्यास 'द ब्लूएस्ट आई' में दिखाती हैं। एक साक्षात्कार में वे बताती हैं कि 60 के दशक में अश्वेत पुरुष साहित्यकार अश्वेत महिलाओं को अपनी रचनाओं में सुन्दर और अच्छी दिखा रहे थे। उस समय एक नारा 'ब्लैक इज ब्यूटीफुल' प्रचलित किया गया था। कहा जा रहा था कि काला सुन्दर होता है। यह केवल एक नारा था। वास्तविकता कुछ और थी, इससे बिल्कुल अलग थी। वास्तविकता यह थी कि उस समय भी अमेरिकी समाज में अश्वेत रंग बदसूरती का प्रतीक था। गोरों की नजर में, साथ-ही-साथ खुद अश्वेत समुदाय की अपनी नजर में भी काला होना असुन्दर होना था। यदि ऐसा न होता तो माया एंजेलो अपनी आत्मकथा 'आई नो व्हाई द केज्ड बर्ड सिंग्स' में नहीं लिखती कि चर्च में खड़ी वह बच्ची बदसूरत है, दूसरों की निगाह में और अपनी निगाह में भी। जिसे सब अच्छा मानते हैं और पाना चाहते हैं वह एक गोरी सुन्दर बच्ची है। गोरी बच्ची अच्छी है, उसे सब प्यार करते हैं। रंग का यह जादू न मालूम कितनों को ले डूबता है। यह सारी दुनिया की कहानी है। न जाने कितने लोग काले रंग के कारण हीन भावना के शिकार होते हैं। इसी का फायदा उठा कर प्रसाधन और विज्ञापन उद्योग करोड़ों का लाभ कमाते हैं।

हालाँकि जो पुरुष साहित्यकार 'ब्लैक इज ब्यूटीफुल' का नारा दे रहे थे वे सशक्त, उग्र और विद्रोही स्वभाव के लेखक थे। ये अपने लेखन में अश्वेत स्त्री को बहुत सकारात्मक रूप में प्रस्तुत कर रहे थे। उन्हें समाज में सम्मान और पहचान

दिलाने के लिए लिख रहे थे। मगर सम्मान और अस्मिता के लिए यह काफी नहीं था। टोनी मॉरीसन को लगा कि इन लोगों के लिखने के बावजूद काफी कुछ साहित्य में नहीं आ पा रहा है। जो वे पढ़ना चाहती थीं, जो वास्तविकता थी वह साहित्य में उपस्थित नहीं थी। उस समय वास्तविकता दुःखदायी थी। उस समय महिलाओं की खासकर किशोरी स्त्री की जो स्थिति थी उसे लेकर टोनी मॉरीसन खासी चिन्तित थीं। उन्हें लगता था कि अगर उसे लिखा नहीं गया तो एक समय आयेगा जब लोग भूल जाएँगे कि बदसूरती का दुःख क्या होता है। बाद में आप स्वयं को सुन्दर स्वीकार कर सकते हैं। किशोरावस्था में, कच्ची उम्र में चमड़ी का रंग मायने रखता है। रंग सम्बन्धी सामाजिक नजरिये से व्यक्तित्व का निर्माण होता है। समाज-साहित्य में कुछ अश्वेत महिलाओं को स्थान मिल रहा था। मगर वे आया थीं, हाउसकीपर, खेतों में काम कर रही थीं। टोनी कहती हैं कि भले ही एक खास रूप में स्त्री यहाँ-वहाँ थी। पर बच्चों का जिक्र कहीं नहीं था। बालिका और विशेष तौर पर अश्वेत बालिका कहीं नहीं थी, युवा होती बच्ची कहीं नामोनिशान न था। न समाज उसकी चिन्ता कर रहा था न ही साहित्य में उसे स्थान मिल रहा था। जबकि वास्तविकता यह थी कि वह अपनी बदसूरती को लेकर बहुत परेशान थी। बहुत दुःखी और दिशाहारा थी। साहित्य में उसकी चोट का, उसके दुःख-दर्द का कहीं कोई जिक्र न था। एक वर्कशॉप के दौरान इसी दर्द को दिखाने के लिए टोनी मॉरीसन ने अपनी यह कहानी 'द ब्लूएस्ट आई' लिखी। जिसे बाद में विस्तार करके उन्होंने एक उपन्यास का रूप दिया। इस उपन्यास ने उन्हें खूब नाम और पहचान दी।

बच्चे बहुत मासूम होते हैं, कभी-कभी यह मासूमियत उन्हें बहुत महँगी पड़ती है। उनके उपन्यास 'द ब्लूएस्ट आई' में एक अश्वेत किशोरी है, यह किशोरी सोचती है कि यदि उसे नीली आँखें मिल जाएँ तो उसकी और उसके परिवार की सारी समस्याएँ समाप्त हो जाएँगी। यह टोनी मॉरीसन की किशोरावस्था की सहेलियों और उनके आसपास की कहानी है, जहाँ लड़कियाँ नीली आँखों के लिए सदैव प्रार्थना किया करती थीं। जब बच्चे का मन कोमल-कच्चा होता है उस समय समाज उसके मन में कैसी-कैसी सही-गलत आकांक्षाएँ जगा देता है। आज भी दुनिया की न जाने कितनी किशोरियाँ गोरे रंग और नीली आँखों के लिए लालायित हैं। हिपोलीन टेन जिस नस्ल-जातीयता की बात कर रहे हैं उसे जाने बिना एफ्रो-अमेरिकन साहित्य को नहीं समझा जा सकता है। साहित्य सन्दर्भगत होता है। अमेरिकी समाज में श्वेत-अश्वेत सन्दर्भ काफी भिन्न हैं। दोनों दो भिन्न नस्ल हैं, उनके सन्दर्भ भी भिन्न हैं। उनका साहित्य भी भिन्न है।

प्रारम्भ में श्वेत पाठकों का ध्यान आकर्षित करने के लिए अश्वेत रचनाकारों ने कई युक्तियाँ अपनायीं। कुछ उपाय किये। गेंडोलिन ब्रूक्स कहती हैं कि उन्होंने

श्वेत पाठकों को अपने लेखन की ओर आकर्षित करने के लिए, उनके सामने खुद को सिद्ध करने के लिए अपनी आत्मकथा में क्लासिक महाकाव्य से प्रेरणा ली है। जानबूझ कर यूरोपीय काव्य-मिथकों को अपने लेखन में शामिल किया। जानबूझ कर साहित्य में यदि कुछ डाला जाता है तो जाहिर है उसका नतीजा अच्छा नहीं निकलता है। ब्रूक्स को इस उपाय से फायदा नहीं हुआ, इससे उनका नुकसान ही हुआ। अश्वेत पाठक पता नहीं उनकी रचनाओं के पास आये या नहीं। हाँ, एक बात पक्की तौर पर हुई, उनके अश्वेत पाठक उनसे दूर हो गये। 1917 में जन्मी ब्रूक्स पहली अफ्रो-अमेरिकन स्त्री लेखक हैं जिन्हें 1950 में अपने कविता संग्रह 'एनी एलन' के लिए पुलित्जर पुरस्कार मिला। 'द बीन ईटर्स', 'इन द मक्का', 'रायट', 'फैमली पिक्चर्स', 'अलोननेस' आदि उनके अन्य काव्य संग्रहों के शीर्षक हैं। वे शहरी अश्वेत जीवन को चित्रित करने वाली कवयित्री हैं। उनका उपन्यास 'मौद मार्था' बहुत प्रसिद्ध हुआ। उनके बाल कविता संग्रह का नाम 'ब्रोन्जविले ब्यॉज एंड गर्ल्स' है। गेंडोलिन ब्रूक्स ने अपनी जीवनी 'रिपोर्ट फ्रॉम पार्ट वन' तथा 'रिपोर्ट फ्रॉम पार्ट टू' नाम से प्रकाशित करवायी। उन्होंने अश्वेत कविताओं के प्रचार-प्रसार के लिए खूब काम किया। उन्हें साहित्य के बहुत सारे मान-सम्मान प्राप्त हुए हैं। पहले वे भीतरी अश्वेत संघर्ष के विषय पर लिख रही थीं पर बाद में उन्होंने बाहरी संघर्ष, नस्लवाद पर आक्रमण शुरू कर दिया।

आन्दोलन खासकर अमेरिकन गृह युद्ध (1861-1865) के समय जम कर श्वेत-अश्वेत संघर्ष चला। आन्दोलन के इन अनुभवों को कुछ लेखकों ने अपनी रचनाओं का विषय बनाया। अफ्रो-अमेरिकन साहित्य में उन्नीसवीं सदी में जीवनी, आत्मकथा एक प्रमुख विधा के रूप में उभरी। दास साहित्य में इसी समय इन विधाओं, जीवनी, आत्मकथा की अभिव्यक्ति मिलती है। फ्रेडरिक डगलस (Frederick Douglass 1817-1895) उनमें से एक था। उसने अपने जीवन के संघर्षों को इसी विधा में प्रस्तुत किया। उसकी जीवनी का नाम 'नरेटिव ऑफ द लाइफ ऑफ फ्रेडरिक डगलस, एन अमेरिकन स्लेव' है। यह 1845 में प्रकाशित हुई। इसमें डगलस ने गुलामी के अपने जीवन और अपनी तथा दूसरों की स्वतन्त्रता के लिए किये गये संघर्षों का चित्रण किया है। उसने इस जीवनी को कई बार लिखा और इसे विस्तार दिया। वे एक बात पर जोर देते हैं, उनके अनुसार अफ्रो-अमेरिकन के लिए विकास का अवसर प्रदान करने में शिक्षा की महत्त्वपूर्ण भूमिका है। वे अपनी जीवनी लिख सके, उनके लिए यह शिक्षा द्वारा ही सम्भव हो सका।

शिक्षा प्राप्त करके गुलाम अपनी जीवनी लिख सकते थे। ऐसा उन लोगों ने किया। मगर लिख लेना काफी नहीं होता है, लिखने के बाद उसका प्रकाशित होना भी लेखन का एक महत्त्वपूर्ण हिस्सा है। उसका वितरण भी मायने रखता है। गुलाम

अफ्रो-अमेरिकन के लिए अमेरिका में अपनी किताब प्रकाशित करवा पाना असम्भव नहीं तो आसान भी नहीं था। उन्हें इस काम के लिए दासता विरोधी आन्दोलन, दास उद्धारक (एबोलिशनिस्ट) के श्वेत अमेरिकन सदस्यों का मुँह जोहना पड़ता था। हैरिएट जैकब्स ने ऐसे ही लोगों के द्वारा अपनी जीवनी प्रकाशित करवायी थी। लोग अश्वेत लेखन की विश्वसनीयता को ले कर काफी शंकित थे। डगलस की जीवनी की भूमिका एक श्वेत व्यक्ति विलियम लोयड गैरीसन ने लिखी थी। उसने भूमिका में पाठकों को लेखक पर विश्वास करने के लिए कहा। इससे यह भी पता चलता है कि प्रारम्भ में अश्वेत-अमेरिकन लेखन पर पाठकों का विश्वास न था। आज डगलस का लेखन साहित्यिक दस्तावेज है।

इसके बहुत बाद तक ऐसी स्थिति बनी रही। ये लोग जो लिख रहे थे, प्रकाशन के संकट से जूझ रहे थे। ये अपने लेखन में बाकी लोगों को कटघरे में खड़ा कर रहे थे। भला कोई क्यों कटघरे में खड़ा होना चाहेगा? इनका अनोखा-कटु अनुभवजन्य ज्ञान इनकी पूँजी थी। टोनी मॉरीसन कहती हैं कि जो ज्ञान चौसर, या दाँते या कैटुलस या सोफोक्लिस या शेक्सपीयर या डिकेंस को उपलब्ध नहीं था वह इन लोगों के पास है, बल्कि इन्हें सहज उपलब्ध है।

1969 में एक समय ऐसा आया जब चाहे वे राजनीति में बिल्कुल रुचि नहीं रखते थे अथवा वे राजनीतिक नजरिया रखने वाले थे। अथवा उनका झुकाव राजनीति की ओर था, वे जागरूक थे, आक्रामक थे, सब पर केवल राजनीतिक होने का ठप्पा लगा दिया गया था। उन्हें साहित्यिक बिरादरी से बाहर करने की एक मुहिम चल पड़ी थी। अफ्रो-अमेरिकन सिर्फ इसी काबिल समझे जा रहे थे। उनके काम की समीक्षा एक खास तरह का चश्मा लगा कर की जा रही थी। उनके लिखे के मनमाने राजनीतिक अर्थ निकाले जा रहे थे। अगर फिलिप वीटले ने लिखा, "आकाश नीला है" तो ऐसा क्यों लिखा? जटिल प्रश्न था कि एक अश्वेत स्त्री के लिए नीले आसमान का क्या अर्थ था? अगर जीन टूमर ने लिखा, "लोहा गर्म है", तो प्रश्न था कि उसने गुलामी की स्थिति का कितना सटीक अथवा कितना गलत अर्थ लगाया। यह बोझ न केवल समीक्षकों के कन्धे पर था बल्कि पाठकों पर भी था। दुनिया की किसी भी नस्ल का पाठक अश्वेत लेखक की साहित्यिक दुनिया में कैसे, किस ओर से प्रवेश करे? पाठक खासकर श्वेत पाठक के विषय में जो दिखाया गया है, जो बताया गया है, जो उद्घाटित किया गया क्या इससे सदैव उनके गलत होने का अहसास नहीं होगा? गलत समझे जाने की पूरी-पूरी सम्भावना बनती है। अतः अश्वेत लेखक की आधिकारिकता मानने को लोग तैयार नहीं हो रहे थे।

एक ही देश का होने के कारण श्वेत-अश्वेत समुदाय अमेरिका में एक दूसरे के भौतिक, सामाजिक और कार्य के सिलसिले में लगातार एक दूसरे के आस-पास

रह रहे थे। श्वेत मालिक और अश्वेत उनके गुलाम, उनकी सम्पत्ति थे। श्वेत मालिक अश्वेत गुलाम स्त्री का मनचाहा उपयोग कर रहे थे। अफ्रो-अमेरिकन स्त्री और श्वेत अमेरिकन पुरुष के संयोग से बच्चा पैदा होना कोई बड़ी बात न थी। ये बच्चे मुलाटो कहलाते थे। ये बच्चे श्वेत समुदाय का अंग नहीं होते थे। श्वेत पुरुष इन बच्चों की परवरिश की जिम्मेदारी नहीं लेते थे, अक्सर उन्हें अपना भी स्वीकार नहीं करते थे। इन बच्चों का भविष्य और नियति इनकी अश्वेत माँ के साथ बँधी होती थी। इसी को एक अश्वेत लेखक विलियम वेल्स ब्राउन (William Wells Brown) ने अपनी रचना का विषय बनाया। इस लेखक की एक और विशेषता है। यह पहला अफ्रो-अमेरिकन लेखक है जिसने अपना उपन्यास प्रकाशित करवाया। उसने अपने उपन्यास 'क्लोटेल' में इतिहास, ऐतिहासिक कल्पना, राष्ट्रीय गाथाएँ, नस्ल के विषय में बढ़ती खाई को मिला-जुला कर प्रस्तुत किया है। 1853 में प्रकाशित इस कृति में काल्पनिक रूप से माना गया है कि थॉमल जेफरसन से अश्वेत गुलाम स्त्री को बच्चे पैदा होते हैं। जाहिर है यह बच्चा गुलाम है। इसमें लेखक स्वतन्त्रता के अमेरिकी आदर्श और यथार्थ में अमेरिकी दास के जीवन की स्थितियों की विषमता-विसंगतियों को दिखाता है। सैद्धान्तिक रूप से इन गुलाम बच्चों के लिए भी स्वतन्त्रता का विश्वास दिलाया गया था। मगर वास्तविकता कुछ और थी। ये गुलामी भोगने को अभिशप्त थे।

समय के साथ अमेरिकी समाज में भी बदलाव आया। उन्नीसवीं सदी में गुलामों के सामाजिक-राजनीतिक जीवन में कुछ परिवर्तन आया। उन दिनों गुलामों को अपनी स्वतन्त्रता खरीदने का अधिकार मिल गया था। टोनी मॉरीसन के उपन्यास 'बिलवड' का एक पात्र हाले अपनी माँ बेबी शुग्स के लिए स्वतन्त्रता खरीद देता है इसके एवज में वह खुद जिन्दगी भर गुलाम रहता है। अपनी माता और अपना मिला कर दुगना काम करता है। लेखक विलियम वेल्स ब्राउन स्वयं 1834 में दासता से मुक्त हुआ था। बाद में उसने खुद को शिक्षित किया। उसने दासता विरोधी आन्दोलन काल में लेक्चरर के रूप में काम किया। लेखन को अपना पेशा बना लिया। वह अपने लेखन के द्वारा दासता विरोधी आन्दोलन के प्रति लोगों की सहानुभूति पाने की आशा रखता था। उस समय तक अमेरिका में इन लोगों के लिए प्रकाशन की कोई राह न थी। ब्राउन का कार्य 'क्लोटेल' जिसे 'द प्रेसीडेंट्स डॉटर' के नाम से भी जाना जाता है, इंग्लैंड में प्रकाशित हुआ था। इसे अफ्रो-अमेरिकन द्वारा लिखे प्रथम उपन्यास होने का श्रेय प्राप्त है। इस उपन्यास में दासों की नीलामी का बहुत विस्तार से वर्णन है। स्वतन्त्रता के लिए शिक्षा के महत्त्व से इनकार नहीं किया जा सकता है। खुद को अभिव्यक्त करने में, विशेष रूप से लिखित अभिव्यक्ति में शिक्षा की अहम् भूमिका है।

विश्व के प्रथम उपन्यास को ले कर काफी समय तक बौद्धिक जगत् में विमर्श

चलता रहा। परन्तु आज यह निर्विवाद है कि प्रथम उपन्यास 'गैंजी' स्त्री द्वारा रचा गया। अमेरिका से प्रकाशित होने वाले प्रथम उपन्यास का श्रेय भी एक स्त्री को जाता है। हैरिएट विल्सन (Harriet E- Wilson) ने 1859 में अपना उपन्यास 'आवर निग' प्रकाशित किया। यह उपन्यास अश्वेत गुलाम जीवन का कच्चा चिट्ठा है। इस उपन्यास में अमेरिका के उत्तर के मुक्त अश्वेतों की कठिनाइयों का चित्रण है। इसी दौरान फ्रांसेस एलेन वाट्किंस हार्पर के स्री अधिकारों तथा स्त्री स्वातन्त्र्य से सम्बन्धित कई कविता संग्रह तथा चार उपन्यास, कहानियाँ, लेख और पत्र प्रकाशित हुए। यह देख-जान कर आश्चर्य होता है कि इतनी अमानवीय-दमनकारी परिस्थितियों में भी ये स्त्रियाँ सृजन कर रही थीं। इन रचनाकारों ने जिन विषम परिस्थितियों में लेखन किया उसे नमन करने का मन होता है। लेखन में रुचि रखने वाले वर्तमान और भविष्य के लोगों के लिए ये स्त्री रचनाकार प्रेरणा बन सकती हैं। आज की परिस्थितियों में भी ये साहसी रचनाकार हमें काफी कुछ सिखा सकती हैं। इनका कार्य और इनका जीवन जानने से पता चलता है कि इन लोगों ने अपनी रचनाओं में न केवल स्त्री के अधिकारों के लिए आवाज उठायी वरन् नागरिक अधिकारों के लिए भी संघर्ष किया। इन लोगों ने नस्लभेद, लिंगभेद के खिलाफ काम किया, मनुष्य को उसकी अस्मिता, उसका सम्मान दिलाने का अथक प्रयास किया। लिख कर इन्होंने खुद को दासता, श्वेत स्त्री-पुरुष की अधीनता से मुक्त किया। अपने पुरुषों, अश्वेत पुरुषों के मर्दवादी रवैये के खिलाफ जम कर लिखा।

उन्नीसवीं सदी के पूर्वार्ध में एक अफ्रो-अमेरिकन (मुलाटो) लेखिका हुई जिसने दास जीवन की कठिनाइयों को सरल बनाने का अपने लेखन में उपाय बताया। हैरिएट जैकब्स (Harriet Jacobs) ने 'इंसिडेंट्स इन द लाइफ ऑफ ए स्लेव गर्ल' में अपने लिए लिंडा ब्रेंट नाम अपनाया और चित्रित किया कि कैसे एक युवा गुलाम लड़की अपने मालिक के द्वारा किये जाने वाले बलात्कार के खतरे से बचने का उपाय करती है। वह बलात्कार और दासत्व दोनों से बचने के लिए एक अन्य श्वेत व्यक्ति मिस्टर सैण्ड्स से यौन सम्बन्ध बनाती है। यह विडम्बना है कि एक शोषण से बचने के लिए वह दूसरे शोषण का वरण करती है। एक ओर कूप था तो दूसरी ओर खाई थी। लेकिन उसके पास कोई दूसरा उपाय न था। उस समय का साहित्य भावनात्मक साहित्य था जिसमें दया, शुचिता, घरेलूपन, समर्पण जैसे कुछ लक्षण 'वास्तविक स्त्री' के लिए तय किये हुए थे। श्वेत स्त्री के लिए तय ये लक्षण अश्वेत स्त्री अपनाना चाहती और न अपना पाने पर लज्जा और हीन भाव अनुभव करती। कई आलोचकों का मानना है कि हैरिएट ने इन लक्षणों को अपने साहित्य में प्रतिध्वनित किया है, साथ ही लुभाने के प्लॉट से हैरिएट जैकब्स ने इन सारे लक्षणों को उलट-पुलट भी दिया है। वह कई महत्त्वपूर्ण प्रश्न अपने लेखन में उठाती है।

लेखन लेखन होने के बावजूद एक पुरुष और एक महिला के लेखन में कुछ मूलभूत अन्तर होता है। हैरिएट जैकब्स का लेखन पुरुष रचनाकारों के लेखन से भिन्न है। उस समय समाज में प्रचलित मान्यताओं के अनुसार औरत के जो गुण बताये गये थे उनसे जैकब्स इनकार करती हैं। उसे अपने लेखन में नकारती हैं। वह स्पष्ट रूप से इस बात को स्वीकार करती हैं कि उसमें श्वेत स्त्री के लिए गिनाये गये आदर्श गुण नहीं हैं। लिंडा अपने यौन अनुभवों के द्वारा यह दिखाती है कि वह आदर्श स्त्री की परिभाषा पर खरी नहीं उतरती है। उनकी रचना प्रश्न उठाती है, क्या व्यक्ति को सन्दर्भ से काट कर जाँचा जा सकता है? यहाँ फिर हिपोलिट टेन की बात पर गौर किया जाना चाहिए। एक श्वेत स्त्री के लिए निर्धारित मूल्यों पर एक अश्वेत स्त्री को नहीं नापा जा सकता है? जेकब्स इस बात को गर्व से नहीं स्वीकारती है। उसके मन में संघर्ष है। उसे लगता है कि वह स्त्री के पद से च्युत हुई है। उसने यह रचना अश्वेत स्त्री की मुक्ति के पूर्व की थी। इसलिए ऐसा करते हुए उसकी नायिका शर्म और झिझक अनुभव करती है। वह श्वेत मूल्यों को दृढ़ता से नकारती नहीं है जैसा कि आगे चलकर माया एंजेलो करती हैं। माया जब किसी लड़के से यौन सम्बन्ध बनाना चाहती हैं तो बिना किसी झिझक, बिना किसी शर्म से उससे यह बात स्पष्ट रूप से कहती हैं। इस बात को अपनी आत्मकथा 'आई नो व्हाई द केज्ड बर्ड सिंग्स' में लिखते समय संकोच नहीं करती हैं। हम आगे चल कर इस बात को अन्य अश्वेत रचनाकारों में पाते हैं। टोनी मॉरीसन की 'बिलवड' में सेथे अपनी यौनिकता को पहचानती है। पॉल डी के यौन निमंत्रण को स्वीकार कर उसका साथ देती है। जैकब्स बहुत पहले लिख रही थी, भरी गुलामी के समय में लिख रही थी, भेदभाव के समय में लिख रही थी। इसलिए अपने यौन सम्बन्धों के विषय में कहती है कि इसके स्मरण से मैं दुःख और शर्म से भर जाती हूँ, इसे आपको बताने में मुझे कष्ट होता है। उस काल में लिख पाना ही बड़ी उपलब्धि थी। उस समय ऐसा लिख पाना शर्तिया तौर पर साहस और उपलब्धि दोनों था। इसके लिए हैरिएट जैकब्स की जितनी तारीफ की जाए कम है। यह किताब बहुत समय तक विवादित रही, इसके रचनाकार को ले कर तरह-तरह की अटकलें लगायी जाती रहीं। बाद में शोधकर्ताओं ने सिद्ध किया कि यह उसी की रचना है।

समय बदला और बीसवीं सदी के साठ और सत्तर के दशक की कई रचनाकारों ने यूरोप के क्लासिक साहित्य को त्यागा और प्रेरणा के लिए अफ्रीका के मिथक की ओर रुख किया। वक्त के साथ बहुत कुछ बदल जाता है। यह बदलाव उनकी प्रकृति के अनुकूल था। वे अपनी जड़ों की ओर लौटे। इससे उन्हें और उनके पाठकों को शक्ति, अस्मिता का एहसास होता था। अश्वेत कला आन्दोलन (ब्लैक आर्ट्स मूवमेंट) इस समय अपने चरम पर था। इस आन्दोलन

में प्रत्यक्ष या अप्रत्यक्ष रूप से कई तरह के लोग जुड़े हुए थे। कोई नाटककार था, कोई अभिनेता, कोई चित्रकार था तो कोई गायक। इसमें बहुत सारे रचनाकार भी जुड़े हुए थे। टोनी मॉरीसन, एलिस वॉकर, जोरा नील हर्टसन ऐसी ही रचनाकार थीं जो इस आन्दोलन से प्रत्यक्ष या अप्रत्यक्ष रूप से जुड़ी हुई थीं। इन रचनाकारों ने अपना एक अलग सौन्दर्यशास्त्र विकसित किया। इन्होंने यूरोप के मिथकों को नकारा नहीं वरन् उसे नये रूप में समकालीन परिस्थितियों से जोड़ कर अपने लेखन में दिखाया। इनके यहाँ अफ्रीकन मिथक का भी भलीभाँति उपयोग हुआ। इतना ही नहीं इन्होंने अमेरिकन इंडियन के मिथक का भी सार्थक उपयोग किया। एलिस वॉकर नेटिव अमेरिकन के साथ अपना रिश्ता बड़े गर्व से जोड़ती हैं और अपनी परदादी को अमेरिका के मूल निवासी, चेरुकी समुदाय का बताती हैं। ये रचनाकार दृढ़ता के साथ लिख रही थीं। साहित्य में तरह-तरह के प्रयोग कर रही थीं। एक नया इतिहास रच रही थीं।

कहीं से भी मिथक लेकर उसका उपयोग करने को ये रचनाकार अपना अधिकार मानती हैं। टोनी मॉरीसन सदैव कहती हैं कि मिथक किसी एक जाति की थाती न होकर हमारी सामूहिक चेतना का अंग हैं। ऐसा मनोविश्लेषक युग का मानना है। टोनी मॉरीसन के अनुसार वे ग्रीक, अफ्रीका, अमेरिका कहीं से भी मिथक लेने और उसका प्रयोग करने के लिए स्वतन्त्र हैं। अपने साहित्य में उन्होंने ऐसा किया है। उन्होंने यूरोपियन मिथक का अपने उपन्यास में प्रयोग किया है। ओरफिक मिथक के अनुसार परसीफोन का पिता ज़्यूज उससे बलात्कार करता है। 'द ब्लूएस्ट आई' में पिकोला का पिता अपनी बेटी से बलात्कार करता है। वे मिथक को हमेशा ज्यों का-त्यों नहीं दिखाती हैं। समकालीनता की माँग के अनुसार उसे परिवर्तित करके प्रस्तुत करती हैं। हम देख सकते हैं, 'द ब्लूएस्ट आई' में चूँकि पिकोला की माँ उसकी रक्षा करने में असमर्थ रहती है अतः यहाँ माँ-बेटी का फिर से मिलन नहीं होता है। मूल मिथक में माँ-बेटी का मिलन प्रमुखता से होता है। जरूरी नहीं कि वास्तविक जीवन अथवा सृजनात्मकता में मिथक ज्यों-का-त्यों उतरे। बीसवीं और इक्कीसवीं सदी की अफ्रो-अमेरिकन स्त्री साहित्यकारों ने कभी पुराने मिथकों का जैसे-का तैसा उपयोग किया, कभी प्राचीन मिथकों का रूपान्तरण किया। कभी आवश्यकता पड़ने पर नये मिथकों, खासकर स्त्री सम्बन्धित मिथकों का सृजन भी किया। यह एक बहुत बड़ा और विद्रोही कदम है। इससे इन रचनाकारों के साहस का पता चलता है। रचनाकार की स्वतन्त्रता एक बात है, स्वतन्त्रता के अधिकार का उपयोग करना, कर पाना एक भिन्न बात है। इन लोगों ने इस अधिकार का उपयोग किया है। इसका उपयोग करते हुए पाउलीन होप्सकीन तथा रीता डव ने अपने समाज में प्रचलित नस्लवाद, लिंगभेद और कुलीन नजरिये वाले परम्परागत मिथकों को चुनौती

देते हुए नये मिथकों का निर्माण कर अश्वेत नारीत्व को नयी परिभाषा दी। इन्होंने अश्वेत स्त्री को साहित्य में स्थापित किया।

सामाजिक अनुकूलन (सोशियल कंडिशनिंग) व्यक्ति की सोच को नियन्त्रित करता है, यह बात टोनी मॉरीसन अपने पहले उपन्यास 'द ब्लूएस्ट आई' में बखूबी दिखाती हैं। चमड़ी, बाल और आँखों का रंग यदि अपने आसपास के लोगों से भिन्न हो तो जीवन कितना यातनापूर्ण हो जाता है। बिना किसी कारण के व्यक्ति खुद को हीन मान बैठता है। उनके इस उपन्यास की नायिका पिकोला ब्रीडलव श्वेत अभिनेत्री शिर्ली टेम्पल की तरह नीली आँखें पाने के लिए रोज रात को ईश्वर से प्रार्थना करती है। उसे लगता यदि ऐसा हुआ तो उसके माता-पिता लड़ना बन्द कर देंगे। पिता मद्यपान बन्द कर देंगे। भाई घर छोड़ कर भागना बन्द कर देगा। परिवार में सब कुछ ठीक हो जाएगा। इस असम्भव वरदान के चक्कर में धीरे-धीरे उसका जीवन नष्ट होता चला जाता है। टोनी मॉरीसन अपने उपन्यास में अश्वेत स्त्री की लैंगिकता, अश्वेत स्त्री दमन के मुद्दे उठाती हैं और अश्वेत स्त्री अस्मिता को परिभाषित करती हैं। टोनी मॉरीसन ने 'द ब्लूएस्ट आई', 'सूला', 'पैराडाइज', 'बिलवड', 'द सांग ऑफ सोलोमन', 'जाज', 'लव', 'मर्सी', 'टार बेबी' नौ उपन्यास लिखे हैं। इनमें दास प्रथा के दमन, क्रूरता का चित्रण है और दास प्रथा के बाद दास समुदाय की अपनी समस्याओं का चित्रण है। नोबेल पुरस्कृत टोनी मॉरीसन अफ्रो-अमेरिकन स्त्री लेखन की ही नहीं वरन् समस्त विश्व साहित्य में शीर्ष रचनाकारों में स्थान रखती हैं।

प्रसिद्ध उपन्यास 'इनविजिबल मैन' के लेखक राल्फ एलीसन ने एक साक्षात्कार में बताया कि अफ्रो-अमेरिकन लोकगीत जाज संगीत की तरह होता है। एक तरह से जाज संगीत का उत्स अफ्रीकी ही है। जाज और ब्लूज संगीत अफ्रो-अमेरिकन जीवन का अविभाज्य अंग हैं। अफ्रो-अमेरिकन साहित्य का भी ये प्रमुख हिस्सा हैं। टोनी मॉरीसन ने 'जाज' नाम से एक उपन्यास ही लिख दिया है और एलिस वॉकर के उपन्यास 'द कलर पर्पल' की एक प्रमुख स्त्री पात्र शुग एवरी ब्लूज गीतों की गायिका है। शुग एवरी गैरपरम्परागत जीवन जीती है और मंच पर गाती है। सुग एवरी इस उपन्यास की नायिका सीली को उसकी अस्मिता से परिचित कराती है, उसे दमन-अत्याचार की दुनिया में मजबूती से खड़ा होना सिखाती है। वह सीली को आत्मनिर्भर बनाने में सहायता करती है। ब्लूज संगीत अफ्रो-अमेरिकी सामाजिक जीवन में गुँथा हुआ है। इस तरह संगीत का इसी समुदाय में पैदा हो सकता था। ब्लूज गीत-संगीत परिवेश का निर्माण करता है। परिवेश साहित्य सृजन में प्रमुख भूमिका अदा करता है। ब्लूज और जाज संगीत अफ्रो-अमेरिकन साहित्य में प्रमुख भूमिका अदा करता है।

अफ्रो-अमेरिकन स्त्री साहित्यकारों की बात चलती है तो माया एंजेलो के नाम के बिना बात नहीं हो सकती है। माया एंजेलो मुख्य रूप से अपनी आत्मकथाओं के लिए जानी जाती हैं। जी हाँ, अपनी आत्मकथाओं के लिए। उन्होंने एक नहीं, दो नहीं, बल्कि छः-छः आत्मकथाएँ लिखीं। आत्मकथा लिखना आसान काम नहीं है। इसके लिए बहुत साहस की आवश्यकता होती है। ये आत्मकथाएँ, खासकर पहला भाग 'आई नो व्हाई द केज्ड बर्ड सिंग्स' स्कूल-कॉलेज में पढ़ने-पढ़ाने के लिए प्रयोग होता है। वास्तव में पहले माया एंजेलो एक कवयित्री के रूप में चर्चित थीं। वे टेलीविजन के लिए स्क्रिप्ट भी लिख रही थीं, नाटक कर रही थीं। उन्होंने कभी सपने में भी नहीं सोचा था कि वे आत्मकथा लिखेंगी। एक दिन वे लेखक जेम्स बॉल्डविन के साथ डिनर पर गयीं। उनके साथ जूल्स और जूडी फेफर भी थे। वे तीनों खूब बातें करने वाले लोग थे अतः माया भी बातें करने लगीं। बातचीत में भागीदारी करने के लिए वे अपनी कहानियाँ सुनाने लगीं। अगले दिन जूडी फेफर ने रैंडम हाउस के एक एडीटर बॉब लूमिस को फोन किया और सलाह दी कि वे लोग माया से आत्मकथा लिखवाएँ। इस पर जब बॉब ने माया को फोन करके आत्मकथा लिखने के लिए कहा तो माया ने स्पष्ट इनकार कर दिया। कह दिया किसी भी हालत में वे यह नहीं लिखने वाली हैं। उस समय वे अफ्रीकी और अश्वेत अमेरिकन संस्कृति पर काम कर रही थीं। बॉब को इनकार करके वे कैलीफोर्निया चली गयीं। मगर बॉब ने बार-बार फोन किया और जब हर बार माया ने मना किया तो एक दिन उसने फिर से जेम्स बॉल्डविन से बात की। चूँकि जेम्स माया को अच्छी तरह जानते थे उन्होंने बॉब को एक उपाय बताया। बॉब ने फिर से एक बार माया को फोन किया। इस बार कहा कि मैं अब तुम्हें और तंग नहीं करूँगा। इस काम के लिए नहीं कहूँगा क्योंकि यह तुमसे होगा ही नहीं। साहित्य की एक विधा, आत्मकथा लिखना करीब-करीब असम्भव है। माया को यह एक चुनौती लगा। उन्होंने कहा कि क्या कह रहे हो? मैं क्यों नहीं लिख सकती हूँ? मैं अवश्य लिखूँगी। फिर तो जैसा कहा जाता है, रेस्ट इज हिस्ट्री। माया एंजेलो ने जम कर आत्मकथाएँ लिखीं और अभी सिलसिला जारी है।

किसी तरह वे इस काम को समाप्त कर देना चाहती थीं। माया एंजेलो ने सोचा था कि छोटा-मोटा-सा कुछ लिख देंगी और बात समाप्त हो जाएगी। वे फिर अपने नाटक, स्क्रिप्ट और काव्य पर लौट जाएँगी। जब लिखना शुरू किया तो लिखती चली गयी। एक नहीं, दो नहीं, छः भाग में आत्मकथा लिखी। पहला भाग 'आई नो व्हाई द केज्ड बर्ड सिंग्स' लिखा। इस भाग में उन्होंने अपनी सोलह साल की उम्र तक को चित्रित किया है। आत्मकथा लिखना एक नशे की तरह होता है, रचनाकार लिखने लगें तो लिखते ही जाते हैं। माया के अनुसार आत्मकथा काफी लुभावनी होती

है। इसका चस्का लग जाता है। अगले तीन भाग दस साल से कम समय में लिखे जा चुके थे। 'गैदर टूगेदर इन माई नेम', 'सिंगिंग एंड स्विंगिंग एंड गेटिंग मेरी लाइक क्रिसमस', 'द हार्ट ऑफ अ वूमन', 'ऑल गॉड्स चिल्ड्रन नीड ट्रेवलिंग शूज' तथा 'ए सांग फ्लंग अप टू हेवन' उनकी आत्मकथाओं के अगले भागों के नाम हैं।

आत्मकथाएँ मात्र किसी एक व्यक्ति के जीवन का लेखा-जोखा नहीं होती हैं। उनमें उस समाज और काल का चित्रण होता है। वे दस्तावेज होती हैं। यह विधा बहुत सावधानी और उत्तरदायित्व का काम है। माया की आत्मकथा का पहला भाग 'आई नो व्हाई कैज्ड बर्ड सिंग्स' अश्वेत होने की दहशत, अपमान और दर्द को बड़ी मार्मिकता से चित्रित करता है। मार्गरीटा ऐनी जॉनसन के नाम से माया एंजेलो का जन्म अमेरिका के दक्षिण भाग के सेंट लूई मिसौरी में 1928 को हुआ। जब वे मात्र तीन वर्ष की थीं तभी उनके माता-पिता का तलाक हो गया और उन्हें उनके भाई बैली के साथ उनकी दादी के पास रहने के लिए अराकांसा के स्टैम्प्स नामक कस्बे में भेज दिया गया। उनकी दादी एक बहुत साहसी स्त्री थीं। वे अकेली एक स्टोर चलाती थीं और अपने एक अपंग बेटे के साथ-साथ इन दो छोटे बच्चों का लालन-पालन भी कर रही थीं। अश्वेतों के लिए इस स्थान में यह समय बहुत भयंकर था। श्वेत व्यक्ति इन पर मनचाहा अत्याचार करते। उस समय पुलिस-प्रशासन श्वेतों का था और श्वेतों के पक्ष में खड़ा हुआ था। श्वेत लडकियाँ- औरतें स्टोर में खरीददारी करने आती और अगर माया का मामा काउंटर पर होता तो खरीददारी करके बिना कोई रकम चुकाए चल देतीं। अगर रकम माँगी जाती तो तुरन्त शोर मचातीं कि उसने उनके साथ गलत व्यवहार किया है जिसका नतीजा बहुत भयंकर हो सकता था। अतः दादी जब इन ग्राहकों को आता देखतीं तो बेटे को छिप जाने के लिए कहतीं। अश्वेत अत्याचार के तमाम उदाहरण इस आत्मकथा में मिलते हैं।

माया के बचपन में उनके साथ एक हादसा घटित हुआ था। जब माया करीब छह वर्ष की बालिका थी उसे फिर से उसकी माँ के पास रहने के लिए भेज दिया गया। उसकी माँ उस समय अपने बॉयफ्रैंड मिस्टर फ्रीमैन के साथ रह रही थी। जब माया करीब सात साल की थी, माँ के इस बॉयफ्रेंड ने माया के साथ बलात्कार किया। उस आदमी पर मुकदमा चला। मगर बच्ची मानसिक रूप से उस व्यक्ति के चंगुल में थी। उस आदमी के इशारे पर माया ने गलत बयान दिया और वह व्यक्ति छूट गया। पर जल्द ही उसकी हत्या हो गयी। बच्ची माया को लगा कि उसके गलत व्यवहार के कारण ही वह मरा है। माया ने खुद के बोलने पर पाबन्दी लगा ली। पाँच साल तक वे सिर्फ अपने भाई से बात करतीं और किसी से नहीं। उनके इस व्यवहार से उनकी माँ, मामा और ननिहाल के परिवार के सब लोग बहुत गुस्सा थे और उन्हें फिर से उनकी दादी के पास रहने के लिए भेज दिया गया।

उसके मौन के कारण लोग उसे बेवकूफ, मानसिक रूप से अपंग मानने लगे। मगर एक शिक्षिका मिस फ्लॉवर्स ने उसे पढ़ने-लिखने की सलाह और प्रेरणा दी। माया एंजेलो का पहला काम उनकी चालीस बरस की उम्र में प्रकाशित हुआ। आज स्थिति यह है कि उनकी आत्मकथा के पहले भाग के 1969 में प्रथम प्रकाशन के बाद से अब तक करीब दो दर्जन सजिल्द संस्करण प्रकाशित हो चुके हैं और पेपरबैक के तीस से अधिक संस्करण छप चुके हैं, अब भी माँग बराबर बनी हुई है।

अपनी जिन्दगी में माया एंजेलो ने कई तरह काम किये। काफी समय तक कैबरे डांसर थीं उसी दौरान उन्होंने अपने जन्म का नाम बदल कर माया नाम अपनाया था। उन्होंने वेश्यालय सँभाला, पत्रकार की नौकरी की, नाटक, टेलीविजन के लिए स्क्रिप्ट लिखी, कई शादियाँ कीं, मिस्र, अफ्रीका में रहीं। वे सिविल राइट्स मूवमेंट में सक्रिय रूप से शामिल थीं। उन्होंने अध्यापन का काम किया। एक बार अमेरिका लौट कर लिखने में जुट गयी। लिखना प्रकाशित होने लगा फिर उन्हें कुछ और नहीं करना पड़ा। इंग्लिश भाषा से उन्हें प्रेम है जबकि वे कई अन्य भाषाएँ जानती हैं। अपने लेखन में जीवित लोगों को चित्रित करने में उन्हें बहुत मजा आता है। उन्होंने अपने एक पूर्व पति के विषय में लिखा। लिखने से पहले उसे बता दिया कि मैं ऐसा करने वाली हूँ। इनके ये पूर्व पति अफ्रीका में रहते हैं। अपनी 'द हार्ट ऑफ ए वूमन' में माया ने अपने इस पति के विषय में लिखा है।

वे फेडरिक डगलस (Frederick Douglass 1817-1895) की शैली में लिखने का प्रयास करती हैं। लिखते समय जानना चाहती हैं कि वे खुद कौन हैं, मनुष्य क्या है, वह क्या कर सकने में सक्षम है, लोग क्या अनुभव करते हैं, पराजय से क्या होता है, कैसे हम अन्धकार में चले जाते हैं। भाषा के ध्वनि वाले हिस्से से वे बहुत प्रभावित हैं। वे भाषा को प्रेम कारती हैं क्योंकि भाषा दुःख-दर्द, गर्व-गौरव, अस्तित्व को अभिव्यक्त करने का अवसर देती है। यह हँसने, वाक्पटुता, विदग्धता दिखाने का माध्यम है। वे बहुत शिद्दत से भाषा की जरूरत को अनुभव करती हैं, भाषा प्राप्त करना चाहती हैं। लिखना उनके लिए एक बहुत बड़ी चुनौती है। माया एंजेलो के अनुसार अमेरिकन समाज में सबसे ऊपर श्वेत पुरुष आता है, तब श्वेत स्त्री आती है, इसके बाद अश्वेत पुरुष और सबसे नीचले तल पर अश्वेत स्त्री आती है। सदा से ऐसा ही था, इसमें कुछ नया नहीं है। इसका मतलब यह नहीं है कि इससे उन्हें कोई झटका नहीं लगता है। वे काँप उठती हैं यह सब सोच कर। आज भी बहुत अधिक बदलाव नहीं आया है। टोनी मॉरीसन भी इसी तरह की बात स्वीकार करती हैं।

माया एंजेलो बताती हैं कि जब सबका स्वप्न गोरी गुड़िया हो तो वे इससे कैसे बचतीं। वे भी गोरी होना चाहती थीं क्योंकि काला होना बदसूरत होना था। बचपन से वे सोचती थीं कि वे बदसूरत हैं और किसी ने उनकी इस सोच का खंडन नहीं

किया। उन्होंने एक बार अपनी मित्र लेखिका रोजा गे को लिखा कि बचपन उनका विचार था कि बेहद बदसूरत है और किसी ने उनके इस विचार का खंडन नहीं किया। यहाँ तक कि उनकी मोमा (दादी) ने भी कभी इस बात को नहीं सुधारा जबकि वे उन्हें बहुत प्यार करती थीं। उनके 'काले स्वप्न' से उन्हें छुटकारा नहीं मिल सकता है। बचपन में वे चाहती थीं कि जीसेस क्राइस्ट की तरह उनका भी पुनर्जन्म हो। मगर उन्हें इस बात की व्यर्थता पता थी कि क्राइस्ट की तरह उनका पुनर्जन्म नहीं होगा, वे दूसरे जन्म में गोरी, सुन्दर और परफैक्ट बन कर पैदा नहीं होंगी। इस दुःख से बच्ची माया इतनी परेशान हो गयी कि चर्च से रोती हुई घर भाग आयी। रास्ते भर रोती रही और कपड़े भी गीले हो गये। जब समाज कहता है आकर्षक होने का मतलब गोरा होना है तो ऐसा हीन भाव पैदा होगा ही। अपनी आत्मकथा के पहले भाग के अन्त में माया एंजेलो एक मजबूत स्त्री के रूप में उभरती हैं।

अफ्रो-अमेरिकन स्त्री रचनाकार दिखाती हैं कि स्त्री होना क्या है। गुलाम होना क्या है। अफ्रो-अमेरिकन स्त्री होना क्या है। अफ्रो-अमेरिकन स्त्री गुलाम होना क्या है। भले ही इनकी लेखन शैली अलग हो, इनके अपने अनुभव भिन्न हों, जीवन के प्रति इनके नजरिये एक दूसरे से अलग हों। आज इनका लिखा लाइब्रेरी में खासा स्थान घेरता है। टोनी मॉरीसन से जब किसी ने पूछा कि बराक ओबामा के प्रेसीडेंट बनने पर उनको क्या कहना है? तो उनका स्पष्ट कहना था कि यह एक बहुत बड़ी बात नहीं है, बड़ी बात है कि आज भी नस्लवाद, रंग भेदभाव, लिंग भेदभाव बना हुआ है। यह दुःख, चिन्ता और इसके विरोध में उठ खड़े होने का समय है। इस पर और अधिक लिखे जाने का समय है। क्या इनके लेखन से लोग पूरी तरह यह समझ सके हैं कि एक स्त्री क्या अनुभव करती है, एक अफ्रो-अमेरिकन स्त्री क्या अनुभव करती है? कैसा अनुभव करती है? इसकी अनुभूतियाँ कैसी हैं? क्या यह समझा गया है कि एक अफ्रो-अमेरिकन स्त्री होना क्या होता है?

बीसवीं सदी के साठ-सत्तर के दशक में अमेरिका में समकालीनता का दबाव कुछ ऐसा था कि कई अफ्रो-अमेरिकन रचनाकार उभरीं। 1970 में माया एंजेलो का 'आई नो व्हाई द केज्ड बर्ड सिंग्स' आया, इसी साल टोनी मॉरीसन का 'द ब्लूएस्ट आई' प्रकाशित हुआ, इसी वर्ष एलिस वॉकर का 'द थर्ड लाइफ ऑफ ग्रैन्ज कोपलैंड' आया। मिशेल वैलस का 'ब्लैक मैचो एंड द मिथ ऑफ द सुपरवूमन' और निक्की गिओवानी का 'ब्लैक फीलिंग, ब्लैक टॉक, ब्लैक जजमेंट' भी इसी साल प्रकाशित हुआ। अन्य कई अश्वेत महिला लेखकों की रचनाएँ इसी दौरान आयीं। इन रचनाकारों ने स्त्री के लिए निर्धारित अश्वेत परम्परा का विरोध करते हुए अपने लिए स्वातंत्र स्थान बनाया, अपनी अस्मिता को स्थापित किया। ये रचनाकार दिखाती हैं कि अफ्रो-अमेरिकन स्त्रियाँ लचीली होती हैं, परिस्थिति का सामना करती हैं,

आध्यात्मिकता इनकी शक्ति है और ये माफ करना जानती हैं। जो मिला है, जैसी जिन्दगी मिली है उसका सर्वोत्तम प्रयोग करती हैं। राह में आने वाली तमाम कठिनाइयों-रोड़ों का इन्होंने डट कर साहस के साथ मुकाबला किया और टूटी नहीं, संघर्ष करते हुए सशक्त, मजबूत, आध्यात्मिक व्यक्ति के रूप में खिलीं।

इनमें से कई रचनाकार स्वयं गुलाम न थीं, उनके पूर्वज गुलाम थे। गुलामी की प्रथा कानूनन समाप्त हो जाने के बाद भी अमेरिका में भेदभाव बना हुआ था। कू क्लस क्लान एक ऐसा संगठन है जिसके सदस्य झुंड में अचानक आते और अश्वेतों का अपमान करते, उनकी हत्या करते, मारते-पीटते। यह बहुत पुरानी बात नहीं है। माया एंजेलो अपनी आत्मकथा में इनका उल्लेख करती हैं। टोनी मॉरीसन भी कहती हैं कि उन्होंने स्वतन्त्र पैदा होने के कारण अपने बच्चों को नस्लीय भेदभाव की भावना से दूर रखा था। इसलिए जब उन्हें इस तरह की घटनाओं का सामना करना पड़ा तो उनके बेटों को अधिक परेशानी और कष्ट हुआ। गुलाम दमन के लिए तैयार थे क्योंकि उन्हें पता था कि ऐसा होना है, मगर टोनी मॉरीसन और उनके बेटों के लिए यह बिल्कुल अप्रत्याशित था।

× × ×

अफ्रो-अमेरिकन महिला लेखन को आगे ले जाने वालों की अगली कड़ी के रूप में ग्लोरिया नैलोर (Gloria Naylor) को लिया जा सकता है। न्यूयॉर्क सिटी में 1950 में जन्मी ग्लोरिया के समय तक अमेरिकी समाज में काफी परिवर्तन आ चुका था। उनके पिता टेलीफोन ऑपरेटर के रूप में काम करते थे। मगर कुछ मुद्दे अभी भी अश्वेत लेखकों के सामने थे। ग्लोरिया अपने लेखन में अफ्रो-अमेरिकन समुदाय और उसकी सांस्कृतिक अस्मिता, स्त्री-पुरुष सम्बन्ध के मुद्दों पर कलम चलाती हैं। उनके पहले उपन्यास 'द वीमेन ऑफ ब्रेवेस्टर प्लेस' को लेखक को प्रथम उपन्यास होने के रूप में सर्वोत्तम नेशनल बुक अवार्ड प्राप्त हुआ। यह बेस्टसेलर बना और जल्द ही टेलीविजन कार्यक्रम के रूप में छोटे परदे पर आया। यह उपन्यास सात शहरी स्त्रियों के जीवन को चित्रित करता है और दिखाता है कि कैसे वर्ग और लिंग सम्बन्धी नजरिया और झुकाव स्त्रियों को जोड़ता और तोड़ता है। उनमें बहनापा पैदा करता है, उन्हें विगलाता है। ये स्त्रियाँ आपसी भेदभाव, निजी रंजिश को छोड़ कर एक दीवाल गिराने के लिए संगठित होती हैं। यहाँ दीवाल नस्लवाद के प्रतीक के रूप में आती है। यह दीवाल उन्हें शहर से दूर कर रही थी। पहले उपन्यास ने उन्हें पाठकों के बीच लोकप्रिय कर दिया। 1982 में उन्होंने यह उपन्यास लिखा था। सोलह साल के बाद 1998 में फिर वे इसी स्थान पर वापस लौटी और अपने अगले उपन्यास 'द मेन ऑफ ब्रेवेस्टर प्लेस' में इस स्थान के पुरुषों के जीवन और कार्यकलापों की खोज करती हैं।

ग्लोरिया की शिक्षा ब्रूकलीन कॉलेज में हुई। उसने 1983 में येल यूनिवर्सिटी से अफ्रो-अमेरिकन अध्ययन में पोस्टग्रेजुएट डिग्री प्राप्त की। जल्द ही अफ्रो-अमेरिकन अध्ययन की एक पत्रिका में सम्पादक के रूप में सहयोग करने लगीं। इसके साथ ही वे न्यूयॉर्क टाइम्स में कॉलम लिखने लगीं। अमेरिकी सरकार की सूचना एजेंसी सांस्कृतिक आदान-प्रदान प्रोग्राम के तहत 1985 में वे एक लेक्चरर के रूप में भारत भी आयीं। अमेरिका के बहुत सारे अश्वेत नागरिक अस्सी के दशक तक काफी धनी हो चुके थे। मगर अभी भी वे सारे समुदाय में घुले-मिले नहीं थे। अक्सर उनका एक अलग झुंड हुआ करता था, एक टापू की तरह दूसरों से कटा हुआ, खुद में सिमटा हुआ, एकाकी। ग्लोरिया नैलोर दाँते की डिवाइन कॉमेडी के इन्फर्नो के रूप को लेकर अपना अगला उपन्यास 'लिंडेन हिल्स' रचा। इस उपन्यास में दूसरों से कटे हुए एक टापू के रूप में जीवन व्यतीत करने वाले एक अमीर अश्वेत समुदाय को चित्रित किया है। अफ्रीकन धार्मिक-आध्यात्मिक परम्परा से जुड़ कर इनके एक अन्य उपन्यास 'मामा डे' की नायिका अपनी विरासत और उसके महत्त्व को जानती-समझती है और उसे महत्त्व देती है। 1992 में आये 'बैलीज कैफे' में वे मिथक का प्रयोग करती हैं, यह समृद्ध फन्तासी, मखौल, हास्य का उदाहरण है। उपन्यास का यह कैफे बहुत-से लोगों के लिए शरणस्थली का काम करता है। उपन्यास के अलावा ग्लोरिया नाटक लिखने-प्रस्तुत करने तथा अध्यापन क्षेत्र में भी सक्रिय हैं। वे कई विश्वविद्यालयों में साहित्य और लेखन का शिक्षण करती हैं। उन्हें नेशनल एंडोवमेंट फॉर आर्ट्स तथा गग्नहेम फाउंडेशन की फेलोशिप भी मिली है।

स्कूल में जो इतिहास पढ़ाया जाता है और जो वास्तविक इतिहास होता है दोनों में जमीन-आसमान का अन्तर होता है। इतिहास बहुसंख्यकों का होता है उसमें अल्पसंख्यकों, कमजोरों, निःशक्तों के लिए कोई स्थान नहीं होता है। इसी तथ्य को अनुभव करते हुए माइल्डरेड टेलर (Mildred Taylor) ने अश्वेत अमेरिकन और नस्लवाद पर लिखना प्रारम्भ किया। वे अपनी किताबें बच्चों के लिए लिखतीं। टेलर का जन्म मिसीसिपी के जैक्सन में 1943 में हुआ और उनका बचपन ओहाओ के टोलेडो नामक स्थान में बीता। टोलेडो विश्वविद्यालय से शिक्षा ग्रहण कर वे शिक्षिका बन गयीं। पहले वे इंग्लिश और इतिहास पढ़ा रही थीं पर बाद में शान्तिसेना के साथ इथोपिया चली गयी। 1969 में कोलोराडो विश्वविद्यालय से पत्रकारिता में मास्टर डिग्री प्राप्त कर प्रूफरीडर और एडीटर बनीं।

स्कूल में अफ्रो-अमेरिकन जीवन सटीक न पढ़ाए जाने से विचलित हो कर टेलर ने उपन्यास लिखना शुरू किया जिसका मसाला उन्होंने बचपन में अपने पिता और अन्य परिवारजनों से सुनी कहानियों से लिया। अपनी पहली किताब 'सॉग्स ऑफ द ट्रीज' में उन्होंने मिसीसिपी में तीस के दशक में रहने वाले एक अश्वेत परिवार

लोगान्स को चित्रित किया। यह परिवार अपनी जमीन को सुरक्षित रखने के लिए संघर्ष करता है। इसी परिवार को उन्होंने अपने अन्य उपन्यास 'रोल ऑफ थंडर, हीयर माई क्राई' में रखा है। इस उपन्यास में नौ साल की कैसी लोगान्स नामक बच्ची और उसका परिवार अलगाव और नस्लगत अन्याय का शिकार होते हैं। ये लोग अपने अपमान और दुःख-दर्द के बीच अपना सम्मान, शक्ति और जमीन बचाये रखते हैं। इस मजबूत कथानक वाले उपन्यास को 1977 का न्यूबेरी मेडल प्राप्त हुआ। उनके अन्य उपन्यासों 'लेट द सर्किल बी अनब्रोकन', 'द रोड टू मेमफिस', 'द वेल' में भी लोगान्स परिवार के लोग हैं। 'लेट द सर्किल बी अनब्रोकेन' को 1982 के कोरेटा स्कॉट किंग अवार्ड के अलावा कई अन्य पुरस्कार प्राप्त हुए। 1988 में फिर उनकी किताब 'द फ्रेंडशिप को कोरेटा स्कॉट किंग' अवार्ड मिला। उन्होंने 'द गोल्ड कैडिलाक' तथा 'मिसीसिपी ब्रिज' नामक अन्य उपन्यास भी लिखे।

बच्चों को अपनी विरासत से परिचित कराना अत्यावश्यक है। माइंडरेड टेलर ने यह किया, टोनी मॉरीसन ने भी यह किया। टोनी मॉरीसन ने अपने छोटे बेटे स्लेड केविन मॉरीसन के साथ मिल कर बच्चों के लिए 'हूज गॉट गेम' नाम से दो किताबें लिखीं। उन्होंने अपने इसी बेटे के साथ मिल कर बच्चों के लिए पुरा कथाओं को नवीनीकरण के साथ प्रकाशित करवाया है।

पौलेट विलियम्स (Paulette Williams) नाम से जन्म लेने वाली एक अश्वेत लेखिका ने अपनी अफ्रीकन विरासत के सम्मान में अपना नाम बदल कर टोजाक शैंगे (Ntozake Shange) कर लिया। उसके जुलु नाम का अर्थ है 'वह अपनी चीजों के साथ आती है' एक अर्थ यह भी है, 'वह शेर की तरह चलती है'। शेर की तरह चलने वाली 1948 में जन्मी इस स्त्री ने अमेरिकन ड्रामा में इजाफा किया। इसने 'कोरिओपोयम' नाम से ड्रामा में एक अंग जोड़ा, जिसमें वर्णित हिस्सा संगीत और नृत्य के द्वारा प्रस्तुत किया जाता है। अफ्रो-अमेरिकन शैंगे नाटककार के साथ-साथ कविताएँ भी लिखती हैं। उनके कोरोयोपोयम का सर्वोत्तम उदाहरण उनका 1976 में लिखा 'फोर कलर्ड गर्ल्स हू हैव कंसीडर्ड सूसाइड/व्हेन द रेनबो इज इनफ' है। बर्नार्ड कॉलेज से ग्रेजुएशन और सदर्न कैलीफोर्निया विश्वविद्यालय से मास्टर डिग्री प्राप्त करने वाली इस रचनाकार ने 'ए फोटोग्राफ', 'बूगी वूगी लैंडस्केप्स' तथा 'स्पेल' नामक नाटक लिखे। तीनों नाटक एक साथ शीर्षक 'थ्री पीसेस' के रूप में प्रकाशित हैं। शुरुआत में उनका पहला नाटक कविताओं की शृंखला के रूप में बार और कैफे में प्रदर्शित हो रहा था। बाद में इसमें संगीत और नाट्य जुड़ा और अन्ततः यह न्यू यॉर्क सिटी के पब्लिक थियेटर में प्रदर्शित हुआ। वहाँ से यह ब्रॉडवे पर गया, ब्रॉडवे पर यह दो साल तक निरन्तर खेला जाता रहा। इसे 1977 में सर्वोत्तम टोनी अवार्ड के लिए अनुमोदित किया गया। यह ऐसा नाटक है जिसमें स्त्रियों का एक समूह

कविताओं, संगीत के द्वारा श्वेत स्त्रियों के जीवन में उन पर होने वाले दुर्व्यवहार और उनकी भावनाओं को प्रस्तुत करती हैं। उन्होंने 1989 में 'बेट्से ब्राउन' नाम से अपना आत्मकथात्मक उपन्यास लिखा जिसमें पचास के दशक में एक अश्वेत किशोरी के जीवन को चित्रित किया है।

टोनी मॉरीसन जब एडीटर के रूप में काम कर रही थीं उन्होंने देखा कि अश्वेत पुरुषों की बनिस्बत अश्वेत महिला रचनाकार मूल रूप से प्रसन्न लेखन करती हैं। रोजाना की दिक्कतों, नस्लवाद और यौनवाद की कठिनाइयों के बावजूद उनके लेखन में खुशी झलकती है। वे कहती हैं कि क्लिफ्टन और बाम्बारा के लेखन में खुशी, आराम और हास्य का पुट मिलता है इसे वे सजीव, धड़कते हुई अश्वेत स्त्री समुदाय के अस्तित्व से लेती हैं। इसी तरह अश्वेत बहनापा 'ब्लैक सिस्टरहुड' इन लोगों के साहित्य में देखने को मिलता है। एलिस वॉकर के यहाँ यह बहनापा बहुत स्पष्टता से नजर आता है। इसीलिए अफ्रो-अमेरिकन महिला लेखन पर लेस्बियन होने का ठप्पा भी लगता है।

स्त्रियाँ सभ्यता-संस्कृति के प्रारम्भ से मिलजुल कर काम करती आयी हैं। घर-आँगन उनका अपना परिवेश हुआ करता है। दासता के दौरान उससे उसका यह परिवेश छीन लिया गया अन्यथा हर देश की स्त्री खासकर आर्थिक रूप से कमजोर तबके की स्त्रियाँ एक साथ मिल कर कपड़े सीना-पिरोना-बुनना, अनाज साफ करना, पीसना, अचार-पापड़-बड़ी बनाना करती आयी हैं। कपड़े के टुकड़ों, चिथड़ों को सिलना, खोंप भरना, पैचवर्क, एप्लिक काम, तकिया-गिलाफ बनाना। ये काम श्वेत-अश्वेत सब नस्ल की स्त्रियाँ करती हैं। अफ्रो-अमेरिकन साहित्य में कुछ रूपक बहुत मानीखेज हैं। इनके साहित्य में एक खास काम 'क्विल्टिंग' करने का उल्लेख बार-बार मिलता है। क्विल्टिंग का शाब्दिक अर्थ है कपड़े के टुकड़ों को जोड़ कर सिलना। साहित्य में यह मनुष्यों को जोड़ने, खुद को पुनर्भाषित करने, आत्मनिर्भर होने के प्रतीक के रूप में प्रयोग होता है। लूसिया में अल्कोट तथा हैरिएट बीचर स्टोव ने इसका उपयोग अपने साहित्य में किया है।

साठ के दशक में नारीवादी आन्दोलन के समय इसे बौद्धिक क्षेत्र में विशिष्ट अर्थ प्रदान किया गया। बीसवीं सदी में टोनी मॉरीसन, माया एंजेलो, एलिस वॉकर, ग्लोरिया नैलोर जैसी लेखिकाओं ने अपने साहित्य में इसे स्थान दिया है। माया एंजेलो की दादी 'क्विल्टिंग बी' थीं उनके यहाँ पाँच-छह औरतें कपड़ा सिलने आती थीं। एलिस वॉकर के 'द कलर पर्पल' की सीली कभी परदे सिलती है कभी पैंट्स। यही उसके लिए दर्दनाक जीवन से निकल कर आर्थिक आत्मनिर्भरता का साधन बनता है। इसी काम से उसमें इतनी शक्ति आती है कि वह अपना दमनकारी जीवन निकाल ले जाती है और मिस्टर अलबर्ट जब शादी के लिए कहता है तो उसे स्पष्ट

इनकार कर पाती है। इसी सीने-पिरोने के चलते उसकी शुग और सोफिया से दोस्ती होती है। इससे बहनापा पनपता है। सीली 'सिस्टर डिजाइन' अपने काम के लिए चुनती है। यह सीना-पिरोना आपसी बातचीत, सुख-दुःख साझा करने का माध्यम बनता है। माया एंजेलो की दादी के यहाँ सीते-पिरोते समय स्त्रियाँ बातें करती जातीं। इन्हीं बातों से बच्ची माया को पता चला कि बाहर पुरुषों के साथ क्या होता है। उनकी हत्या होती है, उन्हें गायब कर दिया जाता है, बेच दिया जाता है। 'द कलर पर्पल' के अन्त की ओर सीली, मिस्टर अलबर्ट और शुग एक साथ बैठ कर सीते-पिरोते और बातें करते हैं। उनमें आपसी समझदारी पैदा हो गयी है। यह दिखाता है कि जीवन को सुचारु रूप से चलने के लिए स्त्री-पुरुष का मिलकर काम करना कितना आवश्यक है। मिस्टर अलबर्ट को सीली कपड़े में टाँका लगाना सिखाती है। वह जब यह सीख जाता है तो उत्साहित हो कर शर्ट बनाने लगता है। क्विल्टिंग स्त्रियों की कलात्मकता और रचनात्मकता को अभिव्यक्त करती है। दैनिक जीवन में लगाये जाने वाले रजाई के कलात्मक टाँके आज अजायबघर और एथनिक बाजार की शोभा हैं। पर्यटकों को लुभाने का साधन हैं। साहित्य में सीली को शुग सटीक रंग का कपड़ा देती है। सीली सोफिया को पहले परदे बना कर देती है बाद में जब वह अपनी बहनों के साथ जा रही थी तब सीली उसे रजाई देती है ताकि उसे सोते समय आराम रहे। 'बिलवड' में डेनवर बिलवड को रजाई ओढ़ाती है। सीने-पिरोने का रूपक अफ्रो-अमेरिकन महिला साहित्य का एक प्रमुख रूपक है। यह रूपक अफ्रो-अमेरिकन जीवन की दर्दनाक कहानी से पाठकों को परिचित कराता है। यह स्त्री की अस्मिता, आत्मसम्मान, आत्मनिर्भरता का प्रतीक है। निजी-सामाजिक कहानियाँ पिरोना, सांस्कृतिक-ऐतिहासिक अनुभवों को लेखन में ढालना, बिखरे हुए सूत्रों को एक तार में गूँथना भी अफ्रो-अमेरिकन साहित्य में टाँके डालने के अर्थ में प्रयोग होता है।

स्त्री के साथ मातृत्व जुड़ा हुआ है। सन्तान स्त्री का विस्तार होते हैं। गर्भ में रखती है, अपने रक्त मज्जा से गर्भस्थ शिशु का पोषण करती है। जन्म के बाद वह अपना दूध पिला कर उसको पालती है। प्रसव अपने आप में स्त्री के लिए एक अनोखा अनुभव है। प्रसव के दौरान स्त्रियाँ अनजान स्त्री की सहायता के लिए आगे आ जाती हैं। एमी डेनवर, एक श्वेत, अनजान स्त्री सेथे की प्रसव के समय सहायता करती है। सी के नाम पर सेथे अपनी बेटी का नाम डेनवर रखती है। ममता प्रेम का उदात्त और विशुद्ध रूप है। स्त्री जीवन का यह मातृत्व का महत्त्वपूर्ण पक्ष सब परिवेश और सब स्त्रियों के लिए समान नहीं है। अफ्रो-अमेरिकन साहित्य इसे बहुत अच्छी तरह प्रदर्शित करता है कि एक श्वेत स्त्री और एक गुलाम स्त्री के लिए मातृत्व का अर्थ बिल्कुल भिन्न होता है। श्वेत स्त्री अपने पति से सन्तानोत्पत्ति करती थी

मगर वह अपने बच्चे का जन्म के बाद पालन-पोषण नहीं करती थी। बच्चे के पालन-पोषण का दायित्व दास स्त्री पर होता था। गुलाम दासी ही श्वेत बच्चों को अपना दूध पिलाती। अपने बच्चों का हक मार कर दूसरे के बच्चों को अपना दूध देती। जो दास स्त्री मालिक के बच्चों को दूध पिलाती उसका अपने समाज में तनिक ऊँचा स्थान होता था क्योंकि वह और गुलामों की भाँति खेतों में काम नहीं करती थी। फिर भी यह ममता का अपमान था। दूध पिलाने के बावजूद इस स्त्री का मालिक के बच्चों पर कोई अधिकार नहीं होता था। बच्चे उसे मैमी कहते हैं लेकिन उसके प्रति वह अनुभूति नहीं रखते हैं जो एक बच्चे की अपनी माँ के प्रति होती है।

गुलाम स्त्री का अपने बच्चों पर कोई हक नहीं होता था। पहली बात तो कई बार उसे अपने बच्चों के पिता का पता नहीं होता। गुलाम स्त्री के बच्चों का पिता जेफरसन जैसा व्यक्ति हो सकता था। वह पत्नी-प्रेमिका न होकर केवल 'ब्रीडर' मालिक के दासों की संख्या बढ़ाने के लिए बच्चे पैदा करने की मशीन होती थी। मालिक की कोशिश होती कि गुलाम स्त्री से अधिक-से-अधिक बच्चे पैदा करवा लिये जाएँ। कई बार 15-17 बच्चे। इस काम के लिए वह खुद आगे आता और उपयुक्त किसी भी पुरुष को तैनात करता। अक्सर बच्चे बलात्कार का प्रतिफल होते। केवल टोनी मॉरीसन के 'बिलवड' का नरम हृदय मालिक गारनर की गुलाम सेथे को अपना आदमी चुनने की स्वतन्त्रता मिलती है। वह अपनी मर्जी से बेबी शुग्स के बेटे हाले को अपनाती है। उसके बच्चे उससे जुदा नहीं किये जाते हैं। अन्यथा दास स्त्री के प्रसव के तत्काल बाद उसके बच्चे उससे अलग कर दिये जाते थे। वे अक्सर बेच दिये जाते। बेबी शुग्स को न तो अपने बच्चों के पिताओं का पता था न ही अपने बच्चों का। केवल उसका अन्तिम बेटा हाले उसके पास था। हाले अपनी माँ को उसकी स्वतन्त्रता खरीद देता है एवज में जिन्दगी भर कई गुना ज्यादा काम करता है। सेथे भी शुरू से अपनी माँ से दूर कर दी गयी थी। उसकी माँ को उसकी आँखों के सामने फाँसी दे दी गयी थी। सेथे को उसकी माँ की सजा का कारण कभी पता न चला।

क्रूरता की सीमा नहीं है, स्कूलटीचर के भतीजे सेथे की बच्ची का दूध खुद चूस जाते हैं, स्कूलटीचर खड़ा हो कर देखता है और अपनी कॉपी में गुलामों का व्यवहार नोट करता रहता है। वह गर्भवती थी उस समय वे उसके साथ बलात्कार करते हैं उसे कोड़ों से मार-मार कर उसके पीठ की खाल उधेड़ देते हैं। मार के ये निशान पेड़ की शक्ल में सारी जिन्दगी उसके शरीर पर रहते हैं। गुलाम स्त्री के साथ जानवर से अधिक बुरा व्यवहार किया जाता था। गुलाम स्त्री अपने बच्चों को चाह कर भी प्यार नहीं कर पाती है। सेथे कहती है कि स्वतन्त्र होने के बाद उसने अपने बच्चों को प्रेम किया। स्वतन्त्र होने पर उसने जाना कि प्रेम क्या होता है। उसका प्रेम इतना

सघन था कि बच्चों की दासता के खयाल से इतनी अधिक विचलित हो जाती है। उन्हें उसकी तरह दासत्व में न रहना पड़े इसलिए खुद अपनी बच्ची को मार डालती है। टोनी मॉरीसन ममत्व की पराकाष्ठा दिखाती हैं। एक श्वेत स्त्री और एक गुलाम स्त्री की स्थिति में जमीन-आसमान का फर्क होता है। एक श्वेत स्त्री और एक स्वतन्त्र अश्वेत स्त्री में भी बहुत फर्क होता है। अश्वेत स्त्री श्वेत लोगों के हाथों अपमानित होती है, उसे अश्वेत पुरुष भी सम्मान नहीं देता है। यह फर्क अफ्रो-अमेरिकन महिलाओं द्वारा रचे साहित्य में बखूबी दिखाई देता है।

टोनी मॉरीसन के उपन्यासों 'बिलवड', 'सांग ऑफ सोलोमन' और 'पैराडाइज' को अमेरिका में अफ्रो-अमेरिकन के विभिन्न अनुभवों का सच्चा लेखा-जोखा माना जाता है। वे गुलामी, भेदभाव, बचे रहने जैसी इतिहास की वास्तविकताओं को अपने लेखन में बेबाकी से प्रस्तुत करती हैं। ये उपन्यास श्वेत अस्मिता, राष्ट्रीय और नैतिक पहचान, नस्लीय पहचान जैसे जटिल मुद्दों को उठाते हैं। साथ ही इनके पात्र 'स्मृति' का उपयोग करके सामूहिक सांस्कृतिक गाथाओं की भूमिका के महत्त्व को दर्शाते हैं। ये गाथाएँ जीवन और बचे रहने में सहायक होती हैं। निस्सन्देह अफ्रो-अमेरिकन पहचान कायम करती हैं। ये उपन्यास छीने तौर पर अमेरिकन इंडियन संस्कृति के साझेपन को भी इंगित करते हैं। विरासत का बहुकोणीय नजरिया सामाजिक रीति-रिवाजों, नियमों, पर्यावरण उत्तरदायित्वों, आध्यात्मिक संवेदनाओं के प्रति जागरूकता उत्पन्न करते हैं। अमेरिका की संस्कृति मिश्रित संस्कृति है इस बात की पुष्टि इन उपन्यासों से होती है। एक बार इस साझेपन, मिश्रित विरासत को स्वीकार करते ही समस्त व्यवहार बदल जाता है। ये उपन्यास अपनी बौद्धिकता के साथ-साथ सामाजिक दमन-शोषण के प्रति सोचने-विचारने को उकसाते हैं, मनुष्य के दूसरों के प्रति व्यवहार को परिमार्जित करते हैं। 'हम' और 'वे' की दूरी को मिटाने का काम करते हैं। ये उपन्यास, खासतौर पर 'बिलवड' यह भी बताता है कि बचे रहने के लिए एकजुट होना, मिल कर रहना, संगठित होना अत्यावश्यक है। इसके बिना अफ्रो-अमेरिकन और उनकी संस्कृति का बचा रहना कठिन है।

माया एंजेलो, टोनी मॉरीसन, एलिस वॉकर, ग्लोरिया नेल्लोर, एंजेला डेविस के अलावा कई नाटककार, कवयित्रियाँ, कहानीकार, उपन्यासकार, राजनीतिक-सामाजिक विषयों पर लिखने वाली अश्वेत स्त्रियाँ आज अमेरिका में सक्रिय हैं। इनके लेखन को गम्भीरता से लिया जा रहा है। इनकी रचनाओं का अध्ययन-मनन हो रहा है। इनके काम पर शोध किये जा रहे हैं। ये रचनाकार अपने दायित्य को भली-भाँति जानती-समझती हैं। अफ्रो-अमेरिकन महिला लेखन आज प्रौढ़ता को प्राप्त हो चुका है। वह अपनी नस्ल, अपनी संस्कृति को लेकर गर्वित है। शान से सिर उठा कर, बिना किसी झिझक या शर्म के ये रचनाकार अपनी बात कहती हैं। इन्होंने समीक्षकों को

बाध्य किया है कि इनके काम का मूल्यांकन इनके कार्य की शर्तों पर हो, किसी अन्य मूल्यों के द्वारा इनके कार्य को न जाँचा जाए। इनके अनोखे अनुभवों को दूसरों के तराजू पर न तौला जाए। आज इनकी रचनाओं को दुनिया की किसी भी भाषा के उच्चतम साहित्य के समक्ष रखा जा सकता है। इनके पाठक सारी दुनिया में फैले हुए हैं। आलोचक उनको अनदेखा करने की हिम्मत नहीं कर सकते हैं। इनमें से कई रचनाकार लिख कर जीवन यापन कर रही हैं। यह उनके साहित्य की आर्थिक सफलता है। साहित्य ने इन्हें इतना सम्मान दिलाया है कि आज जगह-जगह से भाषण देने और अपने अनुभव साझा करने के लिए निमंत्रण मिलते हैं। इन स्थानों पर अश्वेत-श्वेत सब तरह के श्रोता होते हैं। साहित्य के इतिहास और पाठकों के मन में यह साहित्य दर्ज है। यह इनकी साहित्यिक सफलता है। आज अफ्रो-अमेरिकन स्त्री के लिए लिखने-पढ़ने के अवसर पूरी तरह से उपलब्ध हैं। संचार और सूचना के तमाम साधन इनको हासिल हैं। इनको श्वेत-अश्वेत सब तरह के प्रकाशक हाथों-हाथ लेते हैं। तमाम भाषाओं में इनकी रचनाओं का अनुवाद हो रहा है। दुनिया-समाज में जब तक असमानता, अत्याचार, दमन है, तब तक इनकी कलम चलती रहेगी, यह रुकने वाली नहीं है। इस परिदृश्य पर नित नये सितारे उभर रहे हैं।

सोजर्नर ट्रूथ : साहस और विवेक की मूर्ति

"अश्वेत पुरुषों के अपने अधिकार पाने का खूब शोर है, लेकिन अश्वेत स्त्री के लिए एक शब्द नहीं; और अगर अश्वेत आदमी अपने अधिकार पा गये, और अश्वेत स्त्री अपने नहीं पाती है तो आप देखेंगे कि अश्वेत आदमी औरतों के मालिक बन जाएँगे, और यह बुरा होगा।"

—सोजर्नर ट्रूथ, हिस्ट्री ऑफ वूमन सफ़रेज

बौद्धिक अकादमीय प्रशिक्षित व्यक्ति शक्ति समूहों के फायदे की बात प्रस्तुत करते हैं। इसके विपरीत सहज (ऑर्गैनिक) बौद्धिकता सामान्य ज्ञान (कॉमन सेंस) पर निर्भर करती है और उनके अपने समूह के हित का प्रतिनिधित्व करती है। सोजर्नर ट्रूथ इसी प्रकार की सहज बौद्धिकता सम्पन्न स्त्री थी। उसकी बौद्धिकता अपने अनुभवों से विकसित हुई थी। उसके समय के लोग उसे खारिज करना चाहते थे, उसकी बौद्धिकता को मानने का अर्थ था सामाजिक ऑर्डर को चुनौती देना स्वीकार करना। इसलिए जब वह बोलने खड़ी हुई तो बहुत लोगों को आपत्ति थी। न केवल पुरुषों को आपत्ति थी बल्कि स्त्रियाँ, स्त्री के अधिकारों की बात करने वाली स्त्रियाँ भी नहीं चाहती थीं कि वह उनके मंच को साझा करे। नस्ल को लिंग के ऊपर प्राथमिकता से इनकार करके ट्रूथ ने एक बहुत विद्रोही विचार को जन्म दिया, उसने स्त्री को एक नयी परिभाषा दी। आज की स्त्री विशेषकर अश्वेत स्त्री अस्मिता के बीज डाले।

एंटोनिओ ग्राम्सी के अनुसार प्रत्येक सामाजिक समूह बौद्धिकों का एक या एक से अधिक स्तर उत्पन्न करता है जो समरूपता देते हैं और अपने कार्यों को जागरुकता प्रदान करते हैं, न केवल आर्थिक मामलों में वरन् सामाजिक और राजनीतिक मामलों में भी। सोजर्नर ट्रूथ एक ऐसी ही बौद्धिक स्त्री थी जिसने न केवल सामाजिक बल्कि आर्थिक और राजनीतिक मामलों को नया मोड़ दिया और स्त्री-पुरुष समानता की बात की, उसके लिए संघर्ष किया। सोजर्नर ट्रूथ का जन्म का नाम इसाबेला था। उसका जन्म कब हुआ ठीक पता नहीं पर स्वीकारा गया है कि वह 1797 में पैदा हुई थी। न्यूयॉर्क के अल्सटर काउंटी में एक गुलाम परिवार में उसका जन्म हुआ था। उसके पिता का नाम जेम्स और माता का नाम एलीजाबेथ बोम्फ्री था। उसका परिवार डच भाषा-भाषी था। बाद में थॉमस नामक एक गुलाम

से उसका सम्बन्ध हुआ जिसके चार या पाँच बच्चे थे। मगर वह सदा तेरह बच्चों की बात करती थी। कदाचित बलात्कार और दूसरे लोगों के द्वारा किये गये अत्याचार को वह इस रूप में बताती थी।

सोजर्नर का सारा जीवन संघर्ष और साहस की कहानी है। 1826 में वह गुलामी से भाग निकली। संयोग से इसके एक साल बाद न्यूयॉर्क में गुलामी प्रथा समाप्त हो गयी और इस तरह 1827 में वह पूरी तरह स्वतन्त्र हो गयी। गुलामी प्रथा कानूनन समाप्त हो गयी थी मगर गैरकानूनी तरीके से गुलामों की खरीद-फरोख्त जारी थी। सोजर्नर के बेटे पीटर को इसी तरह बेच दिया गया। वह चुप बैठने वाली नहीं थी, उसने 'सोसाइटी ऑफ फ्रेंड्स' (क्वेकर्स) की सहायता से दावा ठोंक दिया। उस समय यह बहुत हिम्मत वाला काम था।

1829 में वह रहने के लिए न्यूयॉर्क चली आयी। यहाँ उसने कुक, नौकरानी और धोबन का काम किया। वह मेथोडिस्ट और एपिस्कोपल जिओन दोनों चर्च में जाती थी। 1843 में उसने एक और अभूतपूर्व काम किया, खुद अपना नाम बदल कर सोजर्नर ट्रूथ कर लिया। इसके साथ वह प्रवचन देने लगी। उसने दासता विरोधी आन्दोलन में जोश के साथ काम करना शुरू किया। वह बोलने में कुशल थी, सीधी-सादी भाषा में अपनी बात कहती थी, उसकी बातें अनुभवजन्य होतीं अतः लोगों के दिल पर असर करतीं। कुछ सालों तक वह देश में घूम-घूम कर दासता विरोधी भाषण देती रही। उसकी बात सुनने लोग बड़ी संख्या में जमा होते। वह पढ़ी-लिखी न हो कर भी असाधारण थी। वह खुद लिख नहीं सकती थी पर उसने ऑलिव गिल्बर्ट को बोल कर 1840 में अपनी आत्मकथा 'नरेटिव ऑफ सोजर्नर ट्रूथ' लिखवायी। 1850 से उसने स्त्री अधिकारों के लिए संघर्ष को अपना मिशन बना लिया। अमेरिकन गृह युद्ध के समय उसके किये गये कार्यों से खुश हो कर राष्ट्रपति एब्राहम लिंकन ने उसे 1864 में व्हाइट हाउस में बुला कर सम्मानित किया। युद्ध के बाद वह स्वतन्त्र गुलामों को काम खोजने में सहायता देने लगी। इतना ही नहीं उसने सरकार को इस बात के लिए राजी कर लिया कि वह पश्चिम में पूर्व गुलामों को भूमि आवंटित करेगी।

सोजर्नर ट्रूथ ने कई महत्त्वपूर्ण कार्य किये। लेकिन उसकी ख्याति एक खास घटना के कारण है। आज से डेढ़ सौ साल पहले एक दिन इंडियाना की गुलामी विरोधी एक सभा में श्वेत स्त्री-पुरुषों के सामने सोजोर्नर ट्रूथ ने अपनी छाती खोल कर सिद्ध किया कि वह एक औरत है। जो स्त्री गुलामी से स्वतन्त्रता की लम्बी यात्रा कर के आयी थी उसके लिए अपनी छाती खोल कर दिखाना एक सामान्य बात थी। उसे दर्शकों से कोई भय या शर्म नहीं थी। उसे इस बात का गर्व था कि वह अश्वेत है और एक स्त्री के रूप में जन्मी है। लोगों का पूर्वाग्रह बहुत प्रबल होता

है। उस समय अमेरिका में अधिकांश श्वेत लोगों के मन में अश्वेत स्त्री के प्रति घृणा और अनादर का भाव था। उनकी निगाह में अश्वेत स्त्री मात्र पशु थी, केवल एक जिंस थी। जब वह बोलने खड़ी हुई तो कुछ श्वेत पुरुष चाहते थे कि उसे अलग ले जा कर पहले जाँच लिया जाए कि वह एक स्त्री है। सोजर्नर ट्रूथ ने कहा कि उसने उनके बच्चों को अपनी इसी छाती का दूध पिलाया है और वे जानना चाहते हैं क्या वह एक स्त्री है? छाती खोल कर दिखाने के बावजूद श्वेत पुरुष चीख-चिल्ला रहे थे। वे चीख-चीख कर कह रहे थे कि उन्हें विश्वास नहीं है कि वह वास्तव में एक औरत है।

श्वेत पुरुष ही नहीं श्वेत स्त्रियाँ भी अश्वेत स्त्री के प्रति मन में कोई अच्छा भाव नहीं रखती थीं। इसे वे बिना किसी शर्म और झिझक के कहती थीं। जब ओहाओ के एक्रोन नामक स्थान में 1852 में स्त्री अधिकारों के आन्दोलन के द्वितीय सालाना जलसे में बोलने के लिए सोजर्नर ट्रूथ खड़ी हुई तो श्वेत स्त्रियों को यह अपना अपमान लगा। वे एक अश्वेत स्त्री को सुनना नहीं चाहती थीं और वे बार-बार चिल्लाने लगीं, "उसे मत बोलने दो! उसे मत बोलने दो!" ट्रूथ ने उनके विरोध की परवाह नहीं की और अपनी बात कहती गयी। वह पहली नारीवादी है जिसने लोगों का ध्यान अश्वेत स्त्री की ओर खींचा और बताया कि परिस्थितियों से मजबूर हो कर अश्वेत स्त्री ने बहुत सहा है और वह अश्वेत पुरुष के जितनी मेहनत करती है और स्त्री को बराबर का अधिकार मिलना चाहिए।

यह संयोग था कि सोजर्नर के बोलने से ठीक पहले जो वक्ता मंच पर था। उसने दावा किया था कि स्त्री शारीरिक रूप से आदमी से कमजोर होती है अतः वह उससे हीन है और उसे बराबरी का दर्जा नहीं मिलना चाहिए। उसे सदैव पुरुष की सहायता की जरूरत पड़ती है। बग्घी में चढ़ना-उतरना हो अथवा चहबच्चा पार करना हो उसे पुरुष की सहायता चाहिए होती है। ट्रूथ ने उसकी बातों का मुँहतोड़ जवाब देते हुए जो कहा वह आज इतिहास में दर्ज है।

ट्रूथ ने कहा कि वह आदमी कह रहा कि औरतों को बग्घी में चढ़ने-उतरने में सहायता चाहिए होती है, गड्ढों-चहबच्चों को पार करवाना होता है। मुझे किसी ने बग्घी में चढ़ने में हाथ बढ़ा कर सहायता नहीं दी, किसी ने हाथ पकड़ कर गड्ढे-चहबच्चे पार नहीं करवाये। मुझे किसी ने सम्मानजनक स्थान पर नहीं बिठाया। क्या मैं एक औरत नहीं हूँ? मेरी ओर देखो! मेरी बाहों को देखो!... मैंने हल चलाया है, खेती की है, फसल इकट्ठा करके खलिहान में पहुँचायी है। कोई पुरुष मुझसे अधिक नहीं कर सकता है और क्या मैं एक औरत नहीं हूँ? मौका मिलने पर मैं आदमी के बराबर काम कर सकती हूँ, उतने ही कोड़े खा सकती हूँ। क्या मैं एक औरत नहीं हूँ? मैंने पाँच बच्चे पैदा किये और अपनी आँखों के सामने उन्हें गुलाम के रूप में बिकते देखा और

जब माँ के दुःख से रोती हूँ तो केवल जीसेस सुनता है—क्या मैं एक औरत नहीं हूँ? अन्त में जो बात ट्रूथ ने कही वह बात सोचना और उसे कहना उसकी बुद्धि और साहस का परिचायक है। उसने कहा कि जब जीसेस पैदा हुए तो स्त्री और ईश्वर था, उसमें आदमी कहाँ था? उसने कहा यदि ईश्वर की बनायी प्रथम स्त्री इतनी मजबूत थी कि उसने अकेले दुनिया ऊपर से नीचे कर दी, उल्टी कर दी तो आज ये सारी औरतें मिल कर उसे वापस सीधा कर सकती हैं।

सोजर्नर ट्रूथ शारीरिक बनावट में एक मजबूत स्त्री थी, उसकी कद-काठी खासी थी। वह पाँच फुट ग्यारह इंच लम्बी थी। जो लोग स्त्री को नाजुक और कमजोर मानते थे उनके सामने एक प्रत्यक्ष विपरीत तस्वीर के रूप में वह उपस्थित थी। जो लोग सोचते थे कि स्त्री अपने निर्णय लेने में समर्थ नहीं है उनके लिए ट्रूथ एक मजबूत स्तम्भ के रूप में खड़ी थी। उसने अपने काम, कोड़ों की मार का हवाला दे कर तथा अपने बच्चों और उनके गुलाम के रूप में बिकने की बात कह कर लोगों को स्त्री की सहनशक्ति पर सोचने के लिए मजबूर किया। उसने नयी अश्वेत स्त्री को मूर्तिमान किया। अगले दिन ओहिओ के अखबार एंटी-स्लेवरी बिगुल ने इसकी रिपोर्टिंग की। सोजर्नर ट्रूथ के बोलने का उसके दर्शकों पर जो प्रभाव पड़ा उसके बारे में लिखा।

नारी अधिकारों की बात करने वाली कोई श्वेत स्त्री ऐसे निजी अनुभव नहीं रखती थी। किसी के पास ऐसी खरी बातें कहने का न तो मुँह था और न ही साहस। अमेरिकन इतिहासकारों ने नस्ल और लिंग को ऐसे प्रस्तुत किया हुआ था कि काफी समय तक अमेरिकन अश्वेत स्त्री के प्रयासों और योगदान को स्त्री अधिकारों के आन्दोलन में शामिल नहीं किया जाता था। आज स्थिति बदल चुकी है। उनके योगदान को अनदेखा करके नारी अधिकारों की बात नहीं की जा सकती है। इस स्थिति के लिए सोजोर्नर ट्रूथ जैसी अश्वेत स्त्रियाँ जिम्मेदार हैं। स्त्री अधिकारों के आन्दोलन में इनके शामिल होने की बात सबसे पहले एलीनॉर फ्लेक्सनर की 1959 में आयी किताब में दिखाई देती है। ट्रूथ अपने अनुभवों के आधार पर बोलती थी। उन्होंने शारीरिक अपमान, शोषण, क्रूरता, बलात्कार सहा था। वे न केवल बची रहीं वरन विजयी हो कर निकलीं तथा दूसरों की मुक्ति में सहायक बनीं। वह एक माँ, एक गुलाम के रूप में मिले अपने अनुभव साझा करती थीं। सामाजिक विरोध की परवाह न करते हुए उनके बोलने से अन्य कई स्त्रियों को बोलने का साहस, प्रेरणा और उत्साह मिला।

जब आन्दोलन चल रहा था तो उसमें अश्वेत पुरुष आगे-आगे थे। अश्वेत पुरुष खुद लीडर बने हुए थे और अपनी स्त्रियों को पीछे ढकेला हुआ था। उन्हें सेक्रेटरी, चाय-पानी बनाने-देने का काम सौंप रखा था। जन-सभाओं, रैलियों, लंच-डिनर के

समय ये पुरुष बड़ी-बड़ी बातें करते लेकिन पुरुष वर्चस्व को पूरी तरह कायम रखते। कभी खुल कर स्त्री के प्रति भेदभाव के विषय में खुल कर नहीं बोलते। उनके यहाँ पितृसत्तात्मकता का पूरा बोलबाला था। सोजोर्नर ट्रूथ जैसी स्त्रियों ने इस सिस्टम को चुनौती दी।

कहने को 19वीं सदी में स्त्री कार्यकर्ता श्वेत-अश्वेत स्त्रियों की एकता की बात करतीं, आन्दोलन में सोजर्नर ट्रूथ जैसी स्त्रियों की उपस्थिति को रेखांकित करतीं, दिखातीं कि वे नस्लवाद के खिलाफ हैं। लेकिन जब भी ट्रूथ बोलने खड़ी होती वे उसका विरोध करतीं। जब जनरल फेडरेशन ऑफ वीमेन्स क्लब के सामने रंग का प्रश्न उठा तो जॉर्जिया वीमेन्स प्रेस क्लब की सदस्यों का कहना था—यदि अश्वेत लोगों को सदस्य बनाया गया तो वे फेडरेशन से हट जाएँगी।

ट्रूथ के विषय में हमें दूसरों के द्वारा लिखे से ज्ञात होता है। उसके प्रसिद्ध भाषण 'अयंट आई अ वूमन' को उस घटना के बाद एक फेमिनिस्ट एबोलिसनिस्ट ने रिपोर्ट के रूप में लिखा था। असल में उसने क्या कहा था आज हमें मालूम नहीं। इसके बावजूद यह तय है कि उसने स्त्री की नयी परिभाषा गढ़ी। भले ही वह अनपढ़ थी पर उसने जो तर्क दिये वे किसी बौद्धिक तर्क से कम नहीं थे। वह अपने समय से आगे की स्त्री थी। उसने अश्वेत पुरुष की चालाकी को पकड़ लिया था। वह वोट देने के बराबरी के अधिकार की हिमायत कर रही थी। वह श्वेत-अश्वेत, स्त्री-पुरुष सबको आर्थिक, सामाजिक, राजनीतिक बराबरी देने की बात कर रही थी। वह शोषण के खिलाफ आवाज बुलन्द कर रही थी।

बाद में सोजर्नर ट्रूथ की बात बता कर अन्य आन्दोलनकारी खुद प्रेरणा पाते और दूसरे लोगों को आन्दोलन में भागीदारी करने के लिए तैयार करते। करीब सौ साल बाद जब माया एंजेलो लोगों को उसकी बात बताती तो लोग मन्त्रमुग्ध हो कर सुनते। 1883 में गुजरने वाली इस अश्वेत स्त्री पर अश्वेत स्त्रियों को गर्व है। ऐसी साहसी और निर्भीक स्त्री पर न केवल समस्त स्त्री जाति को वरन् समूची मानवता को गर्व होना चाहिए।

लिंडा ब्रेंट : ऐन फ्रैंक से सौ साल पहले

"आप कभी नहीं जानेंगे कि गुलाम होना क्या होता है : कानून और दस्तूर के द्वारा पूरी तरह से सुरक्षित; कानून तुम्हें एक पशु की दशा में बदल देता है, सम्पूर्ण रूप से दूसरे की इच्छा का विषय बना देता है।" —इंसीडेंट्स इन द लाइफ ऑफ अ स्लेव गर्ल, रिटन बाई हरसेल्फ़

अक्सर सच्चाई सामने नहीं आ पाती है। कभी ऐसा भी होता है कि सच्चाई सामने आने में सदी गुजर जाती है। कुछ ऐसा ही हुआ एक किताब के साथ। 'इंसीडेंट्स इन द लाइफ ऑफ अ स्लेव गर्ल' को स्वीकार करने में इतिहासकारों और साहित्यकारों को सौ साल का समय लग गया। जबकि किताब के शीर्षक में यह बात दर्ज है कि यह खुद के द्वारा लिखी (रिटन बाई हरसेल्फ) गयी है। एक गुलाम के द्वारा लिखी गयी है। बहुत दिन तक यह बहस चलती रही कि क्या एक गुलाम खुद किताब लिख सकता/सकती है? आज भी बहस जारी है। कुछ लोगों का मानना है कि यह लिंडा ब्रेंट द्वारा न लिखा जा कर एल मारिया चाइल्ड के द्वारा लिखा गया है। यह सही है कि एल मारिया चाइल्ड ने इस किताब के लिए सम्पादन का काम किया, लेखक को कुछ सुझाव भी दिये और लेखक ने उनमें से कुछ सुझावों को माना भी। इतना कर देने से ही किताब किसी सम्पादक द्वारा लिखी गयी कैसे हो गयी? आज शोध द्वारा यह बात भी स्पष्ट हो चुकी है कि लिंडा ब्रेंट का ही असली नाम हैरिएट लिंडा जेकब्स था।

करीब सौ साल बाद जीन फेगन एलिन जैसे शोधकर्ताओं के कारण आज इस किताब को मान्यता प्राप्त हो सकी है। इंग्लिश विभाग में शोध कर रही जीन फेगन एलिन ने 1970 में इस किताब के वास्तविक लेखक की खोज का कार्य शुरू किया और 1980 में अपने शोधकार्य को प्रकाशित करना प्रारम्भ किया। एलिन ने यह सिद्ध किया कि हैरिएट ही इस किताब की वास्तविक लेखक हैं। एलिन अपने 'रिटन बाई हरसेल्फः हैरिएट जेकब्स', 'स्लेव नरेटिव्स' जैसे शोध पत्रों को विभिन्न साहित्यिक पत्रिकाओं में प्रकाशित करवाती रहीं। बाद में उनके द्वारा सम्पादित किताब 'इंसीडेंट्स इन द लाइफ ऑफ अ स्लेव गर्ल, रिटन बाई हरसेल्फ, बाई हैरिएट ए. जेकब्स एडिटेड बाई एल. मारिया चाइल्ड' हार्वर्ड यूनिवर्सिटी प्रेस से 1987 में प्रकाशित हुई। कहीं तब जाकर हैरिएट की किताब को मान्यता प्राप्त हुई और आज

यह अमेरिकी साहित्य का एक महत्त्वपूर्ण अंग मानी जाती है। स्कूल-कॉलेज में पढ़ने-पढ़ाने के काम आती है। सिविल राइट्स आन्दोलन के बाद, जब अश्वेत शक्ति का उदय हुआ तब जाकर इस किताब को भरपूर पाठक मिलने लगे। इसके बाद जब अमेरिका के पठन-पाठन में स्त्री लेखन, अश्वेत स्त्री लेखन का समावेश हुआ, साहित्य और देश के इतिहास में अश्वेत खासकर अश्वेत स्त्री लेखन को मान्यता मिलने लगी तब इस किताब के ऐतिहासिक महत्त्व को जाना-समझा गया, स्वीकारा गया। यह किताब और इसकी लेखिका अमेरिकन स्त्री का प्रतिनिधित्व करने लगी।

एक व्यक्ति की दूसरे व्यक्ति पर शासन करने की भावना से हर तरह की गुलामी का उदय होता है। इसका अनुभव हम सब अपने जीवन में कभी-न-कभी अवश्य करते हैं। दूसरे पर शासन करने की इच्छा का तात्पर्य है कि वह व्यक्ति हमारी इच्छाओं, जरूरतों की पूर्ति का साधन बन जाए। आदर्श रूप में एक गुलाम अपने मालिक अथवा मालकिन को खुश करने की या खुशामद करने की इच्छा को आत्मसात् कर लेता है, ठीक वैसे ही जैसे कि एक पालतु जानवर करना चाहता है। धार्मिक मान्यताएँ भी इसकी पुष्टि करती हैं। न्यू टेस्टामेंट में पॉल टिटस से कहता है कि गुलामों से कहो अपने मालिकों की बात माने और हर तरह से उनकी सन्तुष्टि को सम्मान दे, कभी उलट कर उनको जवाब न दे, चोरी न करे, पूरी तौर पर स्वामिभक्ति दिखाएँ। पीटर गुलामों को निर्देश देता है कि वे अपने मालिक का स्वामित्व पूरी तरह से स्वीकार करें, न केवल उन मालिकों का जो नरम दिल और अच्छे हैं वरन् उनका भी जो कठोर हैं।

गुलामी प्रथा अपने आप में एक घिनौनी संस्था है। एक समय अमेरिका में इस संस्था को धार्मिक, सामाजिक और कानूनी मान्यता प्राप्त थी। बाकायदा मनुष्यों की खरीद-बिक्री होती थी। यह प्रथा एक मनुष्य को दूसरे मनुष्य के शरीर पर पूरा अधिकार दे देती थी वह जैसा चाहे अपने गुलाम के साथ व्यवहार करे। मालिक के लिए उसके गुलाम जिंस थे, उसकी सम्पत्ति थे। जिनके साथ वह मनचाहा व्यवहार करने को स्वतंत्र था। जिन्हें वह कोड़ों से पीट सकता था, जंजीरों में बाँध सकता था, जमीन में दबा कर रख सकता था, खरीद सकता था और जब मन चाहे बेच सकता था। कठिन-से-कठिन काम करवा सकता था और मन करे तो अपनी कामोत्तेजना की पूर्ति उनसे कर सकता था। एक ओर मालिक को सारे अधिकार प्राप्त थे दूसरी ओर गुलामों के कोई अधिकार नहीं थे, न सामाजिक न ही कानूनी। आदमी होने के नाते मिलने वाले प्राकृतिक अधिकार भी उसे सुलभ न थे। वह न तो अपनी मर्जी से सो सकता था, न जाग सकता था, मन चाहा खाना-पीना तो दूर की बात है, मनमाफिक साथी नहीं चुन सकता था, वह शादी-विवाह नहीं कर सकता था, गुलामों का अपना परिवार नहीं हो सकता था। अपना परिवार बनाने का उनका कोई हक

न था। गुलाम तिस पर गुलाम स्त्री का जीवन नरक से बदतर था। वह आये दिन यौन शोषण और बलात्कार की शिकार होती। मालिक और मालिक के परिवार तथा उसके मित्रों के लिए वह सहज उपलब्ध थी। बच्चे पैदा करती पर उन्हें प्रेम करने, पालने-पोसने का हक उसे बिल्कुल न था। उसके बच्चे कभी भी उससे छीन कर बेचे जा सकते थे। भले ही उसका अपना श्वेत मालिक या कोई अन्य श्वेत व्यक्ति इन बच्चों का पिता हो। क्योंकि मान्यता के अनुसार बच्चों का जीवन माँ की नियति से जुड़ा होता था। यह कानून था। एक बार बच्चे बिक गये तो न जाने कहाँ जाएँ, माँ यानी गुलाम स्त्री फिर उन्हें देख पाने की आशा नहीं कर पाती थी। वह अपने बच्चों का हक मार कर मालिक के बच्चों को दूध पिलाती थी पर मालिक के उन बच्चों पर उसका कोई हक नहीं होता था। आगे चल कर वह उनकी भी गुलाम होती थी। गुलाम लड़की आबनूस की तरह काली है अथवा अपनी मालकिन की तरह गोरी इससे कोई फर्क नहीं पड़ता था। दोनों ही स्थितियों में मनुष्य के रूप में राक्षसों द्वारा किये गये उसके अपमान, शोषण, अत्याचार, बलात्कार और मौत तक से कानून की छाया भी उसकी रक्षा नहीं करती थी। उसे स्त्री का दर्जा प्राप्त नहीं था।

वैसे गुलाम तो श्वेत लोग भी होते थे मगर उनकी स्थिति अश्वेत गुलामों से भिन्न होती थी। ये श्वेत गुलाम इंडेंटेड गुलाम कहलाते थे, इनकी गुलामी एक निश्चित काल के लिए होती थी और ये कभी भी अपनी स्वतन्त्रता खरीद सकते थे। एक अवधि के बाद तो ये स्वाभाविक रूप से स्वतन्त्र हो जाते थे। इससे बिल्कुल भिन्न स्थिति थी गुलाम प्रथा में एक अश्वेत गुलाम स्त्री की। इस स्थिति में यदि कोई गुलाम अश्वेत स्त्री, भले ही उसमें इतना रक्त मिश्रण हो चुका हो कि वह आसानी से श्वेत स्त्री दीखने का भ्रम देती हो, स्वतन्त्र स्त्री की भाँति व्यवहार करे, मालिक की यौनेच्छा पूर्ति से स्पष्ट इनकार कर दे तो मालिक के अहंकार को लगी चोट का अन्दाजा लगाना कठिन नहीं है। यह तो साँप के फण पर पैर रखने के समान हो गया। यही काम किया था लिंडा ब्रेंट ने। उसने अपने मालिक की यौनेच्छाओं को पहले अनदेखा किया बाद में उसका खुले तौर पर प्रतिवाद किया। एक गुलाम स्त्री की इतनी हिम्मत! मालिक ने प्रण किया कि वह मजा चखा कर रहेगा। फिर शुरू हुई दो लोगों के अहंकार की आपसी लड़ाई। यह लड़ाई एक-दो दिन, एक-दो साल नहीं चली, यह जिन्दगी भर चली। दोनों में से कोई हार मानने को तैयार न था। दोनों अपनी-अपनी पूरी शक्ति से लड़ रहे थे। एक तरफ कानून था, समाज था, धर्म था और धन-बल था। दूसरी ओर न कानून था न ही धन-धान्य। वहाँ था आत्मबल और अपनों का सहारा। वहाँ थी दृढ़ इच्छा शक्ति, वहाँ थी स्वतन्त्रता की अदम्य आकांक्षा-कामना। ऐसा सिर्फ किस्से-कहानियों में ही होता सुना था कि सत्य की विजय होती है। लेकिन हैरिएट जेकब्स और डॉ फ़्लिंट की लड़ाई में हैरिएट की

जीत होती है और यह किस्सा-कहानी नहीं वास्तविक घटना है जिसका लेखा-जोखा हमें 'इंसीडेंट्स इन द लाइफ ऑफ ए स्लेव गर्ल' में मिलता है जो खुद इस स्लेव गर्ल लिंडा ब्रेंट के द्वारा लिखा गया है। यह लड़ाई दो असमान लोगों के बीच है जहाँ दबंग अन्त तक अपनी दबंगयी, अपनी कुटिलता से बाज नहीं आता है। दो लोगों की इस आजीवन अदावत की कहानी पढ़ कर 'काउंट ऑफ मांटी क्रिस्टो' की याद आती है। थोड़ा-सा फर्क है दोनों में। अक्सर जब दो लोग दुश्मनाई साधते हैं तो अपने दुश्मन जैसे ही बन जाते हैं। मांटी क्रिस्टो भी अन्त में अपने दुश्मन जैसा ही दुष्ट बन जाता है। लेकिन हैरिएट की कहानी में ऐसा नहीं होता है। इसका एक खास कारण है डॉ फ़्लिंट की ओर से दुश्मनाई साधी गयी थी। लिंडा की ओर से कोई दुश्मनाई नहीं थी। वह तो बस अपने आत्मसम्मान की रक्षा करना चाहती थी। इसी तरह की एक फिल्म याद आती है। हॉलीवुड की एक फिल्म है, 'रैम्बो' इसमें एक छोटे-से अपराध (जो अपराध था भी नहीं) के कारण नायक (सिलवेस्टेर स्टॉलोन) को सारी जिन्दगी भागना पड़ता है। कानून उसे पकड़ने, उसे सजा देने का कोई पल नहीं छोड़ता है मगर वह अन्त तक अच्छा बना रहता है क्योंकि उसकी ओर से किसी बदले, किसी प्रतिकार की भावना न थी।

क्यों लिखी हैरिएट जेकब्स ने 'इंसीडेंट्स इन द लाइफ ऑफ ए स्लेव गर्ल'? नेल इर्विन पेंटर इसके मुख्य तीन कारण बताती हैं। पहला कारण इस प्रथा के एजेंट गुलामों पर जो अत्याचार करते थे। कोड़े मार कर खाल उधेड़ना, बलात्कार जैसे शारीरिक अत्याचार जो यह स्थिति पैदा करती थी, उसे दिखाना। मगर इससे भी बहुत बड़ा नुकसान जो इस प्रथा का था वह लिख कर दिखाना, यह नुकसान था दासों की आत्मा की हत्या करने का क्रमबद्ध मनोवैज्ञानिक तरीका। इसके अन्तर्गत आता था उनके परिवार को नष्ट करना, बच्चों को तितर-बितर कर देना, यौन शोषण, अपभाषा का निरन्तर प्रयोग, अपमान, घृणा आदि। हैरिएट दक्षिण अमेरिका में दासों पर होने वाले शारीरिक अत्याचार का वर्णन करती है। लेकिन वह खासतौर से दासों की चेतना पर होने वाले सूक्ष्म-गहन प्रहारों का चित्रण विस्तार से करती है।

दूसरा कारण जो पेंटर बताती है वह है कि अमेरिका के उत्तर में एक धारणा प्रचलित थी और जिसे अमेरिका के दक्षिणी श्वेतों ने जानबूझ कर फैलाया हुआ था। यह धारणा थी कि अश्वेत दास अपनी स्थिति से बहुत खुश और सन्तुष्ट, बहुत सुरक्षित हैं। दक्षिण के गुलाम मालिक उत्तर के अपने मित्रों को ऊपर-ऊपर दिखाते और उनके सामने अपने गुलामों की खैरियत पूछते। जाहिर-सी बात है गुलाम मेहमान के सामने खुश दिखाई देने का नाटक करते, मेहमान यह गलतफहमी लिये लौटता कि यहाँ गुलाम बड़े मजे में हैं। इसी तरह जब दक्षिण के गुलाम मालिक उत्तर से लौटते तो बताते कि भागे हुए गुलाम कितने कष्ट में हैं और वे लौट कर वापस

दक्षिण आना चाहते हैं। इस तरह गुलाम मालिक अपनी मनचाही बातें हवा में फैलाया करते। वास्तविकता को दबाया जाता, गुलामों से सच में कभी उनकी स्थिति के बारे में न तो पूछा जाता न ही सच्चाई को बाहर आने दिया जाता था। एक दास और एक उद्धारकर्त्री के रूप में हैरिएट ने अमेरिका के इस मिथक का बार-बार खंडन किया। वह एक पूरे अध्याय में इस बात को विस्तार से लिखती है। वहाँ बताती है कि दक्षिण में गुलाम अपनी इस अभागी और दयनीय स्थिति से कितने नाखुश थे और इस स्थिति से निकलने के लिए कुछ भी करने को राजी थे, अपनी जान देने को भी। वह उत्तर के लोगों से अपील करती है कि वे आगे आयेँ और दक्षिण की इस अमानवीय-दारुण स्थिति से लोगों को बाहर निकलने में मदद करें। अनुरोध करते हुए उसने यह लिखा।

पेंटर तीसरा और महत्त्वपूर्ण साहसी कारण बताती हैं कि हैरिएट ने यह जीवनी इसलिए लिखी ताकि दास लोगों, खासकर दास अश्वेत स्त्री को स्वतंत्र और श्वेत स्त्री के मापदंड पर नहीं जाँचा जा सकता है, नहीं जाँचा जाना चाहिए। इसका खास कारण है, दास प्रथा लोगों की स्वायत्तता से उन्हें वंचित रखती है। उन्हें अपनी खुद की और अपने बच्चों की नियति से महरूम करती है। उसके श्वेत मित्रों, गुलाम मित्रों और परिवारजनों ने इस अमानवीय प्रथा की कमजोरियों का फायदा उठाने की कोशिश की लेकिन इस प्रथा ने उन्हें बहुत कम आत्मनिर्णय का अधिकार दिया। चूँकि कानूनन वे किसी और की सम्पत्ति होते अतः दास अपनी नैतिकता को बचाए रखने का अधिकार नहीं रखते हैं। न तो अपने शरीर के समन्वय का, न ही अपने बच्चों के शारीरिक समग्रता को बचाने की शक्ति और अधिकार उनके पास होता है। संक्षेप में कहा जा सकता है कि लिंडा ब्रेंट एक ऐसी प्रथा को आँख में अँगुली डाल कर दिखाती है जिसमें दास और दास मालिक दोनों बिल्कुल असमान हैं, एक-दूसरे से निरन्तर युद्ध में रत।

'इंसीडेंट्स इन द लाइफ ऑफ ए स्लेव गर्ल' बहुत सरल भाषा में लिखी गयी बहुत प्रभावशाली आत्मकथा है। यह पाठकों से सहानुभूति की अपील करती है। शुरू में भूमिका में पाठकों को सम्बोधित करती हुई लिंडा कहती है कि वह विश्वास दिलाना चाहती है यह कोई कपोलकल्पना नहीं है। वह जानती है कि कुछ घटनाएँ विश्वसनीय नहीं लगेंगी पर वे सत्य हैं। गुलामी ने जो कुकर्म किये हैं उनको उसने जरा भी बढ़ा-चढ़ा कर नहीं बताया है बल्कि वे सच्चाई को पूरी तरह बयान नहीं करते हैं, उसकी एक झलक मात्र दिखाते हैं। उसे अफसोस है कि उसने जो बीड़ा उठाया है उसके लिए वह बहुत कुशल नहीं है लेकिन वह अपने पाठकों पर विश्वास करती है। वे उसकी कमजोरियों को स्थिति के परिप्रेक्ष्य में नजरअन्दाज कर देंगे। वह गुलामी में पैदा हुई थी और सत्ताइस साल तक गुलामी की अवस्था में ही रही थी।

जबसे वह उत्तर अमेरिका में आयी उसे खुद के और अपने बच्चों की परवरिश और शिक्षा के लिए लगातार काम करना पड़ा। इस कारण उसे निरन्तर लिखने और खुद को सुधारने का अवसर नहीं मिला। उसने यह किताब अपने व्यस्त जीवन के बीच-बीच में समय निकाल कर किसी तरह लिखी है।

जब वह पहली बार फिलाडेलफिया पहुँची उसे बिशप पेन ने सलाह दी कि वह अपने जीवन का रेखाचित्र प्रकाशित करवाये। मगर उसे लगा कि वह इस काबिल नहीं है। बाद में भी उसे लगता रहा कहीं पाठक उसके उद्देश्य को न समझे और इस काम को उसकी धृष्टता मान बैठे तो क्या होगा। उसने अपनी जीवनी ध्यानाकर्षण के लिए नहीं लिखी है। इसके पलट उसे अपने इतिहास के बारे में मौन रहना ज्यादा अच्छा लगता। वह अपने कष्टों के लिए किसी की सहानुभूति की कामना नहीं करती है। उसका अपनी जीवनी लिखने का खास कारण है। वह चाहती है कि अमेरिका के उत्तर की स्त्रियाँ दक्षिण की उन दो मिलियन (बीस लाख) स्त्रियों की स्थिति को समझें जो अब भी दासत्व में हैं। वे उन दारुण कष्टों को भोग रही हैं जिसे खुद लिंडा ने नहीं भोगा है।

वह ऐसा कह रही है क्योंकि लिंडा दासत्व में सत्ताइस साल थी पर सच में उसे कभी कोड़े नहीं खाने पड़े थे, न ही वह कभी जंजीरों में रखी गयी थी। हाँ, उसे इस अमानवीय प्रथा से लड़ते हुए छह साल ग्यारह महीने परछत्ती में छिप कर रहना पड़ा था। परछत्ती जिसमें करवट बदलने और सीधे खड़े होने की कोई गुंजाइश नहीं थी। उसका मालिक उससे प्रेम करता था साथ ही नफरत भी करता था, वह उससे बदला लेना चाहता था। लेकिन न उसने कभी खुद लिंडा को शारीरिक यातना दी न ही औरों को देने दी। लिंडा की यातना मानसिक और भावात्मक थी हालाँकि शारीरिक दंड का खौफ बराबर बना रहा। वह लिख कर उत्तर के लोगों को बताना चाहती थी कि दासता वास्तव में क्या है। अनुभव से ही जाना जा सकता है कि यह घृणित खाई कितनी गहरी, काली और वीभत्स है।

एक दास के लिखे को लोग कितना पतिआयँगे इसलिए सम्पादिका एल मारिया चाइल्ड को परिचय में विस्तार से लिखना पड़ा कि यह सत्य कथा है और जिन लोगों की बात आत्मकथा में आयी है उन्हें वे खुद निजी तौर पर जानती हैं। लिंडा सत्रह साल न्यूयॉर्क में एक सम्मानित परिवार के लोगों के साथ रही है। उसकी कहानी की घटनाएँ कहानी से भी अधिक रोमांटिक हैं मगर उन पर शक नहीं किया जाना चाहिए। चाइल्ड ने स्वीकार किया कि लिंडा के अनुरोध पर उसने पांडुलिपि का सम्पादन किया है। सम्पादन के दौरान उसने कुछ घटनाओं के क्रम को व्यवस्थित किया और कई घटनाओं को संक्षिप्त किया है। चाइल्ड ने किसी घटना को नहीं जोड़ा है। भाषा और विचार लिंडा के अपने हैं। चाइल्ड लिखती है कि जीवन्त और नाटकीय तरीके से कही गयी उसकी

कहानी को परिवर्तित करने का कोई तुक नहीं था। वह स्थानों और लोगों के नाम से परिचित है लेकिन कुछ कारणों से उसने उन्हें छिपाया है।

सच में लिंडा के लेखन को देख कर आश्चर्य होता है और मन में प्रश्न उठता है कि क्या दास प्रथा में पली-बढ़ी एक स्त्री इतना सुन्दर लेखन कर सकती है। चाइल्ड इस प्रश्न का समाधान करते हुए लिंडा के जीवन की स्थितियों का हवाला देती हैं जिस कारण दास होते हुए भी वह इतना सुन्दर और आधिकारिक लेखन कर सकी। लिंडा जन्मजात प्रतिभाशाली थी। बारह साल की उम्र तक वह जिस मालकिन के संरक्षण में थी वह स्त्री श्वेत मालकिन होते हुए भी बहुत दयालु थी, लिंडा से मित्रवत व्यवहार करती थी और उसी ने लिंडा को लिखना-पढ़ना सिखाया। उत्तर में आने के बाद उसे रहने के लिए बहुत अच्छी परिस्थितियाँ मिलीं। वह जिन लोगों के साथ रह रही थी उन लोगों ने उसकी उन्नति में सहायता की। उसे जीवन की कई सुविधाएँ दीं। चाइल्ड यह भी कहती हैं कि इस तरह के लेखन को बढ़ावा देने के लिए उनकी आलोचना होगी क्योंकि अमेरिका दास प्रथा को परदे में रखना चाहता था। वह इस परदे को उठा कर इस राक्षसी वृति को अनावृत करना चाहती है। वह ऐसा कर रही है ताकि उन बहनों की बात लोगों तक पहुँचे जो अभी भी घृणित दासप्रथा का शिकार हैं। वह लोगों की चेतना को जगाना चाहती है ताकि वे अपने कर्तव्य को समझें। वह ऐसा कर रही है ताकि हर पाठक ईश्वर के सामने कसम खाए कि जहाँ तक उसकी शक्ति में है वह किसी को गुलामी की घृणित, क्रूर और भ्रष्ट खाई में नहीं रहने देगा।

लिंडा ब्रेंट एक गुलाम के रूप में जन्मी थी पर छह साल की उम्र तक उसे इस बात का पता नहीं था। उसका बचपन बहुत खुशहाल था। उसका बुद्धिमान पिता एक कुशल बढ़ई था। उसकी पूछ दूर-दूर तक थी। शर्त के अनुसार वह अपनी मालकिन को सालाना दो सौ डॉलर देता और उसे अपना परिवार पालने और काम करने की इजाजत थी। इसकी सबसे बड़ी कामना अपने बच्चों की स्वतंत्रता खरीदना था। इसकी उसने कई बार कोशिश की पर इसमें उसे सफलता नहीं मिली। उसके माता-पिता मोलाटो थे। वे गुलाम होते हुए भी एक घर में एक परिवार की तरह रहते थे। लिंडा का उससे दो साल छोटा एक भाई था। जिसका नाम विलियम था। उसकी नानी एक भद्र और कई मामलों में एक विशिष्ट महिला थी। उसके पिता ने उसकी माँ और अपने तीन बच्चों को मुक्त छोड़ा था। परन्तु वे पुनः पकड़े गये और वापस ला कर विभिन्न खरीददारों को बेच दिये गये। लिंडा की नानी एक छोटी बच्ची थी जब वह एक बड़े होटल वाले को बेची गयी थी। उसका बचपन बहुत कठिनाइयों में बीता लेकिन उसने अपनी मेहनत और ईमानदारी से अपने मालिक-मालकिन का दिल जीत लिया। वह उनके लिए अपरिहार्य हो गयी वे अपनी इस सम्पत्ति को

नुकसान पहुँचाने की बात नहीं सोच पाते थे। वह उस घर के लिए अति आवश्यक हो गयी। एक साथ रसोइए, दर्जी, धाय सब काम वह सँभाल रही थी। खासतौर से वह अपनी रसोई के लिए जानी जाती। दूर-दूर से लोग उसके बिस्किट खरीदने आते। अपनी मालकिन से आज्ञा ले कर वह रात को बिस्किट बनाने लगी, इसमें उसके दो बड़े बच्चे सहायता करते। इनसे मिली रकम से वह अपने और अपने बच्चों के कपड़ों का इन्तजाम करती। इस काम से उसे काफी फायदा हुआ और हर साल वह कुछ रकम बचा कर रखने लगी ताकि उससे अपने बच्चों की स्वतन्त्रता खरीद सके। लेकिन जब उसके मालिक की मृत्यु हुई तो उसके वारिसों में सम्पत्ति का बँटवारा हुआ। लिंडा की नानी मालकिन के हिस्से में आयी और होटल का काम करती रही पर उसके बच्चे मालिक के बच्चों के बीच बँट गये। लिंडा का सबसे छोटा मामा बेंजामिन बेच दिया गया ताकि मालिक के बच्चों को बराबर की रकम मिल सके। लिंडा का यह मामा देखने में साफ रंग का, बुद्धिमान और सुन्दर बच्चा था। मामा-भांजी की उम्र में ज्यादा फर्क न था। लिंडा को वह मामा से अधिक अपने भाई जैसा लगता था। इनके पूर्वज एंग्लो-सैक्सन थे। दस साल का यह बच्चा काफी ऊँची कीमत पर बिका। उस समय उसके सात सौ बीस डॉलर मिले थे। नानी के लिए यह बहुत बड़ा हादसा था। नानी दिन-रात मेहनत करती रही ताकि अपने बच्चों को वापस खरीद सके। उसने तीन सौ डॉलर बचाये थे तभी उसकी मालकिन ने तुरन्त चुकाने का वादा रके उससे यह रकम उधार माँग ली। मगर इस वायदे का कोई कानूनी मोल न था। दक्षिण में दास स्वयं सम्पत्ति थे अतः उन्हें सम्पत्ति रखने का कोई अधिकार न था। लिंडा की नानी ने अपनी मालकिन के वायदे का सम्मान करते हुए रकम दे दी। मालकिन के मर जाने के बाद कड़ी मेहनत से कमाई यह रकम डूब गयी, उसे कभी वापस न मिली। मालकिन के मरने पर उसकी सम्पत्ति की देखभाल का अधिकार डॉ. फ़्लिंट को मिल गया था। राज्य के कानून का हवाला दे कर वह कहा करता कि उसे किसी गुलाम को कोई रकम नहीं चुकानी है। नानी बचपन में लिंडा को खाने-पीने की खूब सारी चीजें दिया करती। बड़े होने पर भी नानी ही उसका शारीरिक, मानसिक, भावात्मक और आध्यात्मिक सहारा थी।

लिंडा जब मात्र छह साल की थी उसकी माँ मर गयी। तब जा कर उसे पता चला कि वह एक गुलाम है। उसकी माँ की मालकिन नानी की मालकिन की बेटी थी। साथ ही वह लिंडा की माँ की दूध-बहन भी थी। दोनों नानी के दूध पर पली थीं। तीन महीने में नानी को अपनी बेटी को दूध पिलाना बन्द करना पड़ा था ताकि मालकिन की बेटी को भरपूर दूध मिल सके। बचपन में दोनों साथ खेली थीं। लिंडा की माँ अपनी इस दूध-बहन की सबसे विश्वसनीय नौकरानी थी। इस मालकिन ने अपनी जिन्दगी भर लिंडा के भाई-बहनों को कोई परेशानी नहीं होने दी। उसने अपनी

मृत्यु शैय्या पर कहा कि इन बच्चों को कभी कष्ट नहीं उठाना होगा। लिंडा की माँ नाममात्र को गुलाम थी, स्वभाव से वह एक कुलीन महिला थी। माँ के न रहने पर लिंडा को चिन्ता होती कि अब कौन उसकी और उसके भाई की देखभाल करेगा। अब उसे माँ की मालकिन के साथ रहना था। यह एक खुशी की बात थी क्योंकि उसे कोई कठिन काम नहीं करना होता था। मालकिन इतनी दयालु थी कि लिंडा उसके सारे कार्य दौड़-दौड़ कर करती। वह उसकी बगल में बैठ कर सीने-पिरोने का काम ऐसे करती मानो वह एक स्वतन्त्र श्वेत बच्ची हो। जब थक जाती तो मालकिन उसे बाहर खेलने-कूदने, अपना कमरा सजाने के लिए, फूल चुनने के लिए बाहर भेज देती। इस मालकिन ने लिंडा को लिखना-पढ़ना सिखाया था। इस बात के लिए वह उसकी ताजिन्दगी आभारी रही। मगर ये सुख-सुविधाएँ बहुत दिन न रहीं।

जब लिंडा करीब बारह साल की थी उसकी मालकिन बीमार पड़ कर मर गयी। लिंडा उसे अपनी माँ की तरह प्यार करती थी। वह उसकी कब्र पर रोती और प्रार्थना करती। एक सप्ताह के लिए लिंडा नानी के घर भेज दी गयी। उसे अपने भविष्य की चिन्ता सताने लगी। उसका भाग्य अधर में लटका था। मालकिन ने लिंडा की माँ के मरते समय वादा किया था कि उसके बच्चे कष्ट नहीं झेलेंगे। इस बात को याद करके लिंडा आशा कर रही थी कि अब उसे स्वतन्त्र कर दिया जाएगा। परिवार और मित्र भी ऐसा ही सोच रहे थे। मगर ऐसा हुआ नहीं। जब मालकिन की वसीयत पढ़ी गयी तो पता चला कि उसने लिंडा को अपनी बहन की पाँच साल की बेटी को दे दिया है। मालकिन लिंडा को बाइबिल के वचन सिखाती थी कि अपने पड़ोसी को अपने जितना प्यार करो। पर लिंडा पड़ोसी नहीं एक गुलाम थी। मालकिन के पास नानी के पाँच बच्चों के अलावा कुछ और गुलाम थे। नानी के बच्चे उसके दूध-भाई-बहन थे। मगर नानी के बच्चों की बोली लगी। मालिकों के लिए उनके दास खेत या घोड़ों से अलग न थे। इसी तरह उसकी नानी की मालकिन ने वादा किया था कि उसके मरने पर वह स्वतंत्र कर दी जाएगी। उसने कहा था कि यह बात वह अपनी वसीयत में लिख जाएगी। लेकिन उसके मरने के बाद डॉ. फ़्लिट ने कहा कि हालात ऐसे हैं कि गुलामों को बेचा जाना जरूरी है। यह बात दीगर है कि नानी की बोली लगाने को कोई राजी न था। नानी का इतना सम्मान था कि उसे नीलामी बोर्ड पर देख कर लोगों को आश्चर्य हुआ। डॉ. फ़्लिंट ने यहाँ भी चालबाजी की कोशिश की। उसने नानी से कहा कि वह उसे नीलामी में बोली लगा कर नहीं वरन् निजी तौर पर बेचेगा। नानी को उसकी चालाकी का पता चल गया। वह जिद करके बोर्ड पर आयी, उसे अपनी कीमत मालूम थी। वह चाहती थी कि लोग डॉ. फ़्लिंट की बेईमानी जानें। वह कई परिवारों में अपनी बेकरी का सामान बेचती थी, उसे नीलामी बोर्ड पर देख कर लोग शर्म करो, शर्म करो कहने लगे। वे

चिल्लाने लगे कि ऑन्टी मार्थी (वह लोगों के बीच इसी नाम से पुकारी जाती थी) यह तुम्हारी जगह नहीं है। वे डॉ. फ़्लिंट के खिलाफ दबे स्वरों में बात कर रहे थे।

काफी देर तक किसी ने बोली नहीं लगायी। अन्त में एक सत्तर साल की बूढ़ी ने पचास डॉलर की बोली लगायी। यह स्त्री नानी की मृत मालकिन की बहन थी। वह नानी के साथ उसी घर में चालीस साल रही थी और उसकी ईमानदारी से परिचित थी। वह उसकी रक्षा करना चाहती थी। क्रूरता से उसे बचाना चाहती थी। जब काफी देर तक किसी और ने बोली नहीं लगायी। लोग उस स्त्री की इज्जत करना जानते थे। वह स्त्री लिखना-पढ़ना नहीं जानती थी मगर उसने अपनी इस नौकरानी को स्वतन्त्र कर दिया और इस तरह लिंडा की नानी एक अनपढ़ लेकिन सहृदय स्त्री के कारण अपने दासत्व से छूट गयी।

उसकी अपनी मालकिन ने ऐसा नहीं किया। इस एक बात के लिए लिंडा उसकी सारी सदाशयता को भुलाने के लिए तैयार है। उसकी अपनी मालकिन दयालू थी और उसने उसे लिखना-पढ़ना सिखाया था मगर उसे स्वतंत्र नहीं कर गयी इस कारण लिंडा उसे कभी माफ नहीं कर सकी। अब लिंडा की मालकिन पाँच साल की एक छोटी बच्ची थी। इस बच्ची के पिता, लिंडा की मृत मालकिन के बहनोई डॉ. फ़्लिंट ने लिंडा के भाई विलियम को भी खरीद लिया। लिंडा का पिता एक स्वतन्त्रचेता व्यक्ति था और यही गुण उसके छोटे भाई विलियम को भी मिला था। उसे मालिक-मालकिन के नाम से नफरत थी। एक बार जब मालिक और उसके पिता दोनों ने एक साथ विलियम को बुलाया तो बहुत विचार करके वह मालिक के पास पहले गया। पिता ने उसे कहा कि तुम मेरे बेटे हो तुम्हें मेरे बुलाने पर तुरन्त आना चाहिए, चाहे आग-पानी लाँघ कर आना पड़े। ऐसे विलियम को अब आज्ञाकारिता का पाठ पढ़ना पड़ रहा था। इन बच्चों को नानी के आशापूर्ण-खुशनुमा शब्दों का थोड़ा सहारा था।

नये घर में उनका बड़ा ठंडा स्वागत हुआ, यूँ कहें कि स्वागत हुआ ही नहीं। लिंडा रात को खूब रोती, उसे बहुत अकेलापन लगता। साल भर के भीतर उसकी एक दोस्त की मृत्यु हुई और तभी उसकी नानी ने बताया कि उसका पिता भी मर गया है। लिंडा के लिए यह बहुत जबरदस्त झटका था। उसे विश्वास नहीं हो रहा था कि ईश्वर इतना क्रूर हो सकता है, पहले माँ, फिर मालकिन, उसके बाद दोस्त और अब पिता। नानी ने समझाया कि हम ईश्वर के तरीकों को नहीं जानते हैं। शायद उसने इन लोगों को आने वाले बुरे दिनों से बचाने के लिए अपने पास बुला लिया है। नानी ने अपने नाती-नातिनों की माँ बनने और प्यार से उन्हें मजबूत करने का जिम्मा ले लिया।

लिंडा सोच रही थी कि उसे इस मातम के मौके पर उसके पिता के घर जाने दिया जाएगा। बजाय इसके उसे फूल चुनने भेज दिया गया ताकि मालकिन की शाम

की पार्टी की सज्जा हो सके। जब एक मील दूर उसके पिता का शव रखा था उस समय लिंडा सारे दिन फूल चुनती रही। वे लोग एक दास, ऐसे दास की चिन्ता क्यों करते जिसने अपने बच्चों को बिगाड़ा हुआ था। उसने अपने बच्चों को एक मनुष्य के रूप में अनुभव करना सिखा कर मालिकों के लिए बहुत गद्दारी का काम किया था। वे उसकी अन्त्येष्ठी की चिन्ता क्यों करें। एक गुलाम ने यह बहुत गलत काम किया था, मालिकों के लिए खतरनाक काम किया था। अगले दिन माया अपने पिता के अन्तिम संस्कार में शामिल हुई। लिंडा इतनी दुःखी थी कि उसे दूसरे दास बच्चों का हँसना-बोलना खलता। वह अपने उदास भाई को ढाँढस बँधाती, कहती अच्छे दिन आने वाले हैं। मगर भाई बहुत निराश था, उसे लगता कि अब इससे कभी छुटकारा नहीं मिलेगा। वे कभी स्वतंत्र नहीं हो पाएँगे। लिंडा सोच रही थी कि अब वे बड़े और मजबूत हो रहे हैं शायद बाहर काम करने की अनुमति मिल जाए ताकि वे रकम जमा करके अपनी स्वतंत्रता खरीद सकें। दोनों भाई-बहन इन बातों पर रोज बहस करते। मगर यह विचार आकाश कुसुम था। डॉ. फ़्लिंट के मन में कोई और खिचड़ी पक रही थी।

डॉ. फ़्लिंट का घर पिछली मालकिन के घर से बिल्कुल अलग था। यहाँ गुलामों के लिए खाने-पीने की व्यवस्था बहुत खराब थी। बचा-खुचा खाना उनके सामने फेंक दिया जाता था। लिंडा को इसकी ज्यादा चिन्ता नहीं थी क्योंकि आते-जाते नानी उसे तरह-तरह की खाने की चीजें पकड़ा देती थी। हालाँकि उसे और उसकी नानी को इसके लिए बार-बार चेतावनी मिलती रहती थी। नानी उसके कपड़ों की भी चिन्ता करती। मिसेज फ़्लिंट साल में एक बार सर्दियों में उसे कपड़े देती जिससे लिंडा नफरत करती क्योंकि यह गुलामी की निशानी थी। उस घर में यदि इन बच्चों का कोई सहारा था तो वह थी उनकी एक दयालु मौसी। मौसी नैन्सी भी उसी घर में गुलाम थी, उसका काम घर की देखभाल करना और मालकिन की इच्छाओं को पूरा करना था। लिंडा हर बात के लिए उसी के पास जाती।

डॉ. फ़्लिंट एक विलासी व्यक्ति था। जो दासी उसका खाना ले कर आती वह काँपती रहती। यदि खाना मन लायक न हुआ तो या तो फेंक देता या फिर जबरदस्ती उस गुलाम के मुँह में ठूँसता। उनका एक पालतू कुत्ता था। एक बार रसोइए को आदेश हुआ कि वह कुत्ते के लिए एक खास डिश तैयार करे, पर कुत्ते ने उसकी ओर देखा तक नहीं। वह खाना जबरन उस स्त्री को खिलाया गया। मालिक का मानना था कि औरत का पेट कुत्ते से ज्यादा मजबूत होता है। बेचारी सारी रात बीमार रही। इस स्त्री को मालिक-मालकिन खूब परेशान करते। अक्सर उसे अपने दुधमुँहे से अलग करके कमरे में पूरे रात-दिन के लिए बन्द कर देते।

एक दास को खेतों से बुला कर बाँध कर लटका दिया और उसे रात को मालिक

ने इतने कोड़े मारे कि सुबह वह अधमरा था। चाबुक और बोर्ड खून से भरा हुआ था। कारण ठीक पता नहीं। कुछ लोगों के अनुसार उसने कुछ भुट्टे चुराये थे। कुछ लोगों के अनुसार उसने ओवरसीयर के सामने अपनी पत्नी से झगड़ा किया था और डॉ. फ़्लिंट को अपने बच्चे का बाप कहा था। यह दास और उसकी औरत अश्वेत थे जबकि उनका बच्चा गोरा था। लिंडा कई महीनों तक उसकी चीख और याचना भरी आवाज न भूल सकी। इसके बाद भी वह आदमी काम करता रहा और अक्सर अपनी पत्नी से झगड़ा भी करता रहा। जल्द ही डॉ. फ़्लिंट ने दोनों को बेच दिया और उससे मिली रकम को हथिया लिया। आँख-कान से दूर होने के बाद शायद डॉ. को अपना अपराध-बोध कम सताता होगा। एक गुलाम ने अपने बच्चे के पिता का नाम लिया था, उसकी सजा उसे दी गयी थी। इसी तरह लिंडा ने देखा कि एक गुलाम लड़की प्रसव के दौरान मरी, उसका बच्चा गोरा था। दारुण कष्ट से मरते हुए उसने ईश्वर से उसे उठा लेने की विनती की। जिस पर मालकिन का कहना था कि क्या तुझे तकलीफ होती है? तुझे तो इससे बहुत ज्यादा कष्ट मिलना चाहिए। जब गुलाम लड़की की माँ ने कहा कि बच्चा मर गया है और अच्छा हो कि जल्द ही मेरी बेटी भी उससे स्वर्ग में मिले तो मालकिन ने कहा कि ऐसी औरतों और हरामियों के लिए स्वर्ग नहीं है। जब लड़की की तकलीफ सीमा पार कर गयी तो मालकिन वहाँ खड़ी न रह सकी, जाते समय उसके मुँह पर क्रूर मुस्कान थी। मालकिन के सात बच्चे थे, उस अश्वेत स्त्री की केवल वही एक बेटी थी। जब बेटी मर गयी तो अश्वेत स्त्री ने ईश्वर का धन्यवाद किया कि उसकी बेटी कष्ट से छुटकारा पा गयी। ऐसा दारुण जीवन था गुलाम स्त्रियों का।

डॉ. फ़्लिंट के पास पचास गुलाम, कई खेत और शहर में घर था। इसके अलावा वह कटाई के समय और गुलाम किराए पर लेता था। गुलाम अपने आसपास के चालीस मील के मालिकों को जानते थे। उन्हें सब पता होता था कि कौन दयालु मालिक है, कौन क्रूर मालिक। पर इससे क्या होता है, उन्हें चुनाव का कोई अधिकार न था। यह उनका भाग्य था कि वे किस तरह के मालिक के पल्ले पड़ते हैं। फिर भी वे दयालु मालिकों से मेहनत से काम करने का वादा करते और विनती करते कि वह उन्हें किराए पर ले ले। हर साल किराए पर गुलाम लेने का काम पहली जनवरी को होता था। दूसरी जनवरी को वे अपने नये मालिक के पास होते।

नये मालिक के पास जाने की अनिच्छा दिखाना कानूनी तौर पर जुर्म था। ऐसे गुलाम को हंटर पड़ते, जेल में डाल दिया जाता। सजा के तौर पर उसे उसी नये मालिक के पास जाने और भागने की कोशिश न करने का वचन देना होता। अगर वह कभी इसके खिलाफ जाने की सोचता तो उसे कोड़े पड़ते, जंजीरों में बाँध कर उससे खेतों में काम कराया जाता। अगर खुदा न खास्ता वह अगले साल तक जिन्दा

रहता तो उसे उसी मालिक के पास अगले साल भी जबरदस्ती भेजा जाता। अगले साल उसे वहीं रहना पड़ता। इस काल में मालिक उसके प्रति कैसा व्यवहार करता होगा, बताने की जरूरत नहीं है।

लिंडा स्वतन्त्र स्त्रियों से कहती है कि आप लोग धूमधाम से नव वर्ष मनाती हो अपनी गुलाम बहनों के विषय में भी तनिक सोचो। तुम्हारे बच्चों को तुमसे मौत के अलावा कोई दूर नहीं कर सकता है। गुलाम माँ के लिए नव वर्ष दुःख के पहाड़ ले कर आता है। अगले दिन उससे उसके बच्चे छिन जाएँगे, वह प्रार्थना करती है कि सुबह होने के पहले ही वे सब मर जाएँ। वह भले ही अज्ञानी जीव हो, बचपन से उस पर अत्याचार हुए हों लेकिन उसका हृदय एक माँ का हृदय होता है जो अपने बच्चों के लिए रोता है। उसका हृदय भी कष्ट अनुभव करने के काबिल होता है।

लिंडा ने एक बार सात बच्चों की नीलामी देखी। उनकी माँ सोच रही थी शायद एकाध न बिके और उसके पास रह जाए। पर सातों बिक गये। सातों बच्चे बाहर के एक गुलाम व्यापारी ने खरीदे। माँ को उसी के शहर के एक आदमी ने खरीदा। माँ ने उस व्यापारी से बहुत विनती की, कम-से-कम वह यह बता दे कि बच्चों को कहाँ ले जा रहा है। मगर व्यापारी ने कहा, वह कैसे बताये कि कौन कहाँ बिकेगा। वह एक-एक करके उन्हें ऊँचे-से-ऊँचे दाम पर बेचेगा। वह स्त्री पछाड़ खा-खाकर कहती कि सब चले गये, सब चले गये। भगवान मुझे क्यों जिन्दा रखे हुए है? मार क्यों नहीं डालता? इस स्त्री को कौन ढाढस बँधा सकता है। माँ-बच्चों की कैसी हृदयविदारक जुदाई होती थी। आज इसे वीडियो में देखा जा सकता है। ऐसी घटनाएँ आम थीं। पूरी जिन्दगी, साठ-सत्तर साल मालिक-मालकिन की सेवा में गुजार कर बूढ़े हुए असहाय गुलामों को कोई नहीं रखना चाहता था। उन्हें नीलाम कर दिया जाता, दस-बीस डॉलर जो भी रकम मिल जाए भली-भला। वरना बेकार एक गुलाम को खिलाना-पिलाना होगा।

दो साल डॉ. फ़्लिंट के घर में रहते हुए लिंडा ने काफी अनुभव जमा किये थे। यह अनुभव एक गुलाम का अनुभव और ज्ञान था। नानी का सहारा था। नानी के पास घर था पर वह उसमें अपने बच्चों या उनके बच्चों को नहीं रख सकती थी। उसके अभी भी अपने तीन बच्चे थे और दो नाती-नातिन थे, लेकिन वे सब गुलाम थे। वह बच्चों को समझाती कि यह ईश्वर की इच्छा है। यह कठिन है मगर हमें भगवान से सन्तोष के लिए प्रार्थना करनी चाहिए। यह बात एक ऐसी माँ कह रही थी जो अपने बच्चों को अपना नहीं बुला सकती थी। उसका सबसे छोटा बेटा इसके लिए उसकी भर्त्सना करता। उनकी बहुत छोटी-छोटी इच्छाएँ थीं। वे लोग एक घर की कामना करते थे। जहाँ उनके चोट खाये मन को मलहम लग सके। नानी बहुत प्यार करने वाली थी, उनसे सहानुभूति रखने वाली। हमेशा मुस्कुरा कर मिलती और

उसके दुःख-दर्द धैर्य के साथ सुनती। निराशा के स्थान पर अपने कथनों से आशा भरती। सदा बच्चों के लिए खाने को कुछ-न-कुछ देती।

नानी का प्रेमपूर्ण व्यवहार परेशानियों से छुटकारा नहीं दिला पाया। अब उसका मामा बेंजामिन एक लम्बा, सुन्दर, मजबूत और गरिमापूर्ण लड़का था। लिंडा का भाई विलियम बारह साल का हो चुका था मगर उसके मन में मालिक के लिए वही घृणा थी जो सात साल की उम्र में उसके मन में थी। लिंडा उसकी सबसे निकट की साथिन थी, वह अपने मन की सारी बातें, सारी तकलीफें उसे बताता।

लिंडा एक खास घटना का चित्रण करती है। वह बताती है कि यह बसन्त की एक खुशनुमा सुबह थी। सूर्य की किरणें नाच रही थीं और उसकी उदासी की हँसी उड़ा रही थीं। कारण था उसका मालिक। उसका बेचैन, दुष्ट स्वभाव दिन-रात सब भकोसना चाहता था। कई दिन से वह लगातार लिंडा से गन्दे-गन्दे शब्द कह रहा था। लीचड़ शब्द सुन कर लिंडा का दिमाग और कान सब जल रहा था। वह सोचती, कैसे यह दुष्ट मर जाए, वह कितनी खुश होगी जिस दिन यह धरती से उठ जाएगा। उस दिन दुनिया से प्लेग समाप्त हो जाएगा। वह कहता कि लिंडा उसके उपयोग के लिए बनी है, गुलाम होने के नाते उसे उसकी सारी बातें माननी होंगी। उसे समर्पण करना ही होगा। वह अपने दुःखदायी विचारों में इतनी खोयी हुई थी कि उसे विलियम के आने का भान नहीं हुआ। विलियम ने करीब आ कर पूछा कि वह इतनी उदास क्यों है? यह दुनिया इतनी बुरी नहीं है और वह उससे प्यार करता है। वह कहने लगा कि सब लोग इतने दुःखी हैं, उसे लगता है कि पिता के साथ उसे भी मर जाना चाहिए था। तब लिंडा ने कहा कि सब कुछ बुरा नहीं है, न ही वह नाखुश है। उनके पास घर और प्यार करने वाले लोग हैं। वे लोग दुःखी नहीं हैं। हाँ, चूँकि वे लोग गुलाम-बच्चे हैं, उनके माता-पिता नहीं हैं, वे लोग खुश होने की बात कैसे सोच सकते हैं। पर उन्हें अच्छा होना चाहिए शायद यही उनके लिए सन्तोष लाएगा। इसी तरह की बातें वे करते रहे। भाई-बहन एक-दूसरे को ढाढस दे रहे थे। भाई अपनी बहन की बात से सहमत हो गया उसने कहा, मैं अच्छा बनने की कोशिश करता हूँ पर क्या फायदा। ये लोग मुझे सदा तंग करते रहते हैं। फिर उसने बताया कि दोपहर को उसके साथ युवा मालिक निकोलस क्या-क्या करता है।

निकोलस का भाई विलियम के विषय में मनमानी कहानियाँ गढ़ कर अपने भाई को सुनाया करता था। निकोलस का कहना था कि वह विलियम को कोड़े लगाएगा। मगर विलियम ने प्रतिकार किया और दोनों गुत्थमगुत्था हो गये, जाहिर-सी बात है कि विलियम का पलड़ा भारी था। विलियम को कुछ खरोंचें लगीं और वह छूट निकला। उसका मालिक बहुत ओछी प्रवृति का था अपने से छोटों को पीटता पर

बराबरी वालों से लड़ नहीं पाता था। वह खूब बेईमानी करता। फल बेचने वालों तक को धोखा देता।

लिंडा को गुलामी ने कई बातें सिखा दी थीं। वह लोगों का चरित्र, उनके इरादे समझने लगी थी। उसने बहुत कुछ देखा और सुना था। उसकी जिन्दगी का युद्ध प्रारम्भ हो चुका था। वह जानती थी कि वह कमजोर है फिर भी हार मानने को तैयार न थी। भाई से उसे प्यार था, भाई के मन में उसके लिए असीम प्रेम था। इसके अलावा लिंडा का पहला प्यार उसके जीवन में आ चुका था, वह एक लड़के से प्रेम करने लगी थी। मालिक को इसका पता चल गया। वह लिंडा को शारीरिक दंड नहीं देता पर चिढ़ कर दूसरे तमाम उपायों से उसे सताता।

एक बार फरवरी के महीने में खूब बर्फबारी हो रही थी। नानी ने उसे नये जूते दिये थे जिनसे आवाज हो रही थी। मालकिन के सकून में इस आवाज से खलल पड़ रही थी। उसने आदेश दिया कि लिंडा तुरन्त वो जूते उतारे। अगर उसने इन्हें फिर कभी पहना तो वह इन्हें आग के हवाले कर देगी। जूते-मोजे उतरवा कर उसे बर्फ में काम के लिए दूर बाहर भेज दिया गया। लिंडा ने सोचा आज रात वह बीमार हो कर मर जाएगी और मालकिन को अफसोस होगा। लेकिन जान ऐसे थोड़े न निकलती है। सुबह वह भली-चंगी थी। अक्सर लिंडा के लिए लोग काफी बड़ी रकम उसके मालिक को देना चाहते थे पर हर बार डॉ. फ़्लिंट कहता कि यह तो मेरी बेटी की सम्पत्ति है, मैं इसे बेच नहीं सकता हूँ। लिंडा की मालकिन एक छोटी बच्ची थी और वह उसकी सुरक्षा नहीं कर सकती थी। लिंडा और छोटी मालकिन एक-दूसरे को प्यार करती थीं। मालकिन अक्सर लिंडा को उन अपराधों के लिए डाँटती जो उसने नहीं किये होते। लिंडा को वह झूठी मानती थी। लिंडा सोचा करती आखिर भगवान उससे क्या चाहता है? क्या और बुरे दिन आने हैं? एक दिन वह बैठी यही सब सोच रही थी कि विलियम ने आकर उसे बेन (उनका मामा) और उसके मालिक की बात बतायी। मालिक के बुलाने पर बेंजामिन तत्काल नहीं गया। जब गया तब तक मालिक का गुस्सा सातवें आसमान पर पहुँच चुका था। वह बेंजामिन पर कोड़े बरसाने लगा। बेंजामिन ने प्रतिरोध किया। दोनों भिड़ गये और मालिक जमीन पर गिर पड़ा। शहर का सबसे धनी श्वेत मालिक एक अश्वेत गुलाम के द्वारा जमीन पर गिरा दिया गया था। नतीजा भयानक होना ही था।

उस रात लिंडा नानी के घर गयी, बेंजामिन भी वहाँ आया, नानी कहीं गयी हुई थी। बेंजामिन ने कहा कि वह जा रहा है और अलविदा कहने आया है। पूछने पर उसने बताया कि उसने उत्तर की ओर जाने का पक्का इरादा कर लिया है। उसका कहना था कि गरीबी और मेहनत अगर स्वतन्त्रता के साथ मिले तो वह गुलामी से बेहतर है। उसने लिंडा से कहा कि वे लोग यहाँ कुत्ते से बदतर जीवन बिता रहे हैं।

वह यहाँ नहीं रहेगा, अगर पकड़ा गया तब भी उसे चिन्ता नहीं है। आखिर एक बार तो मरना ही है। मगर क्या मरना एक बार में होता है? क्या यह इतना आसान है? लिंडा ने उसे उसकी माँ के दिल टूटने का हवाला दिया। बेंजामिन ने कहा कि वे लोग उसकी माँ का ध्यान रखें और वह विदा लेकर अँधेरे में ओझल हो गया।

वह जहाज में न्यूयॉर्क जा रहा था कि रास्ते में भयंकर तूफान आ गया। कैप्टन ने नजदीकी बन्दरगाह पर जहाज लगाया। अभी वे बहुत दूर नहीं गये थे। उस बन्दरगाह पर बेंजामिन को पकड़ने का इश्तहार लगा हुआ था। कैप्टन ने बेंजामिन को पकड़ कर जंजीरों में डाल दिया। तूफान गुजर गया, जहाज जब चला तब एक बार फिर बेंजामिन ने खुद को मुक्त कर लिया और समुद्र में कूद पड़ा। पर उसका पीछा कर उसे पकड़ लिया गया और उसे वापस उसके मालिक के पास पहुँचा दिया गया।

नानी को लौटने पर पता चला कि उसका सबसे छोटा बच्चा बेंजामिन भाग गया है तो वह बहुत परेशान हो गयी, उसे पकड़े जाने का नतीजा मालूम था। वह रोज खबर का इन्तजार करती। जल्द ही सबने देखा कि बेंजामिन जंजीरों में जकड़ा सड़क से घसीटता हुआ जेल में डाल दिया गया। उसके पीले चेहरे पर गजब की दृढ़ता थी। उसने एक नाविक से खबर भिजवायी कि उसकी माँ उससे मिलने न आये। माँ को देख कर उसका आत्म नियन्त्रण टूट जाएगा। माँ कहाँ मानने वाली थी वह उससे मिलने गयी। वह छिप कर अपने बेटे से जेल में मिलने गयी।

परिचित और नरम दिल जेलर की कृपा से लिंडा और नानी बेंजामिन से रात में मिले। रोने के अलावा और क्या किया जा सकता था। माँ ने कहा कि वह बेटे की स्वतंत्रता की आकांक्षा को समझती है, उसे दोष नहीं देती है। बेटा माँ को दुःख देने के लिए माफी माँग रहा था। बेटे ने बताया, वह पकड़े जाने पर समुद्र में जान दे देना चाहता था पर माँ के खयाल ने उसे रोक लिया। माँ ने कहा कि क्या उसे भगवान की याद नहीं आयी। बेटे का उत्तर था कि उसे भगवान याद नहीं आया। लिंडा लिखती है कि जब आदमी जंगली जानवर की तरह शिकार किया जाता है तो वह भगवान, स्वर्ग सब भूल जाता है। शिकारी कुत्तों से बचने के लिए संघर्ष करते हुए बेंजामिन सब भूल गया था मगर उसे अपनी माँ याद थी।

नानी का मानना था कि यदि बेंजामिन भगवान में विश्वास रखे, थोड़ा झुक जाए और मालिक से माफी माँग ले तो मालिक उसे अवश्य माफ कर देगा। बेटा इसके लिए तैयार न था। वह जेल में मरने या दोबारा बेचे जाने के लिए तैयार बैठा था। माँ बेटे की बात सुन कर काँप गयी। बेटे ने इसे अनुभव किया और फिर शान्त आवाज में बोला कि मेरी चिन्ता मत करो, मैं इस काबिल नहीं हूँ। उसने यह भी कहा कि काश उसके पास माँ जैसी थोड़ी-सी अच्छाई होती। उसने माँ को धैर्य रखने

के लिए कहा। नानी भी पहले स्वतन्त्रता की बात सोचती थी लेकिन उसके पास कोई आसरा नहीं था। इसलिए वह ईश्वर पर भरोसा करने लगी। इससे उसका बोझ थोड़ा कम हुआ। उसने अपने बेटे को भी ऐसा करने को कहा।

तीन सप्ताह तक बेंजामिन को जेल में रखा गया, लिंडा की नानी अपने बेटे के जीवन की भीख माँगने उसके मालिक के पास गयी पर कोई फल न निकला। वह बेंजामिन को सजा दे कर अपने दूसरे सब गुलामों को सबक सिखाना चाहता था। जब तक बेंजामिन झुक न जाए वह उसे जेल में रखना चाहता था या फिर एक डॉलर में बेच देना चाहता था। बाद में उसकी हथकड़ी-बेड़ी खोल दी गयी और परिवार जनों को मिलने की इजाजत भी मिली। वे लोग उसके लिए खाना ले जाते, जेलर के लिए भी कुछ-न-कुछ ले जाते। इस तरह तीन महीने बीत गये न तो बेंजामिन जेल से बाहर निकाला गया न ही उसे बेचा गया।

एक अच्छे भले आदमी को जेल में डाल दिया जाए तो वह कितने दिन स्वस्थ रह पाएगा। एक दिन बेंजामिन भी गाता-हँसता पाया गया। उसके पागल हो जाने की खबर उसके मालिक के पास गयी और उसे फिर से जंजीरों में जकड़ दिया गया और इस बार उसे दूसरे कैदियों के साथ रख दिया गया। मानवाधिकार और अन्य संगठनों के होते हुए भी जेल की हालत आज भी बहुत अच्छी नहीं है, उस समय की बात सोची जा सकती है। जल्द ही बेंजामिन पिस्सुओं से भर गया। उसने जंजीरों को निकाल फेंका और खबर भिजवायी कि वह पिस्सुओं से भर गया है। नतीजन उसे और अधिक जंजीरों में बाँध दिया गया और उससे किसी के मिलने-जुलने पर पूरी तरह से रोक लगा दी गयी। नानी किसी तरह उसे नये कपड़े पहुँचाती और उतारे हुए ला कर जला देती। तीन महीने बाद उसे एक गुलाम व्यापारी ने खरीदा। नानी उसे खरीदना चाहती थी लेकिन दास व्यापारी ने कहा कि वह इस राज्य में उसे नहीं बेच सकता है। वह उसे न्यू ओरीलियन पहुँच कर ही बेचेगा। बेंजामिन बहुत कमजोर हो गया था। फिर भी व्यापारी उसका बहुत ऊँचा दाम लगा रहा था।

नानी ने न्यू ओरीलियन में एक वकील से सहायता ली। मगर बेंजामिन नहीं चाहता था कि माँ की कठोर मेहनत की कमाई उस पर खर्च हो। व्यापारी को कोई मनलायक खरीददार नहीं मिल रहा था। इस बीच मौका पा कर बेंजामिन फिर भाग निकला। उसका रंग साफ था और इस कारण किसी को शक नहीं हुआ और श्वेत लोगों के बीच होता हुआ वह बॉल्टीमोर की ओर चल पड़ा। अभी उसकी मुश्किलें समाप्त नहीं हुई थीं। कमजोर तो वह था ही, इस परिश्रम से बुरी तरह बीमार पड़ गया। काफी समय उसे बॉल्टीमोर में रहना पड़ा। एक दिन उसे ऐसा लगा कि वह पकड़ कर वापस उसके मालिक के पास भेज दिया जाएगा। उसके शहर के एक आदमी ने उसे देख कर आवाज दी। भय से जकड़ा बेंजामिन हिल न सका पर वह

आदमी भला था। उसे बेंजामिन की कहानी मालूम थी। वह उसके मालिक को जानता था। उस व्यक्ति ने बेंजामिन से कहा कि वह शीघ्रातिशीघ्र यह स्थान छोड़ दे। उसने उसे न्यूयॉर्क जाने का सुरक्षित और नजदीकी रास्ता बताया। इस व्यक्ति ने नानी को बताया कि वह बेंजामिन से मिला है और वह न्यूयॉर्क गया है। दुनिया में अच्छे लोग भी होते हैं। इस व्यक्ति की अच्छाई का एक कारण इस व्यक्ति की अमेरिका के उत्तर पैदाइश थी, दक्षिण की एक स्त्री से शादी करके वह वहाँ रह रहा था। बेंजामिन इस व्यक्ति का सदैव अनुग्रहीत रहा।

बेंजामिन सुरक्षित न्यूयॉर्क पहुँच गया। संयोग से नानी का एकमात्र बचा बेटा फिलिप अपनी मालकिन के काम से न्यूयॉर्क आया। दोनों भाइयों के मिलन की कल्पना की जा सकती है। उसने भाई से कहा कि वह भी यहीं रह जाए। पर भाई माँ के कारण ऐसा नहीं करना चाहता था। बेंजामिन ने खबर भिजवायी कि माँ अब उसकी चिन्ता न करे। अब अगर वह मरा भी तो वह एक आजाद आदमी के रूप में मरेगा। उसने यह भी कहा कि माँ अब उसे खरीदने की बात भूल जाए क्योंकि वह नहीं चाहते है कि माँ अपना घरबार बेच कर उसकी स्वतन्त्रता खरीदे। वह नहीं चाहता था कि जिस व्यक्ति के चंगुल से निकलने के लिए उसने इतनी मुसीबतें उठायी हैं उसके बिकने से उस मालिक को कानी कौड़ी भी मिले। अगर माँ को किसी को खरीदना है तो वह फिलिप और लिंडा को खरीदे। एक दिन ऐसा आया जब नानी ने अपनी मेहनत की कमाई से आठ सौ डॉलर में फिलिप को उसकी स्वतन्त्रता खरीद दी। मगर यह बहुत बाद की बात है। बेंजामिन के मन में माँ को परेशान करने और दुःख पहुँचाने का दुःख था। उसने यह भी बताया कि कैद के दिनों में कई बार उसने मरने की सोची पर धार्मिक सोच और भय के कारण वह ऐसा न कर सका। अब उसे ऐसा करने की कोई जरूरत नहीं है। लिंडा ने उसे डॉ. फ़्लिंट की कारस्तानियाँ बतायी थीं अतः वह चाहता था कि किसी तरह लिंडा उस नरक से बच निकले। बेंजामिन के मालिक से भी बुरे मालिक थे पर वह डॉ. फ़्लिंट को उनसे भी बद्तर मानता था। फिलिप ने विदा होते समय कपड़े और अपनी सारी रकम उसे दे दी। दोनों भाई नम आँखों से विदा हुए। फिर उन लोगों ने कभी बेंजामिन के बारे में कुछ नहीं सुना। हाँ, फिलिप ने लौट कर यह खुशखबरी परिवार में सबको सुनायी। नानी ने तुरन्त भगवान का शुक्रिया अदा किया।

लिंडा के पन्द्रह साल का होते-न-होते डॉ. फ़्लिंट उससे अपनी वासना पूर्ति के लिए निवेदन करने लगा। वह छोटी थी मगर गुलाम लड़की होने के कारण ऐसी बातों से परिचित थी। वह मालिक की बातों को कभी अनसुना करती, कभी अवहेलना करती। यह पानी में रह कर मगर से बैर करना था। डॉ. फ़्लिंट को अपनी इज्जत का खयाल था, वह नानी से शिकायत किये जाने से भी डरता था। लिंडा और उसकी

उम्र में चालीस साल का फासला था और वह शादीशुदा था। इन सब कारणों से वह लिंडा से जबरदस्ती नहीं कर पाता था। कभी वह धमकाता, कभी फुसलाता। कभी लिंडा भय से काँपती, कभी उसकी कोमलता से भ्रमित होती। जब वह तूफानी ढंग से आक्रमण करता तो लिंडा उतनी भयभीत नहीं होती जितनी कि उसके सूक्ष्म तरीकों से होती। नानी ने लिंडा को नैतिकता की शिक्षा दी थी। डॉ. की वासना भरी बातें लिंडा को मानसिक रूप से बहुत परेशान करतीं। शारीरिक रूप से वह सदा काँपती रहती। वह उससे घृणा करती थी पर वह उसका मालिक था। दुर्भाग्य से दोनों एक छत के नीचे रहते थे। लिंडा के पलायन का कोई उपाय न था।

डॉ. उससे कहता कि वह उसकी सम्पत्ति है, वह जैसा चाहे वैसा सलूक उसके साथ कर सकता है, उसे समर्पण करना ही होगा। वह सुरक्षा के लिए कहाँ गुहार लगाती, कानून भी उसके पक्ष में नहीं था। वह किन शब्दों का प्रयोग करता था इसका जिक्र लिंडा ने अपनी किताब में कहीं भी नहीं किया है। गुलाम लड़की चाहे काली हो अथवा गोरी कोई फर्क नहीं पड़ता था। कानून उसकी अवमानना, बलात्कार यहाँ तक कि मृत्यु का भी संज्ञान नहीं लेता था। मालकिन जिसे अपनी गुलाम लड़कियों की सुरक्षा करनी चाहिए वह उनके प्रति ईर्ष्या से उबलती रहती थी।

छोटी-छोटी बच्चियों को बारह साल का होते-न-होते पता चल जाता था कि मालकिन किस-किस को नफरत करती है और क्यों नफरत करती है। इसमें उसकी माँ भी शामिल हो सकती थी। वह ईर्ष्या के विस्फोट को देखती-सुनती और कारण भी जान जाती। बच्ची समय से पहले समझदार हो जाती थी। जल्द ही मालिक की पदचाप से काँपने लगती। उसे जता दिया जाता कि अब वह बच्ची नहीं रही है। खुदा न खास्ता अगर वह सुन्दरी हुई तब तो खुदा खैर करे। श्वेत स्त्री के लिए जो प्रशंसा का कारण था वही अश्वेत गुलाम के लिए पतन बन जाता। कुछ गुलाम क्रूरता की पराकाष्ठा से इन अपमानजनक बातों को अनुभव नहीं कर पाते थे लेकिन बहुतों को यह बुरी तरह सालता था। लिंडा को इन बातों से बहुत अपमान और कष्ट होता वह बाद में भी इनको याद करके कष्ट पाती रही। डॉ. उसे हर पल एहसास कराता कि वह उसकी सम्पत्ति है और उसे समर्पण करना ही है। यहाँ तक कि जब वह अपनी माँ की कब्र पर जाती तब भी वह उसका पीछा करता। बात सबको पता चलते देर न लगी। कुछ लोग उससे सहानुभूति और दया रखते थे पर किसकी मजाल है कि कुछ कहे। बिल्ली के गले में कौन घंटी बाँधे। चुप रह कर सहना बहुत भारी बोझ था। लिंडा किसी से अपनी तकलीफ साझा कर हल्का होना चाहती थी। वह अपनी नानी से सब कहना चाहती थी। अन्य अत्याचारियों की तरह डॉ. ने लिंडा को धमकी दे रखी थी कि यदि वह किसी से कहेगी तो वह उसे मार डालेगा। वह अपनी नानी से डरती थी और उसे बेहद प्यार भी करती थी। उसके मन में नानी

के लिए आदर और आश्चर्य का मिलाजुला भाव था। नानी धार्मिक और नैतिक विचारों की थी। लिंडा बहुत कम उम्र की थी। उसे समझ में नहीं आता कि वह इस गन्दे विषय को नानी से कैसे कहे। उसे यह भी डर था कि सुन कर शान्त स्वभाव की नानी गुस्से में यदि डॉ. से लड़ने पहुँच गयी तो नतीजा कितना भयानक होगा। लिंडा ने सुन रखा था कि एक बार किसी गोरे ने नानी की एक बेटी का अपमान किया था तो नानी ने भरी पिस्तौल ले कर उसे दौड़ाया था। आत्मसम्मान, भय और भयानक परिणाम को सोच कर वह चुप थी। समाज में नानी के सम्मान के कारण डॉ. फ़्लिंट बहुत आगे बढ़ने की हिम्मत नहीं कर पा रहा था। लिंडा खेतों पर नहीं रह रही थी और शहर बहुत बड़ा नहीं था सब एक-दूसरे को जानते-पहचानते थे। डॉ. फ़्लिंट भी अपने पेशे के कारण अपनी इज्जत बचाए रखना चाहता था। दूसरों के सामने बहुत सदाशयता का व्यवहार करता।

एक पिता की दो सुन्दर सन्ताने, एक श्वेत दूसरी अश्वेत गुलाम बचपन में साथ खेलती हैं, बड़ी होते ही बहनों के रास्ते बदल जाते हैं। एक का रास्ता फूलों भरा होता है वहीं दूसरी की राह काँटों भरी। एक जिन्दगी भर हँसती-खिलखिलाती सुख भोगेगी दूसरी जिन्दगी भर आहें भरेगी। वह शर्म, गजालत और पाप की दुनिया का हिस्सा बनी रहेगी। वैसे श्वेत स्त्री का जीवन बहुत सुखदायी नहीं होता था, पति की बेवफाई का दंश उसे भोगना होता। लिंडा ऐसे सिद्धान्तहीन मालिक और ईष्यालु मालकिन के साथ रहने के बनिस्बत कपास के खेतों में मेहनत करते हुए मरना पसन्द करेगी। वह चाहेगी कि उसके बच्चे भले ही अधपेट खाएँ लेकिन वे अमेरिका के दक्षिण में कभी न रहें।

एक गुलाम स्त्री के लिए चरित्र की बात करना उसका अपराध है। मालिक अपराध करके पश्चात्ताप कर, पाप मोचन कर सकता है। मिसेज फ़्लिंट को अपने पति का चरित्र मालूम था पर उसके मन में गुलाम स्त्रियों के लिए कोई सहानुभूति नहीं थी। वे उसके शक का बायस थीं। वह अपने पति पर बराबर निगाह रखती और वह उसे चकमा देना जानता था। वह जो शब्दों में नहीं कह पाता इशारों से कहता। लिंडा ऐसा जाहिर करती मानो वह इन इशारों का अर्थ न समझती हो। उसके अनजान बने रहने को वह उसकी बेवकूफी मानता और उसके लिए उसे कोसता तथा धमकी देता। एक दिन उसने लिंडा को लिखते हुए देख लिया बस फिर क्या था। पहले तो उसने दास के लिखने-पढ़ने पर अपनी नापसन्दगी दिखायी फिर नितदिन लिख कर जबरदस्ती उसे पुर्जे थमाने लगा। जब वह कहती कि वह पढ़ नहीं सकती है तो खुद पढ़ कर सुनाता और पूछता कि वह मतलब समझी या नहीं। गर्मी की शिकायत करते हुए बाहर खाना मँगवाता और लिंडा को पंखा झलने के लिए खड़ा कर लेता। हर कौर के बीच उससे कहता जाता कि अब उसका धैर्य जवाब दे रहा

है, उसने लिंडा के लिए क्या नहीं किया है, वह एहसानफरामोश है, वह उसे मजा चखा कर रहेगा, वह नहीं जानती है कि वह क्या खो रही है, वह उसे बहुत मजा देना चाहता है आदि, आदि। घर में किसी तरह वह उससे बच निकलती तो वह किसी-न-किसी काम के बहाने उसे अपने ऑफिस में बुला लेता जहाँ खड़े हो कर उसकी बकवास सुनना लिंडा की मजबूरी थी। जब वह उसकी बातों पर खुले तौर पर घृणा प्रकट करती तो वह गुस्से में आग-बबूला हो कर उसे मारने उठता पर कभी मारता नहीं था। दिन-पर-दिन स्थिति बिगड़ती जा रही थी। एक दिन लिंडा ने हार कर कहा कि वह अपनी नानीमाँ से अपनी सुरक्षा की गुहार करेगी। सुन कर वह भड़क गया और कहने लगा कि यदि उसने ऐसा किया तो वह उसे मौत से भी बुरी सजा देगा। इतना होने के बाद भी लिंडा को विश्वास था कि कुछ अच्छा होगा। किसी-न-किसी तरह वह उसके चंगुल से निकल जाएगी।

लिंडा सोलह साल की हो रही थी और मिसेज फ़्लिंट के लिए असहनीय होती जा रही थी। रोज मियाँ-बीवी में झगड़ा होता। डॉ. न तो कभी खुद लिंडा को सजा देता था न ही किसी और को देने देता था। मिसेज फ़्लिंट की परेशानी की यह भी एक वजह थी। वह लिंडा को चाह कर भी सजा नहीं दे सकती थी। मगर वह किसी-न-किसी तरह अपना गुस्सा उस पर उतारती रहती। लिंडा के मन में मिसेज फ़्लिंट के लिए दया थी, वह कभी उसका कोई बुरा नहीं करती न ही उसके किसी काम की अवहेलना करती। अगर वह कभी जरा-सा भी अच्छा व्यवहार करती तो लिंडा अपने मन की सारी बात उसे बता देती पर इसका कोई अवसर नहीं था।

लिंडा रात को अपनी एक बूढ़ी ग्रेट ऑन्ट के साथ सोती थी जो बरसों से डॉ. के यहाँ रह रही थी। रात को डॉ. कभी उस कमरे में आने की हिम्मत नहीं करता। एक दिन डॉ. ने तय किया कि वह अपनी चार साल की सबसे छोटी बेटी को साथ ले कर अपने कमरे में सोएगा। जाहिर-सी बात है इतनी छोटी बच्ची की देखभाल के लिए उसने लिंडा को नियुक्त किया। सारी योजना इसी बात के लिए थी। मिसेज फ़्लिंट ने लिंडा को तलब किया। वह जानना चाहती थी कि लिंडा को वहाँ सोने के लिए किसने कहा है। लिंडा ने उसे बता दिया। उसने लिंडा से बाइबिल पर हाथ रखवा कर कसम खिलवायी कि वह मासूम है और सच कह रही है। लिंडा का मन साफ था उसे कसम खाने में क्या दिक्कत होती। लिंडा ने अब तक की सारी बातें उसे बतायी। बातें सुनते हुए वह रो रही थी, लिंडा को उसके दुःख से दुःख हो रहा था। वह भी रो रही थी। लिंडा को जल्द पता चला कि मिसेज फ़्लिंट अपने पति की बेवफाई, अपनी इज्जत पर बट्टा लगने से रो रही थी उस शोषित से लिंडा का कुछ लेना-देना नहीं था। वह खुद को शहीद सोच रही थी लेकिन जिस शर्म, असहायता और दुर्भाग्य से एक गुलाम लड़की गुजर रही थी उसके लिए कोई संवेदना

नहीं थी। उसने लिंडा की रक्षा करने की बात कही। यह मात्र दिखावा था, वह रक्षा करने में समर्थ नहीं थी और न ही उसकी इसमें कोई रुचि थी। मिसेज फ़्लिंट एक सुसंस्कृत स्त्री न थी, उसे अपनी भावनाओं पर अधिक नियंत्रण न था, वह लिंडा से ईर्ष्या और नफरत करती थी। लिंडा उसे दोष नहीं देती है। गुलाम मालिकों की पत्नियाँ ऐसी स्थिति में रहती थीं कि उनसे किसी अच्छी बात की अपेक्षा करना बेकार था। डॉ. की चाल कामयाब नहीं हुई। लिंडा रात को उसके कमरे में सोने से बच गयी। मगर लिंडा यह बात जानती थी कि डॉ. इस अपमान और हार का बदला अवश्य लेगा। यह उसकी चिन्ता का नया विषय बन गया था।

अब मालकिन उसे अपने बगल वाले कमरे में सुलाने लगी। वह स्त्री इतनी कमजोर और डरी हुई थी कि रात को वह सो नहीं पाती और लिंडा के ऊपर झुक कर कई बार उसे ताकती। वह कई बार रात को डॉ. की आवाज बना कर लिंडा के कान में फुसफुसाती। वह जानना चाहती थी कि अगर उसका पति बुलाएगा तो लिंडा कैसा व्यवहार करेगी। अगर लिंडा चिहुँक जाती तो वह चुपचाप वहाँ से खिसक लेती और सुबह कहती कि नींद में लिंडा की बड़बड़ाहट सुन कर वह उसे देखने आयी थी। वह जानना चाहती कि लिंडा किससे बात करती है। एक ईर्ष्यालु स्त्री का नींद में अपने ऊपर झुका होना लिंडा को बड़ा खतरनाक लगता। वह जलन के मारे कुछ भी कर सकती थी। मिसेज फ़्लिंट डॉ. की दूसरी पत्नी थी, उम्र में उससे कई साल छोटी। जब उसकी रात को देखने वाली चाल सफल नहीं हुई तो उसने अपने पति को लिंडा की उपस्थिति में दोषी ठहराना शुरू किया। कहती कि लिंडा ने यह शिकायत की है, वह शिकायत की है। डॉ. कहता कि मुझे विश्वास नहीं है कि लिंडा ने ऐसा कहा है, अगर उसने कहा है तो मेरे बारे में ऐसा कहने के लिए तुम उसे सजा दो। अभी भी सत्ता और शक्ति डॉ. के हाथ में थी। वह लिंडा को कोड़े लगाना चाहती थी मगर इसके लिए डॉ. की इजाजत नहीं थी।

गुलामी धर्म न्यायाधिकरण (Inquisition) की तरह है। लिंडा जानती थी कि उसका मालिक ग्यारह गुलाम बच्चों का पिता है। मगर एक भी बच्चे की माँ अपने बच्चे के पिता का नाम नहीं ले सकती थी। लोग कानाफूसी करते, फुसफुसाहट में इन बातों को कहते मगर जोर से बोलने की किसी की हिम्मत न थी। ऐसा करने का नतीजा उन्हें अच्छी तरह मालूम था। नानी को कुछ सन्देह हो रहा था अतः वह लिंडा को खरीदना चाहती थी पर हर बार डॉ. का एक ही उत्तर होता कि लिंडा उसकी बेटी की सम्पत्ति है और वह उसे नहीं बेच सकता है। मगर उसे बेटी की सम्पत्ति पर बुरी दृष्टि रखने में कोई गुरेज न था। वह लिंडा से पूछा करता क्या वह बिकना चाहती है। लिंडा उसके यहाँ रहने के अलावा किसी भी बात के लिए राजी थी। वह कहता कि उसे लिंडा की इन बातों से बहुत दुःख होता है, वह बहुत अहसानफरामोश

है। उसने उसके लिए क्या कुछ नहीं किया है और वह तनिक भी कृतज्ञता नहीं दिखाती है। वह अहसान गिनाने लगता कि वह लिंडा को अपने बच्चों के साथ रखता है, कभी उससे नीग्रो की तरह व्यवहार नहीं करता है। कभी न तो खुद सजा देता है न ही औरों को देने देता है। इस कारण उसकी पत्नी का शक और बढ़ता, वह और अधिक ईर्ष्या करती। हर हाल में नुकसान लिंडा का ही था। अगर वह कभी रोती तो वह कहता मत रो, मैं तेरी मालकिन को समझा दूँगा। बस वह चाहता था कि सब कुछ उसकी योजना अनुसार हो। वह लिंडा को एक लेडी बनाने का प्रलोभन देता और कहता कि वह उसका भला-बुरा जानता है। वह नादान है उसकी भलाई किसमें है नहीं जानती है।

लिंडा अपनी आत्मकथा में बार-बार अमेरिका के उत्तर के लोगों को कहती है कि वे दक्षिण के गुलामों और उनके मालिकों की सच्चाई जानें और अपनी बेटियों की शादी करके उन्हें यहाँ न भेजें। न ही पलायन किये हुए गुलामों को पकड़ कर उनके मालिकों के पास लौटा भेजने में सहायता करें। बेचारी ये लड़कियाँ खुली धूप में घर बसाने की बात सोचती हुई खुशी-खुशी यहाँ आती हैं बदले में उन्हें निराशा और पति की बेवफाई मिलती है। हर रंग की छटा के उसके पति के बच्चे उसके अपने बच्चों के साथ उसे खेलते नजर आते हैं और उसे मन मसोस कर सब स्वीकार करना होता है, वह हर मामले में बेबस होती है। ईर्ष्या, घृणा, अकेलापन उसकी नियति होती है। यदि दक्षिण की स्त्री शादी करती है तो उसे बचपन से सब मालूम होता है, वह इन बातों की आदी होती है और उसे इससे खास फर्क नहीं पड़ता है। एकाध को छोड़ दिया जाए तो अधिकतर ये स्त्रियाँ पति के दूसरे बच्चों को सम्पत्ति मानती हैं और सूअरों की तरह उनकी खरीद-बिक्री करती हैं। लिंडा ऐसी दो दक्षिणी स्त्रियों को जानती थी जिन्होंने अपने पति की सन्तानों को गुलामी से मुक्त करवा दिया था, ऐसे मामले विरल थे। गुलामी प्रथा लोगों की नैतिकता समाप्त कर देती है। गुलाम मालिक अपने इन नीग्रो बच्चों का बाप होना गलत नहीं मानते थे। इन्हें अपना बच्चा नहीं मानते थे। इनकी खरीद-बिक्री पर उनकी संवेदना तनिक भी नहीं पिघलती। लेकिन इन बच्चों को अपना गुलाम मानने में उन्हें कोई शर्म नहीं थी।

युवा लिंडा एक अश्वेत स्वतन्त्र बढ़ई से प्यार करने लगी थी और यह बात छिपी न रह सकी। वह उससे शादी करना चाहता था। मगर कानूनन कोई गुलाम शादी नहीं कर सकता था। वह युवक लिंडा को खरीदने को तैयार था मगर डॉ. फ़्लिंट बेचने को राजी न था। मालकिन उससे छुटकारा पाना चाहती थी लेकिन वह शादी करके जाए और खुशहाली का जीवन बिताए यह उसके ईर्ष्यालु मन को स्वीकार्य न था। अगर लिंडा कहीं दूर जाती तो शायद उसे आपत्ति न होती पर उसके पति के आसपास बनी रहे यह उसे कदापि सहन न था। एक बार उसकी

मालकिन ने एक गुलाम से कहा था कि यदि वह शादी और परिवार-बच्चों की बात सोचेगी तो वह उसकी खाल उधेड़ कर उसमें भूसा भरवा देगी। वह नहीं चाहती थी कि उसके बच्चे और उसके पति से उत्पन्न अश्वेत गुलाम स्त्री के बच्चे एक साथ खेलें। यह गुलाम मुलाटो थी पर उसे अपने पिता का नाम नहीं मालूम था। जबकि उसका होने वाला नीग्रो पति उसे प्यार करता था तथा उसके बच्चों को अपना नाम गर्व से देने को राजी था।

लिंडा के मन में बहुत भय था फिर भी हिम्मत करके उसने नीग्रो बढ़ई की बात अपनी नानी को बतायी। डॉ. फ़्लिंट की एक परिचिता काफी दयालु स्वभाव की थी, नानी की सलाह से लिंडा उसकी सहायता लेने गयी, ताकि डॉ. तक अपनी बात पहुँचा सके। उस स्त्री ने लिंडा की वकालत की पर कोई नतीजा नहीं निकला, डॉ. अपनी बात पर अड़ा रहा। अगले दिन उसने लिंडा को अपनी स्टडी में बुलाया, वह भय से काँपती वहाँ गयी। डॉ. उसे ऐसी नजरों से देख रहा था मानो अभी भस्म कर देगा। प्रेम मनुष्य में साहस भर देता है, लिंडा प्रेम में थी। प्रश्नोत्तर के दौरान लिंडा ने उसे जवाब दिया, डॉ. भला इसे कैसे सहन करता। डॉ. ने पहली बार उस पर हाथ उठाया। उसने हुक्म दिया यदि वह शादी करना चाहती है तो वह उसके किसी गुलाम से कर सकती है, पर उस स्वतन्त्र नीग्रो से कदापि नहीं। चूँकि लिंडा मुँहजोर उत्तर देती जा रही थी वह उसे जेल भेजना चाहता था। लिंडा वहाँ जाने को राजी थी। क्योंकि वह वहाँ ज्यादा शान्ति से रह सकेगी और यह बात उसने कह भी दी। फिर भला डॉ. उसे जेल क्यों भेजता। लिंडा ने यह भी कह दिया कि चूँकि डॉ. ने उसे मारा है इसलिए वह उससे नफरत करती है। वह उसे मार सकता है लेकिन जो वह चाहता है वह कभी नहीं कर पाएगा। डॉ. ने गरजते हुए चिल्ला कर उसे चुप रहने को कहा। डॉ. के अनुसार लिंडा उसके जीवन का प्लेग थी। उसने उसे नाफरमदार और न जाने क्या-क्या नहीं कहा। एक और मौका देने की बात करके उस दिन उसने लिंडा को छोड़ दिया। उसे धमकी दी कि वह उस नीग्रो का नाम नहीं सुनना चाहता है। अगर उसने कभी दोनों को बात करते देख लिया तो दोनों को कोड़े लगाएगा। अगर उस लड़के को अपनी जमीन के आसपास भी देखा तो उसे कुत्ते की मौत मार डालेगा। इसके बाद उसने खबरदार किया कि लिंडा शादी की बात भूल जाए, वह इस विषय को दोबारा नहीं सुनना चाहता है।

कई दिनों तक डॉ. ने लिंडा से बात नहीं की पर नजरों से घूरता रहा, बड़बड़ाता रहा, उसने एक श्वेत आदमी के प्रस्ताव को ठुकरा कर एक अश्वेत को चाहा इस बात की माफी वह कभी नहीं देगा। लिंडा को लगता अगर नरक कहीं है तो यहीं है। वह लगातार लिंडा पर नजर रखे हुए था और कुछ दिन के बाद उसने उसके हाथ में एक पुर्जा थमाया। जिसमें लिखा हुआ था वह दुःखी है कि उसने लिंडा पर

हाथ उठाया, लेकिन इसका कारण वह खुद थी। उसी ने उसे हाथ उठाने के लिए मजबूर किया था। अब वह जान गयी होगी कि मालिक को नाखुश रख कर वह खुश नहीं रह सकती है। कई गुलामों को साथ ले कर वह लुसीयाना जाने की योजना बना रहा है उसमें लिंडा भी शामिल होगी। वह पत्नी को साथ नहीं ले जा रहा है अतः लिंडा को उसकी ओर से चिन्ता करने की जरूरत नहीं है। वह उसकी पत्नी की ईर्ष्या से बची रहेगी। ईर्ष्या से बचाने के पीछे डॉ. का जो नापाक इरादा था लिंडा उसे भली-भाँति जानती थी। लिंडा ने निश्चय कर लिया था कि वह उसके साथ नहीं जाएगी। पता नहीं क्या हुआ कि गर्मियाँ बीत गयीं और लुसीयाना जाने का कार्यक्रम नहीं बना। डॉ. ने अपने सबसे बड़े बेटे को पता करने भेजा कि वह स्थान रहने के लिए कैसा है। लिंडा निश्चिन्त थी कि उसे डॉ. कभी अपने बेटे के पास या उसके साथ कहीं नहीं भेजेगा। इसी कारण वह उसे खेत में काम करने नहीं भेजता था। वह नहीं चाहता था कि लिंडा पर उसके बेटे या किसी अन्य आदमी की आँख पड़े। ओवरसियर कुत्तों की तरह थे। बेटे को वह स्थान पसन्द नहीं आया और लुसीयाना बसने की योजना वहीं रुक गयी।

एक दिन मालिक ने लिंडा को उसके प्रेमी से बात करते देख लिया, वह बहुत लाल-पीला हुआ। खूब अपशब्द कहे पर लिंडा का प्रेमी एक स्वतंत्र अश्वेत व्यक्ति था अतः डॉ. उसे हंटर नहीं मार सकता था। लिंडा उपाय सोचती रहती। उसे मालूम था कि उसके मालिक की इच्छा शक्ति बहुत दृढ़ है, वह उसे कभी नहीं बेचेगा और हर हाल में उससे समर्पण कराएगा। वह भी उतनी ही जिद्दी थी। उसका प्रेमी एक धार्मिक आदमी था। कानूनन यदि वह विवाह कर भी लेता तो भी वह डॉ. के चंगुल से लिंडा को नहीं बचा सकता था। उसे चुपचाप लिंडा का अपमान सहते रहना होगा। अगर उनके बच्चे होते तो वे गुलाम होते। नियम था बच्चों को माँ की नियति पर चलना है। यह स्थिति एक स्वतन्त्र पिता के लिए असहनीय होती। सोच-विचार कर लिंडा ने अपने दुःखी और शापित जीवन को उस स्वतन्त्र व्यक्ति से स्वतन्त्र करने का निश्चय किया। उस युवक के चाचा ने उसके लिए थोड़ी-सी सम्पत्ति सवाना में छोड़ी थी। उसकी देखभाल के लिए जब वह जा रहा था, लिंडा ने अनुरोध किया कि वह वहाँ से न लौटे और किसी स्वतन्त्र राज्य में जा बसे जहाँ उसकी बुद्धिमानी और कुशलता की कद्र हो। वह इस आशा के साथ गया कि एक दिन वह लिंडा को खरीद लेगा और उससे शादी करेगा। मगर लिंडा वास्तविकता से परिचित थी। उसके जाने पर लिंडा बहुत अकेली हो गयी।

उसे अभी भी अपनी नानी और अपने भाई का सहारा था। वह यह भलीभाँति जानती थी कि अगर मालिक को पता चला कि वह अपने भाई को कितना चाहती है तो वह दोनों को एक-दूसरे से दूर करने में एक पल नहीं लगाएगा। दोनों

भाई-बहन मिल कर योजना बनाते कि कैसे भाग कर उत्तर जाया जाए। ये बातें सोचना आसान था इन्हें कार्यरूप में परिणत करना इतना आसान न था। लिंडा के ऊपर कड़ी निगरानी थी और अपनी योजना को अंजाम देने के लिए उनके पास कोई रकम नहीं थी। नानी उनके भागने के सख्त खिलाफ थी वह अभी तक बेंजामिन की कठिनाइयों को नहीं भूली थी और नहीं चाहती थी कि उसका कोई और बच्चा वैसी परेशानी में पड़े। लिंडा का विचार था कि पहले विलियम निकले फिर वह उसका अनुगमन करेगी। गुलाम मालिक स्वयं को सम्मानित व्यक्ति कहते थे मगर अपने गुलामों से खूब झूठ बोलते थे। जब वे उत्तर से लौटते तो अपने दासों के सामने भगोड़ों की दयनीय दशा का बड़ा हृदय विदारक दृश्य प्रस्तुत करते। वे कहते कि ये भगोड़े रो-रोकर घर वापस लौटने की याचना करते हैं। न उनके पास खाने को कुछ होता है, न पहनने को। वे बड़ी दयनीय दशा में रहे हैं और बार-बार यहाँ की सुखभरी जिन्दगी को याद करते हैं। उनके पास वहाँ रहने के लिए घर नहीं होता है। अन्त में जोड़ते कि अपने ऐसे दयालु मालिक को छोड़ कर जाने के पाप का फल ऐसे लोगों को भोगना ही होगा।

शायद की कोई श्रोता इन बातों पर विश्वास करता। वे जानते थे कि यह झूठ है मगर खुल कर बोल नहीं सकते थे। अगर यह सच होता तो गुलाम क्यों पलायन के लिए अपनी जान जोखिम में डालते। स्वतन्त्रता की कीमत दासों को मालूम थी और इसके लिए वे कुछ भी करने को राजी थे। अपनी जान की बाजी लगाने को भी। वे मनुष्य की तरह जीना चाहते थे। मुसीबत यह थी कि स्वतन्त्र राज्यों का कानून कहता था कि भगोड़े गुलामों को पकड़ कर वापस उनके मालिक के पास पहुँचा दिया जाए। लिंडा पूछती है तब कोई गुलाम कैसे आदमी बने? कुछ ही गुलाम अपनी बहू-बेटियों की उनके मालिकों से रक्षा कर पाते थे। अधिकतर तो कोड़ों की मार से इतने नष्ट हो चुके हैं कि अपने मालिक के लिए खुद ही रास्ता छोड़ देते। अगर पीढ़ियों से आदमी गुलाम रहा है तो वह क्या करेगा। इस अमानवीय व्यवहार के कारण अश्वेत व्यक्ति कमतर हो गये। कानून, कोड़ों, मालिकों की कमीनगी और उनके शिकारी कुत्तों ने उन्हें मनुष्य बनने नहीं दिया। इसमें दक्षिण के लोगों के साथ उत्तर के उनके भाई भी शामिल थे। क्रूरता आदमी को तोड़ देती है उसे असंवेदनशील बना देती है। दक्षिण के लोग दास शिकारी के रूप में उत्तर जा सकते थे पर उत्तर के स्वतन्त्रता के पक्षधर मैसन और डिक्सन लाइन के पार दक्षिण में कदम नहीं रख सकते थे। अगर वह आयेगा तो उसे इस विचित्र प्रथा के प्रति अपनी आँखें मूँदनी होंगी। उत्तर के लोग जब दक्षिण में बसते तो वे और भी क्रूर मालिक साबित होते। उत्तर का श्वेत दक्षिण के सिद्धान्तों पर ज्यादा खरा उतरना चाहता। ये लोग अपनी आत्मा को यह कह कर सन्तुष्ट कर लेते कि भगवान ने अफ्रीकी लोगों को गुलाम

बनने के लिए ही पैदा किया है। लिंडा पवित्र पुस्तक का हवाला दे कर कहती है कि भगवान ने सारे देशों के लोगों को एक खून से बनाया है। तब अफ्रीकी कौन हुए? और उन अमेरिकी दासों का क्या जिनकी रगों में एंग्लो-सैक्सन रक्त प्रवाहित हो रहा है?

बेवकूफ-से-बेवकूफ गुलाम भी उत्तर के विषम में थोड़ी बहुत जानकारी रखता था। कुछ को लगता कि उत्तर वालों ने कानून बना कर उन्हें मुक्त कर दिया है, केवल उनके मालिक इस बात को छिपाये हुए हैं। वे कानून को यहाँ लागू नहीं होने देते हैं। जो लोग जानते थे कि लिंडा पढ़-लिख सकती है वे बराबर उससे उत्तर के विषय में पूछते रहते। गुलामों के बीच स्वतन्त्रता को ले कर बहुत सारे झूठे-सच्चे किस्से प्रचलित थे। जैसे एक गुलाम स्त्री को उसके पति ने बताया कि अश्वेत लोगों ने अमेरिकी महारानी के पास खबर भेजी कि वे गुलाम हैं, महारानी को विश्वास नहीं हुआ। वह खुद वाशिंगटन पहुँची, उसने राष्ट्रपति से पूछा और दोनों इस बात पर लड़ने लगे। महारानी ने अपनी तलवार निकाल कर राष्ट्रपति से कहा कि वह इन सारे लोगों को स्वतन्त्र कर दे। वे सोचते थे कि अभी भी अमेरिका महारानी के अधिकार में है। उनका राष्ट्रपति उसके नीचे काम करता है। मगर राष्ट्रपति तो कानून की महारानी की भी नहीं सुनता है। हर काल में, हर देश की अधिकांश जनता ऐसी ही अबोध होती है।

लिंडा के स्थान से थोड़ी दूरी पर मिस्टर लीच नाम का एक प्लांटर था। वह बहुत धनी था, छह सौ तो उसके गुलाम थे, कई को वह चेहरे से नहीं जानता था। यह अनपढ़, दुष्ट आदमी खूब अपराध करता पर कोई उसके खिलाफ चूँ न करता। उसका प्लांटेशन कई ओवरसियर चलाते थे जिन्हें वह खूब पैसे देता। उसकी जमींदारी के भीतर एक जेल और कोड़े लगाने का खम्भा था जहाँ रोज कुछ-न-कुछ चलता रहता। उसकी सम्पत्ति की धाक और उसकी दबंगयी हत्या जैसे जघन्य अपराध को भी दबा देती। उसके यहाँ क्रूरता अपने चरम पर थी। आदमी को बाँध कर जमीन से ऊपर उठा कर लटका दिया जाता और उसके ऊपर आग जला कर मोटा सूअर पकने के लिए लटका दिया जाता। जलते हुए सूअर की गरम चर्बी उस आदमी के नंगे शरीर पर टपकती रहती। यह मालिक अपने खेतों पर खूब कड़ा अनुशासन रखता मगर अपने गुलामों को पड़ोसी खेतों से सामान चुराने के लिए उकसाता। शर्त यह थी कि यह काम चालाकी से हो और पकड़ा न जाए। अगर किसी गुलाम की शिकायत पड़ोसी से आती तो पड़ोसी को वह कहता कि उसके गुलामों को किसी बात की कमी नहीं है वे भला चोरी क्यों करेंगे, इसके लिए वह गुलामों से गवाही दिलवाता। उसके भय से वे कहते कि उन्हें किसी बात की कमी नहीं है, वे भला क्योंकर चोरी करेंगे। पड़ोसी के जाने के बाद उस गुलाम की खैर

नहीं रहती। अपने खेत पर किसी के एक अधेला का सामान चुराने की सजा कोड़े की मार पड़ती, जंजीरों से उस गुलाम को जकड़ दिया जाता, जेल हो सकती थी, भूखा रखा जा सकता था। उसके लिए कोई भी सजा मुकर्रर की जा सकती थी। एक बार दो गुलामों की झोंपड़ी से थोड़ी शराब और गोश्त का टुकड़ा मिला। एक शब्द नहीं कहा गया, मगर एक वार से उन्हें धराशायी कर बक्स में डाल जमीन में गाड़ दिया गया। उसके यहाँ हत्या इतनी सामान्य बात थी कि वह खुद शाम घिरते घर से अकेला निकलने में डरता था। वह भूतों में विश्वास करता था। उसका भाई उतना धनी नहीं था लेकिन क्रूरता में अधिक नहीं तो उससे कम भी नहीं था। उसके पास प्रशिक्षित शिकारी कुत्ते थे। भागते गुलाम का पीछा कर वे उसका चिथड़ा-चिथड़ा कर डालते। बताना मुश्किल था उसके गुलाम उसके आदमियों से अधिक डरते थे या कुत्तों से। मरते समय उसने कहा कि उसका धन उसके साथ गाड़ दिया जाए। नतीजा यह हुआ कि उसकी कब्र कई बार खुली पायी गयी। अन्तिम बार देखा गया कि कब्र के बाहर उसका शव चील-कौवे खा रहे थे और ताबूत खाली खुला पड़ा था। इसके बाद वहाँ पहरा बिठा दिया गया। मरने के बाद उसकी खुली पलकों को चाँदी के सिक्कों से बन्द किया गया था। अक्सर गुलाम मालिक खप्ती दिमाग के होते।

लिंडा अपनी किताब में कई क्रूरताओं का जिक्र करती है। क्रूरता संक्रामक होती है। मिस्टर लीच का एक पड़ोसी मिस्टर कोनैट एक रात शराब में धुत्त होकर लौटा। उसके निजी नौकर ने अपने किसी व्यवहार से उसे चिढ़ा दिया, बस फिर क्या था उसके कपड़े उतार कर पेड़ से बाँध कर कोड़े लगे। रिसते खून के साथ कड़ाके की ठंड में उसे रात भर पेड़ से लटका छोड़ दिया गया। सुबह उसकी हालत मौत से भी बदतर थी। एक गुलाम ने अपने मालिक का सूअर चुराया, उसे जम कर कोड़े लगे। जब उसने भागने की कोशिश की तो दो मील भागने के बाद बेहोश हो गया। होश आने पर उसने सोचा वह मरने वाला है अतः अपनी पत्नी को देखने घिसट-घिसट कर वापस आया। वह भूख-प्यास, मार और घिसटने से इतना कमजोर हो गया था कि गेट नहीं खोल सकता था। उसकी कराह सुन कर उसके साथी उसे भीतर ले कर आये। उसकी कमीज उसकी पीठ की उधड़ी खाल में सट गयी थी जिसे किसी तरह अलग किया गया। मालिक ने कहा उसे और कोड़े लगने चाहिए। भूख से मजबूर होकर सूअर चुराना उसका अपराध था।

दासों पर क्रूरता बरपाने के मामले में मालकिनें कम नहीं थीं। वे भोर में अपने गुलामों से काम शुरू करवातीं जो आधी रात तक चलता और कोड़ों की आवाज बराबर आती रहती। एक मालकिन खलिहान में ले जाकर सताती थी, खुद पुरुष से भी ज्यादा कठोरता से हंटर बरसाती थी। उसके गुलाम कहते वे नरक में रहते हैं पर निकलने का कोई उपाय न था। दिन-रात वे मरने की दुआ माँगते। इस मालकिन

के मरने पर उसका पति किसी को उसके शव के पास न जाने दे। एक गुलाम लड़की जो उनके बच्चों की देखभाल कर रही थी। छोटा बच्चा लिये चुपचाप उस कमरे में घुस गयी। उसने कुछ देर मरी मालकिन के चेहरे को घूरा फिर दो थप्पड़ लगाये और कहा कि आखिर तुम्हें शैतान ले ही गया। छोटा बच्चा सब देख रहा था उसने अपने पिता से ये सारी बातें कह दीं। उसने कहा कि उसने माँ को देखा है और मैमी ने उसे ऐसे मारा। बच्चे ने खुद को थप्पड़ मार कर बताया। मालिक यह देख सुन कर सन्न। उसने गुलाम लड़की से पूछा और बेचारी ने अपना गुनाह कबूल कर लिया। तत्काल उसे जॉर्जिया में बेच दिया गया। जॉर्जिया गुलामों के लिए नरक स्वरूप था।

लिंडा अपने बचपन में चैरिटी नामक एक बहुत अच्छी गुलाम स्त्री को जानती थी और उसे बहुत प्यार करती थी। शादी के बाद उसकी मालकिन उसे अपने साथ लुसीयाना ले गयी। चैरिटी का छोटा बेटा जेम्स एक अच्छे हृदय मालिक को बेच दिया गया। मालिक पर कर्ज चढ़ गया तो उसने जेम्स को एक धनी, क्रूर स्वभाव के मालिक को बेच दिया। यह व्यक्ति जेम्स को कुत्ते की तरह रखता। एक बार भयंकर मार खाने के बाद वह भाग निकला, जंगल में भटकता रहा। हंटर से उधड़ी खाल, भूख-प्यास से बेहाल अन्ततः वह फिर पकड़ा गया। बाँध कर फिर उसी मालिक के पास लाया गया। सौ कोड़े की मार के बाद जेल में डालने से पहले जितने दिन वह जंगल में था उतने दिन उसे कॉटन जिन मशीन में स्क्रू से कस-बाँध कर रखा गया। जेम्स को रोटी-पानी के साथ इस दौरान सिर से पैर तक उधड़ी खाल को जल्द ठीक होने के लिए सान्द्र ब्राइन से नहलाया जाता। ताकि जल्द ठीक होकर काम लायक तैयार हो जाए। घाव पर ब्राइन वैसा ही प्रभाव डालती है जैसे कटे पर नमक। जेम्स से बात करने की किसी को छूट नहीं थी। चार दिन के बाद ब्रेड गायब रहने लगा पर पानी वैसे ही पड़ा रहता। जब-तक ओवरसियर देखने आया तब-तक जेम्स का शरीर चूहे और कीड़े आधा खा चुके थे। शायद चूहों ने उसे मरने के पहले ही खाना शुरू कर दिया था। जेम्स एक बुद्धिमान युवक था। क्या यह राष्ट्रीय और मानवता की हानि नहीं है? जेम्स को बिना किसी संस्कार के दफना दिया गया, किसी ने कोई प्रश्न नहीं पूछा। मालिक को गुलाम के साथ कुछ भी करने का हक था। गुलाम उसकी सम्पत्ति थे, वह जैसा चाहे वैसा व्यवहार उनके साथ कर सकता था। वह किसी एक गुलाम की चिन्ता क्यों करता। उसके पास सैंकड़ों गुलाम थे। एक को क्रूर सजा दे कर वह बाकी सबको अनुशासित करना चाहता था।

किसी ने कोई प्रश्न न पूछा। गुलामों को दिन भर की हाड़ तोड़ मेहनत के बाद नाममात्र के खाने के लिए भागना पड़ता। नौ बजे रौशनी बुझानी होती। प्रत्येक केबिन के ओवरसीयर निरीक्षण के लिए इसी समय आता। वह जाँचता कि पति-पत्नी हम बिस्तर हों ताकि गुलामों की तादाद बढ़ती रहे। गुलामों को थक-टूट

कर चूर रहने के बावजूद मालिक के लिए बच्चे पैदा करना अनिवार्य था। सुबह उन्हें घंटी की आवाज के साथ उठकर अगले दिन के काम में जुट जाना होता। गुलाम जानवरों से बद्तर जिन्दगी बिताने को विवश थे। एक गुलाम मालिक ने भागने की कोशिश करते अपने एक गुलाम को पकड़ मँगवाया और उसे सिर में गोली मार दी। किसी ने इस बात की नोटिस नहीं ली। ये मालिक पढ़े-लिखे होते। परफैक्ट जेंटलमैन। पक्के ईसाई लेकिन शैतान की हरकतें करते।

लिंडा कुछ अच्छे स्वभाव के गुलाम मालिकों को भी जानती थी। ऐसे लोगों को अँगुली पर गिना जा सकता था। ऐसी ही एक अनाथ स्त्री के पास सम्पत्ति के रूप में एक गुलाम स्त्री और उसके छह बच्चे थे। इन बच्चों का पिता एक स्वतन्त्र आदमी था। वे एक परिवार की तरह मालकिन की जमीन पर रह रहे थे। माँ और सबसे बड़ी बेटी दिन भर मालकिन की चाकरी करती और रात को घर लौट आतीं। मालकिन वास्तव में एक धार्मिक स्त्री थी। गुलाम की बड़ी बेटी की एक स्वतन्त्र अश्वेत से शादी के समय मालकिन ने उस लड़की को गुलामी से मुक्त कर दिया।

दुर्भाग्य से यह मालकिन, यह श्वेत स्त्री एक पुरुष से प्रेम करती थी लेकिन वह आदमी इसकी सम्पत्ति से शादी करना चाहता था। इस स्त्री के अंकल से भी इसे काफी धन मिला था। शादी से पहले यह स्त्री अपने गुलामों को स्वतन्त्र करना चाहती थी लेकिन वे उसे पसन्द करते थे और उसे छोड़ कर नहीं जाना चाहते थे। शादी होते ही स्थिति बदल गयी सारी जायदाद उसके पति की हो गयी। वह बहुत लालची आदमी था। उसने इस गुलाम स्त्री के पति को जेल में डाला। बाकी बच्चों को अपने खेत में जोता। मालकिन अब चाह कर भी कुछ नहीं कर सकती थी। वह देख रही थी कि उसके गुलामों के बच्चों की शक्ल और रंग उसके पति से मिल रहे थे। उसके प्रेम का सिला उसके पति ने बेवफाई से दिया था। इस स्त्री के मरने पर पति ने दूसरी शादी कर ली। एक रात नशे में धुत्त सुबह वह मरा पाया गया। लोग उसे अच्छा मालिक कहते थे क्योंकि वह अपने गुलामों को अच्छे कपड़े पहनाता और भरपेट खाना देता था, बहुत अधिक कोड़े नहीं लगाता था।

हैरिएट जैकब्स की जीवनी भले ही अविश्वसनीय लगे, पर यह सच है कि कभी-कभी जिन्दगी कहानियों से अधिक अविश्वसनीय होती है। एक गुलाम स्त्री के लिए अपनी अस्मिता बचाये रखना अत्यन्त कठिन कार्य था। न केवल मालिक बल्कि उसके भाई-बन्धु, ओवरसियर और बेटे भी मौका पाते लड़की को नोचने-खसोटने के लिए घात लगाये रहते। पहले वे उसे उपहार दे कर भरमाना चाहते, फिर कोड़े लगाना, भूखा रखना शुरू होता। यानी कि साम-दाम-दंड-भेद सारे उपाय किये जाते और बेचारी गुलाम लड़की के पास क्या विकल्प होते? न कानून, न धर्म, न समाज। कोई उसके पक्ष में नहीं था। एक ओर यदि उसकी माँ या अन्य परिवार जन हुए

तो वे उसे नैतिकता का पाठ पढ़ाते, यदि उसका प्रेमी हुआ तो वह उसे इस जिल्लत भरी जिन्दगी से छुटकारा दिलाने का प्रयास करता मगर गुलाम मालिक और गुलाम प्रथा में स्त्री की एक न चलती उसे समर्पण करना पड़ता। प्रतिकार की सम्भावना न के बराबर होती। इस अमानवीय प्रथा ने श्वेत बच्चों को भी प्रदूषित कर रखा था। वे शुरू से तरह-तरह के घिनौने कामों को देखते बड़े होते और जल्द ही खुद उन घृणित कामों को करने लगते थे। कई बार श्वेत मालिक की बेटी किसी युवा गुलाम से अपनी यौनेच्छा की पूर्ति करवाती। श्वेत मालिक की शर्म और अपमान की बारी आती जब उसकी बेटी अश्वेत बच्चे को जन्म देती। इन हालातों में गाज लड़की पर नहीं उसी अश्वेत गुलाम पर गिरती। लिंडा लिखती है कि एक ऐसी लड़की ने जब देखा कि उसका पिता गुलाम पर कहर ढाने वाला है तो उसने अपने प्रेमी को आजादी के कागजात दे कर वहाँ से दूर रवाना कर दिया। मालिकों के बेटे अश्वेत गुलाम लड़की पर ऐसा अत्याचार बराबर करते थे, कभी-कभी लड़कों पर भी करते। खरबूजा चाकू पर गिरे या चाकू खरबूजे पर नुकसान खरबूजे का है। श्वेत माँ के अश्वेत बच्चे को कई बार गला घोंट कर मार डाला जाता। अश्चेत माँ के श्वेत बच्चे को नीलामी के तख्त पर चढ़ा दिया जाता। अगर बेटी हुई तो उसका भाग्य तय था।

एक बहुत मार्के की बात हैरिएट कहती है, गुलामी की प्रथा श्वेत-अश्वेत दोनों के लिए शाप थी। यह प्रथा श्वेत पुरुष को क्रूर और कामुक बनाती। लड़कियाँ भी संक्रमण से बच नहीं पातीं। स्त्रियाँ दिन-रात बेवफाई का शिकार होतीं, ईर्ष्या-द्वेष की अग्नि में जलती रहतीं। अश्वेत को भी इस प्रथा ने मनुष्य नहीं रहने दिया। उनकी पहचान, उनके अधिकार, उनकी इज्जत नहीं होती। इस मामले में हैरिएट की कहानी जरा हट कर थी। एक बात जो महत्त्वपूर्ण थी, वह यह कि डॉ. फ़्लिंट कभी उसे न तो खुद शारीरिक दंड देता न ही किसी और को देने देता। वह उसे सिर्फ अपने लिए चाहता था इसीलिए उसे खेतों पर काम करने नहीं भेजता था। यह कहानी है दो लोगों की दृढ़ इच्छा शक्ति की टकराहट की। एक का उद्देश्य घटिया दर्जे का था और दूसरी अपनी इज्जत बचाए रखने के लिए प्रतिबद्ध थी। गुलामी प्रथा लोगों को नैतिक रूप से गिरा देती है, इस प्रथा के पोषक हर समय खेती-बाड़ी की नहीं वरन् गुलामों की खरीद-फरोख्त की बात करते। उन्हें कभी अपने गुलाम की आत्मा में झाँकने की आवश्यकता अनुभव नहीं होती। अगर इस बात की सच्चाई जाननी हो तो लिंडा के अनुसार आदमी को गुलाम व्यापारी का वेष बना कर दक्षिण जाना चाहिए तब उसे वे बातें सुनने-जानने-देखने का अवसर मिलेगा जो मनुष्यों के बीच असम्भव हैं। जो छद्म धार्मिक लोगों की सच्चाई खोलती थी। ऐसे लोगों को किस दृष्टि से धार्मिक और ईश-भीरू व्यक्ति कहा जाए जो अपने जैसे दूसरे व्यक्ति को मनुष्य मानने को राजी नहीं थे, उन्हें जानवर से भी हीन मान कर उनसे

अमानवीय व्यवहार करते। इस बात से शर्मिन्दा होने के स्थान पर गर्वित होते थे।

लिंडा के प्रेमी के जाने के बाद डॉ. फ़्लिंट ने नया षड्यन्त्र रचा। उसने कहा कि शहर से चार मील दूर वह उसके लिए एक घर बनाने जा रहा है जहाँ वह एक लेडी की तरह रह सकेगी। उसने घर बनवाना शुरू कर दिया। लिंडा ने प्रण किया हुआ था कि वह इस घर में कभी कदम नहीं रखेगी। उसने सोचा कि वह खेतों पर दिन-रात काम करेगी, जेल जाएगी, मर जाएगी पर वहाँ नहीं जाएगी। वह उससे घृणा करती थी। उसने लिंडा की युवावस्था को नष्ट करने की योजना बनायी थी और लिंडा ने तय लिया था कि जो व्यक्ति उसके जीवन को उजाड़ बना रहा है वह उसके सामने कभी समर्पण नहीं करेगी इसके लिए उसे चाहे कितना संघर्ष करना पड़े करेगी। क्या और कैसे करेगी उसकी समझ में नहीं आता था।

उसने बहुत सोचा और अन्त में उसे जो उपाय सूझा उसे लेकर वह बहुत गर्वित या प्रसन्न नहीं थी। लिखते समय भी उस बात को याद करके उसे दुःख होता है, शर्म आती है। लिंडा की परवरिश उसकी नानी ने नैतिकता के साथ की थी। नैतिकता का पाठ उसे घुट्टी में मिला था। यह नैतिकता श्वेत स्त्री के लिए उपयुक्त हो सकती थी लेकिन यही नैतिकता अश्वेत-असहाय स्त्री के मन में अपराध-बोध उत्पन्न करती। चूँकि उसने पाठकों के समक्ष सच बोलने का प्रण किया हुआ था अतः वह अपने जीवन के इस अध्याय को सच्चाई के साथ लिखती है। उसके बचपन की अच्छी मालकिन और नानी ने उसे जो कुछ अच्छा सिखाया था उसे नष्ट करने में डॉ. ने कोई कसर नहीं छोड़ी थी। गुलामी प्रथा ने उसे जल्द दुनियादारी सिखा दी थी। अतः उसने जो किया वह अनजाने में नहीं बल्कि खूब सोच-विचार कर जानबूझ कर किया। उसकी आत्मकथा स्त्रियों को सम्बोधित है अतः वह उनसे कहती है कि स्वतन्त्र स्त्रियाँ उसे अपने मापदंड से न तौलें। ये स्त्रियाँ स्वतन्त्र हैं इनके पास विकल्प हैं, इनके साथ कानून है, धर्म है। इसलिए वे उसे अपने पैमाने से न परखें। यदि गुलामी प्रथा समाप्त हो गयी होती तो वह भी अपने मन चाहे पुरुष से विवाह करती, घर बसाती, परिवार बनाती। वह भी कानून के द्वारा सुरक्षित होती जो उसने मजबूरी में किया वह काम वह कभी न करती। गुलामी ने उसके सारे रास्ते बन्द कर रखे थे। वह खुद को पवित्र रखना चाहती थी, आत्म सम्मान बचाये रखना चाहती थी। गुलामी से लड़ना उस अकेली के लिए सम्भव न था, यह बहुत शक्तिशाली राक्षस था। हताशा में आकार उसे जो उचित लगा उसने वही किया।

डॉ. फ़्लिंट शादीशुदा था। एक श्वेत कुँवारा आदमी डॉ. की कारस्तानियों से परिचित था। वह भी लिंडा में दिलचस्पी लेने लगा। वह नानी को जानता था और अब रास्ते में लिंडा से बातचीत करने लगा। लिंडा कुछ बातें उससे साझा करने लगी। वह उससे सहानुभूति रखने लगा और उसकी सहायता करना चाहता था। लिख कर

पुर्जे भी थमाने लगा। लिंडा केवल पन्द्रह साल की थी, एक श्वेत आदमी से इतनी तवज्जो पाकर उसके प्रति अनुग्रहीत होने लगी। उसकी बातों से पिघलने लगी। उसके प्रेरक शब्द लिंडा को उत्साहित करते, वह ऐसा दोस्त पाकर निहाल थी। धीरे-धीरे उसके मन में इस आदमी के प्रति कोमल भावनाएँ उत्पन्न होने लगीं। वह एक पढ़ा-लिखा और मुखर व्यक्ति था। लिंडा उस पर विश्वास करने लगी, उसे यह भी मालूम था कि वे दोनों किस दिशा में जा रहे हैं। वह दोनों के बीच की अलंघ्य खाई से परिचित थी। फिर भी एक कुँवारा आदमी, जो उसका मालिक न था को समर्पण करना उसके आत्मसम्मान को गँवारा था। यहाँ वह अपनी मर्जी से, अपनी भावनाओं के साथ उससे सम्बन्ध बना रही थी, किसी मजबूरी या दबाव में नहीं। उसका यह कदम उसकी अपनी स्वतन्त्रता का ऐलान था। उसका मालिक उससे बहुत क्रूर और रुक्ष व्यवहार करता था और यह व्यक्ति बहुत सहानुभूति और प्रेम से। शादीशुदा के समक्ष झुकने से अच्छा था एक कुँवारे को खुद को सौंपना। लिंडा ने सारी नैतिकता भूल कर यह कदम उठा लिया। नैतिकता को व्यावहारिक जामा पहनाना उसके वश में न था।

वह डॉ. फ़्लिंट को सबक सिखाना चाहती थी। बदले की भावना, सोची-समझी नीति, इस व्यक्ति की प्रेमपूर्ण बातें, उसके प्रति कृतज्ञता का भाव कई मिश्रित भावनाओं के बीच लिंडा ने इस व्यक्ति से सम्बन्ध बना लिया। वह सोच रही थी कि उसके इस कार्य से बौखला कर डॉ. उसे बेच देगा और उसे इस बात का पूरा विश्वास था कि यह व्यक्ति जिसका नाम मिस्टर सैंड था उसे खरीद लेगा। वह उसके मालिक से ज्यादा उदार और संवेदनशील था। वह बहुत आशान्वित थी कि अब उसे स्वतन्त्रता मिलने वाली है। वह बेसब्र हो चली थी। वह यह सोच कर काँप जाती कि उसे कहीं उस अत्याचारी के बच्चों की माँ न बनना हो, यह पक्का था कि वह उन बच्चों और उसे मौका मिलते बेच देगा। इस तरह के गुलाम और उससे उत्पन्न अपनी सन्तान को देर तक अपनी और अपनी पत्नी की आँखों के समक्ष नहीं रखता था। यदि इस दूसरे व्यक्ति से उसे बच्चे होते हैं तो वह उन्हें अपने पास रखने की आशा करती थी। इन सब बातों को सोच कर और कोई अन्य उपाय न देख कर उसने ओखल में सिर डाल दिया। उसने जो किया उसके लिए वह अपने पाठकों से माफी माँगती है और दया करने की प्रार्थना करती है क्योंकि एक गुलाम पशु से अधिक अच्छी स्थिति नहीं रखता है। उसे दूसरों की इच्छाओं पर चलना होता है। वह पाठकों से कहती है, आपको कभी किसी के कदमों की आहट से काँपना नहीं पड़ता है, किसी की आवाज सुन कर आपकी जान नहीं निकलती है, आप अनुमान नहीं लगा सकते हैं कि गुलाम किस दहशत में जीता है। वह मानती है कि उसने जो किया गलत था पर उस अपमानजनक स्थिति से बचने का दूसरा उपाय क्या

था। वह ठंडे दिमाग से सोच कर निर्णय करती है कि एक गुलाम स्त्री को दूसरों के तराजू पर नहीं तौला जाना चाहिए।

वह इस बात से भी दुःखी थी कि वह अपनी नानी को दुःखी करने वाली है, उसकी नानी इस बात को लेकर बहुत गर्वित थी कि लिंडा ने कभी खुद को संक्रमित नहीं किया है। मगर अब क्या सोचेगी-कहेगी? वह नानी से सारी बातें कहने की हिम्मत नहीं जुटा पा रही थी। मगर डॉ. फ़्लिंट को बता कर सन्तोष पाना चाहती थी, एक तरह से यह उसका प्रतिकार था और इस बात से उसे बहुत खुशी थी कि डॉ. कैसा तिलमिलाएगा। उसने डॉ. की आशाओं पर पानी फेरते हुए यह बात उसे तब बतायी जब वह नया घर बन कर तैयार था। डॉ. ने कहा कि घर बन गया है अब उसे वहाँ चल कर रहना होगा। लिंडा ने कहा कि वह वहाँ कभी नहीं जाएगी। जब डॉ. ने कहा कि वह उसे बलपूर्वक उस घर में ले जाएगा तो लिंडा ने कहा कि वह कभी नहीं जाएगी क्योंकि वह जल्द ही माँ बनने वाली है। डॉ. इस सूचना से अवाक् रह गया। वह अपनी नानी के घर आ गयी लेकिन इस बात से बहुत परेशान थी कि अब नानी और अन्य लोग कैसी प्रतिक्रिया देंगे। वह घर में न जाकर बाहर बैठ कर सिलाई करने लगी। नानी को किसी अनहोनी की आशंका हुई लेकिन इसके पहले लिंडा की मालकिन वहाँ पागल की तरह आकार लिंडा और अपने पति को लेकर अपशब्द कहने लगी। सुन कर नानी भी लिंडा को कोसने लगी। कहने लगी कि उसने अपनी माँ का नाम डुबाया है। नानी ने लिंडा की अँगुली से उसकी माँ की अँगूठी निकाल ली और उसे चले जाने और कभी अपना मुँह न दिखाने के लिए कहा। यह सब देख-सुन कर लिंडा के पास रोने के अलावा कोई दूसरा चारा न था। नानी भी रो रही थी। लिंडा नानी के पैरों पर गिर कर सारी बातें बताना चाहती थी पर कह न सकी और फाटक खोल कर बाहर आ गयी। जिस घर से उसे सहारा था उसके फाटक बन्द हो चुके थे, अब वह कहाँ जाए? मालिक के पास वह जाना नहीं चाहती थी। वह बिना सोचे-समझे चलने लगी। करीब चार-पाँच मील चल थक कर वह एक पुराने पेड़ के तने पर बैठ गयी। काफी समय बीत गया। रात घिर रही थी, सर्दी, थकान और कमजोरी से वह जमीन पर लुढ़क गयी। उसके दिमाग में तमाम भयानक बातें चल रही थीं।

वह प्रार्थना कर रही थी कि मर जाए पर ऐसा थोड़े न होता है। प्रयास करके वह फिर उठ कर चल पड़ी। थोड़ी दूर पर उसकी माँ की एक सहेली रहती थी वह उसके घर पहुँची। उस स्त्री ने लिंडा की बातें सहानुभूति से सुनी। लिंडा को तब तक चैन न था जब तक वह नानी को पूरी बात बता कर उससे माफी न पा ले। कई दिन के ऊहापोह के बाद नानी आयी। लिंडा ने उसके सामने घुटनों पर बैठ कर सारी बात बतायी और उससे प्रार्थना की। अपनी मरी माँ का वास्ता दे कर कहा

कि उसे माफ कर दे। दोनों रो रही थीं। नानी को लिंडा पर बहुत दया आयी और लिंडा के सिर पर हाथ फेरते हुए उसने लिंडा को माफ कर दिया। घुटना सदा पेट की ओर मुड़ता है।

इसके बाद लिंडा नानी के घर आ गयी। नानी ने मिस्टर सैंड से बात की। कहा कि क्या उसे कोई और नहीं मिला। उस आदमी ने नानी की बात का कोई उत्तर नहीं दिया पर कहा कि वह लिंडा के बच्चे की देखभाल करेगा और हर हाल में लिंडा को खरीद लेगा। कुछ दिन के बाद डॉ. फ़्लिंट आया और उसने कहा कि लिंडा ने उसका अपमान किया है लेकिन वह अभी भी उसकी चिन्ता करता है, अगर वह उसे बताती तो वह इस मुसीबत से डॉ. होने के नाते उसे छुटकारा दिला देता। वह कहता गया कि उसने खुद को बरबाद किया है, नानी को दुःख पहुँचाया है और अपने मालिक के प्रति पाप किया है। उसके अनुसार लिंडा अपने मालिक के प्रति अपराधी थी, लेकिन वह उसके प्रति संवेदनशील है, वह उसे माफ करने को तैयार है, शर्त थी कि वह उसकी बातों को मान ले। साथ में धमकी दी, अगर वह अपने मालिक को धोखा देगी तो नरक की आग भोगेगी।

यह सब लिंडा चुपचाप सुनती रही, उसे कोई गर्व अनुभव नहीं हो रहा था। जब डॉ. ने उसके प्रेमी के लिए अपशब्द कहने शुरू किये तो वह चुप न रह सकी। उसने कहा कि भले ही उसने भगवान और अपने प्रति पाप किया है मगर डॉ. के प्रति कोई पाप नहीं किया है। यह सुन कर डॉ. दाँत पीस कर गुर्राया, कहने लगा कि वह उसकी हड्डियों का चूरा कर देगा, वह बहुत जिद्दी लड़की है, उसने एक बेकार के आदमी के सामने खुद को गिरा दिया है। देख लेना वह राक्षस उसे धोखा देगा। वह गुस्से से पागल हो रहा था। उसने लिंडा को देख लेने की धमकी दी। उसके अनुसार वह अब तक जीवित थी क्योंकि वह उसकी चिन्ता करता था नहीं तो उसके पास लिंडा को सबक सिखाने के कई तरीके थे। वह उसे मरने तक कोड़े लगा सकता था, मगर वह चाहता है कि वह जीवित रहे। मालकिन ने लिंडा को घर में घुसने की मनाही कर दी थी। डॉ. की हिम्मत नहीं थी कि वह लिंडा को वापस घर ले जाए अतः चेतावनी देते हुए बोला कि वह अब यहीं सड़े, पर वह उसे छोड़ेगा नहीं, कल फिर आयेगा।

उस दिन वह धमकी देकर चला गया पर अगले दिन भौं चढ़ाए फिर हाजिर हो गया। उसकी दिमागी हालत ठीक नहीं थी। उसने लिंडा का हालचाल पूछा, कौन उसका खर्च उठा रहा है, कौन उससे मिलने आता है सारी जानकारी ली। बराबर कहता रहा कि उसने हुक्म उदूली की है, अपने फर्ज को भुलाया है। फिर एक चिकित्सक की हैसीयत से उसे सलाह देने लगा। वह ऐसी-ऐसी बातें कह रहा था जिन्हें सुन कर लड़की को शर्म आ रही थी। फिर उसने लिंडा को आदेश दिया कि वह खड़ी हो जाए और उसे बताये कि बच्चे का पिता श्वेत है या अश्वेत। कहा कि

वह तुरन्त बताये क्या वह उसे प्रेम करती है। लिंडा के उत्तर से वह अपना आपा खो बैठा, लगा कि वह उसे मार बैठेगा, उसने लिंडा की बाँह पकड़ कर मरोड़ दी। थोड़ी देर वह होंठ दबाए बैठा रहा फिर हाथ उठाया जैसे लिंडा को मारने जा रहा हो, लेकिन रुक गया। थोड़ी देर चुप रह कर फिर कहने लगा कि वह दोस्ती का हाथ बढ़ाने आया था पर वह ऐसी नाशुकरानी है कि उसकी भावनाओं को समझती नहीं है, अब उसका धैर्य खतम हो रहा है। कहने लगा कि वह उसे मार डालना चाहता है पर पता नहीं क्यों छोड़ देता है। गुस्से में बोलते हुए वह फिर मारने के लिए हाथ उठाता है पर फिर रुक जाता है।

डॉ. लिंडा को इतनी आसानी से छोड़ने वाला न था, उसने फिर कहा कि वह एक शर्त पर उसे छोड़ देगा यदि वह वचन दे कि वह बच्चे के पिता से कोई सम्पर्क नहीं रखेगी। उससे किसी तरह की सहायता नहीं लेगी। इसी क्षण प्रण करे तो वह बच्चे की और उसकी पूरी-पूरी देखभाल करेगा। वचन देने में समय न लगाये। उस दुष्ट व्यक्ति की बेवफाई का इन्तजार न करे। लिंडा पर डॉ. फ़्लिंट एहसान करना चाहता था। मगर जो व्यक्ति उसके बच्चे को शाप दे रहा हो, जिसके कारण उसकी यह हालत हुई थी, उससे लिंडा कोई सहायता नहीं लेना चाहती थी। उसने जब यह कहा तो डॉ. का कहना था कि लिंडा की तरह गिरी हुई औरत को कुछ और आशा करने का अधिकार नहीं है। उसने फिर पूछा कि क्या वह उसकी सहायता के लिए राजी है, लिंडा के इनकार करने पर वह फिर अपनी जात पर उतर आया। कहने लगा कि अब वह उससे कोई आशा न रखे। वह उसकी गुलाम है और सारी जिन्दगी उसकी गुलाम रहेगी। वह उसे कभी नहीं बेचेगा, उसे कभी स्वतन्त्र नहीं करेगा।

उसके जाने के बाद लिंडा सोचने लगी कि मेरे बच्चे का पिता मुझे खरीदने का इन्तजार कर रहा है। पर यह डॉ. गुस्से में उसे गुलाम-व्यापारी को बेच सकता है। उसकी नानी, मामा और दूसरे रिश्तेदार उसे बहुत प्यार करते थे और सदा उसकी सहायता के लिए तैयार रहते थे। कुछ दिन बाद लिंडा बीमार पड़ गयी। वह गुलाम थी अतः मालिक के अलावा किसी अन्य डॉक्टर को उसे नहीं दिखाया जा सकता था। अन्त में उसे ही बुलाया गया पर उसे देखते ही लिंडा पर पागलपन सवार हो गया, वह चीखने-चिल्लाने लगी। वह चाहता था कि लिंडा होश में रह कर दुःख झेले इसीलिए वहाँ से चला गया। दिन पूरे होने से पहले ही केवल चार पाउंड का बच्चा जन्मा, लेकिन जीवित रहा। लिंडा के बचने की कोई उम्मीद नहीं थी।

बच्चा होते ही जीवन के प्रति स्त्री का नजरिया बदल जाता है। लिंडा हमेशा मरना चाहती थी, मरने के लिए प्रार्थना करती थी मगर अब वह जीना चाहती थी। कई सप्ताह बाद वह अपने बिस्तर से उठ पायी, केवल उसका कंकाल बचा था। एक साल तक उसे जाड़ा देकर बुखार आता रहा। बच्चा भी बीमार रहता। दर्द से अक्सर

ऐंठता रहता। डॉक्टर फ़्लिंट बराबर आता रहा और कहता रहा कि अब लिंडा का बच्चा भी उसके गुलामों की ढेरी में शामिल हो गया है। लिंडा इतनी कमजोर थी कि उससे बहस नहीं कर पाती। वह जो भी कहता चुपचाप सुन लेती।

इस बीच डॉक्टर ने लिंडा के भाई विलियम को अपने साथ काम पर रख लिया और उसके माध्यम से लिखित और मौखिक सन्देशें भेजता रहता। विलियम एक होशियार लड़का था, उसने जल्द ही चिकित्सक के कई काम जैसे दवाई बनाना, जोंक लगाना, खून निकालना सीख लिया। उसने पढ़ना-लिखना भी सीख लिया। एक दिन डॉ. मिलने आया तो लिंडा छिप गयी। लौट कर डॉ. ने विलियम के हाथ पुर्जा दे कर उसे तुरन्त अपने ऑफिस में हाजिर होने का आदेश दिया। मरती क्या न करती, लिंडा जब ऑफिस पहुँची डॉ. ने फिर वही जवाबतलब शुरू कर दिया। लिंडा ने कहा कि वह घर पर ही थी, यह सुनते ही वह बिदक गया और पहले की बातें दोहराने लगा कि वह उसकी गुलाम है, उसने अपराध किया है, वह उसे छोड़ेगा नहीं, आदि, आदि। कई नये नियम बता कर उसने लिंडा को जाने का आदेश दिया। विलियम वहीं खड़ा अपने आँसू पीता सब सुनता-देखता रहा। गुलाम होने के कारण अपनी बहन की रक्षा करने में वह असमर्थ था। डॉ. लिंडा पर काबू न पा पाने के कारण विलियम से भी खार खाये बैठा था। एक दिन विलियम देर से पहुँचा तो उसे कसर निकालने का मौका मिल गया। उसने विलियम को जेल में डाल दिया पर विलियम के बिना काम चलना मुश्किल हो गया। दो दिन के बाद जेल से छुड़ा कर उसे फिर से अपने काम में बहाल कर लिया साथ ही भविष्य में कोई गलती करने पर कई तरह की सख्त सजा देने की धमकी दे डाली।

लिंडा का बच्चा स्वस्थ होने लगा, एक साल का यह बच्चा बहुत सुन्दर लगता था। लिंडा के मन में उसके लिए प्यार और दर्द था। माँ होने के एहसास से वह उसकी मुस्कान में अपना दुःख-दर्द भूल जाती। वह उसे बढ़ता देख कर खुश थी। साथ ही उसके भविष्य पर मँडराते खतरे से परेशान भी। वह गुलाम था यह बात वह भूल नहीं पाती। कई बार सोचती वह पैदा होते मर क्यों नहीं गया। उसका बच्चा एक बार फिर बीमार पड़ गया, उसके हाथ-पैर सर्द हो गये, आँखें निर्जीव हो गयीं। लिंडा जो उसके मरने की कामना करती थी ऐसा होते देख कर घबरा गयी और उसके जीवन के लिए प्रार्थना करने लगी। कैसी विडम्बना थी, वह जानती थी कि मरना गुलामी से बेहतर है फिर भी बच्चे के जीवन की कामना कर रही थी। बच्चे का पिता मौका लगते ही उसे देखने आता। वह उसे अपना नाम देना चाहता था मगर कानूनन इसका कोई उपाय न था। डॉ. उसके इस अपराध से और अधिक खफा हो सकता था। इसका बदला बच्चे से ले सकता था। गुलामी के नाग के कई-कई जहरीले दाँत होते हैं।

इसी बीच नेट टर्नर का विद्रोह हुआ, इस खबर से लिंडा का पूरा शहर खलबला

गया। लिंडा लिखती है कि जब वे जानते थे कि उनके गुलाम 'सन्तुष्ट और खुश थे' तब वे क्यों खतरा अनुभव कर रहे थे। लेकिन ऐसा ही था। हर साल श्वेत लोगों में सेना का वेष धारण करने का रिवाज था। इस दिन सब श्वेत आदमी मिलिट्री की वर्दी पहन कर अपनी-अपनी बन्दूक उठाते। इसमें भी अमीर-गरीब को आसानी से पहचाना जा सकता था। गरीब श्वेत आदमी बिना वर्दी के रोजमर्रा की पोशाक, बिना जूतों और हैट के लाइन में लगते। इस साल का यह अवसर पार हो चुका था लेकिन गुलाम श्वेत लोगों को वर्दी में देख कर हैरान थे। उन्होंने सोचा, चलो एक दिन की छुट्टी होगी। लिंडा को वास्तविकता पता थी। उसने अपने कुछ लोगों को बताया। वह सबको बताना चाहती थी। सबको बता नहीं सकती थी। बताना नहीं चाहती थी। क्योंकि उसके अनुसार सब पर विश्वास नहीं किया जा सकता था। कोड़ों की मार का भय बहुत सारे गुलामों को अपने लोगों का विश्वासी नहीं रहने देता था।

सुबह के साथ बहुत सारे लोग शहर में आने लगे। लिंडा जानती थी कि किन घरों की तलाशी होनी थी। वह सोच रही थी कि यह गरीब श्वेतों और दबंगों के द्वारा होगा। अश्वेत लोग आराम और इज्जत के साथ रहें यह इन लोगों से सहन नहीं होता था। लिंडा ने अपनी नानी के घर में सब चीजें खास ध्यान देकर तरतीबवार सजायी। बिस्तर पर सफेद चादर बिछायी, फूल सजाये और खिड़की पर बैठ कर बाहर देखने लगी। चारों ओर सैनिकों की भीड़ थी, नगाड़ों और तुरही पर सैनिक संगीत बज रहा था। सोलह-सोलह की टुकड़ियाँ एक-एक कैप्टन के सुपुर्द थीं। आदेश मिलते ही जिधर भी अश्वेत दीखे उसी ओर वे चल पड़े। जिन गरीब श्वेत लोगों के अपने गुलाम नहीं थे उनके लिए यह अपनी खुजली मिटाने का अच्छा मौका था। यह भूल गये कि जो शक्ति अश्वेतों को कुचलती है वही उन्हें भी गरीबी, अज्ञानता और नैतिक पतन में ढकेले रहती है। लिंडा के अनुसार जिसने यह दृश्य नहीं देखा वह कभी विश्वास नहीं करेगा कि जिनके ऊपर सन्देह की कोई गुंजाइश नहीं थी उन मासूमों को भी कैसे-कैसे जम कर सताया गया। गुलाम और अश्वेत के घरों में उन लोगों ने खुद बारूद पाउडर रखा और विद्रोह करने के जुर्म में उन्हें कोड़े लगाये गये। कुछ को पाँच सौ कोड़े लगे, कुछ को हाथ-पैर बाँध कर पीटा गया, कोड़ों से चमड़ी उधड़ आती। अश्वेतों के घरों को जम कर लूटा गया। सारे दिन राक्षसों का उत्पात जारी रहा। रात में भी अत्याचार चालू रहा। सारे समय खासकर स्त्रियों पर खूब जम कर अत्याचार हुआ। पति-पिता-भाई ने अगर कुछ कहने की हिम्मत की तो उनकी शामत आयी, खम्भों से बाँध कर उनकी खाल उधेड़ी गयी। कई स्त्रियों-लड़कियों ने जंगल और दलदल की शरण ली। वही थोड़े-से अश्वेत बच रहे जिन पर किसी श्वेत का वरद हस्त था। दो अश्वेत लोगों का आपस में बात करना अपराध बन गया। सब तरफ भय व्याप्त था।

लिंडा की नानी का घर श्वेतों के घरों के बीच था और ये श्वेत उसकी नानी का सम्मान करते थे अतः उन लोगों को कोई डर नहीं था। सैनिक जब भी आयेँ वे लोग उनके लिए तैयार थीं। सैनिक आये उन्होंने ढकेल कर बेरहमी से दरवाजा खोला और भूखे भेड़ियों की तरह भीतर घुस आये। जो भी मिला उसे नोचा-खसोटा, हर बक्सा, अलमारी खँगाल डाला। जब वे एक डिब्बे से चाँदी के सिक्के ले रहे थे लिंडा ने आपत्ति की, उसने कहा कि तुम लोग तलाशी लेने आये हो, वही करो और यह डब्बा मुझे दो। उसने अपने एक परिचित श्वेत व्यक्ति को बुला लिया। जब तक तलाशी होती रही वह श्वेत वहीं रहा। ऐसे सहायक श्वेत व्यक्ति भी उनके आस-पास थे। तलाशी ले रहे लोगों का कैप्टन गुलामों का वही अमीर और क्रूर मालिक लीच था। घर में जो भी कागज मिलता ये अनपढ़ सिपाही उसे पढ़वाने अपने कैप्टन के पास ले जाते। नानी के पास चादरों और टेबलक्लॉथ से भरा एक बड़ा ट्रंक था। उसके खुलते ही हलचल मच गयी। अश्वेतों के पास इतना सब कहाँ से आया? अचानक उन लोगों को पत्र दिखाई दिया तो शोर मच गया। वह पत्र नहीं था। लिंडा के एक मित्र ने उसे कविता लिख कर दी थी। कैप्टन को बड़ा बुरा लगा जब उसने जाना कि वह पढ़ सकती है। वह सारे पत्र देखना चाहता था मगर लिंडा के पास वही एक था। कैप्टन ने पत्र की चिन्दियाँ कर दीं। कैप्टन मानने को तैयार नहीं था कि उसके पास और नहीं है। उसने हुक्म दिया कि वह बताये यह सब उसे कौन लिखता है। लिंडा ने कहा कि उसे श्वेत आदमी लिखते हैं, इसी बीच चाँदी की चम्मचें मिलने से आश्चर्य की लहर दौड़ गयी। फिर खाने-पीने की चीजों पर उन लोगों ने हाथ साफ किये। घर से कुछ आपत्तिजनक न मिला। उन लोगों ने बागीचा खोद डाला, वहाँ भी निराशा मिली, अन्त में कैप्टन ने लौट जाने का तय किया।

शाम को ये लोग शराब के नशे में धुत्त खूब उत्पात करते रहे। उन्होंने एक अश्वेत पादरी को बन्दूक का निशाना बनाया। खूब लोगों को सड़क पर घसीटा। हवा में चीख-पुकार गूँजती रही। लिंडा बहुत अच्छा कटाक्ष करती है कि एक सभ्य देश का यह कैसा दृश्य है! नशे में झूमते-लड़खड़ाते लोग न्याय के रखवाले थे। कुछ भले मानुषों ने जेल में रख कर कुछ लोगों को सुरक्षित रखा। जब लगा कि इन बेलगाम लोगों से श्वेत लोगों की सम्पत्ति भी सुरक्षित नहीं है तो इन लोगों ने लगाम अपने हाथ में ले ली और उन्हें शहर से बाहर खदेड़ दिया। पन्द्रह दिन तक अन्धेर मचता रहा। घुड़सवार अपने पीछे अश्वेत लोगों को बाँध कर घसीटते रहे और जेल में भरते रहे। कोड़ों की मार से उधड़ी चमड़ी को शराब से नहलाया जाता ताकि घाव जल्द भर जाए। घाव पर शराब के मर्मान्तक कष्ट की चिन्ता किसको थी। दिन में काफी दिनों तक पेट्रोलिंग चलती रही। रात को नाइट गार्ड रहते। अश्वेत दास और स्वतन्त्र

किसी के विषय में कुछ सिद्ध नहीं हुआ। नेट टर्नर की गिरफ्तारी से गुलाम मालिकों का गुस्सा थोड़ा शान्त हुआ। कैदियों को रिहा कर दिया गया। गुलाम मालिकों के पास लौटा दिये गये। स्वतन्त्र लोग अपने उजड़े घरों में लौटे। अश्वेतों ने अपना छोटा चर्च बनाया हुआ था जहाँ वे प्रार्थना करते और ईश्वर को अपना दुःख-दर्द भजनों में सुनाते। इस पर कठोर प्रतिबन्ध लग गया, चर्च नष्ट कर दिया गया। उन्हें श्वेत लोगों के चर्च में एक खास गैलरी में बैठने का आदेश और इजाजत दी गयी। सबको कम्यूनियन देने के बाद पादरी कहता, "अब आओ, मेरे कलर्ड दोस्तों।" उस जीसेस का प्रसाद बाँटता जिसने कहा था कि ईश्वर तुम्हारा पिता है और तुम सब भाई हो।

नेट टर्नर के आन्दोलन के शान्त पड़ने पर गुलाम मालिकों ने सोचा कि गुलामों को चर्च में ऐसा प्रवचन दिया जाए कि वे अपने मालिकों की हत्या से दूर रहें। एपिस्कोपल पादरी गुलामों के लिए अलग से रविवार की दोपहर को प्रवचन देने को राजी हुआ। जगह की समस्या थी। तय हुआ कि किसी अश्वेत के घर पर यह कार्य हो। लिंडा को आमन्त्रित किया गया क्योंकि वह पढ़ सकती थी। वहाँ उन्हें विद्रोह के शैतान से बचने की बात कही जाती। अगर वे मालिक की हुक्म उदूली करेंगे तो ईश्वर गुस्सा हो कर सजा देगा, यह समझाया जाता। मालिक की आज्ञा मानने, उसकी चीजें न चुराने, उसकी बुराई न करने, उससे घृणा न करने का उपदेश दिया जाता। मालिक भले न देखे पर भगवान तुम्हारी सारी करतूतें देखता है, यही सब वह पादरी हर रविवार को दोहराता। लिंडा को यह बहुत कौतुकपूर्ण लगा। दूसरे के घर में पादरी को असुविधा होती थी, जब वह अपनी रसोई में प्रवचन देने लगा तो लिंडा ने जाना बन्द कर दिया।

गुलाम अपने गीत और भजन अक्सर स्वयं बनाते और गाते थे। मेथोडिस्ट चर्च का पादरी एक कॉन्सटेबल था जो दिन-रात कैदियों और दूसरे लोगों को कोड़े लगाता था। चर्च में यदि कोई अपना दुखड़ा सुनाता तो उसे खूब मजा आता। वह रूमाल से अपनी हँसी छिपाये रहता और जब व्यक्ति अपनी बात कह लेता तो वह उसे प्रार्थना करने को कहता। इसके बाद भजन गायन शुरू करवा देता। फिर 'आमेन' के साथ सभा विसर्जित हो जाती। सप्ताह भर गुलामी करने वाले लोग कुछ देर खुश हो कर भजन गाते। एक अन्य पादरी थोड़ा अच्छा था, उसकी पत्नी कुछ गुलामों को लिखना-पढ़ना सिखाती थी। इसके यहाँ लोग खुशी-खुशी प्रवचन सुनने जाते। वह अश्वेतों को भी मनुष्य की तरह देखता था, उन्हें आदर के साथ सम्बोधित करता था। मगर जल्द ही उससे श्वेत लोग नाखुश हो गये। संयोग से उसकी पत्नी बीमार पड़ कर चटपट मर गयी। मरने के पहले उसने कुछ अश्वेतों को स्वतन्त्र कर दिया। पत्नी गुजरने के बाद पादरी भी वहाँ से चला गया। कई सालों के बाद वह पादरी लिंडा के शहर से गुजर रहा था तो एक बार फिर

प्रवचन देने आया। उसने कहा कि वह दो साल से अश्वेतों के लिए कुछ करने की बात सोच रहा है। उसने कहा कि भले ही तुम लोगों की चमड़ी का रंग गहरा हो पर ईश्वर बाहरी रंग नहीं, हृदय के भीतर देखता है अतः ईश्वर के वचनों के अनुसार जीने की कोशिश करो। जाहिर-सी बात है श्वेत लोगों को वह पादरी पागल लगा। उन्हें लगा कि वह उनके गुलामों को बिगाड़ रहा है।

लिंडा के परिचितों में एक बहुत मासूम, दयालु और धार्मिक अश्वेत आदमी था। इस तिरपन साल के आदमी की हार्दिक इच्छा थी कि वह लिखना-पढ़ना सीख ले ताकि वह बाइबिल पढ़ सके। नियम के अनुसार गुलामों का एक दूसरे को लिखना-पढ़ना सिखाना जुर्म था। इसके लिए बाकायदा सजा मुकर्रर थी। इसके एवज में उन्हें जेल जाना पड़ सकता था। कोड़े लग सकते थे। इस बात से वह आदमी और लिंडा दोनों परिचित थे, फिर भी लिंडा ने उस आदमी को छिप-छिप कर पढ़ना सिखाया। उस आदमी में सीखने की गजब की ललक थी, वह सोचता था कि यदि वह बाइबिल पढ़ सका तो वह ईश्वर के निकट होगा। छह महीने में वह पढ़ने लगा। वह लिंडा की प्रशंसा करते न थकता, लिंडा उसकी प्रगति देख कर चकित थी। फेडरिक नाम के इस आदमी की तरह न मालूम कितने और लोग पढ़ने-लिखने की ललक लिये इस दुनिया से चले जाते हैं। लिंडा कहती है, हमारे लोग बाइबिल दुनिया भर में बाँटते हैं मगर अपने लोगों को शिक्षा से वंचित रखते हैं। मिशनरी दुनिया के अँधेरे कोनों में जाते हैं। काश वे अपने लोगों पर भी ध्यान देते। वह कहती है कि अगर मिशनरी अफ्रीकी में जाकर प्रवचन देते हैं तो अपने भाइयों को भी समझाएँ कि जिस्म की खरीद-फरोख्त गलत है। बताएँ कि अपने ही बच्चों को बेचना पाप है। अपनी बेटियों को गन्दा करना अमानवीय है। अपने लोगों को शिक्षा से वंचित रखना अनुचित है। उन्हें बताएँ कि यह सब करके वे ईश्वर को क्या मुँह दिखाएँगे। वह पूछती है कि धार्मिक लोग ऐसे अन्धे कैसे हो सकते हैं। जब वे दक्षिण में प्रवचन देने आते हैं तो शुरुआत में इतने भेदभाव की भावना नहीं रखते थे। मगर दक्षिण के लोग ऐसे लोगों का जीना दूभर कर देते, गुलाम मालिकों को नाखुश करके रहना कठिन था अतः जल्द ही वे यहाँ के समाज के नियमों का पालन करने लगते और मालिकों के हित में प्रचार करने लगते। गुलामी प्रथा की बुराइयाँ किसी को नहीं छोड़ती हैं। प्रचारक को गुलाम मालिक स्वादिष्ट भोजन करा कर अपनी सम्पत्ति दिखाते और कहते जाते कि उनके यहाँ काम करने वालों को इतने प्यार और सुविधाओं के साथ रखा जाता है। वे बहुत खुश हैं और कहीं नहीं जाना चाहते हैं। ऐसे में अगर प्रचारक किसी गुलाम से पूछता कैसे हो तो किस उत्तर की अपेक्षा की जा सकती है। मालिक और पादरी दोनों खुश, जल्दी ही 'साउथ-साइड व्यू ऑफ स्लेवरी' जैसी पुस्तकें प्रकाशित होतीं जिनमें बताया जाता कि दक्षिण में गुलाम कितने

प्रसन्न हैं और उनका अपने मालिकों से कितना अच्छा रिश्ता है, वे उन्हें छोड़ कर कहीं नहीं जाना चाहते हैं। वे कदापि स्वतन्त्रता नहीं चाहते हैं। दुष्ट किस-किस उपाय को अपने हित में लाते हैं, कैसी-कैसी अफवाहों से अपने दुष्कर्म छिपाते हैं।

इनमें से अधिकांश मालिक बड़े असंवेदनशील थे। उन्हें अपने अलावा किसी दूसरे का दुःख-दर्द नहीं व्यापता था। ऐसे लोगों को और इनके द्वारा दुनिया को कभी अधपेट खाकर दिन-रात परिश्रम करने और बात-बात पर अपमानित होने वालों, बच्चों को गुलाम व्यापारियों द्वारा माँ-बाप से जुदा करने के दुःख का कभी पता नहीं चलता। लोगों को कभी मालूम नहीं होता कि जवान गुलाम स्त्री किस यातना और शर्म से गुजरती है। कोड़े लगाने वाले खम्भे कैसे रक्त से भीगे रहते हैं, जिन मशीन में जकड़े जाने की यातना इन्हें क्या पता होगी। क्रिश्चियनिटी और धर्म दक्षिण में भिन्न थे। लिंडा बहुत खुश हुई जब उसे पता चला कि डॉ. फ़्लिंट हाल में एपिस्कोपल चर्च का सदस्य बन गया है। उसे लगा कि अवश्य धर्म का असर उस पर हुआ है और आगे भी होगा। मगर वह गलत थी। चर्च से जुड़ने के बाद उसने लिंडा पर और अधिक अत्याचार किये। डॉ. ने उम्र बढ़ने और समाज में प्रतिष्ठा के लिए चर्च की यह सदस्यता लेने का काम किया था, किसी धार्मिक विचार से नहीं। वह चाहता था कि लिंडा भी उसी चर्च की सदस्य बनें। पर लिंडा ने साफ इनकार कर दिया। उसने कहा कि उसे वही करना चाहिए जो वह कहता है और अगर वह उसकी विश्वासी बनी तो वह उसे अपनी पत्नी बनाएगा। लिंडा का उत्तर था कि बाइबिल ऐसा नहीं कहती है। यह सुन कर जाहिर है डॉ. को भयंकर गुस्सा आया और वह कहने लगा कि वह उसकी गुलाम है। उसे इस तरह अपने मालिक से बात करने का कोई अधिकार नहीं है। उसे वही करना चाहिए जो उसका मालिक कहे। मगर जितना जिद्दी वह था उससे कम जिद्दी लिंडा नहीं थी।

लिंडा एक लम्बे समय से डॉक्टर फ़्लिंट के घर नहीं गयी थी। डॉ. की पत्नी ने धमकी दी थी कि अगर वह उसके घर में कदम रखेगी तो वह उसे मार डालेगी और डॉ. को डर था कि कहीं वह ऐसा कर न बैठे। इसलिए वह लिंडा को घर लाने की जिद नहीं कर रहा था। डॉ. लिंडा से दूर नहीं रह पाता था जब-तब आकर पुरानी बातें दोहराता, कहता कि उसने खुद को नीचे गिराया है। वह मालिक है उसे उसकी सारी बातें माननी चाहिए। उसका लिंडा और उसके बच्चे पर पूरा-पूरा अधिकार है, क्योंकि वे उसके गुलाम हैं। वह बच्चे को बेच देने की धमकी देता। बच्चे के सामने वह यह सब कहता, लिंडा चुपचाप सब सुनती और रोती रहती। गुलामी का अभिशाप उसे सम्मानजनक जीवन नहीं बिताने देता। बेहतरी का कोई उपाय उसे नजर नहीं आता। वह जानती थी कि गुलामी प्रथा का अर्थ था बच्चे का माँ की नियति से बँधा होना।। यह उसे उसके बच्चे से और अधिक चिपकाये

रखती। यह भय उसे हरदम सताता कि किसी भी पल उसका बच्चा गुलाम व्यापारी की सम्पत्ति बन सकता था।

इसी बीच जब डॉक्टर फ़्लिंट को पता चला कि लिंडा दोबारा माँ बनने वाली है तो उसके क्रोध का ठिकाना न रहा। स्त्री या यूँ कहें केश व्यक्ति की पहचान और सुन्दरता होते हैं। लिंडा के जिन बालों की वह प्रशंसा किया करता था उसने खुद कैंची ले कर कोसते हुए लिंडा के वो खूबसूरत बाल काट डाले। वह जब-तब उसकी बाँह मरोड़ देता, थप्पड़ मारता। हर बार वह कहता कि अब वह उसे कभी नहीं मारेगा। पर जल्द ही भूल जाता और फिर हाथ उठाता। वह रोज आता और उसे अपशब्द कहता। लिंडा उन शब्दों को नहीं दोहराती है। वह कोशिश करती कि उसकी नानी तक ये बातें न पहुँचें। लेकिन बातें नानी तक पहुँचीं। नानी ने बीच-बचाव करने का प्रयास किया तो बात और बिगड़ गयी। लिंडा का दूसरा बच्चा एक लड़की थी इस बात से वह बहुत परेशान हो गयी। उसे गुलाम लड़की की नियति ज्ञात थी, वह खुद भुक्तभोगी थी।

डॉ. ने एलान कर दिया कि वह उसे चैन से नहीं रहने देगा। उसके लिए लिंडा का यह अपराध अक्षम्य था। बच्ची के जन्म के चौथे दिन वह लिंडा के कमरे में आया। बच्ची का रंग-रूप अपने पिता मिस्टर सैंड्स और उसकी माँ से मिलता था यह देख कर डॉ. अनाप-शनाप बकने लगा। लिंडा कमजोर थी, बच्चा उसकी गोद में था। वह बेहोश हो कर गिर पड़ी तो वह घबरा गया। उसने बच्चे को बिस्तर पर डाला और लिंडा को होश में लाने का उपाय करने लगा। इसी बीच नानी आ गयी तो वह चुपचाप चलता बना। इस समय तक वह केवल उन्नीस साल की थी, बच्चों की खातिर वह जीना चाहती थी अन्यथा उसमें जीने की तनिक भी इच्छा शेष न थी। वह बच्चों को नाम देना चाहती थी। उसने अपने लड़के का नाम बेंजामिन रखा। वह उनका बतिस्मा करना चाहती थी। एक बार जब डॉ. मरीज देखने शहर के बाहर गया हुआ था, रविवार को वे लोग नानी के चर्च गये। चर्च जा कर लिंडा अपनी माँ की यादों से भर गयी। लिंडा का बतिस्मा बिना किसी झंझट के हुआ था क्योंकि उसके माता-पिता गुलाम होते हुए भी शादीशुदा थे। उसे राहत थी कि उसकी माँ जीवित नहीं है वरना वह कितनी दुःखी होती। इस समय उसके पिता की पूर्व मालकिन ने अपना क्रिश्चियन नाम बच्चों को देने की पेशकश की, लिंडा ने जिसमें अपने पिता का उपनाम जोड़ा। इस अवसर पर उसके पिता की मालकिन ने उन्हें अपने घर ले जाकर बच्चे को सोने की जंजीर दी। लिंडा नहीं चाहती थी कि उसकी बच्ची जंजीर पहने, भले ही वह सोने की क्यों न हो।

बच्चे बड़े होने लगे, डॉ. अक्सर कहता कि ये बच्चे उसे एक दिन अच्छी रकम दिलवाएँगे। लिंडा चाहती थी कि वे बिकने से पहले मर जाएँ। लिंडा के खरीददार

थे। डॉ. पैसे चाहता था मगर उसे पैसों से ज्यादा अपनी शक्ति प्यारी थी अतः वह उसे बेचने को राजी न था। एक बार लिंडा ने टैक्सस जाने वाले एक गुलाम व्यापारी को पटाया और कमीशन पर डॉ. से बात करने को राजी किया। उसने डॉ. को नौ सौ डॉलर में लिंडा को खरीदने का प्रस्ताव दिया, जिसे बढ़ा कर उसने बारह सौ तक किया। पर डॉ. किसी कीमत पर राजी न हुआ। उसकी वही पुरानी रट थी कि वह उसकी बेटी की सम्पत्ति है जिसे बेचने का उसे अधिकार नहीं है। उसने यह भी कहा कि मुझे मालूम है कि तुम लिंडा के यार की ओर से आये हो, जाकर उसे कह देना कि वह कभी लिंडा या उसके बच्चों को न खरीद सकेगा। बेटी की सम्पत्ति कह कर वह उसे बेचने से इनकार कर देता लेकिन बेटी की सम्पत्ति पर कुदृष्टि डालने से उसे कोई गुरेज न था।

लिंडा के बच्चे डॉ. को पहचानते थे और उससे भयभीत रहते थे। बच्ची उसे देखते अपनी माँ से चिपक जाती, पाँच साल का बेनी जानना चाहता था कि यह आदमी क्यों उनके यहाँ आता है, क्या वह उन्हें मारेगा। गुलाम व्यापारी वाली घटना के अगले दिन डॉ. लिंडा के पास आया और उसने कहा कि तुम्हारा नया यार तुम्हें खरीदना चाहता है जो कभी सम्भव न होगा। तुम मेरी हो और सदा मेरी रहोगी। उसने यह भी कहा कि तुम्हारे पुराने यार का दिल तुमसे भर गया है। अब तुम सड़ोगी, कभी गुलामी से नहीं निकल सकोगी। मैं तुम्हें आजाद कर देता पर तुम मेरी बात नहीं मानती हो सो उसका फल भुगतो। वह अपनी सफलता पर खूब हँस रह था। लिंडा ने कहा कि वह नहीं जानती है कि उसे कौन खरीदना चाहता है। इस बात पर डॉ. क्रोधित हो कर उसकी बाँह मरोड़ने लगा। बेनी डर कर चिल्लाने लगा तो लिंडा ने उसे नानी के पास जाने के लिए कहा। मगर डॉ. ने बच्चे को धमकाते हुए कहा कि वह वहीं खड़ा रहे। बच्चा माँ से चिपक गया इस पर उसने बच्चे को खींच कर दरवाजे के बाहर ढकेल दिया, बच्चा गिर कर बेहोश हो गया। माँ बच्चे को उठाना चाहती थी, डॉ. उसे ऐसा नहीं करने दे रहा था। उसी समय किसी के आने की आहट हुई तो डॉ. निकल लिया। बच्चे को जब होश आया तो लिंडा की जान में जान आयी।

डॉक्टर बराबर लिंडा के पास आता और उसके घर में गुलाम व्यापारी को खोजता। उसे लग रहा था कि वह उसके साथ भागने वाली है। एक बार जब वह आया तो लिंडा के यहाँ एक गुलाम लड़की आयी हुई थी जिसे डॉ. ने कुछ दिन पहले एक गुलाम व्यापारी को बेचा था। बरसों पहले इस लड़की का परिवार इधर-उधर बेचा जा चुका था, उसकी माँ मर चुकी थी। उसे बेचा गया था क्योंकि डॉ. के अनुसार वह एक ओवरसियर से फँसी हुई थी। लड़की बिक कर खुश थी क्योंकि वह डॉ. के यहाँ बहुत परेशान थी। व्यापारी जब तक और खरीददारी कर रहा था उसने लड़की

को लिंडा के घर रहने की इजाजत दे दी थी। इससे उसका खर्च बच रहा था। डॉ. बेचने के बाद अपने गुलाम से मिलना नहीं चाहता था। उसने रोज नामक इस लड़की को लिंडा के घर से बाहर जाने के लिए कहा। चूँकि अब डॉ. रोज का मालिक नहीं था उसने उसकी बात को अनसुना किया। इस तरह जिन्दगी में एक बार रोज विजेता थी। डॉ. इस अपमान को कैसे सहता। उसने पूछना शुरू किया कि वह लिंडा के घर किस बिना पर है? लिंडा की हिम्मत कैसे हुई उसके द्वारा बेची गयी गुलाम को अपने घर में रखने की? लिंडा के यह कहने पर कि यह घर उसकी नानीमाँ का है, वह जिसे चाहे रखे, उसकी प्रतिक्रिया क्या हुई होगी सोचना कठिन नहीं है। उसने लिंडा को एक झापड़ जड़ दिया, आवाज सुन कर नानी वहाँ आ गयी। डॉ. सफाई देने लगा पर नानी ने उसे अपने घर से यह कहते हुए निकाल बाहर किया कि उसके अपने घर जाकर वह अपने बीवी-बच्चों पर अपना ताव उतारे। जाते-जाते वह लिंडा के बदचलन होने की बात कहना न भूला। नानी ने उत्तर दिया कि लिंडा की इस हालत का जिम्मेवार वह खुद है, उसने यह भी जोड़ दिया कि अपने पापों का प्रायश्चित्त करना शुरू कर दे क्योंकि उसके पास ज्यादा दिन नहीं है और उसके पाप का घड़ा बहुत बड़ा है। गर्मागरम बहस के बाद वह चला गया पर नानी और लिंडा की चिन्ता बढ़ा गया। नानी का प्यार लिंडा के लिए बरकरार रहा।

समय बीतता रहा, लिंडा अपने बच्चों और अपनी स्वतन्त्रता की योजना बनाती पर हर बार बाधाएँ आतीं। इसके बावजूद उसकी उम्मीद कायम रही। एक दिन लिंडा किसी दोस्त की पार्टी में गयी थी और डॉ. उसकी खोज-खबर लेने आ पहुँचा। नानी ने उसे पार्टी से बुला भेजा। नानी काला लबादा भेजना न भूली। यदि वह तुरन्त नहीं लौटती तो आशंका थी वही वहाँ जाकर बखेड़ा खड़ा करता। लिंडा पार्टी छोड़ कर आ गयी पर तब तक वह ताव में वापस जा चुका था। अगले दिन वह सुबह-सुबह जवाब-तलब करने आया। लिंडा के बताने पर उसे विश्वास नहीं हुआ। उसने अपने सूत्रों से पता किया और तब उसी दिन दोपहर को फिर यह कहने आया कि वह सच बोल रही थी। उसे आपत्ति थी कि वह नीग्रो लोगों की पार्टी में क्यों गयी। क्या उसे इन लोगों से मिलने-जुलने की आज्ञा है? वह उसके श्वेत प्रेमी को लेकर कटाक्ष कर रह था। आदत के अनुसार वह अपने पिछले कठोर व्यवहार के लिए अपने गुस्से को दोष देने लगा और अपनी रुचि उसमें फिर से जाहिर करने लगा। उसने कहा कि अगर वह अपनी और अपने बच्चों की स्वतन्त्रता चाहती है जो केवल उसी के द्वारा मिलेगी तो इसके लिए उसे उसकी बात माननी होगी। शर्त बस इतनी थी कि वह बच्चों के पिता से कोई सम्बन्ध न रखे और उसके दिये घर में बच्चों को लेकर रहे। काम के रूप में उसे केवल डॉ. के घर के कपड़े सीने होंगे। लिंडा को उसका ऑफर स्वीकार्य नहीं था। साथ में धमकी दी कि यदि उसने इनकार किया तो वह

बच्चों के साथ उसकी बेटी यानी लिंडा की बच्ची मालकिन के पास खेतों पर भेज दी जाएगी। जब मालकिन की शादी होगी तो बच्चों का क्या होगा वह खुद सोच सकती है। उसने लिंडा को सोचने के लिए एक सप्ताह का समय दिया। लिंडा के एक ओर कुआँ था तो दूसरी ओर खाई। कानूनन वह कमजोर थी और कमजोर को सताना सबल अपना अधिकार मानता है। इस बीच डॉ. के बेटे की शादी तय हो गयी। एक सप्ताह बाद डॉ. के पूछने पर लिंडा ने कहा कि वह प्लान्टेशन पर जाने को राजी है। डॉक्टर ने लिंडा को प्लान्टेशन के कठिन जीवन से डराना चाहा, लिंडा टस-से-मस नहीं हुई तो उसने कहा ठीक है जाओ, उसने शाप देते हुए कहा कि लिंडा के बेटे को भी वहाँ काम करना होगा। जल्द उसे बेच दिया जाएगा, बेटी भी बेचने के लिए तैयार की जाएगी। उसकी ओर से नानी डॉ. से अनुनय-विनय करना चाहती थी मगर लिंडा को यह अच्छा नहीं लग रहा था। नानी डॉ. के पास गयी पर कोई नतीजा न निकला, डॉ. अपनी बात कर अड़ा रहा। उसने कहा कि वहाँ जाकर लिंडा की अकड़ ढीली होगी। निराश और दुःखी नानी लौट आयी। लिंडा ने अपनी योजना बनाई थी और उसने तय किया था कि वह अपने और अपने बच्चों की लड़ाई एक स्त्री की गरिमा और एक माँ की हैसियत से खुद लड़ेगी। अगर उसके मालिक के साथ शक्ति और कानून था तो उसके साथ उसकी दृढ़ इच्छा शक्ति थी। दोनों में बल था, दोनों जिद्दी थे।

अगली सुबह लिंडा अपने बीमार बेटे को नानी के पास छोड़ कर बेटी एलेन को लिए हुए प्लान्टेशन पर गयी। उसका इरादा वहाँ कम-से-कम समय रहना था। वहाँ पहुँच कर उसे एलेन को किचेन में छोड़ कर काम समझने के लिए ऊपर जाना पड़ा। उसे दुल्हन के लिए घर सजाने का काम सौंपा गया। वह काम में जुट गयी, दोपहर को उसने देखा कि एलेन रो-रो कर सो गयी थी। मालिक का बेटा किसी से कह रहा था कि उसके पिता ने लिंडा को बहुत सिर चढ़ा रखा है, वह उसके सिर से शहर का भूत उतार देगा। जैसा बाप था वैसा ही बेटा भी था। लिंडा ने सुना पर जाहिर नहीं किया, वह काम में जुटी रही। रात को जब वह अपनी बच्ची के साथ सोती तो बच्ची के भविष्य को ले कर चिन्तित रहती। छोटा मालिक बच्चों को खूब मारता था। बच्ची बिना देख भाल के यहाँ-वहाँ रोती फिरती और रोकर सो जाती। वह बीमार पड़ गयी। लिंडा नये मालिक के सामने कोई ऐसी बात न करती कि उसे कुछ कहने का मौका मिले। वह दिखाती मानो वह बहुत सन्तुष्ट है। वह अपनी नानी के यहाँ यदा-कदा पत्र भी लिखती। एक बार बच्ची बीमार थी तभी डॉक्टर फ़्लिंट वहाँ आया। लिंडा ने बीमार बच्ची को नानी के यहाँ भेज दिया। लिंडा ने इस बीच इतना काम किया था कि शिकायत का कोई मौका नहीं था।

तीन सप्ताह के बाद लिंडा ने नानी के घर जाने की योजना बनायी और एक

आदमी के संग रात को छह मील पैदल चल कर वह घर पहुँची। परिवार मिल बैठ कर दुःख-सुख की बातें करने लगा। बच्चे सो रहे थे। बेनी माँ को देखकर चकित था क्योंकि वह सोचता था कि उसकी माँ मर गयी है। उसे लगा प्लान्टेशन पर ले जाकर उसका सिर काट दिया गया है। उसने बच्चे को फिर आने का वादा करके सुलाया और लौट पड़ी। लौटते समय उसे पैट्रोलिंग पार्टी मिली पर वे एक पेड़ की आड़ में छिप कर बच गये। शुक्र था पैट्रोलिंग पार्टी के साथ कुत्ते नहीं थे। सुबह वे लोग अपने-अपने काम पर लगे हुए थे। घर का सारा प्रबन्ध लिंडा के हाथ में था। एक नया सुपरवाइजर रखने के स्थान पर यह अधिक सुविधाजनक था, हाँ, आकस्मिक रूप से मालिक जब-तब निरीक्षण करते रहते ताकि कोई बेकार बैठा न रहे। बेटा चाहता था कि लिंडा प्लान्टेशन पर रह कर देखभाल करे और गुलामों सहित उन सबके कपड़े सीए पर बुढ़ऊ को यह गँवारा न था। लिंडा करीब एक महीने प्लान्टेशन पर रह चुकी थी जब डॉ. फ़्लिंट की एक ऑन्ट उससे मिलने आयी। यह वही स्त्री थी जिसने पचास डॉलर में लिंडा की नानी को खरीद कर स्वतन्त्र कर दिया था। यह मिस फैनी अक्सर उनके घर आती, नानी अपने सर्वोत्तम कटलरी में नाश्ता परोसती थी। नानी के पास दो गाएँ भी थीं अतः ताजी क्रीम की कोई कमी नहीं थी। फैनी को क्रीम पसन्द थी। नानी और इस स्त्री में बहुत अच्छा बहनापा था, वे सुख-दुःख साझा किया करती थीं। नानी की रसोई इतनी प्रसिद्ध थी कि एक समय डॉ. की पत्नी-बच्चे भी वहाँ आया करते थे। लिंडा के नानी के घर में रहना शुरू करने के बाद इन लोगों ने ऑन्ट मार्थी के यहाँ आना और राह में मिलने पर बात करना बन्द कर दिया। नानी को इस बात से दुःख होता था क्योंकि उसने अपने बच्चों की तरह डॉ. की पत्नी को अपना दूध पिला कर पाला था। वे लोग चाहते थे कि मिस फैनी भी इन लोगों से सम्बन्ध तोड़ ले। वह उनकी गुलाम न थी अतः उसने मिलना-जुलना जारी रखा। यही फैनी प्लान्टेशन पर आयी थी। वह लिंडा की सहायता करना चाहती थी। यह स्त्री सोचती थी कि नानी, लिंडा और इस परिवार के लोगों को मर कर ही गुलामी से छुटकारा मिलेगा जबकि लिंडा जीते-जी गुलामी से निकलने और स्वतन्त्र रूप से जीने का प्रयास कर रही थी।

वह रात को नानी के घर जाती और निकल भागने की योजना बनाती। आना-जाना मिला कर वह बारह मील की यात्रा करती पर कोई नतीजा नहीं निकल रहा था, वह हताश हो रही थी। डॉक्टर फ़्लिंट एक शातिर आदमी था। लिंडा के लिए अकेले निकल भागना शायद उतना मुश्किल न था पर वह बच्चों को पीछे नहीं छोड़ना चाहती थी। वह जानती थी कि प्रतिकार के लिए डॉ. बच्चों के साथ क्रूर व्यवहार करेगा। अब वह अपने लिए नहीं बल्कि बच्चों के लिए जीवित थी।

छह सप्ताह में तैयारियाँ पूरी हो गयीं, छोटा मालिक लिंडा के काम से सन्तुष्ट

था, शनिवार को जाकर बुद्धवार को वह अपनी नयी पत्नी के साथ लौटने वाला था। जाने से पहले उसने लिंडा को कई निर्देश दिये एवज में उसने रविवार अपनी नानी के घर बिताने की अनुमति ले ली, जो उसे मिल गयी। यह पहली बार था जब लिंडा ने उससे कुछ माँगा था। इसके पहले वह हर बार रात को छिप कर जाती रही थी। उसकी योजना पूरी तरह बन चुकी थी। रविवार उसने अपनी नानी के साथ बिताया, उसने नानी को कुछ नहीं बताया था, उसके मन में खूब उथल-पुथल थी। वह सोच रही थी न मालूम आज के बाद वह नानी से फिर कभी मिल सकेगी या नहीं। वह यह भी सोच रही थी कि शायद वे लोग एक परिवार की तरह अन्तिम बार मिल रहे हैं। भविष्य बहुत अनिश्चित था। वह खुद अर्ध-श्वेत थी और उसके बच्चे भी श्वेत पिता की सन्तान थे। वह नहीं चाहती थी कि वे गुलामी का जीवन व्यतीत करें। इस दिन वह अपने माता-पिता की कब्र पर जा कर प्रार्थना कर आयी। उसे दुःख था कि भले लोग कब्र में थे और दुष्ट लोग बाहर घूम रहे थे। कम-से-कम कब्र में वे लोग क्रूर लोगों की पहुँच से दूर थे। उसके पिता ने उसकी माँ की कब्र पर एक पेड़ लगाया था और पिता की कब्र पर उसके नाम की तख्ती लगी थी। लिंडा को लगता कि उसकी माँ उससे बातें करती है। उस दिन उसे अपने पिता की आवाज भी सुनाई दी जो कह रही थी कि स्वतन्त्र होने तक चुप मत बैठना। कब्र पर प्रार्थना, माता-पिता की आवाजें, ईश्वर पर अटल विश्वास सब मिल कर लिंडा के इरादे मजबूत कर रहे थे। रात हो चली थी। उसका विचार था कि वह एक दोस्त के घर में छिपी रहेगी और जब खोज बन्द हो जाएगी तब आगे की योजना बनाएगी। डॉक्टर हताश हो कर उन लोगों को बेच देगा और उसे पूरा विश्वास था कि कोई भला आदमी उन्हें खरीद लेगा। जब वह छिपी रहेगी उस दौरान के लिए उसने अपने बच्चों की सुख-सुविधा का भी इन्तजाम कर लिया था।

वह अपना सामान बाँध रही थी कि नानी ने आकर पूछा कि वह क्या कर रही है? लिंडा ने बात टालनी चाही पर नानी की अनुभवी आँखों ने ताड़ लिया। उससे कहा कि वह अपनी और अपने बच्चों की जिन्दगी साँसत में न डाले, अब वह बूढ़ी हो गयी है अतः जैसे उसने लिंडा की रक्षा की वैसी वह उसके बच्चों की न कर पाएगी। लिंडा का विचार था कि उसके जाने के बाद बच्चों का पिता बच्चों को खरीद कर स्वतन्त्र कर देगा। मगर नानी ने कहा कि अगर वह छोड़ कर चली गयी तो बिन माँ के बच्चों को कोई नहीं पूछने वाला है, उसे बच्चों के पिता पर बहुत भरोसा नहीं करना चाहिए। उसने अपनी बची-खुची जिन्दगी का हवाला दे कर कहा कि लिंडा उसकी मुसीबतें न बढ़ाये। उसका खयाल था कि हर हाल में लिंडा पकड़ ली जाएगी और वह बहुत भयंकर होगा। उसे अपने बेटे बेंजामिन की याद थी। थोड़ा धैर्य रखो, शायद अच्छा समय आ जाए। नानी की बातें सुन कर लिंडा का साहस जवाब दे

गया। वह नानी को दुख नहीं पहुँचाना चाहती थी। वह अपने बच्चों के लिए भी भयभीत थी। उस रात वह नानी के साथ ही सोयी।

सोमवार को वह प्लान्टेशन पर गयी नयी बहू के आने की बात से सब गुलाम बहुत खुश थे। उन्हें उपहार मिलने की उम्मीद थी साथ ही वे सोच रहे थे कि हो सकता है कि नयी मालकिन रहमदिल हो। लिंडा को ऐसी कोई उम्मीद नहीं थी। सबके साथ लिंडा नयी बहू के स्वागत के लिए द्वार पर खड़ी थी। नयी मालकिन खूबसूरत थी, सब उसे खुश करना चाहते थे। डिनर पार्टी के समय लिंडा को भय था कि उसका सामना डॉ. फ़्लिंट और उसकी पत्नी से होगा। उसकी पत्नी अभी तक यहाँ नहीं आयी थी। पाँच साल से उसने उसे नहीं देखा था, वह उसे देखना भी नहीं चाहती थी। डॉ. की पत्नी को लिंडा की स्थिति देख कर बहुत खुशी हुई। डॉ. भी अपनी पत्नी को बराबर 'तुम्हारी मालकिन' कह कर लिंडा से बात कर रहा था। नयी मालकिन ने अगले दिन से घर अपने हाथ में ले लिया। सोमवार का दिन बहुत व्यस्त होता था क्योंकि उस दिन सारे गुलामों का साप्ताहिक राशन था। पुरुषों को तीन पाउंड मांस, एक थैला भुट्टा, एक दर्जन मछली। स्त्रियों को इससे कम मिलता उन्हें डेढ़ पाउंड मांस, एक थैला भुट्टा और एक दर्जन मछली मिलती। बारह साल से ऊपर के बच्चों को स्त्रियों से आधा राशन मिलता। नाम पुकार कर राशन बाँटने का काम होता। नयी मालकिन इस काम को देखने आयी और उसने अपने स्वभाव का परिचय देते हुए तीन पीढ़ियों से काम कर रहे एक बूढ़े गुलाम को अपने रिवाज के अनुसार राशन लेने से रोक दिया। उसके अनुसार बूढ़े-बेकार गुलामों को घास खा कर रहना चाहिए।

मालकिन के साथ लिंडा की अच्छी पटी। ईमानदारी और मेहनत का पुरस्कार उसे तुरन्त मिला। एक सप्ताह के बाद डॉक्टर फ़्लिंट की पत्नी आयी, फिर डॉक्टर खुद आया और उन लोगों ने बच्चों को भी प्लान्टेशन पर लाने की योजना बनायी ताकि इन्हें अनुशासित गुलाम बनाया जा सके। एक नरम दिल आदमी ने लिंडा को डॉक्टर की योजना की खबर दे दी। मिस्टर फ़्लिंट को लिंडा की योजनाओं की भनक मिलती रहती थी अतः आदेश हुआ कि वह गुलामों के क्वार्टर्स में न सो कर उनके बड़े घर में सोया करे। उसे अपना बिस्तर वहाँ लाने की इजाजत नहीं थी। वह जानती थी कि यदि उसके प्लान्टेशन पर रहते हुए बच्चे वहाँ आ गये तो वे लोग गुलामी से कभी नहीं निकल सकेंगे।

रात को खूब देर से काम समाप्त करके उसने दरवाजा-खिड़कियाँ बन्द की और आधी रात को काँपते हृदय के साथ खिड़की से कूद कर बाहर निकल आयी। अँधेरी रात और बारिश ने उसे पगला दिया। वह शहर की ओर भागने लगी। वह सबसे पहले अपनी नानी के घर गयी। नानी को जगाया नहीं। उसे मालूम था कि नानी

कभी उसके भागने की बात का समर्थन नहीं करेगी। उसने नानी के घर में रहने वाली एक अन्य विश्वासी स्त्री सैली को जगाया। सैली ने लिंडा को भीतर ले लिया। उसने लिंडा को समझाया कि नानी उसे और बच्चों को खरीद कर स्वतन्त्र करने की योजना बना रही है, अतः वह भागे नहीं। पिछले सप्ताह मिस्टर सैंड नानी से मिला था उसने भी कहा कि वह अपनी योजना को कार्यान्वित करे। अभी सैंड किसी काम से बाहर गया है लौटते ही वह नानी की सहायता करेगा। उसने नानी की वृद्धावस्था का वास्ता दिया और कहा कि लिंडा उसकी मुसीबतें न बढ़ाए। लिंडा ने सैली को बताया कि यदि वह प्लांटेशन पर रहेगी तो वे बच्चों को बेचेंगे भी नहीं। अतः वह वापस नहीं जा सकती है। सैली भी जानती थी कि लिंडा के न रहने पर वे बच्चों को नहीं रखेंगे और बेच देंगे। बेचने पर उनके स्वतन्त्र होने की ज्यादा गुंजाइश थी। परिचितों में से कोई-न-कोई उन्हें खरीद लेगा। चूँकि डॉक्टर नानी के घर के चप्पे-चप्पे से परिचित है अतः वहाँ छिपना नामुमकिन था। लिंडा ने छिपने का स्थान बनाया हुआ था। उसने सेली से कहा कि वह लिंडा के ट्रंक से सारे कपड़े निकाल कर अपने बक्स में रख ले क्योंकि सुबह होते ही डॉक्टर कॉन्सटेबल के साथ मिल कर सबसे पहले उसी का कमरा तलासेगा। वह न चाहते हुए भी अपने बच्चों के कमरे में उन्हें देखने गयी। वे सो रहे थे। जब वह उन पर झुकी तो उसका मन भर आया। वे अनाथ होने वाले थे। उनका पिता उन पर दया दिखाना चाहता था, पर दिखा नहीं पाता था। उनकी माँ उनसे दूर जा रही थी। उसने उनके लिए प्रार्थना की, झुक कर उन्हें चूमा और मुड़ गयी। सेली चाहती थी लिंडा अकेली न जाए, वह उसके मामा को बुलाना चाहती थी। लेकिन लिंडा नहीं चाहती थी कि उसके कारण किसी को कोई परेशानी हो। बारिश में भीगती हुई वह अपनी उस दोस्त के यहाँ पहुँची जहाँ उसे छिपना था।

जैसी कि उम्मीद थी, अगली सुबह डॉ. फ़्लिंट का बेटा नानी के घर पहुँचा, तलाशी और साम-दाम-दंड सारे हथकंडे अपनाने के बाद उसे विश्वास हो गया कि नानी वास्तव में कुछ नहीं जानती है और उसने लिंडा को नहीं देखा है। बच्चे वहीं थे इस बात से उसे यह भी विश्वास हो गया कि वह कहीं दूर नहीं गयी है। उसने धमकी दी कि यदि उसका कोई गुलाम इस व्यापार में शामिल पाया गया तो उसे पचास कोड़े लगेंगे। उसने लालच दिया कि उसे पकड़ कर लाया गया तो बच्चों के साथ रहने दिया जाएगा। नानी के घर से वह अपने पिता के घर गया। डॉक्टर इस बात को सुन कर आग-बबूला हो गया। उन लोगों ने तलाशी के दौरान नानी के घर को तहस-नहस कर डाला। लिंडा का खाली ट्रंक देख कर उन्हें विश्वास हो गया कि वह चली गयी है। हर जाने वाले जहाज पर पहरा बिठा दिया गया। भगोड़ों को छिपाने और उनकी सहायता करने वालों के लिए निर्धारित कानून की फिर से मुनादी हुई। रात की पहरेदारी बढ़ा दी गयी, दिन-रात नानी के घर की निगरानी होने लगी। नानी

ने बच्चों की जिम्मेदारी सँभाल ली वरना डॉक्टर उन्हें ले जाना चाहता था। हर कोने-नुक्कड़ पर विज्ञापन सटा दिया गया, जिसका मजमून था–

"तीन सौ डॉलर का पुरस्कार! 21 साल उम्र की लिंडा नामक एक तेज-तर्रार मुलाटो गुलाम भाग गयी है। लम्बाई पाँच फीट चार इंच, काली आँखें, सीधे किये जा सकने लायक काले घुँघराले बाल, आगे का एक दाँत खराब। पढ़-लिख सकती है, सम्भावना है कि स्वतन्त्र राज्यों की ओर जाएगी। किसी भी व्यक्ति को गुलाम छिपाने या उसके काम पर रखने पर कानूनन मनाही है। राज्य में उसे पकड़ने वाले को 150 डॉलर और राज्य के बाहर पकड़ कर मेरे पास लाने वाले या जेल में डालने वाले को 300 डॉलर दिये जाएँगे।

डॉक्टर फ़्लिंट"

लिंडा की उम्मीद से अधिक दिन तक और बहुत निरन्तरता से खोज चली। एक सप्ताह छिपे रहने के बाद उसे लगने लगा कि पलायन असम्भव होगा। उसे यह भी डर था कि उसकी दोस्त खतरे में न पड़ जाए। खुद के पकड़े जाने से ज्यादा चिन्ता उसे एक दयावान व्यक्ति की परेशानी की थी। खोजकर्ता उसके बहुत नजदीक से होकर गुजरे, पकड़े जाने का परिणाम भयंकर होता। उसे लगा कि उन लोगों को उसका सुराग मिल गया है अतः वह घर से निकल कर झाड़ियों के बीच चली गयी। दो घंटे वहाँ वह हताशा और दारुण भय में रही कि एक कीड़े ने उसके पैर को पकड़ लिया। उसने झटक कर उसे हटा दिया, अँधेरे में देख न सकी। पता नहीं चला कि उसे मार सकी या नहीं। मालूम नहीं वह क्या था पर कुछ लिसलिसा और ठंडा था। दर्द से पता चला कि जहरीला था। मजबूरन वह फिर घर में लौट आयी। उसकी हालत देख कर उसकी दोस्त को खतरे की आहट लगी। वह उसके लिए पुल्टिस बना लायी, पैर बुरी तरह सूज चुका था। पुल्टिस से आराम हुआ पर सूजन नहीं घटी। उसकी दोस्त ने एक बूढ़ी जानकार गुलाम से साँप काटे की दवा पूछ कर बनायी। उसके लिए एक हजार ताँबे के टुकड़ों को रात भर सिरके में भिगोया, फिर उस सिरके को सूजे हिस्से पर लगाया।

लिंडा ने अपने रिश्तेदारों तक अपनी योजना की बात पहुँचायी। उन लोगों की सलाह थी कि वह लौट आये और मालिक से माफी माँग ले। लिंडा जानती थी कि यदि उसने ऐसा किया तो मालिक उसे ऐसी सजा देगा जो दूसरों के लिए शिक्षा बन जाएगी। वह ऐसा कुछ नहीं करने वाली थी। जब वह निकली थी तभी उसने तय कर लिया था स्वतन्त्रता अथवा मौत में से एक को चुनेगी। अतः लौटने का सवाल नहीं उठता था। कुछ लोग लिंडा की सहायता करना चाहते थे पर कोई सूरत नहीं बन रही थी।

नानी, लिंडा की माँ और लिंडा को एक स्त्री काफी समय से जानती थी। इस स्त्री का पति गुलाम मालिक था साथ ही गुलामों का व्यापार भी करता था। इस

स्त्री के भी कई गुलाम थे जिन्हें वह बहुत अच्छी तरह रखती थी। अज्ञात रह कर वह लिंडा की सहायता करना चाहती थी। इस स्त्री ने बेटी नामक अपनी कुक को लिंडा की सहायता के लिए भेजा। लिंडा के पास कोई चारा नहीं था, उसे यह जान कर खुशी हुई कि जो उसकी सहायता के लिए आ रही है वह बेटी उसकी दोस्त थी। लिंडा के पैर में बहुत तकलीफ थी फिर भी वे अँधेरे में चलती गयीं। बेटी ने उसे सुरक्षित अपनी मालकिन के पास पहुँचा दिया। मालकिन ने लिंडा को अपने सोने के कमरे के ऊपर एक छोटे कमरे में रख कर ताला लगा दिया। उसे हिदायत दी कि कोई आवाज न करे। यहाँ कबाड़ रखा जाता था। बेटी सुबह का नाश्ता ला देती फिर रात का खाना भी। इस बीच कोई नहीं आता, न मालकिन, न बेटी क्योंकि किसी के देख लेने का भय था। लिंडा इन लोगों की कृतज्ञ थी। लिंडा बहुत दिन के बाद निश्चिन्त सो सकी। उस कमरे की खिड़की से रास्ता दीखता था, सुबह लिंडा ने डॉक्टर को उस राह से ऑफिस जाते देखा। लिंडा को उसे चरका देने की खुशी थी। गुलामों के पास अपने दुष्ट मालिकों को चरका देने के अलावा और कौन-सा रास्ता था।

लिंडा प्रतिदिन अपने बच्चों के बेचे जाने की आशा कर रही थी मगर डॉ. के लिए पैसे से अधिक प्रतिकार का महत्त्व था। डॉक्टर ने लिंडा के भाई विलियम, उसकी बूढ़ी ऑन्ट, लिंडा के बच्चों—बेनी और दो साल की बच्ची एलेन को जेल में ठूँस दिया। उसे लगा कि इससे घबरा कर उसके रिश्तेदार लिंडा का पता दे देंगे। उसने कसम खायी कि नानी इन जेल के लोगों को तब तक नहीं देख पाएगी जब तक कि लिंडा लौट नहीं आती है। कई दिन तक लिंडा को इन बातों की खबर नहीं मिली। पता चलने पर लिंडा की पहली प्रतिक्रिया जेल जाकर उनसे मिलने की थी। वह उनकी स्वतन्त्रता के लिए काम कर रही थी, उनकी मौत के लिए नहीं। एक राहत थी। जेल में उसकी ऑन्ट उसके बच्चों की देखभाल के लिए थी। बच्चों को प्यार करने के कारण इस ऑन्ट को जेल हुई थी। उसके भाई विलियम ने किसी तरह जेल से उसे एक पुर्जा भेजा जिसमें घसीट कर लिखा गया था कि वह जहाँ भी है वहीं रहे। उसने लिंडा को बाहर अपने के लिए सख्त मना किया था और लिखा था कि वे लोग लिंडा से बेहतर स्थिति में हैं अतः वह उनकी चिन्ता न करे। अगर वह आयी तो वे सब बरबाद हो जाएँगे। जिन्होंने उसकी सहायता की है वे भी संकट में पड़ जाएँगे। लिंडा ने उसकी बात मान ली। एक महीने के बाद उसकी ऑन्ट को जेल से छोड़ दिया गया क्योंकि मिसेज फ़्लिंट का काम उसके बिना नही चल रहा था। लिंडा व्यंग्य करती है कि मिसेज फ़्लिंट के लिए खाने का आदेश देना और फिर खाना खाना काफी थकाने वाला काम था। अब बच्चों की देखभाल का जिम्मा विलियम ने ले लिया। कुक बेटी कभी-कभी जेल जाती और लिंडा के लिए खबर

ले आती, सुन कर उसके पास रोने के अलावा कोई और चारा न था। बेटी के अपने बच्चे नहीं थे, वह लिंडा को ढाँढस बँधाती।

जेल जाने के पहले ही एलेन को मीजिल्स हो गयी थी। जेल में रहते हुए मीजिल्स ठीक होते-होते बच्ची की आँखों पर इसका असर हुआ था। उसे जेल से निकाल कर डॉक्टर फ़्लिंट के पास ले जाया गया। बच्ची सारा दिन जेल वापस जाने के लिए रोती रही। लिंडा के बच्चे डॉक्टर से बहुत डरते थे। डॉक्टर को बच्चों से, उनके रोने से बहुत चिढ़ थी अतः रात को वह जेल पहुँचा दी गयी। वैसे उसका विचार था कि वह बच्ची को अपनी बेटी की सेवा के लिए रखना चाहता था। उसे यह डर भी था कि इस गोरी बच्ची को उसकी बेटी कहीं बिगाड़ न दे। डॉक्टर लिंडा के लिए तय कर चुका था कि जब वह आयेगी तो उसे सबसे पहले जेल में छह महीने के लिए जंजीरों में डाल देगा। लिंडा खुश थी कि एलेन गला फाड़ कर रो रही थी। तंग आ कर उसे वापस जेल भेज दिया गया था।

एक रात डॉक्टर अपना एक मरीज देख कर लौट रहा था, उसने नानी के घर में रौशनी देखी तो वहाँ पहुँच कर उसने कहा कि उसे लिंडा का पता चल गया है वह कल दोपहर तक उसके पास होगी। उसके जाने के बाद नानी और मामा बहुत डर गये उन्होंने लिंडा को खबर भिजवायी। बेटी ने लिंडा को रसोई के फर्श के नीचे छिपा कर उसके ऊपर एक रजाई डाल दी और पटरा लगा दिया। वह बीसियों बार उसके ऊपर से रसोई के काम के लिए गुजरी हर बार लिंडा के नाक मुँह में धूल भर जाती। जब कोई आकर लिंडा की बात करता तो वह कहती कि उसने सुना है कि वह फिलाडेलफिया या फिर न्यूयॉर्क चली गयी है। जब दिन भर के बाद सब शान्त हो गया, बेटी ने तख्ता उठाकर लिंडा को बाहर निकाला। उन लोगों को पता चल गया था कि डॉक्टर ने उन्हें ट्रिक करने, डराने के लिए झूठ बोला था।

एक दिन लिंडा को अपने छिपे स्थान से अपने मालिक की आवाज सुनाई दी। लिंडा ने सोचा अब वह तो गयी साथ में अपनी भलाई करने वाली को भी ले डूबेगी। उसकी साँस रुक गयी। परन्तु थोड़ी देर में उस घर की मालकिन ताला खोल कर ऊपर आयी। उसने बताया कि डरने की कोई बात नहीं है क्योंकि डॉक्टर सोचता है कि लिंडा वास्त्व में न्यूयॉर्क चली गयी है। असल में वह पाँच सौ डॉलर उधार माँगने आया था ताकि न्यूयॉर्क में तुम्हारा पता लगा सके। आज रात तुम्हारी खोज में वह जा रहा है अतः निश्चिन्त रहो। उसने मजाक किया कि डॉक्टर अपनी जेब हल्की करके आयेगा क्योंकि चिड़िया तो यहाँ है।

डॉक्टर खूब पैसा बहा कर लौट आया। वह अपनी यात्रा की नाकामयाबी से बहुत दुःखी और बहुत चिढ़ा हुआ था। दो महीने से विलियम और बच्चे जेल में थे जिसका खर्च उसे अलग परेशान कर रहा था। मिस्टर सैंड ने सोचा यह अच्छा

मौका है, उसने विलियम को नौ सौ और बच्चों को आठ सौ डॉलर में खरीदने का प्रस्ताव किसी के हाथ भिजवाया। किसी गुलाम की यह बहुत ज्यादा कीमत थी लेकिन डॉक्टर ने इसे अस्वीकार कर दिया। वह बदले की आग में सुलग रहा था। दूसरी ओर उसे पैसों की सख्त जरूरत थी। अगर एलेन को वह पन्द्रह साल बाद बेचता तो उसे खासी रकम मिलती। अन्त में खूब सोच-विचार कर उसने गुलाम व्यापारी से मिलने का निश्चय किया। उसने व्यापारी से पूछा कि वह कब तक शहर में है? व्यापारी ने कहा कि वह उसी दिन दस बजे शहर छोड़ रहा है। डॉक्टर उन्नीस सौ में सौदा करना चाहता था, व्यापारी थोड़ी ना-नुकुर के बाद राजी हो गया। व्यापारी जल्द से जल्द पेपर बनवाना चाहता था। डॉक्टर ने जेल में जा कर विलियम से कहा कि यदि वह अपना व्यवहार सुधारने का वादा करे तो वह उसे नहीं बेचेगा। विलियम ने कहा कि वह बिकना पसन्द करेगा। इस पर डॉक्टर अपशब्द बकने लगा, अपने एहसान गिनाने लगा। एक घंटे से कम समय में विलियम, बच्चे बिक गये। थोड़ी देर में डॉक्टर को कुछ शंका हुई, उसका मन बदला। उसने व्यापारी के पास जा कर हजार डॉलर में उन्हें वापस खरीदना चाहा। जिसके लिए व्यापारी ने मना कर दिया। असल में इन लोगों को वह मिस्टर सैंड को बेच चुका था, यह वह बताना नहीं चाहता था। डॉक्टर विलियम को सड़क पर जंजीरों में चलता देखना चाहता था। सारा ड्रामा था इसलिए उसकी इच्छा पूरी करने की योजना बनी। नानी को भी बता दिया गया था कि बच्चे उसे सौंप दिये जाएँगे पर अभी वह जाहिर न करे। बेनी ने विलियम से जेल की दीवार पर लकीर डाल कर दिन गिनना सीख लिया था। वे लोग वहाँ साठ दिन थे अब वह अपनी माँ के पास जाना चाहता था। नानी दिखावे के लिए विदा लेने जेल पहुँची। जब वह वहाँ पहुँची उसने विलियम को जंजीरों में और बच्चों को व्यापारी की गाड़ी में देखा। वह डर कर बेहोश हो गयी, उसे उठा कर घर लाया गया। होटल में इन लोगों के ठहरने पर बहुत सारे लोग विलियम को खरीदना चाहते थे पर व्यापारी ने बिना यह बताये कि वह बिक चुका है उसे बेचने से इनकार कर दिया।

व्यापारी ने बहुत सारे गुलाम खरीदे थे। पति-पत्नी और बच्चे जाने कहाँ जाने वाले थे, खूब रोना-चिल्लाना हो रहा था। जब गाड़ी शहर के पार चली गयी डॉक्टर को बहुत सन्तुष्टि मिली। मिसेज फ़्लिंट को खुशी थी कि बच्चे सुदूर जा रहे हैं। योजना के अनुसार लिंडा का मामा उन लोगों के पीछे गया वे लोग एक पुराने फार्म हाउस में रुके। व्यापारी ने विलियम को जंजीरों से मुक्त कर दिया। वह खुद उसे खरीदना चाहता था क्योंकि मिस्टर सैंड ने उसे बताया था कि विलियम एक बुद्धिमान और होशियार लड़का है। उसने कहा कि तुम्हारा पुराना मालिक बहुत अफसोस करेगा। वह बाकी लोगों को लेकर आगे बढ़ गया। लिंडा का मामा उन

लोगों को लेकर घर आया। खुशी के अवसर पर नानी प्रार्थना करना न भूली। इस मौके पर बच्चों का पिता मिस्टर सैंड वहाँ थोड़ी देर के लिए आया। उसी की कृपा से यह पारिवारिक मिलन सम्भव हुआ था। लिंडा को इस मिलन की जानकारी बाद में मिली। उसके दिल ने किसी खुशी की बात जानी थी क्योंकि उसे रात के सन्नाटे में संगीत की ध्वनि सुनाई दी थी जो धीरे-धीरे उसे उसके बच्चों के रुदन में परिवर्तित होती लगी। खिड़की की फाँक से चाँदनी की एक पतली किरण में उसे अपने बच्चे दीखे। शायद बैठे-बैठे उसकी झपकी लग गयी थी, जो भी हो वह बहुत परेशान थी। उसे नहीं मालूम था कि उसके बच्चे कहाँ और किस हालत में हैं। उसे लगा कि वे मर गये हैं और उसने उनकी आत्मा को देखा है। बेटी के आने पर पता चला कि वे सुरक्षित हैं। उस रात बेटी उसके साथ सोयी क्योंकि उसे लगा कि लिंडा रात को नींद में बहुत बड़बड़ाने वाली है। वह जल्दी सो गयी पर लिंडा की आँखों में नींद न थी।

सुबह चारों ओर यही चर्चा थी कि लिंडा के बच्चों को उनके पिता ने खरीद लिया है। डॉक्टर जो उन्हें दूर जाते देख कर खुश था अब उन्हें यहीं अपनी आँखों के सामने पर अपने नियन्त्रण से बाहर देख कर कैसी भयंकर प्रतिक्रिया करेगा। लिंडा अपनी रुलाई रोकने के लिए अपने होंठ भींचे हुए थी ताकि कोई आवाज न निकले। बेटी बहुत खुश थी, लिंडा ने ईश्वर का धन्यवाद किया क्योंकि उसका कष्ट सहना बेकार नहीं गया था। उसके बच्चे अब स्वतन्त्र थे। डॉक्टर नानी के घर गया वह जानना चाहता था किसने इन लोगों को खरीदा है, नानी ने बेहिचक बता दिया। इस पर डॉक्टर का कहना था कि वह भी यही सोच रहा था साथ में उसने जोड़ा कि उसे लिंडा का पता चल गया है वह जल्द ही उसके पास होगी और वह जीते-जी उसे कभी स्वतन्त्र नहीं होने देगा। उसके बाद वह उसके बच्चों की गुलाम होगी। वह भूल गया कि लिंडा उसकी नहीं उसकी बेटी की गुलाम है। उसने धमकी दी, अगर उसे पता चला कि फिलिप का लिंडा के भागने में कोई हाथ है तो वह फिलिप को मार डालेगा। अगर विलियम उसे कहीं राह में मिल गया और उसने नजर मिलाने की हिम्मत की तो वह हंटर से उसकी चमड़ी उधेड़ देगा। अच्छा हो ये दोनों उसकी आँख के सामने न पड़ें। लिंडा ने डॉक्टर की धमकी सुनी पर अब उसे चिन्ता न थी वह खुद किसी भी सजा के लिए तैयार थी उसे अपने बच्चों की स्वतन्त्रता अपनी जान से ज्यादा अजीज थी। उसकी आस्था और अधिक मजबूत हो गयी।

डॉक्टर इतनी आसानी से बैठने वाला नहीं था। उसने फिलिप को उठाकर जेल में डाल दिया। उसने लिंडा के भागने में मदद का जुर्म लगाया। लिंडा को न भगाने न ही देखने की कोर्ट में कसम खाने पर पाँच सौ डॉलर की जमानत देने के लिए कहा गया। उसे लिंडा से कोई सम्पर्क न रखने की हिदायत मिली। कई लोग जमानत

देने को राजी थे मगर उसने जेल में रहना स्वीकार किया। मिस्टर सैंड ने उसे बिना जमानत के जेल से रिहा कराने की कोशिश का वादा किया। कुक बेटी डर कर बार-बार लिंडा को रसोई के फर्श में बने छोटे-से तहखाने में डाल देती। डॉक्टर ने नये सिरे से लिंडा की खोज प्रारम्भ कर दी। जहाँ लिंडा थी उस घर की तलाशी ली गयी, लिंडा भय, नमी और गर्द से कई दिन बीमार रही। मामा को जेल से रिहा कर दिया गया। लिंडा के परिवार के हर सदस्य पर निगरानी बढ़ा दी गयी। लिंडा का वहाँ रहना उसके रक्षक के लिए घातक सिद्ध हो सकता था। वे लोग जो भी योजना बनाते वह डॉक्टर की निगरानी के कारण ध्वस्त हो जा रही थी। उत्तर दिशा में जाना लिंडा के लिए बचाव का रास्ता था। यह रास्ता इतना आसान न था। उस घर की मालकिन अपने भाई के घर चली गयी ताकि किसी को लिंडा के निकलने का अन्देशा न हो। लिंडा के मामा ने एक आदमी भेजा। वह नहीं जानती थी कि वह कहाँ जा रही थी। बेटी ने उसे जैकेट, ट्राउजर्स और टारपोलिन का हैट—सेलर के कपड़े दिये, बेटी ने कहा कि स्वतन्त्र हो कर लिंडा उसे न भूले और एक-एक करके उन्हें स्वतन्त्र होने में सहायता करे। बेटी ने कहा कि लिंडा एक नाविक की तरह जेब में हाथ डाले और चलती चली जाए। फाटक पर पीटर नाम का एक अश्वेत आदमी उसका इन्तजार कर रहा था। लिंडा उसे बरसों से जानती थी। वह उसके पिता से काम सीखता था और एक भला व्यक्ति था। उसने कहा कि लिंडा साहस से काम ले उसके पास छुरा है। कोई उसके जीते-जी लिंडा की हानि नहीं कर सकता है।

लिंडा एक लम्बे समय के बाद खुली हवा में साँस ले रही थी, रास्ते में कई परिचित मिले। किसी ने उसे पहचाना नहीं। लिंडा प्रार्थना कर रही थी कि पीटर को छुरा न निकालना पड़े। लिंडा की ऑन्ट नैन्सी का पति समुद्री आदमी था जिसे इस योजना में शामिल किया गया था। वह लिंडा को नाव से जहाज पर ले गया। जहाज पर मात्र ये तीन लोग थे। तय हुआ कि रात भर वह जहाज पर रहेगी। जब तक कि उसका मामा फिलिप उसके लिए एक गुप्त स्थान नहीं खोज लेगा, तब तक के लिए सुबह उसे दलदली इलाके में छिपा दिया जाएगा। भोर होने के पहले उसे नाव से तीन मील दूर दलदल में पहुँचाया गया। सर्पदंश से वह परिचित हो चुकी थी उसे दलदल में सर्प का भय था। उसके पास कोई अन्य विकल्प न था और वह क्या कर सकती थी। पीटर ने पहले उतर कर रास्ता बनाया और लिंडा को उठा कर बाँस से बनाये मचान पर बैठा आया। इतने ही समय में वे सब मच्छरों के डंक का शिकार हो चुके थे। रौशनी होने पर उसने देखा चारों ओर साँप रेंग रहे थे। वह साँपों से परिचित थी लेकिन ये आकार में काफी बड़े थे। बाद में भी वह उन्हें याद करके थर्रा जाती थी। शाम को उनकी संख्या और बढ़ गयी, छड़ी से उन्हें बराबर दूर करना पड़ रहा था। अँधेरा होने पर नाव आयी और उस पर सवार हो कर ये लोग जहाज तक पहुँचे। चिन्ता-भय, साँप, मच्छर, दलदल,

गर्मी सबने लिंडा को तेज बुखार दिया। रात उसके लिए बहुत कष्टकर थी। सुबह फिर उसे दलदल में छिपना था। उसके लिए श्वेत गोरों, तथाकथित सभ्य लोगों का आतंक साँपों से बढ़ कर था। लिंडा की बीमारी को देखते हुए तय किया गया कि वह रात अपनी नानी के घर पर बिताये। नानी के घर का चप्पा-चप्पा डॉक्टर और उसके परिवार का जाना हुआ था।

सेलर के कपड़ों में मुँह पर कालिख लगाये वे सड़क पर चले। यहाँ तक कि लिंडा के पास से उसके बच्चों का पिता भी गुजरा पर उसे पहचान न सका। पीटर ने कहा कि शायद लिंडा को एक लम्बे समय तक फिर चलने का मौका न मिले। लिंडा उसकी बात नहीं समझी। उसे नहीं मालूम था कि उसके लिए बनायी गयी योजना का यह रूप है। उसकी नानी के घर में छत और तख्तों के बीच थोड़ी-सी जगह रख कर बरसों पहले एक छोटा शेड बनाया गया था। अभी तक यह केवल चूहों के काम आ रहा था। यह केवल तख्तों (शिंगल्स) से ढंका था। यह स्थान मात्र नौ फीट लम्बा और सात फीट चौड़ा था। ढलवाँ ऊँचाई केवल तीन फीट थी, जहाँ ढंग से बैठा नहीं जा सकता था खड़ा होना तो दूर की बात थी। हवा और रौशनी के आने का कोई जरिया न था। उसके बढ़ई मामा फिलिप ने एक चोर दरवाजा (ट्रैपडोर) बनाया था जो स्टोर रूम में खुलता था। स्टोर रूम एक गलियारे में खुलता था। इसी अँधेरे-संकुचित बिल में लिंडा को रखा गया। बिस्तर था, एक करवट वह सो सकती थी, दूसरी करवट बदलने के लिए ऊँचाई न थी। चूहे उस पर से आ-जा रहे थे पर वह सो गयी। उस स्थान पर रात-दिन बराबर थे। आवाजों से लिंडा को इसका पता चलता। उसे रौशनी से ज्यादा हवा की तकलीफ थी। राहत थी कि वह अपने बच्चों की खुशी और दुःख की आवाज सुन कर रो सकती थी। वह उनसे बात करने, उनका चेहरा देखने को तरसती। दिन-रात इस अँधेरे स्थान पर रहना भयंकर था।

लिंडा ने डॉक्टर के पास आने से पहले कभी स्वतन्त्र होने की बात नहीं सोची थी। क्योंकि इसके पहले उसे किसी तरह का कठोर जीवन नहीं बिताना पड़ा था। उसने कभी कोई कठोर श्रम जैसे खेतों में काम करना नहीं किया था, उसे कभी कोड़ों से सिर से पैर तक उधेड़ा नहीं गया था, कभी पीटा नहीं गया था, कभी उसकी एड़ी नहीं काटी गयी थी ताकि वह भाग न सके, कभी जंजीरों में बाँध कर घसीटा नहीं गया था, कभी गर्म छड़ से दागा नहीं गया था, कुत्तों से नुचवाया नहीं गया था। इसके विपरीत उसके साथ सदैव नरम व्यवहार किया गया था। उसे लिखना-पढ़ना, सीना-पिरोना सिखाया गया था। फिर भी वह कहती है कि भगवान किसी को गुलाम की जिन्दगी न दे।

इस स्थान पर ट्रैपडोर से उसे खाना पहुँचा दिया जाता, मौका पा कर रात को नानी, मामा, ऑन्ट नैन्सी ऊपर आ कर कभी-कदा उससे बात कर लेते। वह इस बिल में

खड़ी नहीं हो सकती थी। वहीं घिसट कर थोड़ा-बहुत शरीर में हरकत करती। एक दिन इसी चक्कर में उसने अपना सिर मामा द्वारा गलती से छोड़े गये बरमा (ड्रिल) से टकरा लिया। यह उसके लिए नियामत साबित हुआ। उसने रौशनी पाने का उपाय पा लिया। अन्दाज से उसने रात को सड़क की तरफ एक छेद कर लिया। अब वह थोड़ी हवा और रौशनी पा सकती थी। सड़क पर आते-जाते लोगों को देख सकती थी। अपने बच्चों के चेहरे देख सकती थी। लेकिन पहला आदमी जो उसे दीखा वह डॉक्टर था। वह इसे बुरा शकुन मान कर काँप गयी। फिर कई जाने-पहचाने चेहरे गुजरे और अन्त में उसे अपने बच्चों की हँसी और उनके चेहरे दीखे। वह उन्हें बताना चाहती थी कि उनकी माँ उनके पास है। पर यह असम्भव था।

लिंडा की स्थिति सुधर रही थी। उसी समय उस पर लाल बारीक कीटों का आक्रमण हुआ उसका सारा शरीर लाल हो कर जलने लगा। नानी ने उसे हरबल चाय और लेप बना कर दिया। बेइन्तहाँ गर्मी के बावजूद लिंडा अपने बच्चों को देख पाने के कारण शिकायत करने की स्थिति में न थी और शिकायत किससे तथा किस लिए? ऑन्ट नैन्सी से पता चला कि दक्षिण में पैदा हुई एक अश्वेत स्त्री को डॉक्टर न्यूयॉर्क में लिंडा को पकड़ लाने के लिए पुरस्कार का लालच दे रहा है। पता नहीं क्या उत्तर मिला कि डॉक्टर हड़बड़ी में न्यूयॉर्क के लिए प्रस्थान कर गया। लिंडा खुश थी, भले ही कुछ समय के लिए पर उसके और डॉक्टर के बीच मीलों की समुद्री दूरी थी तथा डॉक्टर सोच रहा है कि वह स्वतन्त्र राज्य में है। इस बार भी वह खाली हाथ लौटा। जब वह नानी के घर के सामने से गुजर रहा था बेनी दरवाजे पर खड़ा था, उसने पूछा, क्या वह उसकी माँ को ले आया है? डॉक्टर ने पैर पटकते हुए कहा कि वह उसकी आँखों से दूर हो जाए वरना वह उसका सिर फोड़ देगा। बेनी डर कर भागा, पर कहता गया कि अब वह उसका नहीं है इसलिए वह उसे सजा नहीं दे सकता है। शुक्र है वह इसे सुन नहीं पाया। लिंडा नहीं चाहती थी कि बच्चे उस दुष्ट के सामने पड़ें।

मौसम बदला, अब लिंडा उस अँधेरे की अभ्यस्त हो गयी थी। छेद के सामने रख कर वह थोड़ा पढ़ना और सीना-पिरोना भी कर लेती। मगर सर्दियाँ आते ही परेशानी शुरू हो गयी। उसके बिल में सर्दी से बचाव का कोई साधन न था। दिन रात वह लेटी रहती, उसके कन्धे और पैर ठंड से अकड़ गये। उसके पास न करने को कुछ था न सोचने को कोई अच्छी और आशाजनक बात। खैर सर्दियाँ जल्द पार हो गयीं और धूसर उदास दिन बदले, लोग सड़कों पर दीखने लगे। लिंडा कान लगा कर लोगों की बात सुनती, उसके लिए यह समय काटने का एक साधन था। अक्सर लोग भगोड़ों को पकड़कर ईनाम पाने की बात किया करते। वहाँ के अधिकांश लोग सोचते थे कि लिंडा कहीं स्वतन्त्र राज्य में रह रही है। अगर किसी को यह शक होता

कि लिंडा अपनी नानी के घर में है तो घर कब का जला कर भस्म कर दिया गया होता। डॉक्टर और उसका परिवार लिंडा के बच्चों से जब-तब पूछते रहते कि क्या उन्हें माँ की कोई खबर मिली है। इसके लिए डॉक्टर बच्चों को उपहार का लालच देता रहता। एलेन उससे डरती थी और दूर रहती, बात नहीं करती थी। बेनी बोलता था, वह कहा करता कि उसे नहीं मालूम उसकी माँ कहाँ है। शायद वह न्यूयॉर्क में है अतः जब भी डॉक्टर वहाँ जाए वह उसकी माँ से कहे कि वह लौट आये, वे लोग उसे देखना चाहते हैं। वह यह भी कहता कि यदि डॉक्टर ने उसकी माँ को जेल में डाला या मारने की कोशिश की तो वह अपनी माँ से कह देगा कि वह फिर वापस चली जाए।

नानी ने सामान ला दिया और लिंडा ने अपने गुप्त स्थान में रहते हुए अपने बच्चों के लिए क्रिसमस उपहार तैयार किये। वह बच्चों की खुशी सुन सकती थी, जब वे सड़क पर अपने उपहार ले कर दूसरे बच्चों को दिखाने निकले तो लिंडा उनकी खुशी देख कर मन मसोस कर रह गयी। बच्चे सोच रहे थे कि उनके उपहार सेंटा क्लॉज लाया है। वे सोच नहीं सकते थे कि यह सब उनकी माँ ने बनाया है। लिंडा गरीब गुलामों के क्रिसमस त्योहार मनाने की बात विस्तार से लिखती है। इस दिन सुबह बच्चे 'जॉनकानाउस' देखने उठते थे। यह इस त्योहार का बड़ा आकर्षण होता है। प्लान्टेशन्स के गरीब गुलाम मिल कर इसे करते थे। दो पहलवान जाल और रंगीन कपड़ों के टुकड़ों से ढंके रहते। उनके पीछे गाय की पूँछ लगी होती, सिर पर सींग लगे होते। भेंड़ की चमड़ी से ढंका बक्सा गम्बो बॉक्स कहलाता, जिसे कई लोग मिल कर पीटते, कुछ लोग तिकोन और हड्डियाँ बजाते, सब लोग इस संगीत पर नाचते। महीनों पहले से गीत-संगीत बनाया जाता जिसे इस दिन गाते, बजाते। बारह बजे तक ये लोग गाते-बजाते-नाचते और लोग इन्हें चन्दा, खाना-पीना देते। मिली शराब को ये घर ले जाते, वहीं नहीं पीते। अगर कोई चन्दा देने से कतराता तो गीतों द्वारा उसका मखौल उड़ाया जाता। इस दिन श्वेत-अश्वेत सब उत्सव मनाते। अगर किसी गुलाम के पास कुछ बचत होती तो वह इस दिन उसे खा-पीकर उड़ाता। पकाने के लिए पशु-पक्षी चुराये जाते। नानी के घर में इस दिन टर्की और सूअर दोनों बनते। लिंडा को इस खुशी और उत्साह के दिन दम साध कर चुपचाप रहना था क्योंकि इस अवसर पर नानी ने दो कॉन्टेबलों को खासतौर पर विशेष कारण से निमन्त्रित किया था। वह बहाने से उन्हें सारा घर घुमा लायी, ऊपर-नीचे जाने के बाद वे सबको अवश्य बताएँगे कि उन्होंने सारा घर देखा है। वहाँ लिंडा के होने का कोई सवाल नहीं उठता है। यह लिंडा के कहीं दूर जा चुकने की एक बहुत बड़ी गवाही होती। जिससे उसे यहाँ खोजने पर रोक लगने की पूरी-पूरी सम्भावना बनती थी। नानी ने इन लोगों को विदा करते समय उनके घर ले जाने के लिए खाने का

सामान बाँध कर दिया, जिसका प्रभाव पड़ना था। अपनी खोह में रहते हुए लिंडा ने पहला क्रिस्मस इस तरह साँस रोक कर बिताया। वह सोच नहीं पा रही थी कि उसे कितने समय और इस तरह झुके-झुके रहना होगा। वह जमीन पर सीधी खड़ी होना चाहती थी, खुली हवा में साँस लेना चाहती थी लेकिन पता नहीं यह कब होगा। उसके लोग उसके पलायन के लिए भरसक प्रयास कर रहे थे मगर कोई उपाय कारगर नहीं हो पा रहा था।

गर्मियों में नयी मुसीबत खड़ी हुई, पिघल कर तारकोल उसके ऊपर गिरने लगा। रात को वह हवा के लिए तरसने लगी, करवट बदलने की गुंजाइश न थी। एक फायदा था, अत्यधिक गर्मी के कारण मच्छर नदारत थे। सारी दुश्मनाई के बावजूद लिंडा नहीं चाहती थी कि कभी डॉक्टर को उस जैसी बद्तर स्थिति में रहना पड़े। विडम्बना यह थी कि वह अपराध करके खुला घूम रहा था और बिना कोई अपराध किये वह इस तरह कष्ट पा रही थी। निराला कानून था। लिंडा को लग रहा था कि वह मर जाएगी पर कुछ था जो उसे जिलाए हुए था। मौसम आ रहे थे, मौसम जा रहे थे और वह उसी सँकरे स्थान में सब तरह के मौसम की मार झेलती हुई पड़ी हुई थी। उसके आसपास गुलामों पर क्रूरता जारी थी। एक गुलाम स्त्री का बच्चा श्वेत पैदा हुआ, मालकिन को बच्चे में अपने पति का चेहरा नजर आया। उसने माँ-बच्चे को निकाल बाहर किया। वह स्त्री अपने मालिक के पास गयी। मालिक कहने लगा कि वह अपनी पत्नी से बात करके कोई रास्ता निकालेगा। मगर जल्द ही उस स्त्री के साथ अपना खून बेचने में उस गुलाम मालिक को तनिक भी तकलीफ नहीं हुई। एक अन्य स्त्री मालकिन के बच्चों की धाय थी, मालकिन किसी बात पर नाराज हुई तो उसे कोड़े लगवा दिये। क्रूरता से घबरा कर उस गुलाम स्त्री ने नदी में कूद कर आत्महत्या कर ली। लिंडा लोगों की अमानवीयता, उनकी असंवेदनशीलता और धूर्तता एवं दुमुँहेपन का एक बड़ा सटीक उदाहरण देती है। मिसिसिपी का सिनेटर ब्राउन दक्षिण की इन क्रूरताओं को भलिभाँति जानता था फिर भी उसने यूनाइटेड स्टेट्स की कांग्रेस में खड़े हो कर उसने घोषणा की कि दास प्रथा एक महान नैतिक, सामाजिक और राजनीतिक वरदान है। मालिक और दास दोनों के लिए।

अगली सर्दियों तक लिंडा के अंग निष्क्रियता के कारण कमजोर हो कर अकड़ गये थे। ठंड के कारण उनमें ऐंठन होने लगी। सिर के भीतर सर्दी और दर्द का प्रकोप बढ़ गया, चेहरा और जबान कड़ी हो गयी, उसका बोलना बन्द हो गया। चिकित्सक बुलाया नहीं जा सकता था। भाई, मामा और नानी जितना कर सकते थे, कर रहे थे। वे लोग उसके जीवन को लेकर बहुत अधिक चिन्तित थे। सोलह घंटे की बेहोशी के बाद वह बाई में चली गयी जिससे न केवल उसके उजागर होने का खतरा बढ़ गया वरन् बाकी लोगों के लिए भी खतरा पैदा हो सकता था। कोई उपाय न देख

कर उसे नशा कराया गया। वह छह हफ्तों तक बीमार थी, हार कर विलियम एक डॉक्टर के पास गया और उसने लिंडा के सारे लक्षण खुद पर आरोपित करके बताया और उसकी दी गयी जड़ी-बूटियाँ तथा लेप ले कर आया। दवा और अंगारे की गर्माहट से वह बहुत धीमी रफ्तार से ठीक होने लगी। बुरे विचार उसका पीछा नहीं छोड़ते। उसे यह भी लगता कि उसकी इस अवस्था से शायद ईश्वर को दया आ जाए और उन लोगों के अच्छे दिन आ जाएँ। ईश्वर के न्याय के भीतर गुलामी प्रथा का औचित्य उसके लिए एक रहस्य था, जिसे वह कभी न सुलझा पायी।

इन मुसीबतों में एक परेशानी और खड़ी हो गयी, चिन्ता और परिश्रम के कारण नानी बीमार पड़ गयी। नानी की मृत्यु की सम्भावना से सब परेशान हो गये। लिंडा बुरी तरह से हिल गयी। उसे अफसोस था कि वह उसकी कोई सेवा नहीं कर सकती है जबकि नानी ने सदैव उसकी देखभाल की, उसे मानसिक सहारा दिया। उसके पास नानी की हालत सुधरने के लिए प्रार्थना करने के अलावा कोई और सूरत न थी। वह दिन रात उसके स्वस्थ होने की प्रार्थना करती। नानी के बहुत सारे शुभचिन्तक एवं परिचित उसे देखने आये लेकिन जब ऑन्ट नैन्सी ने मिसेज फ़्लिंट से नानी यानी कि अपनी माँ को देखने जाने की अनुमति माँगी तो उसे इनकार कर दिया गया। बाद में मिसेज फ़्लिंट को एहसास हुआ कि सामाजिक मर्यादा के अन्तर्गत उसे नानी को देखने जाना चाहिए तो वह खुद भी उसे देखने आयी। उसने फिलिप को डाँट लगायी कि नानी (जो उसकी धाय भी थी) की तबियत इतनी खराब है तो अब तक डॉक्टर फ़्लिंट को क्यों नहीं बुलाया गया है। उसने खुद डॉक्टर को बुलाया। इस स्त्री की ईर्ष्या और क्रूरता का पता चलता है जब उसने बेनी के लँगड़ाने का कारण जान कर कहा कि अच्छा होता कि कुत्ते के काटने से वह मर गया होता। यह खबर उसकी माँ तक जरूर पहुँचा देनी चाहिए। उसकी माँ को भी जल्द कुत्ते पकड़ लेंगे। हुआ यूँ था कि एक दिन बेनी को एक कुत्ते ने काट लिया था और एक दूसरे डॉक्टर ने घाव पर टाँके लगाये थे। उस कुत्ते ने अगले दिन एक और बच्चे को काटा तो कुत्ते को मार डाला गया। जब वह दर्द से चीख-चिल्ला रहा था तब लिंडा के दिल की हालत समझी जा सकती है। बेनी जल्द ही खेलने-कूदने लगा था।

गर्मियाँ समाप्त होते-न-होते लिंडा की खोज में डॉक्टर फ़्लिंट ने न्यूयॉर्क का एक और चक्कर लगाया। इसी समय कांग्रेस के उम्मीदवार का चुनाव होना था, दो उम्मीदवार थे। डॉक्टर को वोट भी देना था। लिंडा के अब तक डॉ. का झुकाव जिस राजनीतिक पार्टी की ओर था, अब बच्चों का पिता मिस्टर सैंड उसी पार्टी का उम्मीदवार था। अतः डॉक्टर ने अपना दम-खम उसे हराने के लिए लगा दिया। इसके बावजूद सैंड जीत गया। तय था कि वह अब वाशिंगटन चला जाएगा। लिंडा हर हाल में चाहती थी कि वह बच्चों को स्वतन्त्र करके जाए। उसे मालूम था कि वह

जाने से पहले एक बार अवश्य नानी से मिलने आयेगा। लिंडा किसी तरह अपने गुप्त स्थान से नीचे स्टोररूम तक उतर आयी। उसके अंग सुन्न को कर अकड़ चुके थे। किसी तरह खिड़की से उसने सैंड से बात की। सैंड को नहीं मालूम था कि वह वहाँ रह रही है उसने सलाह दी कि वह नानी का घर तत्काल छोड़ दे अन्यथा वह और उसका परिवार मुसीबत में पड़ जाएगा। लिंडा ने भी अपने छिपने के स्थान की जानकारी उसे नहीं दी। सैंड ने न केवल बच्चों के लिए वादा किया वरन् कहा कि वह लिंडा की भी भरसक मदद करेगा। उसके जाने के बाद लिंडा की रही-सही ऊर्जा जाती रही, उसके मामा ने उसे उठा कर ऊपर उसके गुप्त स्थान तक पहुँचाया। सबको विश्वास हो चला था कि लिंडा अब अपने अंगों का उपयोग न कर सकेगी। उसकी जान उसके बच्चों के लिए अटकी हुई थी।

डॉ. जब-तब आकर नानी से कहता रहता कि यदि लिंडा आज आकर उसके सामने समर्पण कर दे तो वह उसके सारे अपराध माफ कर देगा। वह उसे बेचने के लिए भी राजी था। किसी को उसकी बातों पर विश्वास न था सब उसकी धूर्तता से परिचित थे इसलिए उसे विश्वास दिलाने का प्रयास करते कि लिंडा न्यूयॉर्क में है। लिंडा ने अपने दोस्त पीटर के माध्यम से न्यूयॉर्क के पते से पत्र लिख कर उसे न्यूयॉर्क से पोस्ट करवाया। उसने न्यूयॉर्क की सड़क का नाम जानने के लिए जिस अखबार का प्रयोग किया वह अखबार अश्वेत लोगों के लिए अपशब्दों का प्रयोग करने वाला हेरॉल्ड था। लिंडा व्यंग्य करते हुए लिखती है कि जो पेपर अश्वेतों का दुश्मन है वही उनकी सहायता करने जा रहा था। उसने एक पत्र अपनी नानी को लिखा और दूसरा डॉक्टर को। उसने नानी को लिखा कि अब वह बोस्टन में रहती है अतः उत्तर वहीं दिया जाए। उसके बच्चों को उसके पास भेजा जाए ताकि वह उनकी अच्छी परवरिश कर सके। डॉ. को उसकी जिन्दगी नरक बनाने के लिए उसने कोसा। लिंडा ने अपनी योजना में नानी और ऑन्ट नैन्सी को शामिल किया और पीटर की सहायता से पत्र यथास्थान पहुँचा कर पोस्ट कर दिये गये। नैन्सी ने वादा किया कि पत्र प्राप्ति पर होने वाली प्रतिक्रिया से वह उन लोगों को अवगत कराएगी।

जैसी आशा थी, पत्र मिलने के अगले दिन डॉक्टर आया। उसने नानी से कहा कि लिंडा ने उसे पत्र लिखा है, उसे चाहिए कि वह खुद लौट आये। उसने सलाह दी कि लिंडा का मामा फिलिप जाए और उसे ले आये, यात्रा का खर्च वह वहन करेगा। फिर उसने कहा कि लिंडा ने नानी को भी पत्र लिखा है जिसे वह पढ़ कर सुनाना चाहता है। दुष्ट व्यक्ति ने लिंडा के पत्र के स्थान पर अपनी ओर से एक पत्र नानी को लिखा था जिसमें उसने अपनी मर्जी की बातें लिखी थीं। उसने लिखा था कि लिंडा परिवार को शर्मनाक स्थिति में डालने के लिए खुद को दोषी पा रही है, भाग कर वह बहुत नाखुश है, उसके बच्चों को उसके मामा फिलिप के साथ उसके

पास भेज दिया जाए, वह उनके बिना नहीं रह सकती है, यदि उसको खरीदने का इन्तजाम हो सके तो वह लौट आने को तैयार है। वह अब और इन्तजार नहीं कर सकती है। डॉ. ने लिंडा की बेवकूफी के लिए खूब खरी-खोटी सुनायी और कहा कि कल सुबह तक यदि फिलिप जाने के लिए राजी है तो उसे बताया जाए। बाहर उसने एलेन से कहा कि बहुत जल्दी वह उसकी माँ को लाने वाला है। लिंडा अपनी योजना को सफल होता देख खुश थी, नानी बहुत डरी हुई थी। अगले दिन पूछने पर फिलिप ने कह दिया कि वह मुसीबत मोल नहीं लेना चाहता है क्योंकि उत्तर में अगर वह भगोड़े दास को लाने गया तो मुश्किल हो सकती है। स्वतन्त्र राज्य से आप बिना झंझट के उन्हें वापस नहीं ला सकते हैं। डॉ. का कहना था कि वह नहीं जा रहा है, यह काम उन लोगों के द्वारा बिना शोर-शराबे के हो सकता है। क्योंकि वह रिश्तेदार है और लिंडा उसका विश्वास करती है, पत्र में उसने लौटने की इच्छा स्वयं जाहिर की है। उसने फिर से कहा कि वह उसे माफ कर देगा और रिश्तेदार उसे खरीद सकते हैं। अभी तक फ्यूजिटिव स्लेव कानून नहीं बना था अतः गुलाम मालिकों के लिए दास की खोज में जाना खतरे की बात थी। डॉ. ने एक और चाल चली उसने कहा कि वह बोस्टन के मेयर से लिंडा की खोज करवाएगा। लिंडा जानती थी कि मेयर यह काम करने से रहा।

अब तक करीब पाँच साल बीत चुके थे। लिंडा उसी गुप्त बिल में रह रही थी, मौसम की मार ने उसके अंगों को बेकार कर दिया था, वह चाहे भी तो चलने-फिरने से लाचार थी। नानी को सदा डर था लिंडा कहीं रहे उसका मालिक एक दिन उसे जंजीरों में बाँध कर घसीटते हुए ले आयेगा। जेल में डाल देगा। एक बात पक्की हो गयी थी डॉक्टर उसे कहीं आस-पास नहीं सोच रहा था। लिंडा के लिए निकल भागने का रास्ता थोड़ा कम खतरनाक हो गया था। उसने कई पत्र उत्तर दिशा से पोस्ट करवाये। अब वह कभी-कभी नीचे स्टोररूम में आ जाती और थोड़ी देर हवा खाती और अपने अंगों की वर्जिश करती। लोगों का आना-जाना शुरू होने से पहले ऊपर लौट जाती। स्टोर रूम सामान से भरा हुआ था। उसके अंगों में जंक लग गया था, हिलना-डुलना मुश्किल था।

इस बीच लिंडा का भाई विलियम मिस्टर सैंड के साथ वाशिंगटन गया हुआ था वह बराबर पत्र लिखता जिनमें लिंडा का उल्लेख न होता पर भाषा से पता चलता कि वह उसके लिए चिन्तित है। इधर से भी कूट भाषा में उसकी कुशल क्षेम भेज दी जाती। असेम्बली समाप्त होने के बाद सैंड विलियम को लिये हुए उत्तर में ही घूमता रहा। सैंड ने विलियम को मुक्त करने की बात कही थी पर कोई समय तय नहीं किया था। सैंड ने नानी को लिखा कि विलियम एक बहुत वफादार नौकर और दोस्त है, उत्तर के राज्यों और कैनेडा में कई लोगों ने उसे गुलामी से विलग करने

की बात कही। वह वफादार है, उसने धोखा नहीं दिया। उसने यह भी लिखा कि वे लोग घर लौट रहे हैं। विलियम ने ऐसा कुछ नहीं लिखा, खबर आयी कि सैंड दुल्हन ले कर आ रहा है। ऐसा ही हुआ, सैंड पत्नी के साथ लौटा, विलियम उसके साथ नहीं था। सैंड ने नानी को खबर भेजी कि विलियम को एबोलिस्ट लोगों ने अगवा कर लिया है, उसे विश्वास है कि वह जल्द आ जाएगा क्योंकि सैंड उसे बहुत प्रेम से रखता था। लिंडा भाई के न लौटने से परेशान थी जबकि उसे उसके स्वतन्त्र होने की खुशी मनानी चाहिए थी। उसे यह भी डर था कि अब जब सैंड शादी कर चुका है तब उसके बच्चों का क्या होगा। नानी अलग रोती, लिंडा अलग रोती, बच्चे तरह-तरह के प्रश्न पूछते। वे अपनी माँ, मामा के पास जाना चाहते थे, उन्हें अपने आस-पास चाहते थे। एलेन इतनी छोटी थी कि उसे अपनी माँ की कोई स्पष्ट याद न थी। बेनी की स्मृति में माँ थी। इस बीच एक अन्य गुलाम स्त्री एज्जी के बच्चे बेच दिये गये। एज्जी ने जब नानी को रोते देखा और कारण जाना तो कहने लगी कि उसे ईश्वर का धन्यवाद करना चाहिए क्योंकि कम-से-कम मार्था का एक बच्चा स्वतन्त्र दुनिया में था, कुछ पता नहीं उसके अपने बच्चे कहाँ हैं, कैसे हैं, वह उन्हें कभी देख पाएगी इसमें शक है।

इस बीच विलियम ने पत्र लिखा कि इसमें शक नहीं कि सैंड उसके साथ सदा अच्छा व्यवहार करता था। लेकिन बचपन से उसकी तमन्ना थी कि वह एक स्वतन्त्र व्यक्ति का जीवन व्यतीत करे। इसलिए जब उसे इसका मौका मिला तो उसने वही किया, वह मजे में है उसकी चिन्ता न की जाए। वह मेहनत करके रकम जमा कर नानी माँ को भेजेगा ताकि सब उत्तर में आकर एक साथ स्वतन्त्र जीवन बिता सकें। सैंड ने विलियम के जाने की कथा फिलिप को बतायी। उसके अनुसार वह विलियम के साथ सदा बहुत अच्छा व्यवहार करता था। उसे स्वप्न में भी आशा न थी कि मुक्तिदाता उसे ले जाएँगे और वह चला जाएगा। चलने वाले दिन विलियम अपना ट्रंक मरम्मत कराने के लिए कह कर गया और फिर नहीं लौटा। उसने सैंड का सामान बाँध दिया था और वहाँ अपने जाने की सूचना देता एक पुर्जा रख छोड़ा था, जिसमें उसने सैंड को छोड़ कर जाने के लिए माफी माँगी थी और ईश्वर से सैंड की सुख-संवृद्धि की प्रार्थना की थी। सैंड के अनुसार वह खुद उसे पाँच साल में स्वतन्त्र करने वाला था और उसे विश्वास था कि विलियम शीघ्र उसके पास लौट आयेगा। जबकि विलियम के अनुसार कहानी थोड़ी भिन्न थी। विलियम को किसी मुक्तिदाता द्वारा लालच दिये जाने का प्रश्न नहीं उठता था। सैंड उसके साथ अच्छा व्यवहार करता पर उसे स्वतन्त्र करेगा इसकी कोई गारंटी नहीं थी। कर्ज में डूबने पर, सैंड के मरने पर क्या गति होगी कैसे कहा जा सकता था। एक बार वह जंजीर में रह चुका था कैसे मान लेता

कि दास रहते हुए दोबारा ऐसी स्थिति नहीं आयेगी। अतः वह खुद उपाय खोज रहा था। विलियम सैंड से झूठ बोल कर रकम नहीं लेना चाहता था इसलिए उसने अपने सारे अच्छे कपड़े बेच दिये। मिली रकम से वह बोस्टन चला गया। डॉक्टर फ़्लिंट के परिवार को जब पता चला कि विलियम सैंड को छोड़ गया है तो उन्हें बहुत सन्तुष्टि मिली। वे चाहते थे कि लिंडा के बच्चे भी सैंड को ऐसे ही धोखा दें और बच्चों से भी उसे किसी प्रकार का लाभ न मिले। उन लोगों के अनुसार सैंड को उसके करमों का फल मिला था। उन्हें बच्चों को देखना बहुत डसता था।

मिसेज फ़्लिंट ने मिसेज सैंड के कान भरने का पुण्य कार्य बड़े मनोयोग से किया। उसके अनुसार लिंडा सैंड के साथ उत्तर राज्यों में घूम रही थी, बच्चों के पिता की बात बतायी और भी बहुत कुछ कहा। इसी बीच मिसेज सैंड ने बच्चों को देखा और वह उनके विषय में विस्तार से जानना चाहती थी। सैंड के अनुसार उसने अपनी पत्नी को सच्चाई बता दी, वह सोचता था कि लिंडा मर चुकी है। सैंड की पत्नी बच्चों को अपने पास चाहती थी। कोई उपाय न था वे सैंड की सम्पत्ति थे अतः वह नानी के घर से बच्चों को ले गया। मिसेज सैंड की इलिनोइस में रहने वाली उसकी एक बहन उसके साथ रह रही थी। इस स्त्री के अपने बच्चे नहीं थे, उसे एलेन पसन्द आयी वह उसे दत्तक लेना चाहती थी। मिसेज सैंड बेंजामिन को रखना चाहती थी। रोकने का कोई उपाय न था परन्तु सुन कर लिंडा को बहुत दुःख हुआ, उसे लगा क्या इसी दिन के लिए वह इतने कष्ट उठा रही थी। उसे दास मालिकों का गोद लेने का अर्थ अच्छी तरह मालूम था, इसका कोई मतलब नहीं बनता था, दत्तक कभी भी लौट कर दास की स्थिति में पहुँच सकता था। ऐसे दत्तक बच्चे कभी भी रकम उगाहने के बायस बन सकते थे। लिंडा प्रार्थना करती है कि उसके बच्चे कानूनन स्वतंत्र हों, इस तरह नहीं।

लिंडा के कहे पर नानी सैंड के पास बच्चों को स्वतन्त्र करने के वादे को याद दिलाने गयी। सैंड के अनुसार उसने बच्चों को कभी दास नहीं माना, उसकी ओर से वे स्वतन्त्र थे। उसका मानना था कि बच्चों का यहाँ फ़्लिंट की नजरों के सामने रहना ठीक नहीं है, इसलिए वह चाहता है कि बच्चे उत्तर के राज्यों में रहें। इस तरह बच्चों का भाग्य अधर में लटका हुआ था। लिंडा के पुराने मालिक और बच्चों के नये मालिक के बीच झूल रहा था। क्योंकि फ़्लिंट उन्हें अपनी बेटी की सम्पत्ति मानता था, गुलामी का नियम था बच्चों की नियति माँ के साथ थी। कानून सबलों के साथ था, लिंडा निर्बल थी। सैंड ने कहा कि एलेन को उसके रिश्तेदारों के साथ लॉन्ग आईलैंड, ब्रुकलिन भेज दिया जाए। उसने वादा किया कि उसकी अच्छी परवरिश होगी, उसे स्कूल भेजा जाएगा। नानी से सारी बातें तय हुईं और मिसेज सैंड ने प्रस्ताव रखा कि पहले एलेन उनके साथ वाशिंगटन जाए फिर व्यवस्था होने पर

उसे ब्रूकलिन भेज दिया जाएगा। अब तक सैंड की अपनी एक बच्ची पैदा हो चुकी थी। बीच में एलेन अवश्य इस बच्ची की दासी बनायी जानी थी। खैर, यात्रा की तैयारी हुई। इतनी छोटी बच्ची को अजनबियों के साथ भेजने में माँ का कलेजा फट रहा था। उसे लगा वह अपनी बच्ची को अब कभी नहीं देख सकेगी। अगर मिलेगी तो एलेन उसे कभी माँ के रूप में नहीं जान पाएगी। लिंडा चाहती थी कि वह आखिरी रात अपनी बेटी के साथ बिताये, परिवार जनों को उसकी जिद के सामने झुकना पड़ा। उन्हें डर था कि इतनी छोटी बच्ची इतना बड़ा रहस्य कैसे छिपा पाएगी। लिंडा चोर दरवाजे से स्टोररूम में उतर आयी। मामा फाटक पर पहरेदारी करने लगा लिंडा पाँच साल के बाद ऊपर अपने कमरे में पहुँच गयी। इस कमरे से उसकी सुख-दुःख की बहुत सारी स्मृतियाँ जुड़ी हुई थीं।

जब बच्ची वहाँ आयी तो वह जानना चाहती थी कि क्या लिंडा सच में उसकी माँ थी? माँ-बच्ची दोनों सुबक रही थीं। एलेन जानना चाहती थी कि उसकी माँ पहले कभी मिलने क्यों नहीं आयी? डॉक्टर जब उसे लेने गया तब वह क्यों नहीं आयी? माँ ने अपनी बात कही। बच्ची को बताया गया था कि वह एक अच्छी जगह जा रही है जहाँ वह लिखना-पढ़ना सीखेगी, घर वालों को पत्र लिखेगी। लेकिन वहाँ परनानी, परमामा या उसका भाई उसके साथ न होगा, वह चाहती थी कि उसकी माँ उसके साथ आये। लिंडा ने कहा कि वह अभी नहीं आ सकती है पर जल्द आयेगी तब बेनी और वह अपनी माँ के साथ रह सकेंगे। फिलिप ने बच्ची को याद दिलाया कि उसने वादा किया है कि वह यह बात किसी को नहीं बताएगी, अगर बताएगी तो वे लोग उसे उसकी परनानी से कभी नहीं मिलने देंगे और उसकी माँ भी कभी उसके पास ब्रुकलिन नहीं आ पाएगी। बच्ची ने फिर से कसम खायी कि वह इस मुलाकात की बात कभी किसी को नहीं बताएगी। लिंडा ने बताया कि वह एक गुलाम है अतः वह उसे देखने नहीं आ पाती है, उसने बच्ची को अच्छा बनने और सबके लिए प्रार्थना करते रहने को कहा। बच्ची रात भर लिंडा के आगोश में थी, दोनों में से कोई नहीं सोया। सुबह होने के पहले दोनों ने एक दूसरे के गले लग कर इस बात को किसी को कभी न कहने का वादा दोहराया। एलेन ने अपना वादा कभी नहीं तोड़ा। लिंडा पुनः अपने बिल में पहुँच गयी और अँधेरे में लगातार रोती रही। एलेन अपने नये स्थान के लिए रवाना हो गयी। लिंडा अक्सर स्टोररूम में आ कर अपने अंगों को संचालित करने लगी।

डॉ. को इस बात का पता नहीं था। एलेन के जाने के बाद जब पता चला तो उसे बहुत बुरा लगा। मिसेज फ़्लिंट को लगा कि उनका कोई सामान चुरा लिया गया है, उसके अनुसार एलेन और बेनी उसकी नाबालिग बेटी की सम्पत्ति हैं अतः वे बेचे नहीं जा सकते हैं। जब वह बालिग हो जाएगी या उसकी शादी होगी तो बच्चे जहाँ

भी हों उन्हें वह अपने पास रखेगी। लिंडा की युवा मालकिन एमिली फ़्लिंट अब सोलह साल की हो रही थी। उन लोगों को उसके लिए या उसके होने वाले पति के लिए बच्चे रखने में कोई शर्म नहीं थी मगर वे लोग सैंड की अपने बच्चों के खरीदने की बात की आलोचना करने को गर्हित बात कहने से नहीं चूके। डॉक्टर ज्यादा नहीं बोल रहा था, उसे लिंडा का एक पत्र कैनेडा से मिला था।

महीनों बीत गये एलेन की कोई खबर नहीं आयी। लिंडा ने नानी की ओर से ब्रुकलिन, वाशिंगटन पत्र लिखे पर व्यर्थ। कोई खबर न पा कर वह सोचने लगी कि वह ठगी गयी है, सैंड ने उसकी बच्ची को बेच दिया है उसे यह शक भी होता कि शायद बच्ची मर गयी है। सैंड ने जिन परिस्थितियों में उससे सम्बन्ध बनाया था और जो हालात अब थे उसमें यदि वह अपने वादे भूल गया तो कोई आश्चर्य की बात नहीं थी। वह सोचती कि उसने सैंड का विश्वास क्यों किया। गोरे लोग नहीं चाहते थे कि अश्वेत से उनका सम्बन्ध उनके दोस्तों के बीच जाहिर हो। करीब छह महीने के बाद एलेन के ब्रुकलिन पहुँचने की खबर नानी के नाम आयी जिसमें एलेन के एक अच्छी बच्ची होने की बात लिखी थी। वह सैंड की एक कजिन के पास उसकी वेटिंग मेड के रूप में थी। उस स्त्री ने एलेन को स्कूल भेजने की बात लिखी और लिखा कि एक दिन एलेन खुद अपने लोगों को पत्र लिख सकेगी। एलेन की स्थिति अभी भी स्पष्ट नहीं थी। अगर वह अभी भी गुलाम थी तो यह कजिन कभी भी दक्षिण लौट सकती थी। लिंडा का बेटा खुद को स्वतंत्र मानता-समझता था। वह किसी तरह उसे दबंगों से दूर भेजना चाहती थी।

ऑन्ट नैन्सी लिंडा की माँ की जुड़वाँ बहन थी जिसके कई मृत बच्चे पैदा हुए और कुछ हो कर मर गये। लिंडा को इस मौसी का बहुत सहारा था। वह सदा उसे गुलामी से निकल भागने के लिए उकसाती थी। जब लिंडा अदृश्य हुई तब से वही डॉक्टर के घर की खबरें उसे ला कर देती, उसके और बच्चों के लिए प्रार्थना करती थी। परिवार में उसका बहुत आदर था, सदा उससे सलाह ली जाती थी। लिंडा छह साल से अपने सँकरे स्थान में छिपी हुई थी। उसकी यह मौसी बीमार पड़ी तो नानी अपनी इस आखिरी बेटी की मृत्यु शय्या के पास थी। मौसी लकवा की शिकार हो गयी थी और अन्त समय में उसकी आवाज जाती रही थी। डॉक्टर के परिवार के लिए उसने अपनी पूरी जिन्दगी लगा दी थी, वह उनके बच्चों की दूध धाय थी। अन्त समय में डॉक्टर ने स्वीकारा कि उस स्त्री का स्थान कोई नहीं ले सकता है। मिसेज फ़्लिंट नैन्सी के मरने के हादसे से बीमार हो गयी। डॉक्टर अपने सबसे छोटे बेटे को नानी के पास ला कर कहने लगा कि नैन्सी इसे बहुत प्यार करती थी, वही प्यार मार्था उसे दे सकती है। साथ में उसने जोड़ा, पुरानी बातें भुला दी जानी चाहिए और लिंडा को लौट कर नैन्सी का स्थान ले लेना चाहिए। उसने लालच दिया कि नानी

के लिए भी अन्तिम समय में लिंडा का पास रहना अच्छा होगा। दुष्ट अपनी दुष्टता कभी नहीं छोड़ सकता है। नानी ने अकल से काम लिया और कहा कि उसके कारण लिंडा नहीं गयी है। उसके नौ बच्चों में से केवल एक बचा है, भगवान ही उसका सहायक है। नैन्सी एक दिन में नहीं मरी थी उसकी मौत तिल-तिल कर के हुई थी, कहा जा सकता है कि उसकी हत्या की गयी थी। जब लिंडा को खबर मिली वह रो भी न सकी। तिहत्तर साल की नानी के दुःख का अन्दाज लगाया जा सकता है जिसके सारे बच्चे नष्ट हो गये। मालकिन ने नैन्सी को सदा अपने दरवाजे के बाहर सुलाया था। मृत नैन्सी को वह अपने कब्रिस्तान में दफनाना चाहती थी मगर पादरी ने नानी की इच्छा को मान्यता दी और वह अश्वेतों के कब्रिस्तान में दफनायी गयी। उसके अन्तिम संस्कार का खर्च फिलिप ने उठाया और इस अवसर पर बहुत लोग जुटे जिसमें थोड़े-से श्वेत लोग भी थे। मालकिन भी दो आँसू टपका कर गयी। उत्तर के राज्य का कोई व्यक्ति देखता तो सोचना कितना अपनापन होता है गुलाम और उनके मालिकों के बीच। जबकि सच्चाई कुछ और थी। जब तक सब लोग घर नहीं लौटे लिंडा अकेली अपने बिल में बैठी रोती, झपकी लेती, दुःस्वप्न देखती रही, मौसी का मुँह न देख पाने का अफसोस करती रही। नानी का दुःख असह्य था। वह एक मजबूत स्त्री थी, मगर टूट गयी थी, आखिर सहने की कोई हद होती है।

लिंडा अपने तनिक से सूराख से आँख सटाये दिन रात बैठी रहती, एक तारा देखने को तरस जाती, हाँ, उसे लगातार गश्त करते पहरेदार अवश्य दीखते, गुलाम पकड़ने वालों की आपसी बातें सुनाई देतीं। वक्त गुजर रहा था, निकल भागने की कोई सूरत नहीं बन रही थी। वह सोचती कि अगर ये लोग उसे पकड़ लेंगे तो कितने खुश होंगे। वह अपने बच्चों को बताना चाहती थी कि वह वहाँ है, वे परेशान न हों। लिंडा को इस स्थान पर बिना ढंग से हिले-डुले, बिना हवा-रौशनी के छिपे हुए सात साल होने जा रहे थे। बाद में ताजिन्दगी उसके अंग दर्द करते रहे। अक्सर वह बहुत बेचैन हो जाती, घबरा जाती और इस स्थिति से छुटकारा पाना चाहती थी। ऐसा करने का नतीजा, खासकर परिवार और मित्रों पर होने वाले अत्याचार को सोच कर खुद को नियन्त्रित किये रहती।

उसके बिल की खपरैल मरम्मत के अभाव में नष्ट होने लगी थी और मरम्मत करना खतरे को दावत देना था। जब तूफान आया तो उन लोगों ने खपरैल पर चटाई और दरी आदि डाल दिया, सुबह देखने पर लगता था इन्हें सुखाने के लिए डाला गया है। लिंडा के कपड़े-बिस्तर बुरी तरह भीग गये थे जिससे उसके शरीर की अकड़न और दर्द बहुत ज्यादा बढ़ गयी। नानी अभी भी लिंडा के भागने के पक्ष में न थी, उसे अपने सबसे छोटे, प्यारे और खूबसूरत बेटे बेंजामिन के साथ हुए हादसे की याद थी। इस बीच डॉक्टर ने अपना कर्ज उतारने के लिए अपनी गुलाम फेनी

को गुलामों एक मालिक के हाथ बेचा और उसकी चार लड़कियों को दूसरे व्यक्ति के हाथ कहीं दूर दूसरी जगह बेचा। फेनी एज्जी की बेटी थी, एज्जी नानी के अहाते में रहती थी। फेनी निकल भागी और उसकी खोज के लिए एज्जी का घर छान मारा गया। फेनी वहीं छिपी हुई थी, बेनी ने एक दिन उसे देखा तो नानी को बताया। नानी ने बच्चे को सारी बात समझायी और कहा कि वह यह बात किसी से न कहे। अमेरिका में गुलामों का जीवन बड़ा विडम्बनापूर्ण था। फेनी पास में छिपी हुई थी पर उसे लिंडा के विषय में कुछ नहीं मालूम था। दोनों के घर वालों की साँस सदा अटकी रहती। लिंडा अब और सहन नहीं कर पा रही थी, वह हर हाल में यहाँ से निकल भागना चाहती थी और उसे इसका मौका मिला।

एक दिन पीटर ने आ कर कहा कि इन्तजाम हो गया है बस लिंडा निश्चय करे वह कब निकलेगी। लिंडा अनिश्चय की स्थिति में थी वह अपने बेटे बेनी को छोड़ कर नहीं जाना चाहती थी। उसने अपने मामा फिलिप से सलाह की, मामा ने कहा कि वह जाए और जब वह किसी सुरक्षित स्थान पर पहुँच जाएगी वे बेनी को उसके पास पहुँचाने का भरसक प्रयास करेंगे। हो सका तो खुद ले कर आयेंगे। मामा ने नानी को भी राजी करने का जिम्मा लिया। नानी को राजी कर लिया गया। स्वतन्त्र होने की उम्मीद से लिंडा पगला गयी, उसके कमजोर शरीर और मानसिक स्थिति के लिए यह अत्यधिक था। वह जाने से पहले अपने बेटे से मिली और उसने बताया कि वह कितनी बेचैनी से उसके आने का इन्तजार करेगी और उसे कौन-कौन-सी सावधानी बरतनी चाहिए। नानी चाहती थी कि लिंडा स्वतन्त्र राज्य में पहुँच कर डॉक्टर को लिखे ताकि नानी लिंडा को खरीद सके। इसके लिए वह अपना घर-बार बेचने को तैयार थी। अगर उसके जीते-जी ऐसा हो गया तो वह सकून के साथ मर सकेगी। लिंडा ने ऊपरी तौर पर नानी से ऐसा करने का वादा किया पर मन-ही-मन सोचा कि वह नानी की मेहनत की कमाई अपने ऊपर खर्च नहीं करने देगी, वह पहले ही उसे बहुत कष्ट दे चुकी थी।

लिंडा को जहाज में जाना था मगर किसी कारण से जहाज समय पर रवाना नहीं हो रहा था। इसी बीच एक भागे हुए गुलाम जेम्स की जघन्य हत्या हो गयी। नानी इस घटना से बहुत डर गयी उसे लगा कि लिंडा का भी यही हश्र होगा। लिंडा भी निकल भागने की हिम्मत नहीं कर पा रही थी। योजना को खारिज होते देख पीटर चिढ़ गया और उसने कहा कि दोबारा ऐसा अवसर शायद ही आये। लिंडा ने अपने स्थान पर फेनी को निकालने की सलाह दी। पीटर राजी हो गया पर एज्जी को बहुत आश्चर्य हुआ जब उसे पता चला कि उसकी बेटी के छिपने की बात लिंडा के घर वालों को ज्ञात है। उन्हें यही मालूम था कि लिंडा उत्तर जा चुकी है, अब पता चला कि वहीं रह रही है। वह बहुत खुश हुई क्योंकि बिना किसी प्रयास के उसकी बेटी

का मार्ग तय हो रहा था। अगली रात फेनी को जहाज पर जाना था। फेनी को ले जा कर जहाज पर एक बहुत छोटे केबिन में रखा गया। जितने किराए में इंग्लैंड जाया जा सकता है उस रकम में यह स्थान खरीदा गया था। मगर भगोड़े दासों से जितना वसूला जा सकता है उतना वसूला जाता। वे भी कहते जो मेरे पास है सब ले लो बस मुझे पकड़वा मत देना। अगले दिन मौसम खराब होने के कारण जहाज ने लंगर नहीं उठाया। उसके अगले दिन भी मौसम में सुधार नहीं हुआ। फेनी के साथ-साथ पीटर के लिए भी बहुत खतरा था। नानी अत्यन्त चिन्तित और भयभीत थी। लिंडा नहीं गयी है जान कर उसे सन्तोष था। फेनी का राज खुलने पर पीटर, फेनी, लिंडा के साथ फिलिप और बेनी भी मारे जाने का डर था। सब कुछ नष्ट हो जाने का भय था। परेशान तो लिंडा भी थी पर वह नानी को ढाढस बँधा रही थी। नानी इतनी परेशान थी कि वह लिंडा से बात करते समय दरवाजा बन्द करना भूल गयी। इसी बीच जेनी अपनी मालकिन के लिए कुछ सामान लेने नानी के घर के अन्दर तक आयी। नानी काँप गयी शुक्र था कि लिंडा जल्दी से पीपों के पीछे छिप गयी। लिंडा को लग रहा था कि जेनी सीधे उसी ओर देख रही है। नानी उसे सामान देने अपने साथ ले गयी और इस तरह एक हादसा होते-होते बचा। बाद में नानी को बहुत अफसोस हुआ कि उसकी गलती से सर्वनाश हो सकता था। हो सकता है जेनी ने भाँप लिया हो अतः नानी ने कहा कि लिंडा भी फेनी के साथ चली जाए। मामा की भी यही राय बनी। मामा ने पीटर के पास खबर भिजवायी, पीटर कोशिश करने के लिए तैयार हो गया, शर्त थी इस बार लिंडा कमजोर न पड़े।

जहाज चल चुका था। पीटर ने कुछ रकम दे कर नाविकों को नाव तेज चलाने और जहाज तक पहुँचने के लिए राजी किया। पीटर का रंग साफ था। कैप्टन ने जब नाव आते देखी तो उसने सोचा कि ऑफीसर पलायन करती गुलाम स्त्री को पकड़ने आ रहे हैं। पास आने पर पीटर जहाज पर कूद कर सवार हो गया और कैप्टन ने पीटर को पहचान लिया। पीटर ने कैप्टन से कहा कि वह चाहे जो ले ले पर एक अन्य स्त्री को भी उसे ले जाना होगा। कैप्टन ने नयी स्त्री का नाम लिंडा सुना तो वह भड़क गया क्योंकि इसी नाम से फेनी जा रही थी। पीटर ने बहुत हाथ-पाँव जोड़े तब जा कर कैप्टन राजी हुआ। पीटर ने कहा कि लिंडा बहुत कॉमन नाम है, जो स्त्री पहले आयी है वह लिंडा जॉनसन है जबकि दूसरी का नाम लिंडा ब्रेंट है। कैप्टन एक मोटी रकम ले कर शाम तक रुकने के लिए तैयार हो गया। शाम तक का समय लिंडा ने अपने बेटे बेनी के साथ बिताया। वह उससे सात साल के बाद बात कर रही थी। बारह साल का बेनी बहुत समझदार बच्चा था, उसे मालूम था कि उसकी माँ घर में छिपी हुई थी और वह सदा भयभीत रहता था कि कहीं वह पकड़ न ली जाए। वह लिंडा के साथ जाना चाहता था पर जानता था कि नहीं जा सकता था,

उसे खुशी थी कि उसकी माँ इस स्थान से निकल पा रही है। उसे लिंडा के वहाँ होने की बात एलेन के जाने वाले दिन पता चली थी जब नानी उसे किसी से कुछ नहीं कहने की बात समझा रही थी। उसने अपनी माँ की खाँसने की आवाज कई बार सुनी थी और जब भी वह डॉक्टर को किसी पहरेदार से बात करते देखता तो नानी को बताया करता था। लिंडा ने उसे बताया कि अब वह सच में उत्तर दिशा में जा रही है। नानी ने उसे जाते समय अपनी जमा पूँजी जबरदस्ती थमायी। घर छोड़ते समय लिंडा का भावुक होना स्वाभाविक था। चलने से पहले सबने मिल कर प्रार्थना की। पीटर के साथ वह अपनी नयी यात्रा पर चल पड़ी।

मामा फिलिप निगरानी कर रहा था, ये लोग नाव में चढ़ने वाले थे कि बेनी अचानक वहाँ माँ को विदाई देने आया। उसने उम्मीद जतायी कि वे लोग जल्द ही साथ रहने लगेंगे। गुलामी लोगों को कितना असहाय बना देती है। बुद्धिमान व्यक्ति भी पशु की तरह बेचा जाता है। बिना बात के चोरों-हत्यारों की तरह छिपना पड़ता। लिंडा भारी मन से अपनों को छोड़ कर चल दी।

कैप्टन ने नाविकों को कह रखा था कि यह स्त्री अपने पति के पास जा रही है। जब वे लोग जहाज पर पहुँचे कैप्टन उनसे मिलने आया। वह लिंडा को छोटे केबिन में ले गया जहाँ फेनी पहले से बैठी हुई थी। वह लिंडा को देख कर चौंक गयी। वह समझ नहीं पा रही थी कि यह स्वयं लिंडा है अथवा उसका भूत है। दोनों गले मिल कर रोने लगीं, कैप्टन ने आवाज सुन कर सावधान किया। उसने कहा मौका देख कर वह उन्हें डेक पर जाने देगा, उसने कई जरूरी निर्देश दिये। दोनों अपने दुःख-दर्द बाँटने लगीं। लिंडा अपने बच्चों से मिलने की उम्मीद में जा रही थी जबकि फेनी के बच्चे न जाने कहाँ थे, उसके सामने कोई उम्मीद न थी। जब तक जहाज शहर से खूब दूर नहीं चला गया इन लोगों की जान अटकी रही। श्वेत कैप्टन का डर भी था कहीं वह और रकम के लालच में उन्हें दोबारा मालिक को न सौंप दे। आगे क्या होता है देखने के अलावा और क्या उपाय था। गुलामी आदमी के मन से विश्वास गायब कर देती है। कैप्टन अधेड़ उम्र का अच्छा इंसान था। शहर से दूर जाते ही वह इन्हें डेक पर ताजी हवा में ले गया। वह दक्षिण का बासिन्दा था मगर दास प्रथा के पक्ष में न था। दस दिन के बाद वे रात को फिलाडेल्फिया पहुँचे। कैप्टन ने कहा कि वे लोग रात जहाज पर बिताएँ और सुबह तट पर जाएँ इससे किसी को शक करने का मौका नहीं मिलेगा।

जिन्दगी में पहली बार उन लोगों ने स्वतन्त्र भूमि पर कदम रखा था और खुली हवा में साँस लेते हुए सूर्योदय देखा। लिंडा अपनी जीवनी में इस दृश्य का बड़ा मनभावन और मार्मिक चित्रण करती है। सूर्योदय देख कर उसकी आँखें भर आयीं। वे गुलामी से दूर थीं, अपनों से दूर थीं उनके सामने अजनबियों से भरा शहर था।

नाव में बैठने से पहले लिंडा ने अपने घर वालों के लिए कैप्टन के हाथ सन्देश छोड़ा। कैप्टन ने उसे एक अश्वेत आदमी से परिचित कराया और कहा कि बेथेल चर्च का एक आदमी रेवेरेंड जेरेमिआह डरहाम आगे जाने में उन लोगों की सहायता करेगा। लिंडा ने बाजार से अपने और फेनी के लिए दस्ताने और चेहरे पर डालने के लिए जाली वाला नकाब खरीदा।

डरहाम ने बताया कि न्यूयॉर्क जाने वाली सुबह की गाड़ी जा चुकी है, अगली गाड़ी शाम को या फिर अगली सुबह मिलेगी। डरहाम लिंडा को अपने घर ले गया, फेनी को उसने अपने दोस्त के घर भेज दिया। रास्ते में उन लोगों ने शहर देखा, इतना बड़ा शहर और इतनी भीड़ देखने का उनका यह पहला मौका था। डरहाम का परिवार बहुत अच्छे स्वभाव का था, खाने के बाद वह लिंडा को उसके बताये स्थान पर ले गया। यहाँ लिंडा के परिचित रहते थे पर वे लोग घर पर नहीं थे। रास्ते में उसने लिंडा से प्रश्न पूछे और उसके बारे में जान कर कहा कि वह ईश्वर पर विश्वास रखे उसके स्वप्न पूरे होंगे। वह अवश्य अपने बच्चों से मिल सकेगी। उसका इरादा नेक है इसलिए उसे अवश्य अच्छे और सहायता करने वाले लोग मिलेंगे।

डरहाम के घर पर लिंडा से मिलने गुलाम विरोधी दस्ते (एंटीस्लेवरी) का एक सदस्य आया। उसने लिंडा से तमाम प्रश्न पूछे। वे लोग उसकी योजना जान कर जरूरत पड़ी तो उसकी सहायता करना चाहते थे। उन लोगों ने फेनी के न्यूयॉर्क जाने का खर्च देना स्वीकार कर लिया था मगर लिंडा ने कहा कि उसकी नानी ने उसे काफी रकम दी है अतः उसे उनकी आर्थिक सहायता नहीं चाहिए। उन लोगों ने सलाह दी कि ये लोग कुछ दिन फिलाडेल्फिया में ही रहें और जब कोई संग जाने वाला योग्य सहायक मिल जाए तभी न्यूयॉर्क जाएँ। बात मान ली क्योंकि गुलाम मालिक और व्यापारियों से बचना था। साथ ही लिंडा अपनी पहली रेल यात्रा अकेली नहीं करना चाहती थी। रात को लिंडा अग्निशामक की आवाज सुन कर घबरा कर जग गयी। उसके यहाँ अश्वेत लोगों के लिए यह खतरे और काम करने का समय होता था। उसे यह जान कर बड़ा आश्चर्य हुआ कि बड़े शहरों में लोग इस आवाज की तब तक चिन्ता नहीं करते हैं जब तक कि आग उनके आस-पास न लगी हो। आग बुझाने के लिए सबके भागने और सहायता करने की जरूरत नहीं है। इसी तरह उसने फेरी वालों को आवाज लगाते सुना तो उसे अचरज हुआ। उसके लिए बड़ा शहर आश्चर्य से भरपूर था। फेनी अपने नये लोगों में घुलमिल चुकी थी, उसे शहर छोड़ने की कोई जल्दी न थी। लिंडा मिसेज डरहाम से मिल कर खुश थी यह एक पढ़ी-लिखी महिला थी, लिंडा को थमाने के लिए उसके पास बहुत सारी जानकारी थी। वह उसे शहर घुमाने ले गयी, कलाकार के घर जा कर लिंडा चकित थी, उसने पहली बार अश्वेत लोगों के चित्र देखे, उसे वे बहुत सुन्दर लगे। फिर एक दिन

उसे न्यूयॉर्क जाने के लिए एक मार्गदर्शक मिल गया। मिस्टर डरहाम को अफसोस था कि वह लिंडा की यात्रा के लिए प्रथम दर्जे का टिकट न जुटा सका। कारण वहाँ भी अश्वेत लोग प्रथम श्रेणी में यात्रा करने के हकदार न थे।

उत्तर के स्वतन्त्र राज्यों में भी गुलामी की छाया थी। गाड़ी का डिब्बा दुनिया के सब देशों के लोगों से भरा हुआ था। सब लोग सिगरेट, सिगार पी रहे थे, शराब भरे जग का आदान-प्रदान हो रहा था। उन लोगों की गालियों भरी भाषा, गानों और तम्बाकू-शराब की दुर्गन्ध से लिंडा का बुरा हाल था। न्यूयॉर्क पहुँचते ही उसे कोचवानों ने घेर लिया, सब उसे अपनी ओर खींच रहे थे। अन्त में सलीवान स्ट्रीट के लिए मोलभाव करके कोच तय की गयी। एंटी स्लेवरी सोसायटी ने फेनी और लिंडा के लिए वहाँ इन्तजाम किया हुआ था। लिंडा के शहर का एक आदमी न्यूयॉर्क में था जिसकी सहायता से वह अपनी बेटी से मिलना चाहती थी। यह भी तय हुआ कि किसी को नहीं बताया जाएगा कि वह अभी वहाँ पहुँची है। योजना के अनुसार वह वहाँ काफी समय से रह रही थी। उस आदमी ने बताया कि लिंडा के शहर की एक अश्वेत स्त्री ब्रुकलिन में रहती है लिंडा उसके घर में अपनी बेटी से मुलाकात करे। वह आदमी उसे लेकर ब्रूकलिन गया। वे लोग फेरी से फल्टोन पार करके मिर्टल एवेन्यू के एक घर में गये। जब वे लोग घर में घुस रहे थे, दो लड़कियाँ बाहर निकल रही थीं। उस आदमी ने लिंडा का ध्यान उनकी ओर खींचा। लिंडा ने सराह को पहचान लिया, सराह उसकी नानी के साथ रहती थी और काफी समय से उत्तर में रह रही थी। लिंडा उससे मिल कर बहुत खुश हुई, उसने उसे गले लगाया और उसके घर वालों का हालचाल पूछा।

लिंडा के दोस्त ने उसका ध्यान दूसरी लड़की की ओर आकर्षित किया। लिंडा की खुशी तथा आश्चर्य का ठिकाना न रहा, वह अपनी बेटी एलेन के रू-ब-रू थी। दो साल में एलेन काफी बदल चुकी थी। ऊपर से देखने पर वह ठीकठाक लग रही थी, एक माँ की आँखों से छुपा न रहा कि वह उपेक्षा का शिकार है। एलेन ने बताया कि अभी वह रुक नहीं सकती है क्योंकि उसकी मालकिन मिसेज होब्स ने उसे किसी काम से भेजा है। लौट कर वह अपनी मालकिन से अनुमति ले कर लिंडा से मिलने आयेगी। सराह की माँ लिंडा से मिल कर बहुत खुश हुई, वह उसके माता-पिता को जानती थी। लिंडा एक अजनबी स्थान में अपने परिचितों से मिल कर सुख-दुःख बाँट रही थी। अगले दिन रविवार था, लिंडा ने उस दिन एक रुक्का मिसेज होब्स को भेजा यह जताते हुए कि वह काफी समय से उत्तर में है, हाल में वह कैनेडा से आयी है और अपनी बेटी से मिलना चाहती है। उस स्त्री ने एलेन को भेजा, साथ में अनुरोध किया कि लिंडा निर्भय हो उससे मिले। एलेन जानना चाहती थी कि कब वह अपनी माँ के साथ रह सकेगी। लिंडा काम करके आमदनी न करने लगे तब

तक इसकी सम्भावना नहीं बनती थी। नौ साल की एलेन दो साल से स्कूल जा रही थी फिर भी उसे ठीक से लिखना-पढ़ना नहीं आता था। उसे ब्रुकलिन के अच्छे पब्लिक स्कूल में भेजा जा सकता था मगर ऐसा हुआ नहीं था।

जब लिंडा मिसेज होब्स के घर गयी तो उसका स्वागत हुआ। उन लोगों ने एलेन की दिल खोल कर प्रशंसा की। मिसेज होब्स ने बताया कि मिस्टर सैंड ने एलेन उसकी सबसे बड़ी बेटी के लिए दी है। बड़ी होने पर वह उसकी अच्छी वेटिंग-मेड बनेगी। लिंडा अपमान का घूँट पी कर रह गयी। मिस्टर होब्स पहले अमीर था मगर आजकल कस्टम हाउस में एक नीचे पद पर काम कर रहा था, वे लोग कभी भी फिर से दक्षिण लौट सकते थे। वे लोग एलेन को गुलाम के रूप में तैयार कर रहे थे। सैंड ने वादा खिलाफी की थी। लिंडा अपने दोनों बच्चों के भविष्य को ले कर आशंकित हो उठी। बच्चों की सुरक्षा के लिए उसका खुद का स्वतन्त्र होना जरूरी था। उसी रात लिंडा ने फ़्लिंट और उसकी बेटी को पत्र लिख कर पूछा कि वे किन शर्तों पर उसे बेचने को राजी हैं। साथ ही उसने अपने भाई विलियम की खोज प्रारम्भ कर दी। उसने सुना था कि वह बोस्टन से न्यू बेडफोर्ड चला गया है। वहाँ से पता चला कि वह व्हेल का शिकार करने गया हुआ है और कई महीनों तक उसके लौटने की आशा न थी।

लिंडा न्यूयॉर्क में काम की तलाश करने लगी। फ़्लिंट का अपेक्षित उत्तर आया कि लिंडा लौट आये और समर्पण कर दे तब आगे की सोची जाएगी। वह तेजी से स्वस्थ हो रही थी मगर चलने-फिरने में अभी भी तकलीफ होती थी। जहाँ काम के लिए जाती, वे लोग अजनबी को रखने को राजी न होते किसी-न-किसी की पहचान-सिफारिश की अपेक्षा करते, यह उसके लिए सम्भव न था। लेकिन एक दिन एक इंग्लिश स्त्री ने बिना ज्यादा खोदबीन के अपनी बच्ची के लिए नर्स के रूप में उसे रख लिया। इंग्लिश होने के कारण उसके मन में अश्वेतों के लिए उतनी दुर्भावना न थी। एक महीने का समय दिया गया लिंडा को खुद को काबिल सिद्ध करने के लिए जो उसने खुशी से स्वीकार कर लिया। मिसेज ब्रूस एक नरम दिल स्त्री थी, उसने लिंडा के इलाज का भी प्रबन्ध किया। लिंडा ने नहीं बताया कि वह भागी हुई गुलाम है, मगर अपनी उदासी का कारण अपने बच्चों से दूर होना उसने बता दिया था। वह अपनी असुरक्षा की बात किसी से साझा करना चाहती थी मगर किससे करती। श्वेत लोगों पर अभी भी उसका विश्वास न था।

छह महीने के काम करने के बाद लिंडा का विश्वास मिसेज ब्रूस पर जमने लगा। वह बच्चे को बेहद प्यार करने लगी थी, यहाँ उसके साथ अच्छा व्यवहार किया जाता और लिखने-पढ़ने की सुविधा भी उसे मिली हुई थी। इन सुविधाओं तथा इज्जत ने उसे एक प्रसन्न स्त्री में परिवर्तित करना शुरू किया पर बीच-बीच में वह उदास

और परेशान हो जाती। ब्रूस दम्पति एलेन के लिए अच्छी व्यवस्था करने को तैयार थी मगर लिंडा होब्स को नाराज नहीं करना चाहती थी। एलेन कभी-कभी उससे मिलने आती थी। साथ में हर बार होब्स कोई-न-कोई माँग भेजते। अब वे एलेन की जरूरत की चीजें मसलन कपड़े-जूते लिंडा से खरिदवाते। हालाँकि हर बार कहा जाता कि कस्टम हाउस से पैसे मिलते ही यह रकम लौटा दी जाएगी। उसे डर था कि होब्स कर्ज चुकाने के लिए एलेन को न बेच दे। लिंडा जल्द-से-जल्द रकम इकट्ठा करके उसे अपने पास रखने का उपाय करना चाहती थी। मीजिल्स के कारण एलेन की आँखों में तकलीफ थी, ब्रूस एक नेत्र विशेषज्ञ से उसका इलाज कराने को राजी थे मगर होब्स इसके लिए एलेन को भेजने के लिए राजी न थे।

एक दिन वह ब्रूस का बच्चा लिये खिड़की के पास खड़ी थी कि उसे रास्ते से गुजरता हुआ विलियम दीखा। उसने विलियम को आवाज दी और भाई-बहन का मिलन हुआ। दोनों के पास एक-दूसरे से कहने-सुनने को तमाम बातें थीं। दोनों एलेन से मिलने ब्रुकलिन गये। उन लोगों को एक-दूसरे से बल मिला। लिंडा की युवा मालकिन ने कोई उत्तर नहीं दिया, कुछ दिनों के बाद उसके छोटे भाई ने उत्तर दिया। इसमें लिखा कि उन लोगों को यह जानकर बहुत अच्छा लग रहा है कि वह लौटने के लिए बहुत उत्सुक हैं। यह स्वाभाविक है क्योंकि यहाँ उसके परिवार के लोग एवं उसके मित्र और शुभचिन्तक हैं। उन लोगों को मालूम नहीं था कि वे जब उसे उत्तर में रहता हुआ जान रहे थे तब वह उन्हीं के बीच रह रही थी और वहाँ घट रही सारी बातों की गवाह थी। मगर पत्र में बाहर रहने से होने वाली उसकी कठिनाइयों के प्रति सहानुभूति जतायी थी। वे लोग उसके खुश रहने के लिए कुछ भी करने को तैयार थे। उसे बड़े प्रेम से वापस बुला रहे थे। वे उसे कितना चाहते थे उसे इस बात का लालच दिया जा रहा था। उसकी युवा मालकिन, नानी और सब लोग उसे देख कर खुश हो जाएँगे, ऐसा पत्र में लिखा गया था। उसकी ऑन्ट नैन्सी की मृत्यु की सूचना उसे दी गयी थी। वे लोग नैन्सी को कितना चाहते थे यह भी लिखा था। इन सारी बातों को एमिली के भाई की ओर से लिखा गया था जो अभी छोटा लड़का था। असल में उसके नाम पर डॉक्टर फ़्लिंट ने खुद यह पत्र लिखा था।

डॉक्टर हर हाल में लिंडा को वापस लाने को प्रतिबद्ध था अतः उसने एक बार और प्रयास किया। लिंडा को खबर लग गयी, वह ब्रूस से आज्ञा ले कर अपने स्थान पर एक स्त्री को रख कर पन्द्रह दिन के लिए अपने भाई के पास बोस्टन चली गयी। उसने अभी तक ब्रूस को अपनी वास्तविक स्थिति नहीं बतायी थी। डॉक्टर ने न्यूयॉर्क आ कर लिंडा से सम्पर्क करने का हर सम्भव प्रयास किया। असफलता हाथ लगने पर वह बुरी तरह बौखला गया। उसने लिंडा को मौका मिलते सबक सिखाने की सोची।

लिंडा ने अपनी नानी को लिखा कि यदि बेनी वहाँ हो तो उसे किसी भी तरह बोस्टन भेज दिया जाए। वह कानूनी रूप से उसे भेज सकती थी, सैंड ने बच्चे उसी के नाम से खरीदे थे। दक्षिण में एक श्वेत आदमी गुलामों को खरीद सकता था मगर खरीद कर स्वतन्त्र करना खराब और खतरनाक माना जाता था। ऐसे आदमी को दास प्रथा का दुश्मन माना जाता था, इसीलिए सैंड ने बच्चों को बिना किसी को बताये स्वतन्त्र किया था। बेनी को एक पत्र दे कर न्यूयॉर्क जाने वाले जहाज में चढ़ा दिया गया। यह पत्र एक परिचित के नाम था जिसे निर्देश दिया गया था कि वह बेनी को न्यूयॉर्क से बोस्टन पहुँचा दे।

एक दिन सुबह-सुबह बेनी लिंडा के पास पहुँचा और उसने बताया कि वह अकेला ही आ गया है। वह दौड़ता हुआ आया था। मिल कर माँ-बेटे की खुशी का ठिकाना न था। वह एलेन से मिलता हुआ आया था और उसकी हालत देख कर चाहता था कि माँ उसे जल्दी से अपने पास रहने के लिए बुला ले। बेनी लिखना-पढ़ना सीख गया था। उसके सारे कपड़े आते समय खो गये थे, लिंडा ने उसके लिए कपड़े सिलवा दिये। वह सोचता था कि उत्तर में अश्वेत-श्वेत में कोई भेदभाव नहीं था जबकि बात ऐसी नहीं थी। यहाँ भी भेदभाव था भले ही वह दूसरे किस्म का था।

जब डॉक्टर निराश घर वापस लौट गया लिंडा ने बेंजामिन को विलियम के हवाले किया और खुद ब्रूस परिवार में लौट आयी। मिसेज ब्रूस और उसकी बच्ची बेबी मेरी के साथ सर्दियाँ और वसन्त आराम से कट गया। गर्मियाँ आते ही बच्ची को हवा खिलाने के लिए लिंडा का बाहर जाना लाजमी हो गया और वह फिर से असुरक्षा से घिरी रहने लगी। बाहर चारों ओर दक्षिण के लोग भरे हुए थे और लिंडा के पहचाने जाने का खतरा था। लिंडा लिखती है कि गर्मी में साँप और गुलाम मालिक दोनों बाहर आ जाते हैं।

लिंडा का भाग्य अच्छा था, ब्रूस परिवार ने शहर छोड़ने का निश्चय किया। वे लोग स्टीमबोट से एलबानी के लिए चले। रास्ते में मिसेज ब्रूस के जिद करने पर लिंडा चाय पीने उसके साथ टेबल पर बैठी, वहाँ अन्य महिलाओं के साथ उनकी श्वेत आया चाय पी रही थीं। लिंडा के बैठते ही उसे उठा दिया गया क्योंकि नियमानुसार अश्वेत व्यक्ति बैठ कर चाय नहीं पी सकते थे। आश्चर्य की बात यह थी कि यह हुक्म सुनाने वाला एक अश्वेत व्यक्ति था। लिंडा ने कहा कि वह नहीं उठेगी, उसे चाय नहीं परोसी गयी। मिसेज ब्रूस ने अपनी चाय उसे दे दी और अपने लिए एक और चाय मँगवायी। अगले दिन उसने एक अश्वेत परिवार के साथ नाश्ता किया। जब वे लोग साराटोगा में यूनाइटेड होटल पहुँचे तो वहाँ बहुत भीड़ थी, ये लोग कॉटेज में ठहरे, यहाँ भी दक्षिण के लोग भरे हुए

थे। शुक्र है उन्हें वहाँ बहुत थोड़े दिन रहना था। न्यूयॉर्क लौट कर इन लोगों ने रॉकवे जाना तय किया।

जाने से पहले लिंडा एलेन से मिलना चाहती थी। माँ-बेटी रास्ते में ही मिल गयी, एलेन ने कहा कि वह होब्स के यहाँ न जाए क्योंकि वहाँ मिसेज होब्स का भाई मिस्टर थ्रोन दक्षिण से आया हुआ है। होब्स से मिलना रद्द कर दिया गया। लिंडा ने एलेन को बताया कि वह जा रही है, लौट कर उससे मिलेगी। एंग्लो-सेक्सन नस्ल के यहाँ काम करने के कारण अश्वेतों को सामान के ऊपर बैठ कर यात्रा करने का नियम उस पर लागू नहीं होता था। फिर भी अश्वेत होने का खामियाजा भुगतना पड़ता था। लोगों का व्यवहार उसे जता देता था कि वह हीन है, कमतर है। रॉकवे में वे लोग समुद्र तट पर पैवेलियन नामक अच्छे होटल में ठहरे। वहाँ ठहरे सब लोगों के साथ विभिन्न देशों की नर्स थीं। मगर लिंडा के आलावा कोई एफ्रो-अमेरिकन नर्स न थी। खाने के समय उसे सबसे किनारे की सीट मिली, जिस पर वह बेबी मेरी को लेकर बैठी थी। तभी उसे आदेश दिया गया कि वह बच्ची को कुर्सी पर बैठाए और खुद खड़ी हो कर उसे खाना खिलाये, बाद में किचेन में जा कर खुद खाना खाए। सब लोग उसे देख रहे थे, लिंडा के लिए यह अपमान सहना कठिन था। कुछ न कह कर वह बच्ची को उठा कर अपने कमरे में आ गयी। मिस्टर ब्रूस ने बच्ची और लिंडा के लिए कमरे में खाने का ऑर्डर दिया। वेटर गोरे थे, एक-दो दिन के बाद उन लोगों ने शिकायत करनी शुरू की। वे विद्रोह पर उतारू थे, कोई वेटर एक अश्वेत नर्स के लिए खाना ले कर आने को राजी न था। लिंडा का कहना था कि जब होटल श्वेत-अश्वेत ग्राहक के लिए समान रकम ले रहा है तो सर्विस क्यों भिन्न हो। लिंडा ने न झुकने का निश्चय किया और उन लोगों को झुकना पड़ा। आत्मसम्मान का फल उसे मिला। सच्चाई पर डटे रहने के साहस का पुरस्कार मिला।

न्यूयॉर्क लौटने पर वह सबसे पहले एलेन को देखने गयी। वह थ्रोन से बचने के लिए एलेन से नीचे ही मिल कर लौट आना चाहती थी मगर होब्स ने उसे ऊपर बुलाया। थ्रोन उससे मिलना चाहता था। थ्रोन पर नानी के कई एहसान थे। जब श्वेत गरीब हो जाते, कर्ज में डूब जाते तो वे गुलामों से उधार लेते। जिसे कभी वे लौटाते, कभी नहीं लौटाते। थ्रोन ने भी वक्त-बेवक्त नानी से उधार लिया था। थ्रोन जानता था कि लिंडा न्यूयॉर्क में है अतः उससे बिना मिले लौटना उचित न होता। लिंडा को उससे मिलना पड़ा। वह बड़े दोस्ताना अन्दाज में मिला और उसने गुलामी से निकल भागने के लिए लिंडा को बधाई दी। लिंडा बराबर एलेन से मिलने लगी, एलेन कभी किसी बात की शिकायत नहीं करती पर लिंडा उसकी हालत देख रही थी। वह उसकी अच्छी परवरिश करना चाहती थी। एक दिन पता चला कि होब्स और उसका साला मिल कर खूब शराब पीते हैं और शराब लाने के लिए एलेन को

दुकान दौड़ाते रहते हैं। उसी से साकी का काम भी लेते हैं। उसने बताया कि होब्स उसके साथ सदा अच्छा व्यवहार करता है मगर थ्रोन की निगाह अच्छी नहीं थी। लिंडा ने कुछ रकम बचायी थी और वह जल्द ही एलेन तथा बेंजामिन को अपने साथ रखने की योजना बना रही थी।

लिंडा अक्सर रविवार को ब्रुकलिन जाती, एक रविवार को एलेन ने उसे बताया कि थ्रोन ने फ़्लिंट को लिंडा के विषय में पत्र लिखा है। पिछले दिन थ्रोन के हाथ में एक पत्र था जिसके टुकड़े करके उसने फेंक दिये थे। एलेन झाड़ू लगा रही थी उसने टुकड़े उठा लिये, उसने होब्स के बच्चों से जुड़े हुए टुकड़े पढ़वाये। उसका शक सही था, थ्रोन ने लिंडा की पूरी जानकारी डॉक्टर को भेजी थी और लिखा था कि लिंडा को आसानी से पकड़ा जा सकता है। उसके अनुसार वह यह सब देशभक्ति के कारण कर रहा है। वह लिंडा को पहचानने की जिम्मेदारी लेने को तैयार था। उसने अपनी बहन मिसेज होब्स के सामने यह सब स्वीकार किया। उसने लिंडा का पता लिख भेजा था। उसी पत्र की एक प्रति को उसने फाड़ कर फेंका था जिसे एलेन ने उठा लिया था। बहन के डाँटने का फल यह हुआ कि अगली सुबह वह नौ दो ग्यारह हो चुका था।

लिंडा ने ब्रूस को अब तक अपनी पूरी कहानी नहीं बतायी थी, अब छिपाना मुसीबत मोल लेना था। अतः उसने सारी बात खोल कर बता दी। वे लोग नरम दिल थे उन्होंने उसकी सहायता का वचन दिया। ब्रूस ने जज और वकील से मशवरा किया और तय पाया गया कि लिंडा तत्काल शहर छोड़ दे। मिसेज ब्रूस उसे गाड़ी में बिठा कर अपने एक दोस्त के घर ले गयी। लिंडा को वहाँ विलियम के आने तक कुछ दिन सुरक्षित रखा गया। लिंडा एलेन को लेकर बहुत चिन्तित थी। मिसेज होब्स अपने भाई की कारस्तानी से बहुत दुःखी थी, अतः जब लिंडा ने एलेन को अपने साथ रखने की अनुमति माँगी तो वह राजी हो गयी। शर्त थी एलेन दस दिन के बाद लौटा दी जाए मानो मनुष्य न हो कर कोई जिंस हो। उसने एलेन को बहुत बेढंगे और पतले कपड़ों में भेज दिया जबकि सर्दियाँ सर पर थीं। लिंडा ने अपने कपड़ों से बेटी के लिए गर्म कपड़े बनाये। मिसेज ब्रूस ने जब यह देखा तो उसने माँ-बेटी दोनों के लिए गरम कपड़ों का इन्तजाम किया। जब विलियम आया, वकील की सलाह पर वे उस रास्ते से बोस्टन के लिए चले जिस पर दक्षिण के लोगों की यात्रा करने की सम्भावना कम थी। मिसेज ब्रूस ने अपने घर में सबको हिदायत दी कि अगर कोई पड़ताल हो तो कहा जाए कि लिंडा वहाँ रहती थी मगर अब उन्हें नहीं मालूम वह शहर छोड़ कर कहाँ गयी है।

जब लिंडा बेटी के साथ स्टीमबोट पर पहुँची तो विडम्बना यह थी कि नाव चलाने वाले अश्वेत थे और अश्वेत यात्रियों को केबिन की सुविधा उपलब्ध न थी।

उन्हें डेक पर खुले में रहना पड़ता था। वकील ने समझाया था कि मौका मिलने पर लिंडा अपनी बेटी ले कर कैप्टन से मिले और केबिन के लिए याचना करे। वह मौसम और लोगों की आँख से दूर रहने के लिए डेक पर नहीं रहना चाहती थी। जब उसने टिकट खरीदी तो उसे केबिन टिकट नहीं मिली, बता दिया गया कि कुछ रास्तों पर अश्वेत लोगों को केबिन दिया जाता है मगर इस नाव पर उन्हें डेक पर रहना होगा, इस जहाज में अश्वेत को केबिन देने का प्रावधान न था। लिंडा वैसे ही बहुत दुःखी थी, इस अपमान से वह और दुःखी हो गयी। थोड़ी देर बाद वह एलेन को ले कर कैप्टन से मिलने गयी जिसने न केवल उन्हें अच्छी सीट दी वरन् आगे की यात्रा के लिए भी अच्छा इन्तजाम कर दिया। इस तरह आराम से सुरक्षित ये लोग बोस्टन पहुँच गये। यहाँ पहुँच कर लिंडा को पहली बार लगा कि वह अपने दोनों बच्चों के साथ गुलामी की जंजीरों से दूर आ गयी है। उसकी नजरों के सामने उसके बच्चे हँस-बोल रहे थे। एक माँ के लिए इससे बढ़ कर और कौन-सी खुशी हो सकती है। एलेन को पढ़ाई के लिए उसने अपने पास रखा क्योंकि न्यूयॉर्क उसे सुरक्षित नहीं लग रहा था। बच्चे पढ़ने-लिखने और लिंडा अपने सीने-पिरोने में व्यस्त थी और इस तरह सर्दियाँ बीत गयी।

लिंडा की एक मुसीबत समाप्त होती नहीं थी कि दूसरी कई खड़ी हो जाती। मुसीबतें अपने साथ कुछ अच्छी बातें लातीं। वह प्रसन्न थी पर उसे खबर मिली कि मिसेज ब्रूस मर गयी। बच्ची मेरी के साथ-साथ लिंडा भी अनाथ हो गयी। मिस्टर ब्रूस की इच्छा थी बेबी मेरी कुछ समय इंग्लैंड अपने रिश्तेदारों के पास बिताये इसके लिए लिंडा से बढ़ कर कौन हो सकता था, कौन बच्ची की देखभाल कर सकता था। लिंडा को इस काम से ज्यादा रकम मिलने की सम्भावना थी। लिंडा ने एलेन को स्कूल जाने के लिए अपनी एक दोस्त के पास छोड़ा, बेनी काम सीखने लगा था और वह न्यूयॉर्क आयी।

बारह दिन की यात्रा के बाद ये लोग न्यूयॉर्क से लिवरपूल पहुँचे और वहाँ से सीधे लन्दन चले गये। अपनी जीवनी में लिंडा अमेरिका और इंग्लैंड के होटलों की तुलना करती है। अमेरिका के होटलों में खाना बेहतर होता था। इंग्लैंड में अश्वेत होते हुए भी लिंडा की स्थिति बेहतर थी। जिन्दगी में पहली बार उसे सम्मान मिल रहा था और वह इसका आनन्द ले रही थी। उसे स्वतन्त्रता का एहसास हो रहा था। बच्ची की देखभाल का जिम्मा उसने बखूबी उठाया हुआ था। वह शहर नहीं घूम पायी पर उसने अमेरिका के दक्षिण और इंग्लैंड के जीवन को दो छोरों पर पाया। एक न जाने किस अन्धयुग में ठहरा हुआ था दूसरे में जीवन की रवानगी थी। इंग्लैंड में बच्चों की परवरिश ज्यादा ध्यान दे कर की जाती थी।

लन्दन से ये लोग एक छोटे और गरीब शहर बर्कशायर गये। लिंडा बताती है

कि यहाँ गरीबी के कारण कम मजदूरी पर लोग काम करते, इसमें भी स्त्रियों की मजदूरी और कम होती। दिन भर मेहनत करने के बाद भी इन लोगों को भरपेट खाना न जुटता, रहने-पहनने की व्यवस्था भी बहुत दयनीय थी। शोषण के बावजूद इन मजदूरों की अवस्था अमेरिका के गुलामों से बेहतर थी। उन्हें कोड़े नहीं पड़ते थे, उन्हें कानूनी सुरक्षा प्राप्त थी। वे एक परिवार के रूप में रहते थे और कोई आधी रात को उनकी लड़कियों-औरतों को खींच कर नहीं ले जा सकता था। बेचे जाने का भय उन्हें नहीं था। काम करने के लिए यदि परिवार दूर जाता तो उन्हें मालूम होता कौन कहाँ है और वे पत्र द्वारा एक-दूसरे के सम्पर्क में रहते। इन्हें कई अन्य मूल सुविधाएँ उपलब्ध थीं, बच्चों-बड़ों सबके लिए स्कूल थे, उनकी दशा सुधारने के लिए कई संस्थाएँ काम कर रही थीं। लिंडा को यहाँ धर्म का अच्छा स्वरूप देखने का अवसर मिला और धर्म पर उसकी आस्था दृढ़ हो गयी। दस महीने इंग्लैंड में रहते हुए वह गुलामी को भूलने लगी थी। पर उसे एक दिन अमेरिका लौटना था।

लिंडा के लिए लौटारी की यात्रा भौतिक और मानसिक रूप से सुखदाई न थी। न्यूयॉर्क पहुँच कर वह बोस्टन अपने बच्चों को देखने गयी। एलेन मजे में थी मगर बेनी जहाँ काम सीख रहा था वहाँ अचानक उन लोगों को पता चला कि वह एफ्रो-अमेरिकन रक्त का है अतः अन्य लोगों को उसके साथ काम करना अपना अपमान लगने लगा। वे न केवल उसकी उपेक्षा करने लगे वरन् उसका जब तब अपमान भी करते। अन्त में सहन न कर पाने पर उसने काम सीखना छोड़ दिया और आजीविका के लिए व्हेल के शिकार का रास्ता चुना, जिसमे उसे कई महीने अपनों से दूर रहना था।

इस बीच डॉक्टर की बेटी और लिंडा की वास्तविक मालकिन एमिली की शादी हो गयी और वह मिसेज डॉज बन गयी थी, उसने लिंडा को एक पत्र लिखा जिसका मजमून था कि अब वह शादीशुदा है और लिंडा की सुरक्षा कर सकती है। वह नहीं चाहेगी कि लिंडा किसी और की गुलाम रहे, वह उसे अपना मित्र मानती है और चाहती है कि वह उसके पास लौट आये तथा उसकी और उसके आने वाले बच्चों की सेवा करे। जाहिर-सी बात है लिंडा यह नहीं करने वाली थी, न ही उसने इस पत्र का कोई जवाब दिया। एक बात पक्की थी डॉक्टर का परिवार लिंडा की सारी गतिविधियों से परिचित था। उसने इतनी रकम जमा कर ली थी जिससे वह अपने बच्चों के लिए शिक्षा और घर का प्रबन्ध कर सके। उसने पहले कभी खुद को किसी की सम्पत्ति नहीं माना था और अब इतने दिनों की स्वतन्त्र जिन्दगी जीने के बाद ऐसी बात सोचना उसके लिए कठिन था। वह बहुत समय अपनी नानी पर निर्भर थी, उसके बच्चों पर कुछ न खर्चते हुए भी डॉक्टर को उनके लिए एक अच्छी खासी रकम प्राप्त हुई थी। बच्चे उसके थे, विचित्र कानून कहता था कि वह डॉक्टर की

बेटी की सम्पत्ति थी और बच्चे भी उसी के होंगे। लिंडा ऐसे कानून को लुटेरों का कानून मानती है और इस तरह के कानून को स्वीकार करने से इनकार करती है। अभी तक फ्यूजिटिव स्लेव कानून लागू नहीं हुआ था इसलिए लिंडा मैसाचुसेट्स की धरती पर सुरक्षित थी। दो साल तक उसने अपनी बेटी एलेन की पढ़ाई का खर्च उठाया। इसके बाद उसके भाई विलियम ने एलेन को हॉस्टल भेजने का प्रबन्ध किया। उसके हॉस्टल जाने से पहले लिंडा ने बच्ची को उसके पिता के विषय में और अपनी वास्तविक स्थिति के बारे में विस्तार से बताना चाहा लेकिन जैसा कि गुलामी में पले बच्चों के साथ होता है एलेन को इन बातों की पहले से जानकारी थी। बच्ची वाशिंगटन में कुछ समय उसके साथ थी पर उसने कभी उसे पिता का प्यार नहीं दिया था। मगर एलेन को दूसरों से पता चल चुका था कि वह उसका पिता है। एलेन के जाने के बाद लिंडा का जीवन बहुत सूना हो गया। उसने खुद को काम में डुबो दिया।

लिंडा का भाई विलियम उसके साथ मिल कर रोचेस्टर में लिखने-पढ़ने की सामग्री बेचने के लिए एंटी-स्लेवरी रीडिंग रूम खोलना चाहता था। उसकी यह योजना कामयाब न हो सकी। विलियम बेनी को लेकर कैलीफोर्निया चला गया। एलेन को स्कूल में कई तरह की सुविधाएँ मिली हुई थीं और वह पढ़ाई में अच्छा कर रही थी। लिंडा अकेली थी लेकिन इस बीच लिंडा का परिचय कई ऐसे लोगों से हुआ जो गुलामी प्रथा को समाप्त करना चाहते थे, जिनका विश्वास मनुष्यता में था।

इस बीच मिस्टर ब्रूस ने दूसरी शादी कर ली थी और उनका अब एक बच्चा था। वे चाहते थे कि लिंडा उसकी भी देखभाल करे, लिंडा को काम की तलाश थी लेकिन इस बीच फ्यूजिटिव स्लेव कानून पास हो गया था जिसके कारण लिंडा का न्यूयॉर्क में रहना खतरे को न्योता देना था। लिंडा की किस्मत अच्छी थी, नयी मिसेज ब्रूस अमेरिकन थी और उसका लालन-पालन कुलीन खानदान में हुआ था अतः वह गुलामी प्रथा से घृणा करती थी। वह नरम दिल की महिला थी, उसके मन में लिंडा के प्रति उदार भावनाएँ थीं और वह लिंडा की सहायता करना चाहती थी।

नये कानून के आते ही उत्तर के लोग भागे हुए गुलामों को पकड़ कर दक्षिण के उनके मालिकों को सौंपने लगे। अश्वेत गुलामों के बीच दहशत की लहर दौड़ गयी, उनके लिए कहीं राहत न थी। बरसों से उत्तर में रह रहे अश्वेत लोगों ने सब छोड़छाड़ कर कैनेडा में शरण ली। बहुत लोगों का पहली बार अपने साथी से भागे हुए गुलाम के रूप में परिचय हुआ। सबसे बुरा हुआ जब पति को पता चला कि उसकी पत्नी कई वर्ष पहले गुलामी से निकल भागी थी और नियम के अनुसार उनके बच्चे अपनी माँ के कारण अभी भी कानूनन गुलाम थे। कितने ही लोगों के जीवन में इस नये कानून से हड़कम्प मच गया। विलियम अपने मालिक के द्वारा स्वतन्त्र

राज्य में लाया गया था, वह किसी गुलामी के कानून वाले राज्य से नहीं भागा था। अतः उस पर यह कानून नहीं लागू होता था मगर लिंडा और उसके बच्चे इस कानून की जद में थे। लिंडा बाहर निकलने से बचती अगर कभी बाहर जाना होता तो गली-कूँचों से होकर गुजरती, मुख्य सड़क पर जाने से बचती। वह अखबार में देखती रहती कि दक्षिण से कौन-कौन शहर में आया है। एक बार फिर सर्दियाँ बीतीं, बसन्त आया। बसन्त अपने साथ बुरी खबर लाया, लिंडा को सूचना मिली कि एक बार फिर डॉक्टर लिंडा को पकड़ने का उपक्रम कर रहा है। इस बार लिंडा ने मिसेज ब्रूस को अपने खतरे के विषय में बताया और उसने तत्काल उसकी सुरक्षा का इन्तजाम किया। ब्रूस ने अपने बच्चे के साथ लिंडा को एक अन्य स्थान न्यू इंग्लैंड के लिए रवाना किया। मिसेज ब्रूस के रिश्तेदार बहुत धनी थे, लिंडा एक सिनेटर की पत्नी के साथ रहने भेजी गयी। ये लोग गुलामी प्रथा के विरोधी थे। तय हुआ कि यदि लिंडा पकड़ी जाती है तो बच्चे की वजह से उसे ब्रूस के पास लाया जाएगा और तब वे लोग लिंडा के लिए जो सम्भव होगा करेंगे। भागे हुए गुलाम को शरण देने का दंड निर्धारित था। अगर जरूरत पड़ी तो कारावास होगा। एक हजार डॉलर जुर्माना देने को ब्रूस राजी थे। एक महीने बाद जब डॉक्टर के लोग खोज कर लौट गये तो लिंडा बच्चे के साथ न्यूयॉर्क वापस लौटी।

लिंडा का अपनी नानी से पत्र के माध्यम से निरन्तर सम्बन्ध बना हुआ था। नानी खुद नहीं लिख सकती थी मगर किसी से बराबर लिखवाती रहती। अब वह बहुत बूढ़ी हो चुकी थी। उसे एहसास था कि अब वह बहुत दिन जीवित न रहेगी और इस आशय का पत्र उसने लिखवाया। जीवन में उसने बहुत दुःख-कष्ट उठाये थे, मगर अपना धर्म नहीं छोड़ा। वह चाहती थी कि लिंडा, उसका भाई और उसके बच्चे सदा धर्म की राह पर चलें। लिंडा नानी के इस अन्तिम समय में उसके पास रहना चाहती थी पर यह किसी सूरत में सम्भव न था। जिन्दगी विचित्र खेल दिखाती है, नानी अपने मरने की बात सोच रही थी पर उसके अगले पत्र से लिंडा को सूचना मिली कि डॉक्टर फ़्लिंट की मृत्यु हो गयी है। नानी ने उस दुष्ट व्यक्ति को अन्त में माफ कर दिया था मगर लिंडा उसे कभी माफ न कर सकी, उसके मरने के बाद भी नहीं। मरने के बाद भी लिंडा और उसके दोनों बच्चे डॉक्टर की बेटी की सम्पत्ति थे। डॉक्टर के बाद उसकी पत्नी ने लिंडा की खोज शुरू की ताकि अपनी बेटी की सेवा में इस गुलाम को लगा सके। लिंडा एक बार फिर से नित्य प्रतिदिन अखबार में न्यूयॉर्क आने वालों की सूची देखने लगी। एक दिन उसने पढ़ा कि मिस्टर और मिसेज डॉज (डॉक्टर की बेटी) कोर्टलैंड स्ट्रीट के एक होटल में ठहरे हैं। यह एक सस्ता होटल था और जैसा कि लिंडा को खबर मिली थी कि दम्पती कर्ज में डूबा हुआ है। जाहिर-सी बात है लिंडा उनके लिए एक मजबूत आर्थिक स्रोत थी।

हो सकता है वो लोग लिंडा के निवास तक पहुँच गये हों क्योंकि लिंडा ने अपनी मालकिन के पति को कभी नहीं देखा था, वह उसे नहीं पहचानती थी। वह बहुत डरी हुई थी। लिंडा ने अखबार दिखा कर मिसेज ब्रूस से बात की। एक बार फिर ब्रूस ने बच्चे के साथ लिंडा को वहाँ से दूर रवाना कर दिया। ब्रूस जब लिंडा को बच्चे के साथ अपने एक दोस्त के यहाँ सुरक्षित रख कर घर वापस लौटी तो वहाँ पहले से लिंडा की खोज की जा रही थी। उन खोजी लोगों के अनुसार उनके पास लिंडा की नानी का एक पत्र था जिसे वो सीधे लिंडा के हाथ में देना चाहते थे। ब्रूस के लोगों ने स्वीकार किया कि वह उनके यहाँ काम करती थी मगर अब नहीं जानते थे कि वह कहाँ है। एक बार एमिली के पति और एमिली के भाई में किसी बात को ले कर झगड़ा हुआ तो भाई ने जीजा को हंटर से जम कर पीटा नतीजन एमिली और उसका पति वर्जीनिया में आ कर बस गये। मरते समय डॉक्टर फ़्लिंट ने अपने दामाद को कोई सम्पत्ति नहीं दी। इसीलिए वह लिंडा पर अधिकार चाहता था। लिंडा का शक सही निकला जब उसके द्वारा भेजे एक परिचित ने डॉज की मंशा की पुष्टि की। मिसेज ब्रूस चाहती थी कि खतरे को देखते हुए लिंडा तत्काल शहर छोड़ दे मगर लिंडा भाग-भाग कर तंग आ चुकी थी। इस बार उसने भागने की अपेक्षा साँड़ का सींग पकड़ कर उसका सामना करने का निश्चय किया। न्यूयॉर्क शहर में पोल और हंगरी लोग स्वतन्त्र थे, जॉन मिशेल गुलामों से भरे हुए एक प्लान्टेशन को हथियाने की घोषणा कर रहा था। लिंडा जिसने कोई अपराध नहीं किया था अपराधी की तरह छिपी-छिपी भयभीत घूम रही थी, उसने इस स्थिति से सदा के लिए छुटकारे का तय किया। बाइबिल के अनुसार शोषण एक बुद्धिमान को भी पागल कर देता है, लिंडा पागल हो रही थी। कोढ़ में खाज, इन दिनों एलेन भी उसके पास थी, बेनी संयोगवश विलियम के पास था और आसन्न संकट से दूर था। लिंडा किशोरावस्था में गुलामी के अभिशाप से परिचित थी, वह नहीं चाहती थी कि एलेन उन्हीं रास्तों से गुजरे। ब्रूस ने एलेन का हवाला दे कर लिंडा से बात की ताकि वह स्थिति की गम्भीरता को समझे और स्थान छोड़ने की बात मान ले।

ब्रूस चाहते थे कि लिंडा बच्चे के साथ फिर से न्यू इंग्लैंड चली जाए पर इस बार लिंडा कुछ सुनने को तैयार नहीं थी। बहुत समझाने-बुझाने पर वह राजी हुई, अगले दिन वह चल पड़ी। इस बार ब्रूस भी इस झंझट को सदा के लिए समाप्त करना चाहते थे अतः उन्होंने लिंडा को खरीदना तय किया। लिंडा अब बदल चुकी थी, उसके पास इतना ज्ञान हो चुका था कि वह मनुष्य का मोल समझने लगी थी, अब उसके लिए प्रत्येक व्यक्ति एक स्वतन्त्र आत्मा था जिसे खरीदने-बेचने की बात नहीं सोची जा सकती थी। वह उदार हृदय और पढ़े-लिखों के सम्पर्क से जागरूक हो चुकी थी अतः नहीं चाहती थी कि ब्रूस या कोई भी आदमी-औरत उसे खरीदे-बेचे।

वह खुद को एक जिंस मानने से इनकार करती थी। उसने सोचा वह अपने भाई के पास कैलीफोर्निया चली जाएगी। इसी आशय का एक पत्र उसने ब्रूस को लिखा।

लिंडा का पत्र मिलने के पहले ब्रूस लिंडा के मालिकों से उसे खरीदने का मोलभाव करने किसी विश्वासपात्र को भेज चुके थे। मोलभाव के समय इस व्यक्ति ने डॉज को स्पष्ट कह दिया कि जो मिल रहा है ले लो वरना यहाँ लिंडा के शुभचिन्तक उसे और उसके बच्चों को देश पार भेजने की कूबत रखते हैं। यदि ऐसा हुआ तो उन लोगों के पास हाथ मलते रहने के सिवा कुछ नहीं होगा। मरता क्या न करता। डॉज ब्रूस की शर्तों पर लिंडा को बेचने के लिए तैयार हो गये और इस तरह लिंडा अब ब्रूस की थी। लिंडा को सारी बातों से पत्र द्वारा परिचित कराया गया और उसे न्यूयॉर्क लौट आने को कहा गया। यह कितनी बड़ी विडम्बना थी कि न्यूयॉर्क एक फ्री स्टेट था और वहाँ एक आदमी की खरीद-फरोख्त हुई। लिंडा कहती है कि यह सब क्रिश्चियन धर्म मानने वाले लोग कर रहे थे। लिंडा के एवज में एक ऐसे आदमी को तीन सौ डॉलर की रकम मिली थी जिसने कभी उसे देखा नहीं था जो किसी भी दृष्टि से उसका मालिक नहीं था, कानूनन वह उसकी सम्पत्ति नहीं थी। इतना सब जानते-समझते-मानते हुए भी उसे स्वतन्त्र होने की आन्तरिक अनुभूति का पहली बार अनुभव हुआ, यह अनुभव निराला था। अब वह सीना तान कर खुली सड़क पर शान से निर्भय चल सकती थी। उसके मन में आया कि काश डॉज उसे देख पाता और जान पाता कि उसने क्या खोया है। बचपन में उसका पिता उसे खरीदना चाहता था और जवानी में उसकी नानी उसे खरीदना चाहती थी मगर यह सम्भव न हो सका और आज एक स्त्री ने उसे खरीद कर स्वतन्त्र किया जो उसकी रक्त सम्बन्धी न थी। खरीद कर ब्रूस ने उसे स्वतन्त्र कर दिया। वह ब्रूस को अपना सच्चा मित्र मानती है। कुछ दिन के बाद उसकी नानी और मामा की मृत्यु की सूचना उसे मिली। उसके मामा फिलिप को अश्वेत होते हुए भी मृत्यु की अन्तिम सम्मानित सभा का सौभाग्य प्राप्त हुआ। उस सभा में उसका गुणगान हुआ, उसके लिए मृत्यु लेख पढ़े, उसे एक नागरिक का आदर दिया गया। स्वतन्त्र हो कर भी लिंडा मिसेज ब्रूस के यहाँ बच्चों की देखभाल का काम करती रही। वह आजीवन उन लोगों की अनुग्रहीत थी।

विलियम वेल्स ब्राउन की 'क्लोटेल'

"...विशिष्ट निजी गुणों वाली बहुत सारी मोलाटो लड़कियाँ होंगी; उनमें से दो अति उत्तम। कोई जेंटलमैन या लेडी खरीदना चाहें तो वे उपरोक्त गुलामों को एक सप्ताह के ट्रायल के लिए ले सकते हैं...।"

—विलियम वेल्स ब्राउन 'क्लोटेल'

विलियम वेल्स ब्राउन एक गुलाम के रूप में 1814 में कैंटकी में पैदा हुआ था। उसकी माँ गुलाम थी और उसका पिता एक श्वेत व्यक्ति, गुलामों का मालिक था। उसके अन्दर शुरू से खुद्दारी थी। उसके साथ एक गुलाम की भाँति किया गया व्यवहार उसे सदैव उकसाता कि वह अपनी स्वतन्त्रता के लिए कुछ करे। क्या कर सकता था वह? उन दिनों एक गुलाम के पास कौन-सी ऐसी शक्ति थी कि वह अपनी अस्मिता, अपनी स्वतन्त्रता के लिए कुछ उपाय कर सके। उस समय गुलाम पूर्ण रूप से शक्तिहीन, दमित और शोषित हुआ करते थे। इसके बावजूद कुछ लोगों का जमीर उन्हें ऐसी गलीज जिन्दगी से निजात पाने के लिए सदा उकसाता रहता। वे इस अमानवीय स्थिति से निकल भागने के लिए कसमसाते रहते। विलियम बराबर सोचता क्या वह स्वार्थी बन जाए, केवल अपनी स्वतन्त्रता की चिन्ता करे। अपने परिवार को छोड़ दे? नहीं वह अकेले स्वतन्त्र नहीं होना चाहता था। अपनी माँ-बहन की स्वतन्त्रता भी उसके लिए उतनी ही मायने रखती थी जितनी उसकी खुद की स्वतन्त्रता। 1833 में उसने अपनी माँ के साथ मिल कर गुलामी से निकल भागने की योजना बनायी। मगर सफल नहीं हुआ। उन दिनों किसी गुलाम के भागने का प्रयास भयंकर अपराध था। इस अपराध की सजा के तौर पर उसकी माँ को काम करने धुर दक्षिण में दूसरी जगह भेज दिया गया। स्वतन्त्रता का उसका स्वप्न टूट गया। काफी समय तक वह दोबारा निकल भागने की बात से बचता रहा। मगर स्वतन्त्रता की इच्छा बलवती थी, एक बार विलियम ने फिर कोशिश की। इसके पहले कि वह भागता, मालिक का भतीजा प्लांटेशन पर रहने आया। संयोग से उसका नाम भी विलियम था अतः गुलाम विलियम से उसका नाम छीन लिया गया। नाम छिनने का मतलब है व्यक्ति का अस्तित्व समाप्त हो जाना। अब उसे न केवल अपनी स्वतंन्त्रता पानी थी बल्कि अपना नाम भी वापस पाना था। यह उसके अस्तित्व का संकट था। इसके लिए उसे बहुत संघर्ष करना पड़ा

विलियम भले ही शुरू में पढ़ा-लिखा नहीं था पर वह शुरू से बड़ा बुद्धिमान था। उस समय गुलामों का पढ़ना-लिखना कानूनन जुर्म था। विलियम गुलाम-प्रथा को गलत और अमानवीय मानता था। इतना ही नहीं वह खुल कर इस प्रथा की आलोचना करता था। उसने एफ्रो-अमेरिकन स्वतन्त्रता के लिए खूब संघर्ष किया। भाषण दिये, किताबें लिखीं और अन्य लोगों को पढ़ाया। मगर यह सब वह तब कर सका जब भाग कर वह दक्षिण अमेरिका की गुलामी से दूर गया। उसने अपनी मेहनत और कुछ लोगों के सहयोग से लिखना-पढ़ना सीखा। वह एक कुशल वक्ता था, अपने निर्भीक भाषणों के कारण वह गृहयुद्ध के पूर्व एक चर्चित व्यक्ति बन गया। जो लोग अमेरिका के स्वतन्त्रता, भाईचारे और न्याय के सिद्धान्तों की थोथी बातें करते, उनका वह कटु आलोचक था। अमेरिकी राष्ट्रपति (1801-1809) थॉमस जेफरसन का वह कटु आलोचक था। जेफरसन की दुमुँही राजनीति, उसकी कथनी और करनी के अन्तर पर वह खुल कर बोलता। उसने इसी बात को अपने उपन्यास 'क्लोटेल' में दिखाया है। इस उपन्यास को 'द प्रेसीडेंट्स डॉटर' के नाम से भी जाना जाता है, यह किसी एफ्रो-अमेरिकन द्वारा लिखा गया पहला उपन्यास है। प्रकाशन के पहले साल में इसकी 11000 प्रतियाँ बिक गयीं। यह उस साल (1840) का बेस्टसेलर था। इसके अलावा विलियम ने 1847 में 'नरेटिव ऑफ विलियम डब्ल्यू. ब्राउन, ए फूजिटिव स्लेव, रिटन बाई हिमसेल्फ' नाम से अपनी कहानी भी लिखी। 1853 में 'ए नरेटिव्स ऑफ स्लेव लाइफ इन दि यूनाइटेड स्टेट्स' और 1863 में 'द ब्लैक मैन : हिज एंटेसेडेंट्स, हिज जीनियस, एंड हिज एचीवमेंट्स', 'द निग्रो इन दि अमेरिकन रेबेलियन' आदि उसके अन्य कार्य हैं।

ब्राउन के गुलामी से निकल भागने के बाद 1850 में फ्यूजिटिव स्लेव कानून के साथ में अमेरिकी गुलामों की इंग्लैंड शरण लेने में अभूतपूर्व वृद्धि हुई। गुलामों के जीवन को दुनिया के सामने लाने का अभूतपूर्व कार्य उसने किया। इसमें विलियम अकेला नहीं था। फ्रेडरिक डगलस और विलियम वेल्स ब्राउन दोनों गुलाम जीवन को दुनिया के सामने लाने के लिए प्रसिद्ध हैं, दोनों ने 1840 के अन्तिम दौर में इंग्लैंड की यात्रा की जहाँ उत्साह और जोश के साथ उनका स्वागत हुआ। एक सूचना के अनुसार ब्राउन ने पाँच साल के भीतर करीब एक हजार भाषण दिये और बीस हजार मील की यात्रा की। ब्राउन के उपन्यास से युक्ति लेते हुए कई गुलामों ने छद्म वेश में भागने का काम किया और सफलता पायी। एलेन क्राफ्ट ने ऐसा ही किया। उसने खुद को अश्वेत स्त्री के रूप में दिखाया। कई गुलाम श्वेत रक्त मिश्रण के कारण हल्के रंग के होते और आसानी से श्वेत लोगों के बीच घुल-मिल सकते थे। स्वयं ब्राउन का रंग काफी साफ था। इसलिए जब वह गुलामों की दशा का चित्रण करता तो कुछ लोग उसकी आलोचना भी करते थे। कुछ लोग कहते कि यह उसके श्वेत

रक्त का प्रभाव है, इसीलिए उसके मन में अश्वेत गुलामों के प्रति दया-सहानुभूति का भाव है। दया-ममता जैसे मानवीय गुण अश्वेतों में कैसे हो सकते हैं। एलेन क्राफ्ट ने एक अन्य विलियम के साथ भाग कर 1851 में लीवरपूल में शरण ली और विलियम वेल्स ब्राउन के साथ इंग्लैंड और स्कॉटलैंड का दौरा किया। इन लोगों ने 1851 के ग्रेट एक्जीबिशन में जा कर अमेरिका में गुलामों की स्थिति की ओर पर्यटकों तथा अन्य लोगों का ध्यान आकर्षित किया। एक अच्छी बात हुई, ब्रिटिश पत्र-पत्रिकाओं ने इनकी बातों को प्रमुखता से प्रकाशित किया। ब्राउन ने अपने यात्रा वृतान्त 'थ्री ईयर्स इन यूरोप, ओर, प्लेसेस आई हैव सीन एंड पीपुल आई हैव मेट' में लिखा है कि वह भागते समय हैरिएट मार्टिनियू के यहाँ रहा। उसके अनुसार वह विटिंगटन क्लब का ऑनरेरी सदस्य चुना गया जिसमें करीब 2000 सदस्य थे। इस क्लब में लॉर्ड ब्रौहम, चार्लूस डिकेंस, रेरॉल्ड मार्टिन थाकरे जैसे कई नामी-गिरामी लोग शामिल थे। गुलामी विरोध (एंटीस्लेवरी) के लिए किया गया उसका प्रयास ऐतिहासिक है। उसने न केवल उपन्यास, कविताएँ, यात्रा विवरण, आलेख लिखे, भाषण दिये वरन् गुलामों का इतिहास जानने के लिए भी उसका लेखन प्रमुख स्रोत बना। उसके प्रयास के चलते इंग्लैंड और अमेरिका दोनों स्थानों पर गुलामों के प्रति लोगों का नजरिया बदला। लोग उनकी सहायता को आगे आने लगे।

जिन्दगी के पहले बीस साल, घर और खेत पर एक गुलाम की तरह जीवन बिताने वाले ब्राउन को जीवन का कटु अनुभव था। इस समय उसने कई अन्य कार्य जैसे प्रिंटर का सहायक, मेडिकल ऑफिस में सहायक के रूप में भी काम किया। ये अनुभव आगे चल कर उसके जीवन की पूँजी बने। उसने जेम्स वॉकर नामक गुलाम व्यापारी के सहायक का काम किया और कई बार सेंट लुई से मिसीसिपी नदी तक की यात्रा की। अन्ततः 1834 में वह न्यू ईयर डे की गुलामी से भाग निकला। ये सारे अनुभव उसके लेखन में सहायक हुए। ओहायो में एक व्यक्ति बेल ब्राउन ने उसकी केनडा जाने में सहायता की, उसे शरण दी, खाना-पीना और सुरक्षा दी। इसी ओहाओ क्वेकर से उसने अपना बीच का और अन्तिम नाम ग्रहण किया लेकिन पहला नाम अपना खुद का ही रखा। इस तरह उसने अपनी स्वतन्त्रता और अपना नाम दोनों कमाया। स्वतन्त्र होने के बाद भी उसके मन में कचोट थी। वह अपनी बहन की गुलाम के रूप में लगायी गयी बोली और बिक्री को कभी न भूल सका। शायद 'क्लोटेल' का गुलाम नीलामी का दृश्य उसी स्मृति की आवृति है। ब्राउन ने कई साल लेक एरिक पर स्टीमबोट चलायी और न्यूयॉर्क के बफैलो में अंडरग्राउंड रेलरोड में कंडक्टर के रूप में भी सम्बद्ध रहा। 1843 में उसने वेस्टर्न न्यूयॉर्क एंटीस्लेवरी सोसाइटी से जुड़ कर अपनी प्रसिद्ध आत्मकथा 'नरेटिव ऑफ विलियम डूब्ल्यू ब्राउन, ए फ्यूजिटिव स्लेव, रिटन बाई हिमसेल्फ' लिखी जिसके 1850 से

पहले चार अमेरिकन और पाँच ब्रिटिश संस्करण निकले। बाद में उसने अपनी एक और आत्मकथा 'माई सदर्न होम, ओर द साउथ एंड इट्स पीपुल' नाम से लिखी। विलियम वेल्स ब्राउन विश्वविख्यात हो गया। वह अपनी बात कहने पेरिस में हुए अन्तरराष्ट्रीय शान्ति सम्मेलन में भी गया। 1853 में उसका प्रसिद्ध उपन्यास 'क्लोटेल' आया, इसके एक साल बाद वह अमेरिका लौट आया और अपने लेखन में जुट गया। ब्राउन के नाम के साथ एक और प्रथम जुड़ा हुआ है। 'द इस्केप, ओर ए लीप फॉर फ्रीडम' किसी एफ्रो-अमेरिकन द्वारा लिखा गया प्रथम नाटक है। बाद में उसने 'क्लोटेल' नाम से कई अलग-अलग लेखन किये। 'क्लोटेल मिराल्डा', 'ओर द ब्यूटीफुल क्वाड्रून', 'क्लोटेल : ए टेल ऑफ द सदर्न स्टेट्स', 'क्लोटेल, ओर द कलर्ड हिरोइन' उसके इस शृंखला के अन्य कार्य हैं।

उस समय के अफ्रो-अमेरिकन लोग देख रहे थे कि अखबार, मैगजींस और किताबों में उन्हें मनुष्य के रूप में चित्रित नहीं किया जा रहा है। अतः उसने अपने लेखन में अपनी नस्ल के लोगों को प्रमुखता से चित्रित किया। यह साहित्य उस समय के प्रचलित अमेरिकी साहित्य से भिन्न था। इसके मूल्यांकन का कोई पैमाना तब उपलब्ध न था। मगर इन अश्वेत लेखकों के ईमानदार लेखन से दुनिया को इनकी वास्तविक स्थिति की जानकारी मिली। विलियम ने बेबाक लिखा। भागते समय के अपने दुर्दान्त अनुभवों को उसने सच्चाई के साथ बयान किया। गुलामी से भागते समय उसे छिप कर मौसम की मार का सामना करते हुए भूखे रहना पड़ा और चोरी से अपना पेट भरना पड़ा। जब उसे भुट्टे मिल गये तो उसने चोरी की परवाह न करते हुए उनसे अपनी भूख मिटायी।

थॉमस जेफरसन एक ओर तो स्वतन्त्रता, समानता और भाईचारे की बात करता दूसरी ओर खुद गुलाम पालता था। जेफरसन को क्रान्तिदूत, महान और न जाने किस-किस विशेषण से नवाजा जाता है, लेकिन उसके मन में अश्वेतों को इस सारी योजना में शामिल करने का खयाल स्वप्न में भी नहीं था। ब्राउन के मन में उसके प्रति कोई श्रद्धा न थी बल्कि वह उसकी असलियत उजागर करना चाहता था और इसीलिए उसने अपना प्रसिद्ध उपन्यास 'क्लोटेल' लिखा। उसने 1847 में एंटीस्लेवरी की एक मीटिंग में कहा कि यदि यूनाइटेड स्टेट्स स्वतन्त्रता का पालना है तो उसने बच्चों को मौत का झूला दिया है। उस समय बहुत सारे लोगों के गले यह बात नहीं उतर रही थी कि कोई अश्वेत इतने तार्कित तरीके से सोच सकता है। उसके विरोधी उसकी प्रतिभा का श्रेय उसके श्वेत रक्त को देते थे। कैसी विडम्बना है कि बुद्धि को नस्ल से जोड़ कर देखा जाता है।

अपने उपन्यास 'क्लोटेल' में ब्राउन दिखाता है कि करेर नाम की एक अश्वेत गुलाम जेफरसन की रखैल है, जिससे उसके बच्चे भी हैं। श्वेत रक्त के मिश्रण से

उत्पन्न अश्वेत बच्चे अमेरिका में मुलाटो कहलाते हैं। विडम्बना यह थी कि मुलाटो बच्चों की जिम्मेदारी उनका श्वेत पिता नहीं लेता था। वे बच्चे अपनी अश्वेत माँ का दायित्व होते थे, बच्चों का भाग्य अश्वेत गुलाम माँ से जुड़ा होता था। मुलाटो स्त्रियाँ अपने सौन्दर्य के लिए जानी जाती हैं, इनका ऊँचा-से-ऊँचा दाम लगता है। अमेरिका के दक्षिण में यह प्रथा जोरों से प्रचलित थी। अमेरिका के उत्तर के लोगों का ध्यान इस कुप्रथा की ओर ब्राउन जैसे अश्वेत लेखकों ने आकर्षित किया। ऐसी ही एक स्त्री जेफरसन की रखैल है, मगर सार्वजनिक रूप से जेफरसन ने उसे कभी स्वीकार नहीं करता है। उसे और बच्चों को पहचानने, उनके अस्तित्व से इनकार करता है। क्लोटेल जेफरसन की इसी स्त्री से उपन्न एक सन्तान है और उसी के नीलामी के तख्ते पर खड़े होने का बड़ा मार्मिक चित्रण विलियम ब्राउन ने इस उपन्यास में किया है। आगे चल कर क्लोटेल अपनी स्वतन्त्रता के लिए संघर्ष करती है। लेकिन उसका अन्त बड़ा दर्दनाक होता है।

विलियम बताता है कि ये अश्वेत स्त्रियाँ भी कोई बड़ी आकांक्षा नहीं पालती थीं। अच्छे कपड़े और श्वेत मालिक की रखैल बन कर अपना जीवन सार्थक मान लेती थीं। मुलाटो लड़कियाँ और स्त्रियाँ नीग्रो पार्टियों और नृत्य कार्यक्रमों (बॉल्स) की जान होती थीं। गुलामों की बाकायदा विज्ञापन के साथ खरीद-बिक्री होती थी। एक साल ऐसा ही एक विज्ञापन निकला। विज्ञापन में लिखा था कि नवम्बर 10 तारीख, सोमवार बारह बजे 38 गुलाम बिक्री के लिए वर्जीनिया राज्य की राजधानी में उपलब्ध होंगे। नीग्रो अच्छी हालत में है, उनमें से कई युवा हैं, कई मेकेनिक्स हैं, कई खेती के काम में निपुण हैं, हल में जुतने योग्य, दूध पिलाती स्त्रियाँ हैं। कुछ विशिष्ट गुणों वाली हैं। जो भी अपनी सम्पत्ति बढ़ाना चाहता है, शक्तिशाली और स्वस्थ नौकर चाहता है उसके लिए यह एक विशिष्ट अवसर है। खास गुणों वाली कई मुलाटो लड़कियाँ उनमें भी सर्वोत्तम गुणों वाली दो मुलाटो लड़कियाँ बिक्री के लिए वहाँ होंगी। कोई भी पुरुष या स्त्री इन गुलामों को एक सप्ताह के ट्रायल पर ले सकता है, जिसके लिए कोई मूल्य नहीं देना होगा। इन्हीं में करेर और उसकी दो बेटियाँ क्लोटेल और एल्थेसा भी थीं। इन्हीं के लिए सर्वोत्तम गुणों वाली लिखा गया था। करीब चालीस की उम्र वाली करेर एक बहुत अक्लमन्द औरत थी। वह ग्रेव्स नामक गुलाम मालिक की सम्पत्ति थी और अपने मालिक से अनुमति ले कर अपनी युवावस्था में करीब बीस साल तक वह गुलाम के एक युवा मालिक की हाउसकीपर थी। बाद में उसने धोबन का काम किया। जिस युवा गुलाम मालिक के यहाँ वह जवानी में थी उसका नाम थॉमल जेफरसन था। जेफरसन से उसकी दो बेटियाँ हुईं। सरकारी नियुक्ति के कारण जब जेफरसन वॉशिंगटन चला गया, बाद में राष्ट्रपति भी बन गया तो करेर पीछे छूट गयी। और धोबन का काम करने लगी

क्योंकि उसे बच्चियाँ पालने के साथ-साथ ग्रेव्स को किराया चुकाना होता था।

जब उसका मालिक ग्रेव्स मरा तब क्लोटेल सोलह और एल्थेसा चौदह साल की थी। अमेरिका में अश्वेत काफी जल्दी बड़े होते हैं, उनकी कद-काठी भी विकसित होती है। ये दोनों लड़कियाँ भी काफी स्वस्थ थीं। करेर शुरू से अपनी बेटियों को लेडी बनाने का ख्वाब देख रही थी अतः उसने उनसे कभी कोई काम नहीं करवाया था। चूँकि वे काम नहीं करती थी अतः करेर को उनके एवज का दाम भी चुकाना पड़ता था। खास धोबन होने के कारण उसकी धुलाई का रेट बहुत अधिक था। इतना सब करके करेर और उसकी बेटियाँ एशो-आराम का जीवन बिता रही थीं। वह पार्टियों और नृत्य के समय अपनी बेटियों की ओर लोगों का खास ध्यान आकर्षित करने का प्रयास करती। मगर बकरे की माँ कब तक खैर मनाती। इन पार्टियों और महफिलों को नीग्रो बॉल कहा जाता था मगर इनमें श्वेत लोगों की अच्छी खासी तादाद उपस्थित रहती थी। असल में इनमें मुलाटो और नीग्रो लड़कियाँ और श्वेत पुरुष ही हुआ करते थे। पुरुषों में व्यापारी और उनके क्लर्क रहते। ऐसी ही एक पार्टी में रिचमंड के एक धनी आदमी के बेटे होरासिओ ग्रीन से क्लोटेल सर्वप्रथम परिचित हुई। बाइस साल का यह नौजवान कॉलेज की शिक्षा समाप्त करके लौटा था और क्लोटेल शहर की काली-गोरी सर्वोत्तम सुन्दरी थी। ग्रीन का क्लोतेल के प्रति आकर्षण किसी से छिपा न रहा। अपनी बेटी की जीत पर करेर फूली नहीं समा रही थी। होरासिओ ग्रीन उनके घर बराबर आने लगा। उसने जल्द ही क्लोटेल को खरीदने का वादा भी किया। करेर अपनी बेटी की स्वतन्त्रता के स्वप्न देखने लगी। एक शाम युवा ग्रीन ने क्लोटेल के पास बैठ कर उसे गुलामों की बिक्री का विज्ञापन दिखाया, जाते-जाते कहा कि तुम बहुत जल्द स्वतन्त्र और खुद मुख्तार होने जा रही हो।

नीलामी वाले दिन खूब भीड़ जुटी। गुलाम पालने वाले, गुलाम व्यापारी और अन्य लोगों के साथ होरासिओ ग्रीन भी अपनी चेकबुक के साथ वहाँ उपस्थित था। पहले कम मूल्य वाले गुलामों की नीलामी हुई। पति-पत्नी अलग-अलग लोगों द्वारा खरीद कर भिन्न दिशाओं में ढकेल दिये गये। भाई-बहन जुदा हुए, माताओं ने अपने बच्चों को अन्तिम बार देखा। सब बिलख रहे थे। फिर और ऊँचे दाम वाले गुलामों की नीलामी हुई तथा सबसे अन्त में करेर और उसकी बेटियों को सामने लाया गया। नीलामी के पटरे पर सबसे पहले करेर को चढ़ाया गया। काँपती हुई करेर को एक व्यापारी ले चला। उसी व्यापारी ने क्लोटेल से कम सुन्दर करेर की छोटी बेटी एल्थेसा को एक हजार डॉलर में खरीदा। सबसे अन्त में क्लोतेल को नीलामी के मंच पर लाया गया। उस दिन की सबसे बड़ी बोली लगनी थी। उसे देखते ही भीड़ में उत्तेजना की लहर दौड़ गयी। उसका रंग करीब-करीब गोरा था और सुन्दरता ऐसी कि हर व्यापारी अपने मन में उस पर दाँव लगाने की इच्छा लिये हुए था। उसके काले,

घुँघराले बाल सलीके से बँधे हुए थे। अपनी लम्बी काया में वह सौन्दर्य की प्रतिमा लग रही थी। नीलामी करने वाले ने कहा कि मिस क्लोटेल को अन्त के लिए सुरक्षित रखा गया क्योंकि वह सबसे अधिक कीमती है। उसके स्वास्थ्य और सौन्दर्य की लम्बी-चौड़ी तारीफ की गयी और पाँच सौ से बोली लगनी शुरू हुई।

विलियम बेल्स ब्राउन ने अपने उपन्यास में इस नीलामी का बड़ा सटीक और मर्मान्तक चित्रण किया है। जब उसके नैतिक गुणों का बखान हुआ तो बोली सात सौ डॉलर पर पहुँची। उसकी बुद्धिमत्ता के लिए आठ सौ और उसकी ईसाइयत के लिए किसी ने नौ सौ की बोली लगायी। बढ़ती बोली बारह सौ डॉलर पर जा कर ठिठक गयी। आँसू भरी आँखों से क्लोटेल कभी अपनी माँ-बहन को देखती कभी उस युवक की ओर देख रही थी, जिसके द्वारा वह खरीदे जाने की आशा कर रही थी। एक बेबस लड़की की भावनाओं से बेखबर भीड़ हँसने, बतियाने, मजाक करने, चुटकुले सुनाने, धूम्रपान करने, थूकने में मशगूल थी। फिर नीलामी करने वाले ने क्लोटेल के कौमार्य की प्रशंसा शुरू की। बताया कि लड़की सदा अपनी माँ की देखरेख में रही है और अभी तक अछूती है। बोली थोड़ा और आगे बढ़ी तथा पन्द्रह सौ डॉलर पर आ कर एकदम ठहर गयी। सोलह साल की एक लड़की की हड्डियाँ, मांस-पेशियाँ, रक्त-मज्जा पाँच सौ, उसका नैतिक चरित्र दो सौ, बुद्धि एक सौ, ईसाइयत तीन सौ और कौमार्य चार सौ डॉलर में नीलाम हो गया। लेखक कटाक्ष करते हुए कहता है कि यह हुआ एक ऐसे स्थान में जहाँ चर्च के लम्बे निशान स्वर्ग की ओर तने हुए हैं, जहाँ के पादरी अपने प्रवचनों में कहते हैं कि गुलामी प्रथा ईश्वर प्रदत्त है। ऐसे अमानुषीय कृत्य को किन शब्दों में बताया जाए? यह वह अपराध है जो जागरूक और क्रिश्चियन लोगों द्वारा किया जाता, उनके लिए किया जाता है। सरकार अपनी शक्ति ऐसे कामों को रोकने के बजाय बढ़ावा देने में लगाती है, वह सरकार जो स्वतन्त्रता, समानता और भाईचारे का दावा करती है। होरासिओ ग्रीन ने पन्द्रह सौ डॉलर में क्लोटेल को खरीदा। उसने सबसे ऊँची बोली लगाई थी। यह उपन्यास बताता है कि इस तरह राष्ट्रपति थॉमल जेफरसन, स्वतन्त्रता और समानता की घोषणा करने वाले जेफरसन की बेटियाँ नीलाम हुईं।

इस व्यंग्यात्मक-मार्मिक उपन्यास के रचनाकार विलियम वेल्स ब्राउन की मेसाच्युसेट्स के चेल्सिया में छह नवम्बर, 1884 को मृत्यु हुई।

माया एंजेलो : आशा और विश्वास का स्वर

"रोमांस में ईर्ष्या-जलन भोजन में नमक की तरह है। तनिक-सा हो तो स्वाद बढ़ा सकता है, लेकिन जरा ज्यादा हो तो मजा किरकिरा कर देता है। कुछ परिस्थितियों में तो यह जीवन के लिए घातक हो सकता है।"

—माया एंजेलो'

"मैं स्त्री हूँ। श्यामा, मरम्मत की हुई, स्वस्थ-चंगी हो गयी हूँ, आपको सुन रही हूँ। मैं मनुष्य की नस्ल को केवल आशा दूँगी। मैं स्त्री हूँ, जुड़वाँ जड़ों वाले दो फूल न्याय और आशा, आशा और न्याय समर्पित कर रही हूँ। चलो शुरुआत करें..."

यह आशापूर्ण, स्वस्थ चिन्तन की बात एक ऐसी स्त्री कह रही है जिसका छह साल की उम्र में बलात्कार हुआ है। इस क्रूर अनुभव ने उसे तोड़ कर रख दिया। वह समझ न पायी कि उसके साथ यह क्या हुआ है। इस अमानवीय व्यवहार ने बच्ची को शारीरिक और मानसिक तथा भावात्मक रूप से प्रभावित किया। बच्ची बुद्धिमान, संवेदनशील थी पर थी तो नासमझ बच्ची। इस दुर्घटना ने उसे काफी समय के लिए सदमे की स्थिति में डाल दिया, वह सबसे कट गयी, एकाकी हो गयी। करीब छह साल के बाद वह पुनः जीवन की ओर लौटी। इस बार उसने मुड़ कर न देखा। पढ़ने-लिखने ने उसे क्रूर, अमानुषीय तथा नष्ट करने वाले अनुभव से उबरने में सहायता की। अपनी मेहनत, लगन और सृजनात्मकता के बल पर उसने कई पुरस्कार जीते। सेन फ्रैंसिस्को की वह पहली अश्वेत महिला स्ट्रीटकार कंडक्टर बनी, कॉलेज का मुँह न देखते हुए कई कॉलेज और विश्वविद्यालयों में शिक्षण कार्य किया। स्टेज पर गाना गाया, नृत्य किया, अमेरिका में चल रहे विभिन्न आन्दोलनों में सक्रिय भागीदारी की। विश्वविद्यालयों ने उसे 60 ऑनररी डॉक्टरेट की डिग्रियाँ दी हैं। इस स्त्री का नाम है माया एंजेलो, पूरा नाम है मार्गुरीटा ऐनी जॉनसन।

माया का जन्म अमेरिका के दक्षिण भाग के सेंट लूई मिसौरी में 4 अप्रेल, 1928 को हुआ। सब बहुत प्रसन्न थे। घर, पूर्ण परिवार का माहौल बड़ा खुशनुमा था। एक साल बड़ा भाई बेली अपनी छोटी बहन पर जान छिड़कता। वह माया का खूब ध्यान रखता पर बेचारा माया का पूरा नाम मार्गुरीटा नहीं ले पाता था अतः वह उसे 'माई सिस्टर' बुलाया करता। बाद में वह उसे संक्षिप्त करके 'माई' बुलाने लगा और अन्त में 'माया' कहने लगा। आगे चल कर जब माया को स्टेज के लिए एक नाम की

जरूरत पड़ी तो उसने अपना स्टेज नाम 'माया' ही चुना और आज वे इसी नाम से विश्व में विख्यात हैं। माया बार-बार लिखती हैं कि उनका भाई बेली अश्वेत और बहुत सुन्दर था। उसने उन्हें उनका नाम दिया, उन्हें सुरक्षा दी, शिक्षित किया और उन्हें बताया कि वे स्मार्ट हैं। वह यह भी कहता कि वो उसके जितनी स्मार्ट नहीं है मगर औरों से अधिक स्मार्ट है, सबसे ज्यादा स्मार्ट वह खुद था इसमें कोई शक नहीं है।

भाई-बहन एक दूसरे का बहुत बड़ा सहारा होते हैं। इनका बचपन संग में गुजरता है, वे एक साथ खेल-कूद कर बड़े होते हैं। बाद में वे एक-दूसरे के सुख-दुःख के भागीदार बनते हैं। 'इंसीडेंट्स इन द लाइफ ऑफ ए स्लेव, गर्ल रिटन बाई हरसेल्फ' की हैरिएट एन ब्रेंट जेकब्स और उसके भाई जॉन एस जेकब्स की तरह माया और उसका भाई बेली एक दूसरे के बहुत करीब थे। फर्क यह था कि बेली माया से एक साल बड़ा था जबकि एन ब्रेंट हैरिएट से उसका भाई जॉन एस जेकब्स दो साल छोटा था। इन भाई-बहन में ताजिन्दगी निकटता बनी रही। एक और अन्तर यह था कि जेकब्स गुलाम थे, माया और उसका भाई बाद में, एक दूसरी सदी में पैदा हुए थे और गुलाम नहीं थे। बेली स्वच्छता, कायदे और अच्छे बच्चे के रूप में परिवार में जाना जाता। परिवार के सब सदस्य अक्सर कहते कि माया को लड़का होना चाहिए था और बेली को लड़की। माया बचपन में साफ-सफाई पर उतना ध्यान नहीं देती थी जितना बेली देता था। वह शान्त स्वभाव का था। माया अपने इस भाई से सदैव बल पाती रही, परेशानी में सदा उसी के पास सबसे पहले पहुँचती, उसे ही अपने जीवन की गुप्त बातों से भी परिचित कराती। वह अपने भाई से कुछ नहीं छुपाती थी। कभी जब वह नजदीक नहीं होता तब भी माया बेली की याद, उसकी चीजों जैसे बिस्तर, कमरे में जाकर बल पाती। जब-जब वह किसी कठिनाई में पड़ी, कोई द्विविधा हुई वह बेली के पास दौड़ती और बेली हमेशा उसकी सहायता करता। जरूरत होने पर पत्र लिख कर सलाह माँगती। वह उसे सदा सही सलाह देता।

बेली उम्र में बड़ा था परन्तु वह लम्बाई में माया से सात इंच छोटा था। वह केवल पाँच फीट चार इंच लम्बा था। माया की लम्बाई छह फीट थी। बेली माया को सदा उत्साहित करता और कहता कि वह कुछ भी कर सकती है। वह कहा करता कि मैं जितना बुद्धिमान हूँ, तुम भी उतनी बुद्धिमान हो। हालाँकि वह मानता था कि वह जीनियस है, माया उसकी इस बात से सहमत थी कि बेली जीनियस है। भाई यह भी कहा करता कि बहन खूबसूरत है और वह कुछ भी कर सकती है। भाई के इस अगाध विश्वास का फल हुआ कि माया ने जीवन में जो चाहा सब किया। जो किया पूरे मन से किया। जीवन में एक भी व्यक्ति का विश्वास मनुष्य को अपार शक्ति देता है। माया को अपने भाई बेली से सदा शक्ति मिली। बेली माया का भाई

था, पहला मित्र था और मजबूत सहारा था। ऐसा भी समय आया जब दोनों के रास्ते अलग हो गये। किशोरावस्था में बेली घर छोड़ कर अलग रहने लगा। दोनों उस समय बिना पतवार की नाव की भाँति डोल रहे थे। बेली नशे का गुलाम हो गया था। माया को भाई का बिछोह बहुत कष्ट देता। कुछ समय बाद वे फिर मिल गये और दोनों का ताउम्र सम्बन्ध बना रहा। माया के अनुसार जब बेली साथ में नहीं रहता तब भी वह और उसकी स्मृति उसकी सहायता करती।

माया के माता-पिता का स्वभाव एक-दूसरे से बहुत भिन्न था। दोनों की लम्बे समय तक न बनी। घर का वातावरण अप्रिय रहने लगा। तनातनी इतनी अधिक बढ़ी कि अन्ततः दोनों ने तलाक ले लिया। तलाक के बाद बच्चों की देखभाल की समस्या खड़ी हुई। फैसला हुआ कि तीन साल की माया तथा एक साल बड़े उनके भाई बैली को उनकी दादी के पास स्टैम्प्स भेज दिया जाए। भेजा भी कैसे गया, दोनों की कलाई में उनकी दादी का पता लिखा हुआ कागज का एक टुकड़ा बँधा हुआ था जिस पर यह भी लिखा था कि बच्चों को इस स्थान पर पहुँचा दिया जाए। जिस आदमी के साथ उन्हें भेजा गया था वह अरिजोना में उतर कर कब का जा चुका था। बच्चों के पास उनका पता टैग था। वे नहीं जानते थे कि उन्हें क्यों और कहाँ भेजा जा रहा है। शुक्र है दोनों सही-सलामत स्टैम्प्स पहुँच गये। जहाँ दादी मिसेज एनी हेंडरसन एक स्टोर चलाती थीं। माया की आत्मकथा का पहला भाग 'आई नो व्हाई कैज्ड बर्ड सिंग्स' अश्वेत होने की दहशत, अपमान और दर्द को बड़ी मार्मिकता से चित्रित करता है। यह विस्थापन के दर्द को दर्शाता है।

दादी को बच्चे मोमा कहते। मोमा बहुत संयमित महिला थी। उनकी दादी एक बहुत ही साहसी स्त्री थीं। मोमा का अपने समाज में बहुत सम्मान था। वे धर्मभीरु महिला थीं। बच्चों को भी कठोर अनुशासन और ईसाई धर्म के मूल्यों के साथ पाल रही थीं। माया के जीवन पर इन धार्मिक मूल्यों का बहुत गहरा प्रभाव रहा है। बाद में माया एक साक्षात्कार में बताती हैं कि वे क्रिश्चियन हैं, वैसी ही क्रिश्चियन होने का प्रयास करती हैं जैसा कि एक मुसलमान होता है, जैसा कि एक बौद्ध होता है, जैसा कि एक जोरास्ट्रियन होता है। मोमा को देख कर लिंडा ब्रेंट की नानी की याद आती है, वह भी एक बहुत मजबूत महिला थी और मेहनत करके उसने इज्जत कमाई थी। वह इतनी मजबूत थी कि डॉक्टर फ़्लिंट को फटकारने की हिम्मत रखती है। माया ने कभी नहीं पाया कि उनके किसी भी उल्टे-सीधे काम से मोमा के मन में माया के प्रति दुर्व्यवहार आया हो, या उनका प्रेम कम हुआ हो। अगर कभी माया का काम उन्हें पसन्द नहीं आता तो भी वे स्पष्ट शब्दों में उन्हें समझा देतीं पर प्रेम-प्यार में कोई कोताही नहीं करतीं। जब भी माया किसी मुसीबत से घिरती मोमा सदा सहानुभूति से पेश आती और सहायता को तत्पर रहतीं।

मोमा ने पहले अकेले अपने दो बेटों को पाला-पोसा, फिर शारीरिक रूप से अक्षम अपने छोटे बेटे और बड़े बेटे के दो बच्चों की देखभाल की। माया के बाबा एक स्त्री के प्रेम में पड़ कर दूर जा चुके थे। मोमा ने अपना बिजनेस 1900 में प्रारम्भ किया। पति के चले जाने के बाद वे मिल मजदूरों को खाने-पीने की सामग्री बेचा करती। पहले आरा मिल मजदूरों को सामान बेचती फिर चार मील दूर जाकर कॉटन-जिन मिल के मजदूरों को खाने का सामान बेचतीं। वे पूरे दिन भाग-भाग कर काम करतीं। बाद में उन्होंने अपना स्टोर खोल लिया जिसका नाम 'जॉनसनब जनरल स्टोर' था जो जल्द ही केवल स्टोर के नाम से जाना जाने लगा। मोमा का अपने ग्राहकों के साथ बहुत अच्छा सम्बन्ध था। वक्त-बेवक्त वे उनकी सहायता किया करती थीं। कई बार श्वेत लोग भी वक्त जरूरत उनसे उधार लेते थे। मोमा माया के जीवन में प्रकाश स्तम्भ की तरह थीं। हर मुसीबत में माया मोमा की कही सूक्तियों को याद करती और मुसीबत से लड़ने में उसे इन सूक्तियों से शक्ति मिलती।

उस समय अमेरिका के दक्षिण में अश्वेत जीवन दहशत भरा था। बीसवीं सदी के पूर्वार्द्ध में अमेरिका में अश्वेत होना बहुत बड़ा अभिशाप था, कानूनन गुलामी समाप्त हो चुकी थी पर समाज कानून से नहीं चलता है, वह चलता है लोगों की मान्यताओं से। इस समय भी अमेरिका में श्वेत समुदाय के लोग अश्वेत नागरिकों को मनुष्य मानने को राजी न थे। समाज में खासकर अमेरिका के दक्षिण हिस्से में नस्ल भेदभाव पूरी तौर पर व्याप्त था। आज भी दावे के साथ नहीं कहा जा सकता है कि नस्लवाद, रंग भेदभाव, लिंग भेदभाव पूरी तरह से समाप्त हो गया है। उस समय श्वेत मनमाने ढंग से उन्हें सताते, 'कू क्लक्स क्लान' के सदस्य कभी भी आते और घरों में आग लगा देते, उन्हें मारते-पीटते, हत्या कर देते। गरीब श्वेत स्त्रियाँ, बच्चे भी अपनी नस्ल को महान मानते हुए दुष्टता करना अपना जन्मसिद्ध अधिकार मानते थे। अश्वेतों के लिए इस स्थान में यह समय बहुत भयंकर था। पुलिस-प्रशासन भी श्वेतों का था और श्वेतों के ही पक्ष में था। हाँ, शैरिफ आकर इत्तला कर जाता कि आज आक्रमण होने वाला है, बच कर रहना। पर वह खुद इनकी रखवाली और सुरक्षा के लिए कुछ नहीं करता। श्वेत लडकियाँ-औरतें स्टोर में खरीददारी करने आती और अगर माया का अपंग मामा काउंटर पर होता तो खरीददारी करके बिना कोई रकम चुकाए चल देतीं। अगर रकम माँगी जाती तो तुरन्त शोर मचाती कि उसने उनके साथ गलत व्यवहार किया है जिसका नतीजा बहुत भयंकर हो सकता था। अतः दादी जब इन ग्राहकों को आता देखती तो बेटे को छिप जाने के लिए कहती। जब 'कू क्लक्स क्लान' का आक्रमण होता उनके अंकल को दादी आलू-प्याज के नीचे दबा कर अदृश्य रखतीं। अश्वेत अत्याचार का एक और उदाहरण इस आत्मकथा में देखने को मिलता है। उस इलाके की गरीब, पर श्वेत तीन लड़कियाँ

(पोव्हाइटट्रैशगर्ल्स) खासकर बहुत दुष्ट प्रकृति की थीं, जब-तब आकर वे दादी का अपमान करतीं, मुँह चिढ़ातीं, अपशब्द कहतीं। उन्हें उत्तेजित करने का भरसक प्रयास करतीं। मगर दादी शान्त रहतीं। दादी के इस व्यवहार से पोती पहले दुःखी-परेशान होती है, बाद में उसे दादी के आत्मसम्मान पर गर्व होता है। उन गन्दे लोगों के व्यवहार के एवज में दादी का कथन बहुत मानीखेज है, वे रोती हुई माया से कहती हैं, जाओ अपना मुँह धो लो।

माया एंजेलो की आत्मकथा का पहला भाग 'आई नो व्हाई द केज्ड बर्ड सिंग्स' की शुरुआत एक ईस्टर संडे को चर्च में होती है जहाँ माया एक बच्ची के रूप में त्योहार की पोशाक पहने अपनी मोमा (दादी) का पल्लू पकड़े खड़ी है। वह खुद को बदसूरत मानती-जानती है और चाहती है कि किसी तरह एक गोरी बच्ची में बदल जाए क्योंकि गोरी बच्ची को सब चाहते हैं। वह जीसेस की तरह पुनर्जीवित होना चाहती है। जब उसे लगता है कि यह सम्भव नहीं है तो रोती हुई वहाँ से घर की ओर भागती है, रास्ते में उसकी पेशाब निकलती जाती है, उसके कपड़े खराब हो जाते हैं। शर्म, अपमान से बुझी हुई यह बच्ची आत्मकथा के अन्त में एक व्यक्ति के रूप में आती है। आत्मविश्वासी, स्वाभिमानी, खुश स्त्री के रूप में उपस्थित है। वह एक गर्वीली माँ है जिसे अपने अश्वेत बच्चे को लेकर कोई शर्म नहीं है। वह केवल सोलह साल की है, अनब्याही माँ अपने नवजात को निहार रही है। यह दुःख से भरी एक गर्वीली लड़की की जीवनी है, वह आहत है पर नष्ट नहीं हुई है। यह लड़की मासूम है मगर बेवकूफ नहीं, त्रासदी से मरती नहीं है वरन् खरी बन कर निकलती है। यह एक स्त्री की संघर्ष गाथा है, एक बच्ची के युवा होने 'कमिंग ऑफ एज' की सच्ची दास्तान है। अफ्रो-अमेरिकन स्त्री रचनाकार माया एंजेलो दिखाती हैं कि स्त्री होना क्या है, अफ्रो-अमेरिकन स्त्री होना क्या है। उनकी आत्मकथा दहशत, दुःख, चिन्ता और इसके विरोध में उठ खड़े होने का चित्रण है।

गुलामी समाप्त होने के काफी समय बाद तक अश्वेत लोग श्वेत मूल्यों के आधार पर खुद को जाँचते-परखते रहे और खुद को हीन मानते रहे। अमेरिका के अश्वेतों ने श्वेत लोगों के नजरिये को आत्मसात् किया हुआ था इसीलिए माया एंजेलो बताती हैं कि जब उनके आसपास के सब लोगों का स्वप्न गोरी गुड़िया हो तो वे भला इससे कैसे बचतीं। वे भी गोरी होना चाहती थीं, काला होना बदसूरत होना था। बचपन से वे सोचती थीं कि वे बहुत बदसूरत हैं, किसी ने उनकी इस सोच का खंडन नहीं किया। किसी ने कभी नहीं कहा कि वे एक सुन्दर बच्ची हैं। उन्होंने एक बार अपनी मित्र लेखिका रोजा गे को लिखा कि बचपन में वे सोचती थीं कि बेहद कुरूप हैं और किसी ने उनकी इस सोच का खंडन नहीं किया। उनकी मोमा (दादी) ने भी कभी इस गलती को नहीं सुधारा जबकि वे उन्हें बहुत प्यार करती

थीं। उनके 'काले स्वप्न' से उन्हें छुटकारा नहीं मिल सकता है। बचपन में वे चाहती थी कि जीसेस क्राइस्ट की तरह उनका भी पुनर्जन्म हो। मगर उन्हें इस बात की व्यर्थता पता थी कि क्राइस्ट की तरह उनका पुनर्जन्म नहीं होगा, वे दूसरे जन्म में गोरी, सुन्दर और परफैक्ट बन कर पैदा नहीं होंगी। इस दुःख से वव इतनी परेशान हो गयी कि चर्च से रोती हुई घर भाग आयी। रास्ते भर रोती रही और कपड़े भी गीले हो गये। जब समाज कहता है आकर्षक होने का मतलब गोरा होना है तो ऐसा हीन भाव पैदा होगा ही। लेकिन अपनी आत्मकथा के पहले भाग के अन्त में माया एंजेलो एक मजबूत स्त्री के रूप में उभरती हैं।

पहले माया के लिए श्वेत लोगों के मूल्य महत्त्वपूर्ण थे, उसने जाने-अनजाने इन्हें आत्मसात् किया हुआ था। उसके आस-पास के लोग भी अश्वेत होने के बावजूद बातों को, लोगों को श्वेत पैमाने पर तौलते थे। वह सोचती थी कि वह बहुत सुन्दर गोरी-चिट्टी पैदा हुई थी मगर एक ईर्ष्यालु परी ने उसे बदसूरत बना दिया, एक दिन उसकी गॉडमदर परी आयेगी और उसे फिर से सुन्दर बना देगी। यह बात वह भाई बेली को बताती है। माया बहुत संवेदनशील बच्ची थी, उसे कहीं अपनी नस्ल पर गर्व भी था। उसे अपने आदर्श इंग्लिश नॉवेल से मिले थे। उसमें खुद सोचने-समझने और निश्चय करने की क्षमता थी। अतः उसकी सोच मिश्रित समझ का प्रतिफल थी। मिस फ्लॉवर को भी वह इसी मिश्रित मापदंड पर तौलती है। मिस फ्लावर का व्यक्तित्व प्रभावशाली था। माया सहज रूप से उसकी ओर आकर्षित होती है। वह उसे नीग्रो होने का गर्व देती। रंग के अलावा सब फिल्म और किताबों जैसा था। यही रंग उसे यह विशिष्टता प्रदान करता था। इस रंग पर माया को गर्व है।

आत्मकथा लिखने के लिए बहुत साहस की आवश्यकता होती है। माया एंजेलो ने यह साहस किया है, उनकी आत्मकथाएँ, खासकर पहला भाग 'आई नो व्हाई द केज्ड बर्ड सिंग्स' स्कूल-कॉलेज में पढ़ने-पढ़ाने के लिए प्रयोग होती है। आत्मकथा लिखना एक तरह से मोचन है, अपने जीवन की सार्वजनिक स्वीकृति। माया एंजेलो आत्मकथा लिख कर मुक्त हो गयी। एक बार उनसे किसी ने पूछा, आपका जीवन इतनी कठिनाई से बीता है पर आप नस्ल भेदभाव की बात नहीं करती हैं। उनका उत्तर था, मुझे इसके (नस्लवाद) के पार जाना ही था। अगर मैं ऐसा न करती तो वे लोग (नस्लवादी) जीत जाते। अगर मैं उनकी ही बात को घोंटती रहती तो मैं उनका अनुमोदन कर रही होती। उन्होंने जीवन में उधार के मूल्यों को उतार फेंका और अपनी शर्तों पर जीने का निश्चय किया। नतीजन जो वे हो सकती थीं, आज वे वही हैं। एक व्यक्ति, एक मनुष्य।

उनके आत्मकथा लिखने की बात कैसे मेढ़ चढ़ी आज यह बात सर्वविदित है। अपने साक्षात्कारों, अपने लेखन में इसे वे विस्तार से बताती हैं। इस बात का उल्लेख

उनकी आत्मकथा के पहले भाग के आभार में भी आया है। एक दिन वे अपने मित्र प्रसिद्ध अफ्रो-अमेरिकन लेखक जेम्स बॉल्डविन के साथ खाने के लिए गयी थीं, उनके साथ जूल्स और जूडी फेफर भी थे। वे तीनों खूब बातूनी थे उनका साथ देने के लिए माया भी बातें करने लगीं। बातचीत के दौरान उन्होंने अपने जीवन के कुछ अनुभव सुनाये। जूडी फेफर की एक एडीटर से मित्रता थी। अगले दिन जूडी फेफर ने रैंडम हाउस के एक एडीटर बॉब लूमिस को फोन किया और कहा कि क्यों नहीं वे लोग माया से आत्मकथा लिखवाते हैं। बॉब लूमिस को विचार जम गया उसने माया एंजेलो को तत्काल फोन लगा कर आत्मकथा लिखने के लिए कहा। माया ने बिल्कुल मना कर दिया। उन्होंने कहा कि वे किसी भी हालत में यह नहीं करने वाली हैं। उस समय वे खूब व्यस्त थीं, अफ्रीकी और अश्वेत अमेरिकन संस्कृति पर जम कर काम कर रही थीं। बॉब लूमिस को इनकार करके वे अपने काम से कैलीफोर्निया चली गयीं। बॉब ने बार-बार फोन किया और हर बार माया ने मना किया। एक दिन बॉब लूमिस ने फिर से जेम्स बॉल्डविन से बात की। जेम्स माया को अच्छी तरह जानते थे उन्हें मालूम था यदि माया को चुनौती दी जाए तो वे कभी पीछे न हटेंगी। उन्होंने बॉब को उपाय बताया। बॉब ने फिर से एक बार माया को फोन किया। इस बार कहा कि मैं अब तुम्हें और अधिक तंग नहीं करूँगा। इस काम के लिए और नहीं कहूँगा, कारण है मुझे लगता है यह तुमसे नहीं होगा। साहित्य की विधा के रूप में आत्मकथा लिखना करीब-करीब असम्भव है। तीर निशाने पर लगा। माया को यह एक बड़ी चुनौती लगा। उन्होंने कहा कि क्या कह रहे हो? भला मैं क्यों नहीं लिख सकती हूँ? मैं तो अवश्य लिखूँगी। फिर तो उन्होंने मुड़ कर नहीं देखा, एक के बाद एक आत्मकथाओं के भाग आते चले गये।

माया ने सोचा अगर वे एक किताब लिखेंगी तो उन्हें मनुष्य की आत्मा का परीक्षण करना होगा। आत्मा जो सदा ऊपर उठती है, भविष्य की कठिनाइयों के बावजूद जो सदैव चमकती है। शारीरिक दुःख-दर्द और मानसिक क्रूरता से ऊपर उठती है। जो बलात्कार और दुर्व्यवहार के बाद भी ऊपर उठती है, और किसी प्रकार के शोषण का शिकार होने से इनकार करती है। जो उठती है और आगे-आगे बढ़ने को तैयार रहती है। बलात्कार के बाद जब माया ने बोलना बन्द कर दिया था और अपनी मोमा के पास आरकांसस में रह रही थी तब उन्होंने बच्चों की एक कविता पढ़ी थी वह कविता उन्हें याद आयी। बचपन में पढ़ी-सुनी बातें जीवन भर साथ देती हैं। इस कविता का भाव कुछ यूँ था कि तुम मुझे कितना भी नीचा दिखाओ, मैं उतनी ही ऊँची भूमि पर जाऊँगी। यही याद करते हुए उन्होंने अपनी आत्मकथा के पहले भाग की पहली पंक्ति लिखी, ''मुझे क्या देख रहे हो, मैं यहाँ रहने नहीं आयी हूँ।'' उनकी एक प्रसिद्ध कविता का शीर्षक ही है, 'स्टिल आई राइज'।

शुरू में माया एंजेलो का विचार था कि वे छोटा-सा कुछ लिख देंगी और काम खतम हो जाएगा, वे फिर से अपने नाटक, स्क्रिप्ट और काव्य की दुनिया में लौट जाएँगी। लेकिन जब लिखना शुरू किया तो लिखती चली गयीं। एक नहीं, दो नहीं, छह भाग में आत्मकथा लिखी। पहला भाग 'आई नो व्हाई द केज्ड बर्ड सिंग्स' लिखा। इस भाग में उन्होंने अपनी सोलह साल की उम्र तक को चित्रित किया है। आत्मकथा लिखना एक नशे की तरह होता है, लिखने लगे तो लिखते ही जाते हैं रचनाकार। माया के अनुसार आत्मकथा काफी लुभावनी होती है। इसका चस्का लग जाता है। उन्होंने अगले तीन भाग दस साल से कम समय में लिख डाले थे। 'गैदर टूगेदर इन माई नेम', 'सिंगिंग एंड स्विंगिंग एंड गेटिंग मेरी लाइक क्रिसमस', 'द हार्ट ऑफ अ वूमन', 'ऑल गॉड्स चिल्ड्रन नीड ट्रेवलिंग शूज' उनकी आत्मकथाओं के अगले चार भागों के नाम हैं। छठा भाग 'ए सांग फ्लंग अप टू हेवन' 2002 में आया है। यह किताब पाँच सप्ताह तक न्यूयॉर्क टाइम्स की बेस्ट सेलर लिस्ट पर रही। यह लिखना उनके लिए काफी कठिन था, इसे लिखने में उन्हें छह वर्ष का समय लगा। इसे लिखते समय उनके भाई बेली जूनियर की मृत्यु हुई।

माया और उनका भाई बेली सोचते थे कि उनके माता-पिता मर चुके हैं, वे लोग अनाथ हैं। ऐसा उनसे किसी ने कभी कहा नहीं था पर बच्चे ऐसा सोचते थे। एक दिन उन्हें माता-पिता से क्रिसमस पर उपहार मिलता है। दोनों भाई-बहन इस बात से बहुत चक्कर में पड़ जाते हैं। फिर एक दिन उनका पिता बेली सीनियर उनसे मिलने आता है। वह अच्छी इंग्लिश बोलता है, खूब लम्बा-चौड़ा है। लेकिन उन्हें उसके व्यवहार से बहुत खुशी नहीं होती है। बाद में बेली पिता से घुल-मिल जाता है। माया के लिए पिता अजनबी बना रहता है। वैसे माया पिता से बहुत प्रभावित है। वह दोनों भाई-बहन को ले जाकर अपनी पत्नी यानी उनकी माँ के पास सेंट लुई में छोड़ देता है। जब माया करीब छह वर्ष की बालिका थी उसे फिर से उसकी माँ के पास रहने के लिए भेज दिया गया। उसकी माँ विवियन बैक्स्टर उस समय अपने बॉयफ्रेंड फ्रीमैन के साथ रह रही थी। माया की माँ एक बहुत खूबसूरत स्त्री थी। वह बहुत दबंग एवं तानाशाही प्रवृति की महिला थी जो न केवल व्यापार में कुशल थी वरन् किसी की बेजा बात कभी नहीं सुनती थी। उसने अपने बच्चों खासकर माया को सदा सच बोलने, और जो किया है उसका दायित्व लेने को प्रेरित किया। सदा कहा कि अपना काम डंके की चोट पर करो, जो करो, मन से करो, खुद करो और उसके परिणाम को स्वीकारो।

मोमा, मोमा का घर और पूरा दक्षिण विवियन बैक्स्टर, उसकी माँ (माया की नानी), वहाँ का घर, पूरा वातावरण बहुत भिन्न था। मोमा को खुले बाल पसन्द नहीं थे अतः माया की चोटियाँ गुथी होतीं जबकि विवियन अपने बालों का आकर्षक जूड़ा

बनाती थी। विवियन खूब शृंगार करती, रूज-लिपिस्टिक लगाती, फैशनेबल कपड़े पहनती। रिकॉर्ड प्लेयर पर ब्लूज और जॉज संगीत सुनती, जुआघर चलाती, क्लब-होटल में डांस करती। खूब हँसना, जोर-जोर से बोलना होता रहता। नानी और भी दबंग महिला थी। मामा लोग एक से बढ़ कर एक शातिर किस्म के आदमी थे। मोमा के यहाँ रेडियो पर भजन, खबर सुनना बड़ी बात थी। कुश्ती प्रतियोगिता का सीधा प्रसारण हो रहा हो और एक प्रतियोगी अश्वेत हो तो वे अवश्य कमेंट्री सुनते। माया को माँ, नानी से परिचित होने में काफी समय लगा।

जब माया करीब सात साल की थी माँ के बॉयफ्रेंड फ्रीमैन ने माया के साथ बलात्कार किया। वह पहले कई बार कोशिश करता है, माया बच्ची थी, वह समझी नहीं। मगर सहज बुद्धि से उसने प्रतिरोध किया। उसने कहा कि यदि वह यह बात किसी को बताएगी तो वह उसके भाई को मार डालेगा। ठीक यही बात डॉ. फ़्लिंट लिंडा ब्रेंट से कहता है। 'इंसीडेंट्स इन द लाइफ ऑफ ए स्लेव गर्ल' में डॉ. फ़्लिंट कहता है कि वह लिंडा को मार डालेगा यदि वह किसी से शिकायत करेगी। उसे कब्र की तरह शान्त रहना है वरना अच्छा नहीं होगा। वह उसे मार डालेगा, इतना ही नहीं मौत से भी ज्यादा बुरा हाल करेगा। ये अत्याचारी अत्याचार करते हैं और धमकी भी देते हैं। भीतर से डरी हुई माया शारीरिक और मानसिक सदमे को अपने आप में पीती रही जिसके फलस्वरूप उसकी तबियत बहुत खराब हो गयी। माँ को पता चला मगर माया किसी का नाम बताने को तैयार न थी।

माया का बलात्कार हुआ उसे धमकी दी गयी फिर भी भाई के ढाँढस देने पर माया यह बात अपने भाई को बताती है, दोनों भाई-बहन उस दिन खूब रोते हैं। माँ और नानी उस पर मुकदमा करती हैं। उस आदमी पर मुकदमा चला। मगर बच्ची मानसिक रूप से उस व्यक्ति के चंगुल में थी। माया पर उस आदमी का भय सवार था। उस आदमी के इशारे पर माया ने गलत बयान दिया और वह व्यक्ति छूट गया। पर जल्द ही उसकी हत्या हो गयी। माया के मामाओं ने उसे मारा था। बच्ची माया को लगा कि उसके गलत व्यवहार के कारण ही वह मरा है। माया ने खुद के बोलने पर पाबन्दी लगा ली। पाँच साल तक वह सिर्फ अपने भाई से बात करती और किसी से नहीं। नानी बहुत दबंग महिला है। माया के इस न बोलने के व्यवहार से उनकी माँ, नानी, मामा और ननिहाल के परिवार के सब लोग बहुत गुस्सा थे। वे लोग उसकी मानसिक स्थिति समझ नहीं सकते थे। विवियन ने माया को हँसने-बुलाने का काफी प्रयास किया। माँ विवियन को जब लगता है कि वह बच्चों को सँभाल नहीं सकती है तो फिर से उनकी दादी के पास रहने के लिए भेज दिया जाता है। इन बच्चों का कई बार विस्थापन होता है। बच्चे न हुए कोई असबाब हो गये जब जहाँ चाहा पार्सल कर दिया। बचपन में उनकी कई बार शंटिंग होती है। उनकी

समझ से बाहर और उनकी दृष्टि में बेवजह इस बार-बार के विस्थापन का दर्द-कठिनाई उन्हें हर बार झेलनी पड़ती है। बेली जूनियर को अपनी माँ बहुत अच्छी लगती है वह माँ के करीब आ गया था, उसे माया पर गुस्सा आता है। वह माया से कुछ दिनों के लिए विमुख हो जाता है। माया के लिए यह बहुत दर्दनाक है। बच्चों की दुनिया, उनके विचारों, उनके स्वप्नों, व्यवहारों का बहुत मासूम और सशक्त चित्रण है इस आत्मकथा में।

वयस्क लोग अक्सर बच्चों को अपने ही मापदंड पर तौलते हैं। वे बच्चे की मानसिकता की कतई चिन्ता नहीं करते हैं और बस उसके व्यवहार का मनमाना अर्थ लगाते रहते हैं। माया पत्थर हो गयी थी। स्टैम्प्स में माया के मौन के कारण लोग उसे बेवकूफ, मानसिक रूप से अपंग मानने लगे। बेली उसका सबसे बड़ा सम्बल था। मानसिक और संवेगात्मक रूप से वह उसी पर निर्भर थी। एक शिक्षिका मिस बेर्था फ्लॉवर्स ने उसे पढ़ने-लिखने की सलाह और प्रेरणा दी। पढ़ने का चस्का भाई-बहन को पहले से था, मिस फ्लॉवर्स ने उसे चुनिन्दा साहित्यिक किताबों से परिचित कराया। इस स्त्री ने माया को डिकेंस, शैक्सपीयर, डगलस जॉनसन, एनी स्पेंसर, डब्ल्यू ई. बी. डूबोइस, पॉल लावरेंस डुन्बेर, फ्रांसेस हार्पर, जेस्सी फॉसेट आदि प्रसिद्ध लेखकों से परिचित कराया। उसे जोर-जोर से पढ़ने के लिए प्रेरित किया। लिखने के लिए उसी ने माया को उकसाया। इसका नतीजा हुआ माया का आत्मविश्वास लौटने लगा। वह लोगों से घुलने-मिलने लगी।

मिस फ्लावर से मिलना माया का कायाकल्प होना था। उसकी एक-एक बात माया को उसकी पहचान देती है। पहचान जो पहले की पहचान से भिन्न है। मिसेज एनी हैंडरसन की पोती की तरह या बेली की बहन की तरह की पहचान नहीं, मार्गरीटा की अपनी पहचान मिलती है उसे मिस फ्लॉवर के व्यवहार से। माया के पुनः बोलने लगने के पीछे इस टीचर का बहुत बड़ा हाथ है। यह टीचर उसे किताबों की बड़ी दुनिया से परिचित कराती है। उसे जोर से पढ़ने को प्रेरित करती है। कविता लिखने को उत्साहित करती है। वह कहती है कि कागज पर शब्द हैं मनुष्य की आवाज उन्हें गहन अर्थ प्रदान करती है। बच्ची माया पहले मिस फ्लॉवर को अलौकिक समझती है, जब उसके घर से खाने-पीने की खुशबू आती है तो माया को आश्चर्य होता है कि मिस फ्लॉवर भी आदमियों की तरह खाती-पीती है। वह भी अन्य लोगों की तरह है। माया की मासूमियत का फायदा उठा कर फ्रीमैन उसके साथ बलात्कार करता है। मिस्टर फ्रीमैन के जघन्य अत्याचार और उसके बाद की घटनाओं के बाद भी माया की मासूमियत बरकरार रहती है। फ्रीमैन ने भले ही उसके शरीर का शोषण किया था, उसकी आत्मा को चोट पहुँचायी थी पर वह भीतर से दूषित नहीं हुई है, उसकी पवित्रता, उसकी सच्चाई, उसका निर्मल हृदय अभी कायम है।

चोटीले अतीत से निकल कर स्वस्थ हुई माया 'लेटर टू माई डॉटर' में सन्देश देती है, "हो सकता है आपके साथ जो होता है, उन सारी घटनाओं पर आपका नियन्त्रण नहीं हो, लेकिन आप निश्चय कर सकते हैं कि उनके कारण आप कमजोर नहीं हो जाएँगे।" उनकी प्रसिद्ध कविता का शीर्षक है, 'एंड स्टिल आई राइज'। उनके लेखन की दो थीम हैं, 'अश्वेतों की अजेय आत्मा और सशक्त, गर्वीली स्त्री'। माया एंजेलो का पहला काम उनकी चालीस बरस की उम्र में प्रकाशित हुआ। आज स्थिति यह है कि उनकी आत्मकथा के पहले भाग के 1969 में प्रथम प्रकाशन के बाद से अब तक करीब दो दर्जन सजिल्द संस्करण प्रकाशित हो चुके हैं और पेपरबैक के तीस से अधिक संस्करण छप चुके हैं, माँग अभी भी बराबर बनी हुई है।

'आई नो व्हाई द केज्ड बर्ड सिंग्स' में कुछ बहुत मासूम बातें, कुछ हास्य से भरी बातें आती हैं। माया बहुत मासूम है जब मिस ग्लोरी बताती है कि मिसेज कलिनान को बच्चे नहीं हो सकते हैं क्योंकि उसकी हड्डियाँ नाजुक हैं। अतः माया सोचती है कि मिसेज कलिनान बहुत मोटी है, मांस की उन परतों के बीच हड्डी होगी कहाँ? जब ग्लोरी कहती है कि मिसेज कलिनान के स्त्री-हिस्से डॉक्टर ने निकाल दिये हैं तो माया सोचती है जैसे सूअर की आँत, फेफड़ा, लीवर और दिल निकाल दिये जाते हैं वैसे ही मिसेज कलिनान के भी निकाल दिये गये होंगे। वह यह भी सोचती है कि शायद इसीलिए वह दिन-रात शराब पीती रहती है ताकि भीतर लेप लगा रहे। मिसेज कलिनान मार्गरीटा का नाम संक्षिप्त करके उसे माग्रेट बुलाती थी। माया सोचती थी कि बिचारी लम्बा नाम नहीं ले सकती है, चलो ठीक है। लेकिन जब वह सुनती है कि मिसेज कलिनान की सहेली उसे सिखाती है कि मार्गरीटा बहुत लम्बा नाम है, उसे इस नाम से मत बुलाओ, उसे मेरी बुलाया करो। भीतर से खाली यह स्त्री अपने रंग के मद में उसका नाम ठीक से नहीं लेती है। अगले दिन से उसे मेरी बुलाने लगती है। किसी भी व्यक्ति को अपना नाम बिगाड़ा जाना अच्छा नहीं लगता है। सबल-दबंग लोग अपने अधीन लोगों का नाम बिगाड़ कर अपना वर्चस्व कायम करना चाहते हैं। इससे उनकी क्रूर प्रवृति को आन्तरिक खुशी मिलती है। नस्लवाद के पोषक श्वेत लोग बहुत समय तक अश्वेतों को तमाम ऐसे नामों से पुकारते रहे जिससे उनकी गन्दी मानसिकता का पता चलता है। समय-कानून बदलने के बाद भी बहुत सारे श्वेत लोगों की मानसिकता नहीं बदली थी। मिसेज कलिनान की सहेली उसी क्षुद्र मानसिकता की थी। मिसेज कलिनान भी अपनी सहेली के कहे में आ जाती है। माया अश्वेत थी पर वह किसी को अपना फायदा नहीं उठाने देना चाहती थी। वह समझदार थी उसे यह बहुत बुरा लगता है। यह घमंड वाली बात माया की समझ में चेतन रूप में नहीं आती है। माया उसके कीमती बरतनों को तोड़ कर अपना गुस्सा, अपनी नाराजगी जाहिर करती है।

बहुत कठिन था बीसवीं सदी के पूर्वार्द्ध में अमेरिका के दक्षिण हिस्से में अश्वेत लोगों का जीवन। पूरा समाज दो भागों में विभक्त था। यह विभाजन चमड़ी के रंग पर आधारित था। नस्ल पर आधारित था। रंग और नस्ल जिसे हम खुद चुन नहीं सकते हैं। यह हमें स्वतः मिल जाती है। इसमें हमारे पास कोई विकल्प नहीं होता है, लेकिन इसका खामियाजा कुछ लोगों को सदैव भुगतना पड़ता है। आज भी। माया के बचपन के अमेरिका में, अराकांसा के स्टैंप्स कस्बे में नस्लभेद का एक हीन, बेसिर-पैर का अघोषित नियम था। एक बेतुका उदाहरण काफी होगा यह दिखाने के लिए, अश्वेत लोग वनीला आइसक्रीम खरीद कर नहीं खा सकते थे। इसलिए नहीं कि उनके पास इसके लिए पैसे नहीं थे, इसलिए क्योंकि वे काले थे। माया को इसका तीखा स्वाद कई बार मिलता है। पहले वह चुप रहा करती थी, दुःखी हो कर सह लेती थी। मगर कब तक? कब तक एक स्वतन्त्र चेता आत्मा को दबा कर रखा जा सकता है। माया को हर काम में एक साल बड़े अपने भाई बेली की स्वीकृति और सहायता प्राप्त है।

एक श्वेत स्त्री मिसेज वायोला कलिनान के घर में काम करने लगी माया दस साल की उम्र से। इस घर में मिस ग्लोरी रसोई सँभालती थी। घर घड़ी की सूई और जरूरत से ज्यादा अनुशासन से चलता था। हर चीज की जगह तय थी उसे उस जगह से हटाना पाप था, विद्रोह था, जिसकी सजा मिलनी ही थी। वहाँ ब्रेड प्लेट, सलाद प्लेट और डेजर्ट प्लेट अलग-अलग थीं, उन्हें मिलाया नहीं जा सकता था। लेकिन एक अश्वेत लड़की के नाम के साथ खिलवाड़ किया जा सकता था। पहले जब मिसेज कलिनान उसके पूरे नाम मार्गरीटा को मार्ग्रेट कहती है तब माया इस पर ज्यादा ध्यान नहीं देती है, सोचती थी कि मालकिन को उसका लम्बा नाम लेने में कठिनाई होती है इसलिए वह उसे छोटा करके बुलाती है। लेकिन जब मालकिन जानबूझ कर उसका नाम बिगाड़ती है तो वह सहन नहीं कर पाती है। बरसों से अश्वेतों को नीग्रो, निगर, जिग्स, डिन्जर, ब्लैकबर्ड, क्रो, बूट्स, स्कूप्स आदि, आदि नामों से बुलाया जाता रहा है। वे गुलाम थे पर आज के समय में उन्हें गलत नाम से बुलाना, गाली, अपशब्द नाम से सम्बोधित करना खतरे से खाली नहीं है। माया अपने भाई से यह बात साझा करती है। दोनों में मालकिन को इस दुष्ट कर्म की सजा देने की सहमति बनती है। मिस ग्लोरी बीस साल से मिसेज कलिनान के घर काम कर रही है उसका नाम हेलीलुजाह था यह बहुत लम्बा था इसलिए मालकिन ने इसे ग्लोरी बना दिया। ग्लोरी को अच्छा लगता है या नहीं, पर यह नाम छोटा है और उसे अच्छा लगता है, यह बात वह कहती है। वह यह भी इंगित कर देती है कि शारीरिक चोट से ज्यादा कष्ट बातों से पहुँचता है। वह यह बात अधूरे वाक्य में कहती है, वाक्य पूरा करने की उसकी हिम्मत नहीं है। अगर मालकिन निकाल

दे तो वह कहाँ जाएगी। माया के साथ ऐसी कोई मजबूरी नहीं है। उसे अपनी मोमा, अपने भाई का सहारा है। मोमा किसी हाल में उसे नौकरी नहीं छोड़ने देगी यह तय था। दूसरी ओर माया ऐसी जगह नौकरी नहीं करना चाहती थी जहाँ व्यक्ति के नाम की इज्जत न हो। उसे बेली का भावात्मक सहारा था। माया जानबूझ कर मिसेज कलिनान की सबसे प्यारी क्रॉकरी तोड़ती है। वह उसे उसका पूरा नाम लेने पर मजबूर करती है और इसके साथ उसकी नौकरी छोड़ देती है।

आज जब साहित्य में भाई-बहन की बात आती है तो सबसे पहले अरुन्धति रॉय के 'द गॉड ऑफ स्मॉल थिंग्स' की याद आती है। एस्था और राहेल जुड़वाँ भाई-बहन हैं। दोनों का जुड़ाव इतना गहरा और आत्मिक है कि एक जब कुछ खाता है तो दूसरे को उसका स्वाद मिलता है, जो स्वप्न एक देखता है वही उसी समय दूसरा भी देखता है। एक का कष्ट-दर्द दूसरे को अनुभव होता है। एक के साथ जो घटित होता है दूसरे पर उसका असर पड़ता है। इस उपन्यास में बच्चों के सामने एक अमानुषीय घटना होती है, दोनों बच्चे उससे प्रभावित होते हैं। इस घटना के फलस्वरूप भाई बोलना बन्द कर देता है और बहन उच्छृंखल जीवन जीने लगती है। अन्त में दोनों भाई-बहन एक दूसरे के दर्द की अनुभूति में निकट आते हैं और राहत पाते हैं। 'आई नो व्हाई द केज्ड बर्ड सिंग्स' में भी माया और बेली के बीच भाई-बहन का अटूट प्यार है, हालाँकि वे जुड़वाँ नहीं हैं। माया का भाई उससे एक साल बड़ा है। भाई का यही प्यार माया को सदैव संजीवनी देता है। वह अपने भाई बेली जूनियर से कभी कुछ नहीं छुपाती है। कुछ छिपाने पर उसे लगता है वह पाप कर रही है। बलात्कारी मिस्टर फ्रीमैन के मरने के बाद माया ने बोलना बन्द कर दिया था उसे लगता था वह बोलेगी तो लोग मर जाएँगे, इस समय भी वह केवल बेली से बात करती थी। उसे पक्का यकीन था कि वह उससे बात करेगी तब भी वह नहीं मरेगा क्योंकि वह उसे बहुत प्यार करती है। जब एक बार भाई ने उससे बोलना बन्द कर दिया था वह बहुत दुःखी हो जाती है। पूरा बचपन दोनों एक साथ गुजारते हैं। बड़े होने पर उनका जीवन अलग दिशाएँ लेता है। बेली अश्वेतों के साथ होने वाले भेदभाव से विचलित होकर अलग रास्ता अपनाता है। माया इस भेदभाव का भिन्न तरीके से प्रतिकार करती है। माया के लिए उसका भाई दुनिया का सबसे अधिक बुद्धिमान व्यक्ति था। भाई बेली माया को बुद्धिमान मानता था, कहता था। भाई की इस बात से माया को बल मिलता। जिन्दगी में किसी अपने का संग-साथ बहुत मायने रखता है। बाद में जब माया गर्भवती होती है तो वह यह बात पहले अपनी माँ को नहीं बताती है, बेली उन दिनों दूसरे शहर में रह रहा था। माया पत्र लिख कर उसे अपनी स्थिति बताती है। वह भी पत्र लिख कर उसे समझाता है कि अभी यह बात वह माँ को न बताए, अपनी सेहत का खूब ध्यान रखे।

दोनों भाई-बहन बचपन में बहुत सारे काम इकट्ठे किया करते थे। किताबें पढ़ना, तरह-तरह के खेल खेलना। जब ये थोड़े बड़े होते हैं, दोबारा मोमा के पास रहने आते हैं तब संग-संग फिल्म देखते हैं। कई बार बेली पहले अकेले देख आता फिर माया को संग लेकर देखता। इसका विशेष कारण था। ये बच्चे फिल्म देखते हैं क्योंकि इन्हें फिल्म की हिरोइन में अपनी माँ नजर आती है, वह उसी तरह रहती है जैसे इनकी माँ रहती है। माया को यह सोच कर मजा आता है कि गोरों को मालूम नहीं है कि जिस पर वे निछावर हो रहे हैं वह उनकी माँ की जुड़वाँ हो सकती है (यहाँ छिपा व्यंग्य और विडम्बना देखी जा सकती है)। फर्क यही है कि यह अभिनेत्री गोरी है, बच्ची सोचती है कि इससे क्या हुआ मेरी माँ उससे लाख गुना सुन्दर है।

माया के जीवन को दिशा-दशा देने में उसकी टीचर का महत्त्वपूर्ण हाथ है। "अज्ञानता को कभी सहन मत करो, लेकिन शिक्षा को समझ लो। यह बात सदा याद रखना कि बहुत सारे अनपढ़ लोग कॉलेज प्रोफेसर्स से अधिक बुद्धिमान होते हैं।" मिस फ्लावर्स की यह बात माया गाँठ बाँध लेती है। इसके पहले उसे अपनी मोमा की भाषा में व्याकरण की बहुत सारी गलतियाँ दिखाई देती थीं, वह इस बात से बहुत शर्मिन्दा अनुभव किया करती थी। भाषा सम्प्रेषण का माध्यम है, मोमा भले ही बोलते समय व्याकरण की गलतियाँ करती थी पर वह खुद को बहुत अच्छी तरह अभिव्यक्त करना जानती थी। इसीलिए जब तीन श्वेत लड़कियाँ उसका अपमान करती हैं तो उसकी चारित्रिक दृढ़ता देखते बनती है। माया की उम्र कम थी वह मोमा की इस चारित्रिक विशेषता को उस समय शब्द नहीं दे पाती है पर कहीं भीतर, अचेतन में वह अपनी मोमा के इस गुण को स्वीकारती है।

माया एंजेलो की आत्मकथा के छह भाग प्रकाशित हुए हैं। आगे और हो सकते हैं। इसी कारण वे विश्व भर में टीवी पर तथा विभिन्न स्थानों पर साक्षात्कार और बातचीत के लिए आमन्त्रित की जाती हैं। आत्मकथा लिखना आसान काम नहीं है। इस विधा का अर्थ है खुद को दूसरों के समक्ष निर्वस्त्र करना, अपनी अच्छाई-बुराई को सबके सामने रख देना। यह बहुत जिम्मेदारी का काम है, जरा-सी चूक इसे आत्मश्लाघा की खाई में ढकेल सकती है। दूसरी ओर इसमें आत्मदया की पुकार का खतरा है। एक अच्छी आत्मकथा मात्र एक व्यक्ति के जीवन का लेखाजोखा न हो कर अपने समय और समाज का चित्रण होता है। वह तत्कालीन समाज की मान्यताओं, मूल्यों, रीति-रिवाजों विभिन्न सामाजिक, आर्थिक, राजनीतिक, धार्मिक स्थितियों का दस्तावेज होता है। तटस्थ हो कर लिखी गयी आत्मकथा अपने समय का लेखाजोखा होती है। माया एंजेलो की आत्मकथा एक समय के अमेरिकी समाज की मान्यताओं, विचारों, मूल्यों, रीति-रिवाजों, मिथकों, आर्थिक, सामाजिक, राजनीतिक, धार्मिक स्थितियों का दस्तावेज है। यह दिखाती है कि एक देश अमेरिका के भीतर

दो भिन्न-भिन्न अमेरिका थे। एक श्वेत लोगों का अमेरिका, दूसरा अफ्रो-अमेरिकन का अमेरिका। एक तीसरा अमेरिका भी था इंडियन-अमेरिकन का अमेरिका, मगर उसकी बात अभी हम यहाँ नहीं कर रहे हैं। श्वेत और अश्वेत अमेरिकन दोनों की दो अलग दुनिया थी। एक के लिए यह शान से जीने का देश था, सिर्फ चमड़ी के रंग की वजह से उन्हें दूसरों का अपमान करने, दूसरों को सताने, मारने-पीटने यहाँ तक कि हत्या करने का सामाजिक अधिकार मिला हुआ था। जबकि उसी अमेरिका में लाखों लोग अपमान, दहशत, दमन-शोषण और गरीबी का जीवन बिता रहे थे, इनकी गलती यही थी कि इनकी चमड़ी का रंग साफ न था। संयोग से ये लोग अश्वेत परिवार के थे। चमड़ी का रंग प्राकृतिक रूप से मिलता है, यह व्यक्ति का चुनाव नहीं होता है और उसके पास इसके लिए कोई विकल्प नहीं होता है।

एक व्यक्ति की सफलता पूरी नस्ल की सफलता बन जाती है। जब अश्वेत हैवी वेट जो लुई एक श्वेत से कुश्ती की चैम्पियनशिप जीतता है तो माया के कस्बे के लोगों की छाती गर्व से चौड़ी हो जाती है। साँस रोक कर वे रेडिओ पर कमेंट्री सुनते हैं। पूरी कम्यूनिटी रेडियो के इर्द-गिर्द जमा है। अनाउंसर जब लेडीज एंड जेंटलमैन कहता है तो माया सोचती कि क्या वह जानता है कि वह अश्वेतों को भी सम्बोधित कर रहा है? एक अश्वेत बच्चे के लिए कितने गर्व की बात है जब एक श्वेत व्यक्ति उन्हें सम्मान दे रहा है, भले ही अनजाने में। फैसले के अन्तिम चरण में उनकी जान रेफरी की घोषणा पर लटकी हुई है। फैसला सुन कर वे स्तम्भित हैं, फिर सब लम्बी साँस लेते हैं और उसके बाद उनकी खुशी का पारावार नहीं है, उन्हें एक नया गर्वित जीवन मिला है। वे मिलजुल कर खूब खुशियाँ मनाते हैं। इस खुशी और गर्व की रात में अकेले सड़क पर जाना खतरे से खाली नहीं है भले ही आप दुनिया के सबसे मजबूत आदमी की नस्ल के हों। बहुत सारे लोग उस रात भी अपने घर न जाकर वहीं रह जाते हैं। उन जाने-अनजाने अश्वेत कवियों को याद करती है जिनके गीतों के कारण एकाकी रातें कम एकाकी हो गयी हैं, जिनकी कहानियों के कारण खाली बरतन कम त्रासद हो जाते हैं। भूख सहन करने योग्य हो जाती है।

माया के यहाँ हर तीसरे महीने पादरी हॉवर्ड थॉमस आया करता। वह शनिवार की रात मोमा के यहाँ ठहरता, रविवार को चर्च में खूब ऊँची आवाज में आवेश के साथ प्रवचन देता, सबसे रिपोर्ट लेता, जो चन्दा जमा होता उसे लेकर बस बड़ों से हाथ मिलाता, बच्चों को प्यार करता और अगले तीन महीनों के लिए चला जाता। बच्ची माया सोचती थी कि वह स्वर्ग चला जाता है, मोमा ने उसकी सोच में सुधार किया।

पादरी की शारीरिक बनावट और उसका हाव-भाव माया और बेली के लिए तमाशा था। पादरी खूब मोटा, खूब काला और सूअर की तरह हँसने वाला था। दोनों

भाई-बहन उसकी खूब नकल उतारते और लोट-पोट कर हँसा करते। बेली गाल फुला कर पादरी का मूक अभिनय करता अतः अंकल के सामने भी करता तो उन्हें पता नहीं चलता केवल माया की हँसी रुकनी मुश्किल होती। बच्चे उसके मोटापे के कारण उससे नफरत करते, नफरत करने का असली कारण कुछ और भी था। पादरी कभी इन लोगों का नाम याद नहीं रखता था। रविवार को बेहतरीन खाने में से वह सबसे अच्छा पदार्थ चुन कर अपनी प्लेट में रख लेता। उस दिन वही खाने की प्रार्थना करता। यह प्रार्थना खूब लम्बी होती, माया बहुत जल्द सुनना बन्द कर देती। भाई उसे टहोका देता तो वह जरा आँख खोल कर ठंडे हो रहे खाने कर नजर डालती। बेली पादरी से बड़ों की तरह हाथ मिलाना चाहता पर वह उसे अपनी बाँहों में समेट कर दम लेता। माया उससे बहुत डरती थी, उसे लगता कि वह जो भी कहेगी उसमें पादरी के लिए मजाक छुपा होगा और पादरी ईश्वर का प्रतिनिधि है अतः उसका मजाक नहीं उड़ाना चाहिए। जब वह माया को पास बुलाता तो वह घृणा और भय से रोने लगती मोमा उसे बचा लेती।

शनिवार की रात खाने के बाद पादरी और अंकल विली गप्प मारा करते, पूरे कस्बे की बातें होतीं। दोनों भाई-बहन रसदार बातें सुनने के लिए कान लगाये रहते पर मोमा उन्हें सोने भेज देती। मोमा की आँख बचा कर बेली उनकी बातें सुनता और आकर माया को बताता। अक्सर वे अवैध सम्बन्धों की बातें होतीं। कौन किसके साथ 'यह कर' रहा है। जिसका मतलब यौन सम्बन्ध था। एक बार इन लोगों ने सुना कि श्वेत लोगों ने एक अश्वेत आदमी को मार डाला है, उसका 'वह' काट कर उसकी जेब में रख दिया। कारण उस आदमी ने किसी श्वेत स्त्री के साथ 'वह' किया था। माया को लगता कि ये बड़े लोग केवल श्वेत लोगों और 'यह', 'वह' की बात करते हैं। हालाँकि उस समय माया इतनी छोटी थी कि उसे 'इस', 'उस', 'यह', 'वह' का असली अर्थ नहीं पता था। यह तो तय था कि ये लोग गोरे और उनके अत्याचार की बातें करते थे।

माया एंजेलो ने अपनी आत्मकथा में उस पादरी से जुड़ी एक दिन की घटना का बहुत हास्यास्पद चित्रण किया है। इससे उनकी स्मृति और कल्पनाशीलता का पता चलता है। चर्च में बच्चों के बैठने की जगह तय थी लेकिन जब पादरी थॉमस आता तो दोनों भाई-बहन सामने वाली सीट पर बैठते। माया सोचती मोमा उन्हें वहाँ बैठाती है क्योंकि उसे उन पर गर्व है, बेली मानता था कि उन्हें वहाँ बैठाया जाता है ताकि उन पर नजर रखी जा सके। जरा हिलने पर मोमा की घुड़की मिलती। सिस्टर मुनरो दूर रहती थी अतः हर रविवार चर्च नहीं आ पाती, जिस दिन आती चिल्ला-चिल्ला कर बातें करके सारी कसर पूरी कर लेती। एक बार वह काफी दिन तक चर्च नहीं आ पायी जब आयी तो उस पर बाई चढ़ी हुई थी, खूब चिल्ला रही

थी, कई लोगों ने उसे रोकना चाहा तो वह छूट निकली और सीधे पल्पिट पर पहुँच गयी। पादरी टेलर से चीख-चीख कर कहने लगी, 'प्रवचन दो, प्रवचन दो' (प्रीच इट, प्रीच इट)। पादरी उसे अनदेखा करते हुए अपना प्रवचन देता रहा। अचानक सिस्टर मुनरो ने पादरी की आस्तीन और कोट का छोर पकड़ा और उसे हिलाने लगी। माया यहाँ भाषा का बहुत सुन्दर प्रयोग करती हैं, कहती हैं कि पादरी और सिस्टर के अलावा चर्च में सब ऐसे लटक गये मानो कपड़े सुखाने की रस्सी पर मोजे सूख रहे हों। कुछ लोग बीच-बचाव करने पहुँचे पर न सिस्टर रुकी न पादरी ने अपना प्रवचन रोका। बाकी लोग भी चीखने-चिल्लाने लगे। इस खींचातानी से उत्पन्न दृश्य बड़ों के लिए हादसा था तो बच्चों के लिए मनोरंजन। पादरी, जैक्सन और एक सिस्टर विल्सन तीनों पूजा स्थल से नीचे गिर पड़े, उनके पैर हवा में थे। 'जीसेस की कृपा से वह खुश है', सिस्टर मुनरो ने अपना कथन पूरा किया। पादरी ने उसी समय सबको घुटनों के बल बैठने का आदेश दिया और धन्यवाद कर सभा समाप्ति की घोषणा की। बोर्ड ने पादरी के सूट के लिए उसे पैसे दिये। उसका पहले वाला सूट पूरी तरह नष्ट हो चुका था।

यह घटना दोनों के लिए बहुत दिन तक मनोरंजन का साधन बनी रही। भाई-बहन के लिए 'प्रीच इट' शब्द तमाशा बन गया। एक कहता और दोनों हँसना शुरू करते, हँसी रुकते ही दूसरा कहता 'प्रीच इट' और हँसी का फव्वारा छूट पड़ता। अगली बार जब पादरी थॉमस आते हैं, चर्च में प्रवचन देने खड़े होते हैं तो जो तमाशा होता है वह पढ़ कर आनन्द लेने की चीज है। सिस्टर मुनरो, बच्चे सब 'आई से, प्रीच इट' का कोहराम शुरू कर देते हैं। ज्यों-ज्यों शोर बढ़ रहा था पादरी अपनी आवाज ऊँची करते जा रहे थे। सिस्टर ने पादरी के पास पहुँच कर अपने पर्स से उसे ठोंक दिया, पादरी की बत्तीसी निकल कर माया के पैर के पास गिरी। बेली भी लगातार 'प्रीच इट' का जाप कर रहा था। माया को डर था यदि वह हँसी तो हंटर पड़ेगा साथ ही उसकी सुस्सू निकल जाएगी। बहुत सारी और बातों के साथ ये दोनों बातें भी होती हैं। बच्चों की इस मासूम हँसी का अन्त बहुत दर्दनाक होता है। बचपन जिसे सबसे अच्छा और बेफिक्र समय कहा जाता है वह उनके लिए बहुत क्रूर समय होता है। बच्चों को वयस्कों के नियन्त्रण में रहना पड़ता है, उनकी सारी नैसर्गिकता का दंड उन्हें बात-बात पर मिलता रहता है। मामा ने उन्हें बेल्ट से बहुत बुरी तरह मारा।

माया लिखती हैं कि उनकी मोमा को लोग सुन्दर बताते थे मगर बच्ची की नजर में वह बहुत शक्तिशाली और मजबूत स्त्री थी। मोमा बहुत आत्मसम्मानी थी। इस गर्वीली स्त्री को अश्वेत होने की पीड़ा से बराबर गुजरना पड़ता था। एक घटना का वर्णन माया अपनी आत्मकथा में करती हैं। एक बार माया के दाँत में भयंकर दर्द

था, आसपास केवल एक श्वेत डेंटिस्ट लिंकन था। मोमा ने उसकी बुरे दिनों में आर्थिक मदद की थी। वह एक बार भी नजर उठा कर दारुण कष्ट भोग रही बच्ची की ओर नहीं देखता है। दाँत दर्द, सिर दर्द ऊपर से काले होने का भारी बोझ, दंश भोगना पड़ता है। मोमा के बहुत मिन्नत करने पर उस डॉक्टर का कहना था कि वह अपनी पॉलिसी के कारण एक कुत्ते के मुँह में हाथ डाल सकता है, एक निगर के मुँह में नहीं। पढ़ कर प्रेम चन्द की 'मन्त्र' कहानी याद आती है। मोमा डेंटिस्ट से कैसे पार पाती है माया यह देख तो नहीं पाती है पर वह इसकी कल्पना करती है। माया को मोमा की पोती होने का बहुत गर्व है। मोमा की दृढ़ता है कि वह डेंटिस्ट से 10 डॉलर वसूलती है और माया को पच्चीस मील दूर एक नीग्रो डेंटिस्ट के पास ले जाती है। वह न तो बड़बड़ाती है न ही बच्ची पर अपने अपमान का गुस्सा उतारती है। प्रेम से बच्ची को सहारा देती है। यहाँ बहुत मार्मिक चित्रण है। घर आकर माया बेली से सारी बातें अपने तरीके से बताती है और मोमा अपने ढंग से। बच्चों की कल्पना और बड़ों के नजरिये में बहुत फर्क होता है। यह फर्क इस घटना के वर्णन में देखा जा सकता है।

स्टैम्प कस्बे में श्वेत-अश्वेत दोनों रहते थे, कस्बे में श्वेत-अश्वेत दोनों के बीच छीना परदा था। श्वेत लोगों के मन में अश्वेत को लेकर तमाम तरह के पूर्वाग्रह थे तो अश्वेत भी उनको लेकर अजीबोगरीब विचार मन में रखे हुए थे। श्वेत लोगों के पास अपार धन था जिसे वे उड़ाते। दूसरी ओर अश्वेत गरीबी का जीवन जीने को अभिशप्त थे। गोरों के बच्चे साफ-सुथरे, चमकीले कपड़े पहनते, महँगे खिलौनों से खेलते, अकड़ कर चलते। अश्वेत बच्चे अपने एकाध जोड़ी कपड़ों में सिकुड़े-सिमटे, डरे-सहमे रहते। अश्वेतों के मन में गोरों के घर, उनकी औरतों, उनके बच्चों के लिए प्रशंसा और नफरत दोनों भाव थे। उनके पास इतने कपड़े होते कि तनिक पुराने कपड़ों को वे नीग्रो लोगों को दे देते। ऐसा नहीं था कि अश्वेतों के पास खाने-पहनने को नहीं था। पर दिन-रात बच्चों को सिखाया जाता—बर्बाद मत करो, लालच मत करो, और मत माँगो। यह अमेरिका की आर्थिक मन्दी का दौर था। लोग विनिमय से काम चलाते थे। मोमा के स्टोर में भी विनिमय होता था। माया को मालूम था कि ईश्वर भी गोरा है मगर वह पूर्वाग्रह से ग्रस्त है यह बात वह सोच नहीं सकती थी। गोरों से डरना, उनका आदर करना उन्हें बचपन से सिखाया जाता। उनकी अनुपस्थिति में जब उनकी बात की जाती तब भी आदरसूचक शब्दों का प्रयोग किया जाता। एक बार किसी ने मोमा के लिए आदरसूचक मिसेज शब्द का प्रयोग कर दिया। जज को मिसेज हेंडरसन के रूप में एक अश्वेत स्त्री को देख कर बहुत आश्चर्य हुआ। इससे अपने समुदाय में मोमा की इज्जत बढ़ गयी। वैसे भी उसके पास कई गोरों से अधिक सम्पत्ति

थी, गोरे वक्त-बेवक्त उससे कर्ज लेते थे। इसके बावजूद मोमा में घमंड बिल्कुल नहीं था। हाँ आत्मसम्मान कूट-कूट कर भरा हुआ था।

वे लोग अश्वेत थे और इसका खामियाजा उन्हें कदम-कदम पर भुगतना पड़ता था। माया, उसका परिवार, इसका समुदाय अश्वेत है यह बात उसे बार-बार जतायी जाती है। वह बहुत समझदार और संवेदनशील है। हर बार वह इस दंश को भोगती है लेकिन इस कालिमा से और चमककर निकलती है। उसका जातीय गौरव, उसका आत्मसम्मान सिर उठाये रखता है। ऐसा ही दोनों अनुभव माया को अपने ग्रेजुएशन सेरेमनी के दिन होता है। स्कूल में एक श्वेत अधिकारी आकर छात्रों और पूरे अश्वेत समुदाय को कमतर सिद्ध करने का पूरा प्रयास करता है। अपने भाषण में वह बता देता है कि अश्वेत बच्चे कुछ खास तरह के काम करने के योग्य हैं, बाकी सारे अच्छे और ऊँचे काम गोरों के लिए तय हैं। माया को इससे बहुत हीनता अनुभव होती है। इसी समय एक बच्चा भाषण देने के तुरन्त बाद नीग्रो राष्ट्रीय गान शुरू कर देता है और पूरा वातावरण बदल जाता है।

उन दिनों आठवीं क्लास पास करना बहुत बड़ी उपलब्धि होती थी। माया की ग्रेजुएशन सेरेमनी के लिए मोमा नयी ड्रेस सिलती है। माया को पहना कर निरीक्षण करती है। सन्तुष्ट हो कर लम्बी साँस लेती है। माया युवा हो रही थी, उसका ध्यान नयी-नयी बातों पर जा रहा था। वह अपने शरीर में हो रहे परिवर्तनों को महसूस कर रही थी। उसके बाल लम्बे हो रहे थे अब वह चोटी बना सकती थी। क्लास का हेनरी रीड परीक्षाफल में उसका प्रतियोगी था। दोनों आगे-पीछे रहते। उसके वेलिडेक्टरी स्पीच का विषय 'टू बी ओर नॉट टू बी' था। पूरा स्कूल तमाम तरह की तैयारियों में जुटा हुआ था। बड़े पास होने वाले बच्चों को उपहार, शगुन दे रहे थे। माया को मोमा और अंकल से घड़ी मिली, वह बहुत भावुक हो जाती है जब बेली उसे एडगार एलेन पो की कविताओं का संग्रह देता है। चूँकि वह क्लास में अव्वल आयी थी अतः पूरे कस्बे के अश्वेत लोगों ने आशीर्वाद के साथ उसे कुछ-न-कुछ दिया। पूरा दिन बहुत अच्छा गुजरा।

शाम को सब लोग स्कूल में जमा हुए। ग्रेजुएशन सेरेमनी की कार्यवाही शुरू हुई। एक श्वेत व्यक्ति एडवर्ड डॉनलीवी मुख्य अतिथि था, जाहिर है उसके पास सुनने के लिए समय नहीं था। उसे अपनी बात सुना कर तुरन्त किसी जरूरी काम से कहीं और जाना था। यह उसके लिए कोई जरूरी काम न था। श्वेत लोगों का इन अश्वेत लोगों के प्रति कैसा हेय नजरिया था, माया एंजेलो इसका चित्रात्मक वर्णन करती हैं। मुख्य अतिथि ने जेब से पुर्जा निकाल कर पढ़ना शुरू किया। उसकी हर बात पर श्रोता सहमति जता रहे थे। वह बता रहा था कि श्वेत बच्चों के स्कूल के लिए क्या-क्या किया गया है। उनके बच्चे विज्ञान तथा अन्य क्षेत्र में नाम कमाने

वाले हैं। अश्वेत लड़के अच्छे पहलवान और रनर्स बनने वाले हैं। माया सोचती है और जो अश्वेत बच्चे एथलीट्स नहीं बन सकते या नहीं बनना चाहते उनके लिए क्या? बेली वकील बनना चाहता है और रीड वैज्ञानिक बनना चाहता है मगर वे कहीं श्वेत लोगों की स्कीम में नहीं आते हैं।

माया को उसकी बातें बहुत नागवार गुजरती, कोई सुन नहीं रहा था सब कुछ और सोच या कर रहे थे। माया का सारा उत्साह समाप्त हो चुका था क्योंकि उस आदमी ने तय कर दिया था कि ये लोग आया, किसान, दरबान, धोबी से आगे कुछ और बन नहीं सकते हैं, किसी अन्य काम की योग्यता इनमें नहीं है। माया चाहती है कि अच्छा होता यदि नैट टर्नर, गैब्रियल प्रोसेर ने सारे काले लोगों को मार डाला होता, लिंकन घोषणा के पहले मारा गया होता, हैरिएट टबमैन को लोग मार डालते और क्रिस्टोफर कोलम्बस सान्ता मारिया में डूब गया होता। उसे नीग्रो होना बहुत बुरा लगता है। नीग्रो होने का मतलब है अपनी जिन्दगी पर अपना नियन्त्रण न होना। अनुशासन की आदत और भय के कारण वह चुप बैठी रहती है मगर दिल से चाहती है कि काले-गोरे सब मर जाएँ। न केवल काले-गोरे वरन् दुनिया के सारे लोग मर जाएँ। अतिथि भाषण दे कर चलता बनता है। वह जो कुरूपता छोड़ गया था वह जाने का नाम नहीं ले रही थी। बच्चे आकर अपना प्रदर्शन दे रहे थे मगर कोई उत्साह न था। माया का नाम पुकारा गया पर वह होश में न थी। वह चिल्ला-चिल्ला कर कहना चाहती थी कि वह अपने भाग्य की खुद निर्मात्री है। हेनरी रीड अपनी कंठस्थ की हुई स्पीच देता है। माया को बुरा लगता है, वह सोचती है क्या रीड ने मुख्य अतिथि की बात नहीं सुनी जो वह अब भी सोचता है कि वह कर्ता है। जो चाहे निश्चय कर सकता है। इसके बाद रीड ने जो किया वह अप्रत्याशित था। उसने जेम्स वेल्डन जॉनसन की लिखी और जे. रोसमंड जॉनसन की संगीतबद्ध रचना ('Lift ev'ry voice and sing Till earth and heaven ring Ringa with the harmonies of Liberty..."Stony the road we trod", Bitter the chastening rod, Felt in the days when hope, unborn] had died. Yet with a steady beat, Have not our weary feet, Come to the place for which our fathers sighed?") गाने लगता है जिसे प्रत्येक नीग्रो जानता था। नतीजन हाल के सारे लोग खड़े हो कर गाने लगते हैं। निराशा के बादल छँट जाते हैं, चारों ओर आशा का संचार हो जाता है। माया को गर्व होता है कि वह 1940 बैच की सदस्य है, नीग्रो नस्ल की सदस्य है। वे यहाँ अज्ञात कवियों का शुक्रिया अदा करती हैं जिन्होंने कठिनाई में जीवन जीने की प्रेरणा दी। बदले में इन लोगों ने कवियों का स्मारक न बना कर उन्हें, उनके काम को व्यावहारिक रूप में जीया।

माया एंजेलो की इन आत्मकथाओं में अफ्रो-अमेरिकन महिला लेखन की कई

सारी विशेषताएँ मिलती हैं। क्विलटिंग, अश्वेत अपमान, अश्वेत अस्मिता, समुदाय, सिस्टरहुड, अमेरिका के उत्तर और दक्षिण के जीवन का अन्तर, बलात्कार आदि कई बातें अफ्रो-अमेरिकन महिला लेखन की विशेषताएँ हैं, ये यहाँ भी मिलती हैं। क्विल्टिंग यानी सीना-पिरोना इसकी एक खासियत है। यहाँ भी मोमा के स्टोर में स्त्रियाँ आती हैं, मिलजुल कर सिलाई का काम करती हैं। जाते समय वे मोमा के यहाँ रैक पर अपना सिलाई का काम रख जाती हैं। सिलाई करते समय वे आपस में दुःख-दर्द बाँटती हैं। कस्बे की सूचनाओं का आदान-प्रदान करती हैं, अश्वेतों के अत्याचार की चर्चा करती हैं। इन्हीं लोगों की बातों से माया को पता चलता है कि कैसे दिन-दहाड़े लोग गायब हो जाते हैं, गायब कर दिये जाते हैं, मार डाले जाते हैं, पेड़ों पर लटका दिये जाते हैं। ये स्त्रियाँ मिल कर सॉसेज तैयार करना तथा अन्य कई काम करतीं। कई काम में पुरुष इनकी मदद करते हैं। बाद में माया ने एक फिल्म 'हाऊ टू मेक एन अमेरिकन क्विल्ट' फिल्म में एना की भूमिका में काम किया। इस फिल्म में स्त्रियों का एक समूह सिलाई करते हुए अपने-अपने अतीत की बातें करता है।

हम ऊपर देख आये हैं कि अश्वेत जीवन अपमान से बच नहीं सकता था। साहित्य में नया जीवन देने-भरने की विशिष्ट शक्ति होती है। लिखना-पढ़ना मनुष्य को नया जीवन प्रदान करता है। माया बलात्कार के बाद पढ़ने-लिखने और साहित्य की सहायता तथा अपनों की संवेदनशील व्यवहार से अपनों का आत्म गौरव फिर से प्राप्त करती है। दक्षिण का अश्वेत समुदाय श्वेत लोगों का अपमान और अत्याचार सहता है पर उनमें आपस में खूब भाईचारा है। इसका नतीजा है बच्चों और युवाओं वयस्कों का दबाव बना रहता है और वे गलत काम करने से डरते हैं। सबके पास करने के लिए कुछ-न-कुछ है। अमेरिका के उत्तर अश्वेतों की दहशत नहीं है पर वहाँ समुदाय इतना संगठित नहीं है, युवाओं के ऊपर किसी का दबाव नहीं है। युवाओं के पास करने के लिए कुछ खास नहीं है अतः वे मनमाना काम करते हैं। स्त्रियाँ क्लब में गाना-नाचना करती हैं, युवा मादक द्रवों का सेवन करते हैं। माया भी जब दोबारा अपनी माँ के पास जाती है तो उसे दिशाहीनता का शिकार होना पड़ता है। बेली की संगत बदल गयी थी। उसकी भाषा भी बदल गयी थी। एक दिन विवियन और उसमें कहासुनी होती है और वह घर छोड़ कर दूसरे शहर चला जाता है। विवियन उन्हें बहुत प्यार करती है, उनके लिए बहुत कुछ करना चाहती है। चाहने से सब कुछ नहीं हो जाता है, विवियन अपने जीवन में इतना उलझी हुई है, खुद में इतना लिप्त है कि उसके पास बच्चों के लिए समय नहीं है। वैसे यह आज भी देखा जा सकता है। श्वेत-अश्वेत सब समाज में कई स्त्रियाँ अपने बच्चों को अपनी उलझनों के कारण पर्याप्त समय नहीं दे पाती हैं।

माया किशोरावस्था में काफी उलझनों से गुजर रही थी। उसका अतीत उससे चिपक कर उसे परेशान करता और वर्तमान भी कम परेशानी वाला न था। उसका जीवन एक सामान्य जीवन न था। माया के प्रति कोई युवक आकर्षित नहीं होता है, उसे भी लड़कों में दिलचस्पी नहीं है। ये बातें अपने आसपास के समाज के युवाओं को देखते हुए उसके मन में कई शंकाएँ पैदा करती हैं। वह माँ से प्रश्न पूछती है मगर उसे सन्तोषजनक उत्तर नहीं मिलता है। वह बहुत सशंकित है, उसके मन में बहुत उथल-पुथल है। उसे शक होता है कहीं वह लड़की नहीं हुई, कहीं वह हिजड़ा हुई तो, उसे यह भी शंका होती है कि कहीं वह समलैंगी तो नहीं है? इन बातों को लेकर वह बहुत परेशान रहती है। कुछ दिन वह कचड़े और पुरानी कारों के ढेर (जंकयाडी) के बीच बेघर युवाओं के साथ बिताती है। उन लोगों के कुछ अपने ऊसूल होते हैं। माया को उनका साथ अच्छा लगता है, पर वह इस जीवन के लिए नहीं बनी थी उसे अधिक दिन यह जीवन रास न आया अतः एक दिन फिर वापस समाज में लौट आती है। न उसके आने से उन लोगों को फर्क पड़ा था न जाने से पड़ा। अजीब जिन्दगी थी यहाँ के लोगों की।

माया खुद को पहचानना चाहती है। हमारी पहचान दूसरों के द्वारा भी तय होती है। जब दूसरों की स्वीकृति मिलती है तो आदमी अपनी पहचान पाता है। माया युवा थी वह चाहती थी कि दूसरे उसमें रुचि लें, साथ ही अपने जीवन में हुए हादसे के कारण वह लड़कों से डरती भी थी। माया एक दृढ़ इरादे वाली लड़की है, वह तय करती है कि वह किसी से यौन सम्बन्ध कायम करेगी। वह जानना चाहती थी क्या वह इसके काबिल है? वह खुद को पहचानना चाहती है। जब लड़का चुनना ही था तो क्यों न सर्वोत्तम चुना जाए। वह अपने इलाके के सर्वोत्तम लड़के को चुनती है और उससे स्पष्ट कहती है क्या वह उसके साथ हमबिस्तर होगा? लड़के को भला क्या आपत्ति होती। दोनों हमबिस्तर होते हैं। मगर यहाँ प्यार-प्रेम न था।

भले ही इस सम्बन्ध में प्यार-प्रेम न था पर प्रकृति इसकी कब परवाह करती है। इस अनुभव का नतीजा माया के गर्भवती होने में होता है। अभी वह मात्र सोलह साल की है। बेली वहाँ नहीं है, वह दूसरे शहर में रह रहा था। इसके बावजूद वह यह बात माँ को न बता कर सबसे पहले अपने भाई को पत्र द्वारा बताती है। भाई उसे सलाह देता है कि वह यह बात अभी माँ को न बताये और अपने खाने-पीने का खयाल रखे। काफी समय तक माया अपने गर्भ की बात माँ से छिपाये रखती है। जब बच्चा होता है तो माया बहुत डरी हुई है, उसे भय है कहीं सोते समय वह अपने बच्चे को दबा कर मार न दे। मगर विवियन उसे बहुत प्यार से बताती है कि ऐसा नहीं होगा। माया नींद में अपने बच्चे को अपनी बाँह की सुरक्षा देती है। ममता नैसर्गिक होती है। चूँकि माया को उस लड़के से प्यार न था अतः शादी का

प्रश्न नहीं उठता था। माया अपने बच्चे को अपना नाम देती है, उसे गे जॉनसन पुकारती है। उसके मन में अपने अश्वेत बच्चे के लिए गर्व और प्रेम है, शर्म नहीं।

बच्चा आते ही सारा परिदृश्य बदल गया। माया और उसके परिवार के मन में बच्चे को लेकर गर्व का भाव था। माया को अपने बच्चे से अथाह लगाव व प्यार था। मगर समाज इस बात की चिन्ता नहीं करता है, उसमें तरह-तरह के लोग होते हैं। कुछ लोगों को दूसरों की हँसी उड़ाने में, दूसरों का अपमान करने में खुशी मिलती है। माया छोटी लड़की थी उसके संग की दो लड़कियाँ एक दिन उसे सड़क पर मिलती हैं। माया की गोद में उसका बेटा था। लड़कियाँ बच्चा देखना चाहती थीं। माया ने बड़े गर्व के साथ बच्चे के ऊपर से कम्बल हटाया। उसकी नजर में उसका बेटा दुनिया का सबसे सुन्दर बालक था। लिली और उसकी साथिन बच्ची थीं मगर दुष्ट प्रकृति की। उन लोगों ने कहा कि उन्होंने सुना है उसने बड़े सुन्दर बच्चे को जन्म दिया है। बच्चा देखने के बाद उन्होंने कहा 'ओ माई गॉड' यह तुम्हारा है? वे हँसने लगीं। लिली की साथिन ने कहा, अरे यह तो गोरा है, लगभग गोरा। माया को बहुत बुरा लगा पर वह स्तम्भित थी। उन लोगों ने बच्चे की नाक और होंठ की बात की। आगे उन लोगों ने कहा कि ऐसा बच्चा पैदा करने के लिए माया को जीवन भर उस आदमी को कीमत देनी होगी। फिर कहा कि कौवी ने कबूतर को जन्म दिया है। पक्षी जगत् अवश्य ही पत्थर का हो जाएगा। माया को समझ में नहीं आ रहा था कि इन लड़कियों के साथ कैसा व्यवहार करे। लड़कियाँ व्यंग्य करके हँसती हुई चलती बनी। माया सोचने लगी हमारे लोग क्यों सदा रंग को खाने की चीजों से जोड़ते हैं जैसे मक्खन जैसा रंग, शहद जैसा भूरा, नींबू और ओलिव जैसी चमड़ी, चॉकलेट और प्लम-ब्लू, पीच एंड क्रीम, नटमेग, दालचीनी...।

इतनी दुश्वारियों के बाद भी माया अपने बेटे को लेकर खुश थी। उसे वह एक अलग व्यक्ति नहीं समझती थी। वह प्यारा बच्चा था, खूब हँसता था, वे उसे प्रेम करती थीं। वह उनका था बस और उन्हें कुछ और नहीं चाहिए था। माँ-बेटे का अपना एक भरा-पूरा संसार था। सोचा जा सकता है कि माया कैसी पागलपन की अवस्था में पहुँच गयी होंगी जब उनके बेटे गे का अपहरण हो गया था। उन दिनों माया एक अधेड़ आदमी एल डी के प्रेम में थीं। यह आदमी बहुत चतुर था और लड़कियों को कहता कि वे उसे डैडी कहें। उसने माया से कहा कि डैडी बहुत मुसीबत में है और उसे मुसीबत से छुड़ाने के लिए एक बड़ी रकम चाहिए थी। माया ने इस रकम का इन्तजाम करने के लिए वेश्यागीरी प्रारम्भ की। इस समय वे अपना बेटा एक स्त्री बिग मेरी के पास छोड़ कर जाती थीं। उस स्त्री का नाम मेरी डॉसन था। जब माया पर इस आदमी का रहस्य खुला तो वे अपनी माँ और भाई से सलाह करने गयी। इस बीच वह स्त्री माया के बेटे को लेकर गायब हो गयी। लौटने पर

जब माया को पता चला तो उनके पैरों तले धरती खिसक गयी। माया ऐसे छोड़ने और निराश होने वाली न थीं। वे अकेली उस स्त्री को खेजने निकलीं। बहुत भटकने के बाद उन्होंने उसे जा पकड़ा। हालाँकि उस स्त्री का कहना था कि वह बच्चा चुरा कर नहीं लायी है, वह उसे बहुत प्यार करती है और बहुत अच्छी देखभाल करना चाहती है। मगर माया ने उसकी एक न सुनी और अपना बच्चा ले कर चली आयी। जब उन्होंने अपना बेटा इतनी कठिनाई के बाद देखा तो उन पर क्या बीती और उन्होंने कैसा व्यवहार किया इसका चित्रण वे बड़े मार्मिक ढंग से करती हैं।

माया ने उसे उठाया और खुद से चिपका लिया। उसका शरीर काँप रहा था और वह उत्तेजना से कूद रहा था। उसने अपनी बाँहें कड़ी कर ली और खुद को मुझसे दूर करके मेरा चेहरा देखा। उसने माया को चूमा और फिर रोने लगा। रात भार की लम्बी बस यात्रा और खुद पर रखा संयम फूट पड़ा। बच्चा माँ के बालों को मुट्ठी में जकड़ कर खींच रहा था और सारे समय रो रहा था। माया न तो सिर हटा रही थीं न ही उसकी जकड़न से अपने बाल छुड़ा रही थीं। उनका अपराध बोध हिचकियों में बह निकला। वे अपने बच्चे को बेहद प्यार करती थीं और उन्होंने उसे कभी खुद से अलग नहीं समझा। अपना विस्तार मानती थीं, एक अलग व्यक्ति नहीं। इसके पहले उन्होंने कभी नहीं सोचा था कि गे जॉनसन उनका बेटा होने के अलावा एक अलग जीवन भी है। उनका प्यारा, सुन्दर बच्चा एक अनोखा व्यक्तित्व है। इस बिछोह से उन्हें भान हुआ कि बच्चे का अपना स्वतन्त्र अस्तित्व है। अब वे कभी उसे मात्र अपना विस्तार समझने की भूल नहीं करेंगी। उस समय उनका बेटा तीन साल का था और वे केवल उन्नीस साल की थीं।

माया बेटे गे जॉनसन को जन्म देना उनकी सबसे बड़ी उपलब्धि मानती हैं। उन्होंने कई बार टूट कर प्यार किया, शादी की और हर बार उनका तलाक हुआ। माया की सोच बहुत स्पष्ट है, वे किसी की गुलाम नहीं हैं, 'सेवा' से उन्हें एतराज नहीं, बशर्ते सम्मान के साथ हो, मनमर्जी से हो, आदेश या दबाव में नहीं हो। जीने के लिए माया ने सदैव काम किया, पर वे कभी गुलाम नहीं बनीं। अपने जीवन और लेखन के द्वारा वे आत्मसम्मान के साथ संघर्ष करने वाले, आत्मसम्मान के लिए संघर्ष करने वाले सब नस्ल के स्त्री-पुरुषों को सकारात्मक सन्देश देती हैं। वे दिखाती हैं कि दमन-शोषण के खिलाफ सिर उठा कर खड़ा हुआ जा सकता है। अतीत को छोड़ कर आगे बढ़ा जा सकता है। वर्तमान को सुधार कर भविष्य को सँवारा जा सकता है। उनकी आत्मकथाएँ स्त्री के सशक्तिकरण का सन्देश देती हैं।

आत्मकथा लिखने के पूर्व माया एंजेलो एक कवयित्री के रूप में प्रसिद्ध थीं। वे नाटक लिख रही थीं, नृत्य कर रही थीं, वे टेलीविजन के लिए स्क्रिप्ट भी लिख रही थीं, फिल्म में अभिनय (एलेक्स हेली के 'रूट्स' में कुंटा किंटे की दादी माँ की

भूमिका) कर रही थीं, आगे चल कर प्रेसीडेंट बिल क्लिंटन की ताजपोशी के समय उन्हें अपनी कविता 'ऑन द पल्स ऑफ मॉर्निंग' पढ़ने का अवसर मिला। क्लिंटन ने खासतौर पर उनसे अनुरोध किया था। क्लिंटन का बचपन भी आराकाँसा में बीता है। माया के घर से कुछ दूर एक कस्बे होप में उनका घर था। उन्हें कई अन्य अवसरों पर कविता रच कर सुनाने का अवसर मिला है। 1995 में यूनाइटेड नेशंस की पचासवीं सालगिरह पर उन्होंने अपनी कविता 'ए ब्रेव एंड स्ट्राटलिंग ट्रुथ' पढ़ी थी और उसी साल वाशिंगटन डी. सी. में मिलियन मैन मार्च के अवसर पर उन्हें मंच पर जाने का अवसर मिला। इस समारोह में गिनी-चुनी स्त्रियों को सामने आने का मौका दिया गया था।

काफी समय तक कैबरे डांसर थीं, उसी दौरान उन्होंने अपने जन्म का नाम बदला। उन्होंने स्टेज पर काम करते हुए अपना जन्म का नाम बदल कर माया एंजेलो कर लिया था। बाद में वे इसी नाम का सब जगहों पर प्रयोग करने लगीं। उन्होंने सपने में नहीं सोचा था कि वे कभी आत्मकथा लिखेंगी। उन्होंने आत्मकथा लिखी, कितनी अजीब बात है कि आज वे अपनी आत्मकथाओं के लिए जानी-पहचानी जाती हैं। उन्होंने एक-दो नहीं, छह आत्मकथाएँ लिखी हैं, शायद आगे और लिखें। उन्होंने बहुत तरह का जीवन बिताया, कई तरह के काम किये अपनी किताब 'हॉर्ट ऑफ अ वूमन' में वे बताती हैं कि वे एक साल प्रमुख नर्तकी के रूप में यूरोप का भ्रमण करके लौटीं। महीनों उन्होंने वेस्ट कोस्ट और हवाई में नाइट क्लबों में काम करके पैसे बचाये। अपने बेटे गे को लेकर बीटनिक समूह में शामिल हो गयीं। इससे उनकी माँ विवियन को बहुत सदमा पहुँचा लेकिन बच्चे को बहुत मजा आ रहा था। वे लोग गोल्डेन गेट ब्रिज के एक हाउसबोट में कम्यून में रहने लगे। उन दिनों माया कम्यून के रिवाज के अनुसार नंगे पैर पैदल चलती, जीन्स पहनती और रफ जीवन बिता रही थीं। सेन फ्रांसिस्को में बेटे को वे नाई के यहाँ ले जातीं पर खुद के बालों को उन्होंने बढ़ने के लिए छोड़ दिया था। वे खूब लम्बी हैं अतः उन दिनों दूर से दीखने में ऐसी लगतीं मानो एक लम्बा भूरा पेड़ हो जिसकी शाखाएँ छाँट दी गयी हों। कम्यून के लोग श्वेत थे मगर राजनीति से दूर थे अतः उनके लिए माया का बेटा न तो इतना एक्जोटिक था कि उसे सुधारा जाए न ही इतना सामान्य कि उसे उपेक्षित किया जाए। हाउसबोट की कम्यून जिन्दगी ने माया को नस्लगत तनाव और भेदभाव से छुटकारा दिलाया। उनके बेटे को श्वेत लोगों के संग सामान्य रूप से रहने का अवसर मिला। उन लोगों ने माया और उसके बेटे को मनुष्य के रूप में स्वीकार किया। माया एंजेलो ने जिन्दगी में कई तरह काम किये। उन्होंने वेश्यालय सँभाला, पत्रकार की नौकरी की, नाटक, टेलीविजन के लिए स्क्रिप्ट लिखी, नाटक और फिल्म का निर्देशन किया, कई शादियाँ कीं, मिस्र, अफ्रीका में रहीं। वे सिविल राइट्स

मूवमेंट में सक्रिय रूप से शामिल थीं। यूनिसेफ की नेशनल एम्बेसडर बनीं, कई पुरस्कारों के लिए नामित हुईं। देश-विदेश में रह कर एक बार फिर से अमेरिका लौटीं और लिखने में जुट गयीं। एक बार लिखने, प्रकाशित होने लगने के बाद फिर उन्हें कुछ और नहीं करना पड़ा।

इंग्लिश भाषा से उन्हें प्रेम है, जबकि वे कई अन्य भाषाएँ जानती हैं। अपने लेखन में जीवित लोगों को चित्रित करने में उन्हें बहुत मजा आता है। उन्होंने अपने एक पूर्व पति के विषय में लिखा। लिखने से पहले उसे बता दिया कि मैं ऐसा करने वाली हूँ। इनके ये पूर्व पति अफ्रीका में रहते हैं। अपनी 'द हार्ट ऑफ ए वूमन' में माया ने अपने इस पति के विषय में लिखा है। वे फ्रेडरिक डगलस की शैली में लिखने का प्रयास करती हैं। लिखते समय जानना चाहती हैं कि वे खुद कौन हैं, मनुष्य क्या है, वह क्या कर सकने में सक्षम है, लोग क्या अनुभव करते हैं, पराजय से क्या होता है, कैसे हम अन्धकार में चले जाते हैं, आदि, आदि। भाषा के ध्वनि वाले हिस्से से वे बहुत प्रभावित हैं। वे भाषा को प्रेम करती हैं क्योंकि हमें भाषा दुःख-दर्द, गर्व-गौरव, अस्तित्व को अभिव्यक्त करने का अवसर देती है। यह हँसने, वाक्पटुता, विदग्धता दिखाने का माध्यम है। वे बहुत शिद्दत से भाषा की आवश्यकता को अनुभव करती हैं, भाषा हासिल करना चाहती हैं। लिखना उनके लिए एक बहुत बड़ी चुनौती है।

माया का आत्मसम्मान जाग चुका है, उसके संग अब गलत व्यवहार करना आसान नहीं है। आत्मसम्मान जाग चुका है पर माया अभी प्रौढ़ नहीं हुई है। अतः कुछ और गलतियाँ करती है। आत्मकथा में लिखा है कि उसने ऐसा किया क्योंकि उसे तब मालूम नहीं था। वह अपने पिता की प्रेमिका के साथ बुरा बरताव करती है, इसे खुले दिल से स्वीकारते हुए माया एंजेलो लिखती हैं कि अगर उनके पास थोड़ी और बुद्धि होती तो वे ऐसा नहीं करतीं। यह तब होता है जब माया फिर से अपनी माँ के पास अमेरिका के उत्तर में रह रही है। कुछ समय वह अपने पिता के साथ बिताती है।

एक समय वे एक रेस्त्राँ के किचेन में काम कर रही थीं और अपने काम को लेकर खासी नाखुश थीं। उन्हें नहीं लगता था कि उनका जन्म होटल में रसोइए का काम करने के लिए हुआ है। उनकी माँ इस बात से दुःखी थी क्योंकि बेटी माया अपने काम को ले कर दुःखी थी। माँ का सदा से मानना था कि उनकी बेटी में तमाम बड़ी सम्भावनाएँ हैं। वह चाहती थी कि माया अपनी प्रतिभा को पहचाने और उसके योग्य काम करे। एक दिन डाइनिंग रूम में बैठ कर माँ ने बेटी से बात करनी शुरू की। कुछ ऐसा करो जो ढंग का हो, और जब चाहो छोड़ दो। ऐसा भी हो सकता है कि तुम वह काम अच्छी तरह न कर सको और वे तुम्हें निकाल दें। चिन्ता की

क्या बात है। अगर तुम्हारा मन है काम करने का तो बच्चे की देखभाल का इन्तजाम किया जा सकता है। तुम दो साल का टूर कर लो, पैसे बचाओ और भाषा पढ़ो और एडवांस टाइपिंग सीख लो। ऑफीसर्स ट्रेनिंग कोर्स के लिए प्रयास करो हद-से-हद क्या होगा? वे ना कर देंगे। सदा याद रखो यदि तुम्हें उनकी जरूरत है तो उन्हें भी तुम्हारी आवश्यकता है। माँ ने बताया कि अमेरिकी सेना अच्छे परिवारों की अश्वेत लड़कियाँ चाहती है। सरकार तुम्हें शिक्षा देगी तुम उस वर्दी को क्लास दोगी।

मगर माया के मन में हिचकिचाहट थी, उसने कहा कि सेना में जाने का मतलब है शारीरिक परीक्षण और तब उन्हें बच्चे के बारे में पता चल जाएगा और वे बच्चे वाली को शामिल नहीं करते हैं। माँ ने समझाया कि एक तो माया के शरीर पर गर्भवती होने के निशान नहीं हैं दूसरे उसने बच्चे को स्तनपान कराया है अतः उसके स्तनों का आकार नहीं बिगड़ा है। हाँ तुम्हें दो साल तक बच्चे और परिवार से दूर रहना होगा, अपना गुस्सा काबू में रखना होगा और दूसरों के आदेश का पालन करना होगा। मगर माँ ने निश्चय माया पर छोड़ दिया। हाँ, अगर वह राजी है तो माँ ने उसकी सहायता का वचन दिया। उसने यह भी जोड़ा कि यदि वह वेश्या बनना चाहती है तो सर्वोत्तम बने। सदा उच्च कोटि का काम करना।

मजे की बात हुई, माया ने सेना में जाने को चुना और टेस्ट दे आयी। उन लोगों ने कुछ नहीं कहा। न हाँ, न ना। माया भी अपने भाव छिपाये रही हालाँकि वह जानने को बहुत उत्सुक थी कि उन लोगों को बच्चे की बात पता चली है या नहीं। माँ उसकी सफलता पर खुश थी और उसे माया की काबिलियत पर कोई आश्चर्य नहीं था लेकिन जब बेली ने सुना कि वह आर्मी में जा रही है तो उसने पूछा भला वह यह क्यों कर रही है खास कर जब आदमी आर्मी छोड़ने के मौके खोज रहे हैं तब उसे यह पागलपन क्यों सवार हो रहा है। माया जानती थी कि यदि उसे और उसके बच्चे को अच्छा जीवन चाहिए तो यह आर्मी में जा कर पाया जा सकता है। उसे नकार दिया गया जबकि वह जानती थी कि वह एक अच्छी सैनिक बन सकती है।

जिस बात के लिए माया ने झूठ बोला था उसके लिए नहीं पर कम्युनिस्ट जुड़ाव सही नहीं था के लिए उसे आर्मी में प्रवेश नहीं दिया गया। कुछ दिनों के बाद उसे बुला कर कहा गया कि उसका सम्बन्ध कम्युनिस्टों से है अतः उसे दाखिल नहीं किया जा सकता है। माया का कम्युनिस्टों से सम्बन्ध नहीं था। बात बस इतनी थी कि वह जिस बिल्डिंग में डांस के लिए जाती थी उसी में कम्युनिस्ट दफ्तर था। यह बात खुफिया एजेंसी ने पता कर ली थी और कम्युनिस्ट मान कर माया को निरस्त कर दिया गया था। वह तो स्टालिन को पहचान भी नहीं सकती थी। माया को बच्चे वाली सत्य बात के लिए नहीं वरन् एक झूठी बात के लिए नकार दिया गया था। जासूस कितने उल्लू होते हैं और सेना के ऑफीसर कितने

बेवकूफ इस बात पर वह बाद में खूब हँसी। एक अश्वेत कम पढ़ी लड़की से वे पराजित हुए थे, वह नहीं। इस तरह जीवन के इस अध्याय का अन्त इसके प्रारम्भ से पहले हो गया।

माया खुश थीं पर वे जानती थीं कि एक बच्चे को उसके पिता की भी जरूरत होती है। खुद उनके मन में भी अपना परिवार होने की जबरदस्त आकांक्षा थी। वे सोचतीं यदि वे शादी करती हैं तो उनका पति होगा जो उन्हें एक घर देगा। वे उस घर को अपनी सुरुचि से सजा-सँवार कर रखेंगी। तब वे काम नहीं करेंगी और बच्चे को बेबी सिटर के पास नहीं छोड़ना होगा। वे सारा दिन अपने बच्चे को अपने साथ रख सकेंगीं। वे कल्पना करतीं कि उनके और बच्चे होंगे। वे उनके नाम भी तय करती रहतीं। वे सोचतीं कि यदि ऐसा हुआ तो वे अपना बागीचा बनाएँगी जिसमें गुलाब और जीनिया लगाएँगी। दस्ताने पहन कर बागीचे का काम करेंगी ताकि हाथ, नाखून और नेलपॉलिश ताजी बनी रहे, खराब न हो। शादी, पति और घर होने के बाद वे शतरंज, चाइनीज चेकर और तमाम तरह के खेल खेलेंगी। 'चीपर बाई डजन' की भाँति उनका एक बड़ा- सा हँसता-खेलता परिवार होगा। कुछ साल के लिए उनकी यह इच्छा पूरी हुई। उनको इसका मौका मिला। जब उनका बेटा गे करीब पाँच साल का था। वह स्कूल जा रहा था और पढ़ने में उसका खूब मन लगता था। पुस्तक प्रेम उसे अपनी माँ से मिला था। वे खुद उसे थॉमस स्मिथ पढ़ कर सुनातीं, उसे खुद पढ़ने के लिए प्रेरित करतीं। वह दक्षिणी अश्वेत लहजे में पॉल लॉरेंस डनबर की कविताएँ कहता। इस समय वे एक रिकॉर्ड स्टोर में काम कर रही थीं, उनकी मुलाकात एक श्वेत पुरुष से हुई। यह व्यक्ति न तो अमेरिकी था और न ही क्रिश्चियन। वह यहूदी मूल का था। टोस से माया की शादी हुई, माया की माँ इस शादी से खुश नहीं थी। यह शादी मात्र एक साल चली। इस एक साल में वह काफी समझदार और स्वस्थ हो गयी थी।

माया ने किशोरावस्था में कुछ गलतियाँ की थीं। माया एंजेलो अपनी आत्मकथा 'आई नो व्हाई द केज्ड बर्ड सिंग्स' में इन बेवकूफियों का चित्रण करती हैं। युवावस्था के गर्व और नासमझी में वह अपने पिता की गर्लफ्रैंड डॉलरस से बात-बेबात लड़ती है। उससे ईर्ष्या करती है। पिता का प्रेम पाने के लिए उसकी आलोचना करती है। खुद दुःखी होती है, घर छोड़ती है उसे भी दुःखी करती है। पिता की प्रेमिका डॉलरस की उम्र अधिक नहीं थी, वह बेली सीनियर को बहुत प्यार करती थी अतः उसे किसी के साथ साझा नहीं करना चाहती थी उसकी बेटी के साथ भी नहीं। डॉलरस बेली के घर को बहुत साफ-सुथरा, चमका कर रखती थी। विडम्बना यह थी कि बेली बराबर प्रण करने के बाद भी शादी की बात टालता रहता है। अन्त में बेली दक्षिण की एक अन्य स्त्री अल्बर्टा से शादी करता है।

माया की मानसिक बनावट काफी मजबूत थी। एक बार वह अपने पिता के साथ मैक्सिको जाती है वहाँ के लोगों का व्यवहार बहुत अलग है। माया और उसका पिता स्पैनिश बोलते थे। बेली सीनियर वहाँ बराबर मस्ती करने जाता था। माया वहाँ अपने पिता का एक नया रूप देखती है। अपने परिवार में एकाकी दीखने वाला यह इंसान इन लोगों के बीच आराम से घुलामिला हुआ था। वहाँ वह बेफिक्र, शाहखर्च और लोकप्रिय आदमी है। बेली सीनियर शाम तक पी कर टुन्न हो जाता है। माया ने कभी कार नहीं चलायी थी मगर वह नशे में बेसुध पिता को कार में लेकर पहाड़ की उतराई पर से कार चलाती हुई अमेरिका आ जाती है। यह उसका साहस था। उसके चरित्र की दृढ़ता एक अन्य उदाहरण से भी पता चलती है।

उसके चरित्र की दृढ़ता पता चलती है जब वह स्ट्रीटकार कंडक्टर बनने की ठानती है। उन दिनों यह काम अश्वेत लोगों को नहीं दिया जाता था। विवियन भी यह बात कहती है, उसे समझाती है कि वह इस काम की बात न सोचे। माया माँ की बात नहीं मानती है और कोशिश करने में जुट जाती है। उसकी जिद रंग लाती है, 1943 में वह पहली अश्वेत स्ट्रीटकार कंडक्टर बनी। इसके लिए उसे काफी धैर्य और साहस का परिचय देना पड़ा। बार-बार उसे दरवाजा खटकाना पड़ा पर उसने हार नहीं मानी। माया की लगन और मेहनत रंग लायी। जॉब लेकर ही वह रुकी। जब उसने काम शुरू किया काम के घंटे बड़े अटपटे होते थे। कभी आधी रात को काम समाप्त हो रहा है, कभी भोर में ड्यूटी पर पहुँचना है। माया इस बात को लेकर बड़बड़ाती नहीं है, विवियन भी भरसक उसकी मदद करती है।

माया एंजेलो स्वयं कभी गुलाम नहीं थीं, उनके माता-पिता भी गुलाम नहीं थे। उनके पैदा होने के पहले गुलामी प्रथा समाप्त हो चुकी थी, पर लोगों की मानसिकता नहीं बदली थी। खासतौर पर अमेरिका के दक्षिण में श्वेत-अश्वेत के बीच बहुत बड़ी खाई व्याप्त थी। बचपन में माया यह सब देखती-भोगती है। अमेरिका के उत्तर में अश्वेत गुलाम नहीं थे, मगर वहाँ भी इन लोगों का जीवन बहुत सम्मानजनक न था। माया की किशोरावस्था अमेरिका के उत्तर में बीती। वहाँ उसने वेटरस, बारमेड, डिशवाशर, नाइटक्लब इंटरटेनर, वेश्या, वेश्याओं की मैडम, ड्रग एडिक्ट आदि का निम्न स्तर का जीवन बिताया।

माया में प्रतिभा थी। उनके भीतर ऊपर उठने, जिन्दगी को बेहतर ढंग से जीने की आकांक्षा थी अतः वे यहीं नहीं रुकीं। नर्तकी के रूप में विश्व भ्रमण किया, पत्रकार बनी। संगीत पढ़ नहीं सकती हैं पर गा कर जीवन यापन किया है। अफ्रीका में रहते हुए पत्रकार का काम किया। वे सदर्न क्रिश्चियन लीडरशिप कॉन्फ्रेंस की संयोजक थीं। 23 किताबें, 6 नाटक, 2 स्क्रीनप्ले और विभिन्न पत्रिकाओं के लिए दर्जनों आलेख लिखे हैं। इतना ही नहीं उन्होंने उन्नति करते हुए घाना, कैलीफोर्निया,

वे फोरेस्ट में विश्वविद्यालय प्रशासक और प्रोफेसरशिप की। उन्हें दर्जनों संस्थानों से कई डिग्रियाँ मिली हैं। वे कभी कॉलेज नहीं गयीं पर अब तक उन्हें 60 से अधिक ऑनेररी डॉक्टरेट डिग्रियाँ मिल चुकी हैं।

एक बार उनसे किसी ने पूछा, आपने आत्मकथात्माक उपन्यास लिखे हैं अथवा ये आत्मकथाएँ हैं। माया का उत्तर था कि ये आत्मकथाएँ हैं। साथ ही ये केवल एक अकेले व्यक्ति की बात न हो कर एक पूरे समय, एक पूरे समाज की बातें हैं। जब वे पहला भाग 'आई नो व्हाई द केज्ड बर्ड सिंग्स' लिख रही थीं तो वे मात्र अपने जीवन अथवा अपनी पहचान की बात नहीं सोच रही थीं। वे एक खास समय की बात सोच रही थीं, वो समय जिसमें वे रह रही थीं, वो समय जिसका प्रभाव बहुत सारे लोगों पर पड़ा। लिखते समय वे बराबर सोच रही थीं वह कैसा समय था, वे कौन लोग थे जो उनके आसपास रह रहे थे। खुद को केन्द्र में रख कर उन्होंने इस बात पर ध्यान केन्द्रित किया कि उस समय में व्यक्ति क्या कर सकता था, क्या हो सकता था। सही कहती हैं माया किसी भी समय में व्यक्ति अगर चाहे तो बहुत कुछ कर सकता है।

माया का समय, बीसवीं सदी का सत्तर का दशक अश्वेत संस्कृति में स्त्री के स्थान को लेकर बहस का समय था। समाज, परिवार में स्त्री की भूमिका को लेकर वाद-विवाद जोरों पर था। माया अपनी सोच में पक्की थीं, उनके अनुसार वे किसी की गुलाम नहीं हैं मगर 'सेवा' करने से उन्हें एतराज नहीं हैं बशर्ते वह सम्मान के साथ होना चाहिए, मनमर्जी से होना चाहिए किसी के आदेश या दबाव में नहीं होना चाहिए। जीने के लिए काम करना जरूरी है, माया ने सदैव काम किया पर वे गुलाम नहीं बनीं, सदा स्वतन्त्र रहीं। वे अपने घर की साफ-सफाई, खाना बनाना करती हैं, अपने लिए, अपने पति के लिए इससे वे गुलाम नहीं हो जाती हैं, वे ये काम गरिमा के साथ करती हैं गरिमामय ढंग से करती हैं। उनके अनुसार यह बात साफ हो जानी चाहिए और लोगों को जानना चाहिए कि सेवा करना जोर जबरदस्ती से न होकर, मन से किया जाना चाहिए। साथ ही वे यह भी कहती हैं कि दुर्भाग्य से हमारे समाज में यह एक सच्चाई है कि हमारे देश के इतिहास में सर्विस बलपूर्वक करायी जाती रही है, जो सेवा करता था उससे उसकी पहचान, उसकी अस्मिता, उसका आत्मसम्मान बलपूर्वक छीन लिया जाता रहा है। जो सेवा करते हैं उन्हें हीन भाव से, नीची निगाह से देखा जाता रहा है। उसे मनुष्य न मानने की प्रथा रही है।

पिछली सदी के सत्तर के दशक में जब अश्वेत चेतना जाग रही थी, अश्वेत अपनी अस्मिता पहचान कर सिर उठा रहे थे, बहुत सारे अश्वेतों के साथ कुछ श्वेत भी उनके विचारों से सहमत थे उस समय एक विचार, एक वाक्य प्रचलित हुआ 'ब्लैक इज ब्यूटीफुल', काला सुन्दर है। इसी समय माया एंजेलो की आत्मकथा 'आई

नो व्हाई द केज्ड बर्ड सिंग्स' प्रकाशित हुआ। माया किसी भी प्रचलित मान्यता के अनुसार हिरोइन नहीं सिद्ध होती हैं। वे एक बदसूरत, बेढंगी, अनाड़ी, रूखी, कटु, विचारमग्न, स्वप्नमय, बहुत बड़ी, लम्बी युवा नीग्रो लड़की थीं। एक ऐसी लड़की को नायिका मानना कठिन है। वे उस समय की साहित्यिक नायिकाओं की भाँति न थीं। उस समय भी साहित्य में तो नाजुक, अति सुन्दर अश्वेत नायिकाएँ आ रही थीं। एन मूडी की 'कमिंग ऑफ एज' की नायिका ऐसी ही है। निक्की जिऑनी की जेमिनी ऐसी ही नायिका है जिस पर पूरा परिवार फिदा है। ऐसे समय में माया ने एक नीग्रो लड़की जिसकी कोई प्रशंसा नहीं करता है, जिससे कोई ईर्ष्या नहीं करता है, जिसे कोई दुलारता नहीं है, एक अनब्याही माँ है, को अपनी किताब के केन्द्र में रखा है। यह भी सही है कि बाकी सब उपन्यास-कहानी लिख रहे थे माया जीवन की सच्चाई से रू-ब-रू करा रही थीं। यही कारण था कि प्रकाशित होते ही उनकी आत्मकथा को हाथों-हाथ लिया गया। बहुत सारे लोगों को इसमें अपनी कहानी, अपना जीवन नजर आया।

1981 में माया एंजेलो के जीवन ने अपनी दिशा फिर बदली। इस साल उन्होंने अपने पति पॉल डे फिओ से तलाक लिया और नॉर्थ केरोलीना के सेलम में रहने लगीं। वे एक बार वेक फोरेस्ट विश्वविद्यालय में भाषण देने गयीं। उनके भाषण का असर इतना गहरा हुआ कि छात्रों ने प्रश्न पूछने शुरू किये। इस प्रश्नोत्तर का नतीजा हुआ अधिकारियों का प्रभावित होना और उन्हें वेक फोरेस्ट विश्वविद्यालय में नियुक्ति का ऑफर देना। सामान्यतः इस विश्वविद्यालय में विजिटिंग फैकल्टी के लिए दो साल अथवा पाँच साल के लिए नियुक्ति होती है। मगर डीन थॉमस मुलेन ने उन्हें आजीवन नियुक्ति दी। उनका मानना था कि बहुधा छात्रों को प्रश्न पूछने के लिए कोंचना पड़ता है मगर माया के जादू ने उन्हें स्वतः प्रश्न करने के लिए उत्साहित किया। इस पोस्ट पर वे एक सेमेस्टर में ह्यूमेनिटीज पढ़ाने के लिए विषय वस्तु स्वयं तय करती हैं बाकी समय वे अपना लेखन करती हैं। भाषण देने के लिए दुनिया भर से उनके पास अनुरोध आते हैं, विश्व भर से भाषण देने के लिए उन्हें बुलाया जाता है। उनके पास बोलने के लिए विषयों की कोई कमी नहीं है। एक अच्छा वक्ता एक ही थीम पर बात करता है जिसे वह चार-पाँच अलग-अलग टॉपिक में प्रस्तुत करता है। माया एंजेलो के अनुसार उनकी थीम मानव है जो समान होते हुए भी भिन्न है। इसी थीम पर उनका संगीत है, उनकी कविता है, उनकी फिल्में हैं, उनके नाटक हैं और इसी पर उनकी किताबें हैं। 1996 एक साल में उन्होंने विश्वविद्यालयों और सेमीनार में भाषण दे कर 2 मिलियन डॉलर कमाये। इस एक बात से पता चलता है कि इस काम के लिए उनकी कितनी माँग है ।

माया एंजेलो खुद मानती हैं कि वे एक कुशल शिक्षिका हैं। वे छात्रों तक अपनी

बात पहुँचाने के लिए कोई भी उपयुक्त तरीका अपनाती हैं। इसके लिए वे जरूरत होती है तो गाती हैं, शेक्सपीयर से पढ़ती हैं। उनकी क्लास में कोई ठीक समय से नहीं आता है वे समय से पहले आते हैं। उनके अनुसार एक टीचर वही तरीका उपलब्ध कराता है जिससे व्यक्ति खुद सीख सके, खुद को शिक्षित कर सके। सर्वोत्तम शिक्षक व्यक्ति को जागरूक बनाता है, झकझोरता है और उसके भीतर भूख पैदा करता है। यह सही तरीका है क्योंकि जबरदस्ती किसी को कुछ नहीं सिखाया जा सकता है जब तक कि व्यक्ति खुद सीखने के लिए उत्सुक न हो। टीचर का काम उत्सुकता जगाना है, पढ़ना, सीखना स्वतः हो जाएगा।

खुद माया के जीवन में इतनी जिज्ञासा थी इसी कारण वे इतना कुछ सीख सकीं, इतना कुछ कर सकीं। वे अपनी युवावस्था में किताबों पर निर्भर थीं। यह उनका अपने आसपास की क्रूरता, भेदभाव, अमानवीयता से पलायन करने की आवश्यकता और सीखने की गहन इच्छा का फल था। शेक्सपीयर, किपलिंग, एडगर एलेन पो, ऑस्टीन, थाकरे, डनबर, ह्ग्स, डु बोइस इस एकाकी, दुःखी लड़की के साथी थे। शेक्सपीयर का सोनेट 29 खासतौर पर माया के अपने सामाजिक और भावात्मक पराएपन को अपील करता था, इसके द्वारा उसका पहला 'श्वेत प्रेम' पनपा। मेरी एंटीन, अनाइस निन और तमाम महिला आत्मकथाकारों की भाँति माया एंजेलो के लिए भी पब्लिक लाइब्रेरी जिन्दगी के बेतुकेपन और अव्यवस्था से बचने का माध्यम बनी। वे कहती हैं कि सेंट लुई में उन्होंने अपना पहला लाइब्रेरी कार्ड बनाया। अपने बलात्कार के बाद वे किताबों की शरण में अपनी राह पाती हैं। किताबों और शिक्षा का महत्त्व प्रत्येक अश्वेत महिला रचनाकार स्वीकार करती है। शिक्षा सामाजिक गतिशीलता प्रदान करती है। जरूरी नहीं कि यह शिक्षा स्कूल कॉलेज में ही प्राप्त की जाए। किताबें शिक्षा का एक बेहतर माध्यम हैं। किताबें हमें कल्पना की दुनिया की सैर कराती हैं, हमें कल्पना करना सिखाती हैं। रचनाकार के लिए कल्पना का महत्त्व सर्वविदित है। कल्पना खतरनाक भी हो सकती है। माया एंजेलो बचपन से कल्पना की दुनिया में खोई रहती थीं। यहाँ तक कि जब फ्रीमैन उसका बलात्कार कर रहा था उस समय भी बालिका माया कल्पना कर रही थी कि मेरी माँ या बेली अथवा ग्रीन होर्नेट अचानक दरवाजा तोड़ कर आयेगा और उसे बचा लेगा।

नारीवाद और अफ्रो-अमेरिकन अध्ययन से प्रभावित आलोचक अक्सर 'आई नो व्हाई द केज्ड बर्ड सिंग्स' के खास मुद्दों पर ध्यान केन्द्रित करते हैं। वे इस बात का विश्लेषण करते हैं कि क्या इस किताब की युवा नायिका माया एंजेलो की कहानी एक व्यक्ति की कहानी है या यह सार्वभौमिक कहानी है। यह नस्ल, लिंग, पहचान, दर-ब-दर होने की कहानी है या फिर इन सबकी मिलीजुली कहानी है। इन मुद्दों पर बात करते हुए आलोचक प्रमुख एपीसोड्स पर विचार करते हैं। वे कुछ खास

दृश्यों को केन्द्र में रखते हैं। पोव्हाइटट्रैश गर्ल्स, युवा माया का बलात्कार, इसके फलस्वरूप उसका मौन साधना, मिसेज फ्लॉवर्स के साथ उसका अनुभव, उसके ग्रेजुएशन का समारोह, दाँत के डॉक्टर के यहाँ हुआ उसका अनुभव, एक महीने तक जंकयार्ड में रहना, कम उम्र में अनब्याही माँ बनना, और फिर सेनफ्रांसिको में स्ट्रीटकार कंडक्टर बनने का संघर्ष इन मुद्दों का आज बौद्धिक रूप से काफी विश्लेषण प्राप्त है। माया की इस जीवनी पर बहुत सारे विद्वानों ने काम किया है। बहुत सारे लेख और किताबें इस एक किताब पर आज उपलब्ध हैं।

आज के युवा सेक्स, हत्या अथवा अशुचिता, अधर्म के प्रति मासूम नहीं हैं वे अनजान हैं इस बात से कि कैसे स्वयं को सशक्त बनाएँ, विश्वास कैसे करें। संघर्ष के प्रति लगाव, बौद्धिक जिज्ञासा, जीवित (उत्तरजीविता) रहने, प्राकृतिक और जटिल नैतिक चुनाव करना वे नहीं जानते हैं। ये सारे वयस्क लगने वाले विचार यह आत्मकथा युवा पाठकों को सौंपती है। बताती है कि उनकी जिन्दगी विरासत ही नहीं है, न ही यह जिन्दगी पूर्वनिर्धारित है। वे अज्ञानता और भय की दमनकारी परम्परा से एक उत्साही की तरह संघर्ष कर सकते हैं। आलोचक भले न माने पर यह किताब अपने युवा पाठकों को यह महत्त्वपूर्ण सन्देश देती। युवाओं को यह अवश्य जानना-करना चाहिए।

माया एंजेलो मनुष्य की कमजोरियों और असफलताओं के बीच उसके आध्यात्मिक विजय की बहुत स्पष्ट तस्वीर खींचती हैं। यह आत्मकथा बहुत नाटकीयता के साथ नैतिक चुनाव की बात करती है। वे अमेरिकी जीवन के नकारात्मक और सकारात्मक दोनों चुनावों की, दोनों विकल्पों की बात करती हैं। श्वेत अमेरिकी जीवन लोगों के समूहों के दमन को चुनता है, कानून के ऊपर खाल उधेड़ने, हत्या करने का विकल्प अपनाता है। सम्मान के बजाय भय और दहशत पैदा करने का चुनाव करता है। इतने नकारात्मक विकल्पों के साथ वे बहुत सारे सकारात्मक विकल्पों की बात भी करती हैं। वे जीवन की कठिनाइयों के बावजूद मृत्यु पर जीवन को वरीयता देती हैं, सुरक्षा के स्थान पर साहस की बात करती हैं, अव्यवस्था के बीच अनुशासन चुनती हैं, मौन के ऊपर स्वर को तरजीह देती हैं, दया की जगह सहानुभूति, घृणा के बदले प्रेम, हताशा के बदले आशा, बेकार के आरोप-प्रत्यारोप के पचड़े में न पड़ कर काम करते जाना चुनती हैं। वे दिखाती हैं कि अगर मनुष्य चाहे और पक्का निश्चय कर ले तो अपने भाग्य को बदल सकता है। परिस्थिति का गुलाम न बन कर निरन्तर अपना विकास कर सकता है, अपनी प्रतिभा को खिला सकता है। अपना सशक्तिकरण, विश्वास, संघर्ष, जिजीविषा, बौद्धिक जिज्ञासा, विकल्पों की जटिलता, साहस इस आत्मकथा के प्रमुख सन्देश हैं।

इन विषयों के अन्वेषण के लिए यह आत्मकथा अपने विपरीत जोड़ों को सामने

रखती है। परम्परागत समाज और उसके मूल्य बनाम तत्कालीन समाज और इसके मूल्य, मौन बनाम स्व-अभिव्यक्ति, शिक्षा बनाम दमनात्कम शक्तियाँ, उदारता की प्रकृति के बरक्स क्रूरता की प्रवृति, आध्यात्मिकता के समक्ष रिचुअल्स। 'आई नो व्हाई द केज्ड बर्ड सिंग्स' का प्रत्येक अध्याय कठिन और विषम परिस्थिति में एक युवा अश्वेत लड़की के संघर्ष को प्रदर्शित करता है। बलात्कार के समय संघर्ष, बलात्कार के बाद जीवित रहने, शरीर, आत्मा, मन, भविष्य को सुरक्षित रखने का संघर्ष। अपनी पहचान और स्व-दृढ़ता के लिए संघर्ष। कुछ लोग किताब में बलात्कार की बात आने के कारण इसे युवा पाठकों के लिए हानिकारक बताते हैं और उनके लिए इसे प्रतिबन्धित करने की सिफारिश करते हैं। बलात्कार किसी लड़की के जीवन की ऐसी दुर्घटना है जिसे किसी तरह न तो मिटाया जा सकता है न भुलाया जा सकता है। अगर जीवन से बलात्कार को मिटाया नहीं जा सकता है तो क्या इसे एक किताब से मिटा दिया जाना चाहिए। प्रश्न है क्या युवा पाठक को जीवन की सच्चाई से रू-ब-रू होने का अधिकार नहीं है। किताब बलात्कार पर नहीं ठहर जाती है वह इसके बहुत आगे जाती है। यह आत्मकथा जिजीविषा से भरपूर है, ऐसी जीवन्त किताब यदि युवा नहीं पढ़ेंगे तो भला किसे पढ़नी चाहिए।

आलोचकों के अनुसार माया एंजेलो की आत्मकथाएँ ऐसे आन्तरिक सत्य के साथ लिखी गयी हैं कि वे अफ्रो-अमेरिका की आत्मकथाएँ बन गयी हैं। अपने अनुभवों के चित्रात्मक वर्णन के कारण ये आधुनिक अमेरिका खासकर अफ्रो-अमेरिकन इतिहास को प्रस्तुत करती हैं। कौन-सी आत्मकथा अधिक अच्छी है बताना मुश्किल है। अक्सर 'आई नो व्हाई द केज्ड बर्ड सिंग्स', 'द हार्ट ऑफ अ वूमन' तथा 'ए सांग फ्लंग अप टू हेवन' को पाठकों और आलोचकों ने अधिक पसन्द किया है। और यही माया एंजेलो भी कहती हैं, उनके अनुसार वे बहुत लोगों के जीवन को बताने के लिए अपने जीवन को वर्णित करती हैं। यह अफ्रो-अमेरिकन जीवन भी है साथ ही दूसरे लोगों का जीवन भी है। एक बार उन्होंने कहा कि वे अश्वेत जीवन के विषय में लिखती हैं चूँकि वे इस जीवन को जानती हैं लेकिन वे कहती हैं कि वे मनुष्य की स्थितियों के बारे में लिखती हैं, वह कैसे अनुभव करता है। अन्ततः साहित्य मनुष्य की गाथा है और माया साहित्य रचती हैं। इसी तरह कुछ लोगों का कहना है कि उनकी आत्मकथाएँ उनकी कविताओं से बेहतर हैं। इसका कारण उनकी इमेजरी का बहुत सामान्य होना ये लोग कारण देते हैं। कुछ लोगों को उनकी लय, जिसका वे बहुत अधिक प्रयोग करती हैं, पसन्द नहीं आती है। वे आलोचनाओं पर उतना ही ध्यान देती हैं जितना देना चाहिए, सदा थोड़ा-सा हिचकिचाते हुए आलोचना ग्रहण करती हैं। उनके अनुसार वे जो कर सकती हैं सर्वोत्तम तरीके से करती हैं, कुछ भी बचा नहीं रखती हैं, इसके लिए वे माफी नहीं माँगती हैं।

इसी आत्मकथा पर फील्डर कुक ने इसी नाम से एक फिल्म बनायी है। कहानी में फिल्म की सुविधा के लिए कुछ परिवर्तन किये गये हैं जो खटकते नहीं हैं। यदि आपने किताब नहीं पढ़ी है तो फिल्म अपने आपमें पूरी और अच्छी लगती है। फिल्म में पूरी किताब को नहीं लिया गया है, मात्र ग्रेजुएशन सेरेमनी पर ही फिल्म समाप्त हो जाती है। बच्चों का फिर से अपनी माँ के पास आकर रहना और माया का बोहीमियन जीवन, उसकी गर्भावस्था और माँ बनने वाले हिस्से को छोड़ दिया गया है। इसी तरह एक प्रमुख घटना डेंटिस्ट के यहाँ जो हुआ उसे भी फिल्म में स्थान नहीं मिला है और न ही चर्च की दोनों घटनाओं को इसमें लिया गया है और न ही फ्रीमैन के ट्रायल वाले कोर्ट सीन को। एक और प्रमुख घटना फिल्म में छोड़ दी गयी है वह है माया का मिसेज कलिनान के यहाँ काम करना और मिसेज कलिनान का उसका नाम बिगाड़ कर उसका अपमान करना तथा माया का उसे सबक सिखाना। मिस फ्लॉवर्स को स्कूल टीचर बनाया है जबकि किताब में वह माया से बहुत बाद में मिलती है। वेलिडेक्टरी स्पीच रीड न देकर माया ही देती है। फिर भी फिल्म अपने आप में मुकम्मल है। माया के रूप में कोंसटेंस गुड और बेली जूनियर की भूमिका में जॉनसन ड्राइवर द्वितीय का अभिनय देखते बनता है और मोमा के किरदार में एस्थर रोल खूब जँचती है। इसी तरह अंकल विली के रूप में सनी जिम गेंस, पॉल बेंजामिन फ्रीमैन के रूप में, रोजर मूसली बेली सीनियर के रूप में अपनी-अपनी भूमिका बखूबी निभाते हैं। विवियन की भूमिका डायन केरोल ने की है और रूबी डी विवियन की माँ मिसेज बैक्सटर बनीं हैं।

माया ने अपनी आत्मकथा के पहले भाग 'आई नो व्हाई द केज्ड बर्ड सिंग्स' अपने बेटे गे जॉनसन के साथ-साथ उन सारे अश्वेत मजबूत पक्षियों को समर्पित किया है जो विषमता और देवताओं की परवाह न करते हुए, उसे चुनौती देते हुए अपने गाने गाते हैं। साथ ही अपनी माँ विवियन बैक्सटर, भाई बेली जॉनसन, हरलम लेखक गिल्ड, जॉन ओ. किलेन के साथ कई अन्य लोगों का आभार प्रकट किया है। माया एक बहुत अच्छी माँ हैं, वे सदैव अपने बेटे के साथ रहती हैं। उनके अनुसार उनकी सबसे बड़ी उपलब्धि उनका बेटा गे जॉनसन है। उनके अनुसार उनका बेटा गजब का है, उसे देखना खुशी देता है, वह एक अच्छा इंसान है जो खुद को बिलांग करता है। माया की प्रसन्नता का अन्दाजा लगाया जा सकता है जब गे जॉनसन का 1998 में एक ऐतिहासिक 'थ्रिलर स्टैंडिंग एट द स्क्रैच लाइन' प्रकाशित हुआ। इस किताब का नायक एक अफ्रो-अमेरिकन है।

माया एंजेलो इतनी तरह के काम करती हैं तब उन्हें लिखने का समय कैसे और कब मिलता है? वे कैसे लिखती हैं? ये जिज्ञासा होना स्वाभाविक है। इतनी व्यस्तता के बीच लिखना खास अनुशासन की माँग करता है। उनका अपना एक

बड़ा-सा सजा हुआ घर है, मजे की बात है वे घर में कभी नहीं लिखती हैं। घर जहाँ सजावट है, खाना बनता है, टेलीफोन बजता है वहाँ बैठ कर वे नहीं लिखती हैं। यह सब उनके लिखने में व्यवधान उत्पन्न करता है। लिखने के लिए वे एक होटल के कमरे में रहती हैं। इस कमरे में लिखने का पैड, ताश की एक गड्डी, बाइबिल, एक थेसॉरस, डिक्शनरी और एक बोतल शेरी के अलावा कोई अन्य सामान नहीं रहता है। दीवारों पर तस्वीरें भी नहीं। वे होटल वालों को अपना कमरा साफ नहीं करने देती हैं न ही बिस्तर की चादरें बदलने देती हैं। वे बिस्तर पर एक कोहनी पर लेट कर लिखती हैं। सुबह छह बजे से दोपहर तक लिखती हैं। लिखते समय सिर पर वे हैट पहने होती हैं अथवा कस कर कपड़ा बाँधे होती हैं। ऐसा वे इसलिए करती हैं ताकि उनका दिमाग जगह पर बना रहे ताकि छन कर खोपड़ी से निकल कर ग्रे थक्के उनकी गर्दन, कानों और चेहरे पर न बह आयें। उनके अनुसार साहस एक बड़ा अनुशासन है। जो व्यक्ति बाहर जा कर कगार पर खड़े होने का स्वाद लेता है, उस अस्थिर स्थान का रस लेता है वही कलाकार है। वे चेतावनी देती हैं कि सफलता की कभी गारंटी नहीं होती है। आप जो भी करते हैं, उसमें से सब मास्टरपीस नहीं हो सकता है। लेकिन आपको आगे बढ़ कर कोशिश करनी है, करती रहनी है। आप सच में कोशिश करते हैं, हो सकता है वह काम मास्टरपीस हो जाए। तब आप उस क्लासिक का गान करते हैं। वे लिखने और फिल्म निर्देशन में समानता देखती हैं, कहती हैं कि मुझे कैमरा अपने पेन की तरह दीखता है, मैं पेन को कहानी कहने देती हूँ। 1998 में माया एंजेलो ने 'डाउन इन द डेल्टा' फिल्म का निर्देशन किया।

लिखना परिश्रम की माँग करता है इसलिए जब कोई माया एंजेलो से कहता है कि वे नैसर्गिक लेखक हैं तो वे चिढ़ जाती हैं। वे बड़े नाटकीय तरीके से दोहराती हैं, 'एक नैसर्गिक लेखक!' मैं यहाँ एक सप्ताह शायद दो सप्ताह से एक ढंग का अनुच्छेद लिखने के लिए परेशान हो रही हूँ, एक अनुच्छेद जिस पर शायद कोई ध्यान भी नहीं देगा। और आप कहते हैं नैसर्गिक लेखक। कोई किसी शब्द, किसी पंक्ति, किसी अनुच्छेद पर ध्यान दे या न दे लेखक को हर शब्द, हर पंक्ति, हर अनुच्छेद पर मेहनत करनी होती है, भाषा पर ध्यान देना होता है। कौन पहले से तय कर सकता है कि किस शब्द, किस वाक्य या किस अनुच्छेद पर किसका कब ध्यान जाएगा। साहित्य को ऐसे ही कला की संज्ञा नहीं मिली है। यहाँ न रंग है न तूलिका, न ही कोई अन्य बाह्य सामग्री। बस शब्दों से आपको पच्चीकारी करनी है, महल-चौबारे खड़े करने हैं। कोई भी लेखक ऐसे ही प्रसिद्ध नहीं हो जाता है। प्रसिद्ध और टिकाऊ होने के लिए बहुत मेहनत करनी पड़ती है। राइटर्स डाइजेस्ट ने उन्हें बीसवीं सदी के 100 सर्वोत्तम लेखकों में शामिल किया है। साहित्य का लाइफ टाइम

अचीवमेंट अवार्ड भी उन्हें मिला है। जो छोटी लड़की रेलवेलाइन पार करके श्वेत एरिया में जाने से डरती थी उसे आज सब नस्ल के पाठक और श्रोता चाहते हैं। वह सबके लिए लिखती है।

माया एंजेलो बहुत गम्भीरता से अपने काम को लेती हैं, बहुत गम्भीर मुद्दों पर लिखती हैं, लेकिन वे खुद सदा गम्भीर नहीं होती हैं। एक बार उन्होंने एक साक्षात्कारकर्ता को बताया कि यदि उनकी एक बेटी हुई तो उसे वे सिखाएँगी। वे सिखाएँगी कि कभी हार मत मानना। और सिखाएँगी कि खूब हँसना। छोटी-से-छोटी बेकार की बातों, बेवकूफी भरी बातों पर हँसना और बहुत-बहुत गम्भीर बातों पर भी खूब हँसना। वे दावे के साथ कहती हैं कि मैं उसे जिन्दगी से प्यार करना सिखाऊँगी। सच, उन्होंने खुद जिन्दगी से बहुत प्यार किया है। उन्होंने 2008 में 'लेटर टू माई डॉटर' नाम से एक किताब लिखी है। इस किताब में वे विवियन बैक्सटर, फ्रांसेस विलियम्स, बेरडिस बॉल्डविन, अमिशेर ग्लेन यानी कि उन सब महिलाओं को धन्यवाद देती हैं जिन्होंने भले-बुरे सब दिनों में माँ की तरह प्यार दिया। वे खासतौर पर डॉक्टर डोरोथी हाइट को धन्यवाद देती हैं क्योंकि वे अब भी उन्हें बेटी बनी रहने देती हैं। वे उन सब स्त्रियों को धन्यवाद देती हैं जो उनसे पैदा नहीं हुई हैं मगर उन्हें माँ बनने देती हैं, इस लिस्ट में ओप्रा विन्फ्रे, रोसा जॉनसन, लिडिया स्टकी, वैलरी सिम्पसन और कोंस्टेंसिया रोमिली का नाम वे लिखती हैं।

अन्य अश्वेत लेखकों की भाँति या यूँ कहें अन्य प्रवासी रचनाकारों की तरह उनका लेखन भी 'घर' की तलाश है। पहले वे सोचती थीं कि घर वहाँ है जहाँ पूर्वज रहते आये हैं। यानी कि अफ्रीका। घर का अर्थ पहले वे भौगोलिक स्थान सोचती थीं। बाद में उनका विचार बदला, उन्हें भान हुआ कि घर भौगोलिक स्थिति में स्थित न हो कर हृदय में होता है। उनके लिए घर अपने बेटे गे जॉनसन के प्रेम में केन्द्रित है। एक साक्षात्कार में वे बताती हैं कि सच्चाई यह है कि आप कभी भी अपना घर नहीं छोड़ते हैं। आप जहाँ भी जाते हैं इसे अपने साथ ले जाते हैं। यह आपके नाखूनों में होता है, बालों की जड़ों में होता है और आप जैसे मुस्कुराते हैं यह उसमें होता है।

सामाजिक सरोकारों के वह बहुत पहले से सक्रिय हैं। माया सामाजिक मुद्दों पर इतनी सक्रियता से जुड़ी हुई हैं कि लोगों के बीच अपनी आवाज और अपनी शक्ल से जानी जाती हैं। एक बार कैलिफोर्निया के बेर्केली में वे अपने लोगों के साथ नस्लीय भेदभाव के विरुद्ध रैली निकाल रही थीं। उस समय उन्हें उनके एक साथी के साथ एक अफ्रो-अमेरिकन पुलिस अफसर ने गिरफ्तार किया। माया एंजेलो बताती हैं कि गिरफ्तार करके जब वह अफसर उनकी अँगुलियों के निशान ले रही थी उसके हाथ काँप रहे थे, बाद में उस अफसर ने उनका ऑटोग्राफ भी लिया।

1989 में माया एंजेलो को यूएसए टूडे की 50 अश्वेत रोल मॉडल में स्थान दिया

गया। आलोचक भले ही उनके लेखन की आलोचना करते हों मगर एक व्यक्ति के रूप में वे उनका बहुत आदर करते हैं। वे उनकी तुलना महान फेडरिक डगलस से करते हैं। डगलस और एंजेलो ने जैसा विभिन्न प्रकार का और भयंकर जीवन जीया है वह उनकी नस्ल और संस्कृति को समग्रता में प्रस्तुत करता है। ये स्वनिर्मित व्यक्तित्व के लोग हैं।

माया बहुत भावुक प्रकृति की महिला हैं। 1968 में ठीक उनके जन्मदिन के दिन 4 अप्रेल को मार्टिन लूथर किंग जूनियर की हत्या हो गयी थी। तबसे माया एंजेलो ने अपना जन्मदिन मनाना बन्द कर दिया था। लेकिन उनके चाहने वाले कहाँ मानने वाले थे। 1993 में उनकी निकट की दोस्त ओप्रा विन्फ्रे ने माया के 65वें जन्मदिन पर 'द मदर ऑफ ऑल बर्थडे पार्टीज' का इन्तजाम किया। इसके लिए विन्फ्रे सारी दुनिया से फूल और रसोइए ले कर आयीं। इतना ही नहीं उस दिन माया ने जो ड्रेस पहनी उसे ओप्रा विन्फ्रे ने खुद डिजाइन किया था। इस अवसर पर माया का बेटा गे जॉनसन और उनका पोता कोलीन अशान्ति मर्फी-जॉनसन के साथ 400 मित्र जमा हुए और माया का जन्मदिन वेक फोरेस्ट यूनिवर्सिटी कैम्पस में शानदार-जोरदार तरीके से मनाया गया। इस मुबारक मौके पर राष्ट्रपति बिल क्लिंटन ने एक वीडियोटेप में अपना सन्देश भेजा जिसमें उन्होंने माया को 'एक विश्वनिधि' कहा है।

माया एंजेलो और ओप्रा विन्फ्रे की दोस्ती कई कारणों से हुई और यह बहुत मजबूत तथा काफी पुरानी है। ओप्रा जब अपना टेलीविजन शो प्रारम्भ कर रही थीं उन्होंने माया एंजेलो से साक्षात्कार के लिए पाँच मिनट का समय माँगा। अपनी बात को सही सिद्ध करते हुए उन्होंने ठीक पाँच मिनट में साक्षात्कार समाप्त कर दिया। एंजेलो इस बात से बहुत प्रभावित हुईं। तत्काल कहीं कोई सूत्र जुड़ गया। उनके जुड़ने का कारण यह भी था कि दोनों की जिन्दगी और अनुभवों में कई समानताएँ हैं। दोनों स्त्रियों का पालन-पोषण उनकी दादी ने किया है। दोनों का बचपन में बलात्कार हुआ था। दोनों की दोस्ती परवान चढ़ने लगी। माया एंजेलो की किताबें पढ़ कर ओप्रा बड़ी हुई थी। जब माया ने ओप्रा को अपने घर आमन्त्रित किया तो ओप्रा की खुशी का ठिकाना न रहा। माया ओप्रा को उनका मनपसन्द खाना बना कर खिलातीं, कविताएँ पढ़ कर सुनातीं। दोनों एक दूसरे से बहुत बेतकल्लुफ हैं। माया एंजेलो अक्सर ओप्रा विन्फ्रे के टॉक शो पर आती हैं। ओप्रा के अनुसार माया उनकी सलाहकार, साथी हैं। ऐसी साथी जिससे दुःख-दर्द साझा किया जा सकता है, जिसके कन्धे पर सिर रख कर रोया जा सकता है। उनके लिए वे सुरक्षा देने वाली चट्टान और ढाल हैं। माँ, बहन और मित्र हैं। अपने जन्मदिन पर माया ने कहा उन्हें ओप्रा जैसी बेटी चाहिए थी। माया एंजेलो ने अपनी एक किताब 'वोडंट टेक नथिंग

फॉर माई जर्नी नाऊ' बहुत प्यार के साथ ओप्रा विन्फ्रे को समर्पित की है। यह किताब उनके लेखों का संग्रह है जिसमें वे यात्र, ईर्ष्या, भाईचारे जैसे विषयों पर सलाह देती हैं।

उनकी आत्मकथा का पहला भाग 'आई नो व्हाई द केज्ड बर्ड सिंग्स' अमेरिकी इतिहास के एक खास काल के समाज और उसके जीवन को बहुत ठोस तरीके से प्रस्तुत करती है। उस समय की संस्कृति, मूल्य, रीति-रिवाज, विश्वास, जीवन शैली, अच्छाइयाँ-बुराइयाँ सबको इसमें स्थान प्राप्त हुआ है। इन्हीं सब विशेषताओं को देखते हुए पुस्तक के कवर पर जेम्स बॉल्डविन ने लिखा : माया एंजेलो अपने लेखन द्वारा जिन्दगी के खुले मैदान में ले जाती है क्योंकि वह खुद (माया एंजेलो) जिन्दगी का इतने विस्मय और गौरव के साथ सामना करती हैं। यह किताब पाठक को जिन्दगी जीने की त्वरा देती है, ऐसी किताबों की ओर हमें श्रद्धा के साथ जाना चाहिए, हमें इसे संकुचित या नकारात्मक दृष्टि से नहीं देखना चाहिए। अधिकांश लेखक यहाँ तक कि कई अश्वेत पुरुष लेखक भी अश्वेत स्त्री को ब्रीडर, धाय, खेतों में काम करने वाली, शारीरिक और मानसिक-भावात्मक दमन-शोषण का शिकार दिखा रहे थे। ऐसे में माया एंजेलो ने दिखाया कि दमन-शोषण के खिलाफ सिर उठा कर खड़ा हुआ जा सकता है। जो हो गया है उसे पीछे छोड़ कर आगे बढ़ा जा सकता है। दूसरों को दोष देने, जो हो गया है उसका रोना रोते रहने के स्थान पर वर्तमान को सुधार कर भविष्य को सँवारा जा सकता है। 'आई नो व्हाई द केज्ड बर्ड सिंग्स' आत्मकथा पाठकों को जीओ और जीने दो का एक बहुत सार्थक, आशापूर्ण, मजबूत सन्देश देती है।

माया एंजेलो सोचती थी कि अगर युद्ध में मौत नहीं हो तो प्रतिवर्ष युद्ध देखना चाहेंगी। 'गेदरटूगेदर' में लिखती हैं कि यह उनके लिए त्योहार जैसा था। उनके लिए जिन्दगी युद्ध से कम नहीं थी। सत्तर साल की माया दो माह के बच्चे के साथ अपनी माँ के घर में रह रही थी। उस घर में उसका सौतेला पिता भी था। वह उसे डेडी क्लाइडेल बुलाती थी पर भलीभाँति जानती थी कि वह उसकी बेटी नहीं है। उसका बेटा डेडी का तभी तक नाती है जब तक माँ का इस आदमी से सम्बन्ध है। और दोनों का सम्बन्ध टूटने के कगार पर था। वह बहुत परेशान थी बच्चे के तनिक-सा भी रोने पर उसे लगता वह घर में अशान्ति का कारण बन रही है। उसके पास स्थाई काम नहीं था। उसने तय किया वह खानसामा का काम सीखेगी। अश्वेत स्त्रियाँ खाना बनाने का काम करती आ रही थीं।

वह 17-18 साल की थी और चार्ल्स 31 साल का था। दोनों के बीच शुरू से सारी बातें साफ थीं, कुछ छिपाया नहीं गया था। उसने बड़े धैर्य के साथ माया को प्रेम करना, प्रेम का आनन्द उठाना सिखाया था। शारीरिक सम्बन्ध का अनुभव उसे

था पर उसका कोई असर नहीं हुआ था। इस बार उसे पता चला कि सेक्स क्या होता है। वह माया को उत्तेजित करता, हँसाता और दोनों का बहुत अच्छा रिश्ता कायम हुआ। लेकिन यह रिश्ता लम्बा नहीं चलना था और जैसा कि पहले से मालूम था जब वह जाने लगा तो माता खूब रोयी। वह शिकायत नहीं कर सकती थी मगर अपने दुःख का क्या करे? उसका शरीर जाग चुका था वह शरीर सुख से परिचित थी अब उसके लिए वियोग बहुत दुःखदाई था। मगर कोई चारा नहीं था। उसने पहली बार अपने शरीर, अपने पहनावे, अपने शृंगार पर ध्यान देना शुरू किया था। माया अपने आसपास देख रही थी कि स्मार्ट औरतें वेश्या थीं और बेवकूफ वेटरस। उसे तीसरी कोई श्रेणी दिखाई नहीं दे रही थी। समलिंगी में उसकी रुचि थी मगर वह खुद समलैंगी नहीं थी। उसने एक डांस क्लास में दाखिला लिया।

ऐसे द्विधाजनक समय में किताबों, अक्षरों-शब्दों ने उसे सम्बल प्रदान किया। वह खुद को या फिर अपने बेटे को शेक्सपीयर के पूरे-पूरे खंड सुनाती। पॉल लॉरेंस डनबर की कविताएँ सुनाती। किपलिंग, लैंगस्टोन हग्स, लॉगफेलो और न जाने किस-किस को पढ़ती रहती। परेशानी में उसे साहित्य से सहारा मिलता।

माया एंजेलो कई साल तक मैडम बन कर रही। नस्लगत, सांस्कृतिक और बौद्धिक, हर स्तर पर वह खुद को ऊँचा दिखाती और अपने आप को वेश्याओं से बेहतर मानती। वह वेटरस के रूप में खुद को अपने ग्राहकों से बहुत अधिक चालाक समझती। उसने जिन्दगी को विपरीत ध्रुवों में देखा था। अश्वेत/श्वेत, ऊपर/नीचे, जीवन/मृत्यु, गरीब/अमीर, प्रेम/घृणा, खुश/उदास। हाँ, दोस्तॉवस्की का अपराध/सजा उसका जाना-पहचाना था। वह मानती थी कि गलती करोगे तो सजा मिलेगी। अपने आर्मी में शामिल न हो पाने का दोष वह खुद के झूठ को देती थी। 'क्राइम एंड पनिशमेंट' के चरित्रों से उसकी दोस्ती थी। जब उसने 'ब्रदर करामजोव' पढ़ा तो उन्हीं पात्रों के साथ जीने लगी। फिर गोर्की उसका प्रिय बन बैठा। उसने चेखव और तुर्गनेव पढ़ा। यह सब उसे उसके गन्दे-अस्वस्थ वातावरण में जीवित रहने में मददगार था।

जब भी माया परेशान होती, भयभीत होती वह अपनी मोमा की शरण खोजती। एक बार वह एक दलाल के साथ काम कर रही थी, दलाल उसका खूब शोषण कर रहा था। जब उनका सम्बन्ध बिगड़ने लगा तो स्थिति बहुत खराब हो गयी। मरने-मारने की स्थिति आ गयी तो माया अपने बच्चे को ले कर भाग निकली और सीधी अपनी मोमा के पास पहुँची। उसे मोमा याद आती क्योंकि वह धीरे बोलने वाली लेकिन सही सोच की स्त्री थी और सबसे बड़ी बात थी कि वह बहुत साहसी थी। मोमा का स्थान स्टैम्प माया के लिए प्रकाश, ध्वनि और गन्ध का स्थान था। धरती की तीखी खुशबू, मसाले और गोबर की खुशबू, नदी-नालों की खुशबू, खाना बनने की खुशबू के साथ-साथ वहाँ के भय, घृणा और अपराधबोध की खुशबू भी स्टैम्प

कहते ही माया के मन में भर जाती थी। ऐसी खुशबूदार भाषा माया एंजेलो ही लिख सकती हैं जिसने जीवन को पूर्णता में और गहराई में जीया है।

इसी मोमा की गोद में माया अपना बच्चा लिये हुए एक बार फिर जा पहुँचती है। वह अपने पीछे सैन फ्रांसिस्को का खुला और बड़ा संसार छोड़ धूल भरे अर्कांसस में लौट आयी है। वहाँ भी वह अधिक दिन नहीं रहती है। माया के भाग्य और पैर में चक्कर उसे एक जगह टिकने नहीं देता है। माया अपने बचपन के एक दोस्त को याद करती हैं जिसने अपने पिता की मृत्यु पर खुद को गोली मार ली थी। वे बहुत सारी अच्छी-बुरी बातों को याद करती हैं, बहुत सारी भूलों को बिना हिचक के बताती हैं। किशोरावस्था में की गयी भूलों को। कौन नहीं करता है किशोरावस्था में भूलें? दास प्रथा ने अश्वेतों को बहुत कुछ सिखा दिया था। अपनी भावनाओं को दबाना, जरूरत हो तो साफ झूठ बोलना...। माया स्वीकार करती हैं कि उन्होंने जरूरत पड़ने पर खूब झूठ बोला है। वे अपनी आत्मकथाओं में अपनी कमजोरियों को बिना छिपाए लिखती हैं जैसे बताती हैं कि उन्होंने तरह-तरह का खूब नशा किया है। वे मेरी जेन, हैश, ग्रास, गौज, वीड, पोट, मरिजुआना, कोकेन, अफीम सबका सेवन करती थीं। वे लिखती हैं कि नशे की लत ने सारे युवा, प्रतिभावान अश्वेत लोगों को दरवाजों के पीछे कैद कर दिया था। इसी तरह वे कोई भी काम सीखने और करने को राजी थीं। उन्होंने कुक, वेटरस, मैडम, बस गर्ल, डांसर, सिंगर, फिल्म अभिनेता, फिल्म डॉयरेक्टर और न जाने कौन-कौन-से काम अपनी जिन्दगी में किये। जब वे पहली बार जब स्टेज पर डांस के लिए उतरी तो भय से जम गयी। उन्हें न तो कुछ दीख रहा था न ही कुछ सुनाई दे रहा था। फिर उन्हें अपनी माँ की बातें याद आयी और वे नाचने लगीं। फिर तो संगीत उनका दोस्त, प्रेमी और परिवार था। उस दिन दर्शकों में उनकी माँ और उनका भाई भी था। प्रोग्राम की समाप्ति पर दर्शकों ने तालियों की गड़गड़ाहट से उनका स्वागत किया। उस रात उन्होंने कई प्रस्तुति दी। हर बार एक मैजिक हुआ। फिर वे कई साल तक नाचती रहीं और इस बात का उन्हें गर्व है।

माया एंजेलो की बहुत स्वाभाविक और सामान्य इच्छाएँ थीं। उन्होंने बहुत संघर्ष किया और जिन्दगी ने उन्हें भरपूर दिया, आज कहा जा सकता है जरूरत से कुछ ज्यादा ही दिया। यह सम्भव हुआ क्योंकि उन्होंने अतीत के घावों को सेने की जगह भविष्य को सँवारने के लिए वर्तमान में जम कर काम किया। जो भी किया पूरे मन से किया, लगन और परिश्रम से किया। खुद को सँवारा, प्रेम किया, लिखा। लिखने ने उन्हें स्फूर्ति प्रदान की। वे फीनिक्स की तरह बार-बार अपनी राख से उठ खड़ी हुई तभी तो उन्होंने लिखा है : 'आई स्टिल राइज'। वे जानती हैं कि पिंजड़े की पंछी क्यों गाती है।

1976 में माया एंजेलो की आत्मकथा का तीसरा भाग 'सिंगिंग एंड स्विंगिंग एंड गेटिंग मेरी लाइक क्रिस्मस' आया। इसमें उन्होंने पोर्गी एंड बेस के साथ के अपने टूर का चित्रण किया है। इस शीर्षक का जुड़ाव उस काल से है जब अश्वेत लोग सप्ताहान्त में जम कर नाचते-गाते थे, खूब अच्छा समय बिताते थे ताकि सप्ताह के बाकी दिन की कठिनाइयों-मुसीबतों को झेल सकें। इस टूर के दौरान उसने अपनी माँ को खूब पत्र लिये। इन पत्रों से पता चलता है कि माया की याददाश्त बहुत पक्की और सटीक है।

'द हार्ट ऑफ ए वूमन' में माया एंजेलो अपनी माँ की संवेदनशीलता का चित्रण करती हैं। विवियन बहुत समझदार और संवेदनशील थी। जब माया साउसालिटो में रह रही थी तो विवियन बेटी से मिलने प्रत्येक माह आती। वह सदा सजी-धजी आती, फर, हीरे-जवाहरात, ऊँची एड़ी की सैंडल। वह माया की बदहाली देखती, दुःखी होती पर यह सोच कर चुप रहती कि बेटी को ठेस न पहुँचे, कुछ नहीं कहती, जानबूझ कर चुप रहती थी। मगर वह अपनी बेटी और उसके बच्चे को ले कर काफी चिन्तित और डरी हुई रहती। हर बार जाते समय नोटों का बंडल तकिए के नीचे रख जाती या जाते-जाते उसे चेक पकड़ा जाती।

लाओरेल केनियन में जो थोड़े-से अश्वेत लोग रह रहे थे वे काफी धनी, प्रसिद्ध और रंग के मामले में करीब-करीब गोरे थे। नाइट क्लब सिंगर माया काली, लम्बी और प्रतिभा से अधिक आत्मविश्वास के साथ वहाँ रह रही थी। कारण था कि वह ग्लैमरस वातावरण में रहना चाहती थी। यह 1958 की बात थी और माया को लग रहा था उसका यहाँ रहना जरूरी है, यही उसके लिए सही स्थान और सही समय तथा सही काम है। उसने अपने घर की खुद ही सफेदी की, बेटे को लोकल स्कूल में भर्ती कराया और दस साल पुरानी एक कार खरीदी।

जब उन्होंने लिखना शुरू किया तो पहले शॉर्ट स्केचेज लिखे, फिर गीत लिखे। इसके बाद ही कहानी लिखी। जब कि अक्सर लोग काव्य से प्रारम्भ करते हैं। उन्होंने अपना काम जॉन किलेंस को दिखाया, उससे सलाह ली। हालाँकि इसके पूर्व वे जेम्स बॉल्डविन से मिली थीं मगर वे उन्हें तब जानती नहीं थीं। जॉन किलेंस ने उन्हें न्यूयॉर्क आमन्त्रित किया और हारलम राइटर्स गिल्ड से परिचित कराया। जब पहली बार वे गिल्ड की मीटिंग में गयी तो काफी नर्वस थीं। जॉन ने बताया कि फिक्शन लिखना असम्भव है, कविता कठिन है, आलेख लिखना तो और भी मुश्किल है। लेकिन सबसे कठिन काम है कहानी लिखना।

जब उन्होंने पहली बार मार्टिन लूथर किंग जूनियर को देखा तो उस अवसर का बड़ा सचित्र और मार्मिक चित्रण करती हैं। मार्टिन लूथर को देखने-सुनने के लिए लोग पागल हो रहे थे। स्टेज पर आ कर मुस्कुराते हुए मार्टिन लूथर ने जनता का

अभिवादन स्वीकार किया। इसी मार्टिन लूथर किंग जूनियर को एक दिन माया अपने ऑफिस में पाती है। जब वह ऑफिस पहुँची तो वहाँ किंग ने उसका अभिवादन किया : 'गुड आफ्टरनून, मिस एंजेलो। यू आर राइट ऑन टाइम'। माया अविश्वास से कुछ समय के लिए जड़ हो गयी। जब भी किंग मुस्कुराते हुए बोलने के लिए खड़े होते श्रोता मन्त्रमुग्ध हो जाते। उनकी आवाज से हॉल भर जाता, लोगों के कान और उनके हृदय भर जाते। लोग साँस रोक कर सुनते। इस आदमी के साथ अफ्रो-अमेरिकन लोगों की आशाएँ, उनके स्वप्न टिके हुए थे और जब इसी व्यक्ति की हत्या हुई तो न केवल अफ्रो-अमेरिकन बल्कि सारा संसार स्तब्ध रह गया। माया भी इस अविश्वसनीय घटना के बारे में अपना अनुभव लिखती हैं। यह दिन विश्व इतिहास का एक काला दिन है। मार्टिन लूथर किंग जूनियर पहला अफ्रो-अमेरिकन व्यक्ति था जिसने हॉवर्ड यूनिवर्सिटी से डॉक्टरेट की डिग्री प्राप्त की थी।

4 अप्रेल के इस अभागे दिन माया अपने जन्मदिन की पार्टी देने वाली थी। पार्टी के लिए सुपरमार्केट से सामान खरीद कर लौटते हुए उसे रास्ते में उसका एक परिचित मिला। उसने पूछा, क्या तुमने रेडियो या टेलीविजन सुना है? माया ने न में जवाब दिया तो उसने कहा कि माया प्लीज रेडियो या टीवी मत खोलना न ही फोन का उत्तर देना। उसने माया से प्रण करवाया कि वह ऐसा नहीं करेगी। माया ने प्रण कर भी दिया। माया घर आ गयी उसके मन में तमाम दुश्चिन्ताएँ घुमड़ रही थीं। माँ होने के नाते ज्यादातर वह अपने बेटे गे से जुड़ी बुरी खबर की बात सोच रही थी। उसी समय उसकी एक मित्र डॉली उसके यहाँ आयी। डॉली के चेहरे पर हवाइयाँ उड़ रही थीं। माया किसी बुरी खबर के लिए खुद को तैयार कर रही थी पर जो उसने सुना उसकी बात उसने कभी स्वप्न में भी न सोची थी। डॉली ने बताया कि मार्टिन लूथर किंग को गोली मार दी गयी है और वह मर चुका है। माया लिखती हैं कि कुछ शब्द बोले जाते हैं मगर सुनाई नहीं देते हैं क्योंकि कान उन्हें स्वीकार नहीं करता है, लेकिन आँखें उन्हें देखती हैं। उन्हें भी उस समय अपनी नजरों के सामने 'डेड' शब्द दिखाई दिया मगर वे समझ नहीं पा रही थीं कौन मरा था। मैल्कॉम दोबारा नहीं मर सकता था, न ही उसकी दादी और न ही उसका चहेता चाचा टॉमी। माया बड़बड़ा रही थी। डॉली ने उसे झकझोर कर फिर बताया कि यह किंग है जो मारा गया है। इसके बाद माया ने अपना जन्मदिन मनाना बन्द कर दिया। फिर बाद में उनके प्रशंसक उनका जन्मदिन मनाने लगे। माया को आन्दोलन में मार्टिन लूथर किंग लेकर आये थे, उन्होंने उस पर खूब विश्वास किया था और उसे कई महत्त्वपूर्ण दायित्व सौंपे थे। माया के लिए मार्टिन का न रहना निजी हानि थी।

माया कहानी कहने-सुनाने की कला में कुशल हैं। एक बार वो लन्दन में एक बैठक में सुना रही थी; हैरिएट टबमैन जिन्हें मोसेस कहा जाता है। वे कद काठी

में एक बहुत छोटी-सी स्त्री थी। गुलाम थी पर किसी तरह गुलामी से निकल भागी थी। गुलामी, जंजीरों और कोड़ों की मार से दूर सैंकड़ों मील दूर चली गयी थी। वह कहती है कि मुझे अवश्य वापस जाना चाहिए। ईश्वर की सहायता से मैं फिर वहाँ जाऊँगी और दूसरों को स्वतन्त्र करा कर लाऊँगी और उसने ऐसा किया वह कई बार वापस गयी और बहुत सारे अन्य लोगों को गुलामी से छुड़ा कर लायी। माया ने सोजर्नो ट्रूथ की कहानी बतायी। यह छह फीट लम्बी स्त्री एक समय गुलाम थी। उसने गुलामी से मुक्ति पायी और एबोलिस्ट बन गयी उसने स्त्रियों के समान अधिकार के लिए प्रयास किया और भरी सभा में निर्भीक हो कर अपनी बात कही। स्त्री मुक्ति से जुड़ी कोई बात बिना सोजर्नो ट्रूथ को याद किये पूरी नहीं हो सकती है। इस तरह माया अपनी अश्वेत विरासत को याद करती हैं और अन्य लोगों के प्रति अपनी कृतज्ञता जाहिर करती हैं।

माया एंजेलो ने पत्रकारिता की। वे काफी समय तक 'अरब ऑब्जरवर' अखबार के लिए काम किया। यहाँ उनका कई भाषाओं का ज्ञान काफी काम आया। इसके पहले उन्हें पत्रकारिता का कोई अनुभव नहीं था। उन्होंने वहाँ काम कर रहे अन्य लोगों से इसके गुर सीखे, सीखा कि कैसे ओपीनिन से भरी रिपोर्ट लिखी जाती है, कैसे ऐसी रिपोर्ट लिखी जाए कि पढ़ने वाला रिपोर्टर के विचारों को अपना माने। किस स्टोरी को कैसे चुना जाए। किस लेख को अखबार में कहाँ रखा जाए, किस तरह के फोंट, किस रंग का कब और कहाँ प्रयोग किया जाए। और जल्द ही माया अपने काम में कुशल हो गयी। अगर एक बार काम करने का निश्चय कर लिया जाए तो काम सीखा जा सकता है न केवल सीखा जा सकता है वरन् काम में दक्षता हासिल की जा सकती है। माया इसका जीता-जागता उदाहरण हैं। रिपोर्टिंग के साथ-साथ वे रेडिओ इजिप्ट के लिए कमेंट्री भी लिख रही थीं। इसी तरह जाब टेलीविजन के लिए लिखना शुरू किया तो इस विधा को वे नहीं जानती थीं। वे लाइब्रेरी गयीं, वहाँ टेलीविजन पर जितनी किताबें थीं वे सब उन्होंने चाट डालीं। कैसे टेलीविजन नाटक लिखने हैं, कैसे उन्हें निर्देशित करना है, कैसे प्रोडक्शन का हिसाब-किताब रखना है सब सीखा। इससे जुड़ी तमाम शब्दावली को आत्मसात् किया और एक दिन आया जब उन्होंने इन सारी बातों को सफलतापूर्वक कार्यरूप में परिणत किया।

माया एक स्त्री की भाँति परिवार और बच्चे चाहती थीं। वे जब भी प्यार में होतीं उस व्यक्ति के प्रति पूरी तरह वफादार रहतीं, उस व्यक्ति से भी इसी तरह विश्वास की अपेक्षा करतीं। अविश्वास का शिकार होते ही माया सभ्यता की सारी हदें भूल जातीं। वे खुद कभी अपने पार्टनर को धोखा नहीं देतीं। इसी तरह श्वेत जीवन को लेकर वे सदैव चिन्तित रहीं। एक बार जब वे बहुत दिन बाहर रह कर लौट रही

थीं तो उन्हें एक देश में अश्वेत पाइलेट, अश्वेत कैप्टन देख कर बहुत खुशी और राहत महसूस हुई। 1962 में भी अमेरिका में अश्वेत लोग एयापोर्ट पर दीखते थे मगर जहाज में पेट्रोल भरते, केबिन की सफाई करते या जहाज में खाना पहुँचाते हुए या टिप लेते हुए ही नजर आते थे।

इसमें शक नहीं कि माया के लिए उनका बेटा गे उनके जीवन की सबसे बड़ी थाती था। वे उसके लिए कुछ भी करने को राजी थीं। उनकी जान बसती थी गे में और यही गे एक बार दुर्घटनाग्रस्त हो गया। माया पर क्या गुजरी होगी आसानी से सोचा जा सकता है। माया ने अपने सारे कार्यक्रम खारिज कर दिये और दिन- रात बेटे की देखभाल में लगी रहीं। यह दुर्घटना अमेरिका में नहीं घाना में हुई अतः माया के लिए और भी मुश्किल था। गे एक महीने तक अस्पताल में था। माया को इस बीच आर्थिक कठिनाई का भी सामना करना पड़ा और जब पहली बार गे उनसे दूर स्वतन्त्र रहने जा रहा था तब तो वे चिन्ता से पागल हो गयीं साथ ही अपनी चिन्ता को गे से छिपाती रहीं क्योंकि गे पहली बार अपने अकेले, माँ के आदेशों से दूर रहने की बात को ले कर बहुत खुश था और वे नहीं चाहती थीं कि उसकी खुशी में कोई बाधा आये। साथ ही माया को यह भी चिन्ता सता रही थी कि अब वे पहली बार अकेली रह जाएँगी। गे के जन्म से ले कर अब तक वे गे के साथ ही रही थीं चाहें कैसी भी परिस्थितियाँ रही हों। वह उनके जीवन की धुरी था।

यह जान कर रोमांच होता है कि माया अमेरिका के अश्वेत अस्मिता आन्दोलन में जुड़ी हुई थीं और उन्होंने मार्टिन लूथर किंग जूनियर और माल्कॉम एक्स जैसे नेता के साथ कन्धे-से-कन्धा मिला कर काम किया था। उन्होंने अपनी जीवनी में इन दिनों का सिलसिलेवार ब्योरा दिया है, इन लोगों के लिखे पत्रों का हवाला दिया है। वे माल्कॉम एक्स के उनको लिखे अन्तिम पत्र को ज्यों-का त्यों प्रस्तुत करती हैं। इस पत्र में माल्कॉम ने माया को एक खूबसूरत लेखिका और एक खूबसूरत स्त्री कहा है। वे हर हाल में माया की सहायता करने का वादा करते हैं। इस पत्र में वे खुद को माया का भाई कहते हुए हस्ताक्षर करते हैं। इस समय घाना और अमेरिका दोनों आन्दोलनों के दौर से गुजर रहे थे। वे लिखती हैं कि यदि उनके पत्रों और अखबारों पर विश्वास किया जाए तो पता चलता कि देश दंगों और शोरगुल से भरा हुआ था। चारों ओर 'बर्न बेबी, बर्न' का भयंकर शोर था। अश्वेत लोग जो पहले धरना दे रहे थे अब आगजनी पर तुले हुए थे। जलूस यात्राएँ अब तोड़-फोड़ पर उतर आयी थी। इसी की हत्या पर विवियन के बिना नाम लिए ही माया को पता चल जाता है। विवियन ने इतना ही कहा कि यहाँ के अश्वेत लोग बहुत क्रेजी होते हैं। सच में पागल। वरना ये न्यूयॉर्क में कभी उस आदमी को यूँ ही क्यों मार देते? घर में मातम छा जाता है। बेली वास्तविका बताते हुए कहता है कि जिन लोगों ने उसे मारा है

वही चार दिन के बाद उसका फोटो-पोस्टर रख कर उसकी पूजा करेंगे। उसका सदा साथ देने का दावा करेंगे। सच में ऐसा ही होता है। महात्मा गाँधी, पॉल रोबसन, नेल्सन मंडेला, माओ त्से तुंग, रॉबर्ट सोबुक और मार्टिन लूथर किंग जूनियर बेली के आदर्श थे। इस सूची में माल्कॉम एक्स का नाम सबसे ऊपर था। बेली की तरह न जाने कितने अनगिनत लोगों ने एक नेता, एक दोस्त खो दिया था। माल्कॉम की हत्या की खबर से माया काफी समय तक विषाद से घिरी रहीं। विवियन ने उसे इससे उबरने में सहायता की। इससे उबरने में मोमा की कही उक्ति भी काम आयी। मोमा कहती थी : सिस्टर, तुम्हें अपने जीवन में जो पसन्द न आये उसे बदल डालो। लेकिन जब ऐसा कुछ हो जिसे तुम बदल नहीं सकते हो तो उसके बारे में अपनी सोच बदल लो। तब तुम उसे नये तरीके से देखोगे और शायद नये तरीके से उसे बदल सको। माल्कॉम की हत्या के शोक से निकल कर कुछ सप्ताह बाद माया हवाई के एक बड़े दर्शक समूह के सामने अपनी खास शैली सूडो-अफ्रीकन स्वर में कैलिस्पो गीत गा रही थीं।

घुटना पेट की ओर मुड़ता है। माया हर बार मुसीबत में अपनी दादी, माँ और भाई का सहारा लेतीं।

माया की सबसे बड़ी ताकत है उसका परिवार। जब भी वह कठिनाई में होती माँ और भाई सॉलिड दीवार के रूम में उसके साथ होते। जब भी मुसीबत में वह माँ को फोन करतीं विवियन का एक ही उत्तर होता, सब ठीक हो जाएगा। मत भूलो कि तुम सदैव घर आ सकती हो। माया बहुत खुद्दार हैं, उन्हें अपनी अश्वेत नस्ल, स्त्री होने का बड़ा गर्व है। वे लोगों को प्यार करती हैं लेकिन कोई यह अपेक्षा करे कि वे उसकी पूजा करेंगी तो यह असम्भव है। वे लिखती हैं कि अमेरिकन होने के नाते, एक अश्वेत अमेरिकन होने के नाते, विवियन बैक्सटर की बेटी होने के नाते, बेली की बहन और गे की माँ होने के नाते वे किसी भी आदमी की पूजा करने के लिए बिल्कुल तैयार नहीं हैं।

उनका भाई बचपन से उनका राजदार रहा। जब वह बड़ा होने लगा तो माया की माँ ने एक दिन कहा कि वह लड़का है, इस पर माया का उत्तर था, वह अपने आप को आदमी मानता है। इस पर विवियन ने एक बड़ी मार्के की बात कही। उसने कहा कि यही इनका स्वभाव है, जब लड़के होते हैं तब चाहते हैं कि इनसे आदमियों की तरह व्यवहार किया जाए, लेकिन जब बाल भूरे (सफेद) होने लगते हैं तो ये लोग लड़कों की तरह व्यवहार करने लगते हैं। विवियन बहुत व्यावहारिक स्त्री थी और माया यह जानती थी, उसे अपनी माँ पर बहुत गर्व था। माया बेली को ले कर बहुत आश्वस्त थी उसने अपनी माँ से कहा कि माँ ने बेली को बहुत प्रेम से पाला है और वह उसके पास लौट आयेगा क्योंकि फल कभी पेड़ से दूर नहीं गिरता है।

स्त्री रचनाकारों के लिए काम कभी आसान नहीं रहा है। उनके काम को गम्भीरता से लेना शायद ही कभी होता है वो भी किसी अनजान रचनाकार के काम को अमेरिका में है और अश्वेत है तो और भी कठिन है। माया को अपने नाटक के लिए निर्माता खोजने में काफी दिक्कतें आयीं। लेकिन उनके काम में दम था अतः एक दिन उन्हें निर्माता मिला और उनका नाटक स्टेज पर खेला गया।

माया एंजेलो अपनी जीवनी में लिखती हैं कि हम लोगों को इतना नीचे ढकेल दिया गया था कि उससे उबरने का, जीवित बच रह पाने का एक ही उपाय था। वह था अपनी आत्मा को ऊँचा उठाना। अतः हम हँसते, गाते, कथाएँ कहते, नाचते। इन्हीं गीतों, कथाओं, नृत्यों ने हमें बचाए रखा। जब भी अवसर मिलता हम हँसते और यह हँसी हमें नवजीवन प्रदान करती।

माया को सदैव इस बात से खुशी मिलती कि उनकी मोमा को उन पर गर्व होगा क्योंकि उन्होंने सदा मोमा की बातों को याद रखा, उस पर अमल किया। मोमा बचपन से उनको कहा करती थीं कि आँख में जरा भी पानी वाला आदमी कभी सड़क पर नहीं खाएगा, न कभी सड़क पर रोएगा। और

And never let a stranger get your goat. If they were going to lick their chops over my distress, they would find their tongues stuck to a cake of salt.

उन्हें अपनी माँ पर भी गर्व है। वे लिखती हैं कि एक बार की बात है माँ-बेटी को एक होटल के दूसरे फ्लोर पर जाना था। उस होटल में एक महीना पहले रंगभेद नीति को समाप्त किया गया था। विवियन बेटी को ले कर सीधे लिफ्ट की ओर चली। पास में सीढ़ियाँ थीं। माया ने कहा, चलो माँ सीढ़ियों से चलें। उसने कहा कि हम लिफ्ट से जा रहे हैं और आगे बढ़ कर लिफ्ट का बटन दबा दिया। आस-पास खड़े अविश्वास से देखने लगे। माँ ने बेटी को सीख दी कि जानवर भय सूँघ लेते हैं। आदमी भी जानवर है। कभी किसी पर जाहिर मत करो कि तुम डरे हुए हो। अगर सामने लोग झुंड में हों तब तो कदापि अपना भय जाहिर मत होने दो। भय लोगों के भीतर से बुरी बातें निकाल लाता है। होटल की लॉबी में तुम खरगोश की तरह डरी हुई थी। यह बात मैं जानती थी, वे सारे श्वेत लोग भी जानते थे। मैंने जो किया अगर न करा होता तो वे लोग भीड़ बन जाते। मगर विवियन को देख कर उन लोगों की कुछ कहने-करने की हिम्मत नहीं हुई। माया की माँ उन्हें सदा नस्लीय भेदभाव वाले दक्षिण अमेरिका की बातें बताया करती थीं, हर बार उनमें श्वेत खलनायक होते और साहसी, बुद्धिमान अश्वेत हीरो होते। विवियन ने अपने बच्चों को श्वेत शक्ति के बारे में भी बताया जिसे चुनौती नहीं दी जा सकती थी। माया ने किसी दूसरे को चुनौती नहीं दी। अपनी मेहनत, अपने काम से खुद को स्थापित किया।

जीवनी का पहला भाग गाथा है एक लड़की के स्त्री बनने की, 'कमिंग ऑफ एज' की। अन्य आत्मकथाएँ आगे के उनके जीवन को दिखाती हैं। माया एंजेलो की आत्मकथाएँ अफ्रो-अमेरिका की आत्मकथाएँ हैं। बीसवीं सदी के छठें दशक में वे अश्वेत आन्दोलन में जुड़ी हुई थीं, अश्वेत अस्मिता, रंगभेद नीति के खिलाफ आन्दोलन तथा अन्य सामाजिक कार्यक्रमों में आज भी सक्रिय हैं। माया की जीवनियाँ न केवल उनके जीवन को, उनके संघर्ष को दिखाती हैं वरन् उस समय के अमेरिका को दिखाती है। अमेरिका के उस पूरे काल और समाज से पाठक को परिचित कराती हैं।

टोनी मॉरीसन : अश्वेत लेखन की मातामही

"जब तुम्हें एक औरत मिलती है जो तुम्हारे मन की दोस्त है, तुम जानते हो, यह अच्छा।"
—टोनी मॉरीसन 'बिलवड'

अफ्रो-अमेरिकन या विश्व साहित्य की बात टोनी मॉरीसन और उनके साहित्य की चर्चा के बिना पूरी नहीं हो सकती है। मुख्य रूप से गद्य विधा में रचना करने वाली टोनी मॉरीसन की पहचान उनके पाँचवें उपन्यास 'बिलवड' से सर्वाधिक है। उन्होंने उपन्यास, कहानी के अलावा बहुत सारे लेख लिखे हैं, भाषण दिये हैं। उनके भाषण लिखित रूप में प्रकाशित हैं साथ ही बहुत सारे साक्षात्कारों तथा भाषणों के वीडियो भी उपलब्ध हैं। सब पर लिखना, सब समेटना एक आलेख में सम्भव नहीं है, यहाँ मुख्य रूप से उपन्यास 'बिलवड' लिया गया है। इसके साथ उनके जीवन और कार्यों पर संक्षेप में प्रकाश डाला गया है। टोनी मॉरीसन का पाँचवाँ उपन्यास 'बिलवड' अश्वेत गुलाम स्त्री के मातृत्व, शिशु हत्या, बलात्कार, क्रूरता, अत्याचार, पागलपन, अलगाव, शक्तिहीनता, पश्चात्ताप, बुद्धिमत्ता, प्रेम, आशा-निराशा, संस्कृतियों, मिथकों और अध्यात्म की एक महागाथा है। यह तमाम नकारात्मक बातों और कुछ सकारात्मक बातों का पुंज है। दुनिया के हर देश में सत्ताहीन लोगों को हाशिये पर ढकेलने की प्रवृति रही है, अन्य देशों की भाँति अमेरिका भी इससे अछूता नहीं है। लेकिन इसके बावजूद अपने व्यक्तित्व और कार्यों से कुछ लोग केन्द्र में स्थान बनाने में सफल रहते हैं। टोनी मॉरीसन अपने व्यक्तित्व, लेखन, अपने साक्षात्कारों और अपने कार्यों के द्वारा अमेरिकी समाज-साहित्य के केन्द्र में हैं। इतना ही नहीं उन्होंने अमेरिका में यह बात मनवा दी है कि अश्वेत लोग वास्तविक रूप से वहाँ के प्रमुख समुदाय हैं। इन लोगों के बिना अमेरिका का अस्तित्व नहीं सोचा जा सकता है।

अश्वेतों के बारे में अथवा इन पर लिखना बहुत समय तक कमतर माना जाता रहा है। लेकिन यहाँ भी अपने काम से टोनी मॉरीसन ने दिखा दिया है कि ऐसा नहीं है। उनका और उन जैसे कई अश्वेत साहित्यकारों का काम मात्र अश्वेत पाठकों के बीच ही लोकप्रिय नहीं है वरन् यह नस्ल और देश के पार जाता है। उनके पाठक दुनिया भार में फैले हुए हैं। आज मॉरीसन के साथ-साथ कई अन्य अफ्रो-अमेरिकन

लोगों का कार्य सार्वकालिक तथा सार्वदेशीय सिद्ध हो चुका है। मॉरीसन बताती हैं कि उन्हें भी हाशिये पर ढकेला जाता रहा है, पर बहुत दिन ऐसा न हो सका। उनका काम लोगों के सिर चढ़ कर बोलने लगा। वे दिखाती हैं कि अश्वेत भी मनुष्य हैं, इन लोगों को भी दुःख-दर्द व्यापता है, उनके भीतर भी आशा-निराशा व्याप्ती है और ये भी प्रेम-घृणा करते हैं, पैदा होते-जीते और मरते हैं। आज यह सिद्ध हो चुका है कि अश्वेत नस्ल हाशिये पर रहने वाली नहीं है। नृत्य, गीत, खेल-कूद, बहादुरी में ये लोग अन्य लोगों से बीस हैं, उन्नीस नहीं। इसी तरह इनका साहित्य किसी अन्य साहित्य से किसी भी तरह कम नहीं है। विश्व साहित्य में अफ्रो-अमेरिकन साहित्य को स्थापित करने में मॉरीसन का महत्त्वपूर्ण हाथ है।

अगर हम उनका जीवन देखें तो पाते हैं कि वे बहुत नीचे से अपनी मेहनत के द्वारा उच्चतर मुकाम तक पहुँची हैं। टोनी मॉरीसन का जन्म ओहायो के लोरैन नामक स्थान में 18 फरवरी, 1931 को हुआ। असल में उनका जन्म का नाम चोल एंथोनी वोफोर्ड है। बारह साल की उम्र में कैथोलिक धर्म स्वीकारते समय उन्हें एंथोनी नाम मिला उसी के संक्षिप्त रूप टोनी का वे उपयोग करने लगीं। उनके पिता जॉर्ज रमाह वोफोर्ड और माँ एला रमाह वोफोर्ड हैं। चार भाई-बहनों में वे दूसरे नम्बर पर हैं। मॉरीसन का बचपन काफी गरीबी में बीता, घर का किराया तक देना मुश्किल होता था। एक बार ऐसा हुआ कि वे लोग घर का किराया नहीं दे पाये तो मकान मालिक ने उनके घर में आग लगा दी। मगर परिवार ने हार नहीं मानी। परिवार हँसमुख और उत्साही था। वे इस घर को छोड़ कर एक नये घर में रहने चले गये। उनके पिता बहुत परिश्रमी व्यक्ति थे। यू एस स्टील कम्पनी में वेल्डर का काम करते थे। पिता ने बच्चों की पढ़ाई का खर्च निकालने के लिए तीन-तीन स्थानों पर काम करना शुरू कर दिया। इतना ही नहीं बच्चों की पढ़ाई के खर्च को पूरा करने के लिए उनकी माँ भी काम करने लगीं। टोनी मॉरीसन ने अपनी हाईस्कूल की शिक्षा लोरैन हाईस्कूल से पायी और कॉलेज की शिक्षा हॉवर्ड विश्वविद्यालय तथा कॉर्नेल विश्वविद्यालय से प्राप्त की। उन्होंने जम कर शिक्षण कार्य किया। विश्वविद्यालयों से भेदभाव को समाप्त करने में महती भूमिका निभायी। 1958 में उन्होंने एक जमैकन वास्तुकार हेरॉल्ड मॉरीसन से विवाह किया। परन्तु यह विवाह बहुत साल नहीं टिका। हेरॉल्ड फोर्ड तथा स्लेड केविन उनके बेटों के नाम हैं। बरसों तक टोनी मॉरीसन ने रैंडम हाउस में एडीटर के रूप में काम किया। इस दौरान उन्होंने अश्वेत लेखन को खूब बढ़ावा दिया।

जब टोनी मॉरीसन का दूसरा बच्चा उनके गर्भ में था तभी शादी के छह साल के बाद उनका तलाक हो गया। उनके जीवन का यह काल संवेगात्मक रूप से बहुत उथल-पुथल का था। वे दोबारा शादी नहीं करना चाहती थीं। इसके बावजूद

वे विवाह या परिवार के खिलाफ नहीं हैं। वे मानती हैं कि विवाह का विचार एक अच्छा विचार है, शादी उन्हें अच्छी लगती है और बच्चों के लिए माता-पिता, दोनों अभिभावक आवश्यक हैं। अकेले रह जाना भयावह होता है। मॉरीसन भरे-पूरे परिवार की पक्षधर हैं। व्यक्ति अगर चाहे तो अपने हर अनुभव से कुछ-न-कुछ सीख सकता है। उन्होंने शादी से बहुत कुछ सीखा, तलाक के अनुभव से बहुत कुछ सीखा। उन्होंने जाना कि वे कौन-कौन-से काम कर सकती हैं, कौन-कौन-सी जिम्मेदारियाँ उठा सकती है। तलाक के अनुभव से वे अक्टु नहीं हुईं, यह उन्हें अपनी पराजय नहीं लगा। एक बार वे तलाकशुदा औरतों से बात कर रही थीं, उन्होंने अपने अनुभव बताये तो अन्य स्त्रियाँ भी बताने लगीं कि तलाक के बाद कैसे उन्होंने दोबारा खुद को अन्वेषित किया और क्या-क्या सीखा। किसी चुप्पी औरत को इसने बोलना सिखा दिया तो किसी को घर सँभालना सिखा दिया, किसी ने संगठन चलाना सीख लिया तो किसी को बच्चों और अपनी जिन्दगी सँवारनी आ गयी। स्वयं मॉरीसन ने तलाक के कारण खूब सारा आत्म-गौरव सीखा और पाया। इसके कारण वे अपने अधिकारों के प्रति सचेत हो गयी। वे मानती हैं कि तलाक का अर्थ पराजय नहीं होता है। इससे काफी कुछ प्राप्त भी होता है। वे विवाह के विचार की पोषक हैं, तलाक के बाद भी कभी उन्होंने अपने बच्चों के सामने उनके पिता की बुराई नहीं की। उनका मानना है कि बच्चों का पिता से सम्बन्ध एक अलग रिश्ता है, उसे तलाक से प्रभावित नहीं होना चाहिए, पति-पत्नी का आपसी सम्बन्ध बच्चों और उनके पिता के आपसी सम्बन्ध के बीच नहीं आना चाहिए। ऐसा ही उन्होंने अपने जीवन में किया।

'द ब्लूएस्ट आई', 'सूला', 'सांग ऑफ सोलोमन', 'टार बेबी', 'बिलवड', 'पैराडाइज', 'लव', 'जाज' तथा 'द मर्सी' उनके नौ उपन्यास हैं। इसके अलावा उन्होंने तमाम आलेख लिखे हैं। बच्चों के लिए बहुत कम लेखक लिखते हैं, मॉरीसन ने बच्चों के लिए लेखन किया है। सफल लेखन, प्रसिद्धि और बच्चों के होने के बावजूद उनका पारिवारिक जीवन बिखर गया। पर वे कभी अपने पूर्व पति की आलोचना करती नजर नहीं आती हैं। 1965 में अपने दूसरे बेटे के जन्म के समय ही उनका अपने पति से तलाक हो गया। टोनी मॉरीसन को साहित्य जगत् के तमाम पुरस्कार मिले हैं। नोबेल पुरस्कार के अलावा इतने अधिक पुरस्कार-सम्मान मिले हैं कि यदि उनकी सूची बनायी जाए तो पन्ने भर जाएँगे। दुनिया के उसमें भी विशेष रूप से अफ्रो-अमेरिकन लेखकों के बीच वे मातामही के रूप में सम्मानित हैं। आज जीवन के आठवें दशक में होने के बावजूद वे खूब सक्रिय हैं। उनके नाम पर बनी टोनी मॉरीसन सोसाइटी साहित्य के क्षेत्र में खूब सक्रिय है। उन पर और उनके काम पर होने वाले अध्ययन से सम्बन्धित सैंकड़ों किताबें उपलब्ध हैं। वे अपने साहित्य

में अफ्रीकी, इण्डियन-अमेरिकी, यूरोपियन मिथकों का भरपूर प्रयोग करती हैं। मिथकों को वे ज्यों-का-त्यों लेती हैं, साथ ही आवश्यकता पड़ने पर उसका पुनर्सृजन करती हैं और यदि जरूरत पड़ी तो नये मिथकों का निर्माण भी करती हैं। वे स्वयं कहती हैं कि उन पर विलियम फॉक्नर, वर्जीनिया वुल्फ तथा जेम्स जॉयस का प्रभाव है। इसके बावजूद उन्होंने अपनी स्वतन्त्र शैली विकसित की है। उनकी शैली एक ओर तो बहुत सरल और आकर्षक है, दूसरी ओर कई स्तरों पर चलने वाली काफी जटिल शैली है। 'बिलवड' उनका सर्वाधिक लोकप्रिय, सम्मानित और प्रसिद्ध उपन्यास है। यह मानवता, मातृत्व की पराकाष्ठा को प्रदर्शित करने वाला कार्य है। उनकी इस एक किताब पर अब तक न मालूम कितनी समीक्षाएँ, आलोचनाएँ तथा अध्ययन हो चुके हैं। इस पर इसी नाम से एक फिल्म भी बनी है।

टोनी मॉरीसन अपने काम के सिलसिले में खूब शोध-अध्ययन करती हैं। कभी-कभी अजीब संयोग बन जाते हैं। 1974 में टोनी मॉरीसन ने एक योजना पर काम करना शुरू किया। इस योजना का उद्देश्य तीन सौ साल की अमेरिकी अश्वेत गुलामी का लेखाजोखा तैयार करना था। उन्होंने इस स्मृति एलबम को 'द ब्लैक' नाम दिया। यह गुलामों का इतिहास और उनकी महागाथा है। इसमें उन्होंने गुलामी के दौर के विज्ञापनों, फोटोग्राफ्स, मीडिया की कतरनों, रसीदों, गीतों, वूडू, स्वप्न विचार, पाककला, ऑफीसियल रेकॉर्डस सब तरह की सामग्री का उपयोग किया है। यह शोधकार्य उनके लिए मूल रूप से सांस्कृतिक शिक्षा साबित हुआ। ऐसी शिक्षा जिससे इसके पहले वे ही नहीं दूसरे सारे लोग भी वंचित थे। अमेरिका के अश्वेत जीवन से परिचित होने के लिए इससे परिचित होना अत्यावश्यक है। होने को तो 'द ब्लैक' मात्र एक दस्तावेज था, लेकिन टोनी मॉरीसन इसे एक सामान्य दस्तावेज मात्र नहीं रहने देना चाहती थीं। वे इसे बेहतर शब्द, ध्वनि, एक विशिष्ट ध्वनि का समुच्य बनाना चाहती थीं और उन्होंने ऐसा किया। एक ऐसी ध्वनि जिसके सारे तत्त्व अश्वेत जीवन को विलगाते हों। अश्वेत जीवन की विडम्बना, दमन, लचीलापन, पागलपन, खुशी, ताकत, शर्म, आशा, सम्मान, गर्व, विजय सब इसमें प्रतिबिम्बित हों। साथ ही इसमें वे सारी विशेषताएँ भी आयेँ जो मनुष्यता के साथ जुड़ी हैं, जैसे दया, सहानुभूति, क्रोध, बेवकूफी, साहस, स्व-प्रताड़ना, वंचना और जीवन दर्शन। इतने लगन के साथ यह काम किया गया कि यह सब इसमें आये भी हैं। वे यह भी चाहती थीं कि इस किताब में जीवन वैसा ही आये जैसा अश्वेतों द्वारा जीया गया था, इसी वास्तविक जीवन पर यह दस्तावेज केन्द्रित होना चाहिए। । जैसा कि स्कूलों में पढ़ाया जाता है, जैसा कुछ अज्ञात स्त्री-पुरुषों ने कहा है, या परम्परागत इतिहासों में लोगों ने अपने लीडरों के द्वारा कहलवाया है, ऐसा काल्पनिक जीवन नहीं। वे इसे जीता-जागता, साँस लेता दस्तावेज बनाना चाहती थीं और उन्होंने इसे वैसा ही

बनाया। 'द ब्लैक' एक जीता-जागता, साँस लेता आधिकारिक दस्तावेज है अफ्रो-अमेरिकन जीवन का।

इस दस्तावेज के लिए काम करना उनके लिए बहुमूल्य साबित हुआ। इस इतिहास को दर्ज करने का अनुभव उनके आगे के कामों की पूँजी बना। यहाँ से उन्हें अपने लेखन की थीम, भाव, प्रतीक, बिम्ब, छवि, प्रतिमाएँ प्राप्त हुए। यहीं से उन्हें अपने प्रसिद्ध उपन्यास 'बिलवड' के बीज मिले। इसी शोध-अध्ययन के सिलसिले में उन्हें उन्नीसवीं सदी की एक पत्रिका की कतरन मिली, जिससे 'बिलवड' की सेथ का जन्म हुआ। मगर ऐसे ही तुरत-फुरत नहीं लिख डाला उन्होंने। बहुत समय इसे सेती रहीं वे। दस साल की मेहनत, चिन्तन-मनन का परिणाम है उपन्यास 'बिलवड'। 'द ब्लैक' पर काम करते हुए उन्हें एक कतरन मिली थी जिसमें लिखा था कि कैंटकी में 1855 में मार्गरेट गारनर नामक एक गुलाम स्त्री ने गुलामी से छूट भागते हुए अपने चारों बच्चों की हत्या कर दी थी। उसने यह जघन्य कार्य अपने बच्चों को गुलामी की क्रूरता और अत्याचार से बचाने के लिए किया था। यही भयंकर कार्य टोनी मॉरीसन की सृजनात्मकता का प्रेरणा और कारण बना। यही कारण है वे इसे 'सृजनात्मक क्रूरता' की संज्ञा देती हैं। टोनी मॉरीसन के अनुसार गिरफ्तार होने के समय और उसके बाद भी गारनर शान्त थी। उसने सरल ढंग से कहा कि वह नहीं चाहती है कि उसके बच्चे वैसी जिन्दगी बिताएँ जैसी उसने बितायी है। इतना ही नहीं जब वह यह जघन्य कार्य कर रही थी, उसकी सास भी वहाँ उपस्थित थी। सास सब कुछ देखते हुए भी चुप थी। मॉरीसन कहती हैं कि उसकी सास इसकी साक्षी थी और उसने कहा कि मैंने न तो उसे इस काम के लिए प्रेरित किया और न ही उसे इस काम से रोका। अश्वेत गुलाम स्वतन्त्रता के लिए किसी हद तक जा सकता था।

दुनिया के अधिकांश साहित्य में माँ का स्थान विशिष्ट होता है। सौ साल पहले मेक्सिम गोर्की ने 'माँ' नाम से एक विश्वप्रसिद्ध उपन्यास ही लिख दिया। सामान्य तौर पर 'माँ' कहते ही ममता की जिस मूर्ति का भान होता है, 'बिलवड' उससे बिल्कुल भिन्न है। टोनी मॉरीसन गहराई में जाकर दिखाती हैं कि आखिर सेथ नाम की यह माँ ऐसी माँ क्यों है। क्यों एक माँ अपनी शिशु बेटी को मार डालने पर मजबूर होती है। मातृत्व के इस अनोखे रूप का आदर करने के लिए मॉरीसन ने बहुत श्रम किया। दो साल के लिए हाइबर्नेशन में जाकर चरित्रों को सेया। जब पात्रों को रूप-रंग प्राप्त हो गया, वे रचनाकार से बोलने-बतियाने लगे तो टोनी मॉरीसन ने इस उपन्यास को टाइपराइटर (उन दिनों इसी का चलन था, वे भी टाइपराइटर पर लिखती थीं।) पर न लिख कर हाथ से लिखा। लिखने वाले यह भलीभाँति जानते हैं कि हाथ से लिखने पर भाव किस वेग से प्रवाहित होते हैं। इसमें भी यह प्रभाव सहज

दृष्टिगोचर है। इसे लिखते समय एक अन्य साहित्यकार मिशेल ब्लिट्ज ने उनकी भरपूर सहायता की। उसने ब्राजील और स्पेन से इससे सम्बन्धित सन्दर्भ सामग्री जुटा कर उन्हें भेजी। टोनी ने विस्तार के लिए ओहायो नदी के पास के अश्वेत जीवन, उनके रहन-सहन, पहनावे, फर्नीचर्स, दंड, क्रूरता के विभिन्न तरीकों, बधिया करना, बलात्कार, हत्या, डुबोना, कोड़े मारना, जबान काट लेना, मुँह में लोहे की जाबी लगा देना, गले में लोहे का पट्टा डाल देना, पिंजड़े में बन्द करके जमीन के नीचे गाड़ देना, अंग-भंग करना, सोने नहीं देना जैसे क्रूरतम तरीकों को इसमें समाहित किया है। अभी कुछ दिन पहले इन्हीं क्रूरतम तरीकों को फिल्म 'जैंगो अनचेंड' (Django Unchained) में ग्लैमराइज करते हुए चित्रित किया गया है। मॉरीसन के यहाँ रोंगटे खड़े करने वाले ये चित्रण कोरी कल्पना नहीं हैं, आज भी इन सब बातों के दस्तावेज उपलब्ध हैं। यह एक समय के अश्वेत लोगों की सच्चाई है। सिनसिनाटी समाज, खासकर जिन श्वेत लोगों ने 'फ्यूजिटिव स्लेव लॉज' के समय पुनर्निमाण में जो प्रमुख भूमिका निभायी थी, उसका भी विस्तृत चित्रण इस किताब में उपस्थित है।

मनुष्य सदैव स्वतन्त्र रहना चाहता है। गुलामी पुरुषों के लिए भयंकर है, लेकिन औरत के लिए यह अत्यधिक भयंकर है। वास्तविक मार्गरेट गारनर पकड़ी जा कर अपने मालिक को लौटा दी गयी थी। लेकिन टोनी मॉरीसन उसकी प्रतिरूप, अपनी नायिका सेथ को गढ़ने में साहित्यिक स्वतन्त्रता लेती है। इस उपन्यास में क्रूर मालिक 'स्कूलटीचर' कैंटकी लौटता है, मगर सेथे और उसके बच्चों के बिना ही। 'बिलवड' को पढ़ कर पचा पाना हरेक के बस की बात नहीं है। इसके लिए जिगरा चाहिए साथ ही चाहिए बौद्धिक तैयारी। अगर आप इसकी शैली को समझना चाहते हैं, इसका पूरा आनन्द उठाना चाहते हैं तो आपको विलियम फॉक्नर, जेम्स जॉयस, वर्जिनिया बुल्फ से परिचित होना होगा। इसमें चित्रित भयंकर क्रूरता के लिए भी आपको सक्षम होना होगा। सच्चाई को पचा पाना बहुत कठिन होता है। मनुष्य क्रूरता करता है मगर उसे कभी भी स्वीकार नहीं करना चाहता है इसीलिए कुछ लोग यह कहते-सुनते पाये जाते हैं कि हिटलर का होलोकास्ट हुआ ही नहीं। लोगों की मनोवृति है कि वे जानते हैं तब भी नकारते (डिनायल) हैं, मानना नहीं चाहते हैं। क्योंकि यह स्वीकार करना भयंकर है कि इतना अत्याचार हुआ। लोगों को कहीं अपराधबोध होता है कि हमने इसे रोकने के लिए कुछ नहीं किया। अच्छा और आसान तरीका है इससे स्पष्ट इनकार कर दिया जाए। 'बिलवड' की क्रूरता को लेकर भी कुछ लोगों ने इसे 'ब्लैकफेस होलोकास्ट नॉवेल' कहा और कुछ लोगों ने इसे जोसेफ कोनराड के 'हार्ट ऑफ डार्कनेस' का नवीन संस्करण माना। लेकिन उपन्यास का प्रभाव इतना व्यापक था कि इन कुछ आलोचकों की एक न चली। यह अश्वेत और श्वेत दोनों पाठकों में समादृत हुआ। अमेरिका के अलावा अन्य देश के पाठकों

और आलोचकों ने भी इसे हाथोंहाथ लिया। न मालूम इसका कितनी भाषाओं में अनुवाद हुआ है और कितने संस्करण प्रकाशित हो चुके हैं।

लिखना कितना ठोस अनुभव से हो कर गुजरना होता है इसका एक उदाहरण वे देती हैं। टोनी मॉरीसन चरित्रों के अन्तस में पैठ कर पता करती हैं कि आखिर क्या कारण है कि एक माँ ऐसा क्रूरतम कार्य करने को मजबूर होती है। एक साक्षात्कार में वे बताती हैं कि उपन्यास के इस हिस्से को वे लिखना चाहती थीं पर इसे लिखना बहुत कठिन था, बहुत दर्दनाक और भावात्मक रूप से ड्रेन करने वाला था। इसे लिखते समय उन्होंने संवेदनात्मक रूप से बच्ची को अपनी गोद में अनुभव किया। इस समय के दृश्य को लिखने के लिए उनके पास भाषा और शब्दों को लेकर भी बहुत उलझन थी। जब ऐसी घटना घटती है तो सब स्थिर हो जाता है, उस समय सब निर्वाक हो जाता है, भाषा भी साथ छोड़ जाती है। उस समय पटर-पटर नहीं किया जा सकता है, हो ही नहीं सकता है। कौन-से शब्द, कैसी भाषा का प्रयोग हो इस मानसिक संघर्ष से वे इस दौरान गुजरीं। टोनी मॉरीसन ने बहुत सोचा कि सेथे के मन में आयी बातों को कैसे प्रस्तुत किया जाए। बहुत विचारने पर उन्हें लगा कि जिस बच्ची की हत्या हुई है उसे ही हत्या का कारण पूछने का वास्तविक नैतिक अधिकार है। उपन्यास में बिलवड की हत्या हुई है और वही सेथे से इस क्रूर कर्म करने का कारण जानना चाहती है। मनोवैज्ञानिक दृष्टि से समृद्ध उपन्यास ने कृतिकार को प्रसिद्ध दी और चर्चित कर दिया। उन पर पुरस्कारों और सम्मानों की वर्षा होने लगी हालाँकि उन्हें यह सब आसानी से न मिला। उन्हें हाशिये पर रखने के प्रयास किये गये। उनसे ज्यादा उन्हें चाहने वाले लोगों ने उनके पुरस्कारों के लिए प्रयास किया। 1988 में उन्हें रिज-हेमिंग्वे, नेशनल बुक, नेशनल बुक क्रिटिक पुरस्कारों के लिए नामित किया गया, मगर मिला एक भी नहीं। एक साहित्यकार के रूप में उनको अनदेखा किया गया इससे तमाम पाठक, आलोचक और अन्य कई साहित्यकार क्षुब्ध हुए। ये क्रोधित लोग चुप नहीं बैठे। कवयित्री जून जोर्डन के नेतृत्व में सारे प्रमुख अखबारों में लोगों ने अपना विरोध दर्ज कराया। एलिस वॉकर, माया एंजेलो और तमाम लेखकों ने खुले पत्र लिखे। इसके अलावा 42 अन्य सहयोगियों ने विरोध प्रदर्शित किया। टोनी मॉरीसन इस सहयोग से अभिभूत और चकित दोनों थीं। अन्त में विरोधियों को मुँह की खानी पड़ी।

अन्ततः 18 सप्ताह तक बेस्टसेलर की सूची में रहने वाले 'बिलवड' को 31 मार्च, 1988 को पुलित्जर पुरस्कार दिया गया। फिर तो जैसे पुरस्कारों-सम्मानों की झड़ी लग गयी। उनके अनुसार पुरस्कार मिलना उन्हें अच्छा लगा, उन्हें लगा कि उनकी ताजपोशी हुई है। टोनी मॉरीसन 1993 में साहित्य का नोबेल पुरस्कार ग्रहण करने वाली प्रथम अश्वेत साहित्यकार थीं। उस अवसर पर उन्होंने कहा कि यह

पुरस्कार वे केवल अपने लिए न लेकर तमाम अश्वेत और महिला रचनाकारों के लिए ग्रहण कर रही हैं। यह मात्र उन्हें नहीं बल्कि 'हमें' मिला है। आज उनके साहित्य का श्वेत और अश्वेत दोनों तरह के छात्रों के पाठ्यक्रम में अध्ययन के लिए प्रयोग होता है। वैसे कुछ लोगों को लगता है कि 'द ब्लूएस्ट आई' और 'बिलवड' जैसी क्रूर अत्याचार की रचनाएँ बच्चों को पढ़ने के लिए नहीं देनी चाहिए। उनका उपन्यास 'सांग ऑफ सोलोमन' और 'पैराडाइज' कई जेलों की लाइब्रेरी में आज भी प्रतिबन्धित है, कारण बताया जाता है कि इसके पढ़ने से कैदी विप्लव कर सकते हैं। टोनी हँसते हुए कहती हैं कि इससे अच्छी बात एक लेखक के लिए क्या हो सकती है। एक कृति यदि विप्लव करा दे तो यह उसकी सबसे बड़ी सफलता कहलाएगी। एक प्रकाशन ने 'पैराडाइज' की पांडुलिपि पाँच कारण बताते हुए नकार दी थी, उसमें एक कारण यह भी था कि इसे पढ़ कर लोग विद्रोह कर सकते हैं। अस्वीकृति के इस पत्र को उन्होंने मढ़ाकर अपने घर में टाँगा हुआ है, दूसरी दीवाल पर टोनी मॉरीसन ने नोबेल पुरस्कार के सम्मान पत्र को मढ़ाकर टाँगा हुआ है। विडम्बना का मूर्त रूप।

सिविल राइट्स आन्दोलन का अफ्रो-अमेरिकी समाज के लिए खास महत्त्व है। कई अफ्रो-अमेरिकन महिला रचनाकार सिविल राइट्स मूवमेंट में शामिल थीं, टोनी मॉरीसन ने उसमें शारीरिक रूप से भाग नहीं लिया। इसका मतलब यह नहीं था कि वे इसके विरोध में थीं अथवा इससे अपरिचित थीं। असल में उनके छात्र इसमें प्रमुख भूमिका निभा रहे थे। स्टॉकली कारमाइकल उनका छात्र था, वे उसकी मेंटर थी। आगे चलकर वह 'स्टूडेंट नॉनवायलेंट कॉ-ओर्डिनेटिंग कमेटी' का प्रणेता बना। यह समिति 'सिविल राइट्स आन्दोलन' का प्रमुख अंग थी। उनके इसी पूर्व छात्र ने 'ब्लैक पावर' का कान्सेप्ट भी दिया। जिसका अर्थ था अश्वेत गर्व, अलग अश्वेत समाज की स्थापना, अश्वेत राष्ट्रीयता, अश्वेत स्वायत्ता। इस अलग अश्वेत समाज, अलग अश्वेत राष्ट्रीयता के विचार से टोनी मॉरीसन कभी सहमत नहीं हुईं। वे अलगाव नहीं बल्कि समन्वय चाहती हैं। वे 'ब्लैक इज ब्यूटीफुल' नारे के भी खिलाफ थीं क्योंकि उन्हें लगता था कि ऐसा कह करके वे लोग श्वेत परिभाषा को पूरी-पूरी छूट दे रहे थे। इससे श्वेत लोगों की दी परिभाषा अश्वेतों के लिए महत्त्वपूर्ण हो जा रही है। ऐसी दिखावटी सुन्दरता मूल मुद्दों से ध्यान बँटाती-हटाती है। टोनी मॉरीसन का विचार है कि शारीरिक सौन्दर्य को खोजना अच्छी बात है और यह करने योग्य कार्य है। लेकिन इसके लिए उन्हें दूसरों के विचारों को आँख मूँद कर स्वीकारना उचित नहीं लगता था।

'ब्लैक पॉवर' के विपरीत टोनी मॉरीसन ने अफ्रो-अमेरिकन इतिहास को पुनर्भासित, पुनर्परिभाषित किया। उन्होंने अपनी जड़ों को तलाशा और अपनी

सभ्यता-संस्कृति को साहित्य में उचित स्थान दिलाने का अथक प्रयत्न किया। दिखाया कि जब तक हम दूसरों की निगाह से खुद को देखते-तौलते रहेंगे हमारी समस्याएँ कदापि नहीं घटेंगी वरन् बढ़ेंगी। अमेरिका का ओहायो राज्य जहाँ उनका बचपन बीता 1803 से ही गुलामी के विरोध में रहा। यह स्थान 'अंडरग्राउंड रेलरोड' से भागते समय गुलामों की शरणस्थली रहा था। बाद में यहाँ तमाम स्थानों के अनेक लोग आकर बस गये। अफ्रो-अमेरिकन जब तक दक्षिण में गुलाम के रूप में थे वे कठिन परिश्रम करते थे। उनका जीवन दमन, असुरक्षित और अस्थिर था। अफ्रो-अमेरिकन गुलाम स्त्रियाँ ओवरसीयर, मालिक तथा अन्य गोरे और अक्सर काले लोगों के बलात्कार का शिकार होती थीं। वे अपने मालिकों के लिए खेतों में कपास, भुट्टे की खेती करती, उनके घर में खाना बनातीं, आया का काम करतीं, उनके बच्चों को अपना दूध पिलातीं। जब भाग कर या गुलामी की प्रथा समाप्त होने के बाद ये उत्तर की ओर बढ़े तब भी इनका जीवन आसान न हुआ। उत्तर में इनके लिए, खासकर स्त्रियों के लिए कोई सुनिश्चित कार्य उपलब्ध न था। ये लोग ज्यादातर अशिक्षित थे, किसी काम में प्रशिक्षित न थे अतः इनमें से बहुत सारी स्त्रियों के लिए क्लब-बार में गाना, नाचना और वेश्यावृति जैसे हीन काम ही उपलब्ध थे। यहाँ भी इनका अपने लोगों द्वारा शोषण होता था। बहुत कम गुलाम ऐसे थे जिन्हें 'बिलवड' की सेथ की भाँति उत्तर दिशा ओहाओ राज्य के सिनसिनाटी के एक कस्बे में आने पर घर नसीब होता था, प्रेम मिलता था, बच्चे और परिवार मिलता था। मॉरीसन अश्वेतों को अपने लेखन द्वारा आमन्त्रित करती हैं कि वे अपने परिवारों में, अपने समुदाय में और सबसे ज्यादा जरूरी है कि खुद अपने आप में ताकत खोजें। खुद अपना सम्मान करें तभी दूसरे उनका सम्मान करेंगे।

खुद टोनी मॉरीसन ने अपने जीवन में यही किया। तलाक के बाद वे अपने परिवार में लौट आयी। उनका परिवार उनके इस निश्चय में उनके साथ था। जब वे अपने दो छोटे बेटों को लेकर नौकरी करने न्यूयॉर्क गयी तो बहुत सारे लोगों को लगा कि वे अकेलापन अनुभव करेंगी। मगर उनका कहना था कि आप अपने साथ अपना गाँव लेकर चलते हो। अगर समुदाय की अनुभूति आपके भीतर है तो किसी बाह्य समुदाय की जरूरत नहीं है। उन्होंने अपने भीतर ताकत खोजी और इस ताकत ने उन्हें दुनिया का एक सबसे बड़ा रचनाकार बनने में सहायता दी। उन्होंने फिर दोबारा कभी शादी न की। उनका छोटा बेटा लिखने में उनके साथ है। माँ-बेटा दोनों ने मिल कर बच्चों के लिए खूब लिखा है। 'द बिग बॉक्स', 'द बुक ऑफ मीन पीपुल', 'हू इज गोट गेम' (इस शृंखला में कई किताबें हैं।) आदि बच्चों की किताबें दोनों ने मिल कर लिखीं। उनका यह बेटा ग्राफिक आर्टिस्ट है। पीछे छोड़ आये परिवार और समुदाय से निकटता स्थापित करने की इच्छा का परिणाम है उनका

लेखन। जब भी वे दो छोटे बच्चों, अपनी नौकरी के तथा अन्य उत्तरदायित्वों को लेकर परेशान होतीं तो सदा अपनी दादी को याद करतीं। उनकी दादी ने अपने सात बच्चों को लेकर अकेले संघर्ष किया था। तब उन्हें लगता कि दादी की अपेक्षा उनकी कठिनाइयाँ बहुत कम हैं। इस सोच से उन्हें साहस और बल मिलता। मनोविज्ञान भी कहता है कि बच्चे अक्सर अपने माता-पिता से ज्यादा उनके माता-पिता से सीखते-ग्रहण करते हैं।

बहुत सारे लोग टोनी मॉरीसन के तलाक लेने और दोबारा शादी न करने के निश्चय से नाखुश थे। अक्सर वे अपने विचारों में स्त्री-पुरुष के यौन सम्बन्ध की आलोचना करती हैं। इसलिए कुछ लोग मानते हैं कि उनके काम में चेतन या अचेतन रूप से स्त्री समलैंगी सम्बन्ध दिखाई पड़ते हैं। हालाँकि यह पूर्ण रूप से सही नहीं है। उनका उपन्यास 'सूला' अवश्य स्पष्ट रूप से स्त्री समलैंगी सम्बन्धों को चित्रित करता है। सूला और नेल का सम्बन्ध ऐसा ही है जबकि वे पुरुषों से भी यौन सम्बन्ध कायम करती हैं। अक्सर अफ्रो-अमेरिकन महिला रचनाकारों के काम में समलैंगी सम्बन्ध चित्रित मिलता है। एलिस वॉकर के उपन्यास 'द कलर पर्पल' में भी सीली और शुग आपस में यौन सम्बन्ध रखती हैं, इसी सम्बन्ध के कारण सीली अपनी यौनिकता को पहली बार पहचानती है, अपने नारीपन का अनुभव करती है। अन्यथा बलात्कार के बाद उसे यौनक्रिया से ही अरुचि हो गयी थी। उसका पति अलबर्ट जब भी उसके पास आता उसे कोई अनुभूति नहीं होती थी। टोनी मॉरीसन के यहाँ समलैंगी सम्बन्ध केवल 'सूला' उपन्यास में ही नजर आता है।

'बिलवड', 'जाज' और 'पैराडाइज' उनकी उपन्यास त्रयी है। उपन्यास त्रयी की पहली कड़ी 'बिलवड' में टोनी मॉरीसन विस्तार से दिखाती हैं कि गुलामी मनुष्य की सारी कोमल भावनाओं को नष्ट कर देती है। इतना ही नहीं यह स्त्री से उसके माँ बनने का प्राकृतिक और मूलभूत अधिकार छीन लेती है। बलात्कार से उपजी सन्तान के प्रति मातृत्व भावना वही नहीं होती है जो प्रेम से उत्पन्न सन्तान के प्रति होती है। अत्याचार-गुलामी में स्त्री की भावना अपनी सन्तान के प्रति बहुत मिश्रित होती है। जहाजियों, ओवरसीयरों, मालिकों के लिए गुलाम स्त्रियाँ मनुष्य न हो कर केवल बच्चे पैदा करने वाली मशीन होती थीं। उन्हें सीधे-सीधे 'ब्रीडर' (शब्द जो जानवरों के लिए प्रयोग किया जाता है।) कहा जाता था। गुलाम स्त्री से अधिक बच्चे पैदा होने का मतलब था उतने अधिक गुलाम, अर्थात् उतने अधिक काम करने वाले लोग, काम करने के लिए उतने अधिक हाथ, मालिक की उतनी अधिक सम्पत्ति। 'बिलवड' एक बहुत जटिल उपन्यास है। यह रहस्य-रोमांच का उपन्यास नहीं है, स्वीकार तथा सहन करने के चरम का उपन्यास है। यह उपन्यास प्रश्न खड़े करता है, पूछता है कि आखिर एक आदमी को कितना सहन करना चाहिए, कितना लेना

चाहिए, कहाँ सीमा होती है। इस उपन्यास को समझने के लिए पृष्ठभूमि चाहिए। अमेरिकी-अफ्रीकी इतिहास की थोड़ी-बहुत जानकारी होनी आवश्यक है। इसके लिए गुलामी की क्रूर दास्तान से परिचित होना जरूरी है। जीवन की विविधता का ज्ञान और उसमें विश्वास जरूरी है।

टोनी मॉरीसन ने अपराधबोध से दबी, पागलपन की सीमा को स्पर्श करती सेथ को बहुत दुःख-कष्ट के साथ रचा है। उसकी बेधती आँखें, उसकी थरथराती आवाज पाठक को बहुत दिनों तक हाँट करती है। ऐसी नायिका का बचा रहना कठिन है। साहित्य में ऐसी नायिकाएँ पागल हो जाती हैं, आत्महत्या करती हैं अथवा बीमार पड़ कर बिस्तर पकड़ लेती हैं और बिस्तर में ही उनकी समाधि बन जाती है। टोनी मॉरीसन सेथे को अन्त तक बचाए रखती हैं। इसी तरह बेबी शुग्स और पॉल डी गुलामी की क्रूरता भोगने के बावजूद स्वस्थ मानसिकता के पात्र हैं। डेनवर की सफलता इस बात की गारंटी और आशा है कि समय के साथ गुलामी के दौरान मिले गहरे घाव भरते हैं, स्वतन्त्र जीवन की उम्मीद को बल मिलता है। इस उपन्यास के द्वारा एक तरह से वे गुलामी की संस्था का उद्धार करती हैं, अमेरिकी श्वेत लोगों के द्वारा किये गये पापों का मोचन करती हैं।

कैसे-कैसे भयंकर कष्ट और विडम्बनापूर्ण जीवन से गुलाम गुजरते थे इसका उदाहरण लिंडा ब्रेंट के लेखन में भी मिलता है। वह लिखती हैं कि एक बार एक युवा गुलाम लड़की को प्रसव के समय मरते देखा, उसका शिशु लगभग श्वेत था। वह दारुण पीड़ा में चिल्ला रही थी कि हे भगवान आओ और मुझे ले जाओ। जबकि वहीं खड़ी उसकी मालकिन उसकी हँसी उड़ा रही थी और कह रही थी क्या तुझे दर्द हो रहा है? अच्छा है, होना ही चाहिए। वह खुश थी कि गुलाम युवती तड़फ रही है, वह चाहती थी कि वह और कष्ट भोगे। जबकि उस युवती की माँ राहत की साँस ले रही थी क्योंकि शिशु मर गया था वह प्रार्थना कर रही थी कि उसकी बेटी जल्द-से-जल्द मर कर अपने बच्चे के पास पहुँच जाए और इस नरक से छुटकारा पाये। मालकिन का कहना था उस और उसके हरामी के लिए स्वर्ग जैसी कोई जगह नहीं है। अवसर की मार्मिकता और सघन हो जाती है जब बेटी अपनी डूबती आवाज में अपनी माँ से कहती है कि वह दुःखी न हो ईश्वर जल्द ही उसे इस कष्ट से छुटकारा देने वाला है, वह सब जानता है। युवती का कष्ट इतना भयंकर था कि कठोर हृदय मालकिन देख नहीं पाती है, वहाँ से हट जाती है मगर जाते हुए भी उसके मुख पर उपहासपूर्ण स्मित था। मालकिन के सात बच्चे थे जबकि इस अश्वेत गुलाम स्त्री की एकमात्र बेटी थी वह भी मर रही थी। बेटी के मरने पर उसकी आँख बन्द करते हुए यह स्त्री ईश्वर को धन्यवाद देती है क्योंकि उसने बेटी को जीवन की और अधिक कठिनाइयों से बचा लिया था।

हालाँकि टोनी मॉरीसन पहली रचनाकार नहीं हैं जिसने अपने उपन्यास में ममता की पराकाष्ठा में माँ को अपने बच्चे की जान लेते हुए दिखाया है। यह सही है कि इस उपन्यास के बीज सच्ची घटना में निहित हैं। साहित्य में इसके पूर्व ऐसी घटनाओं का विवरण मिलता है। 1861 में हैरिएट जैकब्स ने आत्मकथात्मक लेखन किया था। वह स्वयं गुलाम थी उसने 'इंसिडेंट्स इन द लाइफ ऑफ ए स्लेव गर्ल' नाम से आत्मकथा लिखी। इस किताब में उसने अपनी पहचान छुपाने के लिए एक दूसरा नाम लिंडा ब्रेंट रखा। लिंडा ब्रेंट पूरी जिन्दगी अपने बच्चों की स्वतन्त्रता के लिए काम करती है। वह अपने बच्चों की सुरक्षा के बिना खुद पलायन नहीं करना चाहती है। बराबर सोचती है कि यदि वह अपने बच्चों को मार डाले तो वे गुलामी की गलीच जिन्दगी से बच सकते हैं। लिंडा ऐसा सोचती है पर अपने विचार को अन्त तक कार्य रूप में परिवर्तित नहीं करती है। इसी किताब में प्रु का बच्चा जब मर जाता है तो वह सोचती है कि चलो अच्छा हुआ मर कर गुलाम जिन्दगी बिताने से बच गया। वह खुद मर कर इस क्रूरता भरे जीवन से छुटकारा पाना चाहती है। लेकिन सेथे अपने बच्चों को गुलामी की जंजीर से दूर रखने के लिए मार डालती है, यह दीगर बात है कि दोनों बेटे और डेनवर बच जाती है और घुटनों चलने वाली बच्ची (बिलवड) मारी जाती है। इस तरह वह अपने बच्चों पर अपना दावा सिद्ध करती है। एक अन्य लेखिका ऐसी ही स्थिति अपने उपन्यास में दिखाती है। यह रचनाकार खुद अश्वेत नहीं है पर इसने अश्वेतों के दुःख को अनुभव किया। इसके लेखन का अमेरिका में बहुत गहरा प्रभाव हुआ। अश्वेतों को गुलामी से उबारने वालों के लिए इस स्त्री का लेखन प्रेरणा बना। एक पादरी की बेटी हैरिएट बीचर स्टोव ने विश्व प्रसिद्ध उपन्यास 'अंकल टॉम्स केबिन' लिखा। इस उपन्यास की एक पात्र केसी अपने दो बच्चों के बिक जाने के बाद अपने तीसरे बच्चे को मार डालती है। फर्क यह है कि केसी को अपना बच्चा मारने का कभी अफसोस नहीं होता है, बल्कि वह खुश है कि अब उसके इस बच्चे को कभी गुलामी का दर्द न होगा। वह अपने बच्चे की भलाई के लिए यह जघन्य कार्य करती है। सेथे भी बच्चों की भलाई के लिए यह कदम उठाती है पर बाद में वह सदैव अपराधबोध से भरी रहती है। टोनी मॉरीसन मनोवैज्ञानिक दृष्टि से अधिक सटीक हैं। उनके और हैरिएट बीचर स्टोव के बीच एक सौ साल से अधिक का अन्तराल है। टोनी मॉरीसन ज्यादा शिक्षित हैं, समय बदल चुका है।

टोनी मॉरीसन 'बिलवड' में स्मृति, अतीत द्युति, दुःस्वप्नों के माध्यम से विपरीत भावनाओं को प्रदर्शित करती हैं। दिखाती हैं कि जब स्त्री गुलाम होती है तो उसकी अपने बच्चों के प्रति कैसी भावना होती है और जब वही स्त्री स्वतन्त्र हो जाती है तो उसकी अपनी सन्तान के प्रति कैसी भावनाएँ होती हैं। स्वतन्त्र होकर वह मातृत्व

की कोमल भावनाएँ प्रकट कर पाती है, अपने बच्चों की चिन्ता कर पाती है। उनके भविष्य के विषय में सोचती है और भविष्य खतरे में नजर आता है तो बच्चे को मार भी डालती है। गुलामी और स्वतन्त्र दोनों स्थितियों में वे एक स्त्री की अनुभूतियों का मार्मिक चित्रण बड़ी कुशलतापूर्वक करती हैं। सेथे कहती है कि वह 124 ब्लूस्टोन आकर इतनी बड़ी हो गयी थी, उसकी बाँहें इतनी फैल गयी थीं कि वह अपने सारे-के-सारे बच्चों को एक साथ अपनी बाँहों में समेट सकती थी। इस उपन्यास की कहानी एकरेखीय नहीं है, यह क्रमबद्ध रूप से समतल कालक्रम में नहीं चलती है। इसे संक्षेप में बताना वैसा ही होगा जैसे तितलियों को बोर्ड पर पिन की सहायता से टाँक दिया जाए जहाँ तितलियाँ तो हैं मगर बेजान हैं। फिर भी अगर इसकी कहानी बतानी ही हो तो वह कुछ यूँ होगी।

अमेरिका के दक्षिण के कैंटकी इलाके में गारनर नामक एक नम्रदिल व्यक्ति अपनी पत्नी लिलियन के साथ अपने खेत की देखभाल अपने गुलामों की सहायता से करता है। 'स्वीट होम' में वह अपने गुलाम पालता है, जहाँ गुलामों को काफी स्वतन्त्रता मिली हुई है। उसकी सबसे बड़ी विशेषता है कि वह अपने गुलामों की बात सुनता है। उन्हें बोलने, अपनी बात कहने का अवसर देता है। प्रमुख रूप से वहाँ पॉल ए, पॉल बी, पॉल डी, बेबी सुग्स, उसका बेटा हाले तथा एक विशिष्ट चरित्र सिक्सो सहित कुल बहुत थोड़े-से गुलाम हैं। बेबी सुग्स के बेटे ने मेहनत करके अपनी माँ के लिए स्वतन्त्रता खरीदी है। इस स्वतन्त्रता के एवज में उसे तब भी एक्स्ट्रा काम करना पड़ता था। इसी समय मिस्टर गारनर सेथे नामक एक 13 साल की लड़की को खरीद लाता है। वह 'स्वीट होम' सारे गुलाम पुरुषों के आकर्षण का केन्द्र है, मगर मिस्टर गारनर के यहाँ आचरण के कुछ अलिखित नियम हैं। यहाँ स्त्री के साथ जबरदस्ती नहीं की जा सकती है। गारनर न तो खुद गुलामों की लाइन लगाने के लिए अपनी गुलामों को जिस-तिस से गाभिन कराता है, न ही उसके प्लान्टेशन पर किसी गुलाम स्त्री के साथ कोई गुलाम पुरुष मनमाने तरीके से पेश आ सकता है। शीघ्र ही सेथे अपने लिए वहीं एक गुलाम युवक हाले को चुनती है और जल्द ही दोनों के तीन बच्चे होते हैं। चौथे बच्चे को हाले देख नहीं पाता है। वह बस इतना जान पाता है कि उसकी पत्नी पेट से है।

जब सेथे 18 साल की होती है उनके मालिक मिस्टर गारनर की मृत्यु हो जाती है और उसकी पत्नी लिलियन प्लान्टेशन की देखभाल के लिए अपने ननदोई को बुलाती है। उपन्यास में यह क्रूर-दुष्ट-हृदयहीन, अमानवीय आदमी 'स्कूलटीचर' के नाम से आता है। इसके आते ही 'स्वीटहोम' का पूरा वातावरण बदल जाता है। मस्त सिक्सो और मजबूत पॉल डी, बेबी शुग्स का बेटा हाले प्लान्टेशन की देखभाल के लिए सक्षम थे, वे मजे में बिना किसी और मालिक के काम चला सकते थे। अब

तक सेथे सोचती थी कि गुलाम पुरुष होता है, आदमी होता है। मगर मिसेज गारनर को लगा सम्पत्ति की देखभाल के लिए किसी श्वेत व्यक्ति का होना आवश्यक है। उसकी नजर में गुलाम सम्पत्ति की देखभाल के लिए काफी नहीं थे, वह उन्हें इस योग्य नहीं मानती थी। इस स्कूलटीचर के आने से खुद मिसेज गारनर को नुकसान हुआ। रक्षक भक्षक निकला। लिलियन की सारी सम्पत्ति दूसरों के हाथ में चली गयी। उसके गुलाम बेच दिये गये, भाग निकले, बचे हुए गुलाम नष्ट कर दिये गये। अब सेथे को मालूम होता है कि श्वेत लोगों के लिए गुलाम सिर्फ गुलाम होता है, आदमी नहीं। स्कूलटीचर उन्हें आदमी नहीं पशु समझता है और उनके साथ पशु से भी अधिक बुरा व्यवहार करता है। मिस्टर गारनर के अपने गुलामों के साथ नरम सम्बन्ध से आसपास के अन्य श्वेत लोग प्रसन्न न थे। शायद उनमें से ही किसी ने उसको मार दिया था।

स्कूलटीचर की क्रूरता से तंग आकर 'स्वीट होम' के गुलाम पुरुष पॉल डी, हाले, पॉल ए और सिक्सो निकल भागने की योजना बनाते हैं। सेथे के गर्भवती होने के कारण योजना कुछ समय के लिए टल जाती है। सेथे की एक बच्ची पैदा होती है। योजना को अंजाम देना आसान न था। सेथे जब बच्चों को लिये हुए नियत स्थान पर पहुँचती है तो उसका पति हाले वहाँ नहीं था। बेटे हॉवर्ड और बगलर कहीं बेच न दिये जाएँ यह सोचकर सेथे छोटी बच्ची और दोनों बेटों को एक स्त्री के साथ दूर उत्तर में अपनी सास के पास ओहाओ नदी के पार सिनसिनाटी भेज देती है। उसे पता नहीं है कि स्कूलटीचर, उसके भतीजों तथा स्कूलटीचर के अन्य लोगों ने गुलामों के पलायन की योजना जान ली थी और इसके एवज में सिक्सो को जिन्दा जला दिया था। हाले को बार्न में परछत्ती पर कैद कर रखा था। पॉल डी को मुँह में लोहे की जाबी लगा कर गर्दन में लोहे का पट्टा लगा दिया गया था। वे लोग सेथे के साथ इससे भी बुरा व्यवहार करते हैं। पहले दोनों भतीजे मिल कर सेथे का दूध पीते हैं। सेथे की बच्ची छोटी थी, सेथे की छातियाँ दूध से भरी हुई थीं। वह पेट से भी थी। वह इस बात की शिकायत मिसेज गारनर से करती है, असहाय स्त्री कुछ नहीं कर पाती है लेकिन स्कूलटीचर अपने लोगों से सेथे का बलात्कार करवाता है और उसे कोड़ों से पीटता है। सेथे की पीठ मार से खुल जाती है। जिजीविषा और स्वतन्त्रता की आकांक्षा, अपने बच्चों से मिलने की उत्सुकता उसे जिलाए रखती है। वह इन विषम परिस्थितियों और अपनी गर्भावस्था, खुली-टपकती पीठ के साथ भाग निकलती है।

'बिलवड' की कहानी इतनी एकरैखीय और सरल नहीं है। कथा बड़ी चतुराई से बुनी गयी है और यह पाठक को अन्त तक बाँधे रखती है। मॉरीसन के स्त्री पात्र मजबूत होते हुए भी दमन का शिकार हैं। उनके बच्चे उनसे छीन लिये जाते हैं, पुरुष

बेच दिये जाते हैं। खुद उनके साथ अमानवीय व्यवहार होता है। इसके बावजूद वे जीती हैं, प्रेम करती हैं। उनकी स्त्रियाँ अपनी यौनिकता को छिपाती नहीं हैं। पॉल डी को देखते ही उन्हें कुछ-कुछ होने लगता है। वे उससे वह सब कुछ कह डालने को उत्सुक हो जाती हैं। वे बातें उससे साझा करती हैं जो वे केवल एक दूसरे से साझा करती आयी हैं। इस तरह उनकी यौनेच्छा बहुत बड़ी, विशाल हो जाती है। इतनी बड़ी इच्छा उनमें पैदा होती है जितनी पन्द्रह साल की किशोरावस्था में नहीं हुई थी। इससे उन्हें शर्म आती है, वे उदास होती हैं। यह नींद उन्हें जाग्रत से अधिक कीमती लगती है। टोनी मॉरीसन की स्त्री में गुलामी के बाद स्वतन्त्र होने पर यौनेच्छा पुनः जाग्रत होती है। अब उन्हें न तो जबरदस्ती दूसरे पुरुष की हबस शान्त करनी है, न ही बच्चे पैदा करते जाना है, न ही पैदा होते बच्चे के छीने जाने, बेच दिये जाने का खतरा है। गुलामी के दौरान उसकी इच्छा का कोई मोल नहीं होता है, बस उसे बच्चे पैदा करते जाना है, बच्चों पर उसका कोई अधिकार नहीं है। एक बात तय है कि ये बच्चे गुलाम बनेंगे, मालिक के लिए और बच्चे पैदा करते जाएँगे, ये बच्चे गुलाम के रूप में बेच दिये जाएँगे।

इसीलिए गुलाम स्त्री को ब्रीडर कहा जाता था। एक-एक स्त्री से 15-17 बच्चे पैदा करवाये जाते थे ताकि खेतों में काम करने के लिए ज्यादा-से-ज्यादा हाथ उपलब्ध हो सकें। किसी भी समय उसे बेचा जा सकता था, उन्हें कोड़े लग सकते थे। कोड़ों की मार से सेथे की पीठ पर बना घाव चोकेचेरी वृक्ष के आकार का है। पेड़ जिसमें शाखा-प्रशाखा हैं। रचनाकार इतनी कठोर-क्रूर बात को इतने कोमल भाव से कहती है। इससे इस अनुभव की मार्मिकता कई गुणा बढ़ जाती है। सेथे एक बहुत मजबूत स्त्री है जो गर्भावस्था में मीलों चलती चली जाती है, निर्जन में बच्चे को जन्म देती है (यह संयोग है कि उस समय एक श्वेत लड़की उसकी सहायता को आ जाती है), हेयर बॉय (अपने कुत्ते) का टूटा पैर जोड़ती है, उसकी आँख का निकला कोया वापस गड्ढे में बैठाती है, बलात्कार सहती है, भूख-प्यास, प्रसव झेलती है, तब भी बच्चे को पालती है, प्रेम-दुलार करती है, सेवा-शुश्रूषा करती है। परिवार के लिए खाने-पीने, छत का इन्तजाम करती है।

इस उपन्यास में टोनी मॉरीसन ने कई शैलियों का सफलतापूर्वक मिश्रण किया है। स्मृति, गीत, इतिहास, मिथक, लोककथाएँ, सत्य, अर्धसत्य, कटु सत्य, कल्पना, मोटिफ तमाम साहित्यिक गुण यहाँ पिरोये गये हैं। पानी, जलधारा, पानी की आवाज, गर्भथैली का पानी, बाढ़, ब्लाडर का पानी, प्यास, बिलवड की अथाह प्यास, उसका बिस्तर गीला करना, डेनेवर का चादर धोना, पानी का जमना और सबसे बढ़ कर आँखों का खारा पानी। पानी का इतने रूप और इतने प्रतीकों का प्रयोग उपन्यास को समृद्धि प्रदान करता है। बहुत कम साहित्य में पानी की ऐसी विशद प्रस्तुति

मिलती है। इसी तरह उपन्यास में स्तन, दूध का बिम्ब कई बार और कई कारण से आया है। माम, सेथे की माँ की स्मृति जो अपने अनाम बच्चों को एक-एक करके गँवाती है और अपने स्तन के नीचे का नाजुक हिस्सा, कोमल मांस सर्किल और क्रॉस से जला डालती है। यह पुआलघर में सेथ पर हुए आक्रमण को और उजागर कर देता है। सेथे अपने शिशु को स्तनपान कराने से महरूम कर दी जाती है। वह सदा यह सोच कर परेशान थी कि भला उसका पति हाले उसे और बच्चों से मिलने के समय पर तयशुदा स्थान पर क्यों नहीं पहुँचा। बहुत बाद, करीब अठारह साल बाद उसे सच्चाई का पता चलता है। पाठक यह जान कर कि हाले क्यों सेथे की सहायता न कर सका सिहर जाता है।

जब पुआलघर में सेथे के साथ दुर्व्यवहार हो रहा था उस समय हाले कहाँ था, क्या कर रहा था, ये सारी बातें बहुत बाद में पॉल डी सेथे को बताता है। हाले ने सारी घटना अपनी आँखों से देखी थी। वह वहाँ मौजूद था। वहीं परछत्ती पर हाले कैद था। मगर वह सेथे की सहायता करने में लाचार था। बाद में जब पॉल डी उससे मिलता है तो वह उससे कुछ पूछ-बता नहीं पाता है क्योंकि उस समय पॉल डी के मुँह में लोहे की जाबी लगी हुई थी। अश्वेत गुलाम के मुँह में लोहे की जाबी लगाना, जबान काट कर गूँगा बना देना, कोड़े की मार से चमड़ी उधेड़ लेना, बलात्कार करना, पेड़ पर उलटा लटका कर खाल खींच लेना, हत्या कर देना श्वेत मालिकों के लिए सामान्य बात थी। स्कूलटीचर खासतौर पर क्रूर प्रकृति का आदमी था। वह यह सब अध्ययन के नाम पर करता है।

उपन्यास का यह समय उन्नीसवीं सदी का उत्तरार्द्ध है। 1808 में गुलामी के व्यापार को रोकने की कानूनन बात हुई। 1870 में पन्द्रहवें संशोधन द्वारा अमेरिकी संविधान ने अश्वेतों को अमेरिकी नागरिकता दी। मगर रंगभेद और नस्लवाद पूरी तरह कायम था। कानून बना कर सामाजिक बुराइयों को रोकना आसान नहीं है। लोगों के नजरिये का बदलना प्रमुख बात है। अधिकांश अमेरिकी लोगों, खासकर अमेरिका के दक्षिण के श्वेत लोगों का नजरिया अश्वेतों के प्रति ज्यों-का-त्यों बना हुआ था। अगर अमेरिकी इतिहास पर दृष्टि डालें तो हम पाते हैं कि इस काल में 'द अण्डरग्राउंड रेलरोड' की सहायता से करीब 1000 गुलाम प्रति वर्ष दक्षिण अमेरिका से उत्तर अमेरिका की ओर पलायन कर रहे थे। इनमें से बहुत सारे पुनः पकड़ लिये जाते, बहुत सारे रास्ते में भूख, सर्दी, बीमारी से नष्ट हो जाते, कुछ थोड़े से स्वतन्त्र जीवन का स्वाद चखने के लिए उत्तर पहुँच पाते। गुलामी प्रथा के विरोधी गुलामों की स्वतन्त्रता को लेकर बँटे हुए थे। कुछ लोग शान्तिपूर्ण आन्दोलन चाहते थे बाकी लोग सशस्त्र आन्दोलन के पक्ष में थे। हैरिएट बीचर स्टोव दासों की स्थिति दिखाने वाला अपना प्रसिद्ध काम 'अंकल टॉम्स केबिन'

प्रकाशित कर चुकी थीं। श्वेत होते हुए भी उन्होंने अश्वेत गुलामों के जीवन का मार्मिक चित्रण किया था। 1860 में अब्राहम लिंकन के राष्ट्रपति चुनाव में जीतने से और सशस्त्र विद्रोह से दक्षिण के श्वेत गुलाम मालिकों को पता चल चुका था कि अब वे और उनकी गुलाम प्रथा पहले की तरह सुरक्षित नहीं है। पहली जनवरी, 1863 की लिंकन की 'मुक्ति घोषणा' से करीब तीन मिलियन लोग स्वतन्त्र हो गये थे। दक्षिण के लाखों गुलाम अमेरिकी सेना में भरती हो कर गुलामी से छूट रहे थे। फिर भी दक्षिण में गुलामों की खाल उधेड़ने का काम बदस्तूर चल रहा था। सेथे की कहानी गुलामी से भाग निकली जिस वास्तविक स्त्री मार्गरेट गारनर पर आधारित है उसे 1850 में लागू काले एक्ट, 'फ्यूजिटिव स्लेव एक्ट' के तहत दोबारा उसका मालिक पकड़ कर ले गया था।

ऐसे नारकीय जीवन के बीच बाइबिल की कथाओं, अश्वेत लोकगीतों, मिथकों को कथा में समायोजन कर टोनी मॉरीसन लड़ाई-झगड़े, परिवार, उत्तरदायित्व की कथाएँ बुनती हैं और प्रेम एवं आशा का सन्देश देती हैं। उनका इथोज, नजरिया निराशा का न होकर आशा का है। टोनी मॉरीसन गुलाम मातृत्व की जटिलता को इस उपन्यास में विस्तार से दिखाती हैं। नायिका का नाम सेथे बाइबिल के सेथ से मिलता-जुलता है। सेथ एडम और ईव का वह बच्चा है जो उनके पहले बच्चे एबेल का स्थान लेता है। एबेल को केन ने मार डाला था। ईडन का प्रतीक 'स्वीट होम' स्कूलटीचर के आने से दूषित हो गया है। स्कूलटीचर अपने साथ ज्ञान लिखने-पढ़ने की सामग्री लिये चलता है। 'स्वीट होम' के दूषित होते ही एक-एक कर सब वहाँ से चले जाते हैं। पॉल डी, सेथे, तीनों बच्चे सब वहाँ से बच निकलते हैं और स्वतन्त्रता का स्वाद पाते हैं। उनको इसकी कीमत चुकानी होती है, वे यह कीमत चुकाते हैं। बाकी सब नष्ट हो जाते हैं। सिक्सो जिन्दा जला दिया जाता है। उम्मीद है कि पॉल ए तथा हाले जीवित हैं। दास प्रथा मनुष्य के साथ क्या करती है इसका एक उदाहरण बेबी शुग्स है। यह बेबी शुग्स की जिजीविषा है जो उसे बचाए रखती है वरना गुलामी ने उसके पैर, पीठ, सिर, आँखें, हाथ, किडनी, गर्भाशय, जीभ सब नष्ट कर दिया था। वह अपने हृदय के बल पर जीती है और दूसरों को भी यही उपदेश देती है कि अपने हृदय के लिए जीओ।

टोनी मॉरीसन अपने उपन्यास 'बिलवड' में कब्र के पार जाकर उन आवाजों को खोज लाती हैं जो सच्चाई से परदा उठाती हैं। बिलवड के आते ही सेथे की स्मृतियों का बाँध खुल जाता है। वह अपना अतीत बताना शुरू करती है तो बताती ही चली जाती है। बिलवड की जानने की असीम इच्छा के आगे वह अपने अतीत में डूबती चली जाती है। अतीत को याद करना अच्छी बात है मगर उसी में खो जाना, अतीत के चलते वर्तमान को भूल जाना, उसको अनदेखा करना, भविष्य की चिन्ता न करना

ठीक नहीं है। अतीत ब्लैकहोल की तरह है वह व्यक्ति को सम्पूर्ण रूप से निगल जा सकता है। सेथे पहले गुलाम जीवन के अपने अतीत को दबाये हुए थी, डेनवर को वह बहुत कम बताती है, जितना उससे सम्बन्धित है उतना ही बताती है। डेनवर को वह छोटी बच्ची मानती है उससे गुलामी के दौरान हुए अपने सारे अनुभव वह साझा नहीं कर सकती है। माँ का आंशिक, कच्चा इतिहास जान कर डेनवर खुद को बहुत अकेला पाती है। वह अन्तरमुखी और बेचैन बच्ची बन जाती है। एक भूत को अपना साथी बनाती है, लोगों से दूर हो जाती है और बार-बार अपनी माँ से अपने जन्म की कहानी सुनाने का आग्रह करती रहती है।

गुलामी की क्रूरता व्यक्ति से उसकी संवेदनशीलता छीन लेती है। वह अनुभव करने में असमर्थ हो जाता है। जब फिर से जीवन में कोमलता-प्रेम मिलता है तब भी व्यक्ति को उसकी अनुभूति नहीं होती है। पॉल डी को देखकर सेथ को स्कूलटीचर के भतीजों का अत्याचार याद आता है, वह एक लम्बे समय से पुरुष स्पर्श से वंचित है। पॉल डी जब उसे स्पर्श करता है, उसकी पीठ पर कोड़ों की मार से बने चोकचेरी पेड़ को चूमता है तो सेथे को कोई संवेदना नहीं होती है। बरसों से उसकी पीठ की त्वचा मर चुकी थी। पॉल डी के आने पर सेथे अतीत में उतरना शुरू करती है। पॉल डी उसके साथ 'स्वीट होम' में था। वे दोनों सह जीवन के भागीदार थे। अतः उसके आने पर वे लोग अपने पिछले जीवन की बातें करते हैं। सेथे पॉल डी को भी सारी बातें नहीं बताती है। बता नहीं पाती है। अतीत टुकड़ों-टुकड़ों में पाठक के सामने खुलता है।

सेथ बिलवड की माँग के सामने अतीत में इतना गहरा डूब जाती है कि काम पर जाना छोड़ देती है, डेनवर को भूल जाती है। उसे पक्का विश्वास हो जाता है कि बिलवड उसकी वही बच्ची है जिसका गला उसने तब काट दिया था जब वह दो साल की थी। बिलवड को खुद पूरी तरह पता नहीं है कि वह कौन है। मगर वह सेथे के अतीत की बहुत-सी बातों को जानती है और उन्हें विस्तार से जानना चाहती है। वह उससे उसके कान के आभूषण के विषय में पूछती है, वह उस लोरी के शब्द जानती है जिसे सेथे ने अपने बच्चों के लिए बनाया था, जिसे वह अपने बच्चों के लिए गाती थी, जिसे उसके अलावा कोई और नहीं जानता था। बिलवड उस लोरी के गीत जानती है। आलोचक मानते हैं कि बिलवड सेथे की उसी बच्ची का अवतार है। बिलवड के प्रश्न इस बात की पुष्टि करते हैं। उसका सेथे के कानों में पहने हीरे के बुन्दों के विषय में पूछना, सेथे के जीवन की कहानियाँ सुनने की जिद करना सब इसी बात के संकेत हैं।

जब वह पहली बार आती है तो भयंकर रूप से प्यासी है। चार मग पानी गटागट पी जाती है। उसका सर्द जगह की बात करना, बोझ से दबे होने का अनुभव बताते

हैं कि वह कब्र में थी। जब सेथे ने उसे कब्र में डाला था तो उसकी इच्छा थी कि वह कब्र पर एक पत्थर लगवाए जिस पर अपनी बेटी का नाम खुदवाए। मगर उसके पास इसका कोई साधन न था। वह इतना ही इन्तजाम कर पाती है कि कब्र के पत्थर पर 'बिलवड' शब्द खुद सके। सेथे को इस बात का अफसोस और अपराध बोध है कि वह अपनी मृत बच्ची के समाधि पत्थर पर उसका पूरा नाम न खुदवा सकी। बच्ची की हत्या का नैतिक अपराध बोध तो उसे था ही। माँ होने के नाते जो प्यार और देखभाल उसे करनी चाहिए थी सेथे उसकी भरपाई अब करना चाहती है। अतीत की भरपाई नहीं हो सकती है ऐसा करने से वर्तमान नष्ट होता है। इस उपन्यास में यही होता है। सेथे का बिलवड में खो जाना उसके लिए भारी पड़ता है। घर में कुछ नहीं बचता है। डेनवर अकेली पड़ जाती है।

बिलवड सब निगल जाना चाहती है। वह जबरदस्ती पॉल डी से शारीरिक सम्बन्ध बनाती है। पहले उसे सेथे से दूर करती है, कुर्सी पर सुलाती है, फिर बेबी शुग्स के बिस्तर पर और अन्ततः उसे घर से निकाल बाहर करती है। वह सेथे को केवल अपने लिए चाहती है। सेथे का सम्पूर्ण ध्यान बिलवड पर केन्द्रित हो जाता है जिसका नतीजा अच्छा नहीं होता है। कोई भी अति बुरी होती है। पॉल डी 124 ब्लूस्टोन का घर छोड़ कर चला जाता है। डेनवर खाने-पीने का इन्तजाम करने पहली बार बाहर निकलती है। 'बिलवड' में सबसे सकारात्मक बात है डेनवर का विकास, उसका आत्मनिर्भर बनना, परिवार की चिन्ता करना, लोगों को प्रेम करना, जिनको लेकर कभी मन में कोई कटुता थी उन्हें माफ कर देना। वह अफ्रो-अमेरिकन भविष्य, उस भविष्य की आशा का प्रतीक है। वह एक बहुत प्यारी, संवेदनशील और बुद्धिमान बच्ची है। भयंकर परिस्थितियों का डट कर मुकाबला करती है और उनसे विजयी हो कर निकलती है। उसका जन्म कठिन परिस्थिति में हुआ था। उसके बचने की कोई सम्भावना नहीं थी। जब वह मात्र एक महीने की थी उसके सामने इतनी जघन्य घटना हुई थी, सेथे उसे भी दीवाल पर पटक कर समाप्त कर देना चाहती थी। समय पर यदि स्टैम्प पेड न आता और शिशु को न लपक लेता तो उसके बचने की कोई गुंजाइश न थी। वह घर के भूत को अपना साथी बना लेती है, घर के पिछवाड़े एकान्त में उसी के साथ खेलती है। अपने भाइयों से उसे बेहद प्रेम था मगर वे भूत के उत्पात से तंग आ कर घर छोड़ कर भाग जाते हैं। उस समय डेनवर कितनी अकेली हो गयी होगी सोचा जा सकता है। उसकी माँ सेथे के अमानवीय काम से समुदाय के लोगों ने इन लोगों से कोई सम्पर्क रखना छोड़ दिया है। इन लोगों के घर कोई झाँकने नहीं आता है। इन विषम-विपरीत परिस्थितियों से डेनवर विजयी हो कर निकलती है।

अगर उसे किसी का प्रेम मिलता है तो वह है उसकी दादी, बेबी शुग्स। मगर दादी खुद बहुत व्यथित है और जब डेनवर एक छोटी बच्ची है तभी दादी मर जाती

है। थोड़ा-बहुत प्रेम उसे सेथे से मिलता था वह बिलवड आ कर छीन लेती है। वह बिलवड को बहुत प्यार करती है, उसकी देखभाल करती है। बिलवड उसकी बड़ी बहन है लेकिन डेनवर उसके खाने-पीने का इन्तजाम करती है, जब बिलवड बिस्तर भिंगो देती है, वह चादर धोती है। उसके बाल बनाती है, चोटी गूँथती है। जीवन के कुछ खुशनुमा दिन उसे मिलते हैं। पॉल डी के साथ कार्निवाल में जाना उसे अच्छा लगता है। जीवन की विचित्र परिस्थितियों ने उसे अन्तरमुखी बना दिया है। इसीलिए जब उसे घर से बाहर निकलना पड़ता है वह काफी झिझकती है। एक सामान्य लड़की की तरह उसके हृदय में प्रेम है, तो ईर्ष्या भी है। जब वह पॉल डी को अपनी माँ के निकट होता देखती है तो उसे अच्छा नहीं लगता है। वह अपनी माँ को किसी के साथ साझा नहीं करना चाहती है। माँ से अपने जन्म की कहानी बार-बार सुनना चाहती है। सेथे की तरह वह भी अतीतजीवी हो जाती है। यह स्थिति बहुत दिन नहीं रहती है। बिलवड आकर उससे उसकी माँ को पूरी तरह छीन लेती है। यह उसे अच्छा नहीं लगता है। वह यह भी देखती है कि बिलवड उसकी माँ को चूस रही है, वह खुद फलफूल रही है, सेथे सूखती जा रही है। डेनवर खुद को इस विषम परिस्थिति में लाचार पाती है। सेथे मानसिक रूप से अस्वस्थ होती जाती है सिवा घर को उलट-पुलट करने के बिलवड कभी कुछ और नहीं करती थी ।

डेनवर घर और माँ के साथ बिलवड की भी चिन्ता करती है। उसका कमरा साफ-सुथरा रहता है। डेनवर एक दृढ़ इच्छा शक्ति की व्यक्ति और फाइटर है। उसकी जिजीविषा बहुत मजबूत है। वह चुपचाप अपना दायित्व निभाती जाती है। पढ़-लिख कर अपने पैरों पर खड़ी होती है। वह एक स्वतन्त्र चेता मनुष्य है। इन कठिन परिस्थितियों में वह न केवल शारीरिक रूप से बची रहती है वरन् शुरू से अन्त तक अपना मानसिक सन्तुलन भी कायम रखती है। बिलवड का आना डेनवर के लिए अच्छा और बुरा दोनों हुआ। बिलवड के कारण वह बच्ची से स्त्री बनने की ओर अग्रसर होती है। अपने परिवार को पुनः वृहतर समुदाय से जोड़ती है, खुद दुनिया से जुड़ती है। डेनवर के एक स्त्री के रूप में खिलने में युवा नेल्सन लॉर्ड का भी हाथ है। एक लड़का उसमें दिलचस्पी लेता है यह किसी लड़की के लिए प्राकृतिक रूप से बहुत खुशी की बात होती है। नेल्सन डेनवर के जीवन में उत्साह और खुशियाँ भर देता है। पूरे उपन्यास के अमानवीय वातावरण और कठिन-जटिल जीवन में यदि कोई पूर्ण रूप से स्वस्थ मनुष्य है तो वह डेनवर है। टोनी मॉरीसन एक संस्था के रूप में परिवार की आलोचना करती हैं, मगर डेनवर उनकी इस सोच का खंडन करती नजर आती है। उपन्यास के अन्त की ओर वह प्रेम में है और उसके परिवार बसाने की सम्भावना पूरी तरह नजर आती है। पहले भी वही परिवार को परिवार बनाये रखती है। बिलवड अतीत का, दमन का, शोषण का कटुता-क्रूरता का प्रतीक है, वह प्रतीक है उन सैंकड़ों-लाखों

अनाम लोगों का जो गुलामी की क्रूरता की भेंट चढ़ गये और कभी याद नहीं किये गये। डेनवर आशा, उम्मीद, भविष्य, प्रेम-सहानुभूति का प्रतीक है।

बेबी शुग्स मातृत्व का प्रतीक है। उसका बेटा उसके लिए स्वतन्त्रता खरीद देता है। वह खुद स्वतन्त्र हो कर अपने बेटे के बच्चों की देखभाल करती है। उसी की देखभाल के भरोसे सेथे अपने दोनों बेटों और दुधमुँही बेटी को 'स्वीट होम' से निकाल कर ओहायो नदी के पार भेज पाती है। वह खुद अपनी एक दिन की बच्ची लिये उसके पास पहुँचती है। बेबी शुग्स नवजात और प्रसूता दोनों की देखभाल बड़े प्रेम से करती है। वह जब सेथे को नहला-धुला कर साफ-सुथरा कर देती है तभी उसके बच्चों से उसे मिलने देती है ताकि बच्चों पर माँ का अच्छा प्रभाव पड़े। उसे अन्त तक अपने बेटे हाले का गुलामी से छूट कर आने का इन्तजार रहता है। गुलामी से निकलने पर जिस सिनसिनाटी अश्वेत समुदाय ने उसकी सहायता की थी वह उनके लिए आध्यात्मिक उन्नयन का काम करती है। खुली प्रकृति के बीच लोगों को ले जाकर प्रवचन देती है। एक बात ध्यान देने की है, सिनसिनाटी में छह चर्च थे मगर शुग्स प्रवचन देने का कार्य चर्च में नहीं करती है। वह कोई किताबी प्रवचन नहीं देती है, अपनी जिन्दगी की अनुभूतियों के आधार पर बात करती है। वह लोगों की दमित-शोषित आत्मा के विकास के लिए, कैथारसिस के लिए काम करती है। वह प्रकृति की सुन्दरता से खुद को सींचती है और अपने लोगों को उनकी आन्तरिक और शारीरिक सुन्दरता से परिचित कराती है। घास पर नाचते नंगे पैरों को प्रेम करें, अपने हाथों, अपने अंगों को प्यार करने का सन्देश देती है। वह कहती है कि दूसरों ने उन्हें प्यार नहीं किया है, श्वेत लोग तुम्हारी आँखों को प्यार नहीं करते हैं जब मौका मिलता है आँखें निकाल लेते हैं, तुम अपनी आँखों को प्यार करो। वे तुम्हारी चमड़ी से प्रेम नहीं करते, उसे उधेड़ने को तैयार रहते हैं। तुम्हारे हाथों को प्यार नहीं करते हैं तुम्हारे हाथ उनके उपयोग के लिए हैं, बाँधने के लिए हैं, काट कर फेंकने के लिए हैं। अपने इन हाथों को प्यार करो। उन्हें ऊपर उठाओ, उन्हें चूमों। इन हाथों से दूसरों को स्पर्श करो। वह अश्वेत लोगों से कहती है कि तुम्हें खुद से प्रेम करना है, खुद से प्रेम करो। दमनकर्ता के मन में दमित के प्रति कोई प्रेम नहीं होता है। दमित को चाहिए कि वह खुद को और एक-दूसरे को प्रेम करें।

बेबी शुग्स जिस स्थान पर प्रवचन देती है वह जंगल के भीतर एक खुला और साफ स्थान है। ऐसा लगता है कि यह स्थान पहले भी किसी के द्वारा प्रयोग किया जाता रहा है। ध्यान से पढ़ने पर लगता है यह स्थान पहले अमेरिकन इंडियंस के द्वारा उपयोग में आ रहा था। टोनी मॉरीसन अपने उपन्यास में अश्वेतों और मूल निवासियों का निकट सम्बन्ध दिखाती हैं। जब बेबी शुग्स प्रवचन देती है उसका हृदय नगाड़े की तरह बजता है। यह उसकी अपनी स्वतन्त्रता की घोषणा है। नगाड़ा

अफ्रीकी और मूल अमेरिका की संस्कृति का एक प्रमुख अंग रहा है। यह दोनों संस्कृतियों में विभिन्न अवसरों पर बजाया जाता है। असल में नगाड़ा प्रत्येक आदिवासी संस्कृति का अंग है। चाहे वह अमेरिका हो अथवा अफ्रीका या फिर भारत। इसी तरह प्रकृति से जुड़ाव हर आदिवासी संस्कृति की विशेषता है। यह मानव इतिहास और संस्कृति का एक मूल तत्त्व है। इस प्रतीक से संस्कृतियों के समन्वय की झलक मिलती है।

डेनवर को अपनी दादी बेबी शुग्स के शब्द प्रेरणा देते हैं। गुलामी की क्रूरता के बरक्स बेबी शुग्स की बातें, उसका प्रवचन मलहम का काम करता है। उसका प्रवचन क्रियात्मक और सकारात्मक है। उसका व्यवहार लोगों के साथ इतना आत्मीय था कि उसके मरने के बाद भी लोग उसकी प्रशंसा करते हैं। वह लोगों के मन में रहती है, एक स्वस्थ स्मृति के रूप में, बिलवड की तरह भूत बन कर किसी को तंग नहीं करती है। उसकी प्रशंसा सुन कर युवा डेनवर के भीतर ताकत जगती है। बेबी शुग्स को तब बहुत तकलीफ होती है जब उसके समुदाय के लोग उसे धोखा देते हैं, उसे स्कूलटीचर के आने की सूचना नहीं देते हैं। उसे सेथे के जघन्य कार्य से भी चोट पहुँचती है। पर इन कटु अनुभवों से उसमें कटुता नहीं आती है। वह कटु हो कर किसी को नुकसान नहीं पहुँचाती है, बस अपने आप में सिमट जाती है, किसी से मिलना-जुलना छोड़ देती है, घर से बाहर निकलना बन्द कर देती है, अपने बिस्तर में सिकुड़ कर अन्त में उसी बिस्तर पर मर जाती है। शायद उसे नहीं मालूम था कि स्कूलटीचर ने बन्दूक दिखा कर लोगों को चुप करा दिया था। दहशतग्रस्त लोग कैसे उसकी सहायता करते। मरते समय वह रंगों की दुनिया में खोयी रहती है।

पॉल डी ने गुलामी के दिनों में बहुत क्रूरता झेली है। स्कूलटीचर और उसके लोग उसके मुँह में लोहे की जाबी लगा देते हैं, उसकी गर्दन में लोहे का घेरा पहना देते हैं। उसकी पीठ पर कोड़ों की मार के निशान हैं। उसका अतीत बड़ा दुःखदाई रहा है। उसने गुलामी से पलायन के बाद कठोर जीवन जीया है, मीलों पैदल चला है, भूख-प्यास बर्दाश्त की है। 'स्वीटहोम' से निकल भागने के बाद वह सुरक्षा की तलाश में दर-दर भटका है। इसी दौरान वह जोर्जिया में कैद कर लिया गया था जहाँ उसे जबरदस्ती काम करना पड़ा। वहाँ इन लोगों को जंजीरों में बाँध कर रखा जाता है। काम के साथ यौन शोषण भी होता था, पीटा जाता और पिंजड़े में बन्द करके जमीन के नीचे डाल दिया जाता था। एक बार तूफान आया और पूरा खेत कीचड़ से भर गया, तूफान का सहारा ले कर वह वहाँ से भाग निकला। उसे हर जगह अश्वेतों पर अत्याचार दीखता, कहीं उनके लिए कोई संगठन या जुड़ाव नजर नहीं आता है। वे कहीं सुरक्षित नहीं हैं, उनके कल्याण की कहीं कोई योजना नहीं है। वह शारीरिक, मानसिक, भावात्मक कष्ट झेलता है।

इतना दारुण समय बिताने पर भी पॉल डी कटु नहीं बना है, वह सदा खुश नजर आता है। उसने अपने अतीत को पीछे छोड़ दिया है। स्त्रियाँ उससे अपना दुःख बाँटती हैं। सेथे और उसका अतीत साझा था इसलिए वे अतीत की बहुत सारी बातें करते हैं। वह बहुत संवेदनशील है। सेथे के घर में घुसते हुए उसे अशरीरी आत्मा का भान होता है। वह घर को शान्त रखने के लिए उस आत्मा को निकाल बाहर करता है। आते ही वह पूछता है कि बेबी शुग्स की मृत्यु कैसे हुई, क्या उसने बहुत कष्ट भोगा। जब उसे सेथे के अपने बच्चों के प्रति किये काम का पता चलता है तो वह बहुत विचलित होता है। व्यथित होकर वह पूरी बात सेथे से सुनता है। अनजाने में कह बैठता है कि सेथे तुम दो पैर वाली हो चौपाया नहीं। बाद में उसे बहुत अफसोस होता है कि उसने सेथे की तुलना जानवर से कैसे कर दी। वह सेथे को अपनाता है। उसे और डेनवर को एक सुखी परिवार देना चाहता है। उन्हें कार्निवाल घुमाने ले जाता है। बिलवड के आने से सब तहस-नहस हो जाता है। वह उसे सेथे के घर से निकाल बाहर करती है। जबरदस्ती उससे शारीरिक सम्बन्ध बनाती है। बिलवड से सम्बन्ध बना कर पॉल डी को तनिक भी खुशी नहीं मिलती है। वह सेथे से बच्चे चाहता है। उसका लगाव, उसका प्रेम सेथे को फिर से युवापन का अहसास करा देता है। बाद में वह डेनवर की प्रगति को ले कर खुश है और सेथे की देखभाल करता है।

पूरे उपन्यास में यदि कोई दुष्ट पात्र है तो वह है स्कूलटीचर। उसकी कुटिलता, उसकी क्रूरता का तरीका सब दिल दहलाने वाले हैं। उसके 'ज्ञान' एकत्र करने की विधि बहुत अजीब है। वह गुलामों को मनुष्य नहीं समझता है और उनके साथ जानवरों से भी बुरा बरताव करता है। वह तार्किक ढंग से एक नस्ल को दूसरी नस्ल से भिन्न साबित करना चाहता है। इस तरह अलग साबित करता है कि हत्या तक आसानी से पहुँचा जा सकता है। उपन्यास में उसके चरित्र को विस्तार से नहीं दिखाया गया है, उसका विकास चित्रित नहीं है मगर जितना है उतना उसे हैवान साबित करने के लिए काफी है। वह आदमी के भीतर की हैवानियत का प्रतीक है जो दूसरे मनुष्यों के पतन को उचित मानता है। उसके अनुसार समाज की बुराई, समस्याओं का हल आदमी को समाप्त कर देना है।

उपन्यास अपने अन्त की ओर आते हुए एक अन्य सकारात्मक बात दिखाता है। पहली बार जब स्कूलटीचर सेथे को पकड़ने आता है वह अपने बच्चों को मारती है, एक बच्ची मर जाती है, दोनों बेटे और दूसरी बच्ची बच जाती है। डेनवर को स्टैम्प पेड बचा लेता है। दूसरी बार जब उसे लगता है कि कोई श्वेत उसकी ओर आ रहा है तो वह अपने बच्चों को न मार कर उस व्यक्ति को मारने का प्रयास करती है। वह हथियार उठाती है अत्याचारी के खिलाफ, अपने बच्चों के लिए नहीं। यह

बात अलग है कि जिसे वह अपनी अस्वस्थ मानसिक अवस्था में स्कूलटीचर सोचती है, वह वास्तव में गुलामों का उद्धारकर्ता एडवर्ड बोडविन था। बोडविन जिसने गुलामों को बसाने के लिए अपनी जमीन और घर दिया हुआ था। उस दिन वह डेनवर को काम पर ले जाने के लिए 124 ब्लूस्टोन के घर आ रहा था। उसे पता भी नहीं चला कि सेथे उसे मारने वाली थी।

यह एक निर्विवादित सत्य है कि मनुष्य के विकास में, उसके आत्मनिर्भर बनने में, उसके स्वतन्त्र होने में अपनी स्वतन्त्रता को बनाए रखने में शिक्षा का महत्त्वपूर्ण हाथ होता है। सत्ताधारी अपनी सत्ता की रक्षा के लिए जन को अनपढ़ बनाए रखना चाहते हैं। गुलामों के मालिक नहीं चाहते थे कि उनके गुलाम लिखना-पढ़ना सीखें। इसलिए बहुत दिनों तक अफ्रो-अमेरिकन गुलामों के पास केवल वाचिक परम्परा थी। इन जीवन विरोधी स्थितियों में भी कुछ गुलामों ने लिखना पढ़ना सीखा। लिख पढ़ कर अपनी कहानी लिखी। अपनी बात को दुनिया के और लोगों तक पहुँचाया। फेडरिक डगलस एक ऐसा ही व्यक्ति था जिसने गुलामी के दौरान खुद को शिक्षित किया और फिर अपनी कहानी लिख कर दुनिया तक पहुँचायी। एकाध नरम दिल मालिक की कृपा से किसी गुलाम का पढ़-लिख जाना एक अपवाद की तरह था। अश्वेत गुलामों के बच्चों के लिए शिक्षा की संस्थागत कोई व्यवस्था न थी। वाशिंगटन में अश्वेत बच्चों के लिए पहला स्कूल 1807 में खुला था। दक्षिण में इनकी शिक्षा की कोई व्यवस्था न थी। उत्तर में भी श्वेत-अश्वेत का भेदभाव शिक्षा में बहुत काल तक बना रहा। खुद मॉरीसन अश्वेतों के विशेष कॉलेज हॉवर्ड विश्वविद्यालय गयी, यह 1949 का काल था। एक साक्षात्कार में वे बताती हैं कि उनके लिए शिक्षा का क्या अर्थ है। उनके अनुसार शिक्षित होने का अर्थ मुद्रित सामग्री को पढ़ पाना, उसके शब्दों का अर्थ समझ पाना है। मगर शिक्षा का अर्थ मुद्रित सामग्री का पढ़ पाना ही नहीं है। शिक्षा का अर्थ विस्फोटक है, यह विस्फोटक कानून के विरुद्ध नहीं कानूनन सही, कानून के भीतर विस्फोटक है। शिक्षा का अर्थ मुद्रित और गैर मुद्रित अर्थात् संकेतों, स्वादों, ध्वनियों, स्पर्शों, सूँघने की संवेदना जाग्रत करना है। यह अशिक्षितों के लिए जरूरी है साथ ही शिक्षितों के लिए भी आवश्यक है। कई बार शिक्षित लोगों के लिए भी लिखा हुआ पढ़ना सम्भव नहीं होता है, जैसा कि खुद टोनी मॉरीसन के साथ ब्राजील में हुआ। वे वहाँ की भाषा और लिपि नहीं जानती थी। उनके लिए शिक्षा का अर्थ मनुष्य का संवेदनशील होना है।

टोनी मॉरीसन अपने उपन्यास 'बिलवड' में शिक्षा को महत्त्वपूर्ण स्थान देती हैं। मिश्रित नस्ल की लेडी जोन्स स्कूल चलाती हैं। खुद उसकी शिक्षा पेनसिलवेनिया के अश्वेत लड़कियों के स्कूल में हुई थी। उसने अपने पाँचों बच्चों को पहले खुद अन्य बच्चों के संग पढ़ाया फिर आगे पढ़ने के लिए विल्बरफोर्स भेजा। अपने पार्लर

में वह स्कूल चलाती जिसमें वे बच्चे आते जो अभी काम करने के लायक बड़े नहीं हुए थे। काम करने लायक होने से पहले अश्वेत बच्चे मिट्टी में लोटते-खेलते रहते। इन्हीं बच्चों को पढ़ा कर वह अपनी शिक्षा का ऋण अदा कर रही थी। मॉरीसन एक तरह से कटाक्ष करती हैं कि सिनसिनाटी में अश्वेतों के दो कब्रिस्तान और छह चर्च थे पर न तो एक स्कूल था न ही एक भी अस्पताल था। वे घर में ही जो सीखना होता सीखते और घर में ही बीमार पड़ कर अथवा ऐसे ही उम्र होने पर मर जाते। ऐसे वातावरण में लेडी जोन्स एक नियामत थी जो इन बच्चों को प्यार करती थी और शिक्षा देती थी। इसी के यहाँ बचपन में डेनवर पढ़ने जाती थी। जल्द ही समाज से काट दिये जाने के कारण उसका जाना रुक गया था। यहीं बाद में फिर वह सबसे पहले जाती है। यहीं से शिक्षा पा कर उसमें दुनिया का सामना करने का आत्मविश्वास पैदा होता है। मॉरीसन दूसरी ओर यह भी दिखाती हैं कि स्कूलटीचर के नाम पर ऐसे लोग भी होते हैं जो मनुष्यता के नाम पर कलंक हैं।

'बिलवड' की कथा मार्मिकता और रोचकता उसका सबसे बड़ा गुण है। रोचकता शायद उचित शब्द नहीं है इस उपन्यास के लिए, फिर भी। जीवन की विडम्बना को चित्रित करते हुए टोनी मॉरीसन दिखाती है कि गुलामी की अमानवीयता मनुष्य को असंवेदनशील बना देती है। सेथ को कोड़ों से पीटा गया। उसका दूध उससे छीन लिया गया। जो दूध उसके बच्चे के लिए था उसे दूसरे दुष्ट लोग, स्कूलटीचर के भतीजे चूस लेते हैं, उसके साथ बलात्कार होता है। परिस्थितियों की क्रूरता से अपनी बच्ची को बचाने के लिए वह उसकी हत्या करती है। इन सबसे वह इतनी सख्त हो जाती है कि अब उसे कुछ अनुभव नहीं होता है। जब पॉल दी उसे स्पर्श करता है पहले उसे कोई अनुभूति नहीं होती है। डेनवर की ओर से वह उदासीन हो जाती है। उसकी कोई चिन्ता नहीं करती है। बाद में वह बदलती है। सेथे की कहानी बताती है कि अपने बच्चों को प्यार करना और स्वतन्त्रता क्या होती है। इसका कितना भयंकर मूल्य चुकाना पड़ता है। कोई व्यक्ति स्वेच्छा से दास नहीं बनना चाहता है। व्यक्ति एक बार निश्चय कर ले तो उसे बहुत समय तक गुलाम बनाए नहीं रखा जा सकता है। स्वतन्त्रता के लिए दृढ़ निश्चय किया हुआ व्यक्ति किसी हद तक जा सकता है। वह किसी भी कीमत पर स्वतन्त्रता पा कर ही रहता है। सेथे की जीवनी यह बताती है कि एक स्त्री बेटी, पत्नी, माँ होने के अलावा एक स्त्री, एक मनुष्य भी होती है।

टोनी मॉरीसन अश्वेत कला के लिए पूर्वजों की उपस्थिति को प्रमुखता देती हैं। उनके लिए पूर्वज समयातीत लोग हैं जिनका कथा के पात्रों से मासूम सम्बन्ध बना रहता है। वे निर्देश देते हैं, सुरक्षा करते हैं और खास तरह का ज्ञान प्रदान करते हैं। उनके लेखन में एक प्रमुख पूर्वज पात्र 'सांग ऑफ सोलोमन' की पिलैट है। यह

होशियार हीलर दूसरों को प्रेम करने वाली है। वह अपने परिवार से गहरा लगाव और सम्बन्ध रखती है और सामाजिक मान्यताओं के लिए उसके मन में खास सम्मान नहीं है। उसका अपने मृत पिता से निकट का सम्बन्ध है। वह लोककार्यों, रीति-रिवाजों की जानकार है, वह उन पर बल देती है। 'बिलवड' में सेथे निरन्तर अपनी सास के सम्पर्क में है। उसकी कही बातों को सदैव याद करती है। मॉरीसन का मानना है कि अफ्रो-अमेरिकन उपन्यास में अफ्रीकी जीवन, रीति-रिवाज, तौर-तरीके, मूल्य आने ही चाहिए। इन्हीं मूल्यों, विश्वासों ने इस समुदाय के लोगों को अमानवीय दमन की भयंकर परिस्थितियों में जिलाये रखा। शोषण के बावजूद उनकी जिजीविषा को कायम रखा।

मानव जीवन में समुदाय का महत्त्व असन्दिग्ध है। अश्वेत समुदाय अपने लोगों को सहारा देता है। वक्त-बेवक्त अपने लोगों की सहायता करता है। 'बिलवड' में अश्वेत समुदाय की स्त्रियाँ सेथे की सहायता के लिए आगे आती हैं, वे बिलवड की काली उपस्थिति से सेथे को छुटकारा दिलाती हैं। अश्वेत समुदाय को जमा करके बेबी सुग्स प्रवचन देती है, उन्हें उनके हाथ, दिल का महत्त्व बताती है। जब सेथे के घर में खाने के लिए कुछ नहीं बचता है तो यही समुदाय उसे बारी-बारी से खाना ला देता है। स्टैम्प पेड इसी समुदाय का नाविक है जो सेथे को उसके नवजात बच्चे के साथ ओहायो नदी पार कराता है और उसकी सास से मिलाता है। वही डेनवर को बचाता है। सेथे अपनी बच्ची को मार चुकी थी वह डेनवर को भी पटक कर मार देना चाहती है लेकिन स्टैम्प पेड बच्ची को लपक लेता है, इस तरह डेनवर जीवित रह जाती है। समुदाय के यही लोग श्वेत उद्धारकर्ताओं के साथ मिल कर सेथे को फाँसी की सजा से माफी दिलवाते हैं। सेथे को बचा लेते हैं लेकिन उसके अपराध को समुदाय क्षमा नहीं करता है। समुदाय खुद से सेथे के परिवार को काट देता है, अब कोई अश्वेत उनसे नहीं मिलता है। डेनवर इससे बहुत दुःखी है। जब पॉल डी आता है तो वह रोती है और यह बात कहती है। उपन्यास के अन्त में समुदाय फिर से सेथे से सहानुभूति दिखाता है, उसे अपना लेता है।

अश्वेत कलाओं का आन्दोलन (ब्लैक आर्ट्स मूवमेंट) अफ्रो-अमेरिकन जीवन को ताकत देने के लिए चलाया गया था मगर इस आन्दोलन में पुरुषों का वर्चस्व था। यह पुरुषों से जुड़े मुद्दों से सम्बन्धित था। इसीलिए इस आन्दोलन से टोनी मॉरीसन परेशान और खफा थीं। यहाँ पुरुषों के बीच संघर्ष था। स्त्रियाँ और उनसे जुड़े मुद्दे की इन लोगों को परवाह नहीं थी। इन पुरुषों के लिए स्त्रियों से जुड़े मुद्दे मुद्दे ही नहीं थे। अमीरी बराका, विलियम वेल्स ब्राउन (क्लोटेल या द प्रेसिडेंट्स डॉटर) जैसे लेखक पुरुषसत्ता के संकुचित घेरे में थे। ये लोग श्वेत समुदाय, श्वेत पाठकों के लिए लिख रहे थे। अश्वेत पाठक, खासकार अश्वेत स्त्री पाठक स्वयं को

इनके साहित्य में अनुपस्थित पाता। रैल्फ एलीसन के उपन्यास पर टोनी मॉरीसन प्रश्न करती हैं कि 'इनविजिबल मैन' किसके लिए अदृश्य है? यह अश्वेत व्यक्ति श्वेत लोगों के लिए अदृश्य है, अश्वेतों के लिए नहीं। इस लेखन में अश्वेत समुदाय, उसकी आन्तरिक समस्याएँ नदारद हैं। टोनी मॉरीसन, एलिस वॉकर, टोनी कैड बाम्बारा, लूसील क्लिफ्टन, जून जोर्डन ने स्त्री से जुड़े मुद्दों को बाद में अपने साहित्य में उठाया। इन लेखिकाओं ने यह काम बीसवीं सदी के उत्तरार्द्ध में किया। इनके लेखन के विषय और शैलियाँ अश्वेत पुरुष रचनाकारों से भिन्न थीं फिर भी इन लोगों ने अपने तरीके से दमनकारी सामाजिक सिस्टम जैसे नस्लवाद, लिंगवाद और वर्गवाद जैसे मुद्दे साहित्य में उकेरे। इन रचनाकारों के साथ बौद्धिक और सामाजिक कार्यकर्ता स्त्रियाँ और बाद में कुछ पुरुष भी जुड़े। इसका नतीजा हुआ सामाजिक परिवर्तन, स्त्री-पुरुष के सम्बन्धों में निकटता, अश्वेत अस्मिता, आत्मसम्मान, आत्मनिर्भरता का उदय। टोनी मॉरीसन का साहित्य इसका एक प्रमुख उदाहरण है।

यह मनोवैज्ञानिक सत्य है कि एक माँ चाहे किसी भी परिस्थिति में अपने बच्चे की हत्या करे वह कभी इस अपराध बोध से उबर नहीं सकती है। माँ जीवनदायिनी और पालक होती है। विरल सन्दर्भ में वह अपने बच्चे की हत्या करती है। इस प्रकार की मृत्यु सामान्य मौत नहीं होती है। जिसकी अकाल मृत्यु होती है वह आत्मा शान्त नहीं रहती है यह विश्वास बहुत सारी संस्कृतियों में मान्य है। बिलवड की हत्या हुई थी वह शुरू से 124 ब्लूस्टोन वाले सेथे के घर में ऊधम मचाती है। सेथे उसकी माँ है उसने उसकी हत्या की है अतः उसका उत्पात सेथे को बुरा नहीं लगता है, वह इसे सामान्य मानती है। यही बात वह पॉल डी से कहती है। बिलवड की कारस्तानियों से घबरा कर सेथे के दोनों बेटे घर छोड़ कर भाग जाते हैं। पॉल डी जब आता है तो उसे आते ही पता चलता है कि घर में कोई और भी है। वह सोचता है कि यह अशरीरी छाया बेबी शुग्स की आत्मा है। सेथे उसे बताती है कि यह उसकी बच्ची है। वह यह रहस्य नहीं खोलती है कि बच्ची की मृत्यु कैसे हुई है। पॉल डी जब इस आत्मा को घर की चीजें नष्ट करते देखता है तो उसे घर से भगा देता है। सेथे चुप रहती थी क्योंकि उसके भीतर भयंकर अपराध बोध था। वह सोचती थी कि बच्ची की आत्मा गुस्से में है अतः वह घर की चीजें तहस-नहस करती है, उसे यह जायज लगता था। वह काफी समय से इसके साथ बिना किसी परेशानी के रह रही थी। अशरीरी आत्मा घर से भगा देने पर शरीर धारण करके आ जाती है। वह सबसे पहले पॉल डी को घर से निकाल बाहर करती है। पॉल डी को घर से खदेड़ कर वह सेथे को हथियाना शुरू करती है, वह डेनवर को भी सेथे से अलग कर देती है। अपना नाम बिलवड बताने वाली यह आत्मा दिन-पर-दिन फैलती जाती है, साथ ही सेथे मानसिक और शारीरिक रूप से कमजोर होती जाती है। दिन-रात अपना

अतीत याद करती है, अतीत जीती है। जरूरत से ज्यादा अतीतजीवी होना सेथे के साथ-साथ डेनवर के लिए भी खतरनाक हो जाता है।

इतने संवेदनशील उपन्यास में भी आलोचकों को कुछ मिल ही गया दिखाने को। मॉरीसन उस समय बहुत परेशान हो गयी जब उनके इस उपन्यास 'बिलवड' की तुलना एक अमेरिकी टीवी सीरियल से कर दी गयी। यह टीवी सीरियल उपन्यास से बस इतनी-सी साम्यता रखता था कि दोनों में अश्वेत परिवारों का चित्रण हुआ था। मॉरीसन को ऐसे समीक्षकों की बुद्धि पर तरस आता है, साथ ही गुस्सा भी जो उनकी तुलना अन्य अश्वेत लेखकों से कर देते हैं। जैसा कि कहा जाता है, 'कम्पेरिजन इज हेल'। जरूरी नहीं पर जाहिर-सी बात है जब तुलना होगी तो किसी एक को कमतर दिखाया जाएगा। वे तब भी बहुत व्यथित हो जाती हैं जब समीक्षक पुस्तक बिना पढ़े समीक्षा करते हैं। यह उन्हें अपना अपमान लगता है। कुछ आलोचक उनके काम से खुश नहीं थे क्योंकि मॉरीसन अश्वेतों को प्रचलित मान्यता के अनुसार कमजोर, बुद्धिहीन, दबा हुआ, डरा हुआ, गुलामी में ही खुश नहीं दिखाती थीं। उनके अश्वेत गुलाम जिजीविषा से भरपूर, स्वतन्त्रचेता, स्वतन्त्रता के आकांक्षी, स्वतंत्रा के लिए संघर्ष करने वाले, दमन-शोषण का विरोध करने वाले होते हैं। उन पर लगने वाले आरोप पहले की बातें हैं। आज अपने लेखन की गुणवत्ता से उन्होंने खुद को सिद्ध कर दिया है, आज कोई समीक्षक उन पर गैरजिम्मेदाराना टिप्पणी करने की जुर्रत नहीं कर सकता है। वक्त बदलने के साथ अश्वेत लेखन को परखने की स्वतन्त्र कसौटियाँ बन गयी है। मॉरीसन के साथ अन्य अफ्रो-अमेरिकन लोगों के कार्य पर भी बौद्धिक विमर्श होने लगा है।

टोनी मॉरीसन के यहाँ श्वेत पात्र हैं। पुरुष श्वेत पात्र और स्त्री श्वेत पात्र दोनों हैं। कुछ प्रमुख, कुछ गौण। यहाँ प्रमुख श्वेत पात्रों को लिया गया है। मिस्टर-मिसेज गारनर श्वेत हैं, गारनर एक नरम दिल गुलाम मालिक है। फिर भी आखिर है तो गुलामों का मालिक। वह हाले को उसकी माँ बेबी शुग्स की स्वतन्त्रता खरीदने देता है, खुद संग जा कर बेबी शुग्स को सिनसिनाटी में व्यवस्थित करा कर आता है। यहाँ तक तो ठीक है। एवज में हाले को अपनी सारी जिन्दगी और दुगनी मेहनत गिरवी रखनी पड़ती है। वह अपने हिस्से का काम करता है, साथ ही माँ की स्वतन्त्रता की कीमत चुकाने के लिए डबल ड्यूटी करता है। गारनर खुद को दूसरे गुलाम मालिकों से भिन्न मानता है, इस बात को वह बार-बार दोहराता है, अपने गुलामों से इसकी पुष्टि करवाता है। पता नहीं वह बेबी शुग्स को क्यों जेनी बुलाता है, अक्सर वह उससे कहता है, जेनी बताओ क्या इससे पहले कभी तुम यहाँ से बेहतर जगह में रही हो? मालिक ऐसा पूछे तो 'नो सर' के अलावा उत्तर क्या हो सकता है। क्या कभी भूखी रहती हो? फिर उसी उत्तर की अपेक्षा है और वही उत्तर मिलता है। जबकि

बेबी शुग्स का अपना अनुभव कहता है कि उसका जीवन एक निरन्तर दमन चक्र रहा है। उसका अतीत उसके वर्तमान जैसा ही असहनीय है। एक गुलाम के स्वतन्त्र होने पर भी दास प्रथा वाले समाज में उसकी जिन्दगी में ज्यादा फर्क नहीं आता है।

इस समाज में स्त्री, बच्चों, आदमियों को बेरहमी से कोड़े लगाये जाते हैं, पॉल डी और सेथे की पीठ इसका गवाह हैं। स्टैम्प पेड की पत्नी और एला अपने मालिकों के लिए यौन सन्तुष्टि का साधन हैं। सबसे क्रूर बात थी स्त्रियों को उनके बच्चों से अलग कर देना। बच्चे के जनम के साथ गुलाम स्त्री के मन में बच्चे से अलग कर दिये जाने की दहशत बैठी रहती। यह सम्भावना बहुत तगड़ी थी कि एक बार दूर होने पर स्त्री अपने बच्चे को फिर कभी नहीं देख पाएगी। अक्सर जन्मते बच्चे को माँ से अलग कर दिया जाता, वह अपने शिशु के अंगों को ठीक से देख नहीं पाती थी। बाद में कभी संयोग से मिलने पर पहचानने का सवाल नहीं उठता था। पॉल डी का कथन क्रूरता की इन्तहा को दिखाता है, वह पूछता है, ''एक निगर को कितना लेना चाहिए? बताओ मुझे। कितना?''

गारनर के मरते ही पूरा दृश्य बदल जाता है। हाले का हाल देख कर पाठक सकते में रह जाता है। उसे परछत्ती पर कैद कर दिया जाता है। वह चाह कर भी अपनी पत्नी, गर्भवती पत्नी की रक्षा नहीं कर पाता है, उसकी आँखों के सामने सेथे के साथ जघन्य अत्याचार होता है। अपनी इस लाचारी के बाद वह अपना मानसिक सन्तुलन कायम नहीं रख पाता है। मिस्टर गारनर सेथे को बच्ची के रूप में खरीद कर लाता है। जब तक वह जिन्दा है सेथे अपने पति और बच्चों के साथ है। मजे में है, कहना कदापि सही नहीं होगा क्योंकि है तो वह आखिर गुलाम ही। इसीलिए उसकी सास बेबी शुग्स के जाने के बाद सेथे उसके स्थान पर काम करती है। गारनर के बाद स्कूलटीचर और उसके नापाक भतीजे सेथे की दुर्गति करते हैं, उसके साथ जानवरों से बुरा व्यवहार करते हैं। सेथे को अपने तीन छोटे बच्चों को अपनी सास के पास भगा देना पड़ता है। खुद वह गर्भवती अवस्था में 'स्वीटहोम' से निकल भागती है। तमाम मुसीबतों का सामना करते हुए अपनी बेटी डेनवर को जन्म देती है। किसी तरह अपनी सास और बच्चों के पास पहुँचती है। श्वेत मिस्टर गारनर भला आदमी है मगर उसके मन में कभी अपने गुलामों को स्वतन्त्र करने का खयाल नहीं आता है।

स्कूलटीचर और उसके भतीजे श्वेत हैं। उन्हें मनुष्य कहना मनुष्यता का अपमान होगा। अमेरिका के एक अन्य हिस्से सिनसिनाटी में उद्धारकर्ता दल के सदस्य भाई-बहन मिस्टर-मिस बॉडविन है। वह श्वेत है। मिस्टर बॉडविन को उसके काम और उसके रूपरंग के कारण उसके आलोचक उसे 'ब्लीच्ड निगर' कहते हैं। वह बेबी शुग्स, स्टैम्प पोस्ट, सेथे और कई स्वतन्त्र और भागे हुए अश्वेतों को आश्रय

देता है। सेथे को जेल से छुड़ाता है। फिर भी क्या वह गुलामी को समाप्त कर पाता है? नहीं। वह खुद सोचता है यह तो उसकी जिन्दगी में होने वाला नहीं है। अश्वेत पात्र उसके प्रति कृतज्ञ हैं। सेथे उसे स्कूलटीचर समझ कर बर्फ तोड़ने वाला औजार लेकर मारने दौड़ती है तो अश्वेत लोग, स्त्रियाँ उसे रोक लेती हैं। बाद में अश्वेत लोग सोचते हैं कि यदि सेथे ने मिस्टर बॉडविन को मार दिया होता तो कितना बुरा होता। वे श्वेत लोगों से घृणा करते हैं, लेकिन इस श्वेत आदमी के प्रति उनका विचार दूसरा है। इसके अहसानों से वे दबे हुए हैं।

मिसेज गारनर श्वेत होते हुए भी खुद अपने गुलामों के साथ काम करती है। वह गुनगुनाते हुए काम करती है। बेबी शुग्स और बाद में सेथे को उसके साथ रहना होता है। सेथे उसके अहसानों से इतना दबी हुई है कि उसकी दिन-रात सेवा करने को तत्पर है। मिसेज गारनर जब सेथे को विधिवत विवाह न हो पाने से दुःखी देखती है तो वह सेथे को कान का आभूषण देती है। पति के मरने पर उसे भरोसा नहीं है कि वह अपने गुलामों की सहायता से अपनी सम्पत्ति की रक्षा कर पाएगी। अतः अपने ननदोई स्कूलटीचर को बुलाती है जो उसके पतन का कारण बनता है। सेथे उसकी अपनी माँ की तरह सेवा करना चाहती है। सेथे उससे अपने साथ हुए दुराचार की बात कहती है, तब तक गले के घाव के कारण लिलियन गारनर की आवाज बन्द हो चुकी थी। वह लाचार-बेबस बिस्तर से लगी हुई थी। सेथे की बात सुन कर उसकी आँख से आँसू ढुलक जाते हैं। टोनी मॉरीसन दिखाती हैं कि श्वेत स्त्री मालकिन होते हुए भी स्त्री होने के कारण अधिकार सम्पन्न नहीं है। श्वेत अमेरिकी समाज में भी स्त्री दोयम दर्जे का स्थान रखती है।

एक और श्वेत स्त्री पात्र की रचना टोनी मॉरीसन 'बिलवड' में करती हैं। एमी डेनवर। यह बहुत मानीखेज पात्र है। वह श्वेत होते हुए भी आर्थिक दृष्टि से अश्वेत पात्रों के बराबर है। वह करारनामे वाली दास थी। असल में उसकी माँ करारनामे (indentured servant) वाली दास थी। उसकी माँ मर गयी तो उसे अपनी माँ के एवज में एक श्वेत परिवार में काम करना पड़ रहा था। वह वहाँ से भाग निकली है, उत्तर दिशा में बोस्टन जाकर रेशमी कपड़ा खरीदना चाहती है। संयोग से वह भागती हुई गर्भवती सेथे से टकराती है। सेथे के साथ पहले उसका व्यवहार सन्देह का है, उसे डर है यदि किसी ने उसे भगौड़े गुलाम के साथ देख लिया तो क्या होगा। जिसके पैर बिवाई फटती है वह दूसरे का दुःख अनुभूत कर सकता है। एमी डेनवर सेथे के घायल पैरों को साफ करके उनमें मलहम लगाती है। वह उसकी पीठ को दुलराती है। वही कहती है कि तुम्हारी पीठ पर चोकेचेरी का पेड़ है। वह यह बात भी साझा करती है कि उसे भी कोड़े पड़े हैं। एमी डेनवर को कोड़े पड़े थे जब उसने अपने मालिक की आँखों में सीधे देखने की जुर्रत की थी। वह कहती है कि इतनी

भयानक मार उसे कभी नहीं पड़ी थी, जिसमें पीठ की चमड़ी खुल कर लटक जाए।

टोनी मॉरीसन एमी डेनवर को उपन्यास में लाकर दिखाना चाहती हैं कि श्वेत-अश्वेत का साझा जीवन सम्भव है। खासकर दोनों समुदाय की स्त्रियों का साझा जीवन सम्भव है। एमी डेनवर सेथे की उसके कठिन समय में, प्रसव में सहायता करती है, नवजात शिशु को अपने कपड़ों में लपेटती है। यह संकेत है भविष्य में श्वेत लोगों द्वारा अश्वेतों पर हुए अत्याचार के मोचन का। बाद में सेथे अपनी बेटी डेनवर के जन्म की बात पॉल डी को बताती है, वह बताती है कि एमी डेनवर ने मेरी सहायता की। इस पर पॉल डी कहता है कि ऐसा करके उसने अपनी सहायता की है। एमी डेनवर सेथे के साथ परिवार की भूमिका निभाती है, वह नवजात को अपना नाम देती है। सेथे की इस बेटी का नाम डेनवर है। डेनवर आगे चल कर एक स्वावलम्बी, स्वाभिमानी युवती के रूप में विकसित होती है। डेनवर का घर से बाहर निकल कर शिक्षा और काम प्राप्त करके आत्मनिर्भर होना इस उपन्यास को सकारात्मकता प्रदान करता है। वह कड़ी है अश्वेत-श्वेत के बीच की। वह शुभाकांक्षा है मनुष्यता के भविष्य की।

अश्वेत लोग श्वेत लोगों पर विश्वास नहीं करते थे। उनका अनुभव इसका प्रत्यक्ष कारण है। मगर श्वेत लोग भी अश्वेत लोगों पर विश्वास नहीं करते थे उनसे भयभीत रहते थे। हर दमनकारी भीतर से डरा रहता है। उसे सदैव लगता रहता है कि जिनका वह शोषण कर रहा है वे कभी भी उस पर आक्रमण कर सकते हैं। 'बिलवड' में टोनी मॉरीसन कहती हैं कि श्वेत लोग मानते थे कि हर काली चमड़ी के नीचे एक भयानक जंगल है, मतलब कि ये बहुत खतरनाक लोग हैं। मगर ये जंगल अश्वेत लोग अपने साथ लेकर नहीं आये थे। वे इसे अफ्रीकी से अपने साथ नहीं लाये थे। यह जंगल उनके भीतर श्वेत लोगों ने ही रोपा था। चीखता हुआ बबून श्वेत लोगों की चमड़ी के भीतर है, लाल मसूढ़े उनके ही हैं। श्वेत लोगों के दमन-शोषण और अत्याचार ने अश्वेतों को विद्रोह के लिए उकसाया, उन्हें श्वेत लोगों के खिलाफ उठ खड़े होने पर मजबूर किया।

कुछ श्वेत लोग भले ही अश्वेतों की सहायता करते हों, उनके साथ नरम-अच्छा व्यवहार करते हों। पर गुलामों के प्रति किये गये उनके क्रूर व्यवहार को कैसे भुलाया जा सकता है। जिन्होंने उस अमानुषता को भोगा है वे कैसे उन्हें माफ कर सकते हैं। अश्वेत बेबी शुग्स कहती है, श्वेत लोगों ने मुझसे सब छीन लिया, जो मेरे पास था, या जो स्वप्न मैंने देखा था। उन्होंने मेरा दिल तोड़ दिया। दुनिया में श्वेत लोगों से बढ़ कर कोई दुर्भाग्य नहीं है। इसी तरह सेथे बिलवड को अपने जघन्य कार्य की पीछे की अपनी मंशा स्पष्ट करती है, वह बताती है कि यदि वह अपनी बच्ची को न मार डालती तो इसकी पूरी-पूरी सम्भावना थी कि उसे गुलामी का जीवन और

गुलामी के अत्याचार सहने पड़ते और वह यह कभी नहीं चाहती थी कि उसके बच्चे उसकी तरह का नारकीय जीवन बिताएँ।

टोनी मॉरीसन ने बिलवड में एक और अनोखा चरित्र गढ़ा है। यह पात्र है सिक्सो। व्यवहार में सनकी और जोशीला यह पात्र किस समुदाय का है यह स्पष्ट नहीं है। रचनाकार इसे पाठक के ऊपर छोड़ती है। इस पात्र का व्यवहार आदिवासियों या यूँ कहें पुरामानव जैसा है। वह अफ्रीकी संस्कृति का हो सकता है, वह अमेरिकन इंडियन कबीले का हो सकता है। वह नाचता है, नाच सभी कबीलों की खासियत होती है। नाच कर वह अपनी रक्तलाइन खुली रखता है। हो सकता है नाचना उसकी अपनी खोज हो, अपने कबीले की धुँधली-सी स्मृति। वह अपनी खास भाषा का प्रयोग करता है, इंग्लिश छोड़ देता है। जो भी हो एक बात पक्की है कि वह यूरोपीय नहीं है। वह थर्टी माइल वूमन से मिलने जाता है। दोनों का सम्बन्ध बराबरी का है। वह सब तरह के सफेद और मीठे आलुओं को मिट्टी में गड्ढा बना कर सटीक ढंग से भुन सकता है। उसकी जड़ें आलू की तरह जमीन में हैं, वह धरती पुत्र है और मानता है कि उसके मरने के बाद भी उसकी गाथा उसके बेटे के नाम में जारी रहेगी। उसका यह बेटा अभी जन्मा नहीं है वह उसे 'सेवेन ओ!' नाम देता है। उसका होने वाला बेटा अमेरिकन धरा पर मूल लोगों का प्रतीक है। जो अमेरिकी संस्कृति का अविच्छिन्न अंग हैं, सदा से थे और सदा रहेंगे भले ही स्कूलटीचर जैसे नराधम उसको फाँसी दे दें।

टी वी शो चलाने वाली ओप्रा विन्फ्रे ने जबसे 'बिलवड' पढ़ा वे उसे परदे पर लाने के लिए बेसब्र हो गयी थीं। 1996 में उन्होंने अपना प्रसिद्ध और लोकप्रिय बुक क्लब प्रारम्भ किया और तभी घोषणा कर दी कि उनके क्लब का दूसरा चुनाव टोनी मॉरीसन का 'सांग ऑफ सोलोमन' होगा। तुरन्त मॉरीसन की किताबों की बिक्री बढ़ गयी। ओप्रा के बुक क्लब की यह खासियत है उनके यहाँ नाम आते ही रचनाकार का सम्मान बढ़ जाता है, उसकी किताबों की बिक्री तेज हो जाती है। मॉरीसन के प्रकाशक ने भी चमत्कार दिखाया, उसने सजिल्द प्रतियों का दाम कम कर दिया ताकि ज्यादा-से-ज्यादा पाठकों तक किताब की पहुँच हो सके। ओप्रा और मॉरीसन का एक साझा और लम्बा सम्बन्ध कायम हुआ। 1998 में इस क्लब ने टोनी मॉरीसन के एक और उपन्यास 'पैराडाइज' को चर्चा के लिए चुना, 2000 में इस क्लब की नजर में 'द ब्लूएस्ट आई' और 2002 में इस क्लब ने 'सूला' को अपने टॉक शो में रखा। हर बार टोनी मॉरीसन स्टूडिओ में ऑनलाइन उपस्थित हो कर चुने हुए अपने पाठकों से विमर्श करती हैं।

हालाँकि ओप्रा विन्फ्रे ने 'बिलवड' पर अपने क्लब में विमर्श नहीं किया लेकिन इस पर फिल्म बनाने का निश्चय किया। खुद को उन्होंने प्रमुख भूमिका में तय किया

और डैनी ग्लोवर को पॉल दी की भूमिका में रखा। ओप्रा ने टोनी के साथ मिलकर स्क्रिप्ट तैयार की और कई फिल्म निर्देशकों के पास भेजी। वे सेथ और गुलामी की कहानी वृहतर दर्शकों तक ले जाना चाहती थीं। अकादमी पुरस्कृत निर्देशक जोनाथन डेम ने इस पर फिल्म बनाने की हामी भरी। ओप्रा विन्फ्रे की फिल्म कम्पनी ने इस फिल्म को प्रोड्यूस किया। दस साल के एक लम्बे समय के बाद फिल्म बन कर तैयार हुई। फिल्म की शूटिंग के समय एकाध बार टोनी मॉरीसन सेट पर गयी फिर उन्हें लगा कि वहाँ उनका कोई खास काम नहीं है। उन्होंने निर्देशक और ओप्रा विन्फ्रे पर सारा काम छोड़ दिया। ओप्रा विन्फ्रे और डैनी ग्लोवर ने बहुत अच्छा काम किया है। स्पेशल इफैक्ट कहानी को आधिकारिक बनाते हैं। पूरी फिल्म उपन्यास के प्रति ईमानदार है। अकोसुआ बुसिया, रिचर्ड लाग्रेवेंस, एडम ब्रुक्स तीन लोगों ने मिल कर फिल्म की कहानी लिखी। संगीतकार रेचल पोर्टमैन का काम फिल्म को विशिष्टता प्रदान करता है। मगर फिल्म को बॉक्सऑफिस पर पर्याप्त सफलता न मिली। फिल्म प्रदर्शन के पूर्व खूब पब्लिसिटी की गयी थी। 'टाइम' तथा 'वोग' मैगजीन ने इसे अपनी कवर स्टोरी बनाया, ओप्रा विन्फ्रे ने अपने टॉक शो में इसे चर्चित किया फिर भी परिणाम कुछ खास न निकला। समीक्षकों का कहना है कि विषय की जटिलता के कारण ऐसा हुआ। हालाँकि फिल्म बहुत अच्छी बनी है फिर भी चली नहीं। जो भी हो टोनी मॉरीसन ने इसकी अधिक परवाह नहीं की और अपने लेखन के काम में जुटी रहीं।

टोनी मॉरीसन के अनुसार एक लेखक का जीवन और कार्य मानवता के लिए उपहार नहीं है। वह मानवता की आवश्यकता है। 'बिलवड' उपन्यास के विषय में उनका कहना है कि यह किताब किसी एक व्यक्ति के बारे में न होकर हर पढ़ने वाले के बारे में है। भले ही इसकी मुख्य घटनाएँ बहुत पहले घटी हों, जो पहले हुआ और जो बाद में हुआ वह हमारे सबके जीवन का अंग है। क्योंकि स्मरण करना समझने का पहला सोपान है। यह किताब इस तरह से डिजाइन की गयी है कि यह पाठक को अमेरिकी जीवन के उस दौर में यात्रा पर ले जाती है जब जितनी घृणा थी उतना ही प्यार था, जितना क्रोध था उतनी ही आशा थी, जितने हीरो थे उतने ही कायर लोग भी थे।

टोनी मॉरीसन किसी वाद के तहत लिखना पसन्द नहीं करती हैं, उनके अनुसार वाद व्यक्ति को संकुचित कर देता है। आदमी के दृष्टिकोण को तंग बना देता है। यदि व्यक्ति रचनाकार हुआ तो उसकी रचनाएँ उस खास वाद का नारा बन कर रह जाती हैं। वे किसी वाद में विश्वास नहीं करती हैं, विशेष रूप से खुद को नारीवादी तो बिल्कुल नहीं मानती हैं। उनके न चाहने के बावजूद उनके उपन्यास 'पैराडाइज' पर नारीवादी उपन्यास होने की मोहर लगी। मॉरीसन ने इस ठप्पे का जोरशोर से

खंडन किया। उस समय एक इंटरव्यू में उन्होंने कहा कि वे किसी वाद के तहत कभी नहीं लिखेंगी। वाद बाँधते हैं और वे स्वतन्त्र होना चाहतीं हैं, स्वतन्त्र रहना चाहती हैं। वे विस्तार के लिए लिखती हैं, बन्धन के लिए नहीं। अक्सर वे खोलने के लिए, चिन्तन-मनन को उकसाने के लिए लिखती हैं। इसीलिए उनके उपन्यासों का अन्त खुला होता है। पाठक अपनी कल्पना से, अपनी बुद्धि से उसे विस्तार देने को स्वतन्त्र होता है। अन्त में वे सोच-समझ कर पाठकों के लिए थोड़ी-सी गुंजाइश छोड़ती हैं। 'बिलवड' का अन्त भी खुला है, बहुत स्पष्ट रूप से इसे समाप्त नहीं किया गया है। क्या सेथे जीवित और स्वस्थ मानसिकता के साथ बची रहेगी? क्या उसके दोनों बेटे जिन्दा हैं? तमाम बातें पाठक के लिए छोड़ दी गयी हैं।

वे खुद को 'काव्यात्मक लेखक' कहा जाना भी नापसन्द करती हैं। उनको लगता है कि जो लोग उन्हें काव्यात्मक लेखक मानते हैं वे उनकी प्रतिभा को कम करके आँकते हैं। उनकी कहानियों की शक्ति और उसकी प्रतिध्वनि को पूरी तरह समझते नहीं हैं, ठीक से मूल्यांकित नहीं करते हैं। अपने लेखन की लोकप्रियता और आलोचनात्मक प्रशंसा के कारण आज वे उस मुकाम पर हैं जहाँ वे चुनाव कर सकती हैं। वे चुन सकती हैं कि किस प्रशंसा को स्वीकारे और किसे नकारे। वे खुद पर बनाए सारे श्रेणीगत विभाजन को नहीं नकारती हैं। उन्हें खुद को 'ब्लैक वूमन राइटर' कहे जाने से कोई एतराज नहीं है। वे खुद भी अपने लिए इस विशेषण का प्रयोग करती हैं। कुछ आलोचक उन्हें अश्वेत चेतना का डी एच लॉरेंस कहते हैं। उनकी भाषा की प्रशंसा करते हुए नोबेल अकादमी ने अपनी अनुशंसा में मॉरीसन को 'प्रथम श्रेणी की साहित्यिक कलाकार' की संज्ञा दी है। समिति ने उन्हें भाषा में प्रवेश करने वाली, भाषा को नस्ल की जंजीरों से स्वतन्त्र कराने वाली तथा काव्य द्युति से सम्बोधित करने वाली कहा है। 'बिलवड' उनका ऐसा कार्य है जिसे 2006 में अमेरिका के साहित्य के पिछले पच्चीस वर्षों में सर्वोतम रचना के रूप में प्रतिष्ठा मिली।

टोनी मॉरीसन अपने विशिष्ट उपन्यासों के लिए जानी जाती हैं, उपन्यास लिखने के अलावा उन्होंने बहुत सारे दूसरे काम किये हैं। उनका आलोचनात्मक और कलात्मक क्षेत्र में अप्रतिम योगदान है। उनका कार्य अश्वेत लोगों के जीवन से जुड़ा है, फिर भी निराशा नहीं, आह्लाद उत्पन्न करता है। उन्होंने एडीटर का काम करते हुए तमाम अफ्रो-अमेरिकन रचनाकारों का काम प्रकाशित कराने में सहायता की। ओप्रा विन्फ्रे के बुक क्लब के द्वारा बहुत सारे अफ्रो-अमेरिकन लेखकों के काम को प्रचारित-प्रसारित किया। राष्ट्रीय स्तर पर नस्ल और शोषण के मुद्दों पर चल रहे विमर्श में सक्रिय भागीदारी की। अपनी सम्मानित बौद्धिक स्थिति से उन्होंने राष्ट्रीय पहचान में अफ्रो-अमेरिकन की उपस्थिति दर्ज करवायी। अकादमिक और सामाजिक, कला और राजनीति, सैद्धान्तिकी और दैनन्दिन के जीवन को निकट लाने, उनके

समायोजन का काम भी किया। उनका प्रभाव बहुत असरदार है, उनके नाम पर बिना लाभ वाली एक 'टोनी मॉरीसन सोसाइटी' है। यह सोसाइटी उन पर काम करने वाले स्कॉलर और उनके पाठकों ने मिल कर बनायी है। उनके 'बिलवड' लिखने का एक कारण यह भी क्योंकि अमेरिका में दासता का कोई स्मारक नहीं था। सड़क के किनारे कोई बेंच ऐसी नहीं थी जिस पर इन दमित-दुःखी लोगों, दासता की क्रूरता से मरने वाले लोगों का उल्लेख हो। कहीं ऐसे लोगों का कोई चिह्न नहीं है, जो उनकी याद दिलाता हो। कोई ऐसा स्थान नहीं है, जो उनके संघर्ष, उनके दुःख-दर्द-दमन को प्रदर्शित करता हो, जो बताता हो कि कितने इस राह से चले, कितने रास्ते में समाप्त हो गये, कितने अन्त तक पहुँच सके। यह उपन्यास खुद तो दासता का स्मारक है ही, 'टोनी मॉरीसन सोसाइटी' ने समुद्र तट पर भौतिक रूप से बेंच बनवायी है। जहाँ राहगीर बैठ कर सुस्ता सकें। अमेरिका में गगनस्पर्शी इमारतें हैं, मगर कोई स्मारक, कोई पट्ट, कोई दीवाल, कोई पार्क, कोई लॉबी इन दमित-शोषितों के नाम पर कहीं नहीं है। कोई तीन सौ फीट का टॉवर नहीं है इसलिए उन्होंने यह किताब लिखी और उनके नाम पर चलने वाली संस्था ने 2008 में 'बेंच बाई द रोड' बनवायी। यह दक्षिण कैरोलीना तट पर बनी और इसके उद्घाटन के लिए स्वयं टोनी मॉरीसन इस पर बैठीं। इस छह फीट लम्बी, छब्बीस इंच गहरी काले स्टील की बेंच सोसाइटी ने नेशनल पार्क सर्विस के सहयोग से बनवा कर लगायी। इस स्थान के चुनाव करने का विशिष्ट कारण है। जब अफ्रीका के लोग गुलाम बना कर अमेरिका लाये जाते थे करीब 40 प्रतिशत लोग इसी स्थान से अमेरिका में दाखिल होते थे। यही वह प्रमुख सलीवान टापू था, गुलामों को अमेरिका में प्रवेश कराने का। सलीवान टापू की बेंच पहली थी, सोसाइटी इस तरह की दस और बेंच उन स्थानों पर लगाने वाली है जो अफ्रो-अमेरिकन इतिहास में प्रमुख स्थान हैं। इनमें हारलम का फिफ्थ एवेन्यू, मिसीसिपी में एमेट टिल का हत्या स्थान, अंडरग्राउंड रेलरोड की निशानी के तौर पर के ओबेर्लिन, ओहाओ में मॉरीसन के घर के निकट लोरैन चुने गये हैं। इन लोगों ने एक बेंच वॉशिंगटन विश्वविद्यालय में भी प्रदान की है।

वॉशिंगटन डी सी के वॉशिंगटन विश्वविद्यालय में पहले अश्वेत छात्रों का प्रवेश नहीं था, यह वर्जना बाद में टूटी, इस उपलक्ष्य में सोसाइटी ने एक बेंच वहाँ भी प्रतीक स्वरूप रखी है और इसके उद्घाटन अवसर पर टोनी मॉरीसन स्वयं वहाँ प्रमुख अतिथि और वक्ता थीं। उनका कहना है कि जीवितों के लिए ताली बजाना और मृतकों का आदर करना कभी भी किया जा सकता है, जो लोग मृतकों का सम्मान करते हैं उनकी प्रशंसा की जानी चाहिए। मॉरीसन उस बेंच पर बैठीं जिसका उन्होंने स्वप्न देखा था। उन्होंने भाषा और अफ्रो-अमेरिकन जीवन की प्रतिबद्धता के एवज में लिखा और इस तरह के प्रोजेक्ट को बढ़ावा दिया। बेंच उदाहरण और प्रतीक है मॉरीसन की लेखनशक्ति

का और इस बात का कि कैसे उन्होंने अमेरिकी समाज और जीवन को प्रभावित किया है। ये बेंच केवल अश्वेतों के लिए ही नहीं हैं। ये बेंचें उनके उपन्यासों की भाँति सबके लिए उपलब्ध हैं। ये अतीत, मनुष्य के जटिल स्वभाव, और उन कहानियों का प्रतीक हैं जो हमे चिन्तन-मनन करने और सीखने का अवसर देता है।

टोनी मॉरीसन ने नौ उपन्यास, कई कहानियाँ, लेख, नाटक लिखे। एडीटर के रूप में कार्य किया। इसके अलावा उन्होंने टेक्सास सदर्न विश्वविद्यालय, हॉवर्ड विश्वविद्यालय, स्टेट यूनिवर्सिटी ऑफ न्यूयॉर्क, प्रिंसटन विश्वविद्यालय आदि विभिन्न विश्वविद्यालयों में शिक्षण कार्य किया। उन्होंने ओपेरा के लिए गीत-संगीत लिखा। 2009 में उन्होंने पी ई एन संस्था के लिए 'बर्न दिस बुक : पी ई एन राइटर्स स्पीक आउट ऑन द पॉवर ऑफ द वर्ड' का सम्पादन किया। उन्हें भाषण देने के लिए जगह-जगह से बुलावे मिलते हैं। मॉरीसन का लेखन बताता है कि प्रकृति के प्रति मनुष्य की दो दृष्टि हो सकती है। एक है उसे समझने और उसका सम्मान करने की, दूसरी उसे वश में करने और अपने उद्देश्यों के लिए उसका शोषण करने की। पहली प्रवृत्ति दूसरे नजरिये से हर हाल में उत्तम है। प्रकृति के बिखराव में भी एक सन्तुलन है, प्रकृति को ज्यों-का-त्यों रहने देना चाहिए, उसे पालतू बनाने का, तोड़-मरोड़ कर सही करने का प्रयास नहीं करना चाहिए। प्रकृति स्वयं में पवित्र और परिपूर्ण है, उसे छेड़ना नहीं चाहिए। इससे भी अधिक उनके सृजन में हमें यह दिखाई देता है कि अलग-अलग समुदाय द्वारा प्रकृति के प्रति विभिन्न दृष्टिकोण हैं। उनका लेखन दीखता है कि कई दबंग-बलशाली समुदाय इस दृष्टिकोण के तहत प्रकृति और मनुष्य को दमित कर अपना गुलाम बनाना चाहते हैं। वे प्राकृतिक दुनिया के प्रति सांस्कृतिक नजरिये के संघर्ष को निरन्तर अपने लेखन में दिखाती हैं और इस बात पर बल देती हैं कि प्रकृति के प्रति नजरिया सांस्कृतिक प्रभाव का प्रतिफल है, व्यक्ति का प्राकृतिक-स्वभावगत सत्य ऐसा नहीं है।

'बिलवड' नस्ल के एकाकीपन को दिखाता है। अफ्रो-अमेरिकन अन्य लोगों से घुलमिल नहीं सकते थे। डेनवर जिन्दगी में अकेली है, 124 ब्लूस्टोन पूरे समाज से कटा हुआ है। विलवड जन्म के समय से ही समाज से कट जाती है, उसके चलते सेथे का पूरा परिवार दुनिया से कट जाता है। पॉल डी बरसों बरस अकेला भटकता है। मनुष्य सामाजिक प्राणी है, वह अकेला नहीं रहना चाहता है। समाज उसकी इस कमजोरी को जानता है और सामाजिक नियन्त्रण के लिए समुदाय से बाहर करना सबसे बड़ी सजा है और इसकी धमकी इमोशनल ब्लैकमेल का साधन। 'बिलवड' में लोग अकेले नहीं रहना चाहते हैं। बेबी शुग्स अपने बेटे हाले के तीन बच्चों को रखती है। सेथे अपने बच्चों के साथ के लिए गर्भावस्था में अकेली निकल पड़ती है, रास्ते में तमाम कठिनाइयाँ झेलती हुई अपनी सास और बच्चों से मिलती है। पॉल

डी का भटकना सेथे से मिलने के बाद रुकता है। वह डेनवर और सेथे के साथ परिवार बनाता है। वे लोग कार्नीवाल में अपने समुदाय से हँसी-खुशी से जुड़ते हैं। डेनवर पॉल डी को स्वीकार लेती है, बहुत प्रसन्न है। इसी समय बिलवड अपने एकाकीपन से घबरा कर 124 ब्लूस्टोन में संग-साथ के लिए आती है। बिलवड पूरे परिवार को एक-दूसरे और दूसरों से दूर कर देती है। हॉवर्ड और बर्गलर उसके कारण घर छोड़ कर भागते हैं। बिलवड के आने से एक बार फिर पॉल डी परिवार से दूर कर दिया जाता है। मगर फिर वह लौट आता है। डेनवर अन्ततः समुदाय से सहायता लेने जाती है और समुदाय से डेनवर और सेथे जुड़ती हैं। एकाकीपन व्यक्ति को तोड़ देता है यह व्यक्ति, परिवार, समुदाय और देश सबके लिए खतरा है। व्यक्तिवाद, लालच, हवस, स्वार्थ परिवार को तोड़ता है। 'बिलवड' उपन्यास के पात्र मिल कर रहना चाहते हैं। सामूहिक प्रयास से तोड़ने वाली शक्तियों को तोड़ा जा सकता है। पहले पॉल डी उस शक्ति की पहचान करके उसे अकेले भगाने का प्रयास करता है। इस प्रयास में वह सफल रहता है। पर पूरी तरह से इस विघटन करने वाली शक्ति से लड़ नहीं पाता है। जब पूरा समाज जुड़ता है, चाहता है, तभी विनष्टकारी शक्ति से छुटकारा मिलता है। टोनी मॉरीसन अफ्रीका की संस्कृति की एक विशेषता सामूहिकता को यहाँ प्रस्तुत करती हैं यह 'बिलवड' उपन्यास की एक थीम है। एक बार बिलवड चली जाती है तो उसे कोई याद नहीं करता है। जिन लोगों ने उससे बात की थी, उसके साथ रहे थे, उसके प्रेम में पड़ गये थे वे भी उसे याद नहीं करते हैं। वह अतीत का प्रतीक है, उसे छोड़ कर जीवन आगे बढ़ जाता है। आगे बढ़ने का ही नाम जिन्दगी है। रचनाकार अश्वेत लोगों की मुक्ति का उपाय सुझाती है।

टोनी मॉरीसन कहती हैं कि वे ग्रामीण साहित्य लिखती हैं, जो ग्रामीणों के लिए है, उनके कबीले के लिए है। अपने लोगों के लिए वे इस साहित्य का होना आवश्यक मानती हैं, उनके अनुसार यह न्यायसंगत है। उनका साहित्य इस बात का गवाह है और सुझाव देता है कि कैसे कानून उनके लोगों को समाप्त कर रहा था, निगलता जा रहा था। जिन लोगों ने कानून तोड़ा वे लोग बच निकले, उनमें से कुछ अन्त तक अपने लक्ष्य तक पहुँचे। कुछ रास्ते में समाप्त हो गये। वे दिखाती हैं कि ये लोग किन परिस्थितियों में रहते थे, क्यों ऐसे रहते थे। इस समुदाय के भीतर कानूनन क्या सही था और इस समुदाय के बाहर का कानून कैसा था। वे अफ्रो-अमेरिकन साहित्य को अमेरिकी राष्ट्रीय साहित्य का अनिवार्य अंग मानती हैं। उनके अनुसार अमेरिकी साहित्य और पहचान के केन्द्र में नस्लगत विभिन्नता है।

शुरू में लोग टोनी मॉरीसन से अपेक्षा कर रहे थे कि वे अश्वेत चरित्रों को वैसा दिखाएँगी जैसा वे देखना चाहते हैं, यानी असहाय, अनपढ़, असमर्थ। लोग चाहते

थे कि वे पोलिटिकली करैक्ट उपन्यास लिखें। उनके अनुसार 'बिलवड' राजनीतिक उपन्यास नहीं है, यह गुलामी प्रथा को दिखाने वाला उपन्यास भी नहीं है। यह तो मानवता और अमानवीयता को दिखाने वाला कार्य है। यह उपन्यास टोनी मॉरीसन ने साठ मिलियन और उससे ज्यादा लोगों को समर्पित किया है। इस उपन्यास की प्रशंसा में पत्र-पत्रिकाओं के पन्ने रंगे हुए हैं। इस पर तमाम शोध हुए हैं, बहुत सारी किताबें लिखी गयी हैं। टोनी मॉरीसन के काम पर बहुत काम हुआ है सबसे ज्यादा इसी उपन्यास पर काम उपलब्ध है। उन्होंने कभी आलोचकों की परवाह नहीं की, वे सदैव अपनी संवेदना के प्रति ईमानदार रहीं। उन्होंने लेखन की चुनौतियों को स्वीकारा, अपने भीतर उठने वाले प्रश्नों का उत्तर अपने तरीके से पाना चाहा, अपने ढंग से दिया। सबसे बड़ी बात है अपनी रुचियों के अनुसार लिखा। किसी आलोचक अथवा पाठक को खुश करने के लिए लेखन नहीं किया। आजकल वे जानना चाह रही हैं कि गुलामों के मालिक का व्यक्तित्व कैसा होता था। इसके लिए वे इनमें से कुछ मालिकों की डायरी का अध्ययन कर रही हैं। जिसमें रोजमर्रा का, जिंस का, काम-धन्धे का हिसाब-किताब है ऐसी डायरी नहीं है ये। इन डायरियों में दास मालिकों ने खुद को खोला है, अपनी भावनाओं को, अपनी संवेदनाओं को अभिव्यक्त किया है। इस अध्ययन से उन्हें ज्ञात हो रहा है कि गुलामी का, दूसरे मनुष्यों पर क्रूरता-अत्याचार करने वाले लोगों पर इसका क्या प्रभाव होता था। जब आप दूसरों को नष्ट कर रहे होते हैं आप खुद भी कहीं नष्ट हो रहे होते हैं। खुद भी कहीं अपना अपमान कर रहे होते हैं। जिस पर आप अत्याचार कर रहे हैं वे मनुष्य हैं, जानवर नहीं। डायरियाँ बताती हैं कि ये लोग क्रूरता करते थे पर ये सारे लोग क्रूर मनुष्य नहीं थे। आशा है शीघ्र हमें टोनी मॉरीसन से दास मालिकों के ईमानदार विचारों का पता चलेगा। वे जो भी लिखती हैं खूब शोध-अध्ययन करके प्रतिबद्धता और ईमानदारी के साथ लिखती हैं। इसी ईमानदारी, इसी प्रतिबद्धता, इसी धोध-अध्ययन का नतीजा है कि आज वे विश्व भर में समादृत हैं, अमेरिका में साहित्यकारों के बीच मातामही के रूप में आदर पाती हैं।

एक बार किसी ने एक साक्षात्कार के दौरान टोनी मॉरीसन से कहा कि वे आत्मकथा क्यों नहीं लिखती हैं तो उनका उत्तर था कि उनके जीवन में आत्मकथा योग्य कोई सामग्री नहीं है, यह तो उनकी कल्पना है जो ध्यान देने योग्य है। उनकी कल्पना वास्तव में अभूतपूर्व है लेकिन उनका जीवन भी कम दिलचस्प नहीं है। उनके जीवन में आत्मकथा के योग्य भरपूर सामग्री उपलब्ध है। उनके कुछ उपन्यासों में उनके जीवन की झलकियाँ मिलती हैं। शायद किसी दिन वे आत्मकथा लिखें अभी तो उनकी कल्पना उपन्यास विधा को समृद्ध करने में जुटी हुई है। यदि और जब वे आत्मकथा लिखेंगी तो यह एक अनूठी आत्मकथा होगी इसमें कोई शक नहीं है।

1979 में आया उनका पहला उपन्यास 'द ब्लूएस्ट आई' एक छोटे-से अश्वेत समुदाय की कहानी है। इसमें सारे पात्र अश्वेत हैं। वे 1966 में लेखकों के एक समूह के साथ काम कर रही थीं। यहीं पढ़ने के लिए उन्होंने इसे एक कहानी के रूप में लिखा था, बाद में उसका विस्तार कर उपन्यास का रूप दिया। अश्वेत कैसे खुद को श्वेत मूल्यों पर तौलते हैं, कैसे उन्हें अपने से बेहतर मानते हैं यही इस दर्दनाक कहानी के पीछे की सच्चाई है। जब उन्होंने इसे कहानी के रूप में लिखा था उस समय मॉरीसन तलाक और उससे उत्पन्न प्रभाव को झेल रही थीं। इस उपन्यास की पिकोला ब्रीडलव अभिनेत्री शर्ली टेम्पल की नीली आँखों से प्रभावित है वह खुद वैसी ही आँखें पाने की प्रार्थना रोज रात को किया करती थी। उसका विश्वास था कि यदि उसे नीली आँखें मिल गयीं तो उसकी और उसके परिवार की सारी समस्याएँ मसलन माता-पिता की नितदिन की तकरार, भाई का घर से बार-बार भागना, पिता का पीना सब सुधर जाएगा, वह सुन्दर हो जाएगी। ग्यारह बरसों में किसी ने उस पर ध्यान नहीं दिया है वह चाहती है कि लोग उस पर ध्यान दें, सब उसे देखने लगें। वह पूरी तरह से श्वेत जीवन से प्रभावित है, बिना अपनी नस्ल को जाने-समझे दूसरी नस्ल की नकल का जीवन बिताना चाहती है। कथावाचिका मैक्टीर पिकोला नायिका के नष्ट होते जाने की प्रक्रिया की गवाह है वह इस प्रक्रिया को समझने का यत्न करती है।

इस किताब की सफलता को लेकर मॉरीसन बहुत यकीन में थीं। इसके पहले संस्करण के पिछले कवर पर अफ्रीकी ड्रेस में टोनी मॉरीसन का फोटो है, मगर मुख्य पृष्ठ पर कोई चित्र या कलाकृति नहीं है। पहले कवर पेज पर उपन्यास के पहले दो अनुच्छेद लिखे हैं जाहिर-सी बात है, तीसरा अनुच्छेद पढ़ने के लिए पाठकों को किताब खोलनी होगी और वह किताब खोलता है क्योंकि पहले दो अनुच्छेद उसे ऐसा करने पर मजबूर करते हैं। यह किताब पाठक से कठिन समर्पण की माँग करती है। किताब की यह अनूठी प्रस्तुति दुनिया का ध्यान आकर्षण का कारण बनती है और पाठक को अफ्रो-अमेरिकन स्वर से परिचित कराती है। 'द ब्लूएस्ट आई' मात्र उपन्यास नहीं है, इतिहास, समाजशास्त्र, लोककथा, दुःस्वप्न और गीति का मिलाजुला रूप है। उन्होंने अपना यह पहला उपन्यास पढ़ने के लिए लिखा था। वे अपने सारे उपन्यासों की पहली पाठिका खुद को मानती हैं, उनका तर्क है कि अगर वह उन्हें अच्छा नहीं लगेगा तो दूसरे उसे कैसे पढ़ेंगे। मॉरीसन का लिखा न केवल अफ्रो-अमेरिकन पढ़ते हैं बल्कि श्वेत अमेरिकन और विश्व के अन्य देश के पाठकों में भी उनके लिखे के प्रति श्रद्धा का भाव है।

टोनी मॉरीसन गुलाम परिवार की सन्तान हैं मगर वे खुद कभी गुलाम नहीं रहीं। आज भी वे अमेरिका के सामाजिक जीवन से बहुत प्रसन्न नहीं हैं। यहाँ तक कि

बराक ओबामा के राष्ट्रपति बनने से भी उनके अनुसार रंगभेद की समस्या समाप्त नहीं हुई है। अपने प्रसिद्ध उपन्यास 'पैराडाइज' में वे एक ऐसे शहर की कल्पना करती हैं जहाँ मात्र श्वेत लोग रहते हैं। काफी समय तक अमेरिका में ऐसा ही था। अश्वेतों के पढ़ने-लिखने पर पाबन्दी थी। बाद में भी इसके लिए कोई सुविधा नहीं थी। 1907 के आसपास अश्वेत बच्चों के लिए वाशिंगटन में पहला स्कूल बना। खुद मॉरीसन जब हॉवर्ड विश्वविद्यालय गयी तो यह केवल अश्वेत छात्रों के लिए आरक्षित था। बाद में यह प्रथा टूटी। मॉरीसन ने विलियम फॉक्नर तथा 'वर्जीनिया वुल्फ के कार्यों में आत्महत्या' विषय पर अपना डॉक्टरेट किया है। खुद उन्होंने फिक्शन राइटिंग पर अध्यापन किया है मगर मानती हैं कि लेखन के कुछ आयामों का शिक्षण किया जा सकता है मगर प्रतिभा नहीं सिखायी जा सकती है, न ही किसी को जबरदस्ती नजरिया प्रदान किया जा सकता है। सीखने वालों की सहायता की जा सकती है। ये खुद खूब मेहनती हैं अपने छात्रों से भी ऐसी ही अपेक्षा करती थीं। खुद उन्होंने जीवन भर मल्टीटास्किंग की है। एक साथ लेखक, शिक्षक, सम्पादक, माँ, समाजनेत्री की भूमिकाएँ सफलतापूर्वक निबाही है।

'द ब्लूएस्ट आई' के बाद वे लड़कियों का चित्रण अलग ढंग से करना चाहती थीं। 'सुला' में उन्होंने यह किया। 'सुला' ओहोयो के एक छोटे शहर बोटम की बचपन की दो सहेलियों सुला पीस और नेल राइट के सम्बन्धों और उनके दो भिन्न तरह के जीवन की कहानी है। दोनों अश्वेत हैं। शैशव, बचपन, किशोरावस्था, जवानी में दोनों साथ रहती हैं मगर दोनों दो तरह का जीवन चुनती हैं, दो भिन्न राह पर चलती हैं। नेल ओहियो में ही रहती है जबकि सुला विद्रोह करके शहर जाती है। नेल शादी, बच्चों के साथ अपने अश्वेत समुदाय की मजबूत रीढ़ बनती है, परम्परागत जीवन जीती है। मगर सुला कॉलेज जाती है, अपने समाज की हँसी उड़ाती है, नैतिकता की परवाह न करती हुई खुद को सेक्स में पूरी तरह से डुबा देती है। सेक्स के प्रयोग करती है। कुछ समय के बाद वह अपनी जड़ों की ओर वापस आती है। नेट और सुला दोनों के जीवन के अपने-अपने दुःख-संघर्ष हैं, अपनी परेशानियाँ हैं। विपरीत जीवन शैली के बावजूद दोनों में अन्त तक प्रेम बना रहता है। मॉरीसन इसमें दिखाती हैं कि अमेरिकी समाज में एक अश्वेत स्त्री को अपना अस्तित्व बचाए रखने के लिए क्या करना पड़ता है, कौन-से मूल्य चुकाने पड़ते हैं। इस उपन्यास को 'नेशनल बुक क्रिटिक्स अवॉर्ड' मिला था।

इसमें मॉरीसन अफ्रो-अमेरिकन समृद्ध जीवन को चित्रित करती हैं। उपन्यास अच्छे-बुरे, सुख-दुःख जैसी विपरीत भावनाओं को लेकर चलता है। नेल और सुला दोनों में हरेक के पास कुछ है और कुछ कमी है। सुला के पास जो है वह नेल के पास नहीं है और नेल के पास जो है वह सुला के पास नहीं है। नेल की माँ हेलन

एक मजबूत स्त्री है मगर उसका पिता कुक की अपनी नौकरी के चलते उसके जीवन में बहुत कम स्थान रखता है। जबकि सुला अपनी विधवा माँ हन्ना और एक पैर वाली दादी एवा के साथ रहती है। नेल सामाजिक मूल्यों का पालन करती है, सुला अपनी माँ की तरह उनकी अवहेलना करती है और जिस-तिस के साथ यौन सम्बन्ध बनाती है। बाद में सुला नेल के पति जूड के साथ सो कर अपनी दोस्ती को नष्ट करती है। किशोरावस्था में दोनों लड़कियाँ अपने शारीरिक और संवेगात्मक परिवर्तनों के साथ खूब प्रयोग करती हैं। बचपन से दोनों खूब स्वतन्त्र जीवन बिताती हैं, स्वतंत्रता के अपने खतरे होते हैं। प्रेम, भय, खुशी, दुख, मृत्यु सब दोनों के जीवन में सामानान्तर रूप से आते हैं। सुला बड़े शहर चली जाती है और दस साल के बाद लौटती है। वह स्वकेन्द्रित जीवन बिताती है यहाँ तक कि अपनी ग्रैंडमदर को भी नर्सिंग होम भेज देती है। यही सुला नेल के जीवन में खुशी और हँसी लाती है।

दोनों की दोस्ती के कारण कुछ आलोचक 'सुला' पर समलिंगी उपन्यास होने का आरोप लगाते हैं जबकि मॉरीसन इसका खंडन करती हैं, उनके अनुसार वे दो अश्वेत लड़कियों की भावात्मक दोस्ती दिखाना चाहती थीं न कि समलैंगिक सम्बन्ध। उनके अनुसार अश्वेत स्त्रियाँ, लड़कियाँ सदा गहरी मित्रता करती हैं, एक दूसरे के साथ रहती हैं। अमेरिका में पहले यह भ्रान्ति थी कि अश्वेत स्त्रियाँ समलिंगी होती हैं। आज यह माना जाता है कि इस टेंडेंसी का नस्ल से कुछ लेना-देना नहीं है। इस आरोप का एक कारण यह भी रहा है कि मॉरीसन सदैव स्त्री-पुरुष सम्बन्ध, विवाह और परिवार की आलोचना करती हैं। उपन्यास में नेल और सुला की यौन नजरिया, यौनाकांक्षाएँ, यौन जरूरतें और बहुत भिन्न है, उनके स्वभाव की भिन्नता की तरह उनके यौन विचार भी भिन्न हैं। मॉरीसन 'सुला' में सैडरैक के माध्यम से दिखाती हैं कि अश्वेत समुदाय बुरे को न तो जलाता है न मार डालता है वरन् उसे अपने समुदाय में समा लेता है। यहाँ गॉड के तीन नहीं बल्कि चार चेहरे हैं। 'सुला' लिख कर टोनी मॉरीसन को लगा कि उन्होंने अपना स्वर पा लिया है। 'सुला' को अमेरिकन बुक अवार्ड के लिए नामित किया गया और इसे ओहियोआना बुक अवार्ड प्राप्त हुआ।

अपने तीसरे उपन्यास के साथ वे खुद को एक लेखक मानने लगीं। एक परिवार की गाथा के रूप में मॉरीसन ने 1977 में 'सांग ऑफ सोलोमन' लिखा। 1849 में अश्वेत लेखक रिचर्ड राइट को उनके 'नेटिव सन' के लिए 'बुक ऑफ द मन्थ क्लब' का खिताब मिला था, अट्ठाइस साल के बाद यही खिताब एक दूसरी अश्वेत रचना 'सांग ऑफ सोलोमन' को मिला। इस उपन्यास की तुलना अक्सर एलैक्स हेली के 'द रूट्स' से की जाती है। अपने दूसरे उपन्यास में मॉरीसन अपना फ्रेम तोड़ती हैं और इसे पुरुष के नजरिये से लिखती हैं। यह उनकी सबसे सरल रचना मानी जाती

है। इसमें मिल्कमैन डेड अपनी प्राचीन सम्पत्ति एक थैली में छिपे स्वर्ण को वापस पाने की जद्दोजहद को दर्शाया गया है। वह उत्तर में एक उच्च श्रेणी का व्यापारी है और अपने अतीत को छिपाने का प्रयास करता है। पहले वह दक्षिण में एक मजदूर था, वह नहीं चाहता है कि लोग इस बात को जाने और उसका परिवार खतरों में पड़े अतः वह अपने पड़ोसियों से दूर-दूर रहता है। उसका बेटा ठीक उसके उलट सदा हथियारों से लैस, निचले दर्जे की औरतों के साथ रहता है।

अपने इस उपन्यास में वे अफ्रीकी मिथक का सहारा लेती हैं। अफ्रीकी में उड़ने में सक्षम लोगों का मिथ है। युरुबा की गाथाओं में इसका वर्णन है। अश्वेत लोक गीत के अनुसार अमेरिका के दक्षिण के गुलामों का एक दल गुलामी का पट्टा छुड़ा कर भाग निकलता है और अपने घर अफ्रीका की ओर उड़ जाता है। मॉरीसन दिखाती हैं कि पिता या यूँ कहें पितृसत्ता उड़ जाती है और बाकी परिवार बिलखता रह जाता है, पिता की अनुपस्थिति में बच्चे उसका नाम भी नहीं जान पाते हैं। यह उड़ने की सम्भावना अश्वेत जीवन की दारुण दशा का आशावाद है। उपन्यास में अश्वेत लोग 'मर्सी हॉस्पीटल' को 'नो मर्सी हॉस्पीटल' कहते हैं क्योंकि वहाँ काफी समय तक अश्वेतों का प्रवेश निषिद्ध था। उपन्यास में मिल्कमैन के जन्म पर (यह टोनी मॉरीसन का भी जन्मदिन है) पहली बार इस अस्पताल में अश्वेत को कोई सहायता मिलती है। इसी तरह लोग 'डॉक्टर स्ट्रीट' को 'नो डॉक्टर स्ट्रीट' कहते हैं। हास्य का पुट लिए यह उपन्यास गहरे अर्थों, बहु आयामी और बहु परतीय है। यह श्वेत लोगों के छद्म को खोलता है। उपन्यास का नाम 'सांग ऑफ सोलोमन' बाइबिल से लिया गया है साथ ही यह अतीत को जानने-समझने की सूझ भी देता है। अफ्रीका से गुलाम लाते वक्त उनका नाम, उनका परिवार सब उनसे छीन लिया जाता था यह एक बहुत बड़ा भावनात्मक अभाव है जिसकी पूर्ति नहीं हो सकती है। उपन्यास और कई महत्त्वपूर्ण मुद्दों की चर्चा करता है। नामों को लेकर भी यह उपन्यास विशिष्ट है। पिलेट, मिल्कमैन डेड, गिटार सब नामों के पीछे एक वजह है, एक कहानी है। यह काफी कुछ आत्मकथात्मक उपन्यास है। उनके यहाँ भी बाइबिल से नाम चुने जाते हैं, यह उपन्यास मॉरीसन ने अपने पिता की मृत्यु के बाद, उनके दुःख में डूब कर लिखा है। नस्लीय भेदभाव के कारण होने वाली हिंसा भी इसकी एक थीम है। 1963 की वास्तविक घटना जिसमें अश्वेत लड़कियाँ मारी गयी थीं उसका भी चित्रण यहाँ है। 'सांग ऑफ सोलोमन' ने टोनी मॉरीसन को खूब ख्याति और पुरस्कार दिये। इसे 'बुक ऑफ द मंथ क्लब' के लिए चुना गया। 1978 में इसे नेशनल बुक क्रिटिक्स सर्किल अवार्ड मिला। इसके साथ ही इस उपन्यास को अमेरिकन अकादमी और इंसच्यूट ऑफ आर्ट्स एंड लेटर्स पुरस्कार, ऑस्कर मिशौक्स पुरस्कार, फ्रैंड्स ऑफ राइटर्स अवार्ड तथा क्लेवेलैंड आर्ट्स प्राइज फोर लेटर्स भी प्राप्त हुआ।

अमेरिकन अकादमी एंड इंसच्यूट ऑफ आर्ट्स एंड लेटर्स ने टोनी मॉरीसन को विशिष्ट लेखक के रूप में रेखांकित किया। 1980 में उन्हें नेशनल काउंसिल ऑन दि आर्ट्स में सदस्यता दी गयी।

'टार बेबी' एक काल्पनिक टापू पर बसे कुछ लोगों की प्रेम कहानी है। गोरों की संस्कृति द्वारा रची गयी एक अश्वेत मॉडल की, उसके और एक अश्वेत आदमी के प्रेम की। अश्वेत आदमी उन सब बातों का प्रतिनिधित्व करता है जिसे यह मॉडल जैडीन चाहती भी और जिससे खौफ भी खाती है। इस उपन्यास में मॉरीसन एक अमेरिकन मिलीनियर की ऐय्याशी से लेकर मैनहट्टन की शालीनता और दक्षिण अमेरिका की कटु सच्चाइयों को समेटा गया है। लयात्मकता, सौन्दर्य, अपूर्व आकर्षण के साथ अनुभूतियों की सारी छटाएँ यहाँ नजर आती हैं। मॉरीसन इस उपन्यास को स्त्रियों के एक समुदाय को समर्पित करती हैं। 'टार बेबी' में कई स्त्रियाँ हैं जो अपनी ऑथेण्टीसिटी विभिन्न तरह से व्यक्त करती हैं। यह उपन्यास मॉरीसन की लयात्मक शैली दिखाता है और समुदाय तथा अस्मिता के प्रति उनकी चिन्ता को व्यक्त करता है। यह उनके पहले के कामों से कई अर्थों में अलग है। यहाँ वे श्वेत चरित्रों को केन्द्र में लाती हैं। क्रिसमस के एक दिन पहले के समय उपन्यास की शुरुआत होती है जिसका इन्तजार है वह नहीं आता है और अनपेक्षित लोग खाने पर उपस्थित हैं। इस उपन्यास तक आते-आते वे संवादों का विशिष्ट प्रयोग करने लगते हैं। टापू पर रहने का मतलब है समाज से कट कर रहना। टापू का नाम दृष्टिहीन गुलामों के निवास के नाम पर 'इसल डेस सेवालियर' है। विश्वास है कि गुलामों को ले जा रहा जहाज डूब गया और कुछ गुलाम इस टापू पर आ लगे। जबकि एक चरित्र वलैरियन का मानना है कि टापू का नाम फ्रेंच घुड़सवार के नाम पर है। उपन्यास में प्रकृति का अपना विशिष्ट महत्त्व है। सबसे अधिक निर्लिप्त चरित्र है वलैरियन, फूल उगाता है और संगीत सुनता है। अन्त आते-आते शक्ति-सत्ता परिवर्तन हो जाता है।

उपन्यास का नाम 'टार बेबी' मॉरीसन ने एक अश्वेत लोक कथा से लिया है। कथा में एक श्वेत किसान खरगोश को पकड़ने के लिए टार बेबी का फन्दा लगाता है, खरगोश गुड़िया के पास जाता है जब गुड़िया कोई हरकत नहीं करती है तो खरगोश परेशान हो जाता है, उसे बत्तमीजी के लिए पैर से मारता है। टार बेबी को छूते ही खरगोश चिपक जाता है और अपने घर नहीं लौट पाता है। कहानी उपन्यास में बतायी गयी है लेकिन मॉरीसन ने यह नाम एक और खास कारण से दिया है। श्वेत लोग अश्वेतों को जैसे निगर नाम से बुलाते हैं वैसे ही वे उन्हें टार बेबी (चारकोल जिसे डामर भी कहते हैं, से काले रंग के कारण) भी बुलाते हैं। टार लेडी नाम से अफ्रीकन मिथ में एक चरित्र भी है, एक समय टार का गड्ढ़ा अफ्रीका में पवित्र स्थान हुआ करता था। उनके लिए टार बेबी का अर्थ है अश्वेत स्त्री जो चीजों

को समेट कर, जोड़ कर एक साथ रख सकती है। 1981 के मार्च महीने में 'न्यूजवीक' पत्रिका ने उन्हें अपने कवर पर स्थान दिया।

1983 में मॉरीसन ने एक कहानी 'रेसीटाटिफ' (Recitatif) लिखी। इसमें फिर से वे दो लड़कियों को लेती हैं। एक अश्वेत लड़की तथा दूसरी श्वेत लड़की है। पूरी कहानी समाप्त हो जाती है मगर अन्त तक पता नहीं चलता है कि कौन-सी लड़की श्वेत है और कौन-सी अश्वेत। कहानी एक अनूठी शैली में है जो बताती है कि रंग का महत्त्व वास्तविक जीवन में कितना बेमानी है। 1986 में उन्होंने 'ड्रीमिंग एमेट' नामक नाटक लिखा जिसे खेला गया मगर काफी समय तक प्रकाशित नहीं किया गया।

टोनी मॉरीसन कभी अपने लिखे से सन्तुष्ट नहीं रहीं, उन्हें सदैव लगा कि काफी कुछ जोड़ा-घटाया जा सकता है, जोड़ा-घटाया जाना चाहिए, सुधार किया जाना चाहिए। अगर एक बार सन्तुष्टि आ जाए तो विकास रुक जाता है। वे खुद को किसी वाद में नहीं बाँधना चाहती हैं, वाद रचनाकार को संकुचित करता है। नारीवादी कहलाना उन्हें पसन्द नहीं है, वे किसी वाद का माउथपीस नहीं बनना चाहती हैं। जब 'पैराडाइज' पर नारीवाद का ठप्पा लगा तो उन्होंने जोरदार तरीके से इसका खंडन किया, कहा, "बिल्कुल नहीं। मैं कभी भी किसी 'वाद' में नहीं लिखूँगी। मैं 'वाद' के उपन्यास नहीं लिखती हूँ।" वे स्वतन्त्र रहना चाहती हैं, जो भी लिखती हैं विस्तार से लिखती हैं, द्वार खोलने के लिए लिखती हैं इसी कारण वे अपने उपन्यासों का अन्त खुला रखती हैं जहाँ पाठक को अपनी कल्पना की उड़ान भरने की सुविधा रहती है। वे खुद कहती हैं कि वे पितृसत्तात्मकता को मान्यता नहीं देती हैं लेकिन इसका मतलब यह नहीं है कि वे मातृसत्तात्मकता को मानती हैं। उनके अनुसार पितृसत्तात्मकता का स्थानापन्न मातृसत्तात्मकता नहीं है।

उनके लिए उपन्यास सदैव एक खोज का विषय रहा है, वे लिखने के पहले काफी शोध करती हैं। अतीत में जिन्दगी कैसी थी, वर्तमान पर अतीत का कितना और कैसा असर पड़ा है यह सब वे अपने कार्य में दिखाती हैं। उनके अनुसार जीवन एकरेखीय नहीं होता है। जीवन की जटिलता उनकी विषय वस्तु होती है। उनकी माँ श्वेत-अश्वेत, स्त्री-पुरुष के भेदभाव के विरुद्ध थीं, थियेटर में भी यह भेदभाव नहीं होने देती थीं। ऐसी माँ की बेटी कैसे नारीवादी हो सकती है। बच्चे पैदा करना, उनका पालन-पोषण करना, घर चलाना ये सब काम उन्हें नारीवादी काम नहीं लगते हैं। बचपन से वे भरेपूरे घर में अपनी माँ, दादी-नानी को सब काम करती देखती आयी हैं, उन्होंने देखा है कि औरतें पुरुषों की बनिस्बत औरतों का साथ अधिक खोजती हैं। वे जब दोस्ती करती हैं तो यह देख कर नहीं करती हैं कि सामने वाला स्त्री है अथवा पुरुष है। उनकी कुछ महिला मित्र भी हैं, कुछ लेखक मित्र हैं, ये लोग मित्र

हैं क्योंकि ये विशिष्ट हैं इसलिए नहीं कि ये स्त्री या पुरुष हैं। हेमिंगवे को जब पुरुषवादी नहीं माना जाता है, केवल रूस पर लिखने के लिए जब सोल्सनित्स्न पर आरोप नहीं लगता है तो वे पूछती हैं कि कैसे नारीवादी हो गयीं।

मॉरीसन को शिक्षण कार्य बहुत अच्छा लगता है। उन्होंने कई शिक्षण संस्थानों में शिक्षण कार्य किया, वे क्रियेटिव राइटिंग पढ़ाती थीं, इसके साथ ही वे अफ्रो-अमेरिकन, अमेरिकन तथा वीमेन स्टडीज विभागों से भी जुड़ी रही हैं। लेकिन लेखन उनकी पहली प्राथमिकता है। इन्हीं सब कार्यों को करते हुए उन्होंने अपना छठा उपन्यास 'जाज' लिखना प्रारम्भ कर दिया जो 1992 में प्रकाशित हुआ। यह उपन्यास त्रयी का दूसरा भाग है। पहले भाग 'बिलवड' की भाँति ही उसके सूत्र भी इतिहास में हैं। यह 'जाज-युग' को प्रतिध्वनित करता है। हारलम प्रतिरोध एक शक्तिशाली साहित्यिक और कलात्मक आन्दोलन था। 1918 में करीब दस लाख अश्वेत अमेरिका के दक्षिण से अमेरिका के उत्तर की ओर आ गये। इसे 'ग्रेट माइग्रेशन' कहा गया। उन्हें अचानक नयी स्वतन्त्रता का स्वाद प्राप्त हुआ, दक्षिण के भयंकर शोषण से छुटकारा मिला। उपन्यास में न्यूयॉर्क शहर एक किरदार के रूप में है। दक्षिण से आकर यही अधिकांश अश्वेत बसे थे यहीं उन्होंने संगठित हो कर आन्दोलन किया और यहीं उन्हें तमाम खतरों का सामना करना पड़ा।

खुद को समझने को प्रमुखता देने वाला उपन्यास 'जाज' जो ट्रेस और उसकी पत्नी वॉयलेट की कहानी है। दोनों शादी के बाद ग्रेट माइग्रेशन के दौर में हारलम में आ बसे हैं। यह सम्बन्धों की पुनर्खोज की कहानी है। मॉरीसन उपन्यास की शुरुआत में पूरी कहानी का सारांश बता देती हैं उसके बाद भी पाठक इसे पूरा पढ़े बिना नहीं छोड़ सकता है। उन्होंने एक फोटोग्राफ देखा था जिसमें एक अठारह साल की लड़की की हत्या उसके पूर्व प्रेमी ने कर दी थी और जो मर जाती है लेकिन अपने हत्यारे का नाम नहीं बताती है क्योंकि वह अब भी उससे प्रेम करती थी। उपन्यास चित्रित करता है कि अपनी-अपनी कहानी साझा करने से प्रेम और समझदारी बढ़ती है। जाज संगीत में जैसे एक सदस्य की छोड़ी हुई धुन को दूसरा सदस्य उठाता है और उसे इम्प्रोवाइज करता है उसी शैली का प्रयोग इसमें हुआ है। उपन्यास में वॉयलेट का अविश्वासी पति जो ट्रेस आवेश में आकर अपनी पूर्व प्रेमिका डोकरस को मार डालता है। पूरे उपन्यास में हत्या के क्रम और कारण को वर्णित किया गया है। यह उपन्यास हारलम आन्दोलन के प्रमुख लोगों की बात नहीं करता है वरन् वहाँ के सामान्य जन की बात बताता है।

अक्सर जब तक नोबेल पुरस्कार मिलता है लेखक चुक चुका होता है। मगर मॉरीसन के साथ ऐसा नहीं हुआ। पुरस्कृत होने के बाद भी उन्होंने काफी लिखा और खूब अच्छा लिखा। 1993 में टोनी मॉरीसन को साहित्य का नोबेल पुरस्कार मिला।

इसके बाद उनका सातवाँ उपन्यास 'पैराडाइज' प्रकाशित हुआ। उन्होंने इसे ओक्लाहोमा के रूबी नामक शहर में स्थापित किया है। शहर की जनसंख्या बहुत सीमित मात्र 360 है। यह एक बहुत छोटा-सा समुदाय है। यहाँ के रहने वालों का इतिहास बहुत जटिल है, गुलामी, शिकार, पूर्वाग्रह आदि से यहाँ के लोगों का जीवन संचालित होता है। यह काल्पनिक शहर उन वास्तविक शहरों की कहानी है जहाँ मात्र और मात्र अश्वेत लोग रहते हैं। अमेरिका में पिछली सदी के आठवें दशक तक ऐसे कई शहर थे। गुलामी के दौरान शिकार होते लोग अब खुद शिकार करने पर जुटे हुए हैं।

'पैराडाइज' अमेरिका के स्वतन्त्रता की घोषणा की दूसरी सदी 1976 में शुरू होता है और शुरुआत में कहता है, "उन्होंने पहले श्वेत लड़की को मारा।" उपन्यास इस श्वेत स्त्री की अन्त तक पहचान नहीं बताता है। एक समय के 'द कॉन्वेंट' नाम से जाना जाने वाला लड़कियों का स्कूल अब अत्याचारी पतियों, दुष्ट प्रेमियों और सताये गये अतीत से भागी हुई पाँच स्त्रियों की शरणस्थली है। मगर क्या वे यहाँ रह कर सुरक्षित हैं? इस स्थान पर रूबी से आये हुए नौ पुरुष आक्रमण करते हैं। रूबी की सृष्टि स्वर्ग की तर्ज पर हुई है। कॉन्वेंट रूबी से सत्रह मील दूर है। इसमें मॉरीसन बड़ी सहजता से कई युगों में आवाजाही करती हैं। अश्वेतों की पृष्ठभूमि, उनकी आपसी लड़ाई, आर्थिक झंझटों, पूर्वजों की दुश्मनाई आदि की पड़ताल करते हुए वे मात्र अश्वेतों के शहर रूबी और केवल स्त्रियों के सथान कॉन्वेंट का विश्लेषण बड़ी बारीकी से करती हैं। 'बिलवड' की भाँति इस उपन्यास में भी मृत व्यक्ति और उनकी आवाजों को देखा-सुना जा सकता है। यह शहर के अतीत और भविष्य दोनों को दिखाता है। यहाँ प्रश्न उठता है कि पुरुष अपने पितृसत्तात्मक स्वर्ग से स्त्रियों को क्यों जड़ से समाप्त कर देना चाहते हैं?

अपने इस अनोखे उपन्यास 'पैराडाइज' में मॉरीसन तमाम प्रश्न खड़े करती हैं। स्वर्ग कहा है? इसके निवासी कौन होते हैं? कौन इसे खोज रहा है? कौन इसे नष्ट करता है? जैसे प्रश्नों को खँगालता यह उपन्यास इन्हीं प्रश्नों के आस-पास घूमता है। एक साक्षात्कार में वे कहती हैं कि सभी स्वर्गों का वर्णन पुरुष के परिक्षेत्र के रूप में होता है जबकि स्त्री बिना सुरक्षा के होती है और खतरों से घिरी रहती है। वह हस्तक्षेप करती है। ऐसा माना जाता है कि जब हम सब एक साथ मिल कर शक्तिशाली हो जाती हैं तो यह सहन नहीं किया जाता है और तब हम पर आक्रमण होते हैं। अपने अन्य उपन्यासों की भाँति इसे भी उन्होंने खूब शोध करके लिखा है। गुलामों की लूसियाना और मिसीसिपी से ओक्लाहोमा की यात्रा एक ऐतिहासिक सच्चाई है। जहाँ उन्होंने पूरे-के-पूरे शहर बसाये, चर्च बनाये, बैंक और दुकाने खोलीं। उपन्यासकार का मानना है कि सारे स्वर्ग, सारे यूटोपिया उन लोगों के द्वारा बनाये जाते हैं जो वहाँ कभी नहीं रहते हैं, जिनका प्रवेश भी वहाँ निषिद्ध होता है। यह उनका अपना अनोखा तरीका

है स्वर्ग को जानने-समझने का। उनके हिसाब से यह एक सुरक्षित स्थान है, जहाँ सब कुछ प्रचुर मात्रा में उपलब्ध है, जहाँ आपको कोई हानि नहीं पहुँचा सकता है। लेकिन इसके साथ ही यह स्थान सबसे अलग-थलग है, सबसे कटा हुआ। मॉरीसन का मानना है कि पृथकता में खुद को नष्ट करने के तत्त्व निहित होते हैं। यहाँ लोग समय के साथ बदलने से इनकार कर देते हैं। वे सारी चीजों, सारी बातों को दूर रखना चाहते हैं और इसी कारण स्वर्ग नष्ट हो जाता है।

इस उपन्यास का एक किरदार रेवरेंड मैस्नर उपन्यासकार के लिए बहुत विशिष्ट, बहुत अपना है क्योंकि वह अपने धर्म सिद्धान्तों, नागरिक अधिकारों और इन अधिकारों के विलय से बहुत बड़े धर्म संकट में है। वह इस बात को ले कर बहुत परेशान और दुःखी है कि आज का युवा सब बातों से कट गया है, वह समाज से अलग-थलग पड़ गया है। असल में मैस्नर की चिन्ता मॉरीसन की अपनी चिन्ता है। आज का युवा 'अन्ना कैरेनीना' के लेव की तरह है। लेव की तरह नैतिकता को ले कर उलझा हुआ। वह बहस, तर्क करने के लिए राजी है। वह तर्क को महत्त्व देता है। यह कहानी धर्म के विषय में है अतः वे पहले से इस बात को ले कर शंकित थीं कि उनका यह उपन्यास सही तरीके से नहीं पढ़ा जाएगा। लोग धर्म के विषय में कोई नयी बात सुनने को तैयार नहीं हैं। लोग इन बातों की चर्चा भी नहीं करना चाहते हैं। वे पूर्वाग्रह के कारण वही पढ़ना चाहते हैं जिसे वे सदा से मानते आये हैं। खासकर अश्वेतों के विषय में उनकी दृढ़ धारणा है, उससे हट कर वे अश्वेतों के विषय में जानना-समझना नहीं चाहते हैं।

लोगों के मन में अश्वेतों को लेकर पूर्व धारणा है मगर मॉरीसन नहीं चाहती हैं कि उनकी किताबें बिस्तर के सिरहाने की शोभा मात्र बन कर रह जाएँ अथवा केवल ड्राइंगरूम की शोभा वृद्धि के लिए कॉफी टेबल पर सजी रहें। वे चाहती हैं कि उनके लिखे पर खूब बहस हो, विचार-विमर्श हो, चिन्तन-मनन हो। आज उन्हें यह देख कर खुशी होती है कि उनकी किताबों को ले कर ऐसा हो रहा है। वे देखती हैं कि इंटरनेट पर उनकी किताबों पर गम्भीर चर्चा चल रही है। ओप्रा विन्फ्रे अपने बुक क्लब में मॉरीसन की किताबों की चर्चा करती हैं जहाँ मॉरीसन खुद टेलीकॉफ्रेंसिंग के द्वारा अपने पाठकों से बातचीत करती हैं। एक बार उन्होंने वॉशिंगटन पोस्ट को एक साक्षात्कार के दौरान बताया था कि केवल हम यानी केवल मनुष्य स्वर्ग की कल्पना कर सकते हैं। अतः यह क्यों न करें? आगे वे कहती हैं कि चलो इसकी सटीक कल्पना करें। यह केवल मेरा तरीका, मेरा स्वामी, मेरी सीमाएँ, मेरे मूल्य नहीं हैं, इसमें आपको, आपको और आपको दूर नहीं कर देना है। कुछ लोगों को रखना और कुछ को दूर रखना नहीं होगा। माना कि स्वर्ग के अवसर बहुत विरल हैं। मगर इससे क्या? हम इसकी कल्पना कर सकते हैं, अतः आइए मिल कर इसके बारे में सोचें।

'पैराडाइज' का रूबी एक ऐसा स्वर्ग है जिसमें प्रवासन के लिए केवल अमेरिकन, केवल अफ्रो-अमेरिकन ही नहीं खोज कर रहे हैं। अफ्रीकनों ने अपना घर, अपना देश छोड़ा अतः वे दूसरा घर खोज रहे हैं। लेकिन श्वेत लोग भी यही कर रहे हैं। जिन लोगों ने अपना घर छोड़ा है वे अब वहाँ नहीं रहना चाहते हैं या यूँ कहें कि अब वे वहाँ नहीं रह पा रहे हैं। एक अमेरिकन के घर खोजने और एक अफ्रो-अमेरिकन के घर खोजने में फर्क है। वे ऐसा स्थान खोज रहे हैं जहाँ उनके अपने ही लोग हों, अपनी सभ्यता-संस्कृति हो, जहाँ उन्हें किसी बाहरी सहायता की जरूरत न हो। जहाँ वे अपने आप में परिपूर्ण हों। इस दृष्टि से स्वर्ग खोजने के उद्देश्य तनिक भिन्न हैं। रूबी के बाहर का कॉन्वेंट एक अलग स्वर्ग है और रूबी के भीतर का स्वर्ग अलग है। रूबी का स्वर्ग पुरुषों द्वारा नियन्त्रित है जबकि कॉन्वेंट का शासन स्त्रियों द्वारा चलाया जाता है। ऐसी स्त्रियाँ जो सतायी गयी स्त्रियों द्वारा शासित की जाती हैं। उपन्यासकार ने रूबी की पूरी व्यवस्था ओल्ड टेस्टामेंट के आधार पर रची है। यह पूरी तरह से पितृसत्तात्मक है, यहाँ के पुरुष अपनी स्त्रियों की सुरक्षा को ले कर बड़े सतर्क हैं। जबकि कॉन्वेंट की स्त्रियाँ पुरुषों का साथ नहीं चाहती हैं। वे आपस में लड़ती-झगड़ती हैं मगर उन्हें इस बात का डर नहीं है कि कोई उनका शिकार करेगा। रूबी प्रोटेस्टेंट धर्म पर आधारित है जबकि कॉन्वेंट में कोई धार्मिक संगठन नहीं है। इसकी व्यवस्था करीब-करीब जादू पर है। दोनों स्थानों के मूल्यों में आधारभूत अन्तर है। यहाँ की स्त्रियाँ पिछली सदी के सातवें दशक की हैं, जिन्हें रूढ़िवादी अश्वेत लोग भयंकर मानते थे। वे उन्हें नष्ट कर देना चाहते थे।

पत्रकार एलीजाबेथ फरंसबर्थ के अनुसार 'पैराडाइज' में दिखाये गये स्थल कुछ अर्थों में बेहद सुन्दर हैं और कुछ अर्थों में बेहद खतरनाक। इसकी कथावस्तु 1970 ओक्लाहोमा में अश्वेत लोगों द्वारा अपनी बहुत सारी औरतों को मार डालने की वास्तविक घटना पर आधारित है। इन लोगों ने अपने सम्मान की रक्षा के लिए उन्हें मार डाला था। उन लोगों का मानना था कि ये औरतें बुरी हैं और इसका असर उनकी नैतिकता पर पड़ेगा अतः इन्हें समाप्त कर देना चाहिए और उन लोगों ने उन्हें समाप्त कर दिया। यह सर्वांग हिला देने वाली मार्मिक घटना थी। सदैव स्त्री को ही बलि का बकरा बनाया जाता रहा है। मजे की बात है कि मॉरीसन अपने इस उपन्यास का नाम 'पैराडाइज' नाम नहीं देना चाहती थीं, उन्होंने इसका नाम 'वार' (युद्ध) रखा था। मगर उनके प्रकाशक नॉफ (Knopf) की सोच कुछ और थी उन्हें भय था कि यदि उपन्यास का नाम 'वार' रखा गया तो मॉरीसन के पाठक उनसे बिदक जाएँगे। प्रकाशक की चली और उपन्यास 'पैराडाइज' नाम से ही प्रकाशित हुआ। लेकिन मॉरीसन आज भी बराबर सोचती हैं कि उपन्यास का नाम 'वार' ही होना चाहिए था, उसे 'पैराडाइज' नाम देना ठीक नहीं हुआ। जब 'पैराडाइज'

प्रकाशित हुआ तो मॉरीसन पर राजनीति से प्रभावित होने का आरोप लगा। यह आरोप लगाना व्यर्थ है क्योंकि वे स्वयं स्वीकारती हैं कि उनका लेखन राजनीतिक है। वे मानती हैं कि हरेक कलाकार राजनीतिक होता ही है। जोनाथन यार्डली को एक साक्षात्कार के दौरान उन्होंने कहा कि वे विश्वास करती हैं कि एक सच्चा कलाकार कभी भी अराजनीतिक हो ही नहीं सकता है। वे भले ही इस खास प्रण के प्रति असंवेदनशील रहे हों पर वे सब राजनीतिक थे, क्योंकि एक कलाकार यही होता है एक राजनीतिक। टोनी मॉरीसन के काम पर फॉक्नर की कथानक शैली और मार्केस के जादुई यथार्थवाद का बहुत गहरा प्रभाव देखा जा सकता है। इसके बावजूद शैली उनकी अपनी और अनोखी है।

अश्वेत कलाओं का आन्दोलन (ब्लैक आर्ट्स मूवमेंट) अफ्रो-अमेरिकन जीवन को ताकत देने के लिए चलाया गया था मगर इस आन्दोलन में पुरुषों का वर्चस्व था। यह पुरुषों से जुड़े मुद्दों से सम्बन्धित था। इसीलिए इस आन्दोलन से टोनी मॉरीसन परेशान और खफा थीं। यहाँ पुरुषों के बीच संघर्ष था। स्त्रियाँ और उनसे जुड़े मुद्दे की इन लोगों को परवाह नहीं थी। इन पुरुषों के लिए स्त्रियों से जुड़े मुद्दे मुद्दे ही नहीं थे। अमीरी बराका, विलियम वेल्स ब्राउन (क्लोटेल या द प्रेसिडेंट्स डॉटर) जैसे लेखक पुरुषसत्ता के संकुचित घेरे में थे। ये लोग श्वेत समुदाय, श्वेत पाठकों के लिए लिख रहे थे। अश्वेत पाठक, खासकार अश्वेत स्त्री पाठक स्वयं को इनके साहित्य में अनुपस्थित पाता। रैल्फ एलीसन के उपन्यास पर टोनी मॉरीसन प्रश्न करती हैं कि 'इनविजिबल मैन' किसके लिए अदृश्य है? यह अश्वेत व्यक्ति श्वेत लोगों के लिए अदृश्य है, अश्वेतों के लिए नहीं। इस लेखन में अश्वेत समुदाय, उसकी आंतरिक समस्याएँ सिरे से गायब हैं। टोनी मॉरीसन, एलिस वॉकर, टोनी कैड बाम्बारा, लूसील क्लिफ्टन, जून जोर्डन ने स्त्री से जुड़े मुद्दों को बाद में अपने साहित्य में उठाया। इन अश्वेत लेखिकाओं ने यह काम बीसवीं सदी के उत्तरार्द्ध में किया। इनके लेखन के विषय और शैलियाँ अश्वेत पुरुष रचनाकारों से भिन्न थीं फिर भी इन लोगों ने अपने तरीके से दमनकारी सामाजिक सिस्टम जैसे नस्लवाद, लिंगवाद और वर्गवाद जैसे मुद्दे साहित्य में उकेरे। इन रचनाकारों के साथ बौद्धिक और सामाजिक कार्यकर्ता स्त्रियाँ और बाद में कुछ पुरुष भी जुड़े। इसका नतीजा हुआ सामाजिक परिवर्तन, स्त्री-पुरुष के सम्बन्धों में निकटता, अश्वेत अस्मिता, आत्मसम्मान, आत्मनिर्भरता का उदय। टोनी मॉरीसन का साहित्य इसका एक प्रमुख उदाहरण है।

टोनी मॉरीसन सदैव समन्वय चाहती हैं, वे अश्वेतों के लिए अलग शहर, अलग समुदाय या अलग देश के विचार को खारिज करती हैं, इस अलगाववादी विचार से वे सहमत नहीं हैं। वे मानती हैं कि श्वेत-अश्वेत दोनों मिलजुल कर रह सकते हैं, विकास कर सकते हैं। 'बिलवड' उपन्यास में एमी डेनवर को लाकर दिखाना चाहती

हैं कि श्वेत-अश्वेत का साझा जीवन सम्भव है। खासकर दोनों समुदाय की स्त्रियों का साझा जीवन सम्भव है। एमी डेनवर सेथे की उसके कठिन समय में, प्रसव में सहायता करती है, नवजात शिशु को अपने कपड़ों में लपेटती है। यह संकेत है भविष्य में श्वेत लोगों द्वारा अश्वेतों पर हुए अत्याचार के मोचन का। बाद में सेथे अपनी बेटी डेनवर के जन्म की बात पॉल डी को बताती है, वह बताती है कि एमी डेनवर ने मेरी सहायता की। इस पर पॉल डी कहता है कि ऐसा करके उसने अपनी सहायता की है। एमी डेनवर सेथे के साथ परिवार की भूमिका निभाती है, वह नवजात को अपना नाम देती है। सेथे की इस बेटी का नाम डेनवर है। डेनवर आगे चल कर एक स्वावलम्बी, स्वाभिमानी युवती के रूप में विकसित होती है। डेनवर का घर से बाहर निकल कर शिक्षा और काम प्राप्त करके आत्मनिर्भर होना इस उपन्यास को सकारात्मकता प्रदान करता है। वह कड़ी है अश्वेत-श्वेत के बीच की। वह शुभाकांक्षा है मनुष्यता के भविष्य की।

अश्वेत लोग श्वेत लोगों पर विश्वास नहीं करते थे। उनका अनुभव इसका प्रत्यक्ष कारण है। मगर श्वेत लोग भी अश्वेत लोगों पर विश्वास नहीं करते थे उनसे भयभीत रहते थे। हर दमनकारी भीतर से डरा रहता है। उसे सदैव लगता रहता है कि जिनका वह शोषण कर रहा है वे कभी भी उस पर आक्रमण कर सकते हैं। 'बिलवड' में टोनी मॉरीसन कहती हैं कि श्वेत लोग मानते थे कि हर काली चमड़ी के नीचे एक भयानक जंगल है, मतलब कि ये बहुत खतरनाक लोग हैं। मगर ये जंगल अश्वेत लोग अपने साथ लेकर नहीं आये थे। वे इसे अफ्रीका से अपने साथ नहीं लाये थे। यह जंगल उनके भीतर श्वेत लोगों ने ही रोपा था। चीखता हुआ बबून श्वेत लोगों की चमड़ी के भीतर है, लाल मसूढ़े उनके ही हैं। श्वेत लोगों के दमन-शोषण और अत्याचार ने अश्वेतों को विद्रोह के लिए उकसाया, उन्हें श्वेत लोगों के खिलाफ उठ खड़े होने पर मजबूर किया।

कुछ श्वेत लोग भले ही अश्वेतों की सहायता करते हों, उनके साथ नरम-अच्छा व्यवहार करते हों। पर गुलामों के प्रति किये गये उनके क्रूर व्यवहार को कैसे भुलाया जा सकता है। जिन्होंने उस अमानुषता को भोगा है वे कैसे उन्हें माफ कर सकते हैं। अश्वेत बेबी शुग्स कहती है, श्वेत लोगों ने मुझसे सब छीन लिया, जो मेरे पास था, या जो स्वप्न मैंने देखा था। उन्होंने मेरा दिल तोड़ दिया। दुनिया में श्वेत लोगों से बढ़ कर कोई दुर्भाग्य नहीं है। इसी तरह सेथे बिलवड को अपने जघन्य कार्य की पीछे की अपनी मंशा स्पष्ट करती है, वह बताती है कि यदि वह अपनी बच्ची को न मार डालती तो इसकी पूरी-पूरी सम्भावना थी कि उसे गुलामी का जीवन और गुलामी के अत्याचार सहने पड़ते और वह यह कभी नहीं चाहती थी कि उसके बच्चे उसकी तरह का नारकीय जीवन बिताएँ।

टोनी मॉरीसन की अपनी एक खास लेखन शैली है। 'बिलवड', 'जाज' एवं 'पैराडाइज' अपनी इस उपन्यास त्रयी में वे कई स्तरों पर कहानियों की आवृति करती हैं। इस तरह मॉरीसन इतिहास के आधिपत्य को पुनर्व्याख्यायित करती हैं। इसके द्वारा वे बदलाव के स्वस्थ होने और सूझ-बूझ की प्रक्रिया को दिखाती हैं। 'बिलवड' में गुलाम सेथे की आजादी मात्र ओहियो नदी पार करने से ही नहीं आ जाती है। उसकी आजादी तब भी नहीं आती है जब वह हताशा-निराशा में हत्या जैसा जघन्य अपराध करती है। उसकी आजादी आती है जब हादसे की आवृति होती है और इस बार वह आवृति एक खास बदलाव के साथ होती है। इस बार वह फिर हथियार उठाती है मगर अपने बच्चों के खिलाफ नहीं, उस श्वेत व्यक्ति के प्रति हथियार उठाती है जिसे वह अपने बच्चों के लिए खतरा समझती है। यह दीगर बात है कि वह व्यक्ति श्वेत होते हुए भी उसके बच्चों के लिए खतरा नहीं था। इसी तरह 'जाज' में भी पूरा-का-पूरा कथानक जाज संगीत की संरचना की भाँति दोहराया गया है। यहाँ भी दोहराव में बदलाव है। मॉरीसन वॉयलेट और फेलिस का प्रेम उभरता है वॉयलेट और डोरकास के हत्यारे के त्रिकोण से। इसमें भी हत्या के दृश्य की आवृति होती है। दृश्यों, चरित्रों, विचारों की आवृति हर बार एक नये परिवर्तन के साथ होती है। यह परिवर्तन पाठकों को सारी प्रक्रिया एक नयी रौशनी में देखने के लिए प्रेरित करती है, उसके नजरिये का परिष्कार करती है। यदि परिवर्तन के बिना आवृति हो तो वह बहुत अर्थहीन और बेमानी होगी।

टोनी मॉरीसन ने एक बार एक साक्षात्कार में बताया था कि उनका सारा लेखन प्रेम के विषय में है। या तो वे प्रेम के विषय में लिखती हैं अथवा इसके अभाव के विषय में। इतना ही नहीं वे बड़े प्रेम से लिखती हैं, अन्यथा कोई ऐसी कहानियाँ लिख सकता है क्या? 'द ब्लूएस्ट आई', 'सुला', 'सांग ऑफ सोलोमन', 'जाज', 'बिलवड', 'पैराडाइज' सबमें प्रेम आया है, प्रेम के विभिन्न रूप चित्रित है। कभी यह आदमी को बनाता है कभी मिटा डालता है। उनके लिखे को प्रेम के साथ पढ़ने उसे समझने और उसमें भागीदारी करने के लिए है तभी उनके लिखे को पूरी तौर पर समझा-सराहा जा सकता है। वे केवल मनोरंजन के लिए नहीं लिखती हैं। टोनी मॉरीसन का पैराडाइज के बाद भी जारी रहा, 2003 में उनका आठवाँ उपन्यास 'लव' आया। इसमें वे प्रेम के विभिन्न प्रकारों, खासतौर पर बच्चों के प्रेम का अन्वेषण करती हैं। इसमें 'एल' नाम की एक स्त्री है। इंग्लिश भाषा में 'एल' प्रेम के लिए प्रयोग होता है। एल समुद्र किनारे बिल कोसे के एक रिसोर्ट में कुक है। एल इस रिसोर्ट का इतिहास बताती है। 1930 में बना यह रिसोर्ट नब्बे के दशक में लोगों की सैर के लिए नहीं रह गया है अब तो नव धनाड्य लोग नयी-नयी जगहों पर जाते हैं। लोग इस रिसोर्ट के उजाड़ होने के कई कारण बताते हैं, किसी के अनुसार तूफान से यह नष्ट हुआ

तो किसी अन्य के अनुसार यह कोसे के व्यवहार का नतीजा है।

'लव' में एक बार फिर वे अपने समृद्ध गद्य को ले कर उपस्थित हैं, यह दिखाता है कि मॉरीसन अश्वेत समुदाय के प्रति कितनी समर्पित है। वे अपने समुदाय के लिए लिखती हैं, अपने समुदाय के बारे में दुनिया को बताने के लिए लिखती हैं। यह बिल कोसे की कहानी है, एक रिसोर्ट का मालिक जो बरसों पहले मर चुका है मगर अभी भी भुलाया नहीं गया है। उसकी विधवा हीड और उसकी पोती क्रिटीन उसी महलनुमा घर में रहती हैं और लगातार उसे याद करती हैं। पूरा उपन्यास गोथिक शैली में रचा गया है। इसमें ऐसे लोग हैं जो षड्यन्त्र रचते रहते हैं, कटु और स्वार्थी किस्म की स्त्रियाँ हैं और हैं शिकारी स्वभाव के पुरुष।

'सुला' भाँति यहाँ भी दो लड़कियाँ हैं, दोनों की पृष्ठभूमि भिन्न है। क्रिस्टीन हल्के रंग की और धनी परिवार की है, उसका परिवार रिसोर्ट चलाता है तो दूसरी ओर हीड उतने साफ रंग की नहीं है, न ही उसकी तरह धनी परिवार की है। मगर दोनों की दोस्ती पक्की है, दोनों मिल कर हँसती हैं, कूट भाषा में बातें साझा करती हैं, एक जैसे सपने देखती हैं। 'क्रिस्टीन हीड को बिलांग करती थी, हीड क्रिस्टीन को बिलांग करती थी।' उनके लिए रंग और वर्ग का कोई मतलब न था, सामाजिक दर्जे के भेदभाव उनके लिए न थे। वे अपने साझेपन को ही अपना अस्तित्व मानती थीं।

रिसोर्ट अश्वेत ग्राहकों को सारी सुविधाएँ देता है और ग्राहक भी वहाँ अपना सर्वोत्तम मुखौटा लगाये हुए आते हैं जो एक सप्ताह या छुट्टियों भर के लिए काफी होता है। मगर इसके पीछे और बहुत कुछ है। मॉरीसन का यह उपन्यास उनके अन्य उपन्यासों की अपेक्षा बहुत सरल और छोटा है। यह रिसोर्ट बाहर से आने वाले धनी अश्वेतों का स्वागत करता है मगर इसके द्वार स्थानीय अश्वेत लोगों के लिए नहीं खुलते हैं भले ही वे रकम देने की कूबत रखते हों, स्थानीय लोगों में वह नफासत कहाँ? बहुत सारे लोगों के लिए यह नजदीक होते हुए भी दूर है। मॉरीसन आज की उपभोक्तावादी संस्कृति को चित्रित करती हैं।

क्रिस्टीन और हीड की दोस्ती में दरार आती है, यह दरार आती है क्रिस्टीन के ग्रैंडफादर की यौन लालसा के कारण। दोनों एक दूसरे से बात करना बन्द कर देती हैं, अपने-अपने पहले यौन अनुभव से लगे झटके को भी साझा नहीं कर पाती हैं। जल्द ही कोसे बच्ची हीड से शादी करता है और सारे रिश्ते उलट-पुलट जाते हैं। कोसे के मन में क्रिस्टीन को ले कर भी बुरे भाव हैं, वह एक वस्तु की तरह हीड को खरीद लेता है। सत्ता-शक्ति व्यक्ति को कैसा बना देती है। दोनों लड़कियाँ एक-दूसरे की प्रतिद्वन्द्वी बन जाती हैं। अन्ततः क्रिस्टीन को हॉस्टल भेज दिया जाता है और कोसे हीड को बच्ची मान कर जरा-जरा-सी गलतियों पर मारता है। क्रिस्टीन

की विधवा माँ पहले ही हीड को नीचे कुल की मानते हुए नफरत करती थी, अब वह उसके साथ बहुत बुरा व्यवहार करने लगती है। इस तरह एक आदमी की यौन लिप्सा सारे वातावरण को दूषित कर देती है। विडम्बना यह है कि कोई भी कोसे को दोष नहीं देता है, और स्त्रियाँ स्त्रियों की सहायता न करके एक-दूसरे को नष्ट करने पर तुल जाती हैं। होना यह चाहिए था कि वे मिल कर कोसे का सामना करतीं उसे उसकी औकात दिखा देतीं। उपन्यास का अन्त यहीं नहीं होता है। भूमिकाएँ अदल-बदल जाती हैं।

मॉरीसन के इस उपन्यास का नाम बहुत छोटा-सा मात्र दो अक्षरों (इंग्लिश में चार अक्षरों) का है मगर यह देखने में भले ही छोटा हो इसका कथानक गम्भीर है इसीलिए इस उपन्यास को पाठकों ने उत्साह के साथ अपनाया और इसे ले कर समीक्षकों के बीच भी काफी गहमा-गहमी रही। डेली मेल के अनुसार मॉरीसन अपने इस उपन्यास में अपने बहुत ऊँचे पावर पर हैं। बाद में (2009) साहित्य का नोबेल पुरस्कार पाने वाली हिलरी मेंटल ने स्पैक्टर मैगजीन में लिखा कि जब मॉरीसन अपने सर्वोच्च में लिखती हैं तो उनके गद्य के माध्यम से इतिहास को अनुभव किया जा सकता है। फाइनेन्सियल टाइम्स के अनुसार 'लव' एक शानदार किताब है। मॉरीसन इसमें अपने खेल के शिखर पर हैं। इस उपन्यास का नायक बिल कोसे एक साथ बहुत सारी स्त्रियों की विभिन्न माँगों को पूरा करता है। किसी के लिए वह पिता है, किसी के लिए पति, किसी के लिए प्रेमी तो किसी अन्य के लिए मात्र एक मित्र। फिर भी इसे मात्र नायक प्रधान उपन्यास कह कर इसके महत्त्व को कम कर के आँकना उचित न होगा। वे अपने सशक्त नारी चरित्र चित्रण के लिए जानी जाती हैं और यह उपन्यास इसका एक बहुत अच्छा उदाहरण है।

टोनी मॉरीसन का नौवाँ उपन्यास 'ए मर्सी' कलेवर में उनके पिछले उपन्यास से भी छोटा है। यहाँ भी वे इतिहास के विभिन्न दौर में सहजता से आती-जाती हैं, रोजमर्रा की जिन्दगी और काल्पनिक जीवन दोनों को आसानी से उपन्यास में पिरोती हैं। भले ही कलेवर छोटा हो मगर इसके पीछे बहुत परिश्रम किया है मॉरीसन ने। वर्षों की शोध के बाद उन्होंने इस उपन्यास को सत्रहवीं सदी में स्थापित किया है। इतिहास की एक किताब 'व्हाइट कारगो' की माने तो गुलामी केवल अश्वेतों के लिए नहीं थी। श्वेत और अमेरिका के मूल निवासी रेड इंडियंस भी गुलाम थे। प्रारम्भिक काल में गुलामी नस्ल के आधार पर नहीं थी। इसी को आधार मान कर उन्होंने 'ए मर्सी' लिखा। वे गोलामी से नस्ल को निकालना चाहती हैं। मगर अन्तर है वे खुद स्वीकारती हैं कि अफ्रीकन गुलाम और यूरोपियन गुलाम में बड़ा फर्क यह था कि अगर एक भागता था तो आराम से आबादी में घुल-मिल जाता था मगर अश्वेत तुरन्त नजर आ जाता था। 1676 में बेकन विद्रोह के बाद नस्ल सामाजिक पहचान की

एक खास श्रेणी बन गयी। श्वेत गुलाम इंडेंचर सेवक कहलाते थे और उनके लिए अलग व्यवहार होता था। नेथैनियल बेकन एक अमीर प्लांटर था और यह एक विरल विद्रोह था जिसमें श्वेत-अश्वेत मिल कर खड़े थे, इससे सत्ता और शासक वर्ग के लोग डर गये और उन्होंने अपनी सुरक्षा के लिए नये कानून बना डाले और अफ्रीकन संतानों को गुलाम की श्रेणी में डाल दिया। 'ए मर्सी' का एक मुख्य किरदार जैकब वार्क एंग्लो-डच व्यापारी है।

टोनी मॉरीसन ने ओ. जे. सिम्सन पर लिखा तो बहुत आलोचना और चर्चा हुई। अमेरिकन फुटबॉलर, कई विज्ञापनों के मॉडल, ब्रॉडस्टर और 'द टॉवरिंग इंफर्नो', 'कसांडा क्रॉसिंग' तथा 'द नेकेड गन' जैसी फिल्मों के अभिनेता ओ. जे. सिम्सन पर 1994 में अपनी पत्नी और अपने एक दोस्त की हत्या करने का आरोप लगा था। काफी सनसनीखेज केस चला। अश्वेतों को सदा से चालाक, धूर्त, बेवकूफ, लुटेरा और पागल माना जाता रहा है, मॉरीसन ने सिम्सन केस के समय उस पर अपने विचार रखे और अश्वेतों के प्रति पूर्वाग्रह का विरोध किया। वे मानती हैं कि इस केस में बहुत सारे लोगों के स्वार्थ जुड़े हुए हैं इसलिए वास्तविकता कभी भी खुल कर सामने नहीं आयेगी। उन्हें सिम्सन पर चला सारा केस एक तमाशा और साजिश लगता है। लोग चटखारे ले रहे हैं, मजे उड़ा रहे हैं, कहानियाँ गढ़ रहे हैं, ऐसी कहानियाँ जिसका सच्चाई से कुछ लेना-देना नहीं है। मॉरीसन अपने देश की घटनाओं में सक्रिय भागीदारी करती हैं। जब मोनिका लेवंस्की और क्लिंटन के सम्बन्धों को मीडिया भुना रहा था तो मॉरीसन ने लेख लिख कर इसकी आलोचना की। जब बराक ओबामा चुनाव में खड़े हो रहे थे तो उन्होंने मॉरीसन से अपने प्रचार के लिए सहायता देने का अनुरोध किया। उनके सामाजिक-राजनीतिक प्रभाव को इस एक बात से आँका जा सकता है। बराक ओबामा के मन में मॉरीसन के उपन्यास सांग ऑफ सोलोमन' के लिए बहुत इज्जत है और मॉरीसन उनकी पहली किताब ड्रीम्स फ्रॉम माई फादर : ए स्टोरी ऑफ रेस एंड इनहेरीटेंस' से बहुत प्रभावित हैं। इस किताब में ओबामा अपने बचपन, किशोरावस्था के संघर्षों का चित्रण करते हैं। बराक ओबामा की लेखन क्षमता के साथ-साथ उनकी चिन्तन-मनन क्षमता की प्रशंसा करती हैं। यह एक गैरराजनीतिक जीवनी है, इस बात से वे बहुत प्रभावित हैं। उन्होंने देश की परिस्थितियों को देखते हुए ओबामा के पक्ष में सहायता देने का निश्चय किया। उस समय अमेरिका कई बड़े संकटों से जूझ रहा था। ईराक-अफगानिस्तान में युद्ध चल रहा था, आर्थिक स्थिति बहुत डाँवाडोल थी, कटरीना तूफान आया हुआ था। उन्हें लगा कि ऐसे नाजुक समय में बराक ओबामा जैसे मजबूत इरादे के व्यक्ति के हाथों में देश की बागडोर सौंपी जानी चाहिए। मॉरीसन के अनुसार उन्होंने ओबामा का साथ उनकी नस्ल और रंग के लिए नहीं

वरन् उनके बौद्धिक गुणों और व्यक्तित्व के कारण दिया। ओबामा की जीत की खबर से लगा कि वे मार्टिन लूथर किंग जूनियर के कहे शब्दों को प्रत्यक्ष अनुभव कर रही हैं, उसने माउंटेनटॉप पर होने की बात कही थी। उनके अनुसार यदि उस समय राल्फ एलीसन जिन्दा होते तो अपनी किताब का शीर्षक 'इनविजिबल मैन' से बदल कर विजिबल मैन' कर देते। उन्हें यह भी लगा कि अब दुनिया में अफ्रो-अमेरिकन के प्रति लोगों का नजरिया बदल जाएगा। मगर वे यह भी कहती हैं कि अभी बहुत काम होना बाकी है, एक व्यक्ति के राष्ट्रपति बनने से सबकी स्थिति में बदलाव नहीं आ गया है।

कई कामों को करती हुई टोनी मॉरीसन इतना कैसे लिख पाती हैं? मन में सहज जिज्ञासा होती है कि वे कब लिखती हैं? कैसे लिखती हैं? जब उनके बच्चे छोटे थे वे कई काम एक साथ करती थीं। रोज ऑफिस जातीं, घर सँभालतीं, और लिखतीं। अब जब वे लौट कर सोचती हैं तो उन्हें खुद भी आश्चर्य होता है, एक तरह का पागलपन जैसा लगता है। मगर उस समय वे एक साथ यह सब कर रही थीं। वे इस सब में कुछ विचित्र भी नहीं मानती हैं क्योंकि उनके अनुसार हरेक सामान्य स्त्री यह सब यानी कि बहुत सारे काम एक साथ करती है। वे भोर में और लोगों के जगने से पहले जग जाती हैं और सुबह-सुबह खूब लिखती हैं। रात को ज्यादा नहीं लिख पाती हैं। भोर में उनकी सृजनात्मकता अपने चरम पर होती है। इसी तरह वे सप्ताहान्त में खूब लिखती थीं जब ऑफिस नहीं जाना होता था। गर्मी की छुट्टियों में जब उनके बच्चे उनके माता-पिता के पास ओहियो चले जाते थे, उनकी बहन भी वहीं रहती थी, तब भी वे खूब जम कर लिखती थीं। मॉरीसन कहती हैं कि यदि समय का उचित संयोजन कर लिया जाए तो यह सब सम्भव है। समय का उचित उपयोग करना सीखना पड़ता है। बहुत सारे काम एक साथ करते हुए भी आप चाहें तो लिखने की योजना बना सकते हैं और लिख सकते हैं। कई काम ऐसे करने होते हैं जिनमें दिमाग लगाने की जरूरत नहीं होती है। आप मशीनी ढंग से उन्हें कर सकते हैं, उस समय भी लिखने की योजना मन में सक्रिय रह सकती है। अब मॉरीसन के बच्चे बड़े हो गये हैं। जीवन का तरीका भी बदल गया है लेकिन आज भी वे बहुत व्यस्त हैं। कई दूसरी तरह के काम करती हैं। व्यस्त हैं फिर भी लिखना जारी है।

टोनी मॉरीसन ने नौ उपन्यास, कई कहानियाँ, लेख, नाटक लिखे। एडीटर के रूप में कार्य किया। इसके अलावा उन्होंने टेक्सास सदर्न विश्वविद्यालय, हॉवर्ड विश्वविद्यालय, स्टेट यूनिवर्सिटी ऑफ न्यूयॉर्क, प्रिंसटन विश्वविद्यालय आदि विभिन्न विश्वविद्यालयों में शिक्षण कार्य किया। उन्होंने ओपेरा के लिए गीत-संगीत लिखा। 2009 में उन्होंने पी ई एन संस्था के लिए 'बर्न दिस बुक : पी ई एन राइटर्स स्पीक आउट ऑन द पॉवर ऑफ द वर्ड' नामक किताब का सम्पादन किया। भाषण देने

के लिए उन्हें जगह-जगह से बुलावे मिलते हैं। जब वे बोलती हैं तो लोग बड़े ध्यान से उनकी बातें सुनते हैं।

टोनी मॉरीसन ने जिन्दगी में बहुत सारे उतार-चढ़ाव देखे हैं। खुशी और गम उनकी जिन्दगी का भी हिस्सा रहे हैं। मगर वे इससे बहुत ज्यादा प्रभावित नहीं हुईं। साहित्य का नोबेल पुरस्कार मिलने के ठीक बाद उनके घर में आग लग गयी और उनका काफी कुछ जल कर भस्म हो गया। एक समय था जब वे हाथ से लिखा करती थीं उस समय की उनकी सारी पाण्डुलिपियाँ जल कर खाक हो गयीं। आज की तरह कम्प्यूटर नहीं थे सो जो गया सो गया। उनकी सोच थी कि उन पाण्डुलिपियों का उनके लिए कोई खास महत्त्व न था क्योंकि वे पुस्तकों के रूप में प्रकाशित हो चुकी थीं। मगर उनका दूसरे लोगों के लिए अवश्य महत्त्व है। उन्हें अफसोस है कि उनके बच्चों के विभिन्न उम्र के बहुत सारे फोटोग्राफ थे, वे भी जल गये और उनका स्थानापन्न नहीं है। उन्हें दुःख है कि उनके बच्चों के रिपोर्ट काड्र्स जल गये, उनके कुछ पौधे नष्ट हो गये, उनकी कुछ पोशाकें खराब हो गयी। उनके पास एमिली डिकेंसन, फॉक्नर की किताबों के प्रथम संस्करण थे जो इस आग में जल गयीं। उनके बहुत सारे पत्र इस आग की भेंट चढ़ गये। करीब चालीस ऐसी किताबें जो उन्हें बेहद प्रिय थीं जल गयीं। इस आग में उनका सब कुछ नहीं पर बहुत कुछ नष्ट हो गया मगर वे निराश हो कर रुक नहीं गयीं, लिखना उन्होंने जारी रखा। इसके बाद भी उन्होंने खूब लिखा और खूब अच्छा लिखा।

खूब अच्छा लिखने वाला और हर बड़ा रचनाकार खूब पढ़ता भी है। लिखने के लिए पढ़ना अत्यावश्यक है। पढ़ना दृष्टि को विस्तार देता है, व्यक्तित्व का विकास करता है। टोनी मॉरीसन नोबेल भोज के समय दिए गये अपने कृतज्ञता ज्ञापन में अपने पूर्ववर्ती और समकालीन लेखकों को स्मरण करती हैं। उन्होंने अपने से पहले आने वालों को स्मरण किया और अपने बाद आने वालों को भी याद किया। जिन लोगों को उनसे पहले साहित्य का नोबेल पुरस्कार मिल चुका था, जिनके कार्यों को दुनिया जानती थी वे उनके साहस और स्पष्टता की मुरीद हैं। इन लोगों का लेखन उनके लिए एक चुनौती रहा है। इसके साथ ही उन्हें इन रचनाओं से सत्त भी मिलता है। पुरस्कार की घोषणा पर उनकी एक मित्र ने उनके लिए एक असन्देश छोड़ा कि यह पुरस्कार जो तुम्हारा है, हमारा भी है और इससे बेहतर हाथ में इसे नहीं दिया जा सकता था। इस सन्देश में आशा और विश्वास छिपा है। अपनी इस दोस्त के सन्देश का महत्व मॉरीसन जानती हैं। उन्हें मालूम है कि उन पर कितनी बड़ी जिम्मेदारी है। उनके अपने लोग उनसे कितनी अधिक अपेक्षाएँ रखते हैं। इस अवसर पर वे इन सारे लोगों को याद करती हैं। वे उन सारे लोगों को याद करती हैं जो इस समय अपने लेखन को चमका रहे हैं। वे कहती हैं कि यह दीगर है कि उनमें से

सब इस प्रीति भोज तक नहीं पहुँचेंगे। यह देखना रोचक होगा कि वे किन लेखकों को याद करती हैं। कौन उनके प्रेरणा स्रोत रहे हैं। वे किन लेखकों को पसन्द करती हैं, किनकी ओर आशा भरी नजरों से देखती हैं। ग्रैबियल गार्शा मार्केस जो भी लिखते हैं वे उसे अवश्य पढ़ती हैं। वे पढ़ती हैं पीटर कैरी, पंचोन तथा जमैइका किंकाइड को। एक और महत्त्वपूर्ण बात है, वे ये सारी किताबें खरीद कर पढ़ती हैं। बचपन से पढ़ने की आदत थी जिसने उन्हें अमेरिका के इतिहास से परिचित कराया। उनकी खुद की रचनाएँ इतिहास से निकलती हैं।

अपने इसी वक्तव्य में वे बताती हैं कि नेल्सन मंडेला एक महान राजनीतिक हैं और उनकी वे बहुत इज्जत करती हैं। वे अपने मूल देश अफ्रीका जाने के लिए बहुत उत्सुक हैं। उन्हें दक्षिण अमेरिका से बहुत सारे आमन्त्रण भी मिले हैं, शायद अब तक वे अफ्रीका हो भी आयी होंगी। पहले वे विनी मंडेला पर भी अपार श्रद्धा रखती थीं पर बाद में नेल्सन और विनी के सम्बन्धों में कड़वाहट आने के बाद मॉरीसन ने विनी के बारे में बोलना बन्द कर दिया। वे कहती हैं कि उन्हें सच्चाई नहीं ज्ञात है कि लोग विनी के इतने खिलाफ क्यों हैं। वे वास्तविक विनी को जानना-समझना चाहती हैं, जब उन्हें सच्चाई पता चलेगी तब वे अवश्य बोलेंगी।

भाषा पर टोनी मॉरीसन का गजब का अधिकार है। उनके नियन्त्रण में भाषा नृत्य करती है, वे अपना भाषा प्रेम सहजता से दिखाती हैं। उनकी भाषा शैली पाठक को बहा ले जाती है, सारे भ्रम, सारे अविश्वास बह जाते हैं और पाठक उनके नजरिये को, उनकी गम्भीरता को जानता-समझता है, धीरे-धीरे जब वह उनसे परिचित हो जाता है तो उनकी भाषा का आनन्द उठाने लगता है।

नोबेल पुरस्कार ने उनकी जीवन शैली को बदल दिया, उन्होंने एक नया घर ले लिया लेकिन लिखना चालू रखा। उनकी कला, उनकी विधा नहीं बदली। मॉरीसन ने उपन्यास, कहानी, आलेखों के अलावा बीच-बीच में गीत-संगीत भी लिखा है। उनके लिखे गीत गाये जाते हैं। उनके लेखन की प्रशंसा करते हुए नोबेल समिति ने कहा था कि टोनी मॉरीसन अपनी दिव्यद्रष्टा की शक्ति से और काव्यात्मक विशेषता वाले उपन्यासों में अमेरिकन सच्चाई के एक आवश्यक आयाम को जीवन प्रदान करती हैं। वे स्वयं मानती और कहती हैं कि यह उनके कार्य की जरूरत है कि वे खुद को एक अफ्रो-अमेरिकन स्त्री लेखक के रूप में देखें और यह दिखाएँ कि पूरी तौर पर लिंगवादी समाज तथा पूरी तौर पर नस्लवादी दुनिया में स्त्री कितनी स्वतन्त्र हो सकती है ।

मॉरीसन का लेखन बताता है कि प्रकृति के प्रति मनुष्य की दो दृष्टि हो सकती है। एक है उसे समझने और उसका सम्मान करने की, दूसरी उसे वश में करने और अपने उद्देश्यों के लिए उसका शोषण करने की। पहली प्रवृत्ति दूसरे नजरिये से हर

हाल में उत्तम है। प्रकृति के बिखराव में भी एक सन्तुलन है, प्रकृति को ज्यों-का-त्यों रहने देना चाहिए, उसे पालतू बनाने का, तोड़-मरोड़ कर सही करने का प्रयास नहीं करना चाहिए। प्रकृति स्वयं में पवित्र और परिपूर्ण है, उसे छेड़ना नहीं चाहिए। इससे भी अधिक उनके सृजन में हमें यह दिखाई देता है कि अलग-अलग समुदाय द्वारा प्रकृति के प्रति विभिन्न दृष्टिकोण हैं। उनका लेखन दीखता है कि कई दबंग-बलशाली समुदाय इस दृष्टिकोण के तहत प्रकृति और मनुष्य को दमित कर अपना गुलाम बनाना चाहते हैं। वे प्राकृतिक दुनिया के प्रति सांस्कृतिक नजरिये के संघर्ष को निरन्तर अपने लेखन में दिखाती हैं और इस बात पर बल देती हैं कि प्रकृति के प्रति नजरिया सांस्कृतिक प्रभाव का प्रतिफल है, व्यक्ति का प्राकृतिक-स्वभावगत सत्य ऐसा नहीं है।

भाषा पर मॉरीसन का गजब का नियन्त्रण है, भाषा उनके हाथ में कठपुतली की तरह नाचती है। वे कहीं भी, कभी भी पाठकों को उकसाती हैं, बस चीजों को खोल कर सामने रख देती हैं। उनकी भाषा की सर्वत्र प्रशंसा होती है, नोबेल समिति ने भी अपनी प्रेस विज्ञप्ति में उन्हें प्रथम श्रेणी का साहित्यिक कलाकार कह कर सम्बोधित किया है। समिति ने कहा है कि वे स्वयं भाषा में गहन प्रवेश करती हैं, भाषा जिसे वे नस्ल की जंजीरों से स्वतन्त्र कराना चाहती हैं। मॉरीसन पाठकों को काव्य की द्युति से सम्बोधित करती हैं। वे खुद आजाद जीना चाहती हैं और अपने पूरे समुदाय को स्वतन्त्र जीवन व्यतीत करते हुए देखना चाहती हैं। टोनी मॉरीसन अपने साहित्य में अतीत, वर्तमान और भविष्य को जोड़ते हुए सारी दुनिया को जोड़ने का प्रयास करती हैं और इसमें सफल रहती हैं। साहित्य स्वतन्त्र करता है, उदात्तीकरण करता है। मॉरीसन अपने साहित्य से यही करती हैं। अफ्रो-अमेरिकन लोगों का अतीत दुःख-तकलीफों से पटा पड़ा है, शोषण-अत्याचार से अटा पड़ा है। गुलामों का मुँह लोहे की जाबी लगा कर बन्द कर दिया जाता था। वे बोले नहीं इसलिए कई बार उनकी जिव्हा काट ली जाती थी। इन्हीं गुलामों की एक सन्तान टोनी मॉरीसन अपने पूर्वजों के दुःख-कष्ट, शोषण-अत्याचारों को अपने साहित्य में मुखर करती हैं, शब्दों में पिरोती हैं। इस तरह से अपने साहित्य के द्वारा वे अपने पूर्वजों का अकर्ज उतारती हैं, उनका श्राद्ध करती हैं। वे गुलामों, अपने अतीत को वाणी प्रदान करती हैं। यह सारा कार्य वे निराशा और हताशा के साथ नहीं वरन् आह्लाद, उल्लास के साथ करती हैं। वे केवल जीवन के श्याम पक्ष को ही नहीं चित्रित करती हैं, जीवन के उल्लास, उजले पक्ष, आशा भरे भविष्य की ओर भी इंगित करती हैं। उनका साहित्य पढ़ कर मानवता के प्रति आशा का संचार होता है, जीवन के प्रति लगाव और आस्था कायम होती है।

उनके सन्देश का उपकरण भाषा है। टोनी मॉरीसन को भाषा से लगाव है। अपने

नोबेल भाषण में वे भाषा का उत्सव-गान करती हैं। कहती हैं कि भाषा मनुष्य के हाथ में एक बहुमूल्य विरासत है। उनकी अपनी भाषा अत्यन्त खूबसूरत होने के साथ-साथ अति शक्तिशाली भी है। वे अपने नोबेल पुरस्कार भाषण को भाषा का एक सुन्दर गीत बना लेती हैं। एक सौन्दर्य गीत, एक शक्ति गीत बना लेती हैं। उनके अनुसार भाषा को उन्मुक्त छोड़ना, उसे जीवन्त और अर्थपूर्ण बनाए रखना अत्यावश्यक है। उन्हें बहुत दुःख पहुँचता है जब वे देखती हैं कि आज भाषा राजनेताओं, धर्माचार्यों, सम्प्रदायवादियों, राष्ट्राध्यक्षों, तानाशाहों और सरकारों एवं अन्य आजादी के जल्लादों के हाथ में एक हथियार बन गयी है। आम आदमी को अपने काबू में रखने का एक औजार बन गयी है। उसे सोचने-समझने और अनुभव करने से रोकने का उपकरण बन गयी है। यह भाषा और मानवता दोनों के लिए विनष्टि की बात है। भाषा की भूमिका है सृजन करना, न कि हिंसा करना और आज भाषा हिंसा के लिए बहुतायत से प्रयोग की जा रही है। भाषा का कार्य है नये ज्ञान, नयी संवेदनाओं को जन्म देना न कि ज्ञान और संवेदनाओं को सीमाओं के बंधन में कैद करना। आज भाषा की स्थिति बहुत दुःखद हो गयी है, चारों ओर उसकी इज्जत लूटी जा रही है और उसकी महत्ता और आत्मसम्मान को समाप्त कर उसे मलबे का ढेर बनाया जा रहा है, सरेआम उसका बलात्कार किया जा रहा है। टोनी मॉरीसन का नोबेल भाषण आज होने वाली भाषा की दुर्गति और उस पर हो रहे अत्याचार के विरुद्ध अपने विरोध का प्रदर्शन है। क्रौंच मिथुन में से एक के निर्मम वध पर वाल्मीकि का दुःख, रुदन और आक्रोश आदि श्लोक बन कर फूटा। भाषा के साथ जो अन्याय हो रहा है, उस पर जो अत्याचार हो रहा है, उसका दुःख, रुदन और आक्रोश मॉरीसन के नोबेल भाषण में निःसृत हुआ है। एक समय भाषा आराधना-पूजा की बात थी आज यह पूजा-आराधना की बात न रह कर इसका बाजारीकरण हो गया है। सम्पत्तिवान और सत्तावान लोगों की असीम लालसा ने इसके पंख बेरहमी से काट डाले हैं। मॉरीसन का भाषण भाषा को प्यार करने वालों, उसकी अन्तहीन क्षमताओं को जानने-पहचानने वाले एक व्यक्ति का आक्रोश है। उन्होंने भाषा को अपनी अभिव्यक्ति का माध्यम बनाया हुआ है। वे चाहती हैं कि भाषा फिर से सजीव हो जाए, जिन्दगी के उत्स से पुनः उसका सर्जन हो। वह जीवन की अजस्र धाराओं से शक्ति ग्रहण करे, उसका विस्तार हो और वह जीवन की कथा, आनन्द की कथा, दुःखों-उन्मादों की कथा कहे, जीवन की उपलब्धियों का गान करे, जीवन की हानियों पर सिर धुने, जीवन के उत्साह का गान करे, समस्त जीवन की कथा कहे।

टोनी मॉरीसन का लेखन अमेरिका के अश्वेत इतिहास का स्वर है। अमेरिका के इतिहास का यह काला हिस्सा मानवता के इतिहास का काला शर्मनाक धब्बा है। इतिहास को मिटाया नहीं जा सकता है, उसे बदला नहीं जा सकता है हालाँकि बहुत

से लोग लिखित इतिहास से छेड़छाड़ का प्रयास करते रहते हैं। सत्ता-शक्ति सम्पन्न लोग अपने पक्ष में सदा से इतिहास लिखते आये हैं मगर इतिहास से बहुत कुछ सीखा जा सकता है, उसके जघन्य अपराधों को स्वर दे कर उससे सीख ली जा सकती है। इतिहास की गलतियों को दोहराने से बचा जा सकता है। इतिहास के द्वारा लोगों को संवेदनशील बनाया जा सकता है ताकि लोग भविष्य में ऐसे अमानुषीय कार्य करने से परहेज करें। यह एक तरह का कैथारसिस, उदात्तीकरण का कार्य है। साहित्य सदियों से दबी-कुचली अस्मिताओं को वाणी प्रदान कर सकता है। एक प्रतिबद्ध साहित्यकार यही करता है। टोनी मॉरीसन अपनी भाषा, अपने साहित्य, अपने विचारों से यही करती आ रही हैं। उनका साहित्य इतिहास में सदियों से बेजुबान रहते आये लोगों को स्वर देता है। उनके लिए एक समतामूलक समाज की आशा जगाता है। समग्र समाज के उत्थान, विकास की बात करता है। वह बताता है कि अश्वेत लोगों के बिना अमेरिका के समाज की कल्पना नहीं की जा सकती है और अश्वेतों को किनारे करके अमेरिकी राष्ट्र का विकास भी नहीं हो सकता है। उनके साहित्य ने अफ्रो-अमेरिकन लोगों के जीवन को विश्व के हर कोने तक पहुँचाया है। उनके दुःख-सुख, आशा-निराशा-हताशा, उमीदों-आकांक्षाओं-स्वप्नों से विश्व को परिचित कराया है। उनकी रचनाओं का विस्तार, उसके अध्ययन-अध्यापन का नतीजा है उन पर आया एंसाइक्लोपीडिया। जी हाँ, ग्रीन वुड प्रेस ने 'द टोनी मॉरीसन एंसाइक्लोपीडिया' प्रकाशित किया है। विश्व साहित्य की बात बिना मातामही टोनी मॉरीसन और उनके साहित्य की बात के बिना कभी पूरी नहीं हो सकती है।

एलिस वॉकर : विरासत को सँजोने वाली

"अधिकांश पुरुष यातना की जिस सीमा छू सकते हैं बहुत-सी स्त्रियों के लिए गर्भपात का अनुभव उससे कहीं अधिक पीड़ादायक है। यह दया और आत्म-रक्षा का काम है।"

—एलिस वॉकर

अमेरिका में साहित्य का मतलब था श्वेत प्रभुओं द्वारा रचित साहित्य। अश्वेतों के लिए पढ़ना-लिखना वर्जित था। पर कब तक? उन्नीसवीं सदी में अश्वेत उभरने लगे, मुखरित होने लगे, लिखने-पढ़ने लगे। अमेरिकी साहित्य में बीसवीं सदी में अश्वेत स्वर मजबूती के साथ उभरा। टोनी मॉरीसन, माया एंजेलो, रिचर्ड राइट्स, जेम्स बॉल्डविन, टोनी बम्बारा, एंजला डेविस, एलिस वॉकर को आज साहित्य जगत् में किसी परिचय की आवश्यकता नहीं है। इन अश्वेत रचनाकारों ने साहित्य में कालजयी रचनाएँ जोड़ी हैं। ऐसा नहीं है कि इसके पूर्व अश्वेत साहित्य नहीं रचा जा रहा था मगर वह न तो प्रमुखता से पढ़ा जाता था न ही उसकी चर्चा होती थी। अन्य सभी नस्लों की भाँति अश्वेत साहित्य भी प्रारम्भ में मौखिक ही था। अमेरिकावासी अश्वेतों का मूल स्थान अफ्रीकी है। अमेरिकी अश्वेत साहित्य तथा अफ्रीकी साहित्य भी पहले वाचिक परम्परा में ही था। अश्वेत अमेरिकी मौखिक साहित्य को लिखित रूप में बाँधने का कार्य प्रमुखता से सर्वप्रथम जोरा नील हर्सटन ने किया। यह महिला अपने जीवन काल में साहित्य में उपेक्षित ही रही और शायद उपेक्षित ही रह जाती यदि एलिस वॉकर उसे प्रकाशित करने का बीड़ा न उठातीं। पिछली सदी के सत्तर के दशक में जोरा नील हर्सटन अश्वेत नोबेल पुरस्कृत लेखिका टोनी मॉरीसन की भी प्रेरणा रही हैं। अन्य साहित्यकार खासतौर पर महिला साहित्यकारों को इन्होंने बहुत प्रभावित किया। एलिस वॉकर ने उनके काम को प्रकाशित करा कर जोरा नील हर्सटन को अपने कई श्रद्धांजलि अर्पित की है।

साहित्य को खाँचों में बाँटना वैसे तो उचित नहीं है लेकिन अध्ययन की सुविधा के लिए यह करना जरूरी हो जाता है। इसीलिए अश्वेत साहित्य, अश्वेत स्त्री साहित्य की संज्ञा। अश्वेत अमेरिकन साहित्य एक विशिष्ट साहित्य है उसमें भी एफ्रो-अमेरिकन स्त्री साहित्य और भी विशिष्ट है। प्रसिद्ध अश्वेत लेखिका टोनी

मॉरीसन अपने लिए 'ब्लैक वूमन राइटर' के अलावा अधिकांश विशेषणों को खारिज करती हैं। एलिस वॉकर को ऐसा कोई गुरेज नहीं है। एलिस वॉकर ने सदैव स्त्रियों के पक्ष में लिखा, इसके लिए उनकी जम कर आलोचना होती है। पर वे इसकी परवाह नहीं करती हैं और स्पष्ट स्वीकार करती हैं कि मेरा लेखन स्त्री-पुरुष के बीच का सम्बन्ध अन्वेषित करने के लिए, खोजने के लिए है। वे कहती हैं कि ऐसा क्यों है कि जो काम पुरुष अपना पौरुष अभिव्यक्त करने के लिए करता है, वही काम करने पर स्त्री को नीचा दिखाया जाता है। वे बड़ी तल्खी से पूछती हैं कि स्त्रियाँ क्यों इतनी आसानी से कुचले जाने के लिए तैयार हो जाती हैं और क्यों विश्वासघाती बन जाती हैं? जबकि इन्हीं कार्यों को करके पुरुष हीरो बन जाता है। क्यों सहन करती हैं इन सब अत्याचारों को स्त्रियाँ?

एलिस वॉकर का बहुपठित और बहुचर्चित उपन्यास है 'द कलर पर्पल'। उन्होंने अपनी किताब 'द कलर पर्पल' का समर्पण उस स्पिरिट को किया है जिसकी सहायता के बिना न तो यह किताब लिखी जाती और न वे ही होतीं। साथ ही इसमें प्रसिद्ध अश्वेत गायक स्टीव वंडर के गीत की दो पंक्तियाँ उद्धृत की हैं, "मुझे दिखाओ तुम्हारी तरह कैसे किया जाता है, मुझे दिखाओ कैसे किया जाता है।" स्टीव वंडर रंगभेद नीति के खिलाफ आन्दोलन, ब्लैक सिविल राइट्स मूमवेंट जैसे सामाजिक क्रान्तिकारी आन्दोलनों और अन्य कई सामाजिक कार्यों से जुड़े हुए थे। उन्होंने मार्टिन लूथर किंग जूनियर के सम्मान में उनके जन्मदिन को राष्ट्रीय अवकाश बनाने में एक प्रमुख भूमिका निभायी थी। अपने उपन्यास की शुरुआत में इसी गायक के एक गीत की पंक्तियाँ वे रखती हैं। यह सब इस उपन्यास और एलिस वॉकर को समझने के लिए बहुत मानीखेज है।

अफ्रो-अमेरिकन के पास मौखिक साहित्य सदा से था, इसे वे अपने साथ अफ्रीका से लाये थे और यही उन्हें उनकी अमानवीय स्थिति में सम्बल बन कर थामे हुए था। इन्हीं लोक गीतों, लोक कथाओं के बल पर वे अपना कठिन जीवन किसी तरह निभा ले जाते थे। यह बहुत समृद्ध सम्पदा उनके पास थी जिसे वे पीढ़ी-दर-पीढ़ी सँजोते आ रहे थे। मगर एक समय ऐसा आया जब वे श्वेत जीवन को सब कुछ मानने लगे। उनका जीवन श्वेत मूल्यों से परिचालित होने लगा। श्वेत साहित्य उनके लिए प्रमुख बन बैठा, वे उससे पूरी तरह प्रभावित थे। मगर यह स्थिति बहुत दिन न रही। वे फिर अपनी जड़ों की ओर लौटे, उन्होंने अफ्रीकी मिथकों, लोक गीतों, लोक कथाओं, लोक विश्वासों से रस ग्रहण किया और अपने साहित्य को सशक्त किया मगर यह एक दिन में नहीं हुआ, किसी एक अश्वेत रचनाकार ने यह नहीं किया। इसमें कई लोगों का योगदान था। बीसवीं सदी की अफ्रो-अमेरिकन महिला रचनाकारों को लेखन एक विरासत के रूप में प्राप्त हुआ।

उन्नीसवीं सदी के अन्त और बीसवीं सदी के प्रारम्भ में अश्वेत महिलाएँ लिख रही थीं मगर उनके लिए अपने लिखे को प्रकाशन करवा पाना बहुत कठिन था। प्रकाशन व्यवसाय पूरी तौर से श्वेत अमेरिकन पुरुषों के हाथ में था। यदि कोई अश्वेत व्यक्ति लेखन करता तो प्रकाशन के लिए उसे श्वेत लोगों का मुँह जोहना पड़ता था। श्वेत-अश्वेत पाठकों को अपने काम के प्रति आकर्षित करने और अपने काम की गम्भीरता और सच्चाई का विश्वास दिलाने के लिए अपनी किताब की भूमिका किसी श्वेत से लिखवानी पड़ती थी। श्वेत पाठकों को लुभाने के लिए यूरोप के क्लासिक मिथकों को अपने साहित्य में जानबूझ कर डालना पड़ता। गेंडोलिन ब्रूक्स ने अपनी आत्मकथा 'रिपोर्ट फ्रॉम पार्ट वन' तथा 'रिपोर्ट फ्रॉम पार्ट टू' में ऐसा किया। इससे उन्हें लाभ के स्थान पर नुकसान ज्यादा हुआ। उनके अश्वेत पाठक उनसे विमुख हो गये। हैरिएट जैकब्स की जीवनी प्रकाशन में गुलामी विरोधी संघ के एक श्वेत व्यक्ति ने सहायता की। इसके बावजूद लोग मानने को राजी नहीं हैं कि इसने खुद किताब लिखी है। फ्रेडरिक डगलस की जीवनी 'नरेटिव ऑफ द लाइफ ऑफ फ्रेडरिक डगलस, एन अमेरिकन स्लेव' की भूमिका विलियम लॉयड गैरीसन, एक श्वेत ने लिखी। उसने भूमिका में पाठकों से अनुरोध किया कि वे लोग लेखक पर विश्वास करें। ऐसे ही एक अश्वेत महिला ने बीसवीं सदी के प्रारम्भ में खूब लिखा। वह सामाजिक कार्यक्रमों में भी सक्रिय भाग लेती रही। लेकिन उसका लिखा उसके जीवन में प्रकाशित न हो सका। इस लेखिका का नाम था जोरा नेल्सन हर्सटन। इसके काम को लोगों के बीच लाने का काम एलिस वॉकर ने किया।

जिन्दगी भर कलम चलाने वाली, खूब परिश्रम से अश्वेत समुदायों के लोकगीत, लोक रीति-रिवाजों का संग्रह करने वाली जोरा नेल्सन हर्सटन का जन्म 1891 में अलाबामा में हुआ। जोरा ने अश्वेत लोगों के लिए खुले हॉवर्ड और कोलम्बिया विश्वविद्यालय में शिक्षा पायी। वे हारलम प्रतिरोध आन्दोलन (रजिस्टेंस) में सक्रिय थीं। इस प्रतिरोध आन्दोलन में उनके गीत बनाये गाये जाते। ये गीत कार्यकर्ताओं के लिए प्रेरणा और उत्साह का काम करते। हारलम रजिस्टेंस आन्दोलन ने उन्हें प्रसिद्धि दिलायी। इतना प्रमुख कार्य करने के बावजूद इस महिला का लेखन इसके जीवन काल में प्रकाशित न हो सका। वह गरीबी, दुःख-तकलीफ और बीमारी से जूझती रही और अन्त में लम्बे समय तक बीमार रह कर 1960 में गुजर गयी। लोक-साहित्य, उपन्यास, जीवनी, तमाम लेख रचने वाली इस रचनाकार को जीते-जी साहित्यिक समाज में उचित स्थान न मिला। बाद में कई महिला और पुरुष साहित्यकारों ने इसके जीवन और कार्य से प्रेरणा ली। अफ्रो-अमेरिकन रचनाकार टोनी मॉरीसन और एलिस वॉकर अपने जीवन तथा कृतित्व के लिए इस महिला का अहसान मानती हैं। वॉकर ने एक अभूतपूर्व कार्य किया।

इतना लिखने के बावजूद जोरा की रचनाएँ कभी प्रकाश में न आतीं यदि संवेदनशील एलिस वॉकर ने इनके प्रकाशन का दायित्व न लिया होता। मानवशास्त्र में प्रशिक्षित जोरा ने अमेरिका के अलावा जमैइका, बरमूडा, हेयटी के लोकगीत जमा किये। उन्होंने विभिन्न अश्वेत समुदायों के मौखिक गीतों, कथाओं, रीति-रिवाजों का संग्रह किया। अमेरिका के दक्षिण से 'म्यूल्स एंड मैन' नाम से लोकगीत एकत्र किये। जमैइका तथा हेयटी के लोक रीति-रिवाज के संग्रह का नाम 'टेल माई होर्स' है। उन्होंने उपन्यास भी लिखा। 'देयर आईज वेयर वाचिंग गॉड' उनका प्रसिद्ध उपन्यास है, 'जोनाह गोर्ड वाइन', 'सराफ ऑन द सुवानी' उनकी अन्य रचनाएँ हैं। उनकी आत्मकथा का शीर्षक 'डस्ट ट्रैक्स ऑन द रोड' है। नब्बे के दशक में जाकर उनकी रचनाएँ प्रकाशित हो सकीं। उन्होंने नस्लीय भेदभाव की समस्या को अपने लेखन का विषय नहीं बनाया। उनका कहना था कि वे उपन्यास लिख रही थीं समाजशास्त्र पर दस्तावेज (ट्रीटी) नहीं। नस्लवाद को सिरे से नकारने वाली जोरा स्वयं जिन्दगी भर नस्लवाद का शिकार हुई। जिन्दगी का अधिकांश हिस्सा उन्हें आया के रूप में काम करते हुए बिताना पड़ा। एलिस वॉकर एक मिशन के तौर पर जोरा नील हर्सटन के काम को प्रकाश में ले कर आयीं। वॉकर खुद को जोरा की साहित्यिक विरासत को आगे बढ़ाने वाली मानती हैं और उनको अपनी ऑन्टी का दर्जा देने देती हैं। एलिस वॉकर ने यह काम करके अश्वेत साहित्य में एक अमूल्य निधि जोड़ी है वरना कौन जानता जोरा और उसके काम को।

9 फरवरी, 1944 को जन्मी एलिस वॉकर का पूरा नाम एलिस मेल्सेनिओर वॉकर (Alice Malsenior Walker) था। वॉकर स्वयं सिविल राइट्स आन्दोलन तथा नारीवादी आन्दोलन में पूरे जोरशोर से शामिल थीं। इनका जन्म जोर्जिया के एक छोटे से कस्बे इटोन्टोन में हुआ था। इनके पिता का नाम विली ली और माता का नाम मिनी ग्रान्ट वॉकर है। पाँच भाइयों और तीन बहनों में सबसे छोटी एलिस की एक आँख बचपन में एक दुर्घटना में जाती रही। भाई-बहन खेल रहे थे कि भाई के हाथ से एलिस की आँख नष्ट हो गयी। एक चीनी कहावत है क्या अच्छा, क्या बुरा। सच में कहना मुश्किल है कि क्या अच्छा होता है, क्या बुरा होता है। एलिस के विषय में भी यह कहावत सही लगती है। इस दुर्घटना ने उन्हें पूरी तरह से बदल दिया, दूसरों से काट कर दूर एक अलग, एक दूसरी, एक एकाकी दुनिया में भेज दिया। इस दुर्घटना के छह साल बाद चौदह साल की उम्र में उनके भाई ने इलाज का इन्तजाम किया। एक ऑपरेशन हुआ और आँख काफी कुछ सामान्य हो गयी। आँख का कोया सामान्य दीखने लगा। इस आँख से दीखता नहीं था यह बात दूसरों को अब उतनी पता नहीं चलती थी। लेकिन इस अपंगता का असर एलिस के दिल-दिमाग पर सदा बना रहा। इस मनोवैज्ञानिक हादसे से उबरना सरल न था।

वे कभी उबरी भी नहीं, यह आन्तरिक घाव सदा उनके साथ रहा। दूसरों से कट कर वे लिखने-पढ़ने की ओर मुड़ गयी। यही चोट उनके लेखक बनने में सहायक बनी।

अपने इस अनुभव को वे 'इन सर्च ऑफ आवर मदर्स गार्डेंस' में बताती हैं। वे लिखती हैं, ... मैं विश्वास करती हूँ... कि इसी समय से मेरा एकान्त, एकाकी स्थिति, बाहर कर दी गयी पोजीशन—मैंने लोगों और चीजों को वास्तव में देखना शुरू किया, सम्बन्धों को नोटिस करना और चीजें कौन-सा मोड़ लेंगी इसका धैर्य के साथ इन्तजार करना सीखा। फिर मुझे कभी नहीं लगा कि मैं एक छोटी बच्ची थी। मुझे बुढ़ापा अनुभव होता क्योंकि मैं अनुभव करती थी कि मैं देखने में अच्छी नहीं हूँ, मैं शर्म से भरी रहती। मैं एकान्त में सिमट-सिकुड़ गयी और कहानियाँ पढ़ने लगी और कविताएँ लिखने लगी। 1983 में लिखी अपनी इस किताब 'इन सर्च ऑफ आवर मदर्स गार्डेंस' की शुरुआत में एलिस जीन टूमर की किताब 'केन' की एक टिप्पणी देती हैं। टिप्पणी है कि जब जीन टूमर दक्षिण गया तो उसने एक बहुत आश्चर्यजनक बात देखी और इसे लिखा। उसने देखा कि अश्वेत स्त्रियों की आध्यात्मिकता बहुत सघन, गहन और अचेतन है, इन्हें अपनी इस समृद्धि का खुद कोई भान नहीं है। जीन टूमर की इस बात से एलिस को अश्वेत महिलाओं की सच्ची शक्ति का ज्ञान हुआ। इसका असर यह हुआ कि एलिस वॉकर ने जीन टूमर की इस बात को अपनी और अपने लेखन की शक्ति बना लिया। इनका पूरा लेखन बीसवीं सदी के प्रारम्भ के अफ्रो-अमेरिकन स्त्री जीवन, दमित-अभावग्रस्त लोगों के जीवन का चित्रण है।

अपंगता का लाभ उन्हें मिला। अपनी आँख की इसी अक्षमता के कारण एलिस वॉकर को स्पेलमैन कॉलेज में पढ़ने के लिए एक स्कॉलरशिप प्राप्त हुई। इस कॉलेज में जाकर इनका जीवन पूरी तरह बदल गया। अटलांटा की यह संस्था केवल अश्वेत महिलाओं की शिक्षा के लिए थी। पढ़ने जाते समय उनकी माँ ने उन्हें तीन चीजें दी : एक सूटकेस, एक टाइपराइटर, एक सिलाई मशीन। साथ ही उन्हें थमाये थे कुछ व्यावहारिक मूल्य। उनकी माँ ने आया का काम करके ये चीजें 20 डॉलर की राशि में खरीदी थीं। उनके इलाके में शायद ही किसी के पास सूटकेस था। सिलाई मशीन आत्मनिर्भरता का प्रतीक है। सलाई करना एफ्रो-अमेरिकन स्त्री के जीवन की एक महत्त्वपूर्ण क्रिया है। सूटकेस एक प्रतीक है। ओरहन पामुक के पिता ने भी उन्हें एक सूटकेस दिया था जिसने पामुक का जीवन बदल दिया। इस सूटकेस और इसकी सामग्री और इसका अपने जीवन पर पड़े प्रभाव का वर्णन पामुक बहुत विस्तार से अपने नोबेल भाषण में करते हैं। मगर एलिस के लिए यह सूटकेस यात्रा के प्रतीक रूप में था। टाइपराइटर का सन्देश बहुत सीधा था, 'लिखा करो'। एलिस ने लिखा और खूब लिखा, खूब अच्छा लिखा। जिन्दगी भर लिखा।

वॉकर के लिए उनकी माँ बहुत समझदार और बहुत विशिष्ट थीं। उन्होंने अपनी माँ से खूब प्रेरणा प्राप्त की। उनकी माँ 17 साल की उम्र में घर से भाग निकली थीं, उन्होंने आठ बच्चों को जन्म दिया। वे घर-बच्चे सँभालने के अलावा अपने पति के साथ खेतों में निरन्तर काम करती रहीं। उन्होंने अपनी इस मजबूत माँ के विषय में खूब लिखा। एलिस के लिए जोरा नील हर्टसन के अलावा उनकी अपनी माँ का जीवन भी प्रेरणा रहा। माँ, दादी, नानी ये स्त्रियाँ बिना कुछ बोले, मौन रह कर, अपने काम के द्वारा अपनी अगली पीढ़ी, अपनी बेटियों-पोतियों को शक्ति थमाती चलती हैं। अपनी सन्तान में सृजनात्मकता के बीज रोपती जाती हैं, भले ही इस रचनात्मकता को देखने का अवसर उन्हें मिले अथवा न मिले। एलिस वॉकर ने इन स्त्रियों का कर्ज उतारा है, इनको अपने लेखन में प्रमुख स्थान दिया। इसके अलावा उन्होंने कविताएँ, कहानियाँ, उपन्यास, आलेख, संस्मरण तमाम विधाओं में लिखा है।

एलिस वॉकर आत्मविश्वास से भरपूर हैं और इस आत्मविश्वास का श्रेय वे अपनी माँ को देती हैं। उन्हें अपने विवेक पर कभी शंका नहीं होती है क्योंकि उनकी माँ ने सदा उन्हें यह प्रतीति दी कि वे विवेकपूर्ण कार्य करती हैं। उनकी माँ ने उनके निर्णय पर कभी प्रश्न नहीं उठाये, सदैव बढ़ावा देते हुए कहा कि वे जो कर रही हैं वह सही है। सदा उनके बौद्धिक झुकाव का स्वागत किया। उन्होंने अपनी बेटी को स्वतन्त्रता दी और यह विश्वास दिलाया कि वे उनके स्वतन्त्र विचारों को मूल्यवान मानती हैं। एलिस खुले दिल से अपनी सृजनात्मकता की प्रेरक भूमिका में अपनी माँ को रखती हैं। दोनों का सम्बन्ध बहुत मजबूत और निकट का रहा। उनकी अपनी माँ मिली स्वतन्त्रता का नतीजा है उनके 'मेरिडियन' की मुख्य किरदार अपनी कंट्रोलिंग माँ को नकार देता है। माँ की शहादत वाली छवि को नकार कर समुदाय से जुड़ जाता है। मेरिडियन अपने बच्चे को दूसरे को दे कर शिक्षा ग्रहण करती है, सामाजिक आन्दोलन में भाग लेती है और अन्ततः एक समुदाय के तमाम बच्चों की जिम्मेदारी लेती है। वह माँ के प्रचलित संकुचित अर्थ का विस्तार करती है। इस विस्तारित अर्थ के घेरे में शारीरिक देखभाल के अलावा सामाजिक, मनोवैज्ञानिक पालन-पोषण भी समाहित है। अश्वेत माताएँ अपने बच्चों के स्वप्न को साकार करने के लिए अपने सपनों की आहुति दे देती हैं। अपनी सृजनात्मक प्रतिभा का गला घोंट कर अपने बच्चों की प्रतिभा निखारती हैं। एलिस वॉकर की माँ के पास कितना काम होता होगा इसकी सहज कल्पना की जा सकती है, वे पूछती हैं क्या काम के बोझ से दबी मेरी माँ के पास क्रियेटिव स्पिरिट को जानने या उसके पोषण का समय रहा होगा? हाँ, वे अपने विशिष्ट सम्बन्ध से अपने बच्चों की प्रतिभा को अवश्य बढ़ावा देते थीं। इसीलिए एलिस कहती हैं कि हमारी माताएँ और दादी-नानियाँ खुद अज्ञात रहते हुए अपनी सृजनात्मकता की चिंगारी अगली पीढ़ी को देती रहती हैं,

उन फूलों के बीज जिनके खिलने को देखने की उम्मीद वे नहीं करती हैं। वे अपने एक आलेख 'वन चाइल्ड ऑफ वन्स ओन' में अफ्रो-अमेरिकन माँ-बच्चे के सम्बन्ध की झलक दिखाते हुए लिखती हैं कि यह मेरा बच्चा नहीं है जो मुझे कहता है कि मेरे नारीत्व को श्वेत स्त्री पक्का करे, न ही वह मेरा बच्चा है जो कहता है कि मुझे श्वेत पुरुष से सम्मान पाने का अधिकार नहीं है, वह भी मेरा बच्चा नहीं है जो मेरा इतिहास और इतिहास से मेरा चेहरा हटा देना चाहता है, और मेरा इतिहास केवल रहस्य रहने देना चाहता है। मेरा बच्चा मेरे चेहरे से प्रेम करता है और उसे हर पन्ने पर चाहता है। जैसे मैंने अन्य सब चेहरों से अधिक अपने माता-पिता का चेहरा पसन्द किया है वैसे ही यदि वह मेरे चेहरे को पसन्द करता है तो वह मेरा बच्चा है। आगे वे कहती हैं कि हम संग-संग हैं, मेरा बच्चा और मैं। माँ और बच्चा, हाँ, उन सब के बावजूद जो हमें नहीं मिला है, जो हम हैं, हम बहनें हैं। उनकी माँ ने उन्हें बताया कि वे विशिष्ट हैं क्योंकि अफ्रीकन परम्परा में, अफ्रीकन मानवतावाद में हर इंसान एक खास स्पिरिट है, एक विशिष्ट स्पिरिट की अभिव्यक्ति। यह विशिष्टता, यह शक्ति या ऊर्जा सब प्राणियों में है। इसीलिए एलिस वॉकर ने 1984 में डोरोथी वेस्ट और पाओले मार्शल के साथ मिल कर 'आई सिंग माई मदर्स नेम' लिखा। वॉकर माँ की अभ्यर्थना करती हैं साथ ही वे शिक्षक की भूमिका के प्रति भी सचेत हैं। जो शिक्षक अपने जीवन के साहस से सिखाता है वही वास्तविक शिक्षक है ऐसा वे मानती हैं। इसे ही वह सर्वोत्तम शिक्षण मानती हैं और अपनी एक शिक्षिका को याद करती हैं जिसने अपने राजनीतिक जीवन के द्वारा उन्हें शिक्षित किया। वे कथनी से अधिक करनी को महत्त्व देती हैं। शिक्षक जो कहता है उससे अधिक वह छात्र को सिखाता है अपने व्यवहार, अपने काम से।

1964 में एक सप्ताह के भीतर उन्होंने अपने प्रथम काव्य संग्रह की अधिकांश कविताएँ लिख ली थीं जो बाद में 1968 में 'वन्स' के नाम से प्रकाशित हुआ। यह तो शुरुआत थी। 'वन्स' के अलावा एलिस वॉकर के 'रिवोलूशनरी पेटूनियाज', 'गुड नाइट विली ली', 'आई शेल सी यू इन द मॉर्निंग' तथा 'हॉर्स मेक अ लैंडस्केप लुक मोर ब्यूटीफुल' अन्य कविता संग्रह आये। उनकी उपन्यासों के नाम 'द थर्ड लाइफ ऑफ ग्रैंज कोपलैंड', 'मेरिडियन' तथा 'द कलर पर्पल' हैं। 'इन लव एंड ट्रबल्स' उनका कहानी संग्रह है। इतना ही नहीं उन्होंने अश्वेत कवियों के जीवन, स्त्री मुद्दों पर बहुत सारे लेख लिखे हैं। वे एक लम्बे समय तक 'मिस' नामक पत्रिका के लिए भी लिखती रही हैं। उपन्यास 'द कलर पर्पल' के लिए एलिस वॉकर को पुलित्जर पुरस्कार प्राप्त हुआ। उनके सराह लॉरेंस कॉलेज के अनुभव, उनका गर्भपात और अफ्रीका का ट्रिप उनकी कई किताबों की प्रमुख थीम है। इनमें प्रेम, आत्महत्या, सिविल राइट्स और अफ्रीका बार-बार आता है। 1970 में आयी उनकी किताब 'द

थर्ड लाइफ ऑफ ग्रैंज कोपलैंड' एक अफ्रीकन-अमेरिकन आदमी के भावात्मक विकास की कहानी है। जबकि 1976 में आई किताब 'मेरिडियन' साठ के दशक में चले सिविल राइट्स मूवमेंट के दौरान एक अफ्रो-अमेरिकन स्त्री के जीवन को दर्शाता है। आन्दोलनों और क्रान्तियों की यह नियति है कि वे अपने सर्जकों को पचा लेते हैं और नष्ट कर डालते हैं, या फिर क्रान्तिकारियों को किनारे डाल देते हैं या फिर उनकी शक्ति समाप्त हो जाती है, वे बर्न आउट हो जाते हैं। 'मेरेडियन' आन्दोलन के संगठनकर्ताओं के बर्न आउट का नाट्यरूपान्तरण प्रस्तुत करता है। ये लोग तनावग्रस्त हो जाते हैं। तरह-तरह की मानसिक-शारीरिक बीमारियाँ इन्हें हो जाती हैं। एलिस ने अपने आलेखों में भी इन बातों का उल्लेख किया है।

अफ्रीका से उनका जुड़ाव भावात्मक स्तर पर बहुत तगड़ा है वे वहाँ की दशा-दिशा को ले कर बहुत सतर्क रहती हैं। 1992 में उन्होंने वहाँ की एक क्रूर प्रथा, स्त्री खतना की प्रथा को केन्द्र बना कर 'पोसेसिंग द सीक्रेट ऑफ जॉय' लिखा। 1998 में आया उनका 'बाई द लाइट ऑफ माई फादर्स स्माइल' इस किताब में वे एक क्रिश्चियन मिशनरी परिवार को चित्रित किया है, खास तौर पर परिवार में पिता और उसकी तीन बेटियों के सम्बन्ध पर केन्द्रित है यह किताब। इसके साथ यह किताब अफ्रीकन परम्परागत आध्यात्मिकता और क्रिश्चियनिटी के सम्बन्ध को भी अन्वेषित करती है।

एलिस वॉकर की प्रसिद्ध किताब 'द कलर पर्पल' पितृसत्तात्मकता से एक स्त्री के निजी प्रतिरोध और स्त्री के सशक्तिकरण का ज्वलन्त उदाहरण है। उपन्यास अत्याचार, बलात्कार, शक्तिहीनता, शक्ति, बहनापा, भेदभाव, अलगाव, प्रेम, यौन सम्बन्ध, घृणा, ईर्ष्या, अस्मिता, आत्मसम्मान, आवेश, ज्ञान और पराशक्ति कई बातों को चित्रित करता है। इसमें एलिस वॉकर ने पत्रों की शृंखला द्वारा एक अविस्मरणीय कहानी रची है। एक ऐसी स्त्री की कहानी जो दमन-शोषण की अँधेरी दुनिया से शिक्षा के प्रकाश के बल पर आत्मविश्वास, आत्मसम्मान के साथ उठ खड़ी होती है और अपनी स्वतन्त्र पहचान बनाती है। इस किताब ने वॉकर को साहित्य में प्रतिष्ठित कर दिया। तुरत-फुरत इसकी 5 मिलियन प्रतियाँ बिक गयीं। यह ऐसी विशिष्ट किताब है जो 1983 में लगातार 25 सप्ताह से अधिक 'न्यूयॉर्क टाइम्स' के बेस्टसेलर लिस्ट पर बनी रही। इसके बाद की उनकी किसी कृति को न तो इतनी सफलता मिली न ही इतनी आलोचना मिली। इसने न केवल पहली अश्वेत महिला साहित्यकार को प्रतिष्ठित पुलित्जर पुरस्कार दिलाया वरन् एलिस वॉकर को अश्वेत महिलाओं की प्रवक्ता के रूप में स्थापित कर दिया। उनका पूरा जीवन और कार्य स्त्री, अश्वेत लोगों, और न्याय, पर्यावरण संरक्षण, भूमंडलीकरण के विरोध से जुड़ा हुआ है। वे अपने लोगों, अफ्रो-अमेरिकन का इतिहास दुनिया के साथ बाँटने को प्रतिबद्ध हैं। लोगों को अमेरिका में अश्वेत लोगों

खासकर अश्वेत स्त्रियों के योगदान विषय में बताना चाहती हैं। गहराई से आध्यात्मिकता से जुड़ी एलिस अपने लेखन में भी इसे शिद्दत से अभिव्यक्त करती हैं। उनके लेखन में माँ-बेटी का मजबूत रिश्ता नजर आता है। एलिस की स्त्रियाँ प्यारी और मेहनती हैं। एलिस कमजोरों के साथ मजबूती से खड़ी होती हैं, उनकी स्त्रियाँ विपरीत परिस्थियों में संघर्ष करती हैं और सोने की तरह तप कर खरी निकलती हैं, स्त्री-शक्ति, अस्मिता के साथ विजयी होती हैं।

एलिस वॉकर पर आरोप लगता है कि उनके पुरुष पात्र अत्याचारी और आत्मकेन्द्रित हैं। पुरुषों, खासकर अश्वेत पुरुष के ऐसे चित्रण के लिए उनकी भरपूर भर्त्सना होती है। उनका कहना है कि वे पुरुषों को खुश करने के लिए नहीं लिखती हैं। वे कहती हैं (वाशिंगटन पोस्ट में) कि यदि मैं वह किताब लिखूँ जो पुरुषों को आरामदायक लगती है तो समझ लेना मैं बिक गयी हूँ। एलिस के अनुसार उस व्यक्ति के प्रति सहानुभूति रखना कठिन है जो आपके चेहरे पर मुक्का ताने रहता है। वे दिखाती हैं कि अश्वेत समुदाय का पुरुष स्त्री के साथ ठीक वैसा ही व्यवहार करता है जैसा कि एक श्वेत पुरुष करता है। पुरुषसत्ता इस समुदाय का भी अभिशाप है। अश्वेत स्त्री दोहरी-तिहरी मार झेलती है। अश्वेत स्त्री श्वेत पुरुष, श्वेत स्त्री और अश्वेत पुरुष तीनों की प्रताड़ना सहन करने को बाध्य है।

अगर 'द कलर पर्पल' की कहानी बतायी जाए तो यह बहुत सरल और छोटी-सी है। यह उपन्यास पत्र शैली में लिखा गया है। सीली और नेटी दो बहने हैं, सीली अपने पति मि. (वह इस व्यक्ति के डर से उसका नाम नहीं ले पाती है) और मि. के बच्चों के साथ अमेरिका में रहती है जबकि नेटी एक मिशनरी परिवार के साथ अफ्रीका में। सीली अपने पति की प्रेमिका शुग एवरी की सहायता से खुद का महत्त्व पहचानती है और अपने क्रूर पति से निकट सम्बन्ध स्थापित करती है। विवाह पूर्व पिता द्वारा बलात्कार के फलस्वरूप उत्पन्न सीली के दो बच्चे अफ्रीका में मिशनरी दम्पत्ति के पास हैं, नेटी उनकी देखभाल कर रही है। जब दोनों बहनें संग थीं नेटी ने सीली को लिखना-पढ़ना सिखाया था। काफी समय तक सीली को नेटी के विषय में कुछ नहीं पता चलता है क्योंकि उसका पति मि. नेटी के पत्र छिपा देता था, सीली को नहीं देता था। शुग उसे नेटी के पत्र देती है। इसके पहले सीली अपनी सारी बातें ईश्वर को पत्र लिख कर बताया करती थी, अब वह नेटी को पत्र लिखने लगी। दोनों के पत्र-व्यवहार से पाठक को अफ्रीकी जीवन की जानकारी मिलती है। सीली अपनी मेहनत और लगन से बीमार शुग को चंगा करती है। सीली का यही व्यवहार शुग को सीली के निकट ला देता है। शुग उसे आत्मनिर्भर बनने में सहायक होती है। नेटी से सीली को पता चलता है कि जिसे वे अपना पा समझती थीं वह उनका सौतेला पिता था। उनका अपना पिता उनके लिए काफी सम्पत्ति छोड़ गया था।

उपन्यास के अन्त में नेटी बच्चों सहित अमेरिका आ जाती है। सीली अपना व्यापार स्थापित करती है। शुग, सोफिया और मिस्टर अल्बर्ट तथा सीली में मधुर सम्बन्ध विकसित होता है।

सब तरह के साहित्य को एक ही कसौटी पर नहीं कसा जा सकता है। एलिस वॉकर के साहित्य को जानने-परखने के लिए अफ्रो-अमेरिकन महिला साहित्य की विशेषताओं से परिचित होना अत्यावश्यक है। पत्र शैली में लिखी रचनाएँ जीवन के अन्तरंग अनुभवों से परिचित कराती हैं। निजी पत्र सदैव किसी व्यक्ति विशेष को सम्बोधित होता है। यह व्यक्ति पत्र लिखने वाले का निकट सम्बन्धी, जरूरी नहीं कि रक्त सम्बन्धी हो—होता है जिससे दिल की बातें की जा सकती हैं। इस उपन्यास में ईश्वर को पत्र लिखे गये हैं, बहन को लिखे गये हैं। आदमी जो बात किसी से नहीं कह पाता है अपने ईश्वर से अवश्य कहता है। एलिस वॉकर का 'द कलर पर्पल' पत्र शैली का उपन्यास है जिसमें पत्रों की एक लम्बी श्रृंखला है। इस उपन्यास के पूर्व अन्य कई रचनाकारों ने अपने लेखन के लिए साहित्य की इस शैली का प्रयोग किया है। यह एक प्राचीन शैली है। प्राचीन बेबीलोनिया, असीरिया, मिश्र, यूनान और रोम के लोग इस पत्र शैली का प्रयोग कर रहे थे। यूनानी दार्शनिक अरस्तू और एपीकरस ने इसका उपयोग किया। न्यू टेस्टामेंट की 21 किताबें इसी शैली में हैं। पुनर्जागरण काल से साहित्य की यह एक प्रमुख शैली रही है। फ्रांसीसी दार्शनिक ब्लैज पास्कल ने सतरहवीं सदी (1656-57) में 'लेटर्स प्रोविंसियल्स' लिखा। प्रसिद्ध व्यंग्य लेखक जोनाथन स्विफ्ट ने 'ड्रैपीयर्स लेटर्स' लिखा, प्रसिद्ध इंग्लिश कवि एलेक्जंडर पोप ने 'एन एपिस्टल टू डॉक्टर अरबुथनोट' लिखा।

'एपिस्टल' एक यूनानी शब्द है जिसका अर्थ होता है, भेजना। श्वेत-अश्वेत दोनों तरह के लेखकों ने इसका प्रयोग किया। 1748 में अश्वेत लेखक सैमुअल रिचर्डसन ने इस शैली का प्रयोग 'क्लैरीसा हारलॉ' नाम से साहित्य में किया, इसी तरह एक अन्य श्वेत लेखक विलियम एच ब्राउन का 1789 में लिखा 'पॉवर ऑफ सिम्पथी' मिलता है। एलिस वॉकर ने 1982 में इस शैली का सफलतापूर्वक उपयोग अपने उपन्यास 'द कलर पर्पल' में किया है। इस उपन्यास की कहानी बीसवीं सदी के प्रारम्भ में घटित होती है। दोनों विश्वयुद्ध के बीच करीब तीस साल का समय इसमें चिह्नित है। उपन्यास में कुल 94 पत्र हैं। पहले सीली को कोई अपना नजर नहीं आता था जिससे वह अपने दारुण दुःख की बात कर सके अतः वह अपने ईश्वर को पत्र लिखा करती थी, जब उसे पता चला कि उसकी छोटी बहन नेटी जीवित है, वह उसे पत्र लिखने लगी। शुरू के संख्या 1 से लेकर 25 तक के पत्र सीली ने ईश्वर को लिखे। उपन्यास के पत्रों की विशेषता है कि ज्यों-ज्यों सीली समझदार और शिक्षित होती जाती है उसके पत्रों की भाषा बदलती जाती है, प्रौढ़ होती जाती

है। शुरुआत में उसके पत्रों की भाषा अनगढ़ और गवाँरू थी, धीरे-धीरे परिष्कृत होती जाती है। इनमें वह बताती है कि जब वह चौदह साल की थी उसके पा ने उसका बलात्कार किया, साथ ही धमकी दी खबरदार जो भगवान के अलावा किसी को बताया। यदि किसी को बताओगी तो मैं तुम्हारी माँ को मार डालूँगा। वह इसीलिए भगवान को पत्र लिखती है। माँ को मार दिये जाने की धमकी से डरी-सहमी सीली खुद पर हुए अत्याचार की बात किसी और से कहने की सोच भी नहीं सकती है। बलात्कारी अक्सर इस तरह की धमकी दिया करते हैं और अपराध करके खुले आम मूँछों पर ताव दे कर घूमते हैं, शोषित व्यक्ति दहशत, अपराध बोध की जिन्दगी बिताता है।

एक बच्ची के लिए पिता सत्ता-शक्ति का प्रतीक होता है। वह उसके खिलाफ कुछ बोलने-करने की बात सोच नहीं सकती है। सीली ईसाई है और बाइबिल में लिखा है अपने माता-पिता का आदर करना चाहिए। सीली पा के खिलाफ बोलने की बात दूर उसके विरुद्ध सोच नहीं पाती है। सीली की माँ बहुत बीमार है। वह डॉक्टर के यहाँ जाती है। पिता अल्फोंसो अपनी पत्नी की गैरहाजरी में सीली से अपनी यौन-पिपासा शान्त करता है। अगले पत्र में पता चलता है कि माँ मर चुकी है और सीली के पहले बच्चे को अल्फोंसो जंगल में ले जा कर मार आया है। दूसरी बार सीली को बेटा पैदा होता है उसे भी पा उससे छीन कर ले जाता है। सीली की छोटी बहन नेटी एक उम्रदराज आदमी की ओर आकर्षित है। इस आदमी के तीन बच्चे, असल में चार बच्चे हैं और उसकी पत्नी एनी जूलिया की उसके प्रेमी ने हत्या कर दी है। शुग से भी उसके बच्चे हैं। माँ का उदाहारण दे कर सीली नेटी को सावधान करती है और पढ़ाई में मन लगाने की सलाह देती है। वह नहीं चाहती है कि नेटी की शादी इतनी कम उम्र में हो, वह अपनी छोटी बहन की सुरक्षा चाहती है। इसी समय पा पत्नी मरने पर सीली की उम्र की एक छोटी लड़की से विवाह करता है।

उपन्यास श्वेत-अश्वेत के भेदभाव पर केन्द्रित न हो कर अश्वेत समुदाय के भीतर की बुराइयों पर अधिक ध्यान देता है। इन शुरुआती पत्रों में पाठक अश्वेत समुदाय के भीतर अत्याचार देखता है। सीली को उसका पा पीटता है। उसके साथ बलात्कार करता है। चर्च में लड़कों की ओर देखने का इल्जाम लगाता है, जबकि वह ऐसा कभी नहीं करती है। उसे मर्दों से डर लगता है। वह कभी कदा स्त्रियों की ओर देखती है। वह अपनी यौनिकता के विषय में नहीं जानती थी, उसे चर्च में एक लड़की ने बताया कि मासिक होने से लड़की बड़ी हो जाती है। मि. नेटी से शादी करना चाहता था, पा जानता है कि मि. की पत्नी को उसके प्रेमी ने मार दिया है और शुग एवरी शुरू से उसकी प्रेमिका है फिर भी कहता है कि वह चाहे तो सीली से शादी कर सकता है। वह यह भी बताता है कि सीली दो बार खराब हो चुकी है, पर वह बहुत मेहनती है।

बहुत बदसूरत है, स्मार्ट नहीं है, ये बातें भी पा मि. को बताता है। मानो सीली एक मनुष्य न हो कर कोई जिंस हो। सीली शुरू से शुग से बहुत प्रभावित है। उसने केवल शुग के विषय में सुना है उसे देखा नहीं है। वह उसकी एक फोटो अपने पास रखती है। उसे लगता है कि शुग एक स्त्री है और वह हर हाल में उससे बहुत अधिक सुन्दर है। शुग इस उपन्यास की एक महत्त्वपूर्ण पात्र है। वह स्त्री-अस्मिता और स्त्री स्वातन्त्र्य की प्रतीक है। एक ऐसी स्त्री जो खुद भी स्वतन्त्र रहती है और अन्य स्त्रियों की स्वतन्त्रता में सहायक बनती है। वह दूसरी स्त्रियों के दुःख-दर्द को अनुभव करती है, उन्हें इस दारुण स्थिति से निकलने में मदद करती है।

सीली अपनी बहन को बहुत प्यार करती है, उसके मन में अपनी छोटी बहन के लिए बहुत ममता है वह उसकी सुरक्षा करना चाहती है। वह असहाय है अतः जो उपाय उसके नियन्त्रण में है वह वही उपाय करती है। पा नेटी से दूर रहे इसलिए सीली पा को रिझाने का प्रयास करती है, मगर इसके लिए भी उसे सजा मिलती है। मि. सीली से शादी करने को राजी हो जाता है। शादी के पहले वह सीली का वैसे ही निरीक्षण करता है जैसा लोग पशु या गुलाम खरीदने के पहले करते हैं। सीली मात्र बीस साल की थी जबकि मि. उसके पा की उम्र का है। वह मि. से इतना डरती है कि उसे उसके नाम अल्बर्ट से न बुला कर केवल मिस्टर कहती है। वह खुद के अस्तित्व से परिचित होने के बाद में उसे अल्बर्ट कहने लगती है। नेटी पढ़ने जाती है, पा ने सीली का स्कूल यह कह कर छुड़ा दिया था कि वह बेवकूफ है, पढ़ना-लिखना उसके बस की बात नहीं है। पा ने शुरू से सीली के व्यक्तित्व और उसके आत्मविश्वास को तोड़ने का हर सम्भव प्रयास किया है।

दूसरी ओर नेटी मानती है कि उसकी बड़ी बहन सीली एक समझदार लड़की है इसलिए वह जो कुछ स्कूल में सीखती है घर आ कर वह सब सीली को सिखा दिया करती है। सीली में जिज्ञासा है, वह सीखने को तत्पर है, खूब जल्दी ग्रहण करती है। बाद में जब नेटी कुछ दिनों के लिए मि. के घर में रहती है तब भी वह सीली को पढ़ना-लिखना सिखाती रहती है। नेटी सीली में आत्मविश्वास जगाने का प्रयत्न करती है। वह सीली को विश्वास दिलाती है कि सीली बुद्धू नहीं है। सीली को शादी के बाद पता चलता है कि मि. के तीन नहीं चार बच्चे हैं। उसका बड़ा बेटा हारपो सीली को अपनी माँ के रूप में स्वीकार नहीं करता है और पहले दिन पत्थर मार कर सीली का माथा फोड़ देता है। घाव के दर्द के साथ वह मि. के पति के अधिकार की पूर्ति करती है। रात में जब मि. सीली के साथ है, वह शुग एवरी के विषय में सोचती है। उपन्यासकार शुरू से सीली का समलैंगिक झुकाव दिखाती है। वह इसका संकेत देती है कि वह पुरुषों से अधिक स्त्रियों की ओर आकर्षित है। इस कारण यह उपन्यास कई स्थानों पर प्रतिबन्धित भी हुआ।

एक पत्र में सीली बताती है कि एक दिन वह बाजार में अपनी बेटी को देखती है, दोनों की आँखे बिल्कुल एक जैसी हैं अतः वह ओलीविया को देखते ही पहचान लेती है। जिस स्त्री के साथ बच्ची थी वह बहुत अच्छी स्त्री है। इसी स्त्री के पास बाद में वह नेटी को भेजती है। नेटी पा से बचने के लिए मि. के घर आती है मगर यहाँ भी वह खुद को सुरक्षित नहीं पाती है। मि. उसके पीछे पड़ा रहता है और जब दाल नहीं गलती है तो वह नेटी को अपने घर से निकाल देता है। नेटी जाने से पहले सीली को सलाह देती है कि वह मि. के बच्चों को अपने सिर पर सवार न होने दे, दूसरों के इशारे पर नाचती न रहे और खुद को बचाने के लिए लड़ना सीखे। इस पर सीली कहती है कि वह नहीं जानती है कैसे लड़ा जाता है, उसे केवल जीवित रहना आता है। जब नेटी जा रही होती है, सीली उससे पत्र लिखते रहने के लिए कहती है। इस पर नेटी का उत्तर है कि केवल मौत ही उसे ऐसा करने से रोक सकती है। लेकिन सीली ईश्वर को अपने पत्र में बताती है कि नेटी कभी नहीं लिखती है। नेटी बराबर पत्र लिख रही थी पर पत्र सीली तक नहीं पहुँचते थे। पाठक बाद में जानता है कि ऐसा क्यों हो रहा था।

एक अन्य पत्र से पता चलता है कि अल्बर्ट की दो बहनें आती हैं वे सीली का घर सँभालने का सलीका देख कर बहुत खुश होती हैं, उसकी तारीफ करती हैं। वे उसके लिए कपड़े बनवाती हैं। लेकिन मि. को यह सब अच्छा नहीं लगता है, वह उन्हें निकाल बाहर करता है। जाते-जाते एक बहन केट सीली को अपनी लड़ाई खुद लड़ने की सीख देती है। मगर सीली को लगता है नेटी को लड़ कर क्या मिला? शायद वह मर चुकी है। वह वहीं रहना चाहती है जहाँ उसे रहने को कहा जाता है, इसीलिए वह अब तक जीवित है। बस, वह हर हाल में जीवित रहना चाहती है। इन्हीं बहनों से सीली को शुग के जीवन के विषय में विस्तार से पता चलता है। शुग बढ़िया कपड़े पहनती है, गाना गाती है और मनमर्जी का जीवन बिताती है। सीली जब अपनी ननद के साथ कपड़ा खरीदने जाती है तो वह शुग की तरह के कपड़े खरीदना चाहती है, लेकिन उस छोटी जगह में वैसे कपड़े उपलब्ध नहीं थे। वह पर्पल रंग का कपड़ा खरीदना चाहती है, राजसी रंग बैंगनी की पोशाक पहनना चाहती है। राजसी जीवन की चाह किसी के मन में उत्पन्न होना आश्चर्य की बात नहीं होनी चाहिए।

तेरहवें पत्र में हारपो अपने पिता से पूछता है कि वह सीली को क्यों मारता है। इस पर मि. कहता है कि वह मेरी पत्नी है। अश्वेत आदमी भी पति होने पर पत्नी को मारने का अधिकार पा जाता है। असल में सीली उसे यह अधिकार देती है। व्यक्ति खुद दूसरों को अत्याचार का अधिकार प्रदान करता है अन्यथा किसी की मजाल है ऐसा कर पाने की। प्रतिकार नहीं करना अत्याचार को बढ़ावा देना,

अत्याचारी को अत्याचार करने का हक देना है। जब मि. सीली को मारता है सीली खुद को लकड़ी बना लेती है और रोती नहीं है। इसका यह अर्थ नहीं कि उसे चोट नहीं लगती है, दर्द नहीं होता है। प्रतिकार के लिए साहस की आवश्यकता होती है, उसके परिणाम के लिए तैयार रहने की जरूरत होती है। सीली खुद को इस काबिल नहीं सोचती थी। वह मि. को अपना दाता, अपना स्वामी मानती थी। इसीलिए उसके अत्याचार सहती थी। जिस दिन वह जाग जाती है उस दिन से मि. की हिम्मत नहीं होती है सीली पर हाथ उठाने की।

हारपो अपनी प्रेमिका सोफिया बटलर की बात सीली को बताता है वह सोफिया से शादी करना चाहता है। हारपो बड़ा हो गया है मगर अपने पिता से नहीं लड़ सकता है। एक दिन सोफिया खुद मि. से मिलने और शादी की बात करने आती है। मि. उसे पेट से देखता है तो उसका अपमान करता है, कहता है कि न जाने किसका बच्चा पेट में लिये वह घूम रही है, ऐसी स्त्री के साथ वह अपने बेटे की शादी नहीं कर सकता है। मि. एक बार नहीं सोचता है कि उसके पिता ने यही उसके साथ किया था। उसे अपनी प्रेमिका के साथ विवाह नहीं करने दिया था। मि. ने जाने-अनजाने में अपने पिता के गुण अपना लिये हैं। पाठक यह बाद में देखता है कि वह सबके प्रति इतना भोथरा आदमी नहीं था। पितृसत्तात्मक समाज में पुरुष एक खास तरह का व्यवहार कुछ लोगों के प्रति अपना लेता है। कमजोरों को दबाना और अपने से मजबूत लोगों से दबना सत्ताधारियों की एक विशेषता है। सारे समय हारपो चुप रहता है। इस बात से सोफिया को बहुत चोट पहुँचती है। वह जाते हुए हारपो से कहती है जब वह अपने पिता के चंगुल से निकल आये तब उससे और अपने बच्चे से मिलने आये। अगले पत्र से पाठक को पता चलता है कि हारपो सोफिया से सोफिया की बहन के घर में शादी करता है और बच्चे के साथ सोफिया को घर लाता है। अब वह मि. की जमीन पर अलग घर बना कर रह रहा है, मि. के खेतों में काम करके जो पैसे मिलते हैं उनसे अपने परिवार का पालन करता है। सोफिया के आने पर सीली घर व्यवस्थित करने में उसकी सहायता करती है। परदे बना कर उसे देती है।

इसी बीच शुग गाने के लिए पास के शहर में आयी हुई है, मि. पागल की तरह सज-सवँर कर उससे मिलने जाता है। शादी के तीन साल के बाद हारपो जब सोफिया को नियन्त्रित नहीं कर पाता है तो वह अपने पिता से बात करता है, पिता कहता है कि औरत को मारना जरूरी है। उसे पता चलना चाहिए कि कौन ऊपर है, सत्ता किसके हाथ में है। सीली सोफिया के स्वतन्त्र स्वभाव से ईर्ष्या करती है, वह भी हारपो को कहती है कि वह सोफिया को पीटे। मगर हारपो को नतीजा महँगा पड़ता है। उसके आँख-नाक सूजे हुए हैं। सीली के मन में दबी इच्छा है कि वह

सोफिया की तरह बने। वह सोफिया की तरह नहीं है इस बात से उसे ईर्ष्या है इसीलिए वह हारपो को ऐसी गलत सलाह देती है। बाद में सीली को अपने कहे पर पछतावा होता है। अपराध बोध से उसकी नींद उड़ जाती है। सोफिया को जब सीली के कहे का पता चलता है तो वह उसके परदे लौटा देती है और बहुत मार्मिक बात कहती है। वह कहती है कि जिन्दगी भर उसने अपने पिता, भाइयों और अन्य पुरुष रिश्तेदारों से लड़ाई की है, कभी नहीं सोचा था कि अपने घर में भी लड़ना पड़ेगा। वह सीली से सहायता की अपेक्षा कर रही थी। वह बताती है कि वे लोग छह भाई और छह बहनें हैं। उसकी बहनें बहुत मजबूत हैं, वे मिल कर रहती हैं, एक समय वह तीर-कमान से शिकार किया करती थी। वह सीली को बताती है कि सीली का दब्बूपन दया की भावना पैदा करता है। सीली बताती है कि बाइबिल में लिखा है कि अपने माता-पिता का आदर करना चाहिए, वह इस जिन्दगी के बाद की दुनिया की बात करती है। दोनों बातचीत करने लगती हैं फिर मिल कर फटे परदों से क्विल्ट बनाती हैं।

सीली में कई खूबियाँ हैं। उसके अन्दर मातृत्व भरा हुआ है, वह अपने बच्चों का लालन-पालन नहीं कर पायी है, मि. के बच्चों की देखभाल करती है। पहले अपनी माँ और छोटे भाई-बहनों की सेवा करती थी। इसी बीच पता चलता है कि शुग बहुत बीमार है और शहर में कोई उसकी देखभाल करने वाला नहीं है। मि. उसे घर लाता है, पहले शुग सीली का अपमान करती है। सीली के भीतर सेवा भाव है, शुग उसकी आदर्श थी। वह खूब मन लगा कर शुग की सेवा-शुश्रूषा करती है। उसकी सेवा से शुग चंगी होने लगती है तो दोनों की निकटता हो जाती है। शुग सीली को उसकी पहचान दिलाने में सहायक बनती है। सीली शुरू से उसकी ओर आकर्षित थी। दोनों में समलिंगी सम्बन्ध बनता है। शुग से पाठक को मि. के पहले के चरित्र और बाद के बदलाव की जानकारी और उसका कारण पता चलता है। शुग बताती है कि अल्बर्ट ऐसा क्रूर और चुप्पा आदमी नहीं था। मगर वह कायर है, अपने पिता के सामने डट कर खड़ा नहीं हो सकता था। इसीलिए शुग और मि. का विवाह नहीं हो सका। शादी के बाद दोनों अपना सम्बन्ध कायम रखते हैं, लेकिन मि. का खुशनुमा स्वभाव बदल जाता है। जब शुग जानती है कि मि. सीली को पीटता है तो उसे बहुत बुरा लगता है, सजा देने के लिए वह अल्बर्ट से दूर हो जाती है। यह भी पता चलता है कि शुग-अल्बर्ट के तीन बच्चे हैं, वे अपनी नानी के पास रह रहे हैं। शुग में कई चारित्रिक विशेषताएँ हैं। एलिस वॉकर ने शुग का चरित्र बहुत सोच-समझ कर रचा है यह एक वास्तविक अफ्रो-अमेरिकन गायिका के चरित्र पर आधारित है।

शुग की सेवा करते हुए सीली का मातृत्व सामने आता है। वह उसे नहलाती

है, उसके बाल सँवारती है, उसके खाने-पीने का इन्तजाम करती है। सीली जब शुग की देखभाल कर रही थी तब कभी शुग उसे अपनी बेटी जैसी लगती, कभी अपनी माँ जैसी। अल्बर्ट का पिता आकर अल्बर्ट को शुग को घर में लाने के लिए बुरा-भला कहता है। एक समय इसी पिता के विरोध करने के कारण वह शुग से शादी नहीं कर पाया था और उसका जीवन नरक बन गया था। इस बार वह पिता की एक नहीं सुनता है। शुग जवान दिलों की धड़कन है, यह दीगर बात है कि वह अपना साथी खुद चुनती है। अल्बर्ट का भाई शुग के लिए चॉकलेट लाता है। सीली, शुग, सोफिया, अल्बर्ट सबका सम्बन्ध सुधरने लगा है। शुग सीली को अपने पुराने कपड़े क्विल्टिंग बनाने के लिए देती है। बाद में वह खुद भी टाँकें डालना सीखती है। हारपो सोफिया की तरह हट्टा-कट्टा होने के लिए ठूँस-ठूँस कर खाने लगा है। उसे घर के काम करना अच्छा लगता है। सोफिया बाहर के, मेहनत वाले सारे काम करती है। सोफिया और हारपो एक दूसरे को अभी भी बहुत चाहते हैं।

एक दिन सीली हारपो को रोता हुआ पाती है, वह उसे मूक सान्त्वना देती है। वह यह भी बताती है कि वह मि. की बात चुपचाप सुन लेती है क्योंकि वह उसे प्यार नहीं करती है। सोफिया हारपो को प्यार करती है और हर औरत दबा कर रखने लायक नहीं होती है। सीली तेजी से बदल रही है, उसका विकास हो रहा है। वह सोचने- समझने लगी है, स्थितियों को विश्लेषित करने लगी है। उसके पत्रों की भाषा में सुधार हो रहा है, भाषा में उत्तरोत्तर विकास होता जा रहा है। दूसरी ओर सोफिया हारपो से थकने लगी है वह बच्चों को लेकर अपनी बहन के यहाँ जाने की योजना बनाती है। सोफिया के बिछोह की बात से सीली को दुःख होता है। वह सोफिया को क्विल्ट देती है। हारपो दिखाता है कि उसे सोफिया के जाने से कोई फर्क नहीं पड़ा है। वह अपने दोस्त स्वायन के साथ मिलकर अपना ज्यूकबॉक्स बनाता है ताकि कुछ और कमाई कर सके। कुछ दिन बाद उसके यहाँ शुग गाने लगती है और गाना सुनने, शुग को देखने खूब सारे ग्राहक आने लगते हैं।

मनुष्य को अपनी पहचान के लिए दूसरे मनुष्य की सहमति की आवश्यकता होती है। जब उसे भान होता है कि वह किसी दूसरे के लिए महत्त्वपूर्ण है। किसी के जीवन में उसकी अहमियत है। कोई उसकी चिन्ता करता है। सीली को अपनी अस्मिता का पता तब चलता है जब शुग अपना एक गीत उसे समर्पित करके गाती है। ऐसा पहली बार हुआ जब किसी ने सीली के लिए कुछ बनाया और उसे सीली के नाम समर्पित किया। शुग सीली के नाम पर समर्पित करके गाना गाती है इससे सीली बहुत भावुक और विचलित हो जाती है साथ ही उसे पहली बार लगता है कि वह भी कुछ है। एलिस वॉकर यहाँ ब्लूज संगीत का असर दिखाती हैं। यह दुःख-दर्द का संगीत है। शुग फिर अपने काम पर जाना तय करती है लेकिन तब तक रुकी

रहती है जब तक अल्बर्ट सीली को पीटना बन्द नहीं कर देता है। शुग सीली के प्रति प्यार दिखाती है। शुग के प्रेम के कारण पहली बार उसे अपनी शक्ति का अहसास हुआ। जब सीली शुग से कहती है कि उसे किसी ने कभी प्यार नहीं किया है तो शुग कहती है कि वह उसे प्यार करती है। यह दोनों स्त्रियों के मध्य शारीरिक प्रेम का बायस बनता है और सीली पहली बार सकारात्मक यौन का अनुभव करती है। इससे दोनों का रिश्ता प्रगाढ़ होता है। दोनों एक दूसरे के प्रति उत्तरदायित्व अनुभव करती हैं। इससे सीली को दमन का प्रतिकार करने का साहस मिलता है। बहुत पहले सीली की छोटी बहन नेटी ने भी कहा था कि तुम लड़ो। उसकी ननद ने भी उसे अपनी लड़ाई खुद लड़ने की सलाह दी थी। अब सीली जाग चली है, वह अपने लिए खड़ी होना सीख रही है।

कायरता मनुष्य का सबसे बड़ा अवगुण है, साहस उसका सबसे बड़ा गुण। शुग सीली को बताती है कि एक समय कैसे मि. एक भिन्न आदमी था जो खूब हँसता था, टूट कर प्रेम करता था। साथ ही वह एक कमजोर आदमी है। इसीलिए वह दूसरों पर शासन करता है। शुग सीली के लिए खड़ी होती है, वह अलबर्ट को स्पष्ट कर देती है कि यदि वह सीली के साथ दुर्व्यवहार करेगा तो वह उसे छोड़ कर चली जाएगी। दोनों अल्बर्ट के साथ अपने यौन जीवन की बात खुल कर करती हैं। शुग का अनुभव बहुत अच्छा और गर्माहट भरा है, जबकि सीली का ठंडा। सीली को कुछ अनुभव नहीं होता है अल्बर्ट अपना काम करके सो जाता है। सीली से जब उसका पा बलात्कार करता है तब भी उसे कोई उत्तेजना नहीं हुई थी। असल में उसे कभी प्यार-प्रेम मिला ही नहीं था।

एलिस वॉकर 'द कलर पर्पल' में अफ्रो-अमेरिकन समुदाय-परिवार की भीतरी बातें दिखाती हैं। इस समुदाय के नियम श्वेत समुदाय के नियमों से भिन्न हैं। बच्चों के लिखने-पढ़ने पर खास ध्यान नहीं दिया जाता है। वे मनमाना व्यवसाय, अक्सर गलत काम करने लगते हैं। अल्बर्ट की बेटियाँ अपने घर जा चुकी हैं, छोटा बेटा बब जेल आता-जाता रहता है। अफ्रो-अमेरिकन समुदाय की यह स्थिति है कि उनके पास करने के लिए कुछ खास नहीं होता है, अक्सर वे गलत काम में लग जाते हैं। एक दिन सोफिया एक खूब तगड़े आदमी हेनरी ब्रोडनैक्स के साथ आती है, इस आदमी को सब बस्टर बुलाते हैं। सोफिया के छह बच्चे हैं। शुग सोफिया को देख कर बहुत खुश हो जाती है, उसका हालचाल पूछती है। वह अन्य औरतों की तरह बाल और घरेलू दूसरी बातें नहीं करती है। ज्यूकबॉक्स में आकर, ब्लूज सुन कर वहाँ उपस्थित स्त्री-पुरुषों का व्यवहार देख कर सीली बहुत उत्तेजित अनुभव करती है। उसके स्तन की घुंडियाँ कड़ी हो जाती हैं। हारपो सोफिया को देख कर खुश है, दोनों मिल कर नाचते हैं। वहीं ज्यूकबॉक्स में हारपो और सोफिया में हारपो की नयी लड़की

स्क्वीक को लेकर आपस में झड़प हो जाती है। पति-पत्नी के बीच में स्क्वीक आती है तो सोफिया लड़की को झापड़ मार देती है, लड़की की बत्तीसी टूट जाती है। सोफिया से पंगा लेना उसे भारी पड़ता है।

सोफिया एक बहुत मजबूत स्त्री है। वह अपमान नहीं सह सकती है। रचनाकार दिखाती है कि ऐसी मजबूत स्त्री को अश्वेत होने का खामियाजा भुगतना पड़ता है। कानून, समाज, धर्म, शासन सब उस समय अश्वेतों के खिलाफ थे। सोफिया सत्ता के सामने लाचार हो जाती है। हालाँकि वह अन्त तक लड़ती है। एक दिन बाजार में मेयर की स्त्री उसका अपमान करती है तो वह उसे भी एक जड़ देती है। इस पर मेयर स्वयं आगे आता है सोफिया उससे भी भिड़ जाती है। उस समय सोफिया के साथ उसके बच्चे और फाइटर भी था। वह फाइटर को वहाँ से बच्चे हटा कर ले जाने को कहती है। वह भूल जाती है कि वह एक अश्वेत स्त्री है और शासन तथा सत्ता श्वेतों के हाथ में है। सोफिया को गिरफ्तार करके जेल भेज दिया जाता है। वहाँ उसे बहुत बुरी तरह मारा-पीटा जाता है। इस खबर से हारपो, अल्बर्ट, सीली सब परेशान हो जाते हैं। बब की सहायता से वे लोग जेल में सोफिया से मिलते हैं। सीली जेल में सोफिया की सेवा-सफाई करती है पर उसकी हालत बहुत खराब है। स्क्वीक का असली नाम मेरी एग्नेस है, वह अलबर्ट की दूर की रिश्तेदार निकलती है। वह अपने स्त्री होने का उपयोग करके सोफिया की सहायता करती है। सोफिया को जेल से निकाल कर मेयर के घर में आया के रूप में रखवाती है। इसके अलावा सोफिया को बचाने का कोई उपाय न था। विडम्बना है कि सोफिया जैसी स्वाभिमानी स्त्री को एक श्वेत परिवार में आया का काम करना पड़ता है।

शुग के बढ़ावा देने पर स्क्वीक भी हारपो के यहाँ गाने लगती है। सीली सोफिया से मिलने मेयर के घर जाती है, वह देखती है कि सोफिया बहुत नाखुश है। बहुत बेमन से बच्चों की देखभाल करती है। मेयर की बिगड़ैल बेटी उससे थोड़ा-सा अच्छा व्यवहार रखती है। मेयर अपनी पत्नी के लिए कार लाता है सोफिया उसे कार चलाना सिखाती है। यहाँ भी पाठक श्वेत लोगों के अश्वेतों के प्रति संकुचित नजरिये को देखता है। जब तक वह कार चलाना सीखती है मजबूरन सामने सोफिया को साथ बिठाती है। एक बार सीख लेने के बाद वह सामने की सीट पर उसे बैठाने को राजी नहीं है। वह एक निगर के साथ नहीं बैठ सकती है। मेयर की पत्नी मिली सोफिया को उसके बच्चों से मिलाने की बात कह कर उसे लाती है लेकिन सारा दिन उसे अपने ही काम में लगाए रखती है। वह सोफिया के भाइयों पर आरोप लगाती है कि वे लोग उसे तंग कर रहे हैं। वह किसी अश्वेत पुरुष के साथ काम में बैठने, उसके साथ जाने को सहमत नहीं है। वह उन लोगों पर बिल्कुल विश्वास नहीं करती है।

शुग खूब आर्थिक उन्नति करती है। उसने शादी कर ली है। वह अपनी नयी कार

में अपने पति ग्रैडी के साथ अल्बर्ट से मिलने आती है। अल्बर्ट ने सीली को पीटना रोक दिया है, फिर भी दोनों का यौन सम्बन्ध वैसा ही एकतरफा है। ग्रैडी और अल्बर्ट दोनों मजबूरी में ही सही दोस्त बन जाते हैं। संग-संग पीते-खाते हैं। एक दिन जब दोनों बाहर गये हैं तभी सीली और शुग निकट आती हैं। सीली अपने विवाह पूर्व के कटु और अपमानित जीवन को शुग से साझा करती है। वह पहली बार खुल कर खूब रोती है। उपन्यास में यह दृश्य बहुत मार्मिक बन पड़ा है। एलिस वॉकर बहुत संवेदनशीलता से दोनों के बीच विकसित सम्बन्ध को दिखाती हैं।

शुग एक और बहुत मार्के का काम करती है। वह सीली को नेटी के पत्र लाकर देती है। नेटी बराबर सीली को लिख रही थी, अल्बर्ट अपनी दुष्टता में, सीली को सजा देने के लिए उन पत्रों को उसे न दे कर छिपा दिया करता था। सीली नेटी को जीवित जान कर खुद भी जीवन के नये उत्साह से भर उठती है। अब वह ईश्वर को छोड़ कर नेटी को पत्र लिखने लगती है। नेटी के पत्रों से पाठक जानता है कि नेटी अश्वेत मिशनरी सैमुअल के परिवार के साथ अफ्रीका चली गयी है। वहाँ वह अन्य बच्चों (केवल लड़कों), के साथ सीली के दोनों बच्चों को भी पढ़ा रही है। वहाँ भी लड़कियों को पढ़ाने का रिवाज नहीं है। उपन्यासकार नेटी के पत्रों से अफ्रीकी जीवन की जानकारी देती है। नेटी ने और बहुत सारे पत्र सीली को लिखे पर पोस्ट न करके चिन्दी-चिन्दी करके समुद्र में बहा दिये। वह सीली को अफ्रीका के इतिहास-भूगोल के विषय में बताती है, अफ्रीका की संस्कृति, वहाँ के रीति-रिवाजों से परिचित कराती है। नेटी लिखती है कि जीसेस क्राइस्ट अवश्य ही अश्वेत था क्योंकि उसके बाल भेंड की तरह थे। वह बताती है कि अफ्रीकी लोग पढ़ना चाहते हैं। सैमुअल और कोरीन का वैवाहिक जीवन बहुत मधुर है। वह अपनी माँ के वैवाहिक जीवन से इसकी तुलना करती है।

वे लोग अफ्रीका के सिनिगल नामक स्थान में रह रहे हैं, यहाँ के लोग नीले-काले हैं और गहरे नीले रंग के डिजाइनदार कपड़े पहनते हैं। उसे अफ्रीका और अफ्रो-अमेरिकन लोगों में गहरा सम्बन्ध नजर आता है। वॉकर अफ्रीका को अफ्रो-अमेरिकन का मूल स्थान बताती हैं इसीलिए अपने इस होमलैंड को देख कर नेटी उसके प्रेम में पड़ जाती है, बहुत खुश होती है, गर्व से भर जाती है। अफ्रीका में भी अफ्रीकाी लोगों की अपनी जमीन उनकी नहीं है, जमीन यूरोप और अमेरिका के श्वेतों के हाथ में है। यहाँ साम्राज्यवाद का बोलबाला है। नेटी, सैमुअल, कोरीन मिलकर ओलिंका समुदाय के लोगों के बीच काम कर रहे हैं। ओलिंका समुदाय के लोग जीसेस क्राइस्ट को ईश्वर के रूप में नहीं जानते हैं उनका ईश्वर रूटलीफ से बना घर होता है। मिशनरी उन्हें जीसेस क्राइस्ट से परिचित कराते हैं। अफ्रीका में ओलिंका आदिवासियों को देख कर उसे लगता है कि वह पहली बार काले लोगों

को देख रही है। वॉकर काले रंग की विविधता, उसकी विभिन्न छटाओं का चित्रण करती हैं। अफ्रीका के तट को पहली बार देख कर नेटी के मन में भावनाओं का ज्वार आ जाता है। वह लिखती है, यही वह जमीन है जिसके लिए हमारी माताएँ, हमारे पिता रोये थे, वे इसके लिए जीये और मरे। उसे लगता है, उसकी आत्मा में एक बड़ी-सी घंटी टकरा गयी है जिसकी थरथराहट उसके समस्त अस्तित्व को झंकृत कर देती है। उसने अब तक अपने देश के विषय में केवल पुस्तकों, पाठ्य पुस्तकों में पढ़ा था आज उसे पता चला कि वास्तविकता इन किताबी बातों से कितनी अलग थी। वह सोचती है कि वह खुद इन बातों को एक दिन लिखेगी। अभी तक उसने औपनिवेशिक आँख से अफ्रीका को देखा था, अब वह अपनी आँख से असली अफ्रीका, एक भिन्न अफ्रीका देख रही है। किताबी बातों और वास्तविकता में जमीन-आसमान का अन्तर होता है। नेटी के माध्यम से रचनाकार यूरोपियन बातों का, जीवन के प्रति नजरिये का प्रतिरोध करती नजर आती है।

इसके बाद के सीली के पत्रों से मालूम पड़ता है कि अल्बर्ट के पत्र छिपाने की बात से वह उससे बहुत गुस्सा है, उसे मार डालना चाहती है, शुग उसे ऐसा करने से रोकती है। शुग अपनी बातचीत के द्वारा सीली को सकारात्मक बातों की ओर मोड़ती है। दुनिया के बारे में सीली की जानकारी में दिनोंदिन इजाफा हो रहा है। वह ध्वंसात्मकता से सृजनात्मकता की ओर बढ़ती है, सिलाई का काम अपनाती है। उसे आशा बँध गयी है कि एक दिन वह अपने बच्चों से अवश्य मिलेगी। वे लोग एक सुखी परिवार की तरह रहेंगे। जीवन की उम्मीद उसे एक नया जीवन देती है।

नेटी एक ओलिंकी परिवार से मिलती है, जोसेफ, उसकी पत्नी और बेटी तासी बहुत अच्छे लोग हैं। जोसेफ नहीं चाहता है कि उसकी लड़की पढ़े, उसे लगता है कि लड़की के लिए घर का काम जानना काफी है। उसकी पत्नी अपने पति की बातों का अनुमोदन करती है। सीली का बेटा एडम तासी की ओर प्रारम्भ से आकर्षित है। पाठक अफ्रीकी मिथक और रीति-रिवाज के बारे में तमाम जानकारी पाता है। यहाँ एलिस वॉकर दिखाती हैं कि प्रकृति से छेड़छाड़ प्राकृतिक आपदा लाती है, जीवन अस्त-व्यस्त हो जाता है। ओलिंका समुदाय के लोग भी श्वेत और अश्वेत अमेरिकन की तरह ही स्त्री के विषय में सोचते हैं। वहाँ भी स्त्री की स्थिति उसके पति की स्थिति से मापी जाती है। पिता, भाई, पति स्त्री की देखभाल करते हैं। नेटी अपना उदाहरण देती है कि उसका पति नहीं है, फिर भी वह कुछ है। मगर उन लोगों पर इसका कोई असर नहीं होता है। नेटी मिशनरी है इसलिए वह उनकी निगाह में स्त्री नहीं है।

एडम और ओलिविया नेटी को मामा बुलाते थे, वे उससे बहुत हिले-मिले थे अतः ओलिंका लोग कोरीन, नेटी और सैमुअल के सम्बन्ध को लेकर भ्रम में है।

इससे कोरीन को परेशानी होती है। उसे शक होने लगता है कि हो-न-हो नेटी और सैमुअल में रिश्ता है जिसका फल ये बच्चे हैं। नेटी के प्रति उसके व्यवहार में फर्क आने लगता है। वह बच्चों को नेटी को मामा बुलाने से मना करती है। नेटी को सैमुअल से अकेले में मिलने-बात करने के लिए मना करती है। नेटी को इससे चोट पहुँचती है, उसे सैमुअल से बात करना अच्छा लगता था। उसके और कोरीन के सम्बन्ध में तनाव आ जाता है।

वहाँ रोड बन रही है, ओलिंका लोग बहुत खुश हैं और रोड बनाने वालों की खूब खातिरदारी करते हैं। वे नहीं जानते हैं कि रोड उनके लिए नहीं है, उनके खेतों, घरों को नष्ट करके बनायी जा रही है। जब तक उन्हें इस बात का ज्ञान होता है बहुत देर हो चुकी है। रोड व्यापारियों की सुविधा के लिए है। ये बाहरी लोग ओलिंका समुदाय का जीवन अपने चंगुल में लेने लगते हैं। इसी समय पता चलता है कि पा सीली और नेटी का अपना पिता न था, उनके अपने पिता की खाल उधेड़ कर उसे फाँसी दे दी गयी थी। उनके पिता की गलती बस इतनी थी कि वह सफलतापूर्वक अपना व्यवसाय चला रहा था। श्वेत समुदाय इसे सहन नहीं कर पाता है। इस बात से सीली के मन में अपने बलात्कार को लेकर थोड़ी राहत आती है। उसके लिए यह बहुत बड़ी बात है कि उसके बच्चे उसके पिता की सन्तान नहीं हैं, उसके बच्चे हैं, उसके भाई-बहन नहीं हैं।

शुग और सीली दोनों मिल कर सीली के पैतृक घर जाती हैं। जीवन के प्रति सीली की समझ और नजरिया बदल चुका है, उसे अब प्राकृतिक सुन्दरता नजर आने लगती है। पा ने अपने एक वर्कर की अपने से 15 साल छोटी लड़की मे एलेन से शादी कर ली है, पर वह अपने बच्चों को लेकर जा चुकी है। अब पा अपनी नौकरानी हेटी के साथ रह रहा है। वह भ्रष्ट है और श्वेत लोगों को उनके हिस्से की घूस दे कर मजे में व्यापार कर रहा है। सीली और शुग सीली के माता-पिता की कब्र पर जाती हैं। सीली के लिए जिन्दगी के अर्थ बदल रहे हैं। शुग सीली को उसके साथ टेनेसी चलने के लिए कहती है।

नेटी कोरीन को बच्चों की असलियत बताती है लेकिन कोरीन के मन में यह बात बैठी हुई है कि हो-न-हो दोनों बच्चे उसके पति और नेटी के हैं, इसीलिए उसके पति सैमुअल ने नेटी को अपने संग काम पर रखा है और उसे अफ्रीका ले कर आया है। किसी सबूत से वह सच्चाई मानने को राजी नहीं है, अन्ततः वह बीमार पड़ जाती है। मरते समय वह उन लोगों की बात कर विश्वास करती है और सैमुअल से यह बात कह कर मर जाती है। वे लोग कोरीन का अन्तिम संस्कार ओलिंका विधि से करते हैं। इस तरह पाठक अफ्रीका के इस रिवाज की जानकारी पाता है।

नेटी को अब एक नया परिवार, नया जीवन मिलता है, वह सीली के बच्चों और

तासी के परिवार के साथ बहुत खुश है। नेटी के पत्रों से ओलिंका समाज के कुछ और रीति-रिवाज का पता चलता है। वहाँ बालिका के खतने का रिवाज है। नेटी को यह अमानुषीय लगता है साथ ही वह इसके वैज्ञानिक आयाम को लेकर भी चिन्तित है। जननांगों को काटने पर संक्रमण होने का खतरा है। एलिस वॉकर ने 1989 में 'द टेंपल ऑफ माई फैमिलिअर' तथा 1992 में 'पोजेसनिंग द सीक्रेट ऑफ जॉय' दो किताबें इसी विषय अफ्रीका में स्त्री खतना पर लिखी हैं। इन किताबों की खूब आलोचना हुई। आलोचकों ने पूछा उन्हें किसी अन्य सभ्यता-संस्कृति पर टिप्पणी करने का क्या अधिकार है? क्या वे एक सांस्कृतिक साम्राज्यवादी हैं जो दूसरों की संस्कृति की आलोचना करता है? प्रश्न है, क्या लेखक को यह अधिकार है या नहीं?

अमेरिका में भी स्त्रियों का बहनापा बढ़ रहा है। अब हारपो के बच्चे सोफिया की बहन ओडिसिया को मामा और स्क्वीक को लिटिल मामा बुलाते हैं। सोफिया को मिस कहते हैं। सोफिया स्क्वीक और हारपो की बच्ची सूजी क्यू (जोलेंथा) की देखभाल करती है। सीली शुग के साथ मेमफिस जाने की तैयारी करती है। स्क्वीक भी उनके साथ जाना चाहती है। इस बात से घर के पुरुष परेशान और नाखुश हो जाते हैं। वे स्त्रियों को बेवकूफ और असहाय सोच कर तरह-तरह की बातें करते हैं। वे लोग इस खुशफहमी में थे कि वे ही उनके अन्नदाता हैं। उन लोगों के बिना ये स्त्रियाँ जीवित नहीं रह सकती हैं। अब उनका यह झूठा भ्रम टूटता है। उनकी सारी हवा निकल जाती है। हारपो अब तक सोच रहा था कि वह स्क्वीक की देखभाल कर रहा है, उसका आर्थिक भार सँभाल रहा है। अल्बर्ट कहता है कि सीली इतनी बदसूरत है, उसे बात करने की तमीज नहीं है। ग्रैडी कहता है कि यदि स्त्री घर छोड़ कर जाएगी तो कोई उसकी इज्जत नहीं करेगा। इस पर सब स्त्रियाँ खूब हँसती हैं। सीली जाते हुए अल्बर्ट को शाप दे कर जाती है। वह कहती है उसने अब तक जो भोगा है वैसा जीवन अब अल्बर्ट को मिलेगा। अल्बर्ट कुछ बोलने के लिए मुँह खोलता है तो वह अपने हावभाव से उसे जता देती है कि कुछ बोलना उसके खिलाफ जाएगा। शुग भी अल्बर्ट को चुप रहने का संकेत करती है। सीली के इस रूप को देख कर अल्बर्ट चकित और हादसे में है। वह जान जाता है कि अब उसके लिए सीली को दबा कर रखना मुश्किल है। अब किसी के लिए सीली को दबा कर रखना कठिन है, उसे अपनी कीमत मालूम हो गयी है। अब वह अपनी शक्ति पहचानती है।

सीली अपने स्वभाव और आदत के अनुसार शुग की देखभाल का प्रस्ताव रखती है, शुग स्पष्ट कर देती है कि वह उसे उसके पैरों पर खड़ा करने लायी है, अपनी दासी बनाने नहीं। शुग का पति ग्रैडी गाँजे का सेवन-व्यापार करता है। शुग ग्रैडी के साथ रीफ का धूम्रपान करती है। सोफिया बताती है कि अल्बर्ट बदल गया है

वह अब धर्म-कर्म की बातें करता है। सीली के जाने के बाद कुछ दिनों तक घर और अल्बर्ट दोनों बहुत बुरी हालत में थे, हारपो ने उसकी देखभाल की और अब वह बहुत अच्छा व्यवहार करने लगा है। यहाँ तक आते-आते उपन्यास के पुरुष बदलने लगे हैं, वे अधिक मानवीय होने लगे हैं। उनमें दया, करुणा, दूसरों की चिन्ता का भाव उत्पन्न होने लगा है। हारपो नेटी के सारे पत्र सीली को दिलवा देता है। उपन्यास में बीमारी का जिक्र आता है। अफ्रीका में बीमारी एक आम बात है अक्सर लोग बीमार पड़ कर मर जाते हैं, अमेरिका में सोफिया की बेटी बीमार है। दोनों जगह यह रक्त की कोई बीमारी है।

कोरीन की मृत्यु के बाद इंग्लैंड आ कर नेटी और सैमुअल विवाह करते हैं। ओलिंका समुदाय के लोग चालाक और धूर्त यूरोपियन साम्राज्यवादियों का सामना नहीं कर पाते हैं, वे लोग जंगल की ओर पलायन करते हैं। जहाँ खाने-पीने की चीजें उगा करती थीं उन जगहों पर अब केवल रबर उगायी जा रही है। सड़क के लिए घर, खेत, स्कूल सब नष्ट कर दिये जाते हैं। एक श्वेत स्त्री भी अफ्रीका के लोगों की सहायता कर रही थी, रिटायर्ड हो कर वह नेटी, सैमुअल और बच्चों के साथ एक ही जहाज पर इंग्लैंड लौट रही है। इस स्त्री ने एक अश्वेत लड़के हैरॉल्ड को गोद लिया हुआ है, उसे वह अपना पोता कहती है। वह एक प्रसिद्ध लेखिका भी है। नेटी ने बच्चों को उनकी असली माँ सीली के विषय में बता दिया है। नेटी के पत्रों से ओलिंका समुदाय की लड़कियों के खतना, चेहरे पर गोदना आदि रिवाजों का पता चलता है। जब ये लोग इंग्लैंड के बिशप से निराश होकर वापस अफ्रीका जाते हैं तो पता चलता है कि तासी के युवा होने का जश्न मनाया जा चुका है। एडम तासी को चाहता है, वह इन रिवाजों से परेशान है।

सीली सोचती थी कि पा रिघट-रिघट, घिसट-घिसट कर मरेगा, ऐसा कुछ नहीं होता है, वह नींद में आराम से मर जाता है। उसकी तीसरी पत्नी सीली को बताती है कि सारी जायदाद सीली और नेटी के नाम है। अल्फोंसो ने यह उनसे बात छिपा कर रखी थी। सीली पा की कब्र पर जाती है। कब्र पर लिखा है वह बहुत दयालु और अच्छा इंसान था। वहाँ उसके विषय में बड़ी-बड़ी बातें लिखी हुई हैं। रिश्तों में तेजी से बदलाव आ रहा है। शुग उन्नीस साल के लड़के जर्मेन को प्रेम करने लगी है, इससे सीली को चोट पहुँचती है। मेरी एग्नेस ग्रैडी के साथ पनामा में रीफर की खेती कर रही है। सीली पैंट्स बनाने-बेचने का कारोबार करने लगी है। यहाँ उपन्यास में एक पेंच पड़ता है। एक तार से पता चलता है कि नेटी अपने परिवार के साथ जिस जहाज में यात्रा कर रही थी वह जर्मन पनडुब्बी का निशाना बन कर जिब्राल्टर के पास डूब गया है। सीली को खबर पर पूरा यकीन नहीं होता है। खबर उसे बहुत निराश कर देती है।

जहाज डूबा था मगर ये लोग नहीं। अफ्रीका में लोग मलेरिया से पीड़ित हैं। एडम तासी की तरह अपने चेहरे पर निशान बनवा लेता है, वह तासी से शादी करता है। सीली मिस्टर अल्बर्ट के पास आ कर रहने लगी है, दोनों में बहुत समझदारी आ गयी है। अल्बर्ट अपनी मृत पत्नी एनी का दर्द अब अनुभव करता है। सोफिया और मेयर की बेटी में कहा-सुनी होती है। शुग-जर्मेन शुग के तीसरे बेटे जेम्स के साथ रह रहे हैं। सोफिया सीली के यहाँ व्यापार में सहायता करने लगती है। अल्बर्ट सीली से दोबारा शादी करना चाहता है मगर वह मना कर देती है। अन्तिम पत्र सीली ईश्वर को लिखती है जिसमें वह ईश्वर के साथ-साथ पेड़-पौधों, आकाश-सितारों और लोगों को सम्बोधित करती है। नेटी, सैमुअल, एडम, तासी, ओलिविया लौट आये हैं। उपन्यास का अन्त खुशी-खुशी होता है।

एलिस वॉकर का उपन्यास 'द कलर पर्पल' अश्वेत महिला लेखन की समस्त विशेषताएँ समेटे हुए है। इसमें अफ्रो-अमेरिकन अस्मिता की खोज, अस्मिता की पहचान, उसका दावा आया है। स्त्री की असहायता, गतिहीनता और शक्तिहीनता से उसका आत्मनिर्भरता, गतिशीलता और सशक्तिकरण की ओर विकास, स्त्री पर होने वाले अत्याचार-बलात्कार, लिंगगत भेदभाव, नस्लगत भेदभाव से निकल कर एक सम्पूर्ण मनुष्य के रूप में स्त्री का निखरना दिखाया गया है। स्त्रियों के बीच आपसी समझदारी-बहनापा चित्रित है। इस बहनापे में समलैंगिकता भी शामिल होती है। यह सारी विशेषताएँ इस उपन्यास में दिखाई देती हैं।

अफ्रो-अमेरिकन स्त्री को श्वेत स्त्री-पुरुष से लड़ना होता है, उसे अपने समुदाय के पुरुष से और कभी-कभी अपने समुदाय की स्त्री से भी लड़ना पड़ता है। सब उसका शोषण करने पर तुले होते हैं। सीली, नेटी, सोफिया सब पुरुषों से परेशान हैं। ये पुरुष श्वेत नहीं हैं, उनकी अपनी बिरादरी के अश्वेत पुरुष हैं। सीली से उसका पा बलात्कार करता है, उसे मारता-पीटता है, उसके बच्चों को उससे छीन ले जाता है, उसे धमकी देता है। सीली अत्याचार और अपराध बोध से दबी हुई है, कभी लौट कर पा को कुछ नहीं कहती है। जब बाद में शुग उससे पूछती है कि क्या उसे गुस्सा नहीं आता है तो वह कहती है बाइबिल में लिखा है अपने माता-पिता का आदर करो। धर्म भी स्त्री के विरुद्ध है। शादी के बाद वह उम्र में अपने से काफी बड़े पति से बहुत समय तक दबी रहती है। इतनी भयभीत है कि वह उसका नाम नहीं ले पाती है, सदा उसे मिस्टर कह कर सम्बोधित करती है। पहले दिन हारपो उसे पत्थर मार कर घायल कर देता है, अल्बर्ट उसकी चोट की परवाह न करते हुए उसके साथ पति होने के नाते शारीरिक सम्बन्ध बनाता है। वह भी उसे मारता-पीटता है। दिन-रात वह अल्बर्ट के बच्चों-घर की साफ-सफाई और अन्य कामों में जुती रहती है। उसे एक क्षण की राहत नहीं है। हारपो सीली की उम्र का है, वह सीली को शुरू

में बिल्कुल पसन्द नहीं करता है। बाकी तीनों बच्चे भी उसे नचाए रखते हैं। यह सब देख कर नेटी उसे समझाती है कि वह बच्चों को अपने सिर पर न नाचने दे। उन्हें अपने वश में रखे, उनके वश में न रहे।

सीली का यही दबा हुआ व्यवहार सोफिया के मन में उसके प्रति दया का भाव उत्पन्न करता है। अल्बर्ट की दोनों बहनें उसकी सुघरता देख कर प्रभावित हैं। वे उसकी तुलना अल्बर्ट की इसके पहले वाली पत्नी एनी जूलिया से करती हैं। बाद में पाठक को अल्बर्ट से पता चलता है कि एनी जूलिया क्यों ऐसी थी। एनी जूलिया अल्बर्ट से उम्र में काफी छोटी थी, उसके माता-पिता ने जबरदस्ती अल्बर्ट से उसकी शादी कर दी थी और फिर उसे बिल्कुल भूल गये थे। अल्बर्ट ने भी अपने पिता के दबाव में उससे शादी की थी जबकि वह शुग एवरी को प्यार करता था। शादी के बाद भी शुग वहाँ रहने आती है और दोनों जूलिया के सामने ही रंगरंगेलियाँ मनाते हैं, जूलिया को बच्चों की देखभाल करनी पड़ती थी। पति-पत्नी के बीच कोई प्रेम-प्यार न था। जूलिया एक लड़के से सम्बन्ध बनाती है। वह लड़का चाहता है कि एनी जूलिया सब छोड़छाड कर उसके साथ रहने लगे, स्त्री होने के नाते एनी यह नहीं कर पाती है। जब वह असहायता जताती है, लड़का गुस्से में उसे गोली मार देता है। एनी अपने बेटे हारपो की बाँहों में दम तोड़ती है।

स्त्री को अपने अस्तित्व के लिए, अपनी अस्मिता के लिये घर-बाहर सब जगह संघर्ष करना पड़ता है। सोफिया और उसकी बहनें बहुत मजबूत और लम्बी-चौड़ी कदकाठी की हैं। वे एमाजोन्स हैं, यूनानी यौद्धा स्त्रियों की तरह हैं, तीर-धनुष चलाने वाली। इनको अपने पिता, भाई, चाचा-मामा सब पुरुषों से लड़ना पड़ता है। सोफिया ने कभी नहीं सोचा था कि उसे अपने घर में, अपने आदमी से लड़ना होगा। हारपो को अल्बर्ट, सीली सब कहते हैं कि वह अपनी पत्नी को मारे। सीली ईर्ष्यावश ऐसा कहती है। वह सोफिया की तरह निर्भीक नहीं है इसलिए उससे ईर्ष्या करती है। सीली को हारपो से ऐसा कह कर पछतावा होता है। बाद में वह इसका मोचन करती है, दोनों में बहनापा पनपता है। सीली अपने स्वभाव के कारण जेल में घायल सोफिया की सेवा करती है, उससे मिलने जाती है। उपन्यास के अन्त में सोफिया सीली के कपड़ों के व्यापार में सहायक बनती है।

सोफिया निर्भीक और शारीरिक रूप से शक्तिशाली है। वह अश्वेत स्त्री-पुरुषों से जीत सकती है। समाज की लिंगगत-नस्लगत असमानता उसे यह हक नहीं देती है कि वह एक श्वेत स्त्री-पुरुष से जीते। जब वह अपने अपमान का बदला लेने के लिए मेयर और उसकी पत्नी पर हाथ उठाती है तो पुलिस उसे गिरफ्तार कर उसकी हड्डी-पसली मार-मार कर एक कर देती है। जेल में उसके साथ बड़ा अमानवीय व्यवहार किया जाता है। सत्ता शक्तिशाली को कुचलने का हरसम्भव प्रयास करती है। जेल में

उसकी एक आँख फोड़ दी जाती है, नाक तोड़ दी जाती है। सिर से पैर तक उसे कुचल दिया गया है। उसकी जीभ फूल कर लटकी हुई है। वह बात नहीं कर सकती है। उसका पूरा मार से शरीर बैंगन के रंग का हो गया है। ध्यान रहे उपन्यास का नाम भी पर्पल अर्थात् बैंगनी है। उसकी मजबूत आत्मा को कुचलने का भरपूर प्रयास किया जाता है। कोढ़ में खाज, सोफिया को जेल के अमानुषीय अत्याचार से छुटकारा मिलता है मगर उसी मेयर की पत्नी की नौकरानी बन कर। यह दीगर है कि बाद में उसका बुढ़ापा अपनों के बीच प्रेम और सम्मान के साथ बीतता है। मगर जीवन का सुनहरा भाग कष्ट और अपमान में नष्ट हो जाता है।

अमेरिकी स्त्रियों के बीच बहनापा विशिष्ट है। इसकी शुरुआत नारीवादी और सिविल राइट्स आन्दोलन के दौरान हुई। माना जाता था कि बहनापा सारी स्त्रियों के लिए एक जैसा है। मगर ऐसा हुआ नहीं, श्वेत स्त्रियाँ अश्वेत स्त्रियों से भावात्मक स्तर पर पूरी तरह से नहीं जुड़ सकीं। हाँ, अश्वेत स्त्रियों के बीच 'सिस्टरहुड' खूब पनपा। अफ्रो-अमेरिकन साहित्य का यह एक खास अंग है। 'द कलर पर्पल' में बहनापा आया है। बहनापा स्त्रियों को शक्ति प्रदान करता है। उपन्यास में बहनापा आन्दोलन की भाँति नहीं आया है, मगर व्यवहार में यह है। उसका सैद्धान्तिक पक्ष न दिखा कर लेखिका उसका व्यावहारिक उपयोग दिखाती है। इसमें बहनापा केवल अश्वेत स्त्रियों के बीच दिखाया गया है। बहनापे से स्त्री को दमन का प्रतिकार करने की शक्ति और साहस मिलता है। एकमात्र श्वेत स्त्रियाँ मेयर की पत्नी-बेटी कहीं कोई कोमल भावना नहीं दिखाती हैं। उनमें कोई बहनापा नहीं है न तो अश्वेत स्त्रियों से न ही श्वेत स्त्रियों से। सोफिया की सारी बहनें मिलजुल कर रहती थीं, इससे उन्हें शक्ति मिलती थी। उनके दो भाई और एक बहन का पति भी उनका साथ देता है जो अनोखी बात है।

शुग और सीली में बहनापा पनपता है। यह बहनापा समलैंगिकता को पहुँचता है। शुग का संग-साथ सीली को अपनी पहचान दिलाता है, उसे अपने अधिकारों से प्रति जागरूक बनाता है। शुग एवरी उसे अपने साथ मेमफिस ले जाती है, वहाँ उसे आर्थिक रूप से अपने पैरों पर खड़ा होने में सहायता करती है। उसके साथ उसकी पैतृक सम्पत्ति देखने जाती है, उसके माता-पिता की कब्र पर जाती है। शुग एक बहुत मजबूत स्त्री है, वह गैर परम्परागत जीवन जीती है। वह अल्बर्ट को टूट कर प्रेम करती है। जब उसे पता चलता है कि अल्बर्ट सीली के साथ दुर्व्यवहार करता है तो वह उससे सम्बन्ध तोड़ लेती है। वह यह स्वीकार करती है कि उसने अल्बर्ट की पत्नी एनी जूलिया के साथ अच्छा सलूक नहीं किया था, शुरू में वह सीली का भी अपमान करती है। फिर उसके गुणों को पहचान कर उससे मित्रता करती है, उसके साथ बैठ कर सिलाई का काम करती है, क्विल्ट बनाने के लिए अपने पुराने

कपड़े देती है। बाद में सोफिया और स्क्वीक, स्क्वीक-शुग में दोस्ताना व्यवहार हो जाता है, शुग स्क्वीक को गाने के लिए प्रोत्साहित करती है। ये स्त्रियाँ एक दूसरे का भावात्मक सहारा-शक्ति बनती हैं। एक दूसरे के अतीत के घावों पर मलहम लगाती हैं, एक-दूसरे के दुःख-दर्द को बाँटती हैं, एक-दूसरे की कठिनाइयों को कम करने का प्रयास करती हैं। कोई आपको समझता है, आपको निर्णय लेने में सहायता करता है, आपके निर्णय में साथ है, इस भावना मात्र से मनुष्य को बहुत शक्ति मिलती है।

'सिस्टरहुड', बहनापा अफ्रो-अमेरिकन महिला लेखन की एक खासियत है। बहनापा स्त्रियों को सहारा देता है, विकसित होने में सहयोग देता है। इसके साथ इस बहनापे से बच्चों को खूब लाभ पहुँचता है। ये स्त्रियाँ एक दूसरे के बच्चों की देखभाल करती हैं। सीली माँ है पर अपने बच्चों का लालन-पालन करने का अवसर उसे नहीं मिलता है। पहले वह अपने छोटे भाई-बहन की देखभाल करती है, नेटी के प्रति वह खास लगाव का भाव रखती है उसकी सुरक्षा को लेकर वह सदैव चिन्तित है। उन लोगों की माँ उनकी देखभाल नहीं करती है। सीली की माँ न तो उसे प्रेम देती है न ही सुरक्षा। बल्कि सदा वह उससे बहुत गुस्सा रहती है। सीली का बचपन बहुत कष्टकर और असुरक्षित था। वह बीस साल की कच्ची उम्र में अल्बर्ट के घर आती है, अपनी बराबरी की उम्र के उसके बच्चों की देखभाल करती है। उनको नहलाती-धुलाती है, उनके बाल कंघी करती है, उनके खाने-पीने का प्रबन्ध करती है। नेटी सीली के बच्चों की देखभाल करती है, उन्हें पढ़ाती है, शिक्षित करती है। कोरीन खुद माँ नहीं बन सकती है पर गोद ली सन्तानों से खूब प्यार करती है। सोफिया के बच्चों की देखभाल स्क्वीक करती है। सोफिया स्क्वीक के बीमार बच्चे की तीमारदारी करती है। शुग और अल्बर्ट के तीन बच्चों को शुग की माँ पालती है।

अफ्रो-अमेरिकन साहित्य में 'क्विल्टिंग' रूपक बहुत मानीखेज हैं। इनके साहित्य में एक खास काम 'क्विल्टिंग' करने का उल्लेख बार-बार मिलता है। क्विल्टिंग का शाब्दिक अर्थ है कपड़े के टुकड़ों को जोड़ कर सिलना। साहित्य में यह मनुष्यों को जोड़ने, सभ्यता-संस्कृति का आपसी सम्बन्ध, खुद को पुनर्भाषित करने, आत्मनिर्भर होने आदि के विभिन्न प्रतीक के रूप में प्रयोग होता है। एलिस वॉकर के साहित्य में भी स्त्रियाँ निरन्तर परदे, रजाई अथवा अन्य कपड़े सिलती नजर आती हैं। उनके 'द कलर पर्पल' में सीली निरन्तर सिलाई करती है, पहले परदे सिल कर सोफिया को देती है। जब सोफिया अपनी बहन के घर जा रही थी सीली रजाई सिल कर बड़े प्रेम से उसे देती है। वह शुग की सहायता से पैंट्स बनाने का कारोबार शुरू करती है। जब सीली सोफिया में सुलह हो जाती है तो दोनों मिल बैठ कर फटे परदों से क्विल्ट सिलती हैं। शुग उन्हें अपने पुराने कपड़े क्विल्ट बनाने के लिए देती

है। यह काम उसे दुःख-दर्द सहने, जीवन की कठिनाइयों को पार करने में सहायता करता है। इसी कार्य से सीली शुग से जुड़ती है, बाद में यही उसकी आर्थिक आत्मनिर्भरता का साधन बनता है। इसी के द्वारा उसमें तथा मिस्टर अलबर्ट में भी निकटता बढ़ती है। पैचवर्क, खोंप भरना, कपड़े के टुकड़े जोड़ कर नये-नये डिजाइन बनाना, रजाई-गद्दे में टाँकें डालना स्त्री की कलात्मकता और सृजनात्मकता की अभिव्यक्ति का एक माध्यम हैं। सीली के पास क्विल्ट की डिजाइनबुक है, वह 'सिस्टर्स च्वायस' नाम की क्विल्ट डिजाइन करती है। वह अल्बर्ट को सीना-पिरोना सिखाती है, उसे यह काम इतना अच्छा लगता है कि वह शर्ट डिजाइन करने लगता है। नेटी और कोरीन इसी के द्वारा सुलह करती हैं, कोरीन को याद आता है कि जब वह कपड़ा खरीदने गयी थी तब उसने बच्चों की माँ को देखा था। इस स्मृति से अपने पति को लेकर उसकी सारी शंकाएँ दूर हो जाती हैं और वह चैन से मरती है। अफ्रीका के ओलिंका लोग क्विल्ट की खूबसूरत डिजाइन वाले चमकीले नीले रंग का चोंगा पहनते हैं। ओलिंका लोग पशु-पक्षी, मनुष्य की आकृति की डिजाइन से सजी सुन्दर क्विल्ट बनाते हैं। इस तरह क्विल्टिंग के प्रतीक से एलिस वॉकर अफ्रो-अमेरिकन का अफ्रीका से सम्बन्ध स्थापित करती हैं।

साहित्यिक दृष्टि से 'द कलर पर्पल' में क्विल्टिंग का अर्थ लोगों का आपस में जुड़ना है। पत्रों के द्वारा सीली ईश्वर से जुड़ने का प्रयास करती है। पत्रों के द्वारा सीली-नेटी आपस में जुड़ी हुई हैं। सीली स्व का अन्वेषण कर अपनी शक्ति विकसित करती है। 'सिस्टर्स च्वायस' नाम उसका अन्य स्त्रियों से जुड़ने का प्रतीक है। स्वयं एलिस वॉकर ने 'द कलर पर्पल' के रूप में अफ्रो-अमेरिकन के मूल, इतिहास और जीवन की क्विल्टिंग की है। जिनके पास वाणी नहीं है, उनके अनुभवों को वाणी दी है। अश्वेत स्त्री को सशक्त बनाया है। इसके द्वारा उनके सशक्तिकरण का उपाय और ठोस दस्तावेज पेश किया है।

अफ्रो-अमेरिकन महिला साहित्य में ईश्वर, अध्यात्म, पर्यावरण-प्रकृति सबका बहुत महत्त्वपूर्ण स्थान है। अफ्रो-अमेरिकन साहित्य में ईश्वर की अवधारणा विकसित की गयी है। सीली शुरू में ईश्वर के विषय में ऐसे बोलती है मानो ईश्वर श्वेत हो। शुग भगवान के विषय में कहती है कि बूढ़े श्वेत आदमी से जुड़ने का मेरा पहला कदम प्रकृति के पेड़ थे। फिर वायु, तब पक्षी, फिर और लोग। प्रकृति और ईश्वर का तादात्म्य यहाँ नजर आता है। एक दिन जब वह चुपचाप शान्त बैठी थी और खुद को अनाथ अनुभव कर रही थी जो कि वह थी तब उसे लगा कि वह हर वस्तु का हिस्सा है, कुछ भी अलग नहीं है। यहाँ मनुष्य और प्रकृति का तादात्म्य दीख पड़ता है। श्रीमद्भागवत महात्म्य में एक घटना चित्रित है। शुक मुनि निरे बालक हैं, अभी उनका उपनयन भी नहीं हुआ है, तभी वे संसार त्याग कर वन को जा रहे

हैं। उनके पिता ऋषि वैशम्पायन कातर हो कर अपने पुत्र को पुकारते हैं, "बेटा! बेटा! कहाँ जा रहे हो?" तो प्रकृति से तादात्म्य स्थापित कर चुके शुक की ओर से समस्त जंगल उसका उत्तर देता है, "ऐसे मुनि को मेरा प्रणाम।" होसे सारामागो के यहाँ भी प्रकृति से ऐसा ही तादात्म्य मिलता है। सीली को उस क्षण लगता है कि यदि वह एक वृक्ष काटेगी तो उसकी बाँह से खून बहेगा। इस अनुभूति से वह आह्लादित हो जाती है। वह हँसती है, रोती है और सारे घर में खूब दौड़ती है। इहलाम होने पर ऐसा ही होता है। यह जब होता है उसी पल आप इसे जान जाते हैं। आप चूक नहीं सकते हैं। यह सीली की आध्यात्मिकता की झलक है। उपन्यासकार एलिस वॉकर पूर्वजों, पराशक्ति, आध्यात्मिकता में गहन विश्वास रखती है। वे खुद अपनी किताब 'लिविंग बाई द वर्ड' में कहती हैं कि मुझे लगता है कि मेरी पहले की जिन्दगी का काम पूरा हो चुका है। जो किताबें मैं प्रस्तुत करती हूँ मुझे लगता है कि वे मेरे पूर्वजों के विचार हैं, पूर्वज जो विचार मेरे द्वारा अभिव्यक्त करना चाहते हैं।

एक बार जब व्यक्ति की अस्मिता जाग जाती है तो वह निर्भीक हो जाता है। मानो उसका एक नया जन्म होता है। वह अपना महत्त्व, समाज में अपनी आवश्यकता, अपने स्थान को समझने लगता है। 'द कलर पर्पल' में जब शुग नेटी के पत्र सीली को देती है तो सीली का मानो पुनर्जन्म होता है। यह नयी सीली बदली हुई एक दूसरी औरत है। उसमें यह कहने की हिम्मत आ जाती है कि मैं भले ही बदसूरत हूँ और खाना बनाना नहीं जानती हूँ, लेकिन मैं यहाँ हूँ। आमीन। शुग दोहराती है आमीन। वह दुष्ट, दुर्व्यवहार करने वाले अपने सौतेले पिता अलफांसो भी से डट कर बात करती है। पहले वह हारपो की पत्नी सोफिया को पसन्द नहीं करती थी क्योंकि सोफिया अलग किस्म की स्त्री थी। वह हारपो अथवा मि. की बेजा बातों की परवाह नहीं करती है उन्हें जवाब देती है। वे लोग कुछ माँगते हैं और वह काम कर रही होती है तो सीधे कह देती है कि मुझे नहीं मालूम, खुद कर लो। वह पुरुषों के कमरे में आने पर बात करना बन्द नहीं करती है। जो कर रही होती है उसे करना जारी रखती है। जब मि. के बुलाने पर सीली डर से चौंक जाती है तब सोफिया को आश्चर्य होता है, उसे सीली पर दया आती है यह बात सीली को चुभती है। इसीलिए जब हारपो सीली से पूछता है कि वह सोफिया को कैसे नियन्त्रण में रखे तो वह ईर्ष्यावश कहती है कि उसे पीटो।

कहने को तो सीली हारपो से कह देती कि वह अपनी पत्नी को कब्जे में रखने के लिए पीटे मगर अन्तर में उसे मालूम है कि यह सही नहीं है। इस बात से वह अचेतन रूप से अपराधबोध से भरी हुई है। उसकी नींद गायब हो जाती है, बहुत जतन करने पर भी वह सो नहीं पाती है। उसे लगता है उसने सोफिया की आत्मा

(स्पिरिट) के प्रति पाप किया है। सोफिया मार खाने वाली स्त्री नहीं है अतः जब हारपो उसे मारने का प्रयास करता है तो दोनों में जम कर युद्ध होता है। हारपो बराबर का बल्कि ज्यादा घायल होता है। सोफिया और हारपो एक दूसरे को बहुत प्यार करते हैं। हारपो शरीर से मजबूत है मगर उसकी इच्छा शक्ति कमजोर है। मि. की इच्छा शक्ति कमजोर है इसीलिए वह शुग से विवाह नहीं कर पाता है बल्कि अपने पिता की इच्छानुसार एक अन्य स्त्री से विवाह करता है जो उसे प्यार नहीं करती है हालाँकि मि. उससे कई बच्चे पैदा करता है। बाद में वह एक अन्य युवक से प्रेम करती है मगर अपने बच्चों को नहीं छोड़ पाती है। इसी बात से क्रोधित हो कर वह युवक उसे गोली मार देता है। वह अपने बड़े बेटे हारपो की बाँहों में दम तोड़ती है। यही कारण है कि हारपो शुरू में सीली को अपनी माँ स्वीकार नहीं करता है और उसे पहले ही दिन पत्थर से माथे पर मारता है। बाद में वह सीली के व्यवहार के प्रति कृतज्ञ है, इस अनुग्रह को वह अपने ढंग से स्वीकारता है और अपनी भावनाएँ चुपचाप व्यक्त करता है। वह अपने पिता मिस्टर अल्बर्ट को बाध्य करता है ताकि वह नेटी के सारे पत्र सीली को दे दे। यह एक ऐसा कदम है जिससे हारपो का उदात्तीकरण होता है और सीली का जीवन बदल जाता है।

उपन्यास कई स्थलों पर बड़ी मार्मिक स्थितियों का चित्रण करता है। एक उदाहरण सोफिया के हृदय पर लगे आघात का है जब उसे सीली की हारपो को दी गयी सलाह का पता चलता है। उसे सीली के इस व्यवहार से बहुत चोट पहुँचती है। वह सीली की तरह चोट खाकर चुप रहने वाली स्त्री नहीं है। तमकती हुई वह सीली के पास जाती है और सीली से गुस्से में कहती है कि सारी जिन्दगी मैंने लड़ाई की है, पिता से, भाइयों से, चाचाओं-मामाओं से, चचेरे-ममेरे भाइयों से। लड़की पुरुषों वाले परिवार में सुरक्षित नहीं है। वह यह भी कहती है कि उसने कभी नहीं सोचा था कि उसे अपने घर में भी लड़ना पड़ेगा। सोफिया एक भिन्न स्त्री है, वह यह भी स्पष्ट कर देती है कि यदि हारपो को मरा हुआ देखना है तो उसे भविष्य में ऐसी ही सलाह देती रहना। सोफिया यह भी बताती है कि वह तीर-धनुष से शिकार किया करती थी। शुग और सोफिया को अपनी शक्ति अमेरिकन इंडियन संस्कृति से प्राप्त होती है। खुद वॉकर मानती हैं कि उनके पूर्वज पर-परदादी चेरोकी समुदाय से सम्बन्धित थीं। वे यह भी मानती हैं कि मिश्रित संस्कृति की सन्तान ज्यादा मजबूत होती है।

सोफिया मजबूत कदकाठी की स्त्री है उसे दबा कर रखना आसान नहीं है। ऐसी दबंग स्त्री का रंगभेद की नीति के कारण सारा जीवन बर्बाद हो जाता है। उसकी मजबूती, गलत के खिलाफ बोलने की आदत उसके विपरीत पड़ती है क्योंकि उस समय अश्वेतों को व्यावहारिक रूप से अधिकार प्राप्त नहीं थे। श्वेत उन्हें अपनी सम्पत्ति मानते थे। गुलामी की प्रथा समाप्त हो गयी थी फिर भी अश्वेत श्वेत लोगों

की नजरों में मनुष्य न थे। इसीलिए जब मेयर की पत्नी मिस मिली सोफिया को अपनी नौकरानी बनाने का प्रस्ताव रखती है और सोफिया उससे इनकार कर देती है तो मेयर इसे अपना और अपनी पत्नी का बहुत बड़ा अपमान मान कर सोफिया को थप्पड़ मारता है। इसके पहले ही उपन्यास दिखा चुका है कि यदि कोई सोफिया से बेकार टकराता है तो क्या नतीजा होता है। वह हारपो की गर्लफ्रैंड के दाँत तोड़ चुकी थी। अपने लोगों के मना करने पर भी सोफिया मेयर को पटखनी दे देती है। नतीजा बहुत बुरा होता है, सोफिया को तुरन्त गिरफ्तार कर लिया जाता है। सत्ता अपनी शक्ति का प्रयोग कर सोफिया की एक-एक हड्डी-पसली तोड़ डालता है। सीली और सोफिया के बीच की कटुता समाप्त हो जाती है, दोनों में बहनापा हो जाता है।

कुछ आलोचकों की शिकायत है कि एलिस वॉकर के पुरुष पात्र आत्मकेन्द्रित, भयंकर क्रोध करने वाले, पत्नी-बच्चों से प्रेम सम्बन्ध कायम करने में नाकामयाब, उनसे जुड़ने में असमर्थ होते हैं। वे अपने साहित्य में अपने पुरुष पात्रों को सीधे-सीधे नहीं दिखाती हैं। उन्हें परोक्ष रूप से प्रस्तुत करती हैं। उनके पुरुष पात्र स्वयं नहीं बोलते हैं, उनके विषय में उपन्यास-कहानी की नारी पात्र बताती चलती हैं। पाठक के समक्ष वे दूसरों की निगाह से आते हैं। ये सारे आरोप पूरी तरह से सही नहीं हैं। अगर हम 'द कलर पर्पल' के पुरुष पात्रों को देखें तो इसमें हमें कई पुरुष पात्र नजर आते हैं। सीली और नेटी का पिता (बाद में पता चलता है कि वह उनका जैविक पिता नहीं है) अल्फोन्सो, सीली-नेटी का अपना पिता, सीली का पति मिस्टर अलबर्ट, अल्बर्ट का बड़ा बेटा हारपो, छोटा बेटा बब, सोफिया का बहनोई-ओडिसा का पति जैक, शुग का पति ग्रैडी, मिशनरी सैमुअल, हेनरी ब्रोडनैक्स जिसे सब बस्टर पुकारते हैं, मेयर आदि कई पुरुष पात्र हैं।

इनमें से कुछ ही पात्र महत्त्वपूर्ण हैं, उनका चरित्र उपन्यास में विस्तार पाता है। अल्बर्ट जिसे शुरू में काफी समय तक सीली मि. कहती है। वह पुरुष सत्ता का प्रतीक है। उसने कई शादियाँ की हैं, हर बार अपने से बहुत छोटी उम्र की लड़की से। असल में वह शुग से प्रेम करता है लेकिन अपने पिता के सामने लाचार होने के कारण उनकी मर्जी से विवाह करता है। शादी के बाद भी वह शुग से सम्बन्ध जारी रखता है। जीवन के बाद के हिस्से में वह स्वीकारता है कि उसने अपनी पत्नी के साथ बहुत बुरा व्यवहार किया था। वह नेटी से शादी करना चाहता था मगर पा उसे सीली ऑफर करता है। यहाँ भी वह जो चाहता है उसे नहीं मिलता है। वह सीली का एक जानवर की तरह निरीक्षण करता है, सीली को वह मनुष्य नहीं समझता है, उसको वैसी ही नजर से देखता है जैसे श्वेत लोग दास खरीदते समय अश्वेतों को देखा करते थे।

अल्बर्ट सीली को मारता-पीटता है। शुग को वह अन्त तक प्यार करता है।

शुग के सामने वह कुछ नहीं बोल पाता है। शुग बताती है कि वह एक जिन्दादिल इंसान हुआ करता था, उसका प्रेम बड़ा गर्माहट भरा होता था। एलिस वॉकर उपन्यास में बताती हैं कि शुरू में अल्बर्ट ऐसा था। युवावस्था में वह अपने पिता के सामने खड़ा नहीं हो पाता है। पितृसत्ता के सामने झुक जाता है जिसका नतीजा कई जिन्दगियों को भुगतना पड़ता है। वह खुद नीरस जीवन बिताता है, उसके आसपास के लोग भी नाखुश रहते हैं। स्थिति इतनी खराब हो जाती है कि सीली जब जागती है तब उसे शाप देती है। सीली के जाने के बाद उसे उसका महत्त्व मालूम होता है। वह और उसका घर पतन की ओर बढ़ने लगता है। हारपो उसकी सहायता करता है। उसे साफ-सुथरा जीवन बिताने की ओर प्रवृत करता था। अल्बर्ट की मानसिकता बहुत गन्दी थी वह नेटी के पत्र छिपाया करता था। हारपो के कहे पर वह नेटी के बाकी पत्र सीली को भेजता था। इससे उसके पाप का मोचन होने लगता है।

फिर जब सीली दोबारा वहाँ रहने आती है अल्बर्ट को बदला हुआ पाती है। एक दिन वह सीली से सीना-पिरोना सीखने की इच्छा जाहिर करता है। उसे हाथ का काम करने में मजा आता है, उसकी रचनात्मकता को पहली बार अभिव्यक्ति मिलती है। पहले वह कोई काम नहीं करता था, खेती का काम सीली और हारपो किया करते थे। अब वह सीली से फिर शादी करना चाहता है, सीली के इनकार करने पर बुरा नहीं मानता है। सीली की मित्रता को स्वीकारता है। अब वह सीली को बराबरी का दर्जा देता है। दोनों बैठ कर सिलाई करते हैं, धूम्रपान करते हैं और बातें किया करते हैं। एलिस वॉकर ने 'द कलर पर्पल' में पुरुष पात्र अपने बाबा और उनके भाइयों के आधार पर रचे हैं। एलिस वॉकर दिखाती हैं कि स्त्री-पुरुष के काम का लिंगगत बँटवारा उचित नहीं है। कोई भी कैसा भी काम कर सकता है। जब सोफिया घर के बाहर के भारी काम कर सकती है तो पुरुष सीने-पिरोने का काम क्यों नहीं कर सकते हैं।

उपन्यास हारपो के चरित्र में होते हुए परिवर्तन को दिखाता है। वह भी अपने पिता से डरता था। सीली को माँ का दर्जा नहीं देता था। इसके दो कारण थे—वह उम्र में सीली के बराबर था और उसकी अपनी माँ ने गोली खा कर रक्तरंजित उसकी बाँहों में दम तोड़ा था। उसने अपने पिता के स्वभाव को अपना लेने का प्रयास किया था। सोफिया को वह प्यार करता है साथ ही चाहता है जैसे सीली उसके पिता की बात सिर झुका कर मानती है वैसे ही सोफिया उसकी बातों को माने। सोफिया अपना खुद का विचार रखती है, वह हारपो की सिर-पैर रहित बातें नहीं मानती है। हारपो अपने पिता की सलाह मान कर सोफिया को वश में करने के लिए उसे मारने-पीटने का प्रयास करता है, वह अपने प्रयास में बेतरह असफल रहता है, खुद सोफिया से मार खाता है। सीली की सलाह पर भी अमल करके वह सोफिया से

अपने नाक-मुँह तुड़वाता है। अन्ततः उसे समझ में आता है कि हर औरत पीटने के काबिल नहीं होती है।

सोफिया अपने बच्चे ले कर अपनी बहन के घर रहने चली जाती है। हारपो ऊपर से दिखाता है कि सोफिया और बच्चों के जाने से उसे कोई फर्क नहीं पड़ा है। असलियत इसके विपरीत है, वह उसके जाने से काफी प्रभावित है, एकाकी हो गया है। अपने मित्र की सहायता से वह ज्यूकबॉक्स बनाता है। शुग के वहाँ गाने से उसे आ-मद-नी होने लगती है। बाद में उसकी गर्लफ्रैंड स्क्वीक भी वहाँ गाने लगती है। उसे गलतफहमी थी कि वह इन स्त्रियों को आर्थिक सुरक्षा दे रहा, जबकि वास्तविकता में ये स्त्रियाँ उसे आर्थिक लाभ पहुँचा रही थीं। सोफिया के जेल जाने से उसे बहुत दुःख होता है, वह उसकी हरसम्भव सहायता करना चाहता है। एलिस वॉकर के ये पुरुष पहले बहुत क्रूर व्यवहार करते हैं, बाद में उनका स्वभाव बदलता है और वे अधिक मानवीय व्यवहार करने लगते हैं। इससे उन्हें भी राहत मिलती है, उनके आसपास के अन्य स्त्री-पुरुषों को भी बेहतर जीवन जीने का अवसर मिलता है। शुरू में वह दमनकारी और दुष्ट प्रकृति का था तो बाद में समझदारी और मानवता दिखाता है।

उपन्यास के कुछ पुरुष पात्र शुरू से अन्त तक एक जैसे रहते हैं, उनमें कोई परिवर्तन नहीं आता है। वे सपाट चरित्र हैं। मिशनरी सैमुअल शुरू से दयालु, समझदार और दूसरों की सहायता करने वाला है। वह एक अच्छा पति और अच्छा पिता है। वह अन्त तक वैसा ही बना रहता है। सोफिया का बहनोई शुरू से अन्त तक पत्नी का साथ देने वाला है। सोफिया का साथी हेनरी ब्रॉडनेक्स भी अच्छा आदमी है। दूसरा पात्र है सीली का पा जो कभी नहीं बदलता है। यह नकारात्मक चरित्र कभी नहीं बदलता है। सीली उसे अपना पिता सोचती थी, जबकि वह उसका सौतेला पिता था। पा एक दुष्ट व्यक्ति है, वह सीली-नेटी की माँ के साथ बुरा व्यवहार करता है। सीली जो उसकी बेटी के समान है उसके साथ बलात्कार करता है, बलात्कार से उत्पन्न बच्चों को सीली से छीन कर ले जाता था। सीली को कहता कि उसने उन्हें मार डाला है जबकि वह उन बच्चों को सैमुअल को दे देता है। सीली को वह बेल्ट से मारता है, धमकी देता है कि यदि वह ईश्वर के अलावा किसी को बलात्कार की बात बताएगी तो वह उसकी माँ को मार डालेगा। सीली अपनी माँ को बहुत प्यार करती है अतः उसकी जान बचाए रखने के लिए चुप रहती है। वह सीली पर लड़कों की ओर देखने का इल्जाम लगाता है। जब सीली की माँ सीली के कमरे में पुरुष के बाल की बात पूछती है तो वह झूठ बोलता है कहता है यह सीली से मिलने आये किसी लड़के के होंगे। वह सीली को बेवकूफ बता कर स्कूल जाने से रोकता है। आश्चर्य है वह नेटी को स्कूल जाने देता है।

सीली के अलावा अल्फोंसो की गन्दी नजर सीली की छोटी बहन, अपनी सौतेली छोटी बेटी नेटी पर भी थी। उसे बचाने के लिए, नेटी की ओर से अल्फोंसो का ध्यान हटाने के लिए सीली खुद को लुभावने रूप में प्रस्तुत करने का प्रयास करती है, नतीजा उल्टा निकलता है। नेटी उससे बचने के लिए सीली के घर आती है वहाँ भी वह सुरक्षित नहीं है। सीली की माँ के मरने के बाद सीली की उम्र की एक छोटी लड़की से शादी करता है। उसने सीली के पिता का सारा व्यापार हड़प लिया है। वह श्वेत लोगों को घूस दे कर भ्रष्ट तरीके से अपना व्यापार चलाता है, मुनाफा कमाता है। विडम्बना है कि इतना दुष्ट-भ्रष्ट व्यक्ति आराम से सोता हुआ मर जाता है। वॉकर ईश्वर के अन्याय को दिखाती हैं। अल्फोंसो ने अपनी कीर्ति मरने के बाद के लिए सुरक्षित कर ली है। जब सीली उसकी कब्र पर जाती है तो वहाँ लम्बा-चौड़ा लिखा शिलालेख देखती है, जिस पर उसे नेक, ईमानदार, दयालु और न जाने क्या-क्या बताया गया है। शक्तिशाली लोग जो चाहे अपने विषय में प्रचारित करवा लेते हैं। इतिहास भी उनका साथ देता है।

वॉकर दिखाती हैं कि अश्वेत समुदाय की संस्कृति में लिंग का भेदभाव वैसा ही है जैसा अन्य समुदायों में है। यह व्यक्ति को अमानुष बना देता है, उसे नीचे गिरा देता है, ऐसे पुरुष स्त्री का अवमूल्यन करते हैं। स्त्री के लिए वैवाहिक जीवन नरक बना देते हैं, कैद बना देते हैं। वे पुरुष के ऐसे व्यवहार का कारण दिखाती है और सकारात्मक परिवर्तन, मोचन, उत्थान की सम्भावना प्रस्तुत करती हैं। स्त्री-पुरुष दोनों का विकास सम्भव है बस उन्हें इसके लिए जागरूक होना है, थोड़ा प्रयास करना है साथ में किसी मित्र, रिश्तेदार के सहारे की जरूरत है।

1982 में आया 'द कलर पर्पल' प्रेम, घृणा, खुशी, दर्द-तकलीफ, क्रूरता, दया, सहानुभूति, पाप, पाप मोचन से भरा हुआ उपन्यास है। उपन्यास का फलक भौगोलिक दृष्टि से काफी फैला हुआ है, अमेरिका से इंग्लैंड, इंग्लैंड से अफ्रीका तक। अमेरिका में जॉर्जिया से मेमफिस, मेमफिस से टेनेसी। 'द कलर पर्पल' उपन्यास कैसे लिखा गया इस मजेदार बात को वे 'इन सर्च ऑफ आवर मदर्स गार्डन्स' में बताती हैं। वे अपनी बहन रूथ के साथ जंगल में घूम रही थीं। दोनों बहने एक प्रेमी तिकड़ी की बात कर रही थीं तभी रूथ ने कहा, "जानती हो एक दिन पत्नी ने दूसरी औरत से उसका एक जोड़ा कपड़ा माँगा।" वॉकर के दिमाग में तुरन्त कहानी का छूटा भाग कौंध गया। उन्होंने मानसिक रूप से दो ऐसी औरतों के विषय में लिखा जो खुद को एक ही आदमी की विवाहिता अनुभव करती हैं। अक्सर वे नहीं जानती हैं कि उनके पास कहानियाँ कैसे और कहाँ से आती हैं मगर इस बार उन्हें स्पष्ट मालूम है यह कैसे और कहाँ हुआ। इसे लिखने के लिए उन्होंने खूब तैयारी की।

हर लेखक के लिखने का स्टाइल भिन्न होता है। कोई कमरा बन्द करके

लिखता है, कोई खिड़की के पास बैठ कर बाहर का नजारा देखता हुआ लिखता है। किसी को शोरगुल से लिखने में कोई फर्क नहीं पड़ता है, वह रेल-बस में यात्रा करते हुए, परिवारजनों की बातचीत के बीच आराम से लिख सकता है तो किसी को लिखने के लिए पिनड्रॉप साइलेंस चाहिए होता है। एलिस को शुरू से पता था कि यह एक ऐतिहासिक उपन्यास होने वाला है। जब उन्हें लगा कि उपन्यास के चरित्र आकार लेने लगे हैं, उनके द्वारा बोलने को तत्पर हैं, उनसे सम्पर्क करने लगे हैं वे न्यूयॉर्क छोड़ने की बात सोचने लगीं हालाँकि मात्र तीन महीने पहले उन्होंने शान्त ब्रूकलिन स्ट्रीट पर एक घर खरीदा था। इस घर में उनके लिखने की डेस्क से सड़क और सहन का मैपल पेड़ दीखता था, लिखने के मुफीद स्थान। एलिस वॉकर ने सूटकेसों में सामान ठूँसा और उड़ कर सैन फ्रांसिस्को पहुँच गयीं। मगर उनके चरित्रों को यह स्थान, यहाँ की गहमागहमी पसन्द नहीं आयी। वहाँ से वे उत्तरी कैलीफोर्निया आ गयी। 'द कलर पर्पल' के पात्रों को यह स्थान पसन्द आया। एक बार कलम चल पड़ी फिर क्या सोचना। उन्होंने मानव दुःख-दर्द को अनुभूति से पाग कर लिखा है। मानवीय संवेदनाएँ एवं भावनाएँ वैश्विक होती हैं। एक व्यक्ति की यन्त्रणा सबसे जुड़ कर सार्वजनिक और सार्वभौमिक हो जाती है। इसी कारण सीली को पाठकों ने भरपूर प्यार और सहानुभूति दी। यह एक लोकप्रिय किताब है।

'द कलर पर्पल' पर फिल्म भी बनी। हॉलीवुड के प्रसिद्ध फिल्म निर्देशक स्टीवन स्पीयलबर्ग ने इस उपन्यास पर फिल्म बनायी। इसके पहले उन्होंने 'जॉज', 'ई. टी' जैसी कई प्रसिद्ध फिल्में बनायी थीं मगर वे सारी फिल्में मनोरंजन की थीं। यह पहली बार था जब वे किसी साहित्यिककृति पर फिल्म बना रहे थे। शायद वे अपना रुतबा बढ़ाना चाहते थे लेकिन हुआ उल्टा। पता नहीं क्या हुआ वे उपन्यास की आत्मा को न पहचान सके। तब तक हॉलीवुड श्वेत अमेरिकन के हाथ में था। खुद स्पीयलबर्ग भी श्वेत हैं। फिल्म जब रिलीज हुई उनके काम की बड़ी कटु आलोचना हुई। किताब पहले ही कटु आलोचना का शिकार थी। मगर इस बार आलोचना उन कारणों से हुई साथ ही दूसरे कारण से भी हुई। फिल्म की आलोचना हुई उपयुक्त अभिनेताओं के चयन न होने से। उपन्यास में शुग एक अश्वेत स्त्री है वह अपने व्यक्तित्व और गाने के बल पर प्रसिद्धि पाती है। निर्देशक ने एक प्रसिद्ध सुन्दरी तारिका मार्ग्रेट एवरी को फिल्म में शुग की भूमिका के लिए लिया जिसका रंग बहुत साफ है। फिल्म में वह अपने स्वतन्त्र स्वभाव से अधिक अपने सौन्दर्य से आकर्षित करती है। नायिका सीली के रूप में वूफी गोल्डबर्ग का चुनाव उचित नहीं कहा जा सकता है। वे हास्य भूमिकाओं के लिए प्रसिद्ध हैं। इस फिल्म में भी उसकी भाव भंगिमा गम्भीरता से अधिक कौतुक जगाती है। लगता है वह अलबर्ट के व्यवहार से दुःखी नहीं है वरन् उसके द्वारा की गयी क्रूरताओं का मजा उठा रही है। वह सीली के दुःख-दर्द को परदे

पर चित्रित करने और दर्शकों की सहानुभूति बटोरने में नाकामयाब रहती है।

इसी तरह उपन्यास जिस स्त्री सशक्तिकरण की बात करता है फिल्म इसको उभार नहीं पाती है, कहीं से भी स्त्री सशक्तिकरण का आभास नहीं देती है। कई स्थानों पर स्त्रियों को उसी रूप में प्रस्तुत किया गया है जैसा कि हॉलीवुड में अश्वेत स्त्रियों को दिखाने का चलन था। फिल्म और साहित्य अलग विधाएँ हैं, एक का दूसरे में रूपान्तरण कई परिवर्तनों की माँग करता है। यदि इससे कुछ उत्कृष्टता आती हो तो यह अवश्य स्वीकार्य होना चाहिए। यहाँ निर्देशक शुग के पिता की कल्पना करता है, पिता-पुत्री का सम्बन्ध तनावपूर्ण है। यहाँ तक ठीक है लेकिन अन्त की ओर आते हुए वह अपने पिता की माफी के लिए जो प्रयास करती है वह उपन्यास के कथानक के विपरीत पड़ता है। उपन्यास स्त्रियों के सशक्तिकरण, पुरुष सत्तात्मक समाज में अपना स्थान बनाने की बात करता है। फिल्म स्त्री के पुरुष सत्तात्मक समाज के सामने घुटने टेकने को दिखाता है। ऐसी छूट मूल के विपरीत जाती है और इसका कोई औचित्य नहीं बनता है।

आलोचनाओं के बावजूद फिल्म में कुछ लोगों का अभिनय काफी प्रभावित करता है। डैनी ग्लोवर एक मँजे हुए अभिनेता हैं, उन्होंने टोनी मॉरीसन के उपन्यास 'बिलवड' पर बनी फिल्म में पॉल डी की भूमिका बड़ी खूबसूरती से निभायी है। 'द कलर पर्पल' में भी मिस्टर अलबर्ट की भूमिका में बड़ी सहजता से उतरते हैं। दोनों चरित्रों के अभिनय देख कर यह कह पाना कठिन है कि दोनों एक ही अभिनेता ने निभाए हैं। इससे ग्लोवर की अभिनय रेंज का पता चलता है। लेकिन फिल्म में अलबर्ट की भूमिका बहुत महत्त्वपूर्ण कर दी गयी है नतीजन सीली मुख्य नहीं रह जाती है। यह टिपिकल पुरुष केन्द्रित हॉलीवुड फिल्म बन गयी है। अलबर्ट का क्रूर चरित्र अचानक बदल जाता है, वह सबकी देखभाल करने वाला बन जाता है। वह उद्धारकर्ता के रूप में नजर आता है यह भी उपन्यास को विरूपित करता है। ओप्रा विन्फ्रे सोफिया के रूप में दर्शकों की सहानुभूति बटोरने में कामयाब हैं। उनकी चाल और व्यवहार सोफिया के व्यक्तित्व से मेल खाता है। अकोसुआ बूसिया ने नेटी की भूमिका की है पर वह बहुत सीमित है।

बीसवीं सदी के आठवें दशक में अमेरिका में मात्र अश्वेत अभिनेताओं को लेकर फिल्म बनाना बहुत साहस का काम था। उस समय फिल्म में अश्वेत कलाकार सीमित भूमिका में होते थे। दर्शक खासकर श्वेत दर्शक खालिस अश्वेत लोगों को परदे पर देखने के लिए तब तक तैयार न था। इस बात को निर्देशक ने अपनी पब्लिसिटी के लिए उपयोग किया। उन्होंने साक्षात्कार में कहा कि यदि वे इसे बनाने का साहस न करते तो हॉलीवुड में कोई इस तरह की फिल्म बनाने में हाथ लगाने की हिम्मत न करता। फिल्म उपन्यास से बहुत अलग थी, इसके सारे पात्र अश्वेत

थे, इसके बावजूद फिल्म खूब चली। किताब ने रिकॉर्ड तोड़ बिक्री की थी, फिल्म भी खूब चली। न केवल अश्वेत दर्शक वरन् श्वेत दर्शकों ने भी इसे देखा। निर्देशक के अनुसार यह मनुष्य की कहानी है। फिल्म चेतना की विजय की कहानी है और चेतना की कोई नस्लगत सीमा नहीं होती है। इस फिल्म को ग्यारह ऑस्कर पुरस्कारों के लिए नामित किया गया था। एलिस वॉकर ने 1996 में आयी अपनी किताब 'द सेम रिवार ट्वाइस : ऑनरिंग द डिफिकल्ट' में इस फिल्म के निर्माण पर अपने नोट्स और चिन्तन-मनन किया है।

जब तक अश्वेत रचनाकार श्वेतों द्वारा किये गये अत्याचार का चित्रण करते हैं तब तक ठीक है लेकिन जब वे अपने ही समुदाय में होने वाले अत्याचार-शोषण-दमन को दिखाते हैं तो यह बात पाठक खासकर आलोचकों के गले नहीं उतरती है। वे नहीं चाहते हैं कि अश्वेत लेखक ऐसी बातें लिखें। ऐसे आक्षेप टोनी मॉरीसन पर भी लगे हैं। क्या लेखक आलोचकों की स्वीकृति की बात को सोच कर लिखता है? क्या उसे ऐसा करना चाहिए? 'नेटिव सन' जैसे प्रसिद्ध उपन्यास के लेखक रिचर्ड राइट ने जब 1945 में अपना आत्मकथात्मक संस्मरण 'ब्लैक बॉय' लिखा तो उनकी खूब आलोचना हुई, खूब वाद-विवाद चला। कारण था उन्होंने इसमें अमेरिका में अश्वेत के प्रति श्वेतों द्वारा किये गये भेदभाव और अत्याचार को न दिखा कर अश्वेत समुदाय के भीतर होने वाले भेदभाव, अत्याचार और दमन-शोषण को चित्रित किया था। इस समुदाय में पिता-पुत्र, परिवार, समुदाय के भीतर अस्वस्थ सम्बन्धों को दिखाया था। इस लेखक ने दिखाया कि अश्वेत भी बहुत क्रूर और अमानवीय होते हैं। इसी तरह अश्वेत समुदाय की कमजोरियों-बुराइयों को चित्रित करने के लिए एलिस वॉकर की आलोचना होती है। वे यौनवाद, नस्लवाद और गरीबी पर खुल कर लिखती हैं। जिन बातों के लिए उनकी आलोचना होती है उन्हीं बातों के लिए उनकी प्रशंसा भी होती है। अफ्रो-अमेरिकन स्त्री जीवन, यौनवाद, नस्लवाद, गरीबी उनके साहित्य की विशेषताएँ हैं। पर ये इन्हीं बातों पर रुक नहीं जाती हैं। उनके साहित्य में जीवन में परिवार की अहम् भूमिका, समुदाय का महत्त्व, व्यक्ति का महत्त्व, आत्म-मूल्य, आत्म सम्मान, आत्मनिर्भरता, आध्यात्मिकता पर काफी कुछ देखने को मिलता है। कौन इनकार कर सकता है कि आज भी अमेरिका अथवा विश्व के किसी भी देश या समुदाय में स्त्री को समाज में उसका उचित स्थान नहीं मिला है। 'द कलर पर्पल' यदि त्रास और मानवीय यातना की कहानी है तो यह उम्मीदों और स्वप्नों की दास्तान भी है। उपन्यासकार कभी उम्मीद का पल्ला नहीं छोड़ती है।

लेखक क्यों लिखता है और क्या लिखता है यदि यह बात एलिस वॉकर से पूछी जाए तो उनका उत्तर है कि वे केवल वही लिखती हैं जो वो खुद पढ़ना चाहती हैं, वे अच्छी तरह से जानती-समझती हैं कि यदि मेरी रुचि नहीं होगी तो कोई और भी

रुचि नहीं लेगा, भरसक अपनी सन्तुष्टि के लिए लिखती हैं, वह सब लिखती हैं जिसे वे पढ़ सकेंगी, तभी तो दूसरे भी पढ़ेंगे। जो आप पढ़ना चाहते हैं यह बात विजन को दिशा देती है साथ ही उस पर काम करने की प्रेरणा भी। वे स्पष्ट रूप से श्वेत लेखन, अश्वेत लेखन और अश्वेत स्त्री लेखन का अन्तर जानती-समझती-बताती हैं। लेकिन वे इस प्रश्न को बहुत महत्त्व नहीं देती हैं। उनके अनुसार अमेरिका के श्वेत लेखक और अश्वेत लेखक दोनों मिल कर एक पूरी कहानी लिख रहे हैं। कुछ सच्चाई श्वेत अपनी दृष्टि से चित्रित कर रहे हैं कुछ वास्तविकता अश्वेत रचनाकार बता रहे हैं। दोनों के पास टुकड़ों में कहानी है। वास्तविकता जानने के लिए दोनो को जोड़ कर देखना होगा। नाइजीरियन रचनाकार चीमामांडा भी कहती हैं कि हम एक तरह की कहानियाँ सुन कर बड़े होते हैं जबकि ऐसी सारी कहानियाँ एकांगी होती हैं। जीवन बहुरंगी है, उसके कई आयाम हैं, एक व्यक्ति, एक समुदाय की भी एकाधिक कहानियाँ होती हैं। इसीलिए एलिस वॉकर कहती हैं कि श्वेत और अश्वेत रचनाकार मिल कर एक बहुत विशाल कहानी लिख रहे हैं। इस कहानी का हर अंग विभिन्न नजरिये से आ रहा है। दृष्टिकोण का अन्तर है वरना सब एक ही कहानी लिख-कह रहे हैं। अपनी माँ से वार्तालाप करते हुए वे कहती हैं कि उनका विश्वास है किसी विषय की सच्चाई तभी सामने आती है जब कहानी के सारे आयाम साथ जोड़े जाते हैं। सब अर्थ मिल कर एक नया अर्थ उत्पन्न करते हैं। हर लेखक दूसरे लेखकों की कहानी के छूटे हुए हिस्से को लिखता है। वे इसी पूर्ण कहानी की खोज में हैं। जबकि उनकी माँ के अनुसार इसमें शक है कि कहानी छूटे हिस्से की सच्चाई कभी श्वेत लोगों से आ सकती है। यहाँ दो पीढ़ियों के अन्तर का अनुभव बोल रहा है। एलिस की माँ ने जिन श्वेत लोगों को देखा-भोगा है और आज एलिस जिन श्वेत लोगों से मिलती हैं, जिनसे उनका पाला पड़ता है दोनों के स्वभाव और नजरिये में भिन्नता है। आज अगर अश्वेत लोगों में बदलाव आया है तो श्वेत लोग भी परिवर्तित हुए हैं। ऐसा नहीं हो सकता है कि समाज के एक हिस्से में बदलाव आये तो दूसरा हिस्सा उससे अछूता रहे। अमेरिका में श्वेत-अश्वेत दोनों एक ही समाज के अंग हैं। समय बदल गया है लोगों में शिक्षा आयी है, जागरूकता पनपी है। शिक्षा, तकनीकि ने जीवन में बहुत कुछ बदल दिया है।

एलिस वॉकर जब फेमिनिस्ट शब्द के स्थान पर वूमनिस्ट शब्द का प्रयोग करती हैं तो यह वे खास कारण से करती हैं। वे इसे मानवता की एकता के लिए प्रयोग करती हैं यह उनके लिए मानवता की सोलिडारिटी का प्रतीक है। उनके अनुसार वूमनिस्ट फेमिनिस्ट के लिए वैसे ही है जैसे लैवेंडर बैंगनी के लिए। कोई तभी वूमनिस्ट हो सकता है जब वह स्त्री और पुरुष यानी सारे लोगों के बचने और सम्पूर्णता के लिए प्रतिबद्ध है। वूमनिस्ट कभी भी अलगाववादी नहीं हो सकती है।

वह परम्परागत रूप से वैश्विक होती है। वे उदाहरण देते हुए लिखती हैं, जब बच्ची माँ से पूछती है कि हम भूरे, गुलाबी और पीले क्यों हैं तथा हमारे अक्जिंस क्यों श्वेत, गेहुँआ और अश्वेत हैं? माँ का उत्तर बड़ा सरल और सीधा है। माँ उत्तर देती है कि रंगीन नस्ल फूलों के एक बगीचे की तरह है जहाँ हर रंग के फूल उपस्थित हैं। वे सारे लोगों को रंगीन कहती हैं। वे वैश्विकता की बात करती हैं। वे व्यक्तिगत संघर्ष को महत्त्व देती हैं साथ ही समष्टिगत संघर्ष की बात करते हुए व्यक्ति को निश्चय करने की स्वतन्त्र निर्णय का स्पेस भी देती हैं। उनके अनुसार फेमिनिस्ट समूहों को जिन मुद्दों को लेना चाहिए वे सारी औरतों के कल्याण के लिए होने चाहिए केवल श्वेत स्त्री या अश्वेत स्त्री के मुद्दे नहीं होने चाहिए।

एक बार वे एक अश्वेत स्त्री डेस्सी वुड से मिलना चाहती थीं, यह स्त्री श्वेत व्यक्ति द्वारा बलात्कृत हुई थी। विडम्बना यह थी कि बलात्कारी नहीं बल्कि यह स्त्री जेल में थी। खुद को बचाने के चक्कर में खूब परेशान हो रही थी। जब वॉकर उससे मिलने पहुँची तो उन्हें रोका, रोकने वाला कोई श्वेत ऑफीसर नहीं था, न ही कोई अश्वेत ऑफीसर। वह एक अश्वेत स्त्री थी। स्त्री जो ठीक उन्हीं की तरह। इस स्त्री की गर्दन अकड़ी हुई थी, मगर शरीर मार से टूटा हुआ था। वॉकर कहती हैं कि सारा दिन यह स्त्री श्वेत लोगों के इशारे पर नाचती है और उससे मिली आ-मद-नी से उसके बच्चे पलते हैं। पूरे समय वह एकाकी शीशे के कटघरे में बैठी रहती है, उसके चारों ओर श्वेत लोग होते हैं। वह श्वेत लोगों की अभी भी गुलाम है, वे खुद कोई गंदा काम नहीं करते हैं। गन्दा काम सदा दूसरों—अश्वेतों से करवाते हैं। वॉकर को लगता है यह स्त्री भी जेल में है।

इसी तरह वे 'मेरिडियन' में एक कॉलेज के बारे में बताती हैं। यह अश्वेत लड़कियों के लिए है। यहाँ उन्हें एक अच्छी गृहणी बनने की तालीम दी जाती है। ऐसी स्त्री बनाया जाता है जो कभी आवाज नहीं उठाती है, दब्बू और नकलची है। ये लड़कियाँ बुद्धिमान हैं, इनमें प्रतिभा है मगर उन्हें एक खास साँचे में ढाला जाता है। नायिका मेरीडियन कॉलेज कैम्पस में कैद है, जब वह कैम्पस छोड़ कर बाहर जा सामान्य लोगों से मिलती है तो उसे पता चलता है कि उनमें जो गुणवत्ता है, उसे नष्ट किया जा रहा है। कॉलेज की चारदीवारी का घेरा सांकेतिक है। तार का घेरा दूर से नहीं दीखता है दीखने पर सुरक्षा और सजावट का एहसास कराता है मगर यह है जेल की तरह। छात्र इसकी असलियत जानते हैं, मगर सबको यह बात पता नहीं चलती है। उनकी यह किताब एक युवा अश्वेत लड़की के जागरूक होने की कहानी है, एक अश्वेत स्त्री की परिभाषा है।

वॉकर का मानना है कि स्त्रियों को अपनी अस्मिता और सशक्तिकरण के लिए आगे बढ़ कर जिम्मेदारियाँ लेनी चाहिए। स्वयं से प्रेम करना चाहिए तथा खुद के

कामों की प्रशंसा करनी चाहिए। जब आप खुद को महत्त्व देते हैं तो दूसरे भी आपकी इज्जत करते हैं। वॉकर का स्पष्ट मानना है कि आज के सामूहिक चिन्तन के दौर में यदि कोई आपसे चुप रहने की अपेक्षा करता है और आपके अधिकारों का हनन करता है तो वह व्यक्ति, मित्र या परिवार का सदस्य अथवा संगठन कदापि आपका मित्र नहीं हो सकता है। जो आपके श्रम की कीमत कम करके आँकता है वह भी कभी आपका हितैशी नहीं हो सकता है।

इसी तरह बलात्कार के विषय में वॉकर की सोच बहुत साफ है। कुछ लोग मानते हैं कि स्त्रियाँ बलात्कार का मजा उठाती हैं वे इसके लिए मनोविज्ञान का सहारा लेते हैं। यह बहुत गलत बात है, ऐसे लोग बलात्कार जैसे गर्हित काम को हल्का बनाने का प्रयास करते हैं, ये स्वयं गलत मनोवृति के लोग हैं। कुछ लोग मानते हैं यदि बच्चों के साथ बलात्कार होता है तो वे कुछ समय बाद इसे भूल जाते हैं, ये लोग खुद अपराधी मनोवृति के हैं। बच्चे का इससे जो नुकसान होता है असल में उसकी कभी भरपाई नहीं होती है। यह स्थायी हानि उन्हें जन्म भर के लिए दर्द, शर्म, भय, मुँह बन्द रखना, अपराध बोध दे जाती है। दुनिया में हजारों बच्चे इन्हीं दारुण स्थितियों के बीच जिन्दगी बिताने को अभिशप्त हैं। इन्हें कभी अपनी बात कहने का अवसर नहीं मिलता है, कोई इनकी बात सुनने, इनका दुःख-दर्द बाँटने को उपलब्ध नहीं है। ऐसे लोगों को अपनी बात कहने का अवसर मिलना चाहिए। इन्हें बलात्कारियों को नंगा करने का साहस प्रदान किया जाना चाहिए।

इसी तरह वे बताती हैं कि सदियों से यूरोप और अमेरिका में अश्वेत स्त्री पोर्नोग्राफी के लिए उपयोग की जाती रही है। यह उसका दुरपयोग है। अश्वेत स्त्री को मात्र ब्रीडर, बलात्कार के योग्य और मजा देने वाली समझा जाता रहा है। उसका फायदा उठाया जा सकता है यह सोच समाज की रही है। श्वेत लोग मालिक होने का लाभ उठाते हुए अश्वेत स्त्री को अपनी मल्कियत मानते तथा उसका मनचाहा उपयोग करते। नियम-कानून बदलने के बाद भी उनकी मानसिकता नहीं बदली। अपने रुचि और मजे के लिए वे मुलाटो पैदा करते, ये मुलाटो स्त्रियाँ श्वेत स्त्रियों की ईर्ष्या और क्रूरता भी भोगती। सैडेस्टिक लोग इन पर अपना हाथ आजमाते रहते। यौनात्याचार का खिलौना इन्हें बनाया जाता है। माना जाता है कि यौन सम्बन्ध के समय इन स्त्री-पुरुषों की आक्रामकता-उत्तेजना श्वेत स्त्री से अधिक होती है। अतः अधिक इस तरह के व्यापार में इनकी माँग ज्यादा होती है। समय के साथ समाज बदला लेकिन आज भी अश्वेत स्त्री श्वेत लोगों के लिए मनोरंजन का साधन बनी हुई है। पोर्नोग्राफी में इन्हें सुन्दर मान कर इनका प्रयोग होता है। इन्हें वेश्या माना जाता है, सोच लिया गया है कि इनकी यौनेच्छा बहुत अधिक होती है और ये इस काम के लिए मुफीद हैं। पोर्नोग्राफी के लिए न केवल अश्वेत स्त्री वरन् अश्वेत पुरुष

भी शिकार बनाये जाते हैं। श्वेत स्त्रियाँ भी अश्वेत पुरुष का मनचाहा उपयोग करती थीं। आज भी यह सिलसिला पूरी तरह नहीं रुका है। सेक्स ऑबजेक्ट के रूप में आज भी ये चाहे-अनचाहे प्रयोग होते हैं। इनका ब्रेन वॉश इस तरह हुआ है कि ये स्वयं भी इस जाल में फँसें हुए हैं। कभी रुपयों के लालच में ये ऐसा करते हैं। गुलामी काल में इनको मानवेतर समझाने की मानसिकता थी जो क्रम आज अभी जारी भी है। फिल्मों और देह व्यापार में इन्हें एक वस्तु के रूप में प्रस्तुत किया जाता है। श्वेत स्त्री को भी अधिकतर एक जिंस के रूप में ही माना जाता है लेकिन अश्वेत स्त्री पुरुष को जानवर भी माना जाता है, इसी रूप में इनसे व्यवहार भी किया जाता है। उन्हें जंजीरों में, पिंजड़े में, नंगा, जंगली आदि के रूप में प्रस्तुत किया जाता है। वॉकर अपने लोगों के गलत उपयोग के प्रति चिन्तित हैं। वे बराबर अपनी इन चिन्ताओं को अपने लेखन में लाती हैं।

वे न केवल इन चिन्ताओं को अपने आलेखों का विषय बनाती हैं वरन् अपनी कहानियों में भी इसे कथ्य के रूप में लाती हैं। उनकी कहानी 'कमिंग अपार्ट' में एक अश्वेत पात्र अपने पोर्नोग्राफी में उपयोग होने के प्रति जागरूक होने लगता है उसे ज्ञात होने लगता है कि उसे वस्तु के रूप में देखा जा रहा है। उसकी अवमानना हो रही है। वह बीमार अनुभव करने लगता है। यह व्यक्ति श्वेत लोगों के लिए अश्वेत स्त्री-पुरुष के विज्ञापन ले कर आता था। इनमें दिखाया जाता था कि अश्वेत लोग किसी भी चीज से यौन सम्बन्ध बना सकते हैं, यह आदमी, औरत, जानवर अथवा कोई चीज हो सकती है। विशाल आकार, सदैव तत्पर और विकल्परहित मात्र लिंग के रूप अश्वेत पुरुष की परिभाषा बन गयी है। वह केवल एक मशीन है। इस कहानी के द्वारा वे अपने लोगों का जमीर जगाना चाहती हैं ताकि ये लोग शोषण-दमन के प्रति सचेत हों और जागरूक हो कर इससे बच सकें। इसका प्रतिरोध कर सकें।

कई बार वे दिखाती हैं कि अश्वेत लोगों का अपने परिवार से भी संघर्ष होता है। दूसरे व्यक्ति का यूज होना केवल बाह्य समुदाय के द्वारा न हो कर अपने समुदाय, अपने परिवार द्वारा भी होता है। कभी व्यक्ति अपने समुदाय, अपने परिवार का यूज करता है। इसका एक बहुत अच्छा उदाहरण उनकी एक कहानी है। इस कहानी का शीर्षक है 'एवरीडे यूज'। इसमें परिवार की एक लड़की बाहर जा कर पढ़ती-लिखती है। जब वह परिवार में वापस आती है तो उसे उनका रहन-सहन अच्छा नहीं लगता है, उनका नजरिया उसे संकुचित लगता है। वह इन लोगों की खूब आलोचना करती है। लेकिन घर की कलात्मक चीजें वह ले जाना चाहती है ताकि शहर में वह अपनी धाक जमा सके, खुद को विशिष्ट बता-दिखा सके। घर वालों के लिए ये चीजें कला का नमूना न हो कर रोजमर्रा की जरूरत की चीजें हैं। यह पात्र खुद को अपने जन्म

के समुदाय और अपने वयस्क जीवन के चुने हुए समुदाय दोनों स्थानों पर विशिष्ट मानती है। इसकी माँ-बहन पहले इसकी माँग को मानती जाती हैं पर शीघ्र ही उन्हें इसकी चालाकी का भान होने लगता है। वे बहुत सारी चीजें उसे दे देती हैं मगर जब हद पार होने लगती है तो वे अड़ जाती हैं। वे स्त्रियाँ भले ही बहुत पढ़ी-लिखी न हों मगर बेवकूफ नहीं हैं। बाहर से लौटी इस स्त्री ने अपना नाम बदल लिया है क्योंकि पहले वाला नाम गुलामी के समय श्वेत मालिकों द्वारा दिया गया था। गुलामी की निशानी वाला उपनाम यह स्त्री बदल देती है, इसका कहना है कि जिन लोगों ने हमारा शोषण-दमन किया उनका दिया नाम मुझे नहीं चाहिए। भूल जाती है कि वह खुद अपने ही लोगों का शोषण कर रही है। वह घर वालों से मिलने नहीं लौटी है बल्कि अपनी शान के लिए घर की चीजें बटोरने आयी है। वह सोचती है कि ये लोग इन चीजों की कद्र नहीं जानते हैं, इनकी प्रशंसा नहीं कर सकते हैं अतः वह ले जाएगी। पीढ़ियों से जो चीजें घर में काम आती आयी हैं उन्हें उठा कर ले जाना चाहती है। ये सारी चीजें हाथ से बनायी हुई हैं। यह स्त्री अपनी बौद्धिकता का, अपनी शिक्षा का फायदा अपने घर वालों को देने की बात नहीं सोचती है। बाहर जा कर यह चालाक और स्वार्थी हो गयी है। इसने अपनी जदों को नष्ट करने का काम शुरू किया हुआ है। इसकी बौद्धिकता अपने लोगों को आतंकित करने वाली, उनका शोषण करने वाली और क्रूरतापूर्ण है।

एलिस वॉकर अश्वेत समुदाय की चिन्ता करती हैं, वे एक जागरूक व्यक्ति हैं। उन्होंने 'वूमनिस्ट' शब्द दिया है। इस उपन्यास के केन्द्र में स्त्री है। यहाँ स्त्री अस्मिता का प्रश्न है। पुरुष वर्चस्व के बावजूद स्त्री स्वयं का उपयोग होने देने से इनकार करती है। इस उपन्यास के स्त्री पात्र परिस्थितियों से संघर्ष करती हैं, अपनी अस्मिता, अधिकार और अपनी चेतना को स्थापित करती हैं। वे सशस्त्र विद्रोह नहीं करती हैं लेकिन अपनी गरिमामयी छवि गढ़ती हैं। वे पुरुष वर्चस्ववादी मानसिकता में परिवर्तन लाती हैं। एलिस वॉकर पर्यावरण को लेकर भी चिन्तित हैं। केवल लिखकर वे चुप नहीं बैठती हैं, एक सक्रिय कार्यकर्ता भी हैं। वे नारीवादी, आर्थिक अन्याय, पर्यावरण अवमूल्यन जैसे मुद्दों पर सक्रिय रूप से काम करती हैं। वे अपने अनुभवों से अपने लेखन की सामग्री उठाती हैं अतः लोगों को यह रुचता है। उनका काम और उनका जीवन बहुत सारे लोगों के लिए प्रेरणा रहा है। एलिस वॉकर का साहित्य आशा और उम्मीद का साहित्य है। आज भारत के साथ-साथ दुनिया के कई देशों के स्कूल-कॉलेज में एलिस वॉकर का साहित्य पाठ्यक्रम का हिस्सा है।

कुछ अन्य अफ्रो-अमेरिकन स्त्री रचनाकार

"प्रकाशक अक्सर बहुत बुद्धिमान नहीं होते हैं, या शायद बुद्धिमान होते हैं, लेकिन अक्सर यह बताना कठिन है। प्रकाशक बहुत सारी वो किताबें प्रकाशित नहीं करते हैं, जो उन्हें करनी चाहिए।"
—इमामु अमीरी बराका 'होम : सोशल एसेज' (ब्लैक राइटिंग)

टोनी मॉरीसन, एलिस वॉकर, माया एंजेलो के अलावा कई अन्य ऐसी स्त्रियाँ हैं जिन्होंने अफ्रो-अमेरिकन साहित्य को समृद्ध किया है। इन रचनाकारों के पहले भी अश्वेत स्त्री साहित्य रचा जा रहा था। इनके साथ भी और इनके बाद भी अश्वेत स्त्री रचनाकार सक्रिय हैं। इसमें शक नहीं कि भविष्य में यह जारी रहेगा। कई अश्वेत स्त्रियों ने आत्मकथा, कविता, नाटक, उपन्यास, कहानी और लेखों के द्वारा साहित्य भंडार में वृद्धि की है। इन्होंने अफ्रो-अमेरिकन जीवन को लेखन में तब्दील किया है। इनके साहित्य से अफ्रो-अमेरिकन के श्वेत अमेरिकन लोगों से सम्बन्ध और अपने समुदाय के सदस्यों—स्त्री-पुरुष, स्त्री-स्त्री, पुरुष-पुरुष—के आपसी सम्बन्धों की झाँकी पाठक को प्राप्त होती है। इस पुस्तक में लिंडा ब्रेंट, सोजर्नर ट्रूथ, टोनी मॉरीसन, एलिस वॉकर, माया एंजेलो आदि की बात अन्य स्थान पर की गयी है। यहाँ कुछ ही रचनाकारों के जीवन और कार्यों की संक्षिप्त झाँकी प्रस्तुत है। इस परिदृश्य पर बहुत सारी रचनाकार उपस्थित हैं। कुछ पर शायद फिर कभी और लिखना हो। गेन्डोलिन ब्रूक्स, एना जूलिया कूपर, टोनी सेड बाम्बारा, लूसिल क्लिफ्टन, एन लेन पेट्री, जोरा नील हर्टसन, नेला लार्सन, ओड्रे लॉर्ड, टेरी मेक्मिलन, ग्लोरिया नेल्लोर, सोनिया सेंचेज, एन लेन पेट्री, फिलिप वीटले, बेब मूर कैम्बेल, टोंजेक सैंगे, इडा बी. वेल्स-बारनेट, एंजेला डेविस, जेस्सी रेडमॉन्ड फौसेट ऐसी ही रचनाकार हैं जिन्हें अफ्रो-अमेरिकन साहित्यकार के रूप में आज जाना जाता है। यह आलेख संक्षेप में इनमें से कुछ रचनाकारों के जीवन और कार्य का परिचय देने का एक प्रयास है।

यहाँ ली गयी अश्वेत रचनाकारों को उनके जन्म वर्ष के अनुसार क्रम से रखा गया है।

फिलिस वीटले (Phillis Wheatley)

अनुमानन 1753 में जन्मी फिलिस वीटले का पूरा नाम फिलिस वीटले पीटर्स था।

आठ साल की उम्र में उसे पश्चिमी अफ्रीका के सीनेगल नामक स्थान से पकड़ा गया था और एक गुलाम के रूप में अमेरिका के बोस्टन लाया गया था। अपने पीछे वह अपना रोता हुआ पिता छोड़ कर आयी थी। एक व्यापारी और दर्जी जॉन वीटले ने उसे अपनी पत्नी सुसानाह की खिदमत के लिए नीलामी में खरीदा था। इसीलिए इसका टाइटिल वीटले पड़ा।

वीटले परिवार में मनुष्यता बाकी थी। उन लोगों के लिए बच्ची एक पालतू सदस्य की तरह हो गयी। उसे रहने के लिए एक प्राइवेट बेडरूम मिला हुआ था। वह वीटले की किशोरी पुत्री के साथ इंग्लिश और क्लासिकल साहित्य पढ़ती, लेटिन और बाइबिल का ज्ञान प्राप्त करती। फिलिस में प्रतिभा थी, नतीजन चौदह साल की उम्र में उसने कविताएँ लिखनी शुरू कर दीं। बाद में उसने अमेरिकन उपनिवेशों में श्वेत पुरुषों के बीच अश्वेत स्त्री के जीवन का चित्रण किया। इसकी शुरुआती कविताएँ फिलाडेलफिया मैगजीन में प्रकाशित हुईं।

1770 में इसने कविता लिखी जिसका शीर्षक बहुत लम्बा, 'एन एलिजिआक पोयम, ऑन द देथ ऑफ दैट सेलेब्रेटेड, डिवाइन, एंड एमिनेंट सर्वेंट जीसेस क्राइस्ट, द रेवेरेंड एंड लर्नेड जॉर्ज वाइटफील्ड'। इसके प्रकाशन से बोस्टन में उसकी ख्याति फैल गयी।

बीस वर्ष की उम्र में इसने धर्म, मॉरल और बहुत सारे विषयों पर कविताएँ लिखीं। 'पोयम्स ऑन वेरियस सब्जेक्ट्स, रिलिजियस एंड मॉरल' 1773 में प्रकाशित हुई। यह किसी अश्वेत लेखक की प्रकाशित होने वाली सबसे पहली किताब थी। उस समय अमेरिका में अश्वेत लेखन (पुस्तक) प्रकाशन असम्भव था अतः इसकी किताबें इंग्लैंड में प्रकाशित हुईं। इससे इंग्लैंड में इसे काफी प्रशंसा मिली और उसे स्वतन्त्रता भी मिली। इसकी जॉन पीटर नाम के एक फ्रीमैन से शादी हुई। लेकिन कठिन जीवन गरीबी का सामना इसे करना पड़ा। इसके तीन बच्चों की मौत हो गयी। इस दौरान वह मेचाच्युसेट्स के विल्मिंग्टन में अपने घर में रह रही थी। कर्ज के कारण इसके पति को जेल की सजा हो गयी और इस समय वह एक सराय में काम करते हुए अकेली अपने बच्चों का पालन-पोषण करती रही।

गरीबी, भूख से इसे लड़ना पड़ा। वह दो दशक तक साँस की बीमारी से भी जूझती रही। मात्र 31 वर्ष की अल्पवय में 1784 में इसकी मृत्यु हो गयी। अपनी विरासत के रूप में वह अपना लेखन छोड़ गयी। इसकी कविताएँ गुलामी की शर्मनाक स्थिति, नैतिक मूल्यों, मित्रता, शिक्षा को तर्कपूर्ण ढंग से प्रस्तुत करती हैं। वह गुलामी से परेशान हो कर मरने और दूसरे लोक जाने की बात अपनी कविताओं में करती है। इसने मातृत्व और बच्चों की मृत्यु का हृदयविदारक चित्रण किया है। बाद की नारीवादी स्त्रियाँ इन्हें अपनाती हैं। उसका उदाहरण देती हैं। कइयों ने उससे प्रेरणा ग्रहण की।

एना जूलिया हेवार्ड कूपर (Anna Julia Hayward Cooper)

एना जूलिया हेवार्ड कूपर एक पक्की अश्वेत नारीवादी रचनाकार थी। उसने उपनिवेशवाद, नस्लवाद, पितृसत्तात्मकता और लैंगिक भेदभाव पर जम कर लिखा। 1856 में जन्मी एना जूलिया एक अश्वेत गुलाम हन्ना स्टेन्ली और श्वेत मालिक जॉर्ज वॉशिंगटन हेवुड की सन्तान थी। हेवुड एक वकील था। उसके यहाँ नैनी का काम करते हुए एना ने स्वयं को शिक्षित किया। वह हेवुड की लाइब्रेरी से किताबें ले कर पढ़ा करती। बाद में इसने इतिहास, गणित और क्लासिकल तथा रोमांस साहित्य पढ़ा। इसने ओबेरलिन तथा कोलम्बिया यूनिवर्सिटी में शिक्षा प्राप्त की और इसी दौरान इसका रुझान स्वतन्त्रता, समानता की ओर हुआ। इसके इन विचारों के लिए श्वेत पुरुष को समाप्त करना और इसके साथ-साथ अश्वेत स्त्री को ऊपर उठाना आवश्यक था। सेंट अगस्टीन नॉर्मल कॉलेज में पढ़ाते हुए इसने स्त्रियों के लिए अवसर की आवाज उठायी, कैम्पेनिंग की। इसने यंग वीमेंस क्रिश्चियन एसोशिएट तथा कैम्प फायर गर्ल्स में अश्वेत स्त्रियों की शिक्षा को बढ़ावा देने के कार्यक्रम चलाये। इसी तरह कामकाजी माताओं के लिए वॉशिंग डी.सी. तथा अन्य स्थानों पर सहायता के कार्यक्रम चलाये। वयस्कों के रात्रि स्कूल, धार्मिक तथा वोकेशनल प्रोग्राम में भी अपना योगदान दिया।

इन सामाजिक-राजनीतिक क्रिया-कलापों के अलावा इसने जम कर लिखा और अपने विचारों को लोगों तक पहुँचाया। उसके आलेखों का संग्रह अफ्रो-अमेरिकन लेखन में विशिष्ट स्थान रखता है। संग्रह का नाम है, 'ए वॉयज फ्रॉम द साउथ बाई ए ब्लैक वूनम ऑफ द साउथ'। यह संग्रह 1892 में प्रकाशित हुआ था। इसमें यह पुरुषों की खबर लेती है, स्त्री के प्रति उनके द्वारा दिखाए जाते छद्म सम्मान की बात करती है। वह अश्वेत स्त्री लेखकों की सीमित शिक्षा की बात करती है, उनकी आवाज दबायी जाने से झुंझलाहट प्रकट करती है। वह इसलिए भी गुस्सा है क्योंकि उद्धार की बातों को तब तक लगभग चार दशक हो चुके थे। वह मानती थी कि शिक्षित औरतें अपनी दया के कारण आदमी की सत्य की खोज को प्रभावित करती हैं। वह बच्चों की शिक्षा की खास हिमायती थी। वह मानवता से इसकी गुहार लगाती है, लड़कों के लिए कम नहीं पर लड़कियों के लिए अधिक।

1964 में एना जूलिया की मृत्यु हुई।

जेस्सी रेडमोन फाउसेट (Jessie Redmond Fauset)

जेस्सी रेडमोन फाउसेट का जन्म 27 अप्रैल, 1882 को न्यू जर्सी के स्नो हिल में हुआ इनके पिता एफ्रीकन मेथिडिस्ट एपिस्कोपल चर्च के पादरी थे। रेडमोन सात बच्चों में सबसे छोटी थीं, जब इनकी माँ एनी सीमोन की मृत्यु हो गयी तो इनके पिता

रेडमोन फाउसेट ने तीन बच्चों वाली एक विधवा से शादी की, बाद में इनके तीन और भाई-बहन हुए। तेरह बच्चों के इस परिवार में खूब गरीबी के बावजूद दो बच्चे प्रतिभावान निकले। इनका एक सौतेला भाई आर्दर हफ फाउसेट एक नामी मानवशास्त्री बना, ये खुद अश्वेत साहित्य और महिला साहित्यकारों में प्रमुख स्थान रखती हैं। फिलाडेलफिया के गर्ल्स हाईस्कूल में इन्होंने बहुत अच्छा प्रदर्शन किया। मगर अधिकारियों ने इस प्रतिभावान लड़की को एक अच्छे संस्थान में नहीं जाने दिया। अतः ये कोअनेल यूनिवर्सिटी चली गयी जहाँ फिर लोगों को इनकी प्रतिभा का लोहा मानना पड़ा। यहाँ जेस्सी ने क्लासिकल और मॉडर्न भाषाओं का अध्यन कर डिग्री ली। 1919 में यूनिवर्सिटी ऑफ पेन्सिलवानिया से फ्रेंच में मास्टर डिग्री प्राप्त की। इन्होंने पेरिस के सोर्बोन में छह महीने पढ़ाई की। शिक्षा प्राप्त करने के बाद जेस्सी ने शिक्षण प्रारम्भ किया और वाशिंगटन डी. सी. के अश्वेत बच्चों के स्कूल एम स्ट्रीट हाईस्कूल में फ्रेंच और लैटिन पढ़ाने का काम किया।

जेस्सी गद्य-पद्य दोनों में रचनाएँ की उस समय डब्ल्यू.ई.बी. ड्यू बोइस 'क्राइसिस' के सम्पादक थे। क्राइसिस 'नेशनल एसोसियेशन फॉर दि एडवांसमेंट ऑफ कलर्ड पीपुल' का प्रकाशन था। वे जेस्सी के काम से बहुत प्रभावित हुए और उन्होंने जेस्सी को अपनी पत्रिका का लिटरेरी एडीटर बना दिया। इस कारण जेस्सी न्यूयॉर्क आ गयी। उन्होंने 1920-21 में दो साल तक 'ब्राउनी बुक' का भी सम्पादन किया। उन्होंने बच्चों के लिए प्रकाशित काम में नयी अफ्रो-अमेरिकन रचनाओं को बढ़ावा दिया, अश्वेत लोगों की उपलब्धियों का जश्न मनाया ताकि उनका आत्म-सम्मान और इज्जत ऊँची हो सके। उनकी शिकायत थी कि थियेटर में अश्वेत पात्रों को जानबूझ कर हास्यास्पद बनाया जाता है। यह उचित नहीं है क्योंकि उनका मानना था कि कोई अश्वेत इसे देख कर हँस नहीं सकता है। वे सदा अश्वेत जीवन, खासकार अश्वेत स्त्री जीवन के बारे में सोच-विचार करती थीं। वे हरलाम के अपने घर में साहित्यिक सभाएँ-गोष्ठियाँ करती ताकि अश्वेत साहित्य को आगे बढ़ाया जा सके। उनका मानना था कि अश्वेत अनुभवों को अश्वेतों द्वारा अभिव्यक्ति मिलनी चाहिए। न्यूयॉर्क में रहते हुए उन्होंने फिर से शिक्षण कार्य प्रारम्भ किया और 1944 तक यह काम करती रहीं। जेस्सी फाउसेट ने 1929 में हर्बर्ट हैरिस से विवाह किया। हैरिस इंस्योरेंस ब्रोकर था। यह विवाह सशर्त हुआ था। हैरिस ने स्वीकारा था कि उनकी सैंतालिस वर्षीया पत्नी बेऔलाद रहेगी। 1933 में उनका चौथा उपन्यास आया मगर अपेक्षित पाँचवाँ उपन्यास नहीं आया। जेस्सी और हैरिस कई सालों तक न्यू जर्सी में रहे। 1958 में हैरिस की मृत्यु के बाद जेस्सी अपने सौतेले भाई के पास फिलाडेलफिया में रहने लगी। यहीं 30 अप्रैल, 1961 में हृदय रोग से उनकी मृत्यु हुई। उनके उपन्यासों की कथा भूमि न्यूयॉर्क और फिलाडेलफिया दो स्थान हैं।

वे अपनी रचनाओं में मध्यवर्गीय अफ्रो-अमेरिकन जीवन को प्रस्तुत करती हैं। 'देयर इज कन्फूजन' (1942), 'प्लम बन : ए नॉवेल विदआउट ए मॉरल' (1929), 'द चाइनाबेरी ट्री : ए नॉवेल ऑफ अमेरिकन लाइफ' (1931) तथा 'कॉमेडी, अमेरिकन स्टाइल' (1933) उनके प्रमुख कार्य हैं।

काव्य रचने, सम्पादन करने, टीचर, उपन्यासकार, दूसरे के काम को बढ़ावा देने वाली फाउसेट के पाठकों की संख्या कभी बहुत नहीं थी मगर उन्होंने जो काम किया उसका ऐतिहासिक महत्त्व है। श्वेत अमेरिकी आलोचकों का उनके प्रति नम्र रुख था। इंग्लैंड में उनके काम के प्रकाशन पर वहाँ के पत्र-पत्रिकाओं में चर्चा हुई। जब हारलम आन्दोलन के प्रति लोगों का रुझान कम हुआ फाउसेट के काम में भी लोगों की रुचि कम होने लगी। साठ के दशक में एक बार फिर से उनके काम का उद्धार हुआ मगर वह भी बहुत दिन न टिका, लेकिन सत्तर के दशक में जब अश्वेत स्वयं अश्वेत साहित्य का अध्ययन-मनन करने लगे, खासकर नारीवादी लेखन और चिन्तन-मनन ने जोर पकड़ा तो फिर से फाउसेट के काम पर लोगों का ध्यान गया। अस्सी के दशक से दुनिया भर में अश्वेत साहित्य का प्रचार-प्रसार हुआ, अमेरिका के साथ-साथ कई देशों में इसका अध्ययन होने लगा। अब फाउसेट जैसे अल्पज्ञात रचनाकार भी प्रकाश में आने लगे, उनके काम पर काम होने लगा। उनके काम का नवीन भूमिकाओं के साथ पुनर्प्रकाशन होने लगा। मध्यवर्गीय रोमांस लिखने के कारण कई लोग फाउसेट को अश्वेत जेन ऑस्टिन कहते हैं। उनके उपन्यासों में अत्याचार बहुत बड़ी मात्रा में दिखाई देता है। उनके चारों उपन्यासों में स्त्री यौनिकता, वर्ग विभाजन, पारिवारिक संघर्ष, बेढंगा और सूक्ष्म नस्लवाद दिखाई देता है। जीवन खासकर अश्वेत जीवन बहुत जटिल है अतः फाउसेट का लेखन बहुत जटिल लेखन है।

अपने तीसरे उपन्यास 'द चाइनाबेरी ट्री : ए नॉवेल ऑफ अमेरिकन लाइफ' में वे अश्वेत लोगों के पारिवारिक जीवन को चित्रित करती हैं। वे मानती हैं कि श्वेत-अश्वेत जीवन में भाग्य प्रमुख भूमिका निभाता है। अश्वेत रोजमर्रा के जीवन में कुछ लोग जरा भी संघर्ष नहीं करते हैं। यह लौरेंटीन स्ट्रेंज और मेलीसा पॉल दो कजिंस की कहानी है। चूँकि लौरेंटीन पूर्व के एक गुलाम और उसके मास्टर के बीच रोमांटिक सम्बन्ध से उत्पन्न है, इसलिए उसके समुदाय का विचार है कि वह 'गन्दा रक्त' है और उसने भी यह स्वीकारा हुआ है। जब उसे एक पुरुष ठुकरा देता है तो उसका यह विचार और दृढ़ हो जाता है और वह समुदाय से और अधिक कट कर रहने लगती है। हालाँकि मेलीसा भी एक विवाहेतर सम्बन्ध से पैदा हुई है, लेकिन खुद को उच्च समझती है। वह जूडी स्ट्रेंज और सिल्वेस्टर फोरटेन की सन्तान है।

मेलीसा को उसके रिश्तेदारों के यहाँ रहने के लिए रेड ब्रूक भेज दिया जाता

है वहाँ उसकी मुलाकात मेलोरी फोरटेन से होती है। वह उसके प्रेम में पड़ जाती है। उसे मालूम नहीं है कि मेलोरी उसका सौतेला भाई है। भाग्य की यह विडम्बना उपन्यास को एक अलग रंग देती है। लौरेंटीन अपनी कमतरी की भावना से निकलती है साथ ही मेलीसा को इस बात का संज्ञान होता है कि वह भी किसी उच्च रक्त की नहीं वरन् गन्दे रक्त की पैदाइश है।

सारी बात का लुब्बो-लुबाव यह है कि अफ्रो-अमेरिकन समुदाय के लोग भी दूसरे अमेरिकन की तरह हैं। फौसेट दिखाती हैं कि अफ्रो-अमेरिकन भी अन्य लोगों की भाँति अच्छाई-बुराई का मिश्रण हैं। मिसेज इसमे तथा मिसेज ब्राउन दोनों प्रसिद्ध फिजिसियन की पत्नियाँ हैं और अवकाश का समय बिताने के लिए कभी यात्रा करती हैं, कभी फिल्म देखती हैं, कभी ब्रिज खेलती हैं। इनके बच्चे प्राइवेट स्कूल जाते हैं, उनके नौकर-चाकर हैं और जो महँगें खेल खेलते हैं। इन लोगों की जीवन शैली श्वेत लोगों से अलग नहीं है। यहाँ भी मेहनतकश लोग हैं। इन लोगों को भी दुःख-सुख व्यापता है, ये भी प्रेम में पड़ते हैं, ईर्ष्या-द्वेष के शिकार होते हैं। समय की मार इन पर भी पड़ती है। सराह और कर्नल हलोवे के बीच प्रेम था लेकिन तब समाज ऐसा था जहाँ उनका विवाह करना सम्भव न था। कर्नल सराह और अपनी बेटी लौरेंटीन की सुख-सुविधा का सदा खयाल रखता है। एक बार जब लौरेंटीन खुद को पहचान लेती है तो उसे प्रेम और खुशी मिलती है। इसी तरह मेलीसा मेलोरी से विवाह नहीं कर पाती है लेकिन जिसे पहले उसने ठुकरा दिया था उसी अस्शुर लेन का प्रेम उसे मिलता है। उपन्यासकार फाउसेट नस्ल, सामाजिक स्तर के मुद्दे उठाती है।

नेल्ला लार्सन (Nella Larsen)

नेल्ला लार्सन का जन्म 13 अप्रैल, 1891 को शिकागो में हुआ। ये यथार्थवादी उपन्यासकार मानी जाती हैं और माना जाता है कि अफ्रो-अमेरिकन साहित्य में इन्होंने ही सर्वप्रथम द्विनस्लीय स्त्री के पहचान के संकट को रेखांकित किया। 1928 में प्रकाशित 'क्विकसैंड' तथा एक साल बाद 1929 में प्रकाशित 'पासिंग' इनके उपन्यास हैं। 'क्विकसैंड' को साहित्य का हरमन अवॉर्ड मिला। दूसरे उपन्यास को Guggenheim Fellowship प्राप्त हुई। किसी अफ्रो-अमेरिकन स्त्री को यह फेलोशिप पहली बार मिली थी। अपने पात्रों की भाँति अपने पूरे जीवन में ये खुद अपनी अस्मिता के संकट से पार न पा सकीं। इनके उपन्यास 'क्विकसैंड' की पात्र हेल्गा फ्रेन और 'पासिंग' की क्लारा भी ताजिन्दगी अपनी पहचान के संकट से जूझती हैं। नेल्ला लार्सन अपने जीवन के तथ्यों को परिवर्तित करके लोगों के सामने प्रस्तुत करतीं। वे जाब जैसा प्रभाव डालना चाहती तब वैसी बातें बतातीं। उनका व्यक्तित्व सदैव रहस्य से घिरा रहा क्योंकि वे ऐसा ही चाहती थीं। बताने के लिए वे नित नयी

बातें खोज निकालतीं और उसे मनचाहे तरीके से प्रसारित करतीं। इसीलिए उनकी जन्म तिथि, स्कूल रिकॉर्ड्स, बचपन के विषय में निश्चित रूप से कुछ कह पाना कठिन है।

एक जीवनी के अनुसार इनका जन्म का नाम नेल्ली वॉकर था, इनकी माता एक डेनिश स्त्री थी और एक अश्वेत रसोइए को इनका पिता माना गया है। इसीलिए इनकी पहचान एक अश्वेत स्त्री की बनी। पहले ये वॉकर पदनाम प्रयोग कर रही थीं, 1907 से लार्सन लिखने लगीं। शादी के बाद ये नेल्ला लार्सन इम्स हो गयीं। इन्होंने नर्सिंग की शिक्षा ली और अलाबामा में बतौर नर्स काम किया। वहाँ से न्यूयॉर्क प्रस्थान किया और एल्मर एस.इम्स से विवाह किया। 1921-26 हारलम की पब्लिक लाइब्रेरी में काम किया और वहीं हारलम रेजिस्टेंस राइटर्स से जुड़ गयीं। जल्द ही इनकी कहानियाँ प्रकाशित होने लगीं मगर इनका नाम उपन्यासकार के रूप में अधिक प्रसिद्ध हुआ। बाद में 1930 इनकी एक कहानी पर साहित्यिक चोरी का इल्जाम लगा और इनकी काफी बदनामी हुई। इसी दौरान इनका पति से तलाक हो गया। वे वापस नर्सिंग के काम पर लौट गयी। ये हताशा और अवसाद का शिकार हुईं 30 मार्च, 1964 को न्यूयॉर्क में अपने घर में मरी हुई पायी गयीं। एक सितारे के रूप में ये साहित्य जगत् में उभरीं और बुझ गयीं।

'क्विकसैंड' हेल्गा की कहानी है जो श्वेत-अश्वेत समुदाय के बीच अपनी पहचान खोजती फिरती है। जो नस्लीय अस्मिता और समुदाय द्वारा ग्रहण किये जाने की चाहत रखती है साथ ही उसे पूरी तरह न पाती है न ही स्वीकारती है। अश्वेत पिता और श्वेत सौतेले पिता द्वारा नकारे जाने और माँ की मौत से वह अनाथ हो जाती है। उसकी जिन्दगी उसके श्वेत रिश्तेदारों की दया पर निर्भर हो जाती है। वे उसकी शिक्षा का खर्च वहन करते हैं। अश्वेतों के कॉलेज में वह खुद को मिसफिट पाती है और एक अंकल की आर्थिक सहायता और सलाह पर वह अपनी मौसी से मिलने डेनमार्क जाती है। वहाँ उसे शोपीस के रूप में प्रदर्शित किया जाता है जिसे वह अस्वीकार करती है। वहीं एक आर्टिस्ट उसे प्रपोज करता है। मगर यह व्यक्ति उसे गर्मजोशी से भरी अफ्रीकी स्त्री के रूप में देखता है और मानता है कि उसके अन्दर एक वेश्या की आत्मा है। वह इस व्यक्ति के विवाह प्रस्ताव को भी ठुकरा देती है।

एक नीग्रो आध्यात्मिक की बात सुन कर वह खुद को अमेरिका लौटने से नहीं रोक पाती है। मगर यहाँ लौट कर भी उसे निराशा होती है, उसका प्रेमी रॉबर्ट एंडरसन किसी और से विवाह कर चुका है। एक अन्य व्यक्ति उसके निराशाजनक दौर का लाभ उठा कर उससे सम्बन्ध बनाता है। काफी समय तक हेल्गा परिवार-बच्चों में उलझी रहती है। वह निकलने का प्रयास करती है मगर कुएँ से निकल कर खाई

में गिरती है। जिन्दगी उसे कोई मलहम नहीं देती है। हेल्गा मुलाटो की त्रासदी का जीता-जागता उदाहरण है।

मिश्रित नस्ल की स्त्री के जीवन की त्रासदी, उसकी पहचान के संकट को साहित्य में पहले-पहल गहराई से विभिन्न आयामों में दर्ज करने के लिए अफ्रो-अमेरिकन स्त्री साहित्य में नेल्ला लार्सन सदैव याद की जाएँगी। अगर उन पर साहित्यिक चोरी का इल्जाम नहीं लगता और वे लेखन त्याग नहीं देतीं तो उमीद है वे साहित्य में कुछ और महत्त्वपूर्ण जोड़तीं, अफ्रो-अमेरिकन साहित्य को और अधिक समृद्ध करतीं। खुद मिश्रित नस्ल की होने के कारण उन्होंने अपने जीवन में त्रासदी भोगी यह एक सच्चाई है।

गैन्डोलिन ब्रूक्स (Gwendolyn Brooks)

टोपेका, कैन्सास में 7 जून, 1917 को जन्मी गैन्डोलिन ब्रूक्स पहली अश्वेत महिला रचनाकार है जिसे कविता का पुलित्जर सम्मान प्राप्त हुआ। माता-पिता की दुलारी बिटिया को शुरू से लिखने के लिए प्रोत्साहन मिला क्योंकि माता-पिता लिखने-पढ़ने का महत्त्व जानते थे। सीखने-लिखने-पढ़ने को प्रेरित करने के लिए बिटिया को दोनों ने अपनी-अपनी तरह से सहायता दी। माँ गैन्डोलिन को लैंडस्टोन हग्स और जेम्स वेल्डन जॉनसन जैसे लेखकों से मिलाने ले जाती। लेखक जॉनसन ने उसे मॉडर्न रचनाकारों—जैसे टी. एस. इलिएट, एजरा पाउंड और ई.ई. कमिंग्स को पढ़ने की सलाह दी। इन कवियों का प्रभाव ब्रूक्स के लेखन पर पड़ा। पिता ने लिखने-पढ़ने की सामग्री जुटा दी। पिता ने बेटी के लिखने के लिए डेस्क ला दी, किताबों की अल्मारी सजा दी। ब्रूक्स की क्लासिक जागरूकता और बोध इसी अल्मारी से आया। इससे उन्हें 'द हार्वर्ड क्लासिक्स' का बोध हुआ। अपनी आत्मकथा में वे लिखती हैं, वे कभी नहीं भूल सकती हैं कि कैसे गहरे हरे रंग की सुनहरे अक्षर वाली किताब में खोयी रहती थी... 'नाइन ग्रीक ड्रामाज' यह इनका श्वेत खजाना था जो इन्होंने अपनी विरासत के रूप में पाया था। नतीजन गैन्डोलिन ब्रूक्स का लेखन आम आदमी की ताकत को और मजबूती प्रदान करता है।

इनके 'मौद मार्था' को समाहित किये हुए बिना एफ्रो-अमेरिकन स्त्री लेखन पर बात पूरी नहीं हो सकती है। यह एक स्त्री के आत्म-अन्वेषण और आध्यात्मिक खोज तथा विकास की कहानी है। इसमें ब्रूक्स के जीवन की तमाम समानताएँ नजर आती हैं। यह इनका एकमात्र उपन्यास है। इसे ब्रूक्स ने 1951 में अपनी बेटी नोरा के जन्म के समय से लिखना शुरू किया था और दो साल बाद यह 1953 में प्रकाशित हुआ। अपने एडीटर के विरोध के बावजूद ब्रूक्स ने अपने लेखन का वो हिस्सा कभी नहीं हटाया जिसमें श्वेत लोगों का नस्लगत भेदभाव नजर आता है। इन्होंने खुद अल्पसमय के लिए श्वेत परिवार में सहायक का काम किया था। ये अनुभव इन

हिस्सों में आये हैं। 'मौद मार्था' का कथानक 1917 से द्वितीय विश्वयुद्ध की समाप्ति तक चलता है। इस उपन्यास का स्वागत हुआ, पर वैसा नहीं हुआ जैसा होना चाहिए था। हाल में नारीवादी दृष्टिकोण से इसका अध्ययन होने लगा है और अश्वेत लेखन में इसके महत्त्व को रेखांकित किया जाने लगा है।

'ए स्ट्रीट इन ब्रोंजविल', 'एनी एलन', 'द बीन ईटर्स', 'इन द मक्का', 'रायट', 'फैमिली पिक्चर्स', 'रिपोर्ट फ्रॉम पार्ट वन एंड पार्ट टू', 'विन्नी', 'चिल्ड्रेन कमिंग होम', 'बेकनिंग्स', 'द नीयर जोहानसबर्ग बॉय एंड अदर पोयम्स', 'टू डिसएम्बार्क', 'प्राइम फॉर ब्लैक्स' आदि इनकी प्रमुख कृतियाँ हैं। 'एनी एलन' के लिए इन्हें पुलित्जर पुरस्कार प्राप्त हुआ। कुछ आलोचकों के अनुसार यह पारम्परिक महाकाव्य की पैरोड़ी के रूप में लिखी गयी कविता है। परन्तु कुछ आलोचक इसे सीधे-सीधे महाकाव्य की श्रेणी में रखते हैं। ब्रूक पश्चिमी क्लासिकल मिथ को समकालीन सांस्कृतिक मिथकों से मिश्रित करके प्रस्तुत करती हैं। 'दि एनियाड' और 'इन द मक्का' की अश्वेत नायिकाएँ ग्रीक मिथक की भाँति हादसों से गुजरती हैं। पुरुष तथा समाज द्वारा प्रताड़ित होती हैं, शोषण का शिकार बनती हैं। साथ-ही-साथ ये स्त्रियाँ प्रेम के रोमांटिक पक्ष, सौन्दर्य के यूरोपियन मापदंड, और अमेरिकी यूटोपियन आदर्शों के ख्वाब में भी खोयी रहती हैं।

शिकागो के विल्सन जूनियर कॉलेज से पास करने के बाद इन्होंने 1939 में एक लेखक हेनरी लोविंग्टन ब्लैकली से विवाह किया। पति भी ऐसा मिला जो लिखने-पढ़ने के लिए उत्साहित करता। पति हेनरी गैन्डोलिन को उकसाता कि वह अश्वेत जीवन पर कलम चलाये। बचपन में सुनी कहानियाँ और अपने रिश्तेदार इनके लेखन की कच्ची सामग्री बने। हालाँकि अन्य तमाम लेखकों की तरह इनकी भी प्रारम्भिक रचनाएँ इनके रोमांस के स्वप्न से जुड़ी हुई हैं। 'एनी एलन' एक लड़की के बचपन से युवा स्त्री बनने के विकास, 'कमिंग ऑफ एज' की कविता है। इसमें बिम्ब और प्रतीकों का भरपूर प्रयोग हुआ है। शुरुआत में एनी के दुनिया में आने, अपने माता-पिता के प्रति उसके दृष्टिकोण, रविवारीय डिनर, मृत रिश्तेदारों की स्मृति, रोमांस का प्रारम्भ और बाद में एनी के समझदार रूप का चित्रण है। जहाँ वह मातृत्व, नस्लवाद और बुढ़ापे आदि पर विचार करती है। इस कविता का कलापक्ष और भावपक्ष दोनों पाठक को बाँधे रखता है, उसे सोचने-समझने की चुनौती देता है। एक साक्षात्कार में ये स्वयं स्वीकार करती हैं कि इस कविता के लिए उन्होंने काफी मशक्कत की है। 'एनी एलन' का शीर्षक भी महाकाव्य 'एनीएड' और 'इलिएड' तर्ज पर 'एनिएड' रखा गया है। एक बड़ा फर्क यह है कि जहाँ पहले दोनों काव्य पुरुष केन्द्रित हैं, वहीं ब्रूक्स की कविता स्त्री केन्द्रित है। श्वेत पुरुष नायक के स्थान पर अश्वेत नायिका है। एनी एक सामान्य अश्वेत स्त्री है। एक अन्तर

यह भी है कि यहाँ यात्र भौतिक न हो कर मानसिक है। यहाँ नस्ल भी एक प्रमुख मुद्दा है। इस तरह का लेखन कई एफ्रो-अमेरिकन महिला साहित्यकारों जैसे टोनी मॉरीसन, एलिस वॉकर, माया एंजेलो, रीटा डव आदि ने किया है। शुरुआत में एनी आदर्श प्रेम और रोमांस की दुनिया में खोयी रहती है। उसे मालूम है कि टैन मैन कभी किसी एक का हो कर नहीं रहेगा, फिर भी वह हर युवा लड़की की तरह एक आदर्श प्रेमी के रूप में उसकी कल्पना करती है। वह दिवा स्वप्न में खोयी रहती है। उसने अपने माता-पिता का आदर्श वैवाहिक जीवन देखा है। वही आदर्श जीवन-स्वप्न वह अपने लिए भी देखती है।

एनी का प्रारम्भिक दृष्टिकोण श्वेत मूल्यों से निर्मित है। इसीलिए वह टैन मैन से शारीरिक सम्बन्ध के समय पैसिव भूमिका में रहती है और जबकि वह उसे हासिल करके अपनी शक्ति स्थापित करता है। एनी एक मासूम, निरीह, कुवाँरी कन्या है। बाद में उसका कायाकल्प होता है। पहले यौन सम्बन्ध के बाद वह मानसिक रूप से व्यथित और प्रौढ़ होती है। टैन मैन विश्वयुद्ध में भाग लेने चला जाता है जहाँ उसे श्वेत लोगों की शक्तिशाली दुनिया में अपनी शक्तिहीनता का भान होता है। अपनी हीन स्थिति और नगण्यता की भावना को नकारने के लिए वह एनी के स्थान पर एक अन्य हल्के रंग की स्त्री को चुनता है। असल में वह खुद को नकारता है। टैन मैन की उपेक्षा से एनी आहत होती है। अमेरिकी समाज में हल्के रंग वाले अश्वेत (मुलाटो) की स्थिति सदैव अश्वेतों से ऊपर रही है। मुलाटो स्त्री को प्लांटेशन में नहीं भेजा जाता था। वे घर के भीतर के काम करती थी। लिंडा ब्रेंट इसका एक अच्छा उदाहरण है। इस तरह गुलामों और अश्वेतों की भी ऊँची-नीची श्रेणियाँ होती थीं। ब्रूक्स इस बात को शिद्दत से एनियाड में रेखांकित करती हैं। हल्के रंग वाले गहरे रंग वालों को हेय दृष्टि से देखते थे। एलिस वॉकर के 'कलर पर्पल' में इसका उल्लेख मिलता है। माया एंजेलो भी बचपन में गोरी, सुन्दर गुड़िया जैसी होना चाहती थी। एनी खुद को शीशे में देख कर पाती है कि वह काली और घुँघराले बाल वाली है। उसे गुस्सा आता है क्योंकि टैन मैन ने एक हल्के रंग की स्त्री के लिए उसे त्याग दिया है। अश्वेत पुरुष की भी पहली पसन्द गोरी स्त्री है। स्वयं ब्रूक्स पहले ऐसा ही सोचती थी कि श्वेत रंग ही सुन्दरता का मापदंड है। यहीं से एनी का आत्म-अन्वेषण प्रारम्भ होता है, वह दैनन्दिन जीवन में सार्थकता खोजना शुरू करती है। अपने महत्त्व को जानने-समझने लगती है।

टैन मैन के लौटने से एनी का विकास एक बार बाधित होता है। वह सब भूल कर एक कर्तव्यपरायण पत्नी बन जाती है। जी-जान से उसकी सेवा करती है। टैन मैन स्वस्थ हो कर फिर अपने पुराने रास्ते पर चल देता है, और एनी ठगी जाती है। इस बार उसमें इतनी प्रौढ़ता है कि वह इस वियोग से टूटती नहीं है। चौबीस साल

की एनी को चोट लगती है पर वह बिखरती नहीं है। जल्द ही इस चोट से वह आगे निकल जाती है। गैन्डोलिन ब्रूक्स इस किताब में सामाजिक, नस्लगत और लैंगिक (सैक्सुअल) राजनीति को दिखाती है। अश्वेत स्त्री-पुरुष सम्बन्धों की पड़ताल करती है। पाती है कि पुरुष को प्रेम करने से पहले खुद को प्रेम करना, आदर देना अधिक महत्त्वपूर्ण है।

ब्रूक्स ने सार्वभौमिक विषय उठाया है और उसे नारी के दृष्टिकोण से विश्लेषित किया है। रोमांस से प्रारम्भ करने वाली इस लेखिका के यहाँ आगे चल कर यथार्थ और भावुकता से दूर, समझदारी नजर आती है। यहाँ दीखता है कि अमेरिका में बीसवीं सदी में एक अश्वेत स्त्री होना क्या मायने रखता था। अश्वेत समाज की आलोचना इनका प्रतिपाद्य है जो दिखाता है कि जरूरी नहीं कि समाज अच्छे लोगों का आदर करे, उन्हें पुरस्कृत करे।

इसी तरह ब्रूक्स साहित्यिक दुनिया की आलोचना करने में भी सिद्धहस्त हैं। इनकी पहली कृति कविता संग्रह 'अ स्ट्रीट इन ब्रोंजविल' को समीक्षकों की सराहना प्राप्त हुई। इसमें इन्होंने शहरी अश्वेत जीवन को उसी के समाज में सफलतापूर्वक शब्दबद्ध किया है। 'मौद मार्था' आत्मकथात्मक उपन्यास है जिसमें कई एफ्रो-अमेरिकन थीम गुँथी हुई हैं। त्वचा का रंग जीवन की दशा-दिशा तय करने में अमेरिका में एक निर्णायक भूमिका अदा करता है। यह भी इस उपन्यास का एक प्रमुख विषय है। अश्वेत संघर्ष ब्रूक्स का प्रमुख स्वर है बाद में ये रंगभेद के विरुद्ध भी लिखने लगीं। 'ब्रोंजविल बॉयज एंड गर्ल्स' बच्चों के लिए लिखी गयी कविता पुस्तक है। 'अलोननेस', 'गॉट्सचॉक एंड द ग्रैंडे टारान्टेले' इनके अन्य कविता संग्रह हैं। ये छोटी-छोटी काव्य पंक्तियों तथा लय के लिए जानी जाती हैं।

1968 में गैंडोलिन ब्रूक्स को इलिनॉइस का ऑफीसियल पोयेट लोरेट घोषित किया गया, यह किसी कवि को मिलने वाला सर्वोच्च सम्मान है। 1985 में इन्हें लाइब्रेरी ऑफ कांग्रेस का पोयट्री के लिए सलाहकार (कॉन्सल्टेंट) बनाया गया। ये इस पद के लिए अमेरिका की प्रथम एफ्रो-अमेरिकन सम्मानित व्यक्ति बनी। इन सम्मानों ने इन्हें समाज में काफी महत्त्वपूर्ण बना दिया, न केवल अश्वेत वरन् श्वेत का, पूरे राष्ट्र का भी प्रवक्ता बना दिया। इन्होंने नस्लगत भेदभाव की खाई को पाटा क्योंकि इनकी कविता अश्वेत पाठकों से अधिक श्वेत पाठकों के बीच लोकप्रिय और सम्मानित है। इसी बात को कुछ आलोचक ले उड़े और उनकी शिकायत है कि ब्रूक्स जानबूझ कर श्वेत पाठकों के लिए लिखती हैं। यूरोपियन मिथकों को आधार बनाने के लिए भी इनकी आलोचना की जाती है, कहा जाता है कि ये 'अश्वेत चेतना', 'अश्वेत आर्ट्स आन्दोलन' के अनुसार अफ्रीकी मूल, अफ्रीकी मिथकों का उपयोग कर नहीं लिखती हैं। इन लोगों का तर्क है कि

अफ्रीकी मिथक ग्रीस और रोम परम्परा से प्राचीन है अतः अश्वेत रचनाकारों को यूरोप की साहित्य परम्परा का त्याग कर अफ्रीकी साहित्य परम्परा को अपनाना चाहिए। लेकिन ऐसे भी आलोचक हैं जो ब्रूक्स के प्रयोग, इनकी संवेदनशीलता की सराहना करते हैं। ब्रूक्स यूरोपियन साहित्य की नकल नहीं करती है, उसे एक नया सन्दर्भ, एक नया मोड़ देती है। यह काम खास प्रतिभा की माँग करता है। 1988 में ब्रूक्स को नेशनल 'वीमेन्स हॉल ऑफ फेम' में शामिल किया गया। 1994 में इन्हें नेशनल बुक फाउंडेशन का मेडल प्राप्त हुआ।

अपनी 1968 की कविता पुस्तक 'इन द मक्का' में ब्रूक्स फिर से यूरोपीय मिथक 'डिमेंटर और पर्सीफोन' की ओर लौटती हैं। एनी की तरह यह भी नारीवादी दृष्टिकोण से लिखी गयी कविता है। मगर यह एनी की तरह मानसिक-भावात्मक यात्रा न हो कर भौतिक यात्रा है। एक माँ की अपनी बेटी की खोज के लिए की गयी यात्रा। साउथ साइड शिकागो के एक हाउसिंग कॉम्प्लेक्स 'मक्का' में सेली स्मिथ नामक स्त्री अपनी बेटी पेपिटा की खोज कर रही है। मक्का के अँधेरे और वर्जित हॉल में सेली अपने दोस्तों की मदद से अपनी बेटी का पता लगाने का प्रयास कर रही है। अश्वेत समुदाय निकल भागने की कोशिश कर रहा है और इस कोशिश के दरमियान वह शहरी नारकीय अमेरिका में जीवित रहने का प्रयास कर रहा है। सेली सामाजिक दृष्टि से अपनी नस्ल, वर्ग और स्त्री होने के कारण शक्तिहीन है। निम्न वर्ग की अश्वेत स्त्री अपने बच्चे के अपहरण के बाद लाचार है, वह लौट कर अपहरणकर्ताओं पर आक्रमण नहीं कर सकती है। उसके पास प्रार्थना और विश्वास के अलावा कोई हथियार नहीं है। अपनी बेटी पेपिटा की सुरक्षा के लिए उसके पास केवल आस्था है।

नौ बच्चों की माँ सेली दूसरों के घर में नौकरानी है। उसके पास अपने बच्चों को भरपेट खाना देने का कोई उपाय नहीं है। उसके नौ बच्चों में से केवल पेपिटा ही ऐसी है जिसमें जीवन के प्रति उत्साह और लगन है। बाकी के बच्चे जीवन की कठोरता से बुझ चुके हैं। इन बच्चों के मन में आराम की जिन्दगी जी रहे लोगों के प्रति कटुता का भाव है। ये उन खाते-पीते लोगों से घृणा करते हैं। बच्चे ही नहीं सेली भी उन सब लोगों से चिढ़ती है जिनके पास जीवन की मूलभूत सुविधाएँ हैं। वह अपनी मध्यवर्गीय श्वेत मालकिन और उसकी आरामदायक जिन्दगी को देख कर कुढ़ती है। अपने बच्चों को यही सुविधाएँ देने का दिवास्वप्न देखती रहती है और उसकी सबसे जीवन्त बेटी लापता है। वह बार-बार सोचती है कि उसकी पेपिटा कहाँ होगी। नौ दिन तक वह न नहाती है, न खाती-पीती है। वह पेपिटा की खोज में अपने बचे आठ बच्चों के साथ मक्का जाती है। वहाँ उसे अपने समुदाय की दारुण स्थिति का परिचय मिलता है। सेली के पड़ोसियों में कोई हत्यारा है, कोई पियक्कड़, कोई दलाल, कोई पागल तो कोई जुआरी है। इनमें से कोई भी पेपिटा का अपहरण कर

सकता है। खोज के दौरान सेली और उसके बच्चों का तरह-तरह के लोगों से पाला पड़ता है। इन लोगों ने पेपिटा को नहीं देखा है और अधिकांश को उसके गायब होने की कोई चिन्ता नहीं है। ये सारे लोग गरीबी और शोषण के शिकार हैं। सेली की तरह ही उसके प्रत्येक पड़ोसी ने कुछ-न-कुछ खोया है और वह उसे खोजने में लगा हुआ है। वे सेली को बता नहीं सकते हैं कि वह पेपिटा को कहाँ खोजे, पर यह जरूर बताते हैं कि उन्होंने जिन्दगी में क्या-क्या देखा है, क्या-क्या अनुभव किया है। इन लोगों ने पेपिटा को नहीं देखा है मगर गुलामी की भयावहता देखी है, होलोकास्ट की दहशत जानी है। यहाँ मक्का में कुछ लोग अतीत में अटके हुए हैं, कुछ लोग वर्तमान में फँसे हुए हैं, किसी के पास भविष्य नहीं है न ही अपनी दयनीय स्थिति से निकलने का प्रयास करने का कोई उत्साह है। ये यथास्थिति में रहने को अभिशप्त लोग हैं, जीवित होते हुए भी मुर्दों के समान। कुछ लोग शारीरिक रूप से अक्षम हैं, कुछ किताबों, धर्म, राजनीति की बेमतलब बहसबाजी और दिवास्वप्न में अपना पलायन अपनाए हुए हैं।

आलोचक ब्रूक्स के 'मक्का' की तुलना टी एस इलिएट के 'वेस्टलैंड' से करते हैं। ब्रूक्स यूरोप के वेस्टलैंड को शिकागो की आत्महीन बस्ती में ले आयी है। यह बीसवीं सदी का पाँचवाँ दशक है, शिकागो मन्दी के बाद के दौर से गुजर रहा है। मक्का कोई काल्पनिक स्थान नहीं है, अपनी आत्मकथा में ब्रूक्स इस बिल्डिंग में एक क्लर्क के रूप में काम करने की बात लिखती है। एक समय यह इमारत शिकागो का एक बेहतरीन हिस्सा हुआ करती थी। मगर आधी सदी के बाद यह अमेरिकी स्वप्न ध्वस्त हो गया और इमारत ढहने लगी। इस उजाड़ स्थान पर अश्वेत लोगों ने कब्जा कर लिया और इसमें रहना शुरू कर दिया। यू शेप में बनी इस चार मंजिली इमारत का आँगन सदा गन्दगी और कचड़े से बजबजाता रहता है। पुलिस और सरकार के लिए ये लोग नगण्य हैं। पुलिस की नजर में पेपिटा के गायब होने में शक की सूई सबसे पहले उसकी माँ सेली पर ही जाती है। अन्त में सेली अपनी बेटी पेपिटा को पाती है मगर जीवित नहीं, मृत। जैमेइकन एडवर्ड ने उसका अपहरण कर बलात्कार किया और फिर उसकी हत्या कर दी थी। ब्रूक्स दिखाती है कि अगर सामुदायिक मूल्य जीवित होते तो ऐसा जघन्य कार्य सम्भव न था। पेपिटा का शाब्दिक अर्थ बीज यानी नवजीवन है। पेपिटा की जीवन्तता अश्वेत जिजीविषा का प्रतीक है। यह घेटो जैसी जगह शिकागो के सीने पर स्लम के रूप में स्थापित है, जहाँ गरीब और अश्वेत बसेरा करते हैं। अमेरिका सदा से इस बात का प्रचार-प्रसार करता रहा है कि इस राष्ट्र ने गरीबी की समस्या हल कर ली है। इस कविता के द्वारा ब्रूक्स गरीबी का विमर्श रचती है। अमेरिका में अश्वेत गरीब हैं वे भयंकर अपराध, बेरोजगारी और नस्लवाद का शिकार हैं। इसके होते हुए अमेरिकी स्वप्न कभी फलित नहीं हो सकता है।

1957 में एमेट टिल की हत्या के बाद ब्रूक्स ने 'द शिकागो डिफेंडर सेंड्स अ मैन टू लिटिल रॉक' लिखी, सात पूल खिलाड़ियों के विषय में इन्होंने 'वी रीयल कूल' लिखी। ये दोनों कविताएँ इनके 1960 में प्रकाशित 'द बीन ईटर' में संग्रहित हैं। बाद में ये केन्या, रूस और घाना गयी। जिसने इन्हें दक्षिण अफ्रीका की रंगभेद की नीति के विरुद्ध संघर्ष से परिचित कराया। इन अनुभवों के बाद का इनका लेखन भूमंडलीकरण का संकेत देता है।

ब्रूक्स की दो भाग में लिखी आत्मकथा 'रिपोर्ट फ्रॉम पार्ट वन एंड पार्ट टू' एक रचनाकार के जीवन और मस्तिष्क के विषय में बहुमूल्य सूझ का एक नायाब नमूना है। एक ऐसे रचनाकार का जिसका निर्माण कलात्मक उत्कृष्टता और नस्ल, वर्ग, लिंग का पर्दाफाश करने के प्रति समर्पण से मिल कर हुआ है। ये नस्लीय भेदभाव, स्त्री-पुरुष असमानता, आर्थिक गैरबराबरी का सामना करती रहीं, साथ ही अपने लेखन के द्वारा इसका खुलासा भी करती रहीं। इन्हीं खासियतों के कारण एफ्रो-अमेरिकन महिला लेखन में इनका स्थान सदैव के लिए सुरक्षित हो गया है।

साठ के दशक से ब्रूक्स युवा अश्वेत लेखकों के साथ काम करने लगीं। इन्होंने शिकागो के एक गैंग 'द ब्लैकस्टोन रेंजर्स' के लिए कविता वर्कशॉप चलाया। इस काल के अनुभवों का प्रतिफल हुआ 'रायट' तथा 'फैमिली पिक्चर्स' इन कविताओं में अश्वेत चेतना खुल कर बोलती है। ब्रूक्स की अपने समुदाय के प्रति प्रतिबद्धता का एक उदाहरण है कि ये अपना काम केवल अश्वेत प्रकाशकों के यहाँ प्रकाशित करवाती हैं। बाद में इन्होंने अपना खुद का प्रकाशन 'द डेविड कम्पनी' नाम से शुरू किया। साठ के दशक के सिविल राइट्स आन्दोलन से इनकी चेतना का विकास और विस्तार हुआ। इसी से इन्हें अपने लेखन का खाद-पानी प्राप्त होता। इन्होंने सदैव अपने लेखन की सामग्री अपने समुदाय से उठायी। इनका बाद का काम न केवल अमेरिका के अश्वेत समुदाय को समेटता है, वरन् अफ्रीका तथा अन्य देशों के अश्वेत समुदायों को भी अपने सृजनात्मक काम में स्थान देता है।

इन्हें अपनी नस्ल, रंग से प्यार है, इसकी प्रशंसा इन्होंने अपने लेखन में की है। इस पर इन्हें सदैव गर्व रहा। ये जानती हैं कि अश्वेत लोग इनके अपने लोग हैं, ये खुद इसी समुदाय की हैं, अपने लेखन द्वारा ये अश्वेत समुदाय से समझदारी की अपेक्षा करती हैं। ब्रूक्स ने लिखना कई कारणों से शुरू किया, जिसमें अपने घर का इनका एक स्वप्न भी था। यह स्वप्न इन्होंने अपने माता-पिता की सहायता से पूरा किया। ये एक छोटा-सा घर साउथ साइड में लेने में कामयाब हुई। अपनी मृत्यु (2000) तक ये इसी जगह रहीं। राज्य और अश्वेत कवि समुदाय ने इन्हें सम्मान देते हुए इलिनोइस के एक जूनियर हाई स्कूल का नाम इनके नाम पर रखा है और शिकागो स्टेट यूनिवर्सिटी में गैंडोलिन ब्रूक्स सेंटर स्थापित की गयी है।

लौरेन हैंसबेरी (Lorraine Hansberry)

19 मई, 1930 को शिकागो में जन्मी लौरेन हैंसबेरी पहली अफ्रो-अमेरिकन रचनाकार हैं जिनके लिखे नाटक ब्रॉडवे पर खेले गये। 1959 में उनका पहला नाटक 'ए रेसिन इन द सन' खूब सफल रहा। उनके पिता जमीन की खरीद-फरोख्त के दलाल थे और माता एक स्कूल शिक्षिका थी, इसके साथ-साथ दोनों रंगभेद नीति के खिलाफ चलने वाले सामाजिक-राजनीतिक आन्दोलन के सक्रिय कार्यकर्ता भी थे। अतः बचपन से उन्हें रंगभेद, शोषण, अस्मिता आदि मुद्दों पर विचार-विमर्श सुनने-देखने का अवसर मिला। इसलिए उनका बौद्धिक विकास तेजी से हुआ। बाद में उनके सृजनात्मक काम में नस्ल, रंग, आर्थिक-सामाजिक भेदभाव के मुद्दे प्रमुख बने। जब वह मात्र पन्द्रह साल की थी उसके पिता की मृत्यु हो गयी। उनकी मानसिक जागरूकता में उनके एक प्रोफेसर चाचा का प्रमुख हाथ था। इसी चाचा ने उसे उसकी जड़ों से परिचित कराया तथा उसका सम्पर्क प्रमुख अश्वेत चिन्तकों और कलाकारों से करवाया। शिकागो के अश्वेत बच्चों के स्कूल से निकल कर जब वह विस्कोसिन विश्वविद्यालय पहुँची तो वह पहली अश्वेत लड़की थी जो अपनी ड्रॉरमेट्री में रह रही थी। वह वहाँ छात्र संगठन की प्रेसीडेंट भी बनी। पर उसने पढ़ाई बीच में छोड़ कर न्यूयॉर्क का रुख किया और लेखक-सम्पादक (फ्रीडम पत्रिका) का दायित्व सँभाला। इसके साथ उसने स्त्री और समलैंगी लोगों के अधिकारों के लिए भी काम किया। उसे अपने इन कामों के लिए डब्ल्यू ई बी डुबोइस, पॉल रोबसन, लैंगस्टोन हग्स जैसे नेताओं का समर्थन और सहयोग प्राप्त था। लेखन के अलावा जनसमुदाय को सम्बोधित करना, जुलूसों की अगवानी करना उसका प्रमुख कार्य था।

अपने पहले नाटक 'ए रेसिन इन द सन' में हैंसबेरी एक अश्वेत परिवार के तनाव को चित्रित करती है। यह परिवार शिकागो के घेटो को छोड़ कर जाना चाहता है। जब यह परिवार श्वेत समुदाय के बीच रहना तय करता है तो इसे काफी विरोध का सामना करना पड़ता है। इस नाटक को उन्होंने अपनी माँ को समर्पित किया है। इस नाटक के पाँच सदस्यीय परिवार के हर सदस्य का स्वप्न बड़ा और भिन्न है। परिवार का वातावरण पूरी तरह बदल जाता है जब परिवार की माँ को पति की मृत्यु पर इंस्योरेंस कम्पनी से एक बड़ी रकम प्राप्त होती है। समीक्षकों की प्रशंसा के बावजूद अश्वेत लेखक अमिरी बाराका ने पहले इस नाटक को मेलोड्रामा कह कर इसकी आलोचना की पर बाद में उन्होंने अपना विचार बदला।

रूसी-यहूदी पृष्ठभूमि के रॉबर्ट नेमीरॉफ से विवाह करने वाली हैंसबेरी का दूसरा नाटक 'द साइन इन सिडनी ब्रूस्टेन्स विंडो' भी ब्रॉडवे पर सफल रहा। इसमें ये वेश्यावृति, विवाह, समलैंगिकता आदि मुद्दों को उठाती हैं। वे स्वयं भी समलैंगी थीं इसी कारण आगे चल कर उनका तलाक हो गया। तलाक के बाद भी वे न केवल

मित्र बने रहे वरन् एक-दूसरे के काम में सहायक भी रहे। मात्र चौंतीस वर्ष की आयु में कैंसर से इस प्रतिभाशाली रचनाकार की मृत्यु हो गयी। उनकी मृत्यु के बाद उनके पूर्व पति नेमीरॉफ ने उनके कई अधूरे कामों को पूरा करके प्रकाशित करवाया जिसमें 'लेस ब्लैंक्स' तथा 'व्हाट यूज आर फ्लॉवर्स?' प्रमुख है। 'मैं अश्वेत पैदा हुई और एक स्त्री हूँ' कहने वाली हैंसबेरी ने 'टू बी यंग', 'गिफ्टेड एंड ब्लैक' में अपनी माँ तथा परिवार की अन्य स्त्रियों को स्मरण किया है। कुछ समय तक उसने अश्वेत साहित्य पढ़ाने का काम भी किया। उन्तीस वर्ष की उम्र में न्यूयॉर्क ड्रामा क्रिटिक सर्किल अवॉर्ड फॉर बेस्ट प्ले पाने वाली वे सबसे कम उम्र की नाट्य लेखिका थीं। वे अपने समय से काफी आगे की लेखिका थीं। मार्गरिट बी. विल्करसन हैंसबेरी को 'द कम्प्लीट फेमिनिस्ट' कहती हैं। इनकी मृत्यु न्यूयॉर्क में 12 जनवरी, 1965 को हुई।

एड्रीन केनेडी (Adrienne Kennedy)

जिस अफ्रो-अमेरिकन स्त्री के नाटकों की तुलना समीक्षक टॉम स्टॉपार्ड और अमिरी बराका से करते हैं उसका नाम एड्रीन केनेडी है। एड्रीन का जन्म 13 सितम्बर, 1931 को पेन्सिलवेनिया के पिट्सबर्ग में हुआ था। 'ए रैट्स मास', 'फनीहाउस ऑफ ए नीग्रो', 'द लेनन प्ले : इन हिज ओन राइट', 'ए लेसन इन ए डेड लैंग्वेज', 'सन : ए पोयम फॉर मैल्कॉम एक्स इन्सपायर्ड बाई हिज मर्डर', 'ए बीस्ट्स स्टोरी', 'बोट्स', 'ए मूवी स्टार हैज टू स्टार इन ब्लैक एंड व्हाइट', 'ए लैंकरशायर लैड', 'ब्लैक चिल्ड्रन्स डे', 'जून एंड जीन इन कॉन्सर्ट', 'डेडली ट्रिपलेट्स : ए थियेटर मिस्ट्री एंड जर्नल' इनकी रचनाओं के नाम हैं। इनके नाटकों को सरलियलिज्म का बेहतरीन नमूना माना जाता है।

केनेडी का बचपन बहुनस्लीय क्षेत्र में बीता अतः पहले इन्हें नस्लीय भेदभाव का अनुभव नहीं था। इनके आस-पास अश्वेत, यहूदी, इटालियन आदि मिलजुल कर रहते थे। इनके पिता कोर्नेल वालस हॉकिंस ओहिओ में वाई एम सी ए में काम करते थे और माँ एटाहौगाबुक हॉकिंस एक टीचर थीं। 1949 में जब केनेडी कोलम्बस में ओहिओ स्टेट यूनिवर्सिटी गयी तब इन्हें नस्लीय भेदभाव का सामना करना पड़ा। इस समय ये बहुत एकाकी हो गयी और इन्हें हीनताबोध हुआ। वहाँ होटल में श्वेत-अश्वेत के लिए अलग व्यवस्था थी, दोनों के संग मिल बैठने की कोई गुंजाइश न थी। इस भेदभाव का नतीजा इनके भीतर गुस्से का उबाल लाने लगा। इन अनुभवों ने इनके व्यक्तित्व को एक नया मोड़ दिया। इनको एक धारदार लेखक बना दिया। 1953 में इन्होंने ग्रेजुएशन किया। इन्होंने जोसेफ केनेडी से विवाह किया और दोनों न्यूयॉर्क सिटी में बस गये और आगे की पढ़ाई कोलम्बिया यूनिवर्सिटी में करने लगे। दो साल तक क्रियेटिव राइटिंग का अध्ययन किया और कई साल तक अमेरिकन

थियेटर विंग, न्यू स्कूल फॉर सोशियल रिसर्च, एडवर्ड एल्बीस सर्किल-इन-द-स्कॉयर स्कूल में अध्ययन किया। 1962 में स्कॉयर स्कूल में ये एकमात्र अश्वेत छात्र थीं।

इनके नाटक काफी जटिल होते हैं, इनमें व्यक्ति की आन्तरिक कसमकश का चित्रण होता है। इनके पात्र बाह्य बलों से प्रतिक्रिया करते हैं और अपनी अस्मिता कायम करते हैं। इनके नाटकों में प्लॉट नहीं के बराबर होता है और प्रमुख पात्र बहुआयामी व्यक्तित्व के होते हैं। पात्र विभिन्न प्रकार के मुखौटों का उपयोग करते हैं। हर मुखौटा अलग पहचान बनाता है। इनमें अफ्रीकन कला और संस्कृति का नजर आता है। यूरोपियन और अफ्रीकन संस्कृतियों के मिश्रण से अफ्रो अमेरिकन का अस्तित्व निर्मित है। यह मिश्रण किसी शान्तिपूर्ण तरीके से न हो कर बहुत अत्याचार के साथ हुआ है। फलस्वरूप इनके भीतर तमाम तरह के विरोधाभास हैं। यह इनके आन्तरिक संघर्ष का कारण भी है। इन्हीं सब बातों को केनेडी अपने नाटक में प्रदर्शित करती हैं।

नाटक 'फनीहाउस ऑफ ए नीग्रो' पहले मंचित हुआ और तब प्रकाशित। इसका मंचन 1962 में हुआ जबकि प्रकाशन 1969 में। इसमें सराह की माँ हल्के रंग की है और पिता अश्वेत है। माँ का गोरापन सराह को पागल बनाता है जबकि पिता का काला रंग उसे विद्रोह और खून-खराबे की ओर ले जाता है। अन्ततः सराह आत्महत्या द्वारा मुक्ति पाती है। नाटक सराह के स्थान पर चलता है, वह अपने कमरे की वस्तुओं से प्रेरणा पाती है। पूरा स्थान यूरोप की सभ्यता के अवशेषों से भरा हुआ है। धूलभरी किताबें, महल और सम्राटों के चित्र, क्वीन विक्टोरिया की मूर्ति। सराह पेशे से लेखिका है, वह सफेद कागज पर ज्यामितीय आकृति में शब्दों को रखती है। स्थान ताबूत की तरह है। स्थान का नाटक में विशिष्ट महत्त्व है, यह जंगल में परिवर्तित हो जाता है। मृत्यु की इमेजरी नाटक को एक अलग आयाम देती है। एक भिन्न स्तर पर यह नाटक 'फनीहाउस' है, 'अमूजमेंट पार्क हाउस ऑफ हॉरर' है। इस फनीहाउस के बाहर रेमंड और लैंडलेडी, दो श्वेत चेहरे हैं। ये नीग्रो के असमंजस का मखौल उड़ाते रहते हैं। गंजे सिर, गिरती दीवारें, भय और असमंजस का प्रतीक हैं। रेमंड के कमरे का शीशा प्रतिबिम्ब को बिगाड़ कर दिखाता है जैसा कि फनीहाउस में होता है। चूँकि लेखिका केनेडी स्वयं अश्वेत है अतः नाटक अश्वेत और रचनाकार की समाज में स्थिति का प्रतिनिधित्व करता है।

नाटक में माँ हल्के रंग की और यूरोपियन नजरिये से खूबसूरत स्त्री थी अतः समाज में उसकी नियति तय थी। वह अश्वेत पुरुष के बलात्कार का शिकार होती है। दूसरी ओर सराह एक श्वेत पुरुष रेमंड से डेटिंग करती है, इससे उसे थोड़ी शक्ति मिलती है। लेकिन रेमंड सारे समय वातावरण को नियन्त्रित करता है, प्रश्न पूछता है। श्वेत स्त्रियाँ सशक्त हैं मगर वे भी बाल झड़ने से नहीं बचती हैं और अश्वेत

पुरुष उनका पीछा करते हैं। केनेडी की दृष्टि में दुनिया परेशानी का स्थान है। स्त्रियाँ शक्ति के प्रति आकर्षित होती हैं लेकिन वास्तव में वे शक्तिहीन हैं। अगर नीग्रो श्वेत समाज में घुलना-मिलना चाहता है तो उसके पल्ले पागलपन और स्वयं को नष्ट करना ही आता है।

यह नाटक दर्शकों को एक अश्वेत युवा स्त्री के मस्तिष्क में झाँकने का अवसर प्रदान करता है। वह कभी खुद को सर्वव्यापी जीसेस के रूप में देखती है, कभी शक्तिशाली विक्टोरिया और डचेज ऑफ हैप्सबर्ग के रूप में तो कभी क्रान्तिकारी पैट्रिस लुमुम्बा के रूप में। यह जटिल नाटक एक चुनौती प्रस्तुत करता है, मनुष्य के जटिल व्यक्तित्व के निर्माण और उसके व्यवहार और सोच को समझने-समझाने का प्रयत्न करता है।

केनेडी का एक अन्य नाटक भी फनीहाउस की तरह पहले प्रदर्शित हुआ फिर प्रकाशित। 'ए रैट मास' का प्रदर्शन 1966 से होने लगा और इसका प्रकाशन दो साल बाद 1968 में हुआ। यह भी एक जटिल नाटक है, यहाँ भी अश्वेत अनुभव मुखरित हैं। पूर्वाग्रह, घृणा, नकार, बाहरी, निराशा, पराजय, समस्याओं का हल न मिलना इसके कथ्य में शामिल हैं। ब्रदर रैट तथा सिस्टर रैट अश्वेत जनता का प्रतीक हैं, जबकि रोजमेरी श्वेत समुदाय का। श्वेत समुदाय दमन और शोषण को प्रस्तुत करता है। धार्मिक प्रोसेशन अजनबी चर्च चिन्ता और सुरक्षा नहीं करता है, न ही माफ करता है।

अश्वेत बच्चे, रैट भाई-बहन का दुःख-दर्द श्वेत दुनिया के बीच में रहने से वे श्वेत बच्ची रोजमेरी को बहुत ऊँचा मानते हैं और जानते हैं कि वे कभी वैसा नहीं बन सकेंगे। रोजमेरी को देख कर उन्हें अपने नगण्य होने, अपने पाप, अपराध का बोध होता है। श्वेत कम्यूनियान ड्रेस में रोजमेरी उनका वह आदर्श थी जिसे वे कभी न पा सकेंगे, वह उनके लिए फरिश्ता है। इसे पढ़ कर माया एंजेलो की आत्मकथा के पहले भाग में दिखाया चर्च का दृश्य स्मरण हो आता है। टोनी मॉरीसन की 'ब्लूएस्ट आई' की याद हो आती है।

इस नाटक में केनेडी ने विशिष्ट सेट डिजाइन की कल्पना की है। मंच पर दो काली जंजीरें, एक लाल एसिल, मोमबत्तियाँ, अश्वेत मास और निषिद्ध रिवाजों की आकृतियाँ हैं। मुख्य चरित्र दो नीग्रो बच्चे पूरी तरह से मनुष्य न हो कर अंश चूहे और अंश मनुष्य हैं। जैसे-जैसे उनकी हताशा बढ़ती है, आशा मरती जाती है, वे अधिक चूहे और कम मनुष्य होते जाते हैं। वे अल्पसंख्यक के प्रतीक हैं, जिनके साथ दुर्व्यवहार जुड़ा हुआ है। वे घृणा उत्पन्न करते हैं और उन्हें समाप्त कर देने की इच्छा होती है। उनके प्रति कोई सहानुभूति नहीं पैदा होती है। वे गन्दगी और नीचे गिरते जाने का प्रतीक हैं। दूसरी ओर होली फैमिली और श्वेत वस्त्रों में सजी-धजी रोजमेरी

है। नैटीविटी दृश्य के साथ बाइबिल की झाँकी है।

नाटक का अन्त इस बात को रेखांकित करता है कि संगठित चर्च नस्लवाद, घृणा और अल्पसंख्यकों के दमन-शोषण और उनकी मृत्यु का जिम्मेदार है। बाइबिल के पात्र दो मासूम बच्चों की मौत का कारण बनते हैं। इन मासूम बच्चों की गलती इनकी नस्ल और इनकी संस्कृति है जिसे सत्ताधारी नस्ल और संस्कृति दबाती है, नष्ट करती है। इस नाटक में भी केनेडी एकालाप, स्वप्न और प्रतीकों का उपयोग करती हैं। अफ्रो-अमेरिकन स्त्री लेखन में केनेडी के नाटक अपना विशिष्ट स्थान रखते हैं।

लुसिल क्लिफ्टन (Lucille Clifton)

जिसकी माँ कविता लिखती और पढ़ती हो उस बेटी का लेखिका बनना कोई अजूबा नहीं होना चाहिए। माँ ने बेटी को बताया-सिखाया कि स्व-अभिव्यक्ति के लिए लिखने से बेहतर कोई अन्य साधन नहीं है। बस फिर क्या था बेटी लुसिल क्लिफ्टन ने दस वर्ष की उम्र से लिखना शुरू कर दिया। लुसिल के माता-पिता बहुत पढ़े-लिखे न थे मगर शिक्षा का महत्त्व जानते थे और खुद खूब पढ़ते थे। इनके पिता की ओर से मैमी कैरोलाइन को अफ्रीका से बचपन में पकड़ कर ले आया गया था। 1822 में जन्मी यह पूर्वज अपने जीवन के अधिकांश भाग में एक गुलाम का जीवन जीती रही। लुसिल ने अपनी इस पूर्वज को अपने संस्मरण 'जेनेरेशन्स : ए मेमोयर' तथा कई कविताओं में उकेरा है। लुसिल का जन्म 27 जून, 1936 में न्यूयॉर्क में हुआ। लुसिल ने पहले लेखिका बनने के विषय में नहीं सोचा, बस लिखती जाती थीं। इनका पहला काम तेंतीस वर्ष की उम्र में प्रकाशित हुआ। इस समय ये दस वर्ष से कम उम्र के छह बच्चों की माँ थीं। ये परिवार में पहली थीं जिसने कॉलेज का मुँह देखा। इनके बहुत सारे अश्वेत बौद्धिक मित्र थे और ये ड्रामा की शिक्षा ले रही थीं तथा नाटक कर रही थीं। 1958 में इन्होंने एक फिलॉसफी प्रोफेसर फ्रेड क्लिफ्टन से विवाह किया। इनका पहला काव्य संग्रह 'गुड टाइम्स' शहरी जीवन की दुश्वारियों को चित्रित करता है।

जल्द ही ये श्वेत जीवन से अश्वेत जीवन मूल्यों की ओर मुड़ गयीं। इस तरह ये अपनी जड़ों से जुड़ कर अपने धार्मिक और नस्लीय विरासत का उत्सव मनाने लगीं। 'गुड न्यूज अबाउट दि अर्थ : न्यू पोयम्स', 'एन ऑर्डनरी वूमन', 'गुड वूमन : पोयम्स एंड ए मेमोयर', 'द बुक ऑफ लाइट : पोयम्स', 'ब्लेसिंग द बोट्स : न्यू एंड सेलेक्टेड पोयम्स' आदि इनके काव्य संग्रह हैं। कवि अक्सर बच्चों के लिए नहीं लिखते हैं मगर इन्होंने कविता संग्रह के साथ-साथ सफलतापूर्वक बच्चों के लिए भी लिखा। यहाँ भी ये अश्वेत अस्मिता, मूल्य और गर्व की बात करती हैं।

क्लिफ्टन अपनी कविताओं में अफ्रो-अमेरिकन लीडर मॉल्कम एक्स, एल्ड्रिज क्लीवर और एंजेला डेविस की कहानियों को कथावाचक के रूप में पिरोती चलती हैं। एफ्रो-अमेरिकन स्त्री साहित्य में कवयित्री के रूप में इनका स्थान सदैव सुरक्षित रहेगा।

टोनी सेड बाम्बारा (Toni Cade Bambara)

25 मार्च, 1939 को हारलम में जन्मी मिल्टोना मिरकिन सेड का नाम असल में उनके पिता के एम्प्लोयर मिल्टोन मिरकिन के नाम पर पड़ा था, छह साल की उम्र से वे टोनी कहलाने लगीं और जिसे आगे चल कर इन्होंने खुद टोनी सेड बाम्बारा कर लिया। 1970 में ये एक दिन घर का सामान यूँ ही उलट-पुलट रही थीं कि अपनी परदादी के ट्रंक में इन्हें बाम्बारा नाम का एक हस्ताक्षर मिला बस इन्होंने अपना टाइटिल वहीं से ग्रहण कर लिया। उस समय इनकी बेटी करमा बेन इनके गर्भ में थी। इनके पिता का नाम वॉल्टर सेड द्वितीय था। पिता बचपन में ही परिवार छोड़ कर चले गये नतीजन माँ हेलेन ब्रेंट हेंडरसन सेड ने इन्हें और इनके भाई वॉल्टर को पाला-पोसा। माँ का इनके जीवन पर गहरा प्रभाव पड़ा। माँ का प्रयास था कि भाई-बहन अनुशासित और आत्मनिर्भर बनें। प्रारम्भ में लेखन की कच्ची सामग्री परिवार, दोस्तों और पड़ोसियों से मिली। प्रारम्भ से अपने समुदाय की लोककथाओं को सुनते हुए बड़ी हुई, समुदाय के प्रति भक्ति और दायित्व का भाव सदा बना रहा। प्राइवेट-पब्लिक स्कूली शिक्षा प्राप्त करते हुए न्यूयॉर्क के क्वीन्स कॉलेज और सिटी कॉलेज से बाम्बारा ने इंग्लिश और थियेटर आर्ट्स की शिक्षा ग्रहण की। कॉलेज में रहते हुए ही 1959 में इनकी पहली कहानी 'स्वीट टाउन' प्रकाशित हुई। क्वीन्स कॉलेज से इन्हें साहित्य का जॉन गोल्डेन पुरस्कार मिला। मास्टर डिग्री पूरी करने के पहले ये इटली गयीं और कुछ समय मिलान में पढ़ाई भी की। 1963 में इन्होंने अपनी मास्टर की डिग्री ली और शिक्षण करने लगीं। इसके साथ-साथ ये सामुदायिक आन्दोलन में सक्रिय कार्यकर्ता थीं और निर्बाध रूप से लिखना-पढ़ना कर रही थीं।

1970 में इन्होंने 'द ब्लैक वूमन : एन एंथॉलॉजी' का सम्पादन किया। इस एंथॉलॉजी में इन्होंने एक बड़ी भूमिका लिखी साथ ही इस संकलन के लिए तीन आलेख भी लिखे। यह अपनी तरह का अनोखा साहित्यिक कार्य है, इसमें निक्की जिओवानी, पॉले मार्शल, उस समय तक अनजानी एलिस वॉकर, शेर्ली एन विलियम्स तथा एड्रे लोर्डे का काम समाहित है। न केवल उस समय की कम चर्चित लेखिकाओं को इसमें संकलित किया गया है वरन् अश्वेत की परिवार, समाज और समुदाय में भूमिका को रेखांकित करने वाले आलेख भी इसमें रखे गये हैं। भूमिका में बाम्बारा ने अश्वेत स्त्री के समक्ष आने वाली चुनौतियों और उनका सामना करने

की बात लिखी है, यह उनकी विस्तृत आत्मकथात्मक लेखन का एक अंश है। इसी से सम्बन्धित इनका एक आलेख 'ऑन दि इशू ऑफ रोल' भी यहाँ संकलित है। ये प्रश्न उठाती हैं कि श्वेत स्त्री का अश्वेत स्त्री खासकर एफ्रो-अमेरिकन स्त्री के अनुभवों का विशेषज्ञ होना कहाँ तक जायज है। बाम्बारा अपने साहित्य में अश्वेत खासकर अश्वेत स्त्री की अस्मिता को स्थापित करती हैं। 1971 में इन्होंने एक और संकलन 'टेल्स एंड स्टोरीज फॉर ब्लैक फोक्स' तैयार किया। यह मुख्य रूप से मिडिल और हाईस्कूल के बच्चों के लिए था जिसमें एल्बर्ट मर्रे, एलिस वॉकर, लैंगस्टोन हग्स, अर्नेस्ट गेन्स आदि के काम के साथ क्लासिकल फेयरीटेल्स को अफ्रीकन-अमेरिकन नजरिये से पुनर्लेखन करके रखा गया था। ये चाहती थीं कि मौखिक परम्परा, सुनने की कुशलता युवाओं में विकसित हो ताकि वे अपनी मौखिक परंपरा के पति गर्व अनुभव करें और उन कहानियों का महत्त्व जाने जो हमें हमारे बड़े सुनाते हैं क्योंकि ये सत्य होती हैं।

बाम्बारा संकलन का काम करते हुए बराबर कहानियाँ रच रही थीं। उस समय टोनी मॉरीसन रेंडम हाउस में एडीटर थीं और वे अश्वेत साहित्यकारों के काम में विशेष रुचि ले रही थीं, बाम्बारा एक दशक की रची अपनी पांडुलिपि के साथ वहाँ पहुँची। इस तरह इनका अपना पहला कहानी संग्रह 'गोरिल्ला, माई लव' 1972 में प्रकाशित हुआ। इसमें 1959 से 1971 तक की लिखी पन्द्रह कहानियाँ संकलित हैं। यह एक सकारात्मक कार्य है जो अश्वेत अनुभवों को व्याख्यायित करता है। शहर के भीतर के अश्वेत युवा स्वस्थ और मजबूत लोग हैं, वे परिवार को सुरक्षा प्रदान कर सकते हैं। वैसे नहीं जैसा कि अक्सर उन्हें कमजोर, बीमार दिखाया जाता है। ये लोग समाज से कटे हुए लोग नहीं हैं वरन् समाज का महत्त्वपूर्ण हिस्सा हैं और समाज निर्माण में प्रमुख भूमिका निबाहते हैं। ये लोग खुद को समझते और प्यार करते हैं। कहानियाँ किशोरियों के स्वर में हैं। शीर्षक कहानी 'गोरिल्ला, माई लव' एक बच्ची हेजल और एक वयस्क के बीच की कहानी है। कहानियाँ सूचना देने के साथ-साथ मनोरंजन भी करती हैं। 'टॉकिंग बाउट सनी' अश्वेत व्यक्ति पर मुख्य धारा के प्रभाव को विश्लेषित करती है, दिखाती है कि वृहतर समाज के दबाव के कारण सनी अपनी पत्नी की हत्या करता है। 'ब्लूज आयेंट नो मोकिंग बर्ड' में कल्याणकारी संस्था की ओर से भेजा गया फोटोग्राफर एक परिवार को तंग करता है, एक आदमी अपने परिवार को इससे बचाता है। 'द लेसन' एक बहुत सरल-सी कहानी है जो फिफ्थ एवन्यू में गरीब और अमीर बच्चों को दिखाती है जहाँ अमीर द्वारा खरीदे गये एक खिलौने की कीमत से आठ गरीब लोगों का साल भर पेट भर सकता है। अमीरी-गरीबी की खाई समाज में कितनी अन्य समस्याओं को जन्म देती है यह बताने की जरूरत नहीं है। अश्वेत युवा श्वेत व्यक्ति के दुःस्वप्नों से चिपटा

रहता है और इस स्वप्न के तहत गुंडागर्दी करता है यही विषय है इनकी कहानी 'प्लेइंग विथ पोंजॉब', जिसमें पोंजॉब एक श्वेत सामाजिक कार्यकर्ता का पीछा करता है और उसे भगा कर ही दम लेता है। कहानीकार दिखाती है कि समुदाय को ऐसे ही लीडर की आवश्यकता है, वह पोंजॉब को बुरा नहीं दिखाती है। 'टॉकिंग बाउट सनी' दिखाती है कि सनी के कारनामों का जिम्मेदार वृहतर समाज है, उसके दोस्त भी हैं क्योंकि वे जानते हैं मगर उसे रोकने के लिए कुछ नहीं करते हैं। ये व्यक्ति से अधिक उसके समाज को दोषी मानती हैं और आसपास के लोगों को जिम्मेदार ठहराती हैं।

इस संग्रह की कहानी 'माई मैन बोवान' ने बाद में कई संकलनों में स्थान पाया। यह हेजल और उसकी अपने अन्धे पड़ोसी बोवान के प्रति की गयी दया और सहानुभूति की कहानी है। ढंग के कपड़े न पहनने वाली, कुलीन भाषा न बोलने वाली हेजल के विचार उसके शुद्ध इंगलिश बोलने वाले और कपड़ों से टिपटॉप बच्चों एलो, जो ली और टास्क से बहुत भिन्न हैं। सामाजिक दृष्टि से भी वह अनफिट है और उसके व्यवहार से बच्चों को अपने दोस्तों के सामने शर्मिन्दा होना पड़ता है मगर वह अपने आत्मविश्वास और अनोखे चरित्र से बूढ़े पड़ोसी बोवान की सहायता करती है। उसकी भाषा भले ही प्रगतिशील समाज के अनुकूल न हो पर उसका कार्य मानवीय दृष्टि से महत्त्वपूर्ण है। समाज के प्रति उत्तरदायित्व का अनुभव करने वाली हेजल अपने बच्चों की हँसी का पात्र बनती है। कहानी सामाजिक सक्रियता युवाओं की भूमिका का चित्रण करती है। इस संग्रह की अन्य कहानियाँ भी अफ्रो-अमेरिकन मौखिक परम्परा और वाग्मिता को दिखाती हैं। ये जम कर बातचीत की सामान्य शैली और एफ्रो-अमेरिकन संस्कृति की संवृद्धि को अपनाती हैं।

1977 में आया कहानी संग्रह 'द सी बर्ड्स आर स्टिल अलाइव' बाम्बारा की लेखनी की प्रौढ़ता को प्रदर्शित करता है। इसकी कहानियाँ शहरी जीवन, उसके पास-पड़ोस और बढ़ते अपराधों के यथार्थ पर केन्द्रित हैं। इसमें संग्रहित कहानी 'द लांग नाइट' एक अकेली औरत की दहशत को चित्रित करती है। इस औरत के घर में रात को कोई अनजान आदमी घुस आता है और उससे बचने के लिए वह रात भर उसी बाथटब में छिपी रहती है जिसमें नहा रही थी।

1980 में अपने पहले उपन्यास 'द सॉल्ट ईटर्स' के साथ बाम्बारा एफ्रो-अमेरिकन महिला लेखकों में शीर्ष पर गिनी जाने लगीं। यह उपन्यास स्त्री परम्परा का उत्सव है जहाँ वह अपने आप में पूर्ण है, खंडित नहीं जैसा कि माना जाता है। यह वेल्मा हेनरी की दूसरों को शारीरिक और मानसिक रूप से स्वस्थ करने की शक्ति पर केन्द्रित है, जाहिर-सी बात है ऐसे व्यक्ति को पहले खुद स्वस्थ होना है। वह भविष्य

की कठिनाइयों को जानते-समझते यह जिम्मेदारी उठाती है। जॉर्जिया का क्लेबोर्न नामक इनफर्मरी साउथवेस्ट कम्यूनिटी का एक बहुत व्यस्त सेंटर है। यहाँ वेल्मा का पति जेम्स ओबि हेनरी बौद्धिक और सामाजिक कार्यों का सेंटर 'द एकेडमी ऑफ सेवन आर्ट्स' चलाता है। वेल्मा सात लोगों का काम करती हुई संस्था के कार्यों को करती है। उसके पास आध्यात्मिक शक्ति है जिसे वह नकारे रहती है और दाम्पत्य जीवन की समस्याओं से जूझ रही है और हार कर आत्महत्या की कोशिश करती है। उपन्यास की शुरुआत इसी सेंटर से होती है जहाँ वेल्मा एक स्टूल पर बैठी हुई है और मिनी रनसम उसे स्वस्थ करने का प्रयास कर रही है। वह उस पर ध्यान केन्द्रित कर उसे पूर्ण करने में लगी हुई है।

उपन्यास एक आध्यात्मिक स्तर की बात करता है जहाँ से दूसरे जीवन से सम्बन्ध जोड़ा जा सकता है। मिनी के पास दोनों जगत् में आवाजाही की सामर्थ्य है। वह वेल्मा के सामने बैठी है और उसके चारों ओर उसके बारह शिष्य बैठे हैं। कभी वह वेल्मा को शारीरिक रूप से स्पर्श करती है, कभी मानसिक रूप से जहाँ भौतिक दूरी मायने नहीं रखती है। बीच-बीच में मिनी खुद को टेलेपैथिकली चैपल ऑफ द माइंड में जाकर अपनी साइकिक एनर्जी रीचार्ज करती है। बाम्बारा अमेरिकन, अफ्रीकन और एफ्रो-अमेरिकन कथा-कहन परम्पराओं का मिश्रण कर अपनी बात कहती हैं। दक्षिण के स्पेलमैन कॉलेज में पढ़ाने के दौरान इन्होंने 'द सॉल्ट ईटर्स' लिखा। पहले इनकी गाइडिंग स्पिरिट, अशरीरी अनुभव, टेलेपैथिक दृष्टि आदि को गम्भीरता से नहीं लिया गया पर ये बातें सामान्य अनुभूति का अंग हैं और जन में इनका प्रचार-प्रसार है, प्रारम्भ से लोग ऐसे अनुभवों से गुजरते रहे हैं अतः इस उपन्यास की गहराई को मान्यता मिली।

'दोज बोन्स आर नॉट माई चाइल्ड' उपन्यास की थीम गैंडोलिन ब्रूक्स की कहानी 'इन द मक्का' से मिलती-जुलती है, फर्क यह है कि 'दोज बोन्स आर नॉट माई चाइल्ड' ऐतिहासिक घटना पर आधारित है जबकि 'इन द मक्का' एक काल्पनिक कहानी है। इस उपन्यास के लिए जब बाम्बारा शोध और खोज कर रही थी इन पर हमला हुआ और इन्हें धमकियाँ मिलीं। बारह साल की मेहनत से स्पेन्सर परिवार की अपने बेटे सन्डियाटा संक्षेप में सनी की खोज की कहानी पूरी हुई। एक साल लगा स्पेन्सर परिवार को अपना बेटा खोजने में और जब वह मिला तो बुरी तरह से घायल और भ्रमित था। कैसे परिवार खुद को सँभालता है यह भी यह उपन्यास दिखाता है। एक समय था जब अस्सी के दशक में अटलांटा में बच्चों का अपहरण और उनकी हत्या का एक खौफनाक दौर चला था। नस्लवाद से उपजे इस अपराध ने अकी लोगों को तबाह कर दिया। उपन्यास इन्हीं बातों का मार्मिक और मजबूत चित्रण है। मक्का की तरह यहाँ भी एक माँ अपने बच्चे की खोज में पड़ोसियों,

पुलिस सबका दरवाजा खटखटाती है, यहाँ भी उसका संकुचित और तरह-तरह के नजरिये के लोगों से पाला पड़ता है। मजाला रॉल्स स्पेन्सर को सरकारी तन्त्र के केस उलझाने, लोगों की असंवेदनशीलता का सामना करना पड़ता है।

बाम्बारा 1973 में क्यूबा और 1975 में वियतनाम की यात्रा पर गयी जिससे उनके ज्ञान का विस्तार हुआ। इन्होंने देखा कि दुनिया के सब देशों में स्त्री शोषित है, नतीजा हुआ 'द सी बड्र्स आर स्टिल अलाइव'। ये स्वयं को सामाजिक उत्थान में एक सक्रिय कार्यकर्ता तो मानती ही हैं, साथ-ही-साथ एक टीचर, एक काउंसलर की भूमिका भी अदा करती हैं। साठ के दशक में इन्होंने अश्वेत स्त्रियों की चेतना जाग्रत करने के लिए शिक्षण एवं कई अन्य कार्यक्रमों में भाग लिया। रुटगर्स स्टेट यूनिवर्सिटी में शिक्षण कार्य किया। अश्वेत स्वतन्त्रता संघर्ष में इन्होंने जम कर भाग लिया, इस समय इन्होंने अनुभव किया कि इस संघर्ष में स्त्रियाँ भाग ले रही हैं मगर उन्हें महत्त्व नहीं दिया जा रहा है और न ही उनके महत्त्व की बातों पर ध्यान दिया जा रहा है। चाहे श्वेत-अश्वेत पुरुष हों अथवा श्वेत स्त्रियाँ किसी का ध्यान अश्वेत स्त्री की समस्याओं पर नहीं है। ये लोग अश्वेत स्त्री की समस्याओं को समझने में नाकाम हैं। ये लोग अश्वेत स्त्री को अपनी जरूरतों और संकुचित नजरिये से देखते हैं जो सही नहीं है, उसे एक मनुष्य का दर्जा मिलना चाहिए। इन्हें श्वेत स्त्रियों से लगाव था मगर यह कहने में कोई संकोच नहीं था कि ये स्त्रियाँ अश्वेत स्त्री की स्थिति की सटीक कल्पना नहीं कर सकती हैं और आन्दोलन के दौरान इनकी वरीयताएँ भिन्न थीं।

बाम्बारा साहित्य और सामाजिक कार्यों पर ही नहीं रुक गयीं। इन्होंने फिल्म लाइन पर भी हाथ आजमाया और सफल रहीं। कई डॉक्यूमेंट्री फिल्म में से सर्वाधिक प्रसिद्ध हुई 'द बमिंग ऑन ओसाग एवन्यू' जो एफ्रो-अमेरिकन एक्टिविस्ट समूह पर वेस्ट फिलाडेलफिया पुलिस द्वारा की गयी बमवर्षा को दिखाती है। इसी तरह अमीरी बराका, थुलानी डेविस और वेस्ली ब्राउन के साथ बनायी गयी बोइस की जीवनी 'डूब्ल्यू. ई. बी. ड्यु बोइस : ए बायोग्राफी इन फोर व्याइज्स'। टोनी मॉरीसन के 'टार बेबी' का स्क्रीनप्ले लिखा तथा अन्य कई फिल्मों के लिए काम किया।

बीसवीं सदी के आठवें दशक में ये अपनी बेटी के साथ फिलाडेलफिया के पेन्सिलवेनिया में बस गयी और वहीं से सामाजिक और लेखन कार्य करती रहीं। इनकी मृत्यु कोलन के कैंसर से हुई। बहुत सारा काम अधूरा था जब 1995 में 9 दिसम्बर को इनकी मृत्यु हुई। भला हो टोनी मॉरीसन का जिन्होंने एडिटोरियल निर्देशन दे कर 'डीप साइटिंग्स' तथा 'रेस्क्यू मिशन्स' एक साल के भीतर 1996 में प्रकाशित करवाया। इनमें बाम्बारा के साक्षात्कार, आलेख, फिल्म और छह अप्रकाशित कहानियाँ हैं।

ऐन्जला डेविस (Angela Davis)

ऐन्जला डेविस अमेरिकी साहित्य और सामाजिक-राजनीतिक सक्रियता में एक जाना-पहचाना नाम है। इन्होंने जो भोगा उसे लिखा। ये स्वयं साठ के दशक में अश्वेत स्वतन्त्रता आन्दोलन में खूब सक्रिय थी। अलाबामा के बिर्मिंघम में 26 जनवरी, 1944 को जन्मी ऐन्जला डेविस की आत्मकथा 'ऐन्जला डेविस : एन ऑटोबायोग्राफी' बीसवीं सदी में अश्वेत चेतना के विकसित होने का एक नायाब नमूना है। इनकी दूसरी किताबों के शीर्षक 'इफ दे कम इन द मॉर्निंग', 'वीमेन, रेस एंड क्लास', 'वीमेन, क्लचर एंड पोलिटिक्स', 'ब्लू लेगेसीज एंड ब्लैक फेमीनिज्म : गट्रुड', 'माँ', 'रैनी', 'बेस्सी स्मिथ एंड बिल होलीडे' भी इनके नजरिये को स्पष्ट करते हैं।

एंजेला के माता-पिता अलाबामा में स्कूलटीचर थे, माँ का नाम सेली ई. डेविस तथा पिता का नाम बी. फ्रैंक था। इन्होंने बचपन से अपने आस-पास अन्याय होते और लोगों को उससे लड़ते देखा था क्योंकि वे सिविल राइट्स मूवमेंट के दौरान बड़ी हुई। काफी शुरुआत में ही इनका परिचय कम्यूनिज्म से हो गया, इनके माता-पिता के मित्र कम्युनिस्ट पार्टी के सदस्य थे। 1968 में इन्होंने पार्टी की सदस्यता ले ली। इसके तत्काल बाद ये ब्लैक पैंथर पार्टी से भी जुड़ गयी। लेखक, वक्ता और राजनीतिक कार्यकर्ता के रूप में इनकी पहचान है। इन्होंने ब्रेंडेइज, सोरबोन, कैलीफोर्निया तथा गोथे विश्वविद्यालय से शिक्षा ग्रहण की।

1969 से ये लॉस एन्जेल्स में यूनिवर्सिटी ऑफ कैलीफोर्निया में पढ़ाने लगीं लेकिन इनकी राजनीतिक गतिविधियों के कारण जल्द ही इन्हें विश्वविद्यालय से निकाल दिया गया। ये चुप नहीं बैठीं, कोर्ट केस हुआ। कोर्ट ने इनके पक्ष में फैसला दिया क्योंकि इनके पढ़ाने और अन्य दायित्वों में कोई त्रुटि नहीं पायी गयी। इसके बावजूद विश्वविद्यालय ने इनका करारनामा बनाने से इनकार कर दिया। 1972 में जब फिर प्रयास हुआ तो फिर इन्हें नहीं लिया गया। इस सारे समय ये अपने सामाजिक और राजनीतिक कार्यक्रमों में सक्रिय भूमिका निभाती रहीं। ये सत्ता से लड़ रही थीं, पुलिस की क्रूरता, खासकर अश्वेत लोगों के प्रति पुलिस की क्रूरता के खिलाफ इनका अभियान था। सोलडेड जेल में तीन अश्वेत कैदियों पर एक श्वेत गार्ड की हत्या का आरोप था, अश्वेत कार्यकर्ताओं का विश्वास था कि इन कैदियों को बेबुनियाद फँसाया गया है। डेविस ने जेल में कुव्यवस्था और खासकर अश्वेत कैदियों के साथ होने वाले दुर्व्यवहार के विरोध में भाषण देना शुरू किया और इसी तर्क के आधार पर विश्वविद्यालय के अधिकारियों ने इन्हें काम से निकाल दिया। कैदी जॉर्ज जैक्सन से डेविस का पत्राचार था, जब डेविस को जान से मारने की धमकियाँ मिलने लगीं तो जॉर्ज के भाई जोनाथन जैक्सन ने डेविस की सुरक्षा का भार लिया और इस हेतु उसने डेविस की रजिस्टर्ड बन्दूकों से एक आदमी को कोर्ट

से मुकदमे के दौरान भागने में सहायता दी। जैक्सन ने तीन कैदियों को असला थमाया, ये गवाही देने आये थे। जैक्सन और तीनों कैदियों ने पाँच लोगों को बन्दी बनाया और एक वैन में ले जाने लगे, पुलिस ने गोलियाँ चलायी जिसमें एक जज और दो कैदी तथा जैक्सन खुद मारा गया। असला डेविस के नाम था अतः इन पर हत्या, अपहरण और षड्यंत्र का अभियोग लगा।

डेविस भूमिगत हो गयी, पुलिस को दो महीने तक चकमा देती रही, एफबीआई की 'टेन मोस्ट वांटेड' सूची में डेविस का नाम था। उस समय बहुत सारे लोगों की सहानुभूति इनके साथ थी। पकड़ी जाकर इन्होंने सत्रह महीने जेल काटी, ट्रायल शुरू होने के मात्र पाँच दिन पूर्व एक श्वेत किसान ने इनकी जमानत दी। इस पूरे प्रकरण को खूब ख्याति मिली और राष्ट्रीय-अन्तरराष्ट्रीय स्तर पर अश्वेत समुदाय, कम्युनिस्ट पार्टी और सक्रिय कार्यकर्ताओं के पक्ष में काफी समर्थन जुटा। जो फंड जमा हुआ उसे डेविस के जोर देने पर 'नेशनल यूनाइटेड कमिटी टू फ्री एंजेला डेविस एंड ऑल पोलिटिकल प्रिजनर्स' नाम दिया गया। इस सारे समय ये देख रहीं थी कि न्याय व्यवस्था अश्वेत के पक्ष में न केवल असफल रहती है वरन् उस पर बुरी तरह अत्याचार भी करती है।

इनका लेखन आन्दोलन में इनकी सक्रियता का प्रतिफल है। बीसवीं सदी के साठ और सत्तर के दशक में अमेरिका अश्वेत सक्रियता से डोल रहा था। नित नयी घटनाएँ हो रही थीं, अश्वेत चेतना जाग उठी थी, साहित्यकार, कलाकार, गायक सब मिल कर अपनी आवाज उठा रहे थे। श्वेत दमनचक्र भी सक्रिय था और अपनी पूरी ताकत से इस आन्दोलन को दबाने का प्रयास कर रहा था मगर जनता एक बार जाग जाए तो उसे दबा सकना आसान नहीं है और इस बार जीत होनी थी दमित, शोषित लोगों की क्योंकि उनकी चेतना जाग्रत हो चुकी थी। ऐन्जला डेविस इसी आन्दोलन से प्राप्त अनुभवों को अपनी रचना का बायस बनाती है। ये गरीब तबके की एफ्रो-अमेरिकन स्त्रियों-पुरुषों के साथ हो रहे अन्याय के खिलाफ आवाज उठाती है। नस्लगत, लिंगगत और आर्थिक गैरबराबरी का एफ्रो-अमेरिकन के विकास पर क्या प्रभाव पड़ा है यही इनके लेखन का मुख्य विषय है।

खुद ऐन्जला ने बचपन से नस्लगत भेदभाव को भोगा था। उस समय दक्षिण का बिर्मिंघम नस्लीय भेदभाव का एक प्रमुख गढ़ था इसी के तहत इनकी अश्वेत चेतना का विकास हुआ। अक्सर अश्वेत बच्चे अमेरिका में श्वेत मूल्यों को लेकर बड़े होते हैं और खुद को श्वेत नजरिये से देखते हैं मगर ऐन्जला का नजरिया बिल्कुल भिन्न था। वह बचपन से अपने आसपास श्वेत लोगों को सुख-सुविधाओं और विशिष्ट जीवन जीते देख रही थी फिर भी कभी श्वेत बनने की ख्वाहिश नहीं रखती थी।

इनकी शिक्षा विभिन्न स्थानों पर हुई, पहले न्यूयॉर्क के एलिजाबेथ इरविंग हाई

स्कूल, फिर ब्रैन्डिस यूनिवर्सिटी, पेरिस का सोर्बोन और फिर यूनिवर्सिटी ऑफ फ्रैंकफर्ट और अन्त में सैन डियागो की यूनिवर्सिटी ऑफ कैलीफोर्निया। ये इसके बाद यूनिवर्सिटी ऑफ कैलीफोर्निया में पढ़ाने लगीं। फिलॉसॉफी पढ़ कर मार्क्स के विचारों से इतनी प्रभावित हुईं कि इन्हें लगने लगा यदि दुनिया से असमानता, गरीबी और भेदभाव मिटाना है तो इसका एकमात्र साधन कार्ल मार्क्स की राह पर चल कर ही हो सकता है। 1968 में ये आधिकारिक तौर पर कम्युनिस्ट पार्टी में शामिल हो गयी। भला अमेरिकी सरकार इस बात को कैसे सहन करती तत्काल इन्हें इसकी सजा मिली, शिक्षण कार्य से बर्खास्त कर दिया गया, मुकदमा चला। ऐन्जला डेविस भी एक ही है, इसने केस लड़ा और चार्ज से बरी हुई, इतना ही नहीं इनकी फिर से शिक्षण के लिए बहाली हुई। यह सब हुआ 1969 में। दबंग कैसे सहन करते किसी अश्वेत का सिर उठा कर जीना। 1970 में ये एफ बी आई की मोस्ट वान्टेड लिस्ट पर थीं। इन्हें गिरफ्तार करके इन पर अपहरण और हत्या का मुकदमा चला, जेल में कई महीने काटने पड़े। अन्ततः 1972 में इन्हें बरी कर दिया गया। इनकी गलती थी कि ये बौद्धिक रूप से अश्वेत चेतना के लिए काम कर रही थीं और अश्वेत स्वतन्त्रता आन्दोलन में सक्रिय थीं। अपनी इन्हीं गतिविधियों के कारण ये सरकार की आँख की किरकिरी बनी हुई थीं।

डेविस ने अश्वेत लोगों को प्रेरणा दी, वे वहीं नहीं रुकीं उनके अनुसार वे और अधिक लोगों अश्वेत, भूरे, लाल, पीले और श्वेत लोगों को प्रेरित करने की, उनके बढ़ते हुए समुदाय के संघर्ष में साथ देने की आशा करती हैं। उन्होंने झूठे इल्जाम के तहत जेल में रहते हुए अपना प्रसिद्ध लेख 'रिफलेक्शंस ऑन द ब्लैक वूमंस रोल इन द कम्यूनिटी ऑफ स्लेव्स' लिखा था। उन पर उस समय षड्यन्त्र और हत्या का आरोप था जो सिद्ध न हो सका और उन्हें 1972 में रिहा कर दिया गया था। डेविस ने शिक्षा, अन्याय, जेल सुधार, कल्याणकारी योजनाओं, स्त्री स्वातन्त्र्य, निरस्त्रीकरण और विश्व शान्ति के लिए सदा आवाज उठायी।

इनका प्रारम्भिक लेखन नस्ल दमन सिस्टम के भीतर एक सकारात्मक अफ्रो-अमेरिकन चेतना को स्थापित करने का प्रयास है। इसके केन्द्र में अफ्रो-अमेरिकन कठिनाइयाँ हैं। अफ्रो-अमेरिकन अस्मिता जगाना, राजनीतिक चेतना जगाना है। वे अपनी आत्मकथा 'एंजेला डेविस : एन ऑटोबॉयोग्राफी' में निजी अनुभवों को व्यक्त करते हुए बताती हैं कि कैसे कानून और दंड की धाराएँ अफ्रो-अमेरिकन समुदाय और उसकी राजनीतिक अभिव्यक्ति का दमन करती हैं। यही वे 'इफ दे कम इन द मॉर्निंग : व्यॉजेज ऑफ रेजिस्टेंस' करती हैं। लिंग और नस्ल विभेद वाले समुदाय में एक अश्वेत स्त्री होना क्या मायने रखता है यह जानने के लिए उनकी आत्मकथा पढ़ना काफी होगा। इसी मुद्दे को वे और वृहतर परिपेक्ष्य में स्त्री आन्दोलन के सन्दर्भ

में उठाती हैं। वे अफ्रो-अमेरिकन स्त्रियों के अनुभव को स्वर देती हैं। उनके आलोचकों के अनुसार वे सारी बातों को मार्क्सवादी चश्मे से देखती हैं अतः उनका निजी नजरिया दबा रह जाता है।

उनका बचपन अलाबामा के बिर्मिंघम में बीता जहाँ का समाज नस्ल की दृष्टि से पूरी तौर पर बँटा हुआ था। उन्होंने शुरू से अपनी पहचान बनाने का संघर्ष किया। वे 'डायनामाइट हिल' पर बड़ी हुईं, इस स्थान को यह नाम इसलिए मिला क्योंकि यहाँ लगातार अश्वेत लोगों के घर पर बम फूटते रहते थे। एक बच्चे के रूप में उन्होंने अश्वेत होने का खतरा झेला था, जाना था कि समान अधिकार की आवाज उठाने के लिए लड़ना होगा। अश्वेत स्वतन्त्रता आन्दोलन के समय उन्होंने जो अनुभव किया, खासकर अफ्रो-अमेरिकन स्त्री की आवाज कैसे घोंट दी जाती थी इसका भान उन्हें हुआ। उनका झुकाव मार्क्सवाद की ओर है, वे सोचती हैं कि सारे दमन को कम्युनज्म के द्वारा समाप्त किया जा सकता है। ये कम्युनिस्ट पार्टी की एक जानी-मानी सदस्य हैं, इस सदस्यता के कारण उन्हें 1970 में अपना शिक्षण कार्य खोना पड़ा। न केवल नौकरी गयी वरन् ब्लैक पैंथर पार्टी में सक्रिय होने के कारण जेल भी जाना पड़ा। इसी समय जेल में रहते हुए इन्होंने 'इफ दे कम इन द मॉर्निंग : व्यॉजेज ऑफ रेजिस्टेंस' लिखा। न केवल इन्होंने लेखन किया वरन् बलात्कार के विरुद्ध बोलना भी शुरू किया। इसी समय बलात्कार विरोधी आन्दोलन प्रारम्भ हुआ। ये सामाजिक कार्यकर्ता के रूप में प्रसिद्ध हो गयीं। रेडीकल फेमिनिस्ट संगठन इतिहास में पहली बार स्त्रियों को ऐसा मंच प्रदान कर रहा था जहाँ खड़ी हो कर वे जनता के बीच बलात्कार के अपने निजी दिल दहला देने वाले अनुभव बता रही थीं।

प्रसिद्ध साहित्यिक कृति अपनी आत्मकथा में डेविस एक अफ्रो-अमेरिकन और नारीवादी राजनीतिक कार्यकर्ता के रूप में अपने विकास का चित्रण करती हैं। कैसे नस्लवादी संस्थागत शक्तियों ने एक अफ्रो-अमेरिकन के रूप में उनकी चेतना को ढाला और उन्हें इसका हल राजनीति में खोजने को बाध्य किया। डेविस यह भी बताती हैं कि पुरुष वर्चस्व वाले आन्दोलन में स्त्री के सामने कौन-कौन-सी चुनौतियाँ आती हैं। उसे नस्लवाद और लिंगवाद दोनों से लड़ना होता है।

अधिकांश आत्मकथाओं की भाँति डेविस की आत्मकथा उनके जन्म के साथ नहीं बल्कि कैलीफोर्निया के कानूनी अधिकारियों से लड़ने से शुरू होती है। उन पर हत्या, अपहरण और कैलीफोर्निया कोर्टहाउस से भाग निकलने के असफल प्रयास जैसे तमाम आरोप लगे थे। श्वेत समाज में एक अश्वेत महिला के अपने अस्तित्व को बनाये-बचाये रखने की भयंकर समस्याओं की दारुण यन्त्रणा उन्होंने भोगी और संघर्ष करते हुए हार न मानते हुए इसे बनाया और कायम रखा। रचनाकार के

दृष्टिकोण से उनके विरुद्ध जो आरोप थे वे इसलिए थे क्योंकि वे सिस्टम को बदलने के लिए संघर्ष कर रही थीं और सिस्टम उन्हें नष्ट करने पर तुला हुआ था। जब वे पकड़ी गयीं और ट्रायल के लिए इन्तजार करने के अन्तराल में जेल में रखी गयी तो उन्होंने देखा कि जेल अधिकारी निरन्तर कैदियों के दिमाग को नियन्त्रित करने के उपाय में लगे रहते हैं इसके लिए वे उनका तरह-तरह से अपमान करते हैं और बेतुके नियमों का पालन करवाते हैं। वे विस्तार से बताती हैं कि जेल में उनके मूल अधिकारों का पूर्ण रूप से हनन किया गया। अन्तत उन्हें रिहा किया गया। इस फैसले को वे न्याय व्यवस्था को उचित ठहराना नहीं मानती हैं बल्कि नस्लगत दमन की लड़ाई के राजनीतिक प्रयास के औचित्य रूप में देखती हैं। रिहा होने के बाद डेविस चुप नहीं बैठीं। उन्होंने अपना संघर्ष जारी रखा। अब वे अश्वेत कैदियों के हक के लिए लड़ रही थीं। उन कैदियों के लिए जो अपनी नस्ल के कारण राजनीतिक कैदी के रूप में जेल में थे। 1971 में आयी उनकी किताब 'इफ दे कम इन द मॉर्निंग : व्यॉयजेज ऑफ अर्जिस्टेंस' में उनके पहले के आलेख संकलित हैं। इसमें अधिकतर लेखों की विषय वस्तु कम्युनिस्ट सिद्धान्तों के इनके विश्वासों से सम्बन्धित हैं। ये अश्वेत स्वतन्त्रता और कम्युनिस्ट पार्टी के विचारों में निकट का सम्बन्ध देखती हैं। इनके जेल जाने और वहाँ से रिहा होने के दौरान जो आन्दोलन चला उसका उपयोग करते हुए इन्होंने 'नेशनल एलायंस अगेंस्ट रेसिस्ट एंड पोलिटिकल रिप्रेशन' नामक एक संस्था खड़ी की। इनका मानना है कि श्वेत पूँजीपति हैं और अश्वेत वर्किंग क्लास से आता है अतः श्वेत अश्वेतों का दमन करते हैं और संघर्ष के द्वारा मुक्ति सम्भव है।

चूँकि वे राजनीतिक मसलों पर अधिक ध्यान देती हैं अतः कुछ आलोचकों के अनुसार वे अपनी आत्मकथा में बहुत ईमानदार नहीं रह पायी हैं और अपने अनुभवों की बहुत गहराई में भी नहीं जा सकी हैं। इसके साथ बहुत सारे आलोचक यह स्वीकारते हैं कि इन कमियों के बावजूद डेविस की आत्मकथा दमन के खिलाफ संघर्ष करती एक अश्वेत स्त्री की एक बहुत मजबूत छवि कायम करती है। वे खुद इसमें स्वीकार करती हैं कि यह एक राजनीतिक आत्मकथा है, जो उन लोगों, उन घटनाओं और शक्तियों को रेखांकित करती है जिनके कारण वे अपनी वर्तमान अवस्था में हैं। जिन लोगों, घटनाओं और शक्तियों ने मिल कर उनका निर्माण किया है, उन्हें समुदाय के प्रति उत्तरदाई बनाया है, उन सबका लेखा-जोखा यहाँ है। 1982 में आयी किताब 'वूमन, रेस, एंड क्लास' में भी एंजेला डेविस संघर्ष को चित्रित करती हैं लेकिन साथ ही ये इसमें उन्नीसवीं सदी श्वेत और अश्वेत स्त्री द्वारा विभिन्न राहों पर जाने के ऐतिहासिक कारणों की खोज करती हैं। बीसवीं सदी के सत्तर के दशक के संघर्ष में नस्ल, रंग, लिंग की भूमिका तलाशती हैं। यही लिंग, नस्ल और वर्ग की

भूमिका तलाशने का काम वे 1989 में प्रकाशित अपनी किताब 'वूमन, कल्चर, एंड पोलिटिक्स' में भी करती हैं। इसमें मुख्य रूप से उनके अस्सी के दशक के भाषण संकलित हैं। 'वॉयलेंस अगेंस्ट वूमन एंड दि ओनगोइंग चैलेंज टू रेसिज्म' में स्त्री पर नस्ल के अन्तरगत होने वाली हिंसा को अपना विषय बनाया है।

एंजेला डेविस ने लिखने के अलावा शिक्षण कार्य किया वे कई साल सैन फ्रांसिस्को स्टेट यूनिवर्सिटी में पढ़ाती रहीं। अपने भाषणों के लिए वे अन्तरराष्ट्रीय स्तर पर प्रसिद्ध हैं। 1980 और 1984 में डेविस ने कम्युनिस्ट पार्टी के टिकट पर चुनाव लड़ा। 1992 से ये सांता क्रूज की यूनिवर्सिटी ऑफ कैलीफोर्निया में शिक्षण करने लगीं और 1995 में इनकी नियुक्ति प्रेसीडेंसियल चेयर पर हुई। आज भी डेविस शोषित-दमित लोगों के उद्धार के लिए काम करती हैं। जिओवानी ने उनके सम्मान में 'पोयम ऑफ एंजेला य्वोन डेविस' नाम से कविता लिखी है।

बेब मूर कैम्पबेल (Bebe Moore Campbell)

फिलाडेलफिया के पेन्सिलवेनिया में 1950 में बेब मूर कैम्पबेल का जन्म हुआ। इस इकलौती बच्ची का बचपन बड़ी अजीब स्थिति में बीता। गर्मी के मौसम को छोड़ कर साल भर बच्ची स्कूल जाते वक्त अपनी माँ डोरिस के साथ रहती और गर्मियाँ नॉर्थ केरोलीना में अपने पिता जॉर्ज मूर के साथ बिताती। गर्मियों की छुट्टियों में दक्षिण का प्रत्यक्ष नस्ल भेदभाव, बाकी समय परोक्ष भेदभाव देखने का मौका मिलता। इसके साथ-साथ यह संवेदनशील बच्ची स्त्री-पुरुष का भेदभाव भी देख रही थी। अपने लेखक बनने का श्रेय ये अपने माता-पिता दोनों को देती हैं। भला क्यों न दें, माँ एक कुशल कहानी कहने वाली थी। माँ के पास दो-दो मास्टर्स डिग्रियाँ थीं—एक समाजशास्त्र में और दूसरी सोशल वर्क में। जबकि इनके पिता कठिन परिश्रमी व्यक्ति थे, लेकिन एक कार दुर्घटना में लकवाग्रस्त हो गये। जब पिता का एक्सीडेंट हुआ कैम्पबेल मात्र दस माह की थीं। बाद में जब ये 1977 में वाशिंगटन, डी. सी, में रह कर लेखिका के रूप में स्थापित होने का प्रयास कर रही थीं इनके पिता का एक और कार एक्सीडेंट हुआ, इस बार की दुर्घटना जानलेवा थी। इस दुःखद अनुभव का फल हुआ 'स्वीट समर : ग्रोइंग अप विथ एंड विदाउट माई डैड', दोनों दुनियाओं में जमीन-आसमान का अन्तर है। यह संस्मरण दिखाता है कि एक अश्वेत पिता अपनी बेटी के जीवन में क्या स्थान रखता है। एक स्त्री के अनुभव इनके लेखन की पूँजी हैं। स्त्री खास कर अश्वेत स्त्री अपनी आवाज कैसे वृहतर समाज तक पहुँचाए, खुद को कैसे सामाजिक-आर्थिक रूप से स्थापित करे, कैसे पुरुष सत्तात्मक समाज में अपने लिए स्थान बनाए इन्हीं चिन्ताओं को लेकर कैम्पबेल का लेखन चलता है।

कैम्पबेल का अपना जीवन अच्छा रहा। पहला विवाह तलाक से समाप्त हुआ,

इस विवाह से इनकी बेटी माइया है। बाद में इन्होंने एक बैंकर और एक बेटे के पिता एलिस गोर्डन, जूनियर से विवाह किया और लॉस एंजेल्स में रहने लगीं। घटनाओं, कहानियों और लेखन का महत्त्व प्रत्यक्ष था जिससे प्रेरित हो कर कैम्पबेल अपने पिता को कहानियाँ लिख भेजती जिसका तत्काल उत्तर मिलता। तीसरी कक्षा में पहुँचते-न-पहुँचते ये जान गयी कि कुछ और नहीं लेखक ही बनना है। लेकिन जब माँ ने एफ्रो-अमेरिकन की लिखी एक किताब दी तो लिखना पक्का हो गया।

फिलाडेलफिया हाई स्कूल से 1968 में पास करके कैम्पबेल ने यूनिवर्सिटी ऑफ पिट्सबर्ग से एलिमेंट्री एजुकेशन में बैचलर की डिग्री ली। 1972 से 1976 तक पाँच साल शिक्षण कार्य किया फिर प्रसिद्ध एफ्रो-अमेरिकन लेखिका टोनी सेड बाम्बारा की अध्यक्षता में चलने वाली एक राइटिंग क्लास में नाम लिखाया। यहाँ आकर ये बिल्कुल बदल गयी और पूरी तौर पर लेखिका बन गयी। 'एसेंस', 'वाशिंगटन पोस्ट', 'ब्लैक एंटरप्राइज' जैसी पत्रिकाओं में दस साल तक लिखा। इसके बाद 1986 में इनकी पहली किताब 'सक्सेसफुल वीमेन, एंग्री मैन : ब्लैकलैश इन द टू-करियर मैरेज' प्रकाशित हुई। इसमें इन्होंने एक सौ जोड़ों का साक्षात्कार लिया और कामकाजी औरतों का घर, परिवार और पति से सम्बन्ध विश्लेषित किया।

जल्द ही लिखने की सामग्री भी हाथ लग गयी। 1955 में शिकागो के एक अश्वेत किशोर एमेट टिल की हत्या हुई, कारण था वह एक श्वेत स्त्री से बात कर रहा था। माया एंजेलो अपनी आत्मकथा 'आई नो व्हाई द केज्ड बर्ड सिंग्स' में बताती हैं कि उनका भाई एक ऐसी ही हत्या से मिले शव को देख कर सदा के लिए बदल गया था। एमेट टिल की हत्या से एफ्रो-अमेरिकन समाज में हलचल मच गयी थी, हत्यारा कभी पकड़ा नहीं गया। दो श्वेत आदमियों ने हत्या की थी, बाद में पकड़ कर भी उन्हें छोड़ दिया गया जबकि उनमें से एक टिल को मारने की बात छाती ठोंक-ठोंक कर कह रहा था। बच्ची कैम्पबेल इन हलचलों को देख-सुन रही थी। संवेदनशील लड़की को लगता कि वह इस अभागे लड़के को जानती है और इसी का परिणाम हुआ 'योर ब्लूज आयेंट लाइक माइन'। 1992 में प्रकाशित उपन्यास में कई प्रकार के चरित्र उकेरे गये हैं। उपन्यास में आर्मस्ट्रॉग टोड की हत्या के बाद एक श्वेत और एक अश्वेत, दो परिवारों में तूफान आ जाता है। पन्द्रह साल का टोड अपनी दादी के यहाँ मिसीसिपी में गर्मियाँ बिताने गया है। शिकागो से आये टोड को दक्षिण की सामाजिक रीतियों का ज्ञान नहीं है। वह एक श्वेत स्त्री लिली कोक्स से बात करता पाया जाता है तो लिली का पति फ्लोयड उसकी हत्या कर देता है। बाद में लिली को मालूम होता है कि उसके पति ने उसकी रक्षा के लिए नहीं बल्कि अपने पिता को खुश करने के लिए टोड की हत्या की थी। इस बात से वह अपनी पत्नी की भूमिका को फिर से सोचती-विचारती है अब तक वह एक पत्नी के रूप में पति के सामने निरीह गाय की तरह थी लेकिन इस बात

की जानकारी होते ही उसकी चेतना सिर उठाती है। नयी भूमिका में वह परम्परा से सिखाये पत्नी के रूप को अस्वीकार कर पति से जवाब-तलब के लिए उठ खड़ी होती है, इस नयी भूमिका के निर्मित होने में उसकी बेटी डोरीन सहायक है वह नये जमाने की लड़की है और पिता के कामों तथा विचारों का अपने तर्क से सदा सामना करती है। डोरीन को लगता है कि उसकी माँ की सुरक्षा आर्मस्ट्रॉग से अधिक उसके पिता से आवश्यक है।

दूसरी ओर शिकागो में टोड के माता-पिता को अपने बेटे की हत्या से अपराधबोध घेरे हुए है, उन्हें अफसोस है कि वे अपने बेटे की जान न बचा सके। माँ डेलोथा इसी अनुभूति के तहत एक और बेटा पैदा करना चाहती है जो टोड का स्थान लेगा और जिसकी वह गोरों से रक्षा करेगी। जबकि पिता वेडेल फिर से पिता बनने को राजी नहीं है। उसे लगता है कि दूसरे बच्चे का भाग्य भी ऐसा ही हो सकता है। मगर उनके यहाँ एक और बेटा पैदा होता है। अफसोस यह बच्चा श्वेत लोगों से बच जाता है मगर शिकागो की गलियों में खो जाता है। उपन्यास के अन्त में दोनों परिवारों की समानता दिखाई देती है। कैम्पबेल के अनुसार दुःख तो दुःख होता है, सारे मनुष्यों का एक जैसा। उनका दिया शीर्षक एक विडम्बना है।

कैम्पबेल अपने आसपास के वातावरण का गहराई से निरीक्षण करती और घटनाओं को अपने लेखन में पिरोती। 1992 में लॉस एंजेल्स में श्वेत पुलिस ने एक अफ्रो-अमेरिकन मोटरचालक रोडनी किंग को पीट-पीट कर मार डाला। किसी ने इस दिल दहला देने वाली पूरी घटना की वीडियो रिकॉर्डिंग कर ली फिर भी पुलिस को दोषी नहीं ठहराया गया, फलस्वरूप दंगे हो गये। इसी रोंगटे खड़े करने वाली घटना पर दो साल बाद कैम्पबेल ने 'ब्रदर्स एंड सिस्टर्स' लिखा जिसमें एक अफ्रो-अमेरिकन और एक श्वेत स्त्री के सम्बन्धों को दिखाया गया है कि कैसे नस्ल लोगों के रिश्तों को प्रभावित करती है। जब शहर जल रहा था और नस्लीय शोले भड़क रहे थे उस समय एंजल सिटी बैंक की मैनेजर एस्थर जैक्सन अपने जीवन में चल रहे नस्लीय तनाव को झेल रही थी। उसकी सहकर्मी मैलोरी ने उनके एफ्रो-अमेरिकन सुपरवाइजर हम्फ्री बून पर यौन शोषण का आरोप लगाया। एस्थर को समझ नहीं आता है कि वह अपनी सहकर्मी का साथ दे अथवा अपनी नस्ल के प्रति वफादार रहे। यौन शोषण का कोई सबूत न था और मैलोरी की नजर में सारे अश्वेत पुरुष खराब थे, और सारी श्वेत स्त्रियाँ उनकी शिकार थीं। कैम्पबेल दिखाती हैं कि यह एक बड़ी साजिश है कि जब भी कोई स्त्री—काली अथवा गोरी कॉरपोरेट जगत् में आगे बढ़ने का प्रयास करती है तो उसका यही हश्र होता है। स्त्री का स्त्री से एक यह सम्बन्ध बनता है कि वह उसकी हर हाल में दूसरी स्त्री की सहायता करे। एस्थर की इन्हीं उलझनों के माध्यम से उपन्यास 'ब्रदर्स एंड सिस्टर्स' कई प्रश्न खड़े करता है। न केवल

अश्वेत स्त्री अमेरिका में दुर्व्यवहार का शिकार है, पुरुष भी इसे भोगता है। जब बैंक से रकम चोरी होती है तो बिना किसी सबूत के हम्फ्री को अपराधी घोषित किया जाता है जबकि वास्तविक अपराधी किर्क श्वेत होने के कारण शुरू में उस पर कोई शक नहीं करता है। एस्थर और हम्फ्री दोनों को बैंक से निकाल दिया जाता है। एस्थर असली दोषी को उजागर करने का बीड़ा उठाती है और इसमें उसकी सहायता करती है मैलोरी, क्योंकि जो सही है उसे सामने आना ही चाहिए। उपन्यास के अन्त में कैम्पबेल स्थापित करती हैं कि नस्ल और लिंग लोगों को अलग या साथ नहीं करते हैं बल्कि न्याय होना चाहिए यह भावना एका लाती है। एस्थर, मैलोरी और हम्फ्री आपस के सन्देह को किनारे करके साथ मिल कर न्याय के लिए काम करते हैं। एक दूसरे के प्रति जो काल्पनिक और वास्तविक भय था वह भी दूर होता है और वे अनुभव करते हैं कि वे एक दूसरे की कितनी क्षति कर रहे थे। यह उपन्यास नस्ल और लिंग के परे जा कर दोस्ती का उत्सव मनाता है। यदि लोग ऐसे संगठित होंगे तो नस्ल, लिंग और व्यापारजगत् में अन्याय होने के मौके कम आएँगे।

'सिंगिंग इन द कमबैक क्वायर' तथा 'व्हाट यू ओ मी' भी दोस्ती, स्त्री खासकर अश्वेत स्त्री की सफलता के मार्ग में बाधाएँ जैसे विषय को ले कर चलता है। 'व्हाट यू ओ मी' में एक अश्वेत स्त्री और एक यहूदी स्त्री की दोस्ती को चित्रित किया गया है। दोनों ने भयावह समय देखा है अतः वे एक दूसरे से अच्छी तरह जुड़ पाती हैं। 'सिंगिंग इन द कमबैक क्वायर' तीसरे दशक में चल रही मैक्सिन मेकॉय और उसकी दादी लिंडी की कहानी है। मैक्सिन एक सफल टेलीविजन प्रोड्यूसर है जबकि उसकी बूढ़ी दादी एक समय की गायिका है जिसे पुरुषों, शराब और सिगरेट का नशा है। परिवार और समाज के सम्बन्ध के कारण मैक्सिन अपनी जड़ों को लौटती है। वह लॉस एंजेल्स से फिलाडेलफिया अपने घर आती है। हॉलीवुड के अमानवीय जगत् में मैक्सिन की सफलता उसे भीतर से खालीपन का एहसास देती है, निजी और भावात्मक जिन्दगी में वह फ्रस्ट्रेशन अनुभव करती है। मैक्सिन केवल पाँच साल की थी जब उसका पिता मर गया था और माँ ने उस पर ध्यान देना छोड़ दिया। उसकी दादी लिंडी है जो उसे पालती-पोसती है। बाद में जब वह दादी की देखभाल करने घर लौटती है तो पाती है कि जो घर हँसी-खुशी से गूँजता रहता था वह उजाड़ और कब्र की तरह शान्त है। उसकी दादी, आस-पड़ोस के लोग, मकान सब बदल चुके हैं। बचे रहने के लिए दादी-पोती दोनों एक दूसरे से बहुत कुछ सीखती हैं। दोनों एक-दूसरे का सहारा बनती हैं। दादी से माफ करने की कला सीख कर मैक्सिन अपने निजी जीवन को सँभालती है और मैक्सिन की सेवा से दादी पुनः जीवन की ओर लौटती है। अतीत के घावों को भूल कर वे भविष्य की ओर उन्मुख होती हैं। समाज के पहले खुद को बदलने की जरूरत है यह इस उपन्यास का सन्देश है।

इनके अनुसार उनका शोषण स्त्री होने से अधिक अश्वेत होने के कारण होता है। ये एफ्रो-अमेरिकन अनुभवों के विषय में लिखती हैं मगर यह भी दिखाती हैं कि दोनों नस्लों में ढेर सारी समानताएँ हैं। दोनों के सुख-दुःख एक जैसे हैं।

अपने साहित्यिक कार्यों के लिए बेब मूर कैम्पबेल को 'अ नेशनल एसोशिएसन ऑफ निग्रो बिजनेस एंड प्रोफेसनल वीमेन्स लिटरेचर एवॉर्ड', 'नेशनल एशोसिएसन फॉर दि एडवांसमेंट ऑफ कलर्ड पीपुल', 'नेशनल एंडोवमेंट फॉर दि आट्र्स लिटरेचर ग्रांट' और 'यूनिवर्सिटी ऑफ पिट्सबर्ग' का विशिष्ट ब्लैक एलम्ना एवॉर्ड मिला है। इनकी किताब 'व्हाट यू ओ मी' को 'लॉस एंजेल्स टाइम्स बेस्ट बुक' का खिताब मिला है।

अफ्रो-अमेरिकन स्त्री लेखन और फिल्में

"लोग कहते हैं कि फिल्म बनाना कठिन है। हाँ, और अधिक कठिन है जब आप स्त्री हैं। हाँ, यह सत्य है। लेकिन अगर स्त्री फिल्म पसन्द करती है, अगर स्त्री डॉयरेक्टर बनना चाहती है, उसे अवश्य संघर्ष करना चाहिए, बहुत कठिन संघर्ष करना चाहिए, क्योंकि मैं सोचती हूँ स्त्रियों का खास नजरिया, पुरुषों के मुकाबले खास होता है। यह बहुत महत्त्वपूर्ण है, अत्यधिक, कि स्त्रियाँ मूवीज बनाएँ।"

—एउझान पैल्सी

'आई नो व्हाई द कैज्ड बर्ड सिंग्स' तथा 'द कलर पर्पल' पर बनी फिल्मों की चर्चा इस पुस्तक में हम अन्यत्र कर आये हैं। इसके अलावा भी कई अफ्रो-अमेरिकन स्त्री लेखन पर फिल्में बनी हैं, उन्हीं में से कुछ की यहाँ चर्चा की जा रही है। लोरैन हैंसबेरी (ए रेसिन इन द सन), क्रिस्टीन हंटर (लैंडलॉर्ड), एलिस वॉकर (द कलर पर्पल), टोनी मॉरीसन (बिलवड), माया एंजेलो (जॉर्जिया, सिस्टर, ब्लैक्स ब्लूज ब्लैक्स), टेरी मैक्मिलन (वेटिंग टू एक्जेल, हाऊ स्टेला गॉट हर ग्रोव बैक), आदि के लेखन पर फिल्में बनीं हैं। माया एंजेलो ने तो फिल्म निर्देशन (डाउन इन द डेल्टा) भी किया है। जूली डैश (डॉटर ऑफ द डस्ट) लेखिका नहीं एक फिल्म निर्देशक है, फिर भी इस आलेख में उनका काम समाहित किया है, कारण फिल्म की अश्वेत जीवन को प्रदर्शित करने की विशिष्ट क्षमता।

अमेरिका में गुलामी प्रथा बहुत पहले अवैधानिक घोषित की जा चुकी थी फिर भी समाज से यह कुप्रथा हटी नहीं थी। नतीजन बीसवीं सदी में प्रचलित अमेरिकी सिनेमा में अश्वेतों को हीन दिखाने की प्रवृति जारी रही। फिल्म में वे अक्सर श्वेत लोगों के नौकर-नौकरानी हुआ करते थे अथवा मसखरों की भूमिका में दिखाई देते थे। कौन भूल सकता है स्कारलेट ओ'हारा की मैमी को! 1939 में बनी 'गॉन विथ द विंड' में विवियन लीग की नौकरानी के रूप में हेटी मैक्डेनियल ने इतना जानदार अभिनय किया कि एकाडमी अवॉर्ड पाने वाली पहली अश्वेत अभिनेता बनी। बाद में भी वे या तो नशीली दवाओं के व्यापार में लगे होते दीखते या फिर वेश्या और दलाल होते। सिडनी पोइटर को पहली बार मुख्य भूमिका निबाहने का अवसर मिला। प्रतिभा को जब अवसर मिला तो उसने अपने काम से सिद्ध कर दिया कि वह किसी से कम नहीं है। 1963 में पोइटर को 'लिलीज ऑफ द फील्ड' के लिए एकाडमी

पुरस्कार मिला। फिर धीरे-धीरे लोगों का नजरिया बदलने लगा। जहाँ पहले दर्शक अश्वेत अभिनेताओं को परदे पर देखने को तैयार न थे वहीं अब न केवल अश्वेत अभिनय कर रहे हैं वरन् फिल्म निर्माण में भी प्रमुख भूमिका निभा रहे हैं। आज वे परदे पर और परदे के पीछे दोनों स्थानों पर फिल्म में उपस्थित हैं। कई अश्वेत अभिनेता आज स्टार की हैसियत रखते हैं। डेंजंग वाशिंगटन, मॉर्गन फ्रीमैन, हेल बेरी कुछ ऐसी ही फिल्मी हस्तियाँ अमेरिका की मुख्य धारा की फिल्मों का हिस्सा हैं।

आज अमेरिका में श्वेत-अश्वेत अभिनेता के कार्य में अन्तर नहीं रह गया है। इसके पीछे कई लोगों का योगदान है। यहाँ कुछ ऐसी फिल्मों की चर्चा है जिनमें जटिल अश्वेत जीवन, उनकी संमृद्ध संस्कृति, उनके संघर्ष को हम चित्रित पाते हैं। 'अफ्रीकन इन अमेरिका', आईज ऑन द प्राइज', 'हूप ड्रीम्स' जैसी इनसे सम्बन्धित बहुत सारी डॉक्यूमेंट्री भी उपलब्ध हैं मगर यहाँ केवल फीचर फिल्मों, उसमें भी केवल उन फिल्मों की बात जो स्त्री लेखन पर आधारित हैं। वैसे आज अश्वेत स्त्रियाँ भी फिल्म निर्माण में संलग्न हैं।

बिलवड : एक अनोखी-हॉन्टिंग फिल्म

फिल्में तो बहुत देखीं, तरह-तरह की फिल्में देखीं। मगर बिलवड जैसी न देखी। ऐसी फिल्में रोज-रोज नहीं बनती हैं। टोनी मॉरीसन मेरी एक पसन्दीदा उपन्यासकार हैं, उनका पुलित्जर पुरस्कार प्राप्त उपन्यास 'बिलवड' कई बार पढ़ा। कई बार पढ़ना ही बताता है कुछ विशेष है इसमें। अन्यथा क्यों पढ़ती इसे बार-बार। मगर फिल्म देखने का अवसर अब जा कर मिला। आश्चर्य होता है फिल्म विधा पर और फिल्म निर्देशक जोनाथन डेम की समझ तथा उपन्यास के प्रति उनकी ईमानदारी पर। अक्सर जब किसी उपन्यास-कहानी पर फिल्म बनती है तो वह बहुत अलग होती है। ऐसा होना स्वाभाविक है क्योंकि दोनों अलग माध्यम है। विरले ही कोई फिल्म बिलवड जितनी सुन्दर बनती है। पता नहीं चलता है किसकी अधिक तारीफ की जाए, उपन्यासकार की, निर्देशक की, अभिनेताओं की। सबकी करनी पड़ेगी। अभिनेताओं में निश्चय करना कठिन है कि किसका अभिनय बेहतर है। सेथे के रूप में ओप्रा विन्फ्रे का, पॉल डी के रूप में डैनी ग्रोवर का अथवा बिलवड के रूप में थेंडी न्यूटन का। ओप्रा विन्फ्रे ने स्वाभाविक अभिनय कर उपन्यास की नायिका के दुःख-तकलीफ, उसके मानसिक द्वन्द्व, अपराधबोध सबको परदे पर साकार कर दिया है।

असल में इस फिल्म बनने के पीछे ओप्रा विन्फ्रे का बहुत बड़ा हाथ है। ओप्रा विन्फ्रे ने जबसे 'बिलवड' पढ़ा वे उसे परदे पर लाने के लिए बेताब थीं। 1996 में उन्होंने अपना प्रसिद्ध और लोकप्रिय बुक क्लब प्रारम्भ किया और तभी घोषणा कर दी कि उनके क्लब के दूसरे महीने का चुनाव टोनी मॉरीसन का उपन्यास 'सांग ऑफ

सोलोमन' होगा। तुरन्त मॉरीसन की किताबों की बिक्री बढ़ गयी। ओप्रा के बुक क्लब की यह खासियत है कि उनके यहाँ नाम आते ही रचनाकार का सम्मान बढ़ जाता है, उसकी किताबों की बिक्री तेज हो जाती है। मॉरीसन के प्रकाशक ने भी चमत्कार दिखाया, उसने सजिल्द प्रतियों का दाम कम कर दिया ताकि ज्यादा-से-ज्यादा पाठकों तक किताब की पहुँच हो सके। काश भारत में भी ऐसी कोई योजना बनती, होती। ओप्रा और मॉरीसन का एक साझा और लम्बा सम्बन्ध कायम हुआ। 1998 में इस क्लब ने 'पैराडाइज' को चुना, 2000 में 'द ब्लूएस्ट आई' और 2002 में इस क्लब ने 'सूला' को अपने टॉक शो में रखा। हर बार टोनी मॉरीसन ओनलाइन चुने हुए स्टूडिओ में उपस्थित अपने पाठकों से विमर्श करतीं।

ओप्रा ने 'बिलवड' पर अपने क्लब में विमर्श नहीं किया बल्कि इस पर फिल्म बनाने का निश्चय किया। खुद को उन्होंने प्रमुख भूमिका में तय किया, डैनी ग्लोवर को पॉल डी की भूमिका में रखा। ओप्रा ने टोनी के साथ मिलकर स्क्रिप्ट तैयार की और कई फिल्म निर्देशकों के पास भेजी। वे सेथे और गुलामी की कहानी वृहतर दर्शकों तक ले जाना चाहती थीं। अकादमी पुरस्कृत निर्देशक जोनाथन डेम ने फिल्म बनाने की हामी भरी। ओप्रा विन्फ्रे की फिल्म कम्पनी ने इस फिल्म को प्रोड्यूस किया। अकोसुआ बुसिया, रिचर्ड लाग्रेवेंस, एडम ब्रूक्स तीन लोगों ने मिल कर फिल्म की कहानी लिखी। दस साल के एक लम्बे समय के बाद फिल्म बन कर तैयार हुई। फिल्म की शूटिंग के समय एकाध बार टोनी मॉरीसन सेट पर गयी फिर उन्हें लगा कि वहाँ उनका कोई खास काम नहीं है। उन्होंने निर्देशक और विन्फ्रे पर सारा काम छोड़ दिया। सुपरनेचुरल कहानी के लिए प्रयोग किये गये स्पेशल इफैक्ट कहानी को आधिकारिक बनाते हैं। संगीतकार रेचल पोर्टमैन का काम फिल्म को विशिष्टता प्रदान करता है। फिल्म प्रदर्शन के पूर्व इसकी खूब पब्लिसिटी की गयी थी। 'टाइम' तथा 'वोग' मैगजीन ने इसे अपनी कवर स्टोरी बनाया, ओप्रा ने अपने टॉक शो में इसे चर्चित किया।

अभिनेता डैनी ग्लोवर पॉल डी की भूमिका में पूरी तरह उतर गये हैं। वे कमाल के एक्टर हैं उन्होंने एलिस वॉकर के उपन्यास 'द कलर पर्पल' पर इसी नाम से बनी फिल्म में मिस्टर अल्बर्ट की भूमिका की है। वहाँ भी वे कमाल करते हैं, हालाँकि निर्देशन स्पीयलबर्ग का है, शायद इसी कारण फिल्म काफी कमजोर है। 'बिलवड' फिल्म में डैनी के चेहरे की रेखाओं का उतार-चढ़ाव कई बातें बिना बोले स्पष्ट कर देती हैं। पॉल डी और सेथे एक दूसरे को 'स्वीट होम' के गुलामी के दिनों से जानते थे। बाद में जब वे 124 ब्लूस्टोन के घर में मिलते हैं तो अतीत एक बार फिर से वर्तमान बन कर उन्हें घेर लेता है। 18 साल के बाद भी गुलामी के शारीरिक, भावात्मक और मानसिक घाव भरे नहीं हैं।

फिल्म एक साथ इतिहास, रहस्य, गुलामी गाथा और रोमांस सब समेटे हुए है। फिल्म शुरू होती है भूत की कारस्तानियों से घबरा कर सेथे के दो किशोर बेटों के घर छोड़ कर भागने से। सेथे अपनी बेटी डेनवर (किम्बरले एलिस) के साथ रह रही है। भूत का कहर सेथे को परेशान नहीं करता है क्योंकि वह इसका कारण जानती है। पॉल डी घर में घुसते इसके विषय में पूछता है। वह कुछ समय के लिए उसे भगा पाने में सफल होता है। सेथे, पॉल डी और डेनवर एक सुखी परिवार की तरह रहने लगते हैं। जल्द ही सब कुछ फिर से बिखर जाता है। बच्ची जैसी भूखी-प्यासी, थकी-हारी एक युवती सेथे के दरवाजे पर आती है। उसे लेकर सबका अलग-अलग रवैया है। सेथे उसे जानने-समझने को उत्सुक है, पॉल डी उस पर अविश्वास और सन्देह करता है। डेनवर उसे बहन मान कर उसकी सेवा-शुश्रूषा करती है, खिलाती-पिलाती है। लड़की अपना नाम बिलवड बताती है, उसकी जरूरतें—भूख, प्यार, अधिकार—सब बेहिसाब हैं। वह पॉल डी को घर से निकाल बाहर करती है। सेथे को डेनवर के लिए एक पल को नहीं छोड़ती है। सेथे उसके चंगुल में कसती जाती है, मानसिक सन्तुलन खोने लगती है। बिलवड उसे लगातार उसके एक जघन्य कार्य की याद दिलाती है। अन्त में डेनवर परिवार को फिर से सामान्य बनाती है।

बिलवड के रूप में ब्रिटिश अभिनेत्री थेंडी न्यूटन शरीर से किशोरी मन से शिशु का व्यक्तित्व उसी तरह निभाती है जैसे एक शिशु की हत्या होने पर आत्मा एक किशोरी के शरीर में प्रवेश कर आये। ऐसा ही हुआ है। बिलवड दो साल की थी जब सेथे ने उसको गुलामी के शिकंजे से बचाने के लिए मार डाला था। 18 साल के बाद वह आयी है। आसान नहीं है यह चरित्र, बहुत कठिन है इस जटिल चरित्र को निभाना। न्यूटन ने इसे भरसक निभाया है, बिलवड को सजीव कर दिया है। वह किशोरी दीखती है, शिशु जैसा व्यवहार करती है। दर्शक अनुभव करता है, विश्वास करता है कि बिलवड एक किशोरी के शरीर में एक शिशु का मन है। भूल नहीं सकता है दर्शक इस भूत को, इस हॉन्टिंग चरित्र को। टोनी मॉरीसन को बधाई देनी चाहिए ऐसा चरित्र रचने के लिए और न्यूटन बधाई की पात्र है ऐसा चरित्र इतनी कुशलता से निभाने के लिए। कुछ दृश्य इतने पॉवरफुल हैं कि सदैव याद रहेंगे। बिलवड का पॉल डी के पास जाकर उससे कहना, "मुझे यहाँ स्पर्श करो, मुझे भीतर स्पर्श करो, मेरा नाम लो।" इसी तरह उसका अन्त भी नहीं भूला जा सकता है। वह जैसे रहस्यमय तरीके से अवतरित हुई थी वैसे ही रहस्यमय ढंग से गायब हो जाती है।

फिल्म की कहानी उपन्यास की भाँति समय में आगे-पीछे चलती रहती है। कभी गुलामी का हादसा होता है, कभी स्वतन्त्र जीवन का रोमांस फलता-फूलता है। अमानवीय क्रूरता को स्मरण करते हुए सेथे और पॉल डी का प्रेम करना बहुत

मर्मस्पर्शी फिल्मांकन है। इसी तरह सेथे की सास बेबी शुग्स (बीच रिचर्ड्स) का प्रकृति के बीच प्रवचन देता रूप एक अलौकिक अनुभव देता है।

सेथे ने जो किया, वह क्यों किया यह तो स्पष्ट है पर क्या वह जायज है? क्या सही है, क्या गलत है, बताना बहुत कठिन है। बड़ा आसान है पॉल डी की तरह सेथे से कह देना तुम दोपाया हो, चौपाया नहीं। सेथे को उसका समाज सजा से बचा लेता है पर वह खुद को निरन्तर सजा देने से रोक नहीं पाती है। ऊपर से शान्त और सामान्य दीखती सेथे के भीतर जो घुट रहा है, जो चल रहा है, वह बहुत जटिल है। यह जटिलता फिल्म में दीखती है। यह जटिलता दर्शक की अनुभूति का अंग बनती है। बिलवड का अवतरण इसे और बढ़ाता है। फिल्म दिखाती है कि मनुष्य कितना ऊपर उठ सकता है और कितना नीचे गिर सकता है। क्या हो सकता है और क्या होता है।

मानसिक-भावात्मक यन्त्रणा, रूपकों को साकार करने के लिए निर्देशक डेम और कलाकारों ने जो मशक्कत की है, वह अपनी पूर्णता को पहुँचा है। पात्रों की जिजीविषा, उनका मानसिक-शारीरिक संघर्ष, गुलामी की क्रूरता, मातृत्व की पराकाष्ठा, क्षण में लिया गया जीवन उलट-पुलट करने वाला निर्णय, उस निर्णय का प्रतिफल, क्या कोई अन्य निर्णय लिया जा सकता था, अतृप्त आत्मा, अपराधबोध, पारिवारिक सम्बन्ध सब फिल्म समाप्त होने के बाद भी दर्शक को छोड़ते नहीं हैं। दोबारा फिल्म देखने को बाध्य करते हैं। दोबारा देखने पर और खूबसूरत-मार्मिक अर्थ खुलते हैं। कुछ किताबें बार-बार पढ़ने की माँग करती हैं, कुछ फिल्में बार-बार देखे जाने की माँग करती हैं। बिलवड उनमें से एक है। दस साल लगे बनने में पर जो कलात्माक फिल्म बन कर तैयार हुई उसका एक-एक पल सार्थक है। कुछ चमत्कार होते हैं, कुछ चमत्कार किये जाते हैं। बिलवड के कथानक में चमत्कार हुए हैं, निर्देशक डेम ने फिल्म में चमत्कार किये हैं। हो सके तो अवश्य देखें, सँजोने योग्य एक अनोखी अनुभूति पाएँ।

ए रेसिन इन द सन

लौरेन हैंसबेरी के विषय में विस्तार से इस पुस्तक में अन्य स्थान पर आ चुका है। वहाँ उन्हें नाट्य लेखन के रूप में चित्रित किया गया है जिसके नाटक ब्रॉडवे पर सफल रहे और इस अश्वेत रचनाकार को पुरस्कार प्राप्त हुए। 'ए रेसिन इन द सन' उनका प्रमुख और प्रथम नाटक था बाद में इसी नाटक को फिल्म निर्देशक डैनियल पेट्री ने 1961 में सिनेमा के रूप में प्रस्तुत किया। फिर 2008 में निर्देशक केनी लियोन ने भी इसी कहानी पर फिल्म बनायी। डैनियल की फिल्म में पिछली सदी के चालीस के दशक में शिकागो के साउथ साइड में रह रहे एक श्वेत परिवार और

उसके तनाव एवं संघर्ष को चित्रित किया गया है। फिल्म में सिडनी पोइटिएर, क्लाउडिया मैक्नेल, रूबी डी, डायना सैंड्स, इवान डिक्सन, जॉन फील्डर, लुई गोसेट, स्टेफन पेरी आदि अभिनेताओं ने भूमिकाएँ की हैं। शिकागो में रह रहे यंगर नामक इस परिवार में माँ लेना यंगर (क्लाउडिया मैक्नेल), उसका बेटा वॉल्टर ली यंगर (सिडनी पोइटिएर), बेटी बेनिथा यंगर (डायना सैंड्स), वॉल्टर की पत्नी रूथ (रूबी डी), और उनका बेटा ट्राविस (स्टेफेन पेरी) एक बहुत छोटे-से घर में रह रहे हैं। परिवार का हर सदस्य ऊँचे मगर एक दूसरे से भिन्न स्वप्न पालता है। पिता की मृत्यु के बाद माँ को इंस्योरेंस के 10000 डॉलर मिलने वाले हैं उसी पर सबकी आँख लगी हुई है और आपसी रिश्तों में तनाव आ गया है। वॉल्टर लिकर स्टोर खोलना चाहता है, बेनिथा कॉलेज जाने का स्वप्न देख रही है। माँ और रूथ एक घर का ख्वाब पाले हुई हैं। 35 साल का वॉल्टर बहुत गुस्से में है जब माँ उसके स्टोर के लिए आर्थिक सहायता देने से इनकार करती है। वह शॉफर की नौकरी छोड़ कर खुद का व्यापार करना चाहता है मगर माँ एक घर का बयाना दे देती है।

इस घर का लोकेशन-यूरोपीयन अमेरिकन पड़ोसियों के बीच है, श्वेत लोग नहीं चाहते हैं कि उनके बीच आकर कोई अश्वेत रहने लगे। यह कथानक जितना हैंसबेरी के समय माकूल था उतना ही फिल्म बनते समय भी रेलेवेंट था और अब जब 2008 में इसे बनाया गया तब भी यह एक प्रमुख मुद्दा है। कथानक में उठाया गया विषय सार्वकालिक और सार्वभौमिक है। पैसा, लिंग और नस्ल भेदभाव शाश्वत मुद्दे हैं। वॉल्टर को लगता है कि पिता के बाद वह घर का पुरुष है उसकी बात मानी जानी चाहिए। उसे लगता है घर की औरतें उसकी बात नहीं समझ रही हैं, वे कैसे भी घर में रहें पर समाज में उसकी इज्जत बड़ी बात है। इज्जत आती है अपने व्यापार और पैसे से। उसे लगता है उसके पास विजन है मगर ये औरतें कुछ समझती नहीं हैं। जबकि बेनिथा परम्परागत भूमिका को नकार कर उससे बाहर निकल कर खुद की नयी पहचान बनाना चाहती है जिसके लिए शिक्षा आवश्यक है। वह एक डॉक्टर बनने का ख्वाब देख रही है। वह हाउसवाइफ बनना नहीं चाहती है लेकिन उसे अपनी जड़ों से लगाव है, वह अफ्रीकन परम्पराओं का सम्मान करती है। दूसरी ओर माँ लेना और रूथ माँ, विधवा और पत्नी के रूप में परिवार की चिन्ता करती हैं। उनका सारा ध्यान परिवार के आध्यात्मिक, मानसिक और शारीरिक कल्याण पर है। वे घेटो से निकल कर साफ-सुथरे अच्छे वातावरण में रहना चाहती हैं ताकि परिवार की उन्नति हो सके।

फिल्म कई बातों का खुलासा करती है, भौतिक सुख-सुविधाओं का मूल्य, आध्यात्मिक मूल्य, व्यक्तिगत विशेषताएँ, परिवार का महत्त्व, स्त्री-पुरुष की भूमिका, माता-पिता और बच्चों का आपसी सम्बन्ध, जीवन के प्रति नजरिया, स्वप्न, काम,

अधिकार, विशेषाधिकार। फिल्म इस परिवार की आन्तरिक और बाह्य मुसीबतों को परत-दर-परत चित्रित करती है। कई दृश्य बहुत सशक्त बन पड़े हैं। खासकर जब माँ बताती है कि उसने एक घर खरीदा है। रूथ को ज्ञात होता है कि वह फिर से माँ बनना चाहती है लेकिन वह घर की खस्ता आर्थिक स्थिति के कारण एक और बच्चा नहीं चाहती है। दूसरी ओर श्वेत लोग उन्हें खूब बड़ी रकम का लालच दे कर नये घर में आने से रोकने का प्रयास करते हैं। वॉल्टर को जब अपनी नस्लगत और पारिवारिक अस्मिता का भान होता है तो फिल्म एक नया मोड़ लेती है और सकारात्मक रूप से अन्त होता है। श्वेत लोगों को संगठित परिवार के सामने मुँह की खानी पड़ती है। नये घर में उनकी मुसीबतें कम नहीं होंगी पर वे इसके लिए कमर कसे हुए हैं।

2008 में बनी फिल्म में भी हैंसबेरी के कथानक को सुरक्षित रखा गया है। हाँ, अभिनेता बदल गये हैं। इसमें सीन कॉम्ब वॉल्टर की, साना लाथन बेनिथा की, एंड्रा मैक्डॉनल्ड रूथ की, फिलिशिया रशद लेना की भूमिका में है। हाँ, यहाँ डेविड ओयलेवो जोसेफ असगाई भी है जो एक नाइजीरियन की भूमिका में है और चाहता है कि बेनिथा अपनी मेडिकल की पढ़ाई पूरी करके उससे विवाह कर उसके साथ अफ्रीका चले। दोनों बार फिल्म समीक्षकों द्वारा सराही गयी।

डॉटर्स ऑफ द डस्ट

22 अक्टूबर, 1952 को न्यूयॉर्क में जन्मी जूली डैश अपनी किशोरावस्था से ही फिल्म बनाने में रुचि लेने लगी थी। असल में वह 1969 में हारलम के स्टूडियो म्यूजियम में एक प्रोग्राम में भाग ले रही थी तभी उसकी रुचि इस विधा में जाग्रत हुई। कुछ समय तक न्यूयॉर्क के सिती कॉलेज में मनोविज्ञान की पढ़ाई करने के बाद उसने डेविड पिकर फिल्म इंस्टीस्ट्यूट में फिल्म प्रशिक्षण के कोर्स में दाखिला ले लिया। यहाँ पढ़ाई के दौरान उसने 'वर्किंग मॉडल्स ऑफ सक्सेस' नामक वृतचित्र लिखा और बनाया। 1974 में फिल्म प्रोडक्शन की डिग्री ले कर वह कैलीफोर्निया चली गयी। उसने अफ्रो-अमेरिकन स्त्री लेखन का जम कर अध्ययन किया और खासतौर पर उसे एलिस वॉकर, टोनी सेड बाम्बारा, टोनी मॉरीसन का काम अपने उपयोग का लगा। उसे यह भी ज्ञात हुआ कि वह वृतचित्र नहीं वरन् फीचर फिल्म बनाना चाहती है। उसे दो साल के लिए फेलोशिप मिली और उसने कई प्रसिद्ध फिल्मकारों से फिल्म कला सीखी। जल्द ही उसने अपनी एक खास फिल्म शैली विकसित कर ली। उसने काइनेस्थेटिक मूवमेंट को आधार बना कर 'फोर वीमेन' नामक एक प्रयोगात्मक डांस फिल्म बनायी। इस फिल्म को 1978 में मियामी अन्तरराष्ट्रीय फिल्म समारोह में 'गोल्ड मेडल फॉर वीमेन इन फिल्म' मिला। कॉलेज में रहते हुए ही उसने एलिस

वॉकर की एक कहानी पर आधारित अपनी पहली फिल्म 'डायरी ऑफ एन अफ्रीकन नन' निर्देशित की। 1983 में उसने एक लघु फिल्म 'इलुशंस' बनायी, इस फिल्म में एक अफ्रो-अमेरिकन स्त्री श्वेत स्त्री के रूप में दीखती है। यह रंगभेद नीति की विडम्बना को दिखाती है। इस फिल्म को न केवल 1985 का ब्लैक सिनेमा सोसाइटी का पुरस्कार मिला वरन् ब्लैक फिल्ममेकर फाउंडेशन की जूरी ने इसे दशक की सर्वोत्तम फिल्म का पुरस्कार प्रदान किया।

इस फिल्म में डैश हॉलीवुड की विसंगतियों को उजागर करती है। एस्थर जीटेर एक अश्वेत गायिका है जिसकी आवाज बहुत मधुर है, उसे परदे पर अवतरित होने का कभी अवसर नहीं दिया जाता है, हाँ, उसकी आवाज का फायदा अवश्य उठाया जाता है। यदि गाने के लिए उसकी आवाज का उपयोग किया जाता तब शायद कोई आपत्ति न होती मगर उसकी आवाज का प्रयोग किया जाता है श्वेत अभिनेत्रियों की आवाज डब करने के लिए। दूसरी ओर हॉलीवुड में ही एक अन्य अश्वेत स्त्री है, रक्त मिश्रण के कारण उसका रंग इतना हल्का है कि वह आसानी से श्वेत मान ली जाती है। उसके रंग के कारण मिग्नॉन डुप्री को स्टूडियो में एक्जक्यूटिव का पद मिला हुआ है और श्वेत उसका आदर करते हैं। मगर अन्य अश्वेत उसकी असलियत जानते हैं। डुप्री अपने आसपास अन्य अश्वेतों के साथ हो रहे दुर्व्यवहार को दिन-रात देखती रहती है। अमेरिकी समाज की इन्हीं विडम्बनाओं को डैश ने 'इलुशंस' में दिखाया है। छोटे बजट की यह फिल्म अमेरिका में अश्वेत स्त्री के जीवन की जटिलताओं को प्रस्तुत करती है।

डैश ने सोचा था वह डॉक्यूमेंट्री नहीं बनाएगी। लेकिन आदमी जो सोचता है वही नहीं होता है। जब-जब फीचर फिल्म बनाने की बात आती उसके लिए एक बड़े बजट की जरूरत होती। नये लोगों के लिए उसमें भी स्त्री के लिए फिल्म बनाने के लिए राशि जमा कर पाना कभी आसान नहीं रहा है। डैश को भी जब फीचर फिल्म बनानी होती यह समस्या आती। अतः अन्य स्रोतों के अलावा वे खुद डॉक्यूमेंट्री बना कर भी अपनी फिल्मों के लिए धन एकत्र करतीं। इस तरह उसकी झोली मे कई डॉक्यूमेंट्री फिल्में भी आ गयीं। इनमें से एक प्रमुख डॉक्यूमेंट्री है 'द रोजा पार्क्स स्टोरी'। आज रोजा पार्क और माउंटगोमरी असहयोग आन्दोलन एक दूसरे का पर्याय हैं। रोजा पार्क्स ने एक श्वेत यात्री के लिए बस की अपनी सीट देने से इनकार किया और इस दोष के चलते उसे गिरफ्तार कर लिया गया। इसके प्रतिरोध में उस इलाके के अश्वेतों ने एक साल से ऊपर उस सड़क पर चलने वाली बसों का बहिष्कार किया। इस आन्दोलन में कई अश्वेत लीडर उभरे। यहाँ तक कि कानून बदला गया। आज रोजा पार्क्स के नाम पर सड़क और कई अन्य संस्थाएँ हैं। रोजा को सम्मानित किया गया। यहाँ तक कि बिल क्लिंटन ने अपने भाषणों में उसका उल्लेख किया,

उसे अमेरिका का सर्वोच्च सम्मान दिया और हिलेरी क्लिंटन के साथ बैठाया। इसी साहसी स्त्री के जीवन की घटनाओं को जूली डैश ने अपने वृतचित्र में प्रस्तुत किया है। रोजा के इस कार्य के चलते अमेरिका में न केवल अश्वेतों के जीवन में एक बहुत बड़ा परिवर्तन आया बल्कि पूरा अमेरिकी समाज प्रभावित हुआ।

डैश मुख्य रूप से अपनी फिल्म 'डॉटर्स ऑफ द डस्ट' के लिए जानी जाती है। इस फिल्म को बनाने के लिए विभिन्न स्रोतों से डैश को सहायता मिली और उसने भरपूर अध्ययन और शोध किया। 800,000 डॉलर की लागत से बनी इस फिल्म को प्रदर्शन पर भरपूर प्रशंसा मिली, कई अन्य सम्मानों के साथ-साथ सनडांस फिल्म समारोह में सर्वोत्तम सिनेमाटोग्राफी का पुरस्कार मिला। जब डैश यह फिल्म बना रही थी उसके पास पैसों की बहुत किल्लत थी, उसे अपने साथ-साथ अपनी बेटी का खर्च उठाना था और फिल्म बनानी थी। अतः इस बीच उसने बहुत सारे संगठनों के लिए तमाम डॉक्यूमेंट्री बनायी।

असामान्य सुन्दरता की फिल्म 'डॉटर्स ऑफ द डस्ट' के बीस साल पूरे होने पर 2012 में एक बड़ा समारोह करके यह फिल्म नये दर्शकों को दिखायी गयी, इसके निर्माण, प्रदर्शन और इस पर चर्चा हुई। इस समारोह में ऐसे दर्शक उपस्थित थे जिन्होने यह फिल्म दसियों बार पहले भी देखी थी। इस फिल्म ने अफ्रो-अमेरिकन स्त्री की छवि बदल डाली है। इसमें अफ्रीकन इतिहास, मिथक, लोक कथाओं-विश्वासों का सकारात्मक प्रयोग किया गया है। यह अफ्रीकी लोगों की सशक्त आध्यात्मिक शक्ति को रेखांकित करती है।

इस फिल्म को बनाने में डैश को दस वर्ष का लम्बा समय लगा। लेकिन इसके प्रदर्शन के पूर्व अश्वेत चर्च, सामाजिक संगठनों, अश्वेत रेडियो, टेलीविजन, अखबार के द्वारा इसका खूब प्रचार-प्रसार किया गया अतः प्रदर्शित होने पर इसे भरपूर वाहवाही मिली। इस फिल्म में अफ्रो-अमेरिकन जीवन को विस्तार से दिखाया गया है। ऐतिहासिक तथ्यों का भरपूर प्रयोग इसे आधिकारिकता प्रदान करता है। कहानी बीसवीं सदी के पहले दशक में प्रारम्भ होती है। 1902 में साउथ कैरोलीना और जॉर्जिया तट से दूर सी आइलैंड में गुलाह नये जीवन के लिए मुख्य भूमि की ओर प्रयाण करने वाला है। अगस्त के महीने में प्रवास से ठीक पहले पूरा परिवार मिल कर भोजन 'लास्ट सपर' के लिए जमा हुआ है। सी आइलैंड अफ्रीका से लाये गये गुलामों को नॉर्थ अमेरिका ले जाने से पहले का पड़ाव था और वहाँ कई पीढ़ियों से अश्वेत रह रहे थे। अफ्रीका से लाकर यहाँ रखे गये लोग गुलाह कहलाते हैं। यह परिवार भी इसी तरह एक समय अफ्रीका से लाया गया था। इन्हीं गुलाह में पीजैंट नाम का एक परिवार, यह फिल्म इसी परिवार की बेटियों पर केन्द्रित है।

यह अफ्रो-अमेरिकी परिवार की जटिल जीवन की कहानी है। ये बेटियाँ अपने

पूर्वजों की परम्परा को छोड़ कर एक नये अमेरिकी जीवन में बसने वाली हैं। परिवार की सबसे बुजुर्ग स्त्री नाना पीजैंट (कोरा ली डे) टापू छोड़ने से इनकार करती है। इतना ही नहीं वह इस बात पर जोर देती है कि जो लोग टापू छोड़ कर जा रहे हैं वे अपने संस्कार न छोड़ें। नाना की पोती येलो मेरी (बारबरा ओ. जोंस) क्यूबा में धाय और वेश्या का काम करके लौटी है वह अपने साथ अपनी एक सहेली ट्रूला (ट्रला हूसियर) को भी ले कर आयी है। वह अपनी पहचान की खोज में टापू पर लौटी है। इयुला (एल्वा रोजर्स) ने नाना के पोते एली (एडिसा एंडरसन) से शादी की है। इयुला गर्भवती है लेकिन प्लांटेशन से ओवरसीयर ने उसका बलात्कार किया है। एली इस बात से परेशान है कि उसकी पत्नी के पेट में उसका बच्चा नहीं है। हेगार (केसी मूर) इस परिवार की एक बहुत मुहफट्ट स्त्री है, वह अतीत को पीछे छोड़ कर आगे बढ़ना चाहती है, एक नया जीवन प्रारम्भ करना चाहती है। वह नाना के विश्वासों और जादू की आलोचना करती है और उन्हें मानने से इनकार करती है। विओला मैनलैंड से एक क्रिश्चियन मिशनरी के रूप में लौटी है। उसने अपने अतीत को पूरी तरह से नकारा हुआ है और अपनी परम्पराओं, मिथकों को क्रिश्चियनिटी में छिपाये हुए है। इतना ही नहीं वह बाइबिल की अपनी शिक्षा पीजैंट परिवार के बच्चों को देना प्रारम्भ करती है। हेगार की बेटी इओना (बाह्नी टर्पिन) चेरुकी नेशन की अन्तिम उत्पन्न सन्तान सेंट जुलीयन लास्ट चाइल्ड के द्वारा सी आइलैंड पर रोक ली गयी है। वह उसे अपने साथ रखना चाहता है। यह इन्हीं कई स्त्रियों के जीवन को अलग-अलग कोणों को दिखाने वाली फिल्म है। डैश अफ्रीकी जीवन की कई अन्य बातों को दिखाना चाहती थी मगर पैसे और समय की कमी से यह सब छोड़ना पड़ा।

डैश ने इस फिल्म में हॉलीवुड की प्रचलित शैली से भिन्न शैली का प्रयोग किया है। यहाँ मौखिक कथा के द्वारा कहानी आगे बढ़ती है। अफ्रीका में मौखिक रूप से इतिहास सुनाने की परम्परा है इसके लिए कुछ पेशेगत लोग होते हैं जिनका जीवन यापन मौखिक इतिहास गायन से होता है। ऐसे ही एक कथावाचक को पीजैंट परिवार में आमन्त्रित किया गया है। यह इतिहास-कहानी एकरेखीय न हो कर आवृति शैली में सुनायी जाती है। डैश की इच्छा थी कि हर दर्शक को कहीं-न-कहीं यह फिल्म अवश्य स्पर्श करे। ऐसा स्पर्श करे जैसा पहले उन्होंने कभी अनुभव न किया हो। ऐसा ही होता भी है। निर्देशक ने काफी शोध सामग्री जमा की थी और उसका फिल्म में भरपूर उपयोग भी किया मगर इसका मतलब यह नहीं कि बातों को ज्यों-का-त्यों रख दिया है। उन्होंने काफी सृजनात्मक स्वतन्त्रता ली है, कल्पना का खूब प्रयोग किया है। फिल्म में तमाम तरह की झाँकियाँ, स्मृतियाँ, स्वप्न, चिन्तन-मनन को स्थान मिला है।

डैश ने यह स्वतन्त्रता ली क्योंकि यह एक डॉक्यूमेंट्री न हो कर फीचर फिल्म

है। इसीलिए ऐतिहासिक पलों को भी मिथ, स्मृति, अनुभवों के द्वारा दर्शकों तक सम्प्रेषित किया गया है। गुलाह में अफ्रीकी लोगों से नील की खेती और उसका निर्माण कराया जाता था। यह एक विषैला पदार्थ है, फिल्म में इस बात को दिखाने के लिए पूर्वजों के हाथ पर नील के धब्बे दिखाये गये हैं। धब्बे भी पुराने नहीं बल्कि ताजे दिखाये गये हैं क्या आज भी उनका घाव ताजा नहीं है? यह ठीक वैसे ही प्रयोग किया गया है जैसे 'बिलवड' में कोड़ों के निशान या हथकड़ी-बेड़ी के निशान। पूरी फिल्म में स्त्रियाँ सामने हैं, पुरुष हैं पर वे पृष्ठभूमि में रहते हैं।

'डॉटर्स ऑफ द डस्ट' की पूरी कहानी दो लोगों द्वारा कही जाती है, एक बूढ़ी नाना द्वारा दूसरी एक अजन्मे बच्चे के स्वर में। ये बूढ़ों में अन्तिम तथा नये में प्रथम के स्वर हैं। एक ओर नाना परम्परा और स्मृति को प्रस्तुत करती है तो दूसरी ओर भविष्य है। नाना याद करती है कैसे उनके कबीले के लोग कुत्तों की तरह गले में पट्टा डाल कर लाये गये थे। जब इन लोगों को पता चला कि जीवन कैसा होने वाला है तो कुछ ने गुलामी से बेहतर पानी पर चल कर अफ्रीका लौटना माना, जाहिर है वे समुद्र में डूब गये। कुछ ने उड़ कर अफ्रीका जाने का प्रयास किया। इन दोनों मिथकों का प्रयोग टोनी मॉरीसन अपने उपन्यासों में बड़ी सफलतापूर्वक करती हैं। डैश के अनुसार इनमें से कुछ लोगों ने समूह में जंजीरों के साथ समुद्र में जल समाधि ली। गुलाम न बनने के सारे उपाय इन लोगों ने किये फिर भी बहुत सारे लोग पीढ़ी-दर-पीढ़ी गुलामी भोगने को अभिशप्त हुए। एली और इयुला का अजन्मा बच्चा फिल्म में धीमी गति में दिखाया गया है। वह दूर पृष्ठभूमि में भूरा-पीला दीखता है यह प्रतीक है अतीत और भविष्य की निरन्तरता का। परिवार के एका का। बच्चा पिता को इस बात का विश्वास दिलाना चाहता है कि वह उसी का बच्चा है। इस अजन्में बच्चे को लड़की बनाया गया है क्योंकि यह बेटियों की कहानी है। यह बेटी दर्शकों को बताती है कि उसकी कहानी परिवार के उत्तर प्रवास से शुरू होती है, उसके पैदा होने के बहुत-बहुत पहले से।

नाना परिवार की सुरक्षा के लिए प्रार्थना करती है, जादू-टोना करती है, पूर्वजों की आत्मा से सम्बन्ध स्थापित करती है। अजन्मी बेटी का स्वर भी आत्माओं की पुष्टि करता है। श्वेत बलात्कारी से पत्नी के न बच पाने के कारण हताश एली का धर्म पर से विश्वास उठ जाता है। पर उसे बच्ची दीखती है पर वह उसे पहचान नहीं पाता है। माँ की प्रार्थनाओं के कारण ही वह उसे देख पाता है। न केवल देख पाता है वरन् उसे अपना भी स्वीकार करता है। एली का पूर्णरूपेण रूपान्तरण होता है। यह रूपान्तरण आत्माओं के सम्पर्क से ही सम्भव होता है। एक बहुत सशक्त बात विश्वास को लेकर दिखायी गयी है। अजन्मा बच्चा परिवार के उसी सदस्य को दीखता है जो उसके अस्तित्व में विश्वास करता है। आस्था और विश्वास में बहुत

शक्ति होती है वह मूर्त को अमूर्त तथा अमूर्त को मूर्त कर सकता है। परिवार का फोटो लेने के लिए आये फोटोग्राफर के लेंस में भी बच्ची दीखती है मगर वह लेंस के बाहर उसे नहीं दीखती है।

पूरी फिल्म फोटोग्राफी के लिए भी प्रसिद्ध हुई, इसका श्रेय सिनेमाटोग्राफर आर्थर जाफा को दिया जाना चाहिए। सफेद कपड़ों में तट पर खेलती लड़कियाँ हों अथवा टापू की प्राकृतिक सुन्दरता सबका बड़ा सजीव फिल्मांकन हुआ है। फ्लैशबैक में युवा नाना अपने पति के साथ दिखाई देती है, अजन्मी बच्ची अपने पूर्वजों को नील के खेत में काम करता देखती है। कछुए की पीठ पर गुलामी पूर्व का प्राचीन अफ्रीका नजर आता है। गुलामी के दौरान यौन शोषण और शोषित की जिजीविषा यहाँ दिखाई गयी है। नाना येलो मेरी को पसन्द करती है जबकि हेगार और विओला उससे नफरत करती है। पुरानी स्त्री और स्वतन्त्र नयी स्त्री, दोनों प्रकार की स्त्रियाँ इस टापू पर हैं। इयुला कहती है कि इस स्थान में हमने कभी अपनी स्त्रीत्व का आनन्द नहीं उठाया...भीतर अपने अन्तस में हम अनुभव करती हैं कि उन्होंने हमारी माताओं को बरबाद किया, उससे पहले उन माताओं की माताओं को।... भीतर गहराई में अनुभव करती हैं कि ईश्वर भी अतीत के हमारे घाव नहीं भर सकता है। ईश्वर हमारी उन लोगों से रक्षा नहीं कर सका जिसने हमारे पैरों में बेड़ियाँ डालीं। फिल्म का सन्देश है : अगर तुम खुद को प्रेम करते हो तो येलो मेरी से प्रेम करो, क्योंकि वह तुम्हारा अंग है। ठीक वैसे ही जैसे हम अपनी माताओं का अंग हैं... क्योंकि हम सब अच्छी औरतें हैं। तुम जानते हो हम कौन थे और हम क्या हो गये हैं? हम उन पुरानी धूल की बेटियाँ हैं जिसे नाना अपने टिन के डब्बे में लिये हुए है...अतीत के बहुत सारे घाव हम ढो रही हैं। ...चलो हम बिना पुराने घावों में रहे हमारी जिन्दगी जीएँ।

यह फिल्म जीवन का जीता-जागता नमूना है। पीजेंट परिवार समारोह मना रहा है, संग खा-पी रहा है, फोटो खिंचवा रहा है, बच्चे खेल रहे हैं, धार्मिक-आध्यात्मिक रीति-रिवाज मनाये जा रहे हैं, कथा-कहानियाँ कही-सुनायी जा रही हैं, मिलन-विरह-विदाई हो रही है, स्वप्न हैं और है परिवर्तन। फिल्म की कहानी अतीत, वर्तमान, भविष्य में आवाजाही करती रहती है। संस्कृति और विरासत का ताना-बाना बुना गया है इस फिल्म 'डॉटर्स ऑफ द डस्ट' में। फिल्म को देखने-समझने के लिए थोड़ी तैयारी की जरूरत है क्योंकि यह एक ऐसी संस्कृति-सभ्यता का चित्रण है जो आज दुर्लभ है। फिल्म को पूरी तरह से समझने और उसका पूरा-पूरा आनन्द उठाने के लिए उसे कई बार देखना आवश्यक है। इसकी कई समीक्षाएँ हुई हैं, फिल्म देखने से पहले यदि कुछ समीक्षाओं को पढ़ लिया जाए तो फिल्म समझने में भारतीय दर्शकों को आसानी होगी। अच्छी, कलात्मक, अर्थपूर्ण फिल्मों को एक से अधिक बार देखा ही

जाना चाहिए, वे बनायी ही इसीलिए जाती हैं। देखने के बाद वे बहुत दिनों तक हमारे साथ रहती हैं। 'डॉटर्स ऑफ द डस्ट' भी दर्शक का साथ बहुत दिन तक नहीं छोड़ती है। फिल्म का अन्त अजन्मी बच्ची के स्वर से होता है, यह स्वर कहता है : "हम पीछे रह गये, बढ़ते, बुद्धिमान होते, मजबूत होते।" फिल्म का दर्शक भी इससे प्रौढ़ होता है, बुद्धिमान होता है, मजबूत होता है। यह फिल्म जीवन और लोगों के प्रति दर्शक का नजरिया बदलने में सक्षम है।

देयर आईज वेर वाचिंग

जोरा नेल हट्र्सटन के इसी नाम के उपन्यास पर ओफ्रा विन्फ्रे ने 2005 में टीवी फिल्म बनायी। इसमें एक ग्रामीण लड़की जेनी क्राफोर्ड वुड (हेल बेरी) तीन बार विवाह करके भी खुश नहीं है। बाद में उसकी इच्छाओं की पूर्ति होती है। पूरी फिल्म अश्वेत समुदाय के बीच चित्रित है और 30 साल के समय को समेटती है। पहले १६ साल की उम्र में उसकी शादी जबरदस्ती एक उम्रदराज व्यक्ति से करा दी जाती है। वह विवाह और पितृसत्तात्मक समाज में पिसती रहती है। अगर उसे खुशी मिलती है तो वह विवाह के बाहर एक युवक के साथ मिलती है। यह टी केक नामक युवक जेनी से उम्र में सात साल छोटा है। दोनों का प्यार जेनी के पड़ोसियों को तनिक नहीं सुहाता है। उपन्यास बहुत जटिल है जबकि फिल्म में उसे काफी सरल बना कर प्रस्तुत किया गया है अतः जोरा के पशंसकों को यह फिल्म नहीं भायी और साहित्यिकजगत् में इसकी खूब आलोचना हुई। मगर फिल्म हेल बेरी के अभिनय के कारण सफल रही। युवा और प्रौढ़ दोनों रूप में हेल बेरी हॉलीवुड की एक जानी-मानी अभिनेता ने सशक्त अभिनय किया है। जेनी की नैनी की भूमिका में रूबी डी का अभिनय सराहनीय रहा। उपन्यास और फिल्म में सेक्स और रति का खुल कर प्रयोग हुआ है। यह सांकेतिक रूप से भी आया है और प्रत्यक्ष भी। टी केक के रूप में माइकेल एली फबता है। फिल्मांकन प्राकृतिक हरियाली और सौन्दर्य को दर्शकों तक बहुत खूबसूरती के साथ प्रेषित करता है। फिल्म जेनी की यौन भावनाओं पर अधिक ध्यान देती है जबकि उपन्यास रंग और नस्ल को भी प्रमुखता से प्रस्तुत करता है। जोरा का कार्य गुलामी के शोषण को भी रेखांकित करता है जो फिल्म में गायब है।

1996 में कवयित्री और नाटककार मेरी एवान्स ने जोरा के इसी उपन्यास पर म्युजिकल बनाया था। जोरा ने फ्लोरिडा में लोगों के मुँह से सुन कर लोक कथाओं का संग्रह किया था उसी पर आधारित 1990 में नीमा बारनेट ने एक टीवी सीरियल बनाया था। इसमें अफ्रो-अमेरिकन समुदाय के बीच प्रचलित लोकगीत-लोककथाओं को देखकर पता चलता है कि ये लोग कितने बुद्धिमान हैं। लोकगीत और लोक

कथाओं में समुदाय की विशेषताएँ नजर आती हैं और संग्रह करने वाली का नजरिया और स्वप्न भी हमारा ध्यान खींचता है। जोरा ने अथक परिश्रम करके ऐतिहासिक काम किया और उनके काम को प्रकाश में लाकर एलिस वॉकर ने अभूतपूर्व और सराहनीय काम किया है।

वेटिंग ऑफ एक्सहेल

यह ऊपर की अन्य फिल्मों से बिल्कुल भिन्न है। टेरी मैक्मिलान के इसी नाम के उपन्यास पर आधारित यह फिल्म चार अश्वेत स्त्रियों की कहानी है। इसमें गरीबी, रंग या नस्ल की बात न हो कर स्त्रियों की हार्दिक इच्छा-आकांक्षा की बात की गयी है। फिल्म अच्छी तरह खाते-पीते परिवार की स्त्रियों की है। इनकी एक ही समस्या है इन्हें अपने मन लायक पुरुष नहीं मिल रहा है। पुरुष हैं इनके जीवन में पर उन पर भरोसा नहीं किया जा सकता है जबकि इनकी इच्छा है कि इन्हें प्यार करने वाले वफादार पुरुष मिले। भला यह किस स्त्री की चाहत नहीं होती है, चाहे वह किसी रंग या नस्ल की हो, गरीब हो या अमीर हो।

इसमें यदि चरित्रों के रंग या नस्ल अथवा देश को बदल दिया जाए तब भी कोई फर्क नहीं पड़ेगा। इसलिए इसे अफ्रो-अमेरिकन लेखन पर बनी फिल्म कहना ज्यादती होगी।

अंडरग्राउंड रेलरोड :
बिना रेल, बिना रोड कर दिया कमाल

अंडरग्राउंड रेलरोड अमेरिकी इतिहास का वह अध्याय है जो वहाँ के मुट्ठी भर लोगों की मानवीयता का सर्वोत्तम उदाहरण है। यह उन लोगों की उपलब्धि है जिन्होंने अपनी जान जोखिम में डाल कर दूसरों की सहायता की, उन्हें गुलामी जैसी घिनौनी दलदल से निकालने का प्रयास किया। एक सूचना के अनुसार करीब साठ हजार गुलामों को गुलामी से छूट भागने का अवसर इसके कारण मिला। हो सकता है कि ये आँकड़े सही नहीं हैं, बढ़ा-चढ़ा कर बताये गये हैं। फिर भी यह स्वतन्त्रता के लिए दीवानगी की मिसाल है। यह दीगर है कि उनमें से कुछ ही जीवित बच सके और स्वतन्त्रता का आनन्द उठा सके। यह उन लोगों की कहानी कहता है जो अपनी आजादी के साथ दूसरों की आजादी का मूल्य जानते थे और उसके लिए कुर्बानी देने को तैयार थे।

बहुत से क्रान्तिकारी इससे जुड़े थे। अंडरग्राउंड रेलरोड से जुड़े कुछ ही क्रान्तिकारियों के नाम की आज जानकारी है। न मालूम कितने नाम इतिहास की बेनाम गलियों के अँधेरे में गुम हो गये है। सबसे पहले और प्रसिद्ध नाम हैरिएट टबमैन का है। यह ध्यान देने योग्य बात है कि नारी स्वतन्त्रता के नारे के बहुत पहले इस स्त्री ने न केवल खुद को आजाद किया वरन् कई बार जान पर खेल कर दूसरों को इस गजालत से निकालने में सहायता की। इसका जन्म शायद 1820 में हुआ था। इसका जन्म का नाम अरामिंटा रोस था। इसके पिता का नाम बेंजामिन रोस और माँ का नाम हैरिएट ग्रीन था। इसके दस भाई-बहन थे। माता-पिता मेरीलैंड में प्लांटेशन पर काम करते थे। बाद में इसने अपनी माँ का नाम ग्रहण कर लिया। इस अफ्रो-अमेरिकन गुलाम स्त्री ने अमेरिकन सिविल वार से करीब एक दशक पहले बहुत सारे गुलामों को स्वतन्त्रता के लिए उत्तर का रास्ता दिखाया था। गृहयुद्ध के समय इसने यूनाइटेड स्टेट्स आर्मी के लिए स्काउट, भेदिये और नर्स का काम किया।

पाँच वर्ष की उम्र से इसने गुलाम के रूप में काम करना शुरू किया और बारह वर्ष तक मेड और बच्चों की नर्स के रूप में काम करती रही। इसके बाद इसे खेतों मे काम करने के लिए भेज दिया गया। 1844 में इसके मालिक ने इसे जॉन टबमैन से शादी करने की इजाजत दे दी। वह एक स्वतन्त्र फ्रीमैन था। अगले पाँच साल वह अर्धगुलामी

में झूलती रही क्योंकि कानूनन वह एक गुलाम थी। उसका मालिक तनिक दयालु था अतः वह हैरिएट को पति के साथ रहने देता था। लेकिन 1847 में उसके मालिक की मृत्यु हो गयी, जल्द ही उसका वारिस, उसका बेटा भी मर गया और हैरिएट का भविष्य अनिश्चित हो गया। जब पता चला कि परिवार का कर्ज चुकाने के लिए गुलामों की नीलामी होगी तो वह भाग निकली और अमेरिका के उत्तर में पहुँच गयी। पति मेरीलैंड में ही रह गया। पति ने दूसरी शादी कर ली। हैरिएट ने पति के जिन्दा रहते दूसरा विवाह नहीं किया। वह पति को लेने वापस आयी थी। बाद में वह पेन्सिलवेनिया में बस गयी। और अंडरग्राउंड रेलरोड में कंडक्टर बन गयी। वह बार-बार दक्षिण जाती और गुलामों को उत्तर दिशा, स्वतन्त्र राज्य में लाती। इसने अपने भाई-बहन तथा अपने माता-पिता को गुलामी से निकाला। कहते हैं कि इसने दस साल में 19 बार इस तरह की जोखिम भरी यात्रा की और करीब 300 गुलामों को भागने में सहायता की।

जब वह तेरह वर्ष की थी, उसे या तो किसी श्वेत आदमी अथवा ओवरसीयर ने इसके सिर पर किसी भारी चीज से चोट की जिसके फलस्वरूप जीवन भर यह जब-तब अचानक ब्लैकआउट का शिकार होती रही। चोट से उसके स्नायुतन्त्र का नुकसान हुआ था। गुलामी के इस भयंकर शोषण ने इसे विद्रोही बना दिया, यह अपनी तरह से श्वेत गुलाम मालिकों से बदला लेती रही। बाद में इसे कई पुरस्कार और सम्मान मिले। हैरिएट टबमैन खुद लिख-पढ़ नहीं सकती थी लेकिन इसकी एक दोस्त सराह ब्राडफोर्ड ने 1869 में इसकी जीवनी 'सीन्स फ्रॉम द लाइफ ऑफ हैरिएट टबमैन' प्रकाशित की। इस साहसी, दयालु, विद्रोही स्त्री की 1913 में मृत्यु हुई।

हैरिएट टबमैन के अलावा अंडरग्राउंड रेलरोड में आइजक टी. होपर, लेवी और कैथरीन कोफिन, रेवरेंड जॉन रैंकिन, जॉर्ज डी बैप्टिस्ट, जेरमैन लोगुएन, लौरा हैवीलैंड का नाम आता है। आइजक को अंडरग्राउंड रेलरोड का जनक कहा जाता है। इसमें ज्यादातर अश्वेत और थोड़े-से श्वेत लोग संलग्न थे। नस्लवाद के भेदभाव और गुलामी प्रथा के बावजूद यह जमाना धार्मिक उन्माद, आदर्शवाद और स्वतन्त्रता के विमर्श का था। जहाँ बहुत सारे लोग गुलामी को जायज मानते थे वहीं मुट्ठी भर लोग इसके प्रति विरोध का रुख रखते थे। वे इसे समाप्त करने की वकालत करते। समय और उस समाज का कानून ऐसा था कि गुलामी के खिलाफ खुल कर कुछ करना आसान न था। प्रोफेशनल स्लेव कैचर और पेट्रोलिंग पार्टी की आँख में धूल झोंकना सरल न था। ईनाम के लालच में भाईबन्द-दोस्त भी दगा कर सकते थे। गुलामी प्रथा आदमी का आदमी पर से विश्वास उठा देती है। इसी अविश्वासी माहौल में कुछ लोगों के विश्वास और कुछ लोगों पर विश्वास ने बहुतों को इस अँधेरे से मुक्त कराया।

इस अंडरग्राउंड रेलरोड में न तो तो रेल थी न ही कोई बनी हुई रोड थी। यह तो स्वतन्त्रता के लिए पागल कुछ लोगों के चलने से बनी ऐसी पगडंडी है जिसके छिटपुट निशान आज मिलते हैं। यह उन लोगों की मुहिम का नतीजा था जो छिप

कर, अज्ञात रह कर काम करते थे। किसी का घर, किसी का फार्महाउस, कोई चर्च इस रेलरोड के स्टेशन हुआ करते थे। कोई कंडक्टर का काम करता, कोई स्टेशनमास्टर का। भागे हुए गुलाम को देखते गोली मारने का प्रावधान था। गुलाम की भागने में सहायता करने की कठोर सजा मुकर्रर थी। ये साहसी लोग एक अभूतपूर्व राह पर चल रहे थे। बिना किसी नक्शे के, अँधेरे में ये लोगों को राह दिखाते, गुलामों के छिप कर रहने, खाने-पीने का इन्तजाम करते। दरवाजे पर दस्तक होती, दरवाजा खुलता, खाने-पीने को कुछ मिलता, सोने के लिए बिस्तर दे दिया जाता। सारा कुछ लगभग निःशब्द होता। सब कुछ पहले से, सहज ज्ञान से तय होता बिना किसी प्रशिक्षण के। आगे जाने के लिए सुरक्षा और जरूरत हुई तो घोड़ों का प्रबन्ध कर दिया जाता। इस काम में किसान, व्यापारी, धार्मिक प्रचारक, क्लार्क, नाविक, वकील और बहुत सारी हाउसवाइफ जुड़ी हुई थीं।

इस आन्दोलन ने नारी शक्ति को जगा दिया था। नारी अस्मिता कायम की थी। पहली बार स्त्रियाँ खुल कर राजनीतिक-सामाजिक आन्दोलन में कूदी थीं और सामाजिक-राजनीतिक परिवर्तन में अहम् भूमिका निभा रही थीं। वे इसमें पुरुषों के बराबर की भागीदारी कर रही थीं। भागे हुए गुलामों को खाना, कपड़ा मुहैय्या कराना, उनका गाइड बनना, अपने और अपने परिवार की सजा-मौत का जोखिम उठाना सारे काम कर रही थीं।

1861-1865 का अमेरिकी गृहयुद्ध इसी मुहिम का नतीजा था। यह उसकी पूर्वपीठिका था। सामान्य लोगों ने असामान्य काम कर दिखाया था। आज यह लोगों के मन में छद्मवेश, सुरंगों, रहस्यमय संकेतों, आधी रात की छिप कर की गयी यात्रा, मौत से बाल-बाल बचना जैसे रोमांचक अनुभवों की सृष्टि करता है। उस समय यह भय, दहशत, एकाकीपन, मौत की आशंका, बेवफाई का खौफ और भविष्य की अनिश्चितता का पर्याय था।

रॉलैंड जी. रोबिंसन का फार्म, लाल ईटों वाला लेवी, कैथरीन कोफिन और रेवरेंड जॉन रैनकिन के घर आज भी इस अंडरग्राउंड रेलरोड की निशानियाँ हैं अन्यथा इस सत्कर्म में अधिकांश मरने वालों की कब्र पर कोई इबारत या कोई नाम नहीं है। रैनकिन ने अपने काम का लिखित रूप भी छोड़ा है। जॉर्ज डी बैप्टिस्ट खुद नाई था, वह गुलामों से कहता कि तुम्हें शर्म नहीं आती—तुम कमाने योग्य आदमी हो, खुद अपनी देखभाल में समर्थ हो, युवा और मजबूत हो, ट्रेड जानते हो, अभी भी तुम्हारा दिमाग एक कुत्ते की तरह, एक अन्य आदमी को कैसे अपना मालिक मानता है, कैसे अपनी कमाई उसको दे देते हो? इस तरह की बातें करके वह गुलामों का जमीर जगाया करता। भागने वाले गुलामों में अक्सर युवा पुरुष, कुशल कारीगर और मजदूर होते थे। दक्षिण की अपेक्षा उत्तर में इन अश्वेत लोगों का जीवन तनिक सरल था। बैप्टिस्ट अपने इलाके के अंडरग्राउंड रेलरोड का गुप्त प्रमुख था। कहा जाता है कि इसने 108 लोगों को गुलामी से निकाला।

लेकिन इस अंडरग्राउंड रेलरोड का वास्तविक गवाह यदि कोई था तो वे थीं नदियाँ, खासकर ओहायो नदी और मिसीसिपी नदी। अगर कोई साक्षी था तो वह था ध्रुव तारा (नॉर्थ स्टार), रात के अँधेरे में वही उनके दिशा निर्देश का एकमात्र सहारा हुआ करता। सिनसिनाटी, ओहिओ, डिलेवारे, डेट्रोआइट, मिशिगन, बफैलो, न्यूयॉर्क आदि इनके टर्मिनल पॉइन्ट हुआ करते थे। इस पूरी राह लिबर्टीलेन भी कहा जाता था। इस रास्ते से दक्षिण के गुलामों को उत्तर के राज्यों या कैनेडा ले जाया जाता था। कानून अश्वेत गुलामों के पक्ष में न था। इनके लिए स्वतन्त्र जीवन कल्पनातीत था, इस आन्दोलन ने इस नामुमकिन बात को मुमकिन कर दिखाया। इस राह पर अवसर और मौत दोनों की समान सम्भावना थी। आज रिकॉर्ड से ज्यादा इसके विषय में कहानियाँ और मिथ मिलते हैं। यह साहस की गाथा है। अमेरिका का यह इतिहास केवल अश्वेत इतिहास न हो कर श्वेत इतिहास भी है।

अंडरग्राउंड रेलरोड अमेरिका का पहला ऐसा आन्दोलन था जिसमें श्वेत-अश्वेत कन्धे-से-कन्धा मिला कर खड़े थे। यह आन्दोलन एक या दो साल नहीं वरन् पूरे छह दशक तक चला। इस दौरान हजारों लोगों को गुलामी से बाहर निकालने का महत कार्य हुआ। इस सामूहिक कार्य में बहुत से लोगों ने आहूति दी आज उनमें से अधिकांश का कोई लेखा-जोखा उपलब्ध नहीं है। फर्गस एम. बोर्डविच के अनुसार यह प्रजातन्त्र में कार्य का एक बेहतरीन मॉडल है। वह इसे प्रजातन्त्र का नाम देता है क्योंकि इसमें केन्द्रीय निर्देश नाममात्र को था और ग्रासरूट की भागीदारी अधिक थी। सब मिल कर एक उद्देश्य के लिए काम कर रहे थे। जो गुलाम स्वतन्त्रता के लिए भागने में सहायता चाहे उसकी सहायता करना सबका एकमात्र उद्देश्य था। काम करने का कोई एकसार तरीका न था, हर केस की जरूरत के अनुसार उसकी कार्यप्रणाली तय होती। आइजक बेक के अनुसार यह कोई रेगुलर संगठन न था, इसका कोई संविधान न था, न कोई ऑफीसर, न कानून या नियम या करारनामा। यदि कोई नियम था तो वह 'गोल्डन रूल' था। हर आदमी वही करता जो उसे अपने नजरिये से सही लगता।

इन लोगों ने भौतिक रूप से आदमी को गुलाम बनाये जाने के नियमों का उल्लंघन किया। सामूहिक रूप से अमेरिकी रिवोलूशन के बाद यह देश का पहला बड़ा सिविल डिसओबिडियेंस आन्दोलन था। लोग मानवाधिकारों के लिए लड़ रहे थे। इसके पहले और बाद में एकाध छिटपुट व्यक्तिगत प्रयास होते रहे। इस आन्दोलन ने श्वेत-अश्वेत नस्ल के सम्बन्धों को नयी परिभाषा दी। इसने अमेरिकन सिविल वार की नींव डाली जिसने अमेरिका का राजनीतिक, सामाजिक, आर्थिक, सांस्कृतिक, साहित्यिक चेहरा बदल दिया।

❑❑